宁海年鉴

（2020）

宁海县地方志编纂委员会　编

方志出版社
Publishing House of Local Records

图书在版编目（CIP）数据

宁海年鉴. 2020 / 宁海县地方志编纂委员会编. —北京：方志出版社，2020. 10
ISBN 978-7-5144-4379-0

Ⅰ. ①宁… Ⅱ. ①宁… Ⅲ. ①宁海县—2020—年鉴 Ⅳ. ①Z525. 54

中国版本图书馆 CIP 数据核字（2020）第 220526 号

宁海年鉴（2020）

编　　者：宁海县地方志编纂委员会
责任编辑：罗　滔

出 版 者：方志出版社
地址　北京市朝阳区潘家园东里 9 号（国家方志馆 4 层）
邮编　100021
网址　http：//www. zgfzcb. cn
发　　行：方志出版社图书经销中心
电话（010）67110500
经　　销：各地新华书店
印　　刷：福州印团网电子商务有限公司

开　　本：889×1194　1/16
印　　张：27. 5
字　　数：897 千字
版　　次：2020 年 10 月第 1 版　2020 年 10 月第 1 次印刷
印　　数：001～330 册

ISBN　978-7-5144-4379-0　定价：200. 00 元

宁海县地方志编纂委员会

主　　任： 滕安达

副 主 任： 励成杰

成员单位：

县委办公室	县政府办公室	县委组织部
县委宣传部	县委统战部	县委政法委
县人武部	县发改局	县经信局
县教育局	县民政局	县财政局
县自然资源规划局	县住建局	县交通局
县农业农村局	县商务局	县文广旅游局
县统计局	市生态环境局宁海分局	
县档案局	人民银行县支行	跃龙街道
桃源街道	梅林街道	桥头胡街道

县地方志编纂委员会下设办公室，与县委党史研究室合署办公。

《宁海年鉴》编辑部

主　编： 娄筱庆

副主编： 胡志汉

编　辑： 刘学海　王增邦

编辑说明

一、《宁海年鉴（2020）》（以下简称本年鉴）以马克思列宁主义、毛泽东思想、邓小平理论、“三个代表”重要思想、科学发展观、习近平新时代中国特色社会主义思想为指导，坚持辩证唯物主义和历史唯物主义的立场、观点和方法，努力把握时代脉搏，突出地方特色，立足于当前，服务于发展，借鉴前人、谋划未来，真实、全面、准确地反映年度宁海的自然风貌和经济社会发展状况。

二、本年鉴起讫时限为2019年1月1日至12月31日，个别条目适当上延。凡文中直书月日的，均指2019年内的日期。“比上年”均指“2018年”。

三、本年鉴收录范围以宁海行政区划为界，力求如实记载县域自然、政治、经济、文化、社会等方面情况，以资各级党政机关、研究机构和社会各界人士及中外投资者了解、研究宁海之用。

四、本年鉴体例采用分类编辑法，设置类目、分目、条目三个基本层次，除特载等类目采用综合性文章外，主体均用条目体，全书注重图、表、文并茂，力求体现时代特点，突出地方特色。2019年因机构改革，本年鉴类目、分目与往年有较大变动。

五、本年鉴采录的数据，原则依据《宁海县统计年鉴（2019）》，因数据统计来源、统计方法或使用角度不同，不同部门提供的数据或有出入，引用时请注意。

六、本年鉴语言文字、标点符号、数字、地名、计量单位等使用，按国家有关规定执行。考虑到社会使用习惯，全书中亩不统一换算。文中文件等名称，首次出现时用全称，必要时加括注称简。文中未标明党派的“省委”“市委”“县委”，分别指“中共浙江省委”“中共宁波市委”“中共宁海县委”，“党员”均为“中共党员”（各民主党派内容除外）。

1月15日，县十八届人大三次会议在宁海国际会展中心开幕

1月14日，县政协十届三次会议在宁海国际会展中心开幕

1 月 8 日，举行宁海县机构改革新组建部门授牌仪式

1 月 10 日，举行宁海县烈属、军属和退役军人等家庭悬挂光荣牌启动仪式

3月4日，举行宁海志愿服务项目大赛启动仪式暨第七届宁海县志愿服务文化节

3月30日，举行第十四届浙江·宁海长街蛏子节，一湾三县六镇合作发展主题论坛暨“千年古风，万亩珍鲜”三门湾“非遗”文化展演

4 月 1 日，“周末课堂”主题徽标发布会暨服务民生专题研修班开班式举行

4 月 15 日，宁海县“两新”组织红领学院在县委党校正式揭牌成立

4 月 18 日晚，由《两岸关系》杂志社、宁波市委台办、中共宁海县委、宁海县政府联合主办的“海峡两岸乡村音乐会”在宁海县会展中心举行

4 月 24 日，宁海县全面推进“互联网 + 义务教育”结对帮扶工作。图为梅林第二小学“互联网 +”教学现场

5 月 9 日，全县放心消费工作现场推进会在深甽镇召开

5 月 14 日，宁波南湾新区指挥部挂牌

5月14日，近1300名县内外游客来到葛洪养生小镇——岔路镇下畈村，享受以“滋、养、补”为特色的养生宴

5月18日，第十一届前童豆腐节开幕式现场展示前童十味豆腐

5月19日，2019"中国旅游日"浙江省主会场活动、"第十七届徐霞客开游节"开幕式在宁海西门举行，浙江省文旅惠民消费季同时启动

5月31日，宁波海关与宁海县人民政府举行合作协议签署仪式

6 月 29 日，宁海县纪念中国共产党成立 98 周年暨“党群同心、党建争强”锋领服务月举行启动仪式

7 月 13 日，县人力社保局联合团县委在西子国际中庭举办“7 · 15”世界青年技能日主题宣传活动

9月6日，宁海县创建全国文明城市提名城市之文明出行启动仪式

9月8日，举行宁海县城市建设展示馆开馆暨《平地起》首发仪式

9月18日，第一期县管干部“不忘初心、牢记使命”主题教育专题读书班开班动员会在县委党校召开

9月25日，浙江省乡村治理标准化技术委员会落户宁海，并召开一届一次全会

9 月 25 日，“以品质为歌，向祖国献礼”宁海县民营企业庆祝中华人民共和国成立 70 周年文艺晚会在得力大剧院举行

9 月 26 日，宁海县第一医院医疗健康集团北部医院揭牌仪式

9 月 30 日，宁海县庆祝中华人民共和国成立 70 周年歌咏大会在宁海县国际会展中心唱响

10 月 16 日，力洋剪纸馆落成

10月23日，举行宁海县2018—2019年度“道德模范——我身边最可敬的人”颁奖典礼

10月26日，2019第六届长三角运动休闲季浙江宁海站暨宁波体育嘉年华在宁海胡陈乡开幕

10 月 31 日，“党群同心圆”志愿服务项目获评全国第二届党建创新成果展示十佳案例金奖

11 月 5 日，“第二届中国国际进口博览会”在国家会展中心（上海）开幕，国家级非物质文化遗产——宁海十里红妆婚俗亮相“非遗暨中华老字号”文化展示互动体验项目“灵动浙江”展区

11 月 6 日，宁海传媒集团融媒体指挥中心举行启用仪式

11 月 13，宁海县推进”健康浙江行动“启动仪式

11 月 21 日，中国首条国家登山健身步道建成 10 周年庆祝活动在浙江省宁海县杜鹃山登山步道入口举行

12 月 22 日，第十四届中国民间文艺山花奖颁奖盛典在宝安区西乡会堂举行，宁海箍桶匠鲍明沛的作品紫檀镶嵌《箍桶记（一组 10 件）》入围

12 月 22 日，浙江省第五批非遗旅游景区揭晓，宁海县强蛟镇峡山村以优美的自然环境、保存完好的古建筑群、传统的渔家生活方式，以及特色“渔”民俗文化而胜出，入选民俗文化村

12 月 30 日，“潮起星城砥‘蛎’前行”2019 第二届宁海西店蛎黄文化节在邬家庄园慈善广场拉开序幕

1月29日，全长约21千米、总投资26.13亿元的象西线项目工程，全线路基、隧道、桥梁等主体工程基本完工

小城镇综合整治成效，图为前童民宿

天明东路

民生中路

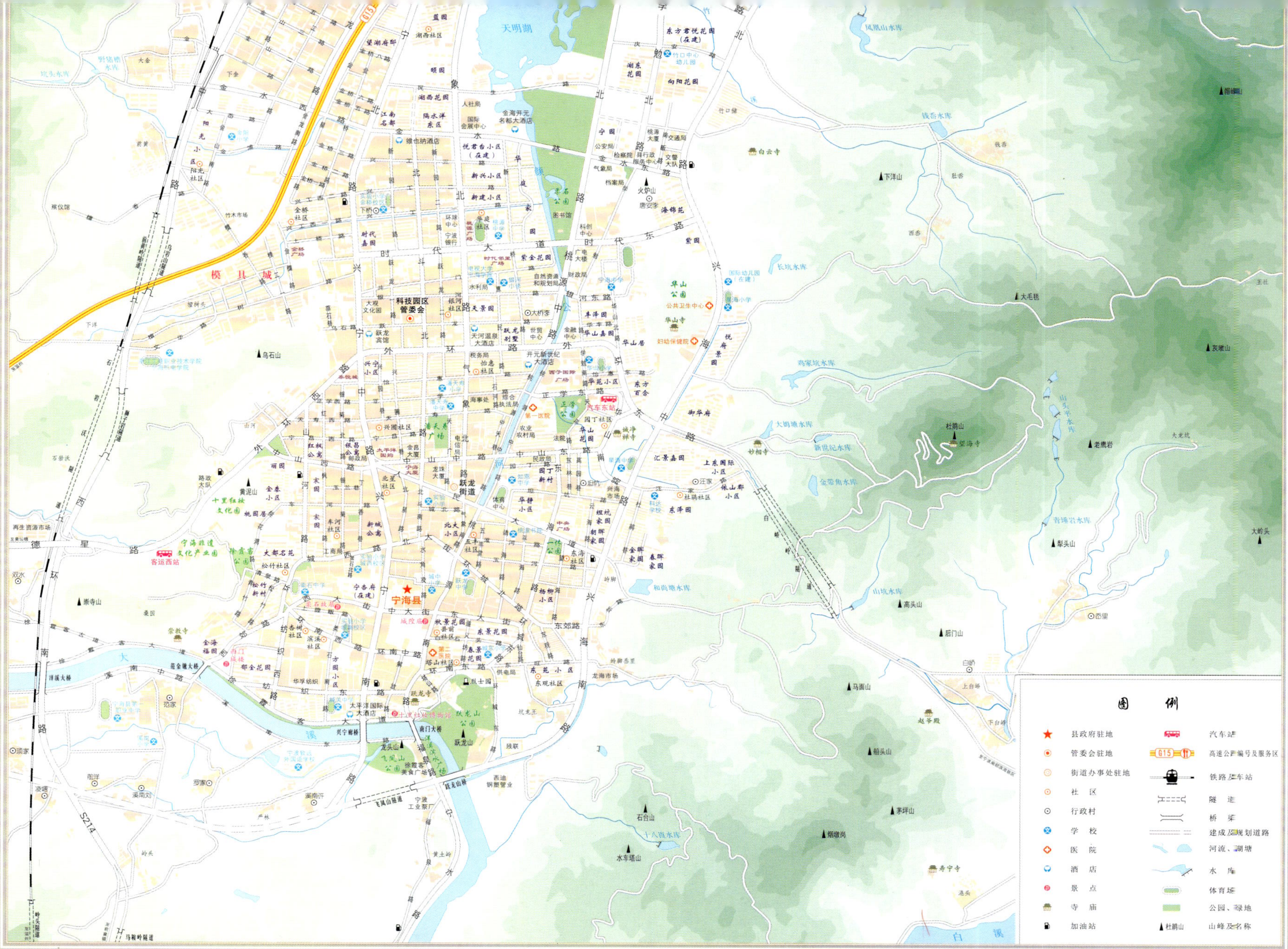

宁海县
科技园区管委会
模具城
天明湖
杜鹃山
图例
县政府驻地
管委会驻地
街道办事处驻地
社区
行政村
学校
医院
酒店
景点
寺庙
加油站
汽车站
高速公路编号及服务区
铁路及车站
隧道
桥梁
建成及规划道路
河流、湖塘
水库
体育场
公园、绿地
山峰及名称

宁海县中心城区图

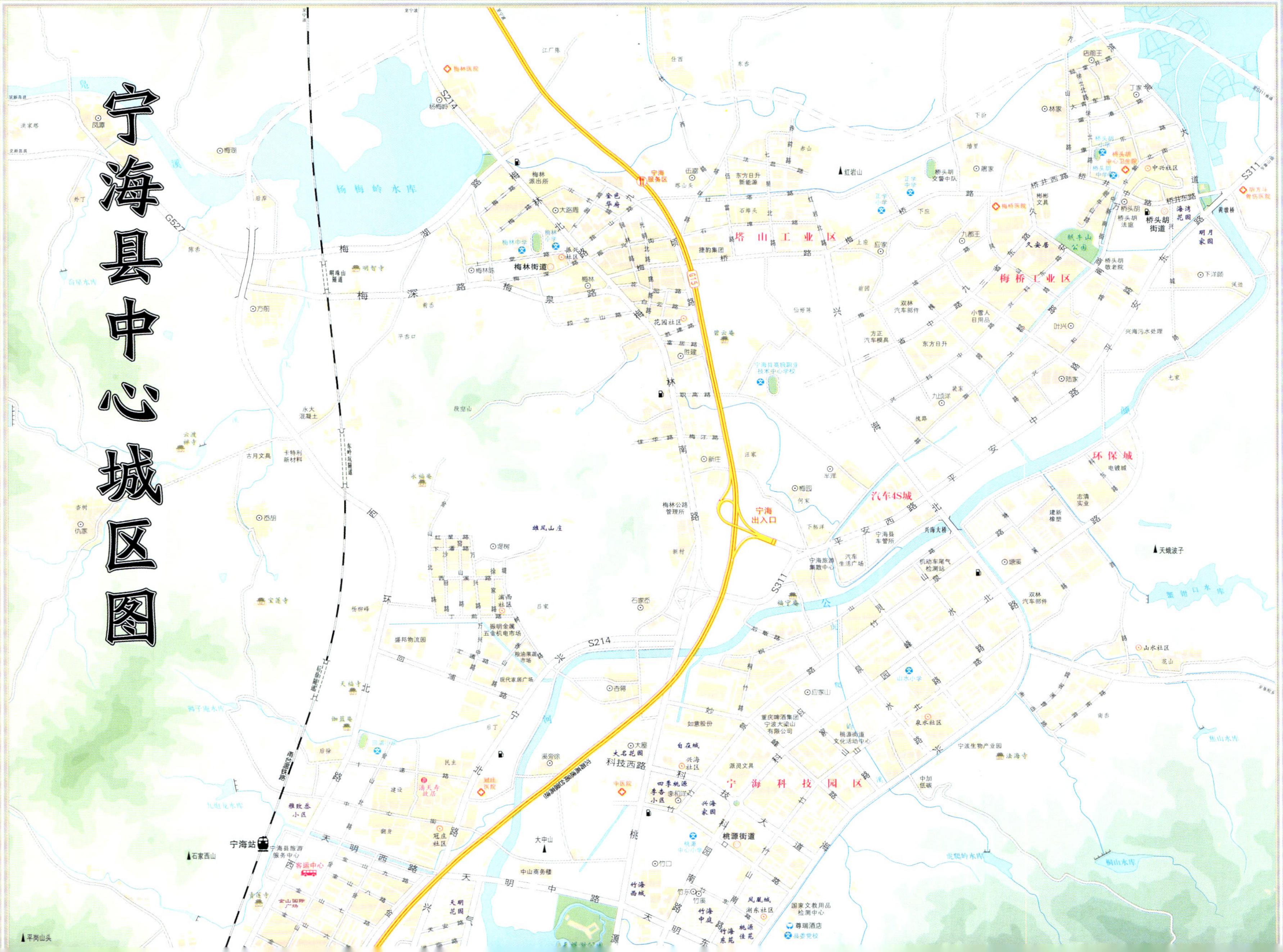
梅梅岭水库
宁海站
客运中心
宁海服务区
宁海出入口
塔山工业区
梅桥工业区
汽车4S城
环保城
宁海科技园区
梅林街道
桃源街道
桥头胡街道
科技西路
S214
S311
G527
雄凤山庄
红岩山
天娥波子
石家西山
平岗山头
大中山
梅林医院
梅桥医院
中医院

目 录

特 载

专 记

宁海概貌

大 事 记

中国共产党宁海县委员会

宁海县人民代表大会

宁海县人民政府

中国人民政治协商会议宁海县委员会

社会团体

法　　治

军　事

农业·农村

工业·园区

经济贸易

交通·电信

财税·金融

经济管理

城乡建设和管理

环境保护·自然资源和规划

文化旅游·体育·传媒

科学技术·教育·卫生健康

社会事务

乡镇街道

纪念人物

附　录

索　引

特载

坚定写好革新求进攻坚攀高的时代课题 奋力建设发展优质治理优越的双优宁海

——在县委十四届六次全体（扩大）会议上的报告

（2020 年 1 月 7 日）

县委书记 林 坚

这次县委全会的主要任务是：以习近平新时代中国特色社会主义思想为指导，深入学习贯彻中共十九大、中共十九届四中全会、中央经济工作会议以及省市全会和经济工作会议精神，听取县委常委会工作报告，审议通过《中共宁海县委关于高水平推进县域治理现代化的决定》，动员全县上下坚定革新求进、加快攻坚攀高，奋力建设发展优质治理优越的双优宁海。下面，我代表县委常委会向全会作报告。

一、2019 年主要工作

一年来，县委常委会高举习近平新时代中国特色社会主义思想伟大旗帜，全面贯彻落实中央决策和省市部署，大抓“创新破难奋进年”，积极有效应对各种风险挑战，推动经济社会持续健康发展。集中精力抓了八方面工作：

（一）推动中央和省市精神在宁海落地生根。始终把“两个维护”作为最高政治原则，每当习近平总书记发表重要讲话、作出重要指示，都认真传达学习、抓好落实。开展“温故知新、知行合一”学习实践活动，县委常委会以上率下，带动全县党员干部重温总书记两次调研宁海时的指示精神，多批次多形式开展习近平新时代中国特色社会主义思想集中轮训。强化斗争精神打好三大攻坚战，召开县委全会专题部署落实防范化解重大风险工作，认真整改中央和省级环保督察、自然资源资产审计反馈意见，落实对口帮扶资金 1.25 亿元，扶贫车间、就业扶贫等模式入选国家扶贫协作典型案例。全面完成“大棚房”问题专项清理整治，严肃清查整治违建别墅问题。深化“大学习大调研大抓落实”“三服务”“六争攻坚”宁海行动，按照“摘桃子、钉钉子”的要求持续追赶跨越，全国百强县排名升至第 48 位，取得了“进五十冲三十”的阶段性成效。

（二）高质量开展“不忘初心、牢记使命”主题教育。县委常委会自觉以“三个地”模范生的政治高度，恪守“五个始终、六个带头”承诺，不分阶段推动主题教育走深走实、常态长效。突出领学领讲，通读精读规定书目，开展 3 次 6 天县委理论学习中心组专题学习研讨，组织初心之旅、领导干部上党课、县管干部专题读书班等活动，确保学懂弄通做实。突出领衔破难，从产业、项目、改革、信访维稳等关键处入手，直奔一线调查研究，倾情倾力包乡走村，落实县领导“六领衔”项目 147 个，解决企业、群众、基层反映的热点难点问题 313 个，王爱山片群众饮用水等暖心工程扎实推进、深得民心。突出领单整改，在深入“四对照四自查”基础上，开门征求意见建议 280 条，真刀真枪召开县委常委会专题民主生活会，抓紧抓实“8+1”

专项整治和四类重点问题整治，精心策划推出“全媒聚焦·全民问政”栏目，督促各级各部门闻过即改、全面整改。坚持上下联动，引导全县2191个党组织、近4万名党员，把应隆滚等身边榜样作为对标教材，把安全生产作为反思整改的头号课题，把“三服务”作为践行初心使命的自觉行动，“五问五帮”服务企业形成常态，“党群同心圆”荣获全国党建创新成果十佳案例金奖，“村民e点通”全面铺开，主题教育两次第三方评估满意度均达98%以上。

（三）全力保持经济健康发展。认真贯彻“六稳”要求，辩证看待经济下行压力，以工作的确定性应对形势的不确定性。坚持内促转型、外拓市场，1—11月“246”产业集群、战略性新兴产业、数字经济核心产业、装备制造业等增加值增速均居全市前二；农业现代化发展水平从全省22位提升到13位；出口增速居全市第一，占全国份额从年初的13.07‰提高到16.2‰，对美依存度从年初的30%降到24.2%，“一带一路”市场占比提高到31.4%，开关运行宁海海关，获评国家外贸转型升级示范模具基地。坚持项目带动、以投促产，聚力推进“有效投资四季大比拼”“金秋招商大会战”，1—11月固定资产投资增长14.5%，工业投资、高新技术投资较2018年扭负为正，逆势增长21.7%和23.2%，民间投资占比达到52.1%，成功引进上海光机所、中车交通等一批补链强链项目，抽水蓄能电站项目纳入长三角一体化发展规划纲要。坚持尽心为企、精准惠企，民营经济“30条”释放政策效应，全年减免税费23.9亿元、增长42.6%，普惠型小微贷款余额同比增长23%，消化利用“三未”土地5132亩，助推一批企业突破瓶颈快发展。

（四）切实抓好各领域改革创新。高规格配备县委改革委和改革办，强化“最多跑一次”改革专班运作，30项重点项目、11项试点落地见效。设立“一件事”改革实验室，不断在试验中出经验，全国首创司法拍卖不动产登记“零次跑”，群众身后事“一事联办”、食品经营许可“最多核一次”等做法全省推广，企业开办3小时内可办结，亲清新型政商关系试点有效推进，获评中国营商环境百佳示范县市第30名、全市第一。宁波南湾新区指挥部正式挂牌，乌材所得到省政府高度重视，蛇蟠涂现代渔业园获评国家级星创天地，新增省级创新平台28个。出台“智汇宁海”系列政策，新引进院士3人，乌克兰莫里亚尔院士获得中国政府友谊奖，入选市“3315计划”人才项目并列全市第一。深化国资国企改革，AA+国企平台实现“零的突破”，新增AA级1家，组建文旅集团，成立首个文化产业基金。村级小微权力清单制度入选全国首批乡村治理典型案例，全国法治乡村建设工作会议在我县召开，落户首个省乡村治理标准化技术委员会，3项标准获国标立项。顺利完成党政机构改革。

（五）持续厚植生态优势。历经数年接续努力、层层闯关角逐，创成全市唯一的首批国家全域旅游示范区和全国“两山”实践创新基地，是全省同时拥有这两项殊荣的2个县市区之一，两山转化“六大模式”成为全国典范。积极创建国家AAAAA级旅游景区和国家旅游度假区，大庄温泉乡根小镇、梁皇山景区提升等一批重大旅游项目扎实推进，鹿山村入选全国首批乡村旅游重点村，登山步道入评中国十佳新美步道，获评美丽浙江建设优秀单位和十大特色体验地。入围部省共建乡村振兴示范省先行创建单位，全面完成村级集体经济三年消薄任务，创新开展艺术振兴乡村工作，引起社会热烈反响，积极探索新时代新农村发展的新路径。圆满收官小城镇环境综合整治三年行动，9个乡镇街道成为省市样板。筑牢生态基础，促成水源地保护等级调整优化，受阻多年的环保能源发电项目顺利实施，生活垃圾分类实现基本全覆盖，生态环境质量公众满意度稳居全市首位。

（六）不断提升城乡群众生活品质。坚持把稳就业放在突出位置，出台就业创业扶持政策，建成省市县高质量就业村社39个，前三季度城乡居民两项收入分别增长9.1%、9.2%。组建运行3个医疗健康集团、3个幼教集团，海亮宁海公学完成土地挂牌，县老年公寓、城西小学、区域卫生健康云等一批项目建成，以琳康教展能中心、梅桥医院等一批项目投用，成为国家农村儿童早期发展服务试点县。注重兜底线保基本，出台低收入农户精准扶持增收办法，实施农民饮用水达标提标行动，切实做好生猪增产保供稳价。众志成城创建文明城市，成立指挥部统筹推进“十大行动”，挂牌运行新时代文明实践中心。实施“名师名医名家名匠”工程，再获中国民间文艺最高奖山花奖，省“五个一工程”获奖成绩全省最好，省级道德模范实现“零的突破”，“好人系列”评比数量和层级全市第一。积极回应社会关切，集中解决设施占道、垃圾清运、拉链马路等一批群众烦心事，新划公共停车位4945个。新城市中心区东部路网全面打通，城市环线中最后一段的城逐线开工，密切区域联系的象西线桥头胡至深甽段全线通车，综合客运枢纽完成改造提升，动车存车场建设顺利推进，宁海火车站年客运量达到439万人次，发送量同比增长11.3%，群众出行更加便捷。

（七）痛定思痛大抓安全平安。2019年是宁海平安建设历程中极不平常的一年，我们干群一心战胜了50年来致灾强度最大的利奇马台风，军地联手圆满处置了20年来浙江发现数量最大的老旧遗留弹药，但也发生了“9·29”重大火灾事故。我们从思想深处、工作短处深刻汲取惨痛教训，全域全面全力推进“四大会战”，排查生产经营单位5.7万家，整改“一危两小”企业隐患2.6万处，拆违36.3万平方米，组织培训38.8万人次，挤出19个编制充实基层应急管理力量，建立了重大隐患制度抄告、企业安全风险当日报告和主要负责人管控承诺、安全生产“第三方服务”评估惩戒等长效机制。我们一刻不松抓好各领域平安工作，建成“信访超市”，完善“基层四个平台”，积极创建“枫桥式派出所”，聚力推进信访维稳百日攻坚和扫黑除恶专项斗争。

（八）坚定不移推进全面从严治党。严格履行全面从严治党主体责任，以政治建设为统领，全面加强新时代党的建设。认真落实意识形态工作责任制，有力整改宗教工作督查反馈问题、整治多年遗留的重大复杂宗教场所问题，成立传媒集团，运行县级融媒体中心，大力弘扬社会主义核心价值观。健全激励干部新担当新作为工作机制，加强和改进干部教育培训工作，构建干部大监督工作体系，审慎研究党员干部处分问题，对10名党员干部进行澄清。更加注重干部队伍的高素质、专业化，深化“宁接未来”成才计划，80%以上的优秀干部从基层一线和攻坚主战场发现、选拔。着力打造“锋领宁海”，深入实施组织力提升工程，持续抓好“双整两全”，加强机关党建工作，推动基层支部标准化规范化建设，全面实行村党组织书记县委备案管理，强化党建带群建，荣获“全国关心下一代工作先进县”称号。持之以恒落实中央八项规定精神，出台基层减负实施细则36条，坚决整治形式主义、官僚主义。全面执行“三交底”谈话制度，深化派驻机构改革，加强巡察监督力度，试点推行村社监察联络员、村级“廉情地图”等制度，严肃查处违纪违法行为。县委常委会充分发挥统领全局、协调各方的作用，全力支持人大、政府、政协依法履职尽责，专题召开县委人大、政协工作会议，研究出台新时代做好人大、政协工作的意见，认真抓好统战、群团和党管武装工作，营造良好政治生态。

二、牢牢把握革新求进攻坚攀高的新形势新要求，建设发展优质治理优越的双优宁海

2019年特别是主题教育以来，县委常委会切实担起为宁海谋发展、为宁海人民谋幸福的初心使命，秉持既一张蓝图绘到底、又与时俱进谋新篇的执政理念，坚定战略方向、突出问题导向，立足当前、放眼长远，科学研判内外形势变化，系统梳理了宁海革新求进、攻坚攀高进程中必须要解答的五个重大问题。

一是如何提升经济发展的增长力？当今世界经济仍处于国际金融危机后的深度调整期，低增长、低通胀、低利率、高债务、高风险成为普遍预期；我国经济稳中向好的基本盘没有改变，但“三期叠加”影响持续深化，对美贸易还存在变数。宏观形势的复杂性深刻传导影响了我县经济的稳定性、持续性，下行压力不断加大，“9·29”重大火灾事故一定程度上也折射出我县经济的内在短板，“低散乱”问题突出，大企强企数量不足，真正领先领军的产业偏少，传统块状经济向现代化产业集群转变迫在眉睫，同时资金融通、要素保障、财政运转也存在不少困难，这些都影响到经济增长动能。

二是如何提升城市能级的竞争力？近些年，宁海城市正发生着从小到大、从弱到强的深刻变化，但优势和潜力还未充分挖掘，长三角一体化、浙江“四大”建设、宁波都市区等机遇叠加，主动接轨、借力发力还不够，与周边县市区相比战略地位并不突出，对人流、物流、资金流、创新流的吸引力不足；城市有机更新、小城镇综合整治效果较好，但精细管理、服务配套、文明建设却不够，片区发展还需统筹联动，乡镇综合实力普遍较弱；生态品牌越擦越亮，但基础设施建设存在不少短板，“两山”转化的文章仍须做深做透，除生态外还缺少立得住、有影响的宁海标识。

三是如何提升制度供给的生产力？制度创新是发展的活力之源，如果以前的制度创新是摸着石头过河，进入新时代更多的是需要顶层设计、系统谋划。当前，全面深化改革进入深水区，要啃的都是硬骨头，但像“最多跑一次”改革这样战略层面的除旧布新还比较少，像“审批法庭”这样管用的招式也不多，一些单位仍没有从思维定式中走出来，不习惯学习不善于研究，对问题积弊不敢破更不会立，资金资源资产等重点领域创新不足，基

层治理、党的建设等领域仍存在不少薄弱环节。

四是如何提升社会治理的向心力？经济变革势必跟随社会变革。当前，价值取向多样多变、矛盾易发多发的特征愈加明显，对美好生活的向往在不同群体分化出不同要求，一些领域和一些群体中存在诉求高、燃点低、讲实惠，以及信闹信访不信法的现象，一些单位职责不清、执行力不强更导致治理盲区和管理乱象，使小事容易酿成大祸，党委、政府、企业、社会组织一体协同、多元处置的风险防控机制亟待健全。

五是如何提升干部队伍的战斗力？办好宁海的事最终要靠自己，关键是党员干部特别是各级领导干部要能担善干。但面对比以往更复杂的挑战、更繁重的任务，一些党员干部产生了畏难情绪、本领恐慌、问责焦虑，求稳怕变、怕难惧险的心理发酵蔓延，庸、懒、推、拖等弊病不同程度存在，责任意识、底线思维、进取精神、专业能力不足，抓深抓细实干快干没有成为普遍习惯，严管就是厚爱的思想共识没有完全形成，激励措施有待进一步深化落实，能者上平者让庸者下的用人导向需更加鲜明。

这些问题，有些是即期的挑战，有些是长期积累的短板，有些是周期性的矛盾，有些是发展道路上必然会遇到的障碍，关键要坚定信心、担当作为。对此，县委常委会开展了多轮次专题调研讨论，经过广泛征求意见、上下反复酝酿，形成了建设"双优"宁海的目标共识，并明确了产业革新、城市革新、制度革新、自我革新"四大革新"的破题路径。发展优质，就是要着力加快发展方式从量的扩张转向质的提升，发展形态从零散粗放转向集约精细，发展动力从要素驱动转向创新驱动，提高抗风险能力和可持续水平，努力走在省市高质量发展前列。治理优越，就是要着力加快治理结构从单一转向系统，治理方式从垂直转向扁平，治理手段从传统转向现代，切实破除多头治理、经验治理、被动治理等弊症，提高县域治理现代化水平，努力成为展现中国特色社会主义优越性的基层窗口。这次提交全会的决定，全面阐述了治理的目标要求和具体措施，请各位委员认真审议。

同志们，建设"双优"宁海，推进"四大革新"，绝不是翻篇归零、另起炉灶，这是落实中央和省市关于推进高质量发展、治理现代化的宁海方案，强调以发展为落脚点、治理为着力点的大逻辑；是对"两美"宁海建设的深化提升，提出了从单维度的"美"向系统全面的"优"提升的更高要求；更是在"六争攻坚、三年攀高"的交卷之年，在收官"十三五"、开启"十四五"，高水平全面建成小康社会、开启高水平社会主义现代化建设的关键节点，提出的贯穿今后一个时期的目标定位和路径选择，回答了要以什么样的姿态、用什么样的方法跻身更高站位的全国强县第一方阵这个重要问题。

就2020年工作，总体要求是：以习近平新时代中国特色社会主义思想为指导，全面贯彻落实中共十九大、中共十九届四中全会、中央经济工作会议以及省市全会和经济工作会议精神，深入实施"八八战略""六争攻坚"，奋力建设"双优"宁海，重点抓好"四大革新"，以改革创新激发动力、突破困难、补强短板、积聚优势，高水平推进县域治理现代化，不断展现高质量发展的好趋势好态势。主要目标是：经济稳中有进，GDP增长6.5%左右，在高质量基础上能快则快，转型升级的成效更显著；社会稳定有序，城乡居民收入和财政收入与经济增长基本同步，城乡居民收入比持续缩小，群众的获得感幸福感安全感更强烈；文化、生态以及党的建设各项事业稳步提升，特色工作更出彩，基础工作更扎实，坚决打赢三大攻坚战，确保高水平全面建成小康社会和"十三五"规划圆满收官，为"十四五"发展打好基础。

三、大抓产业革新，增强比较优势发展特色经济

突出稳字当头、转字为要、效益优先，对标高质量发展指标体系，对接宁波"四大产业工程"，找准定位、精准施策，打好供给侧结构性改革的宁海组合拳，全力推动产业强筋壮骨、脱胎换骨，打造"浙江创新园、转型先行地"。

一要建设一批高产高效的农业全产业链。宁海要从农业大县迈向农业强县，必须从种产品向建产业链突破，以链增收、以链提质、以链抗险。要坚持市场化导向、规模化生产、品牌化打造，加快构建以茶叶、水果、水产为主打的"3+X"示范性全产业链。要产加销一体推进，大力实施良种良品良机工程，深化"宁海珍鲜"推介运营，积极建设"万亩十亿级"基地，着力把三门湾现代农业开发区建成示范园。更加注重新型农业经营主体的扶持培育，力争一个优势产业链培育和引进多个高能级龙头企业，切实发挥带动作用。要以部门大整合促进农业大发展，一个产业一个规划一套措施抓推进，今年要创成省级农业绿色发展先行县。

二要发展一批领先领军的制造业集群。有的放矢、因地制宜制定

"246"产业集群宁海方案，"3+3+X"不是标签性地归归类，而是要重点发展的标志性产业集群，要以绿色智造为主攻方向，逐个行业研究，明确定位、对症下药。要突出"以大带小"，比如用好"得力+"，带动形成人才集聚度高、标准制定能力强的"世界级文体用品产业联盟"。突出"以精促强"，提升模具产业园能级，建好建新汽配园，加快转化中车交通、领为智能车灯等重大项目，推动模具、汽配在行业洗牌中深耕细分市场，成为更多专业领域的领导者。突出"以研促产、产研联动"，推动新能源全球布局全国争先，生物医药、新材料加速产业化，家用电器、移动照明等产业迈向中高端。要面向未来，深入实施数字经济"一号工程"，大力培育数字工厂、数字楼宇，加快5G、工业互联网、物联网等新型基础设施建设工程，推动产业数字化、数字产业化。要积极应对贸易摩擦和国际经贸规则重构的新形势，落实宁波"225"外贸双万亿行动，研究实施宁海行动方案，大力发展数字贸易、服务贸易等新模式，加大跨境电商平台建设力度，力促出口份额再提升、结构再优化，构建"先进制造业+外向型经济"相互促进融合发展格局。今年规上工业产值要突破1000亿元。

三要培育一批跨链跨界的现代服务业。必须深化对现代服务业的研究，准确把握科技创新、消费升级双轮驱动下的业态变化，加快推动生产性服务业向专业化和价值链高端延伸，生活性服务业向高品质和多样化转型。要紧抓"互联网+"浪潮，大力度开展电子商务三年行动，积极鼓励平台经济、分享经济、网红经济等个性化发展，创新推广新零售模式。要与城市建设同步，做实街区经济、楼宇经济、总部经济，引导影视、文创、会展、物流等产业突破发展，丰富提升夜色经济的内涵品质，努力成为宁波南部、温台北部的商贸中心和物流中心。要有针对性地补好服务业这块短板，既解决难管难统问题，又创新放开放活的机制，力促服务业健康成长，更大力度提高现代服务业占服务业和服务业占GDP的比重。

四要提升一批聚财聚才的现代产业园。按照"一湾一区一带"的产业布局，推动各园区持续整合提升，进一步强化各园区之间的空间对接、管理对接、项目对接、招商对接，高强度投资、高密度建设，整体提高容积率、产出率、贡献率。宁波南部滨海新区要借势南湾新区主动发力，系统研究和推进规划落地、产城融合、基础设施建设、开发模式创新等重大发展问题。科技园区要着重向存量要空间、以质量求发展，狠抓"退二优二进三"，推动中乌高端新材料产业园建设"四个高地"。生物产业园要与南部滨海新区融合发展，并加强与科研院所、优质企业、专业机构合作的广度和深度，强化项目的招引、落地和投产，要从培育期尽快进入快速发展期。创新小微企业园建管模式，突出抓好园区品质和产业档次，实施梅林小微企业集聚区提升试点，改造提升乡镇工业功能区，形成多极带动、多点支撑的发展格局。

五要引育一批创业创新的市场主体。以促进民营经济健康发展、民营企业家健康成长为基本取向，精准提效"五问五帮"服务，切实做好减税降费，深化融资畅通工程，建立企业家参与涉企政策制定机制，切实以最优营商环境和管用实招稳企业。鼓励创新、支持协同，引导龙头企业带动建立产学研合作联盟，搭建共需共享共惠的研发设计云、计量测试等平台，发挥产业创新服务综合体功能，实现规上企业技术创新活动和机构"两个全覆盖"。大抓"智汇宁海"，看"帽子"更看本事，引育留用协同发力，院士工匠两头兼顾，使人才符合发展又赋能发展。更加注重企业家队伍建设、"企二代"培养，提炼和弘扬宁海企业家精神。坚持亲清助企、靶向引企，下大力气加快企业"三转一市"步伐，实施企业上市、增资扩产专项行动，虎口夺食引进一批大好高企业，充实提升我县领军企业、规上企业、高新技术企业的梯队，形成大中小企业融通发展的良好态势。

四、大抓城市革新，放大禀赋优势建设和美家园

突出以城的站位谋划推进县的发展，进一步明确加快新型城市化的目标路径，利用良好的区位和资源条件，对外强开放促融合，对内强能级提品质，打造"甬南大门户、山海和美城"。

一要把握区域竞合趋势，提高城市首位度。宁海的经济体量、人口规模、县域面积明显强于周边接壤5区县，依托好宁波南湾新区这个大平台、大跳板，完全有能力成为甬台绍接壤区域的中心和宁波辐射台温的桥头堡。要坚持交通先行、建设交通强县，十年磨一剑的"一环八射三纵七连"公路网建设要全面收官，"2411"大交通建设要久久为功、攻坚克难，今年要建成动车存车场，加密始发列车和运营班次，争取通用航空机场开建，加快沈海高速拓宽、象山港二通道前期工作，主动对接做好甬台温沿海高铁、甬金衢高速复线、两高联

络线等线位研究。要以更开放的理念、更务实的举措，找准融入区域发展的切入口，创新接轨上海、结对协作模式，推动建设三门湾、象山港发展共同体，顺应宁波市域一体化、全域城区化发展趋势，加快谋划推进撤县设区，早日实现“城市梦”。

二要抓住空间调整契机，提高城市紧凑度。坚持远近结合、多规融合，高水平编制县国土空间规划和各领域专项规划，形成疏密有度、错落有致、显山露水的城市空间布局。县城空间要扩容提质，重点抓好“两城两片一环”。加快老城有机更新，推动城隍庙、东大街以北等区块早出形象，留住城市之根、提升宜居环境。推动新城市中心区项目全面建成，环天明湖高标准建设总部经济集聚区、商务休闲区、现代居住区，实现天明路城市轴线全线通车，着手段空山片区规划研究。以规划为引领实质性启动大溪南片综合开发，打造城市新增长极。依托甬临线杨梅岭至堤树岭改线、象西线交通绿道等项目建设，推进梅林与桥头胡、梅桥片区与新城市中心区相向发展。全面贯通城市环线，推进兴海路、西环线两侧尤其是外侧空间有机拓展和功能植入，投运奥特莱斯、嘉隆广场，打造交通枢纽型商圈。创造性挖潜地下空间，有序开发城中村、村留地等存量空间。县域空间要高效联动，促进片区融合发展。东南部要拥湾发展，用好宁波南湾新区开发、高速复线开通的机遇，长街要发挥宁海南联三门、东接象山的节点功能。北部要加强港城联动，以西店带动周边，促进工业化、城镇化与旅游业深度融合。西部要念好山歌水经，升级古镇、温泉、养生等业态，以特色小镇形态发展美丽经济。

三要丰富两山实践创新，提高城市辨识度。坚持把生态作为城市最亮的名片，再接再厉创建国家生态文明建设示范县和国家森林城市，以中国旅游日设立十周年为新起点，实施“全域旅游再出发”八大工程，大力推进“一十百千万”全景化，加快打造以上海为中心的长三角旅游人群的休闲旅游目的地。深化实施“十有十无”工程，扩面提效艺术精品村、精品线建设，推动乡村风情风貌个性化精致化，借力与高校结对、国开行合作等途径，拓宽科技、资金进乡村，青年、乡贤回农村的通道；深化农村产权制度、闲置农房盘活利用和农合联改革，持续激发内生动力。实施美丽城镇建设三年行动，推动美街向美镇拓展、外延向内在升级，使之真正成为城乡融合发展的纽带、乡村振兴的龙头。坚决打赢污染防治攻坚战，深化“五水共治”，推进清溪水库工程，补好污水零直排区建设短板，持续加大环保执法力度，解决好舆论关注、群众身边的环境问题，切实护好绿水青山。

四要加强精细建管水平，提高城市舒适度。把文明创建作为提升城市品质和精细化管理的龙头工程，志在必得大抓三五年，今年争取全国文明城市提名。要掀起革命态势，全民皆兵打好垃圾分类歼灭战、无违建创建攻坚战，堵疏结合整治马路市场，从制度入手规范管道开挖，打好城市道路和停车场建设、提高公交分担、倡导绿色出行、加强科学管理、严格交通执法等治堵保畅组合拳，根治“脏乱堵”顽疾。狠下绣花功夫，推进城市小品、背街小巷等“微更新”，分类抓好老旧小区、农贸市场改造，深入实施洁化绿化亮化工程，组织实施拆后过渡性空间利用与管理专项行动。要大抓文明实践，建强文明阵地，深化移风易俗，弘扬最美风尚。

五要决胜全面小康目标，提高城市温暖度。切实抓好高水平全面建成小康社会补短板工作，尊重民意办好十件民生实事、十桩暖心工程，如期兑现承诺。政府市场共同发力，持续创造就业机会、畅通就业渠道，确保城镇失业率低位运行。加强人口发展专题研究，精确把握人口集聚变化，精准制订相关政策，不断优化公共服务布局，提高软硬件配备水平。更有效地推进教育、医疗、文体等领域改革，健全社会力量参与机制，以多元化供给满足多样化需求。统筹抓好助残、救孤、济困等工作，解决好“一老一小”问题，启动公租房建设工程，稳定房地产市场，织密兜住群众基本生活的社会保障网。启动开展新一轮海塘除险加固，推进“四好农村路”、农民饮用水达标提标等工程建设，不断完善和夯实城乡重大基础设施。要把精准扶贫作为政治任务、分内之事，全力以赴做好对口帮扶协作和县内动态消薄消贫，确保打赢脱贫攻坚战。

五、大抓制度革新，再创体制机制优势提高治理效能

突出现代化的标准、走在前列的要求，把上级部署与县域治理创新紧密结合起来，深化对治理规律性的认识，以“最多跑一次”改革为牵引，不断推动实践经验上升为制度成果，构建完善更加系统有效的制度架构，打造“治理试验田、县域新标杆”。这里重点围绕发展突破的关键处，强调五方面制度建设。

一要构建完善权责事利相统一的行政效能制度。进一步拉高标杆、刀刃向内，深化机关内部“最多跑一次”改革，加快以政府数字化转型推动职能重塑、流程再造、业务协同、效能提升，打开线上线下相融合、上下各级相联动的政务服务通道。切实做好党政机构改革“后半篇”文章，深化推进综合行政执法、乡镇街道管理体制、事业单位等改革，进一步理顺园区与属地权责关系，完善“四个平台”统筹功能，落实乡镇街道对辖区需部门协同解决事项的协调权、督办权，构建县乡一体、条抓块统、扁平指挥的管理模式。积极稳妥推进行政村和社区规模调整，确保按时完成，不留尾巴。

二要构建完善集中力量办大事的政策供给制度。坚决贯彻财政预算“以收定支”原则，所有支出都要明确标准、精打细算，不能敞开口子花钱，集中财力抓“三保”和重大决策部署落地。放大财政“四两拨千斤”拨的作用，积极争取地方政府专项债券，争取重大基础设施建设股份制试点，市场化运作产业基金，涉农资金整合改革必须坚定推进、再提绩效，对其他投向相近的资金也要强化统筹、集中使用。国资国企综合改革必须加大力度，进一步清理整合盘活国有资产，瘦身与健体并举推进国企混改、重组，进一步做专班子、做高资信、做强主业、做活现金流，整合组建滨海集团。要紧扣“十三五”收官、“十四五”发展，全面开展政策梳理和效果评估，与时俱进抓完善，突出重点抓整合抓深化，提高各条线政策供给的质量和效益，精准出台新一轮产业扶持政策。积极争取上级政策倾斜，强化政策的协同效应和杠杆效应。

三要构建完善效益高低论英雄的资源配置制度。积极推进要素市场化改革、差别化配置，将亩均效益评价机制延伸覆盖至一二三产，奖优罚劣、退低进高，让有限资源实现产出最大化。全面推行“标准地”制度，深化“三未”土地整治和造地工程，探索弹性年期出让、先租后让等供地模式，既让企业有地可用，也让企业拿地即用，杜绝土地闲置、圈地投机。分类施策整治“低散乱污”，对可以就地提升的支持改造，对整合搬迁的积极帮助入园再发展，对完成整治但手续不全的依法依规办理手续，对主观故意、不落实整改的坚决淘汰，切实铲除“小企业大污染大消耗大风险”的土壤。更加突出有效投资在经济承压中的关键作用，创新重大项目统招统引、快拆快建机制，深化一般项目投资全流程审批改革，高效率“清零拔钉、清障提速”，持续营造项目大招商大比拼的火热场面，确保投资增速在全市领先。要充分挖潜水、滩涂、低山缓坡等丰富资源，强化谋划策划，实现物尽其用。

四要构建完善多元化源头处置的风险防控制度。一手抓防范，提高应对风险的前瞻性敏锐性，健全社会风险预测预警预防和管控体系，真正做到抓早抓小抓苗头。一手抓化解，升级打造县级社会矛盾纠纷调处化解中心和镇级分中心，做优“一窗受理”“信访代办”，尽快实现矛盾纠纷化解“只进一扇门”“最多跑一地”，实现初信初访零转重。要把防范化解安全生产风险作为重中之重，坚定扎实地打好“四大会战”，严格落实安全生产责任制、安全隐患排查处置机制、企业员工安全知识技能培训制度，坚决守牢安全底线。健全“4+X”扁平化指挥和“5+X”社会舆情应对体系，牢牢掌握维护社会稳定的主动权。高度重视经济下行压力下的企业经营风险，及时预警及时化解；高压整治P2P网络借贷等违法违规金融活动，稳妥处置政府债务风险；纵深推进扫黑除恶专项斗争，坚决铲除滋生黑恶的土壤，斩断勾连黑恶的链条；全面提高宗教事务管理法治化水平，深入推进宗教领域破题解难，坚决维护正常宗教秩序；联动建设平安宁海、信用宁海，全力打好防范化解重大风险攻坚战。

五要构建完善扁平协同高效的攻坚落实制度。坚持问题导向、效果导向，大力推广问题变议题、议题用专班、专班来突破、突破变制度的有效做法，根据形势变化、聚焦中心任务，及时调整优化，在“最多跑一次”、城市建设、片区开发、综合交通、国资国企、文明创建等重点领域专班突破，采用领导小组、指挥部、小分队等多种形式整合力量、扁平作战、强化攻坚。充分发挥改革委、财经委等县委议事协调机构的作用，紧抓大事，加密频次，研深议透、逐个突破专项课题。进一步完善督查督办和督后整改机制，强化电视问政等媒体监督，促进各项工作快推进、真落实。

六、大抓自我革新，提升组织优势担当历史重任

突出以高质量党建引领“双优”宁海建设，坚定不移全面从严治党，直面“四大考验”“四大危险”，有效应对新形势新挑战，切实强化自我净化、自我完善、自我革新、自我提高，打造“能担善为的党员干部队伍、坚强有力的党组织”。

一要发挥县委常委会带头示范作用。严格落实全面加强党的政治建设的若干措施，推动各级党组织和党员干部增强“四个意识”、坚定“四个自信”，确保“两个维护”见诸行动、付诸实效。巩固深化主题教育成果，构建不忘初心、牢记使命的长效机制，坚持把学习贯彻习近平新时代中国特色社会主义思想和习近平总书记重要讲话精神作为各级党委（党组）会议第一议题。发扬斗争精神、增强斗争本领，确保意识形态领域绝对安全。县委常委会将始终秉持最难的事我们先上、最苦的工作我们先干，带头讲政治提本领，带头践宗旨惠民生，带头抓队伍强基础，带头重民主促团结，支持人大、政协和“一府一委两院”履行职责，加强党对统战、群团和武装工作的领导，最大限度凝聚各方合力。

二要健全干部担当作为的激励机制。鲜明正确用人导向，坚持“事业为上、人岗相适、人事相宜”，促进精准识人、选贤任能，把敢不敢扛事、愿不愿做事、善不善干事、能不能成事作为识别和使用干部的重要标准。突出思想淬炼、政治历练、实践锻炼、专业训练，全面增强干部能力本领，持续加大优秀年轻干部培养力度，注重发挥不同年龄段干部的作用。树立“马上办、抓具体、勇争先”的工作导向，大力开展治庸治懒治推治拖行动，探索建立领导班子“四比业绩”和领导干部“双评排名”。坚持严管就是厚爱，发现问题要及时谈话提醒、批评警醒，落实谈心鼓劲、心理疏导等举措，关注和保护艰苦岗位干部的身心健康。严格把握“三个区分开来”的原则，完善干部为事业担当、组织为干部担当的“两个担当”良性互动机制，健全容错纠错、澄清正名、精准问责等机制，让各级干部心无旁骛干事创业。

三要持续夯实大抓基层的责任。一以贯之深化推进“锋领宁海”建设，高质量建强全领域党建，推动机关党建走在前作表率，抓实“整乡推进”促进乡村振兴，深化基层党建引领基层治理。从严贯彻落实《中国共产党支部工作条例》《中国共产党农村工作条例》《党员教育管理工作条例》等党内法规，推动各项制度规范落实到每个支部、每名党员。聚焦基层班子，靠前谋划村级组织换届特别是村党组织书记、村主任“一肩挑”，开展村班子整固提升，激发党员干部队伍活力。强化基本保障，实施村级组织活动场所整合提升行动，发挥区域化阵地的辐射作用。建立高质量党建评估机制，提高党建工作服务县域治理和高质量发展绩效。

四要推进“三服务”制度化常态化长效化。各级各部门要贯穿全年开展“走村入企强服务、深研细抓强落实”活动，紧扣稳企业、增动能、补短板、保平安，全力以赴抓开局破难题促发展，重点解决关键问题、高频问题、疑难问题。要牢固树立服务宗旨，建立全覆盖、全过程、全天候的“三服务”工作体系，不断改进调查研究，完善下访接访、首问负责、党群同心圆、“8718”等机制和平台，形成完整高效的工作闭环。不折不扣落实基层减负各项举措，关心基层、体谅基层、支持基层，让基层有更多的时间精力抓发展。

五要将正风肃纪反腐倡廉进行到底。着力构建党委（党组）主体责任、党委（党组）书记第一责任、班子成员“一岗双责”、纪委监督责任“四责协同”机制，完善纪律监督、监察监督、派驻监督、巡察监督“四个全覆盖”，深化运用监督执纪“四种形态”，让党员干部习惯在监督约束的制度环境中工作生活。严格执行中央八项规定及其实施细则精神，深化“四季清风”廉政文化建设，注重发挥查办案件的治本作用，一体推进不敢腐、不能腐、不想腐，严管微权力、严查微腐败。突出以案为镜，紧盯重点领域重要岗位，持续开展警示教育，以更有力的举措建设清廉宁海，推动党风廉政建设和反腐败斗争不断取得新成效。

同志们，革新求进时不我待，攻坚攀高只争朝夕。让我们拿出永不懈怠的精神状态和一往无前的奋斗姿态，不负使命，不负韶华，全力完成好各项目标任务，书写好“双优”宁海新篇章！

政府工作报告

——在宁海县第十八届人民代表大会第四次会议上

(2020年5月8日)

代县长　滕安达

2019年工作回顾

2019年是新中国成立70周年。一年来，面对国内外风险挑战明显上升的复杂局面，县政府坚持以习近平新时代中国特色社会主义思想为指导，在省市党委政府和县委的坚强领导下，大力开展"创新破难奋进年"活动，有力推进了经济社会持续健康发展。地区生产总值突破700亿元、增长6.1%，一般公共预算收入66亿元，10项人大代表票决实事工程圆满完成，全国综合实力百强县进位至第48位。尤为可喜的是，经过层层激烈角逐，创成全市唯一的首批国家全域旅游示范区，获评全市首个全国"两山"实践创新基地，成为全省获此双殊荣的两个县（市、区）之一。

（一）经济发展在保稳求进中持续向好。常年常态开展"五问五帮"企业服务活动，解决实际问题4500余个，新增减税降费15亿元。节约集约用地，谋划布局10个县级工业集聚区、34个小微企业园，获评首批省级小微企业园9个。创新金融服务，成为金融服务民营经济国家试点，人民币贷款余额突破900亿元，小微企业贷款余额增长19.2%，不良贷款率全市最低。引导企业对接资本市场，培育上市梯队企业26家，其中报会受理4家，宁波股交中心挂牌企业突破100家。工业经济再壮大。规上工业总产值突破900亿元，入围全国制造业百强县，评定制造业领军企业10家，入围市级单项冠军5家、省级隐形冠军5家，推动个转企172家、小升规73家。实施数字经济发展三年行动，新增上云企业845家，其中省级上云标杆企业3家，东方日升、吉德电器成为首批省级数字化车间企业，数字经济发展综合评价居全省第20位。规上高新技术产业、装备制造业、战略性新兴产业的增加值分别增长9.9%、12.4%和30.6%，增幅均居全市前三。科创能力再增强。新评国家级企业技术中心、工业设计中心各1家，新增国家高新技术企业45家，新建省市级研发中心、企业研究院、院士和博士后工作站24家，模具、生物产业创新服务综合体分别列入省市创建名单。研发投入强度达到3.0%，研发经费500万元以上的企业达到108家，入围浙江制造精品3项、省首台（套）产品5项，技术交易额6.4亿元。新增中国驰名商标2件、企业参与制修订国家标准12项，"8718"企服平台获批中小企业公共服务省级标准化试点。第三产业再提升。商旅文电融合发展，现代物流、信息消费提速发展，建成5G网络基站130个，旅游总收入、网络零售总额分别增长18.8%和29.6%，社会消费品零售总额增速全市第一，得力电商产业园一期、嘉隆广场、奥特莱斯商业综合体基本建成。全市首个县级邮政管理局挂牌，快递业务量增长34.8%，位居全市第二，创成省快递发展先进县。全域休闲旅游影响力大幅提升，国家文旅资源普查试点在我县铺开，景区"双创"积极推进，大庄温泉乡根小镇、梁皇山景区提升等15个项目开工建设，霞影西游等20条文旅精品线路推向市场，越溪王干山沧海桑田小镇项目签约，民宿集聚区达到19个，鹿山村获评首批全国乡村旅游重点村。现代农业再发力。三门湾现代农业开发区扎实推进，包振民院士工作站成功落地，东海水产研究所宁海试验基地投入运行，华大海昌水产育苗项目全面投产，高密度零排放对虾养殖创新基地落户我县，蛇蟠涂现代渔业园获评国家级星创天地，创成省级以上水产健康养殖示范场13家。"宁海珍鲜"品牌进一步打造，岔路黑猪种质资源省级基地启动建设，一市"蟹大人"荣获全国青年创新创业大赛金奖，黄坛"双峰香榧"等3个品牌获评国家地理标志证明商标，望海茶成为中国农业品牌，中国茶业百强县进位至第33位，农业现代化发展水平进位至全省第13位。

（二）项目建设在攻坚破难中持续推进。抓紧抓实"有效投资四季大比拼"，以集中开工、督查特报、三色预警等机制，以一般企业投资项目全过程审批“最多45天”改革，促成全年新开工项目90个，竣工投用47个。投资结构进一步优化，工业投资增长14.4%，民间投资增长24.7%、占比突破50%。园区平台项目比出新速度。宁波南湾新区指挥部挂牌，南部滨海新区12个产业项目加速推进，奇亿金属、吉利轻量化车身项目投产，宁波模具产业园区二期投用，建新产业园一期主体结顶；16个配套项目加速实施，宁河湾小区形象初显，创客空间主体完工。科技园区汽车城综合服务中心基本建成，高新汽配产业园标准厂房、职工宿舍等配套更加完备，中科院上海光机所产业化项目顺利落户，宁海经济开发区被评为省美丽示范园区。宁波生物产业园临床前研究中心竣工验收。基础设施项目拼出新形象。聚焦内畅外联，天明东路、民生中路建成通车，综合客运枢纽、兴宁北路完成改造，象西线桥头胡至深甽段全线贯通，宁海站动车存车场、城逐线二期、南门大桥改建、时代西路等开工建设，G228西店至桃源段、甬临线桐洲至麻岙岭段等加快推进，岳井洋大桥及接线工程通过工可评审，沈海高速宁海段拓宽改造纳入市级统筹。聚焦美丽河湖，洋溪亲水平台启动二期改造提升，海塘除险加固提标、小流域治理等工程稳步实施，清溪水库获省政府“封库令”。聚焦清洁能源利用，抽水蓄能电站主体工程进场施工，综合供能服务站建设完成年度任务，宁海—象山天然气管道工程具备通气条件，跃龙220千伏变电站整体改造等电力工程进展顺利。招商引资项目结出新硕果。完善专业化综合招商工作体系，成立杭州市宁海商会，组建13支重点产业招商小分队，外派“北上甬”3支驻点招商队，开展金秋招商大会战等活动，成功转化42个总投资211亿元的重点在谈项目，中南高科滨海智造产业园、壹岛核心区城市综合体、外泌体药物研发和产业化等项目当年签约当年开工。实到外资1.26亿美元、内资82亿元。要素保障能力得到新提升。强化土地供给，“三未”土地处置和万亩耕地垦造成效明显，消化批而未供和供而未用土地5132亩，完成垦造耕地7422亩。全力攻坚政策处理，加大司法强拆力度，助推桃源街道竹口三村拆迁改造等项目加速推进。拓宽融资渠道，提升县城投集团、科创集团和滨海城投主体信用评级等次，成立文旅集团，积极争取上级资金补助和政策性银行融资支持，中心城区防洪排涝项目获得世行贷款，新增政府专项债券6亿元。

（三）发展环境在创先争优中持续提升。立足工作基础、生态底色，以改革的精神、抢拼的勇气，大力开展各类创建活动，环境优势进一步彰显。营商环境持续领跑。实施优化营商环境“10+N”行动，专班研究企业全生命周期“一件事”改革，企业开办实现3小时内办结，司法拍卖不动产登记“零次跑”全国首创，食品经营许可“最多核一次”全省推广，科技类产业政策补助兑现“一指通”试运行，亲清新型政商关系积极试点，全国营商环境百佳县位居第30位。生态环境走在前列。打好污染防治攻坚战，推进治水治气治土清废，整治“散乱污”企业150家，“污水零直排区”覆盖90%乡镇（街道），生态环境质量公众满意度稳居全市第一，入选美丽浙江十大特色体验地，创成首批省级清新空气示范区。完成白溪水库、西溪水库等饮用水水源保护区调整优化。城乡环境更具品质。新城市中心区日渐精致，总部集聚区形象凸显，喜来登酒店主体结顶，文化中心、奇精大厦开工建设，一批宜居型住宅小区有序布局。旧城旧村加快有机更新，城隍庙周边商业街区和梅林九顷、桥头胡陆家等区块启动开发，南门菜场等地块完成征收，双水村等地块拆除腾空，跃龙街道北片雨污分流改造基本完成。开展城市精细化管理十大行动，推进生活垃圾分类处置，加强机动车违停、共享单车乱停、渣土违规运输等智能监管，抓好三改一拆和“大棚房”清理整治，获评省AAA级景区城。推动城镇多元特色发展，滨海度假、养老养生、红色文旅等业态孕育兴起，获评省AAAA级景区镇3个，葛洪养生小镇列入市级特色小镇创建名单，桑洲镇获评中国特色康养小镇，前童镇获评省美丽乡村示范乡镇。西店新城老城建设同步推进，中车交通项目成功签约。开展部省共建乡村振兴示范县创建，设立宁波农担公司宁海办事处，“整村授信”7万农户10亿元，建成AAA级景区村庄9个、新时代美丽乡村精品村30个，长街山头等6个村入选国家森林乡村，茶院许民等5个村创成省农村引领型社区，获评全省新时代美丽乡村建设工作成效突出单位。创新开展艺术振兴乡村工作，大佳何葛家村、岔路下畈村在全国“千村万寨展新颜”活动中亮相。开放环境愈显活力。出台“智汇宁海”系列政策，成立高层次人才服务中心，新引进高层次人才229人、团队35个，其中院士3人，入围宁波“3315系列计划”人才项目10个，乌材所中国研究中心亚历山大·莫里亚尔院士荣获中国政府友谊奖。宁海海关开关运行，基本实现宁海关务宁海通办。出台稳外贸新政，出口信保覆盖面达到43.7%，货物出口总额增长

28.7%，位居全市第一，获评国家外贸转型升级模具基地。

（四）社会民生在普惠共享中持续改善。全年民生类支出67.3亿元，占一般公共预算支出的74%，均高于上一年。社会事业全面进步。教育现代化水平不断提升，新评市级名校（园）长和骨干教师20名，金阳幼儿园、辛岭小学、以琳康教展能中心等投入使用，城西小学、国际幼儿园和县老年大学等工程基本建成，开展中职本科一体化试点，推行小学放学后校内托管服务。健康宁海行动加快推进，区域卫生健康云基本建成，梅桥医院、胡陈卫生院等投入运行，县域就诊率达90%以上，布点AED急救设备25处，新增国家卫生乡镇5个。国家登山健身步道入选“中国新美步道”前10强，宁海越野挑战赛晋级超级越野跑世界巡回赛。精神文明建设积极推进，通过省基本公共文化服务标准化认定，新建文化礼堂72家，县档案馆通过国家级数字档案馆验收，《箍桶记》获评中国民间文艺最高奖山花奖，省道德模范、省“五个一工程”奖实现“零的突破”，新时代文明实践中心挂牌运行，“党群同心圆”获全国志愿服务创新案例金奖。民生保障更加有力。紧盯衣食住行，做好生猪增产保供，改造提升农贸市场11家、农村家宴放心厨房50家，完成6万人的农村饮用水达标提标；新建安置房932套，完成金海福园、阳光茗苑老旧小区改造；花山公交首末站投入使用，强蛟客运集散中心开工建设，新增公共停车位4945个，安装ETC用户13万个，常态化治理电动自行车交通违法行为，整治完成交通隐患7584处，全年高铁客流量再创新高，达到439万人次。紧盯生老病幼，运行出生“一件事”联办中心，推行“医后付”和医保人脸识别认证，新建居家养老服务中心3个，新增养老床位1200张，养老保险参保率达到95%，荣获全市首个全国关心下一代工作先进县，群众身后事“一事联办”入选浙江省改革创新优秀实践案例。紧盯就业创业，投用职工之家，创成省市高质量就业村（社）26个，城乡居民人均可支配收入分别为61016元和33864元，增长8.6%和9%。双拥优抚积极开展。国防动员、后备力量建设不断加强，稳妥处置一批老旧遗留弹药。建成“三级五有”服务保障体系，悬挂“光荣之家”18595户，储吉旺获评全国模范退役军人，特等功臣应隆滚先进事迹广泛传颂。精准脱贫扎实推进。县内重点扶持区域加快提升发展，精准实施村级集体经济造血项目，低收入农户可支配收入增长14.3%，位居全市第一。主动对接协作、支援地区，高标准完成年度任务，扶贫车间、就业扶贫等模式入选国家扶贫协作典型案例。平安建设承压前行。成功防御超强台风“利奇马”。推进扫黑除恶专项斗争，打掉“套路贷”等黑恶团伙22个，圆满完成“保平安、迎大庆”等重大安保任务。痛下决心全领域拉网式开展安全生产和消防安全“四大会战”，排查生产经营单位6.5万家，组织培训39.1万人次，整改隐患2.6万处，停产整顿453家，关闭取缔178家。村务管理3项国家标准获批立项，宗教网格管理全面推行，行政村老年协会账目全覆盖清理。用好基层治理四平台，建成信访超市，探索信访代办制，打好信访积案化解百日攻坚战，岔路派出所被评为全省“枫桥式公安派出所”。全国法治乡村建设现场会在我县举办，下畈村入选全国乡村治理示范村，力洋镇创建省级城乡社区治理和服务创新实验区，农村小微权力清单入选首批全国乡村治理典型案例。

（五）自身建设在主题教育中持续加强。高质量开展“不忘初心、牢记使命”主题教育，不断增强适应新时代发展要求的能力和水平。政治建设进一步强化。增强“四个意识”，坚定“四个自信”，做到“两个维护”，全力打好三大攻坚战，紧紧围绕省委“八八战略”再深化、改革开放再出发，精准开展“三服务”，深入推进“六争攻坚”，政府工作的执行力得到有效提升。能力建设进一步强化。集中设立政府数字化转型办公室、优化营商环境办公室、“一件事”改革实验室、“放管服”改革办公室，与县跑改部统筹运作，构建起“运行高效、执行有力、监管集成”的扁平化工作新模式。开设经济高质量发展、服务民生“周末课堂”，组建“最多跑一次”改革、文明城市创建等工作专班，6个团队、12人荣登市“六争攻坚”先锋榜。顺利完成机构改革，新组建的7个部门集中挂牌。“十四五”规划和新一轮县国土空间总体规划启动编制。法治建设进一步强化。坚持重大事项向人大报告制度，与政协开展“请你来协商”，办理人大代表建议164件、政协提案193件。强化依法行政，建立预防和化解行政争议“3+N+X”机制，行政诉讼案件和败诉案件实现双下降，政务公开工作跃居全省第1位。认真抓好环保督察、自然资源资产离任审计等问题整改，推进办公用房搬盘整合，政府工作不断规范化、法治化。效能建设进一步强化。落实“基层减负年”要求，启动机关内部“最多跑一次”改革，关停政务APP（公众号）178个。聚焦群众身边事开展电视问政，出台正风肃纪警诫清单72条，聘请特约监察员16名，坚决治理不作为慢作为乱作为，清廉宁海进一步塑造。推动“互联网+政务服务”，落实“好差评”制度，推行刷脸办、掌上办，政务服务事项掌上办比例、跑零次比例、“一证通办”民生事项比例分别达到99.5%、96.5%和100%，县政务服务办获评省“人民满意的公务员集体”称号。

各位代表，今年初，新冠肺炎疫情突如其来。我县坚决贯彻中央和省市决策部署，打响了疫情防控的人民战争、总体战、阻击战。我们统筹谋划，第一时间建立高效运作机制，形成了统一指挥、严密组织、协同作战的工作格局。全县干部群众积极参与，开展联防联控、群防群控，共同抓好排查隔离、卡点设防、应急保供等工作，切实做到“外防输入、内防扩散”。24名医务工作者驰援武汉，圆满出色完成任务。疫情防控形势持续平稳向好后，在强化“外防输入、内防反弹”措施下，专设复工复产指挥部，实施“千人驻万企”行动，推出暖企20条、惠才12条和发放消费券等政策，打通产业链、供应链、服务链，开通24小时复工热线，奔赴“五省八城”专车接回企业员工，努力以最快速度恢复正常生产生活秩序。目前，我县疫情防控取得了阶段性成效，精密智控指数长期处于全市第一，涌现出了叶全奖等一批好党员好干部。

各位代表，奋斗伴随艰辛，成绩实属不易。这离不开上级和县委的正确领导，离不开县人大、县政协的监督支持，离不开全县人民的共同努力。在此，我代表县人民政府，向全县人民，向人大代表、政协委员，向离退休老同志，向民主党派、工商联和社会各界人士，向驻宁海部队官兵，向所有关心、支持和参与宁海发展的海内外朋友们，特别向奋战在疫情防控一线的广大医务工作者、各条战线的同志们，向积极配合参与疫情防控的全县人民，向理解、关心、支持宁海疫情防控的各界朋友，致以最崇高的敬意和最诚挚的感谢！

各位代表，回顾这一年，我们也深感挑战很多，问题不少。从经济发展看，长期积累的结构性矛盾逐渐凸显，“低散乱”工业点量大面广，新动能还不够强劲，产业升级亟需加大力度。财政增收节支难度加大，一些企业生产经营较为困难，风险防控任务依然艰巨。从蓄势增能看，大项目储备不足、转化不多，有望引领未来发展的重大产业项目更少，内生动力和向外招引都需要更加重视。从群众期盼看，公共服务供给还不平衡不充分，城市治理、社会治理还有待加强，公共卫生应急管理体系还不够完善，交通出行、教育医疗、安全生产等备受关注。宁波锐奇日用品有限公司“9·29”火灾事故造成重大人员伤亡，我们深感痛惜、深表内疚、深受警醒，这反映出我县安全生产形势严峻，隐患排查处置能力亟待提升，企业主体责任亟待压实，政府和企业都必须深刻吸取惨痛教训。从工作情况看，地区生产总值等指标未能实现预期目标，尽管有经济下行压力加大等客观因素，但也反映出政府工作执行还不够有力。同时，一些政府工作人员依法行政意识淡薄，担当作为缺乏主动，能力本领尚需提升，“中梗阻”现象还在个别领域存在。对此，我们将高度重视，采取切实有效措施，认真加以解决。

2020年主要任务

2020年是高水平全面建成小康社会和“十三五”规划的收官之年，做好今年各项工作，意义深远、任务艰巨、责任重大。当前，我国疫情防控向好态势进一步巩固，但保持防控成果、防止疫情反弹的任务依然繁重，经济发展面临的挑战前所未有；同时也要看到我国经济展现出的巨大韧性，长期向好的基本趋势没有改变。从我县看，尽管考验与挑战很多，风险和困难带来的压力很大，区域竞争也很激烈，但利好我县的积极因素也在持续增强。当前，宁海拥有生态资源的禀赋优势、制造产业的比较优势、战略平台的潜在优势、营商环境的竞争优势，拥有长三角一体化、浙江“四大”建设、宁波都市圈辐射带动等窗口机遇。我们一定倍加珍惜来之不易的防控成绩，用全面、辩证、长远的眼光看形势，直面困难、坚定信心，奋力拼搏、化危为机，努力让宁海一年更比一年美，让群众生活一年更比一年好。

今年政府工作的总体要求是：以习近平新时代中国特色社会主义思想为指导，全面贯彻中共十九大、十九届四中全会和中央经济工作会议精神，深入学习贯彻习近平总书记在浙江、宁波考察时的重要讲话和对浙江、对宁波工作的重要指示精神，坚持稳中求进工作总基调，坚持新发展理念，坚决打好三大攻坚战，细化落实“六稳”“六保”要求，深入实施“八八战略”“六争攻坚”，统筹推进疫情防控和经济社会发展工作，持续稳企业、增动能、补短板、保平安，奋力建设发展优质治理优越的“双优”宁海，确保高水平全面建成小康社会和“十三五”规划圆满收官，为浙江成为新时代全面展示中国特色社会主义制度优越性的重要窗口做出宁海贡献。综合考虑发展形势和目标导向，建议今年经济社会发展主要预期目标为：地区生产总值增长6.5%左右，一般公共预算收入、城乡居民收入增长与经济增长基本同步，商品销售总额增长9%，居民消费价格指数控制在103.5%以内，城镇登记失业率控制在3.5%以内，能耗和环境指标完成省市下达任务。

围绕上述目标要求，我们将切实增强责任感和紧迫感，严格落实常态化疫情防控举措，为人民群众生命安全和身体健康、经济社会秩序全面恢复提供有力保障，重点做好以下六方面工作：

（一）聚力产业升级，为高质量发展夯实基础

坚定不移推进“实业立县”。实施“215”企业梯队培育工程，支持企业做大做强做优。继续助推企业上市，力争新增上市企业2家以上，上市梯队企业突破30家。支持小微企业上规模，推进小微企业园建设，引导企业进区入园。帮助企业排忧解难，实施“五减”共克时艰行动，落实减税降费政策，更好发挥县企服中心作用，推广产业政策补助兑现“一指通”，坚决清理违反市场规则的制度行为，着力构建企业获得感最强的营商环境。内外销并举，拓展多元市场和出口替代市场，支持企业网上洽谈、网上办展和出口转内销，推进文具跨境电商平台建设，坚决稳住出口占全国份额。落实落细融资畅通工程，创新百名“金管家”服务，加强中长期贷款、无还本续贷等信贷投放，更好缓解融资难融资贵问题。弘扬宁海企业家精神，提振企业家信心，加快新生代企业家培养，发挥商协会自律作用，建立企业家参与涉企政策制定机制，给企业家更多尊重、礼遇和荣耀。

下定决心推动“制造强县”。大力实施“365”工业产业升级计划，重点打造文体办公、电子信息、汽车制造及模具等集群，助推规上工业总产值冲千亿。坚持数字引领，大抓数字经济，鼓励企业开展智能改造、信息化应用，支持工业互联网平台建设和推广，新增一批上云企业、数字化车间和智能工厂，数字经济核心产业增加值增长15%。坚持质量第一，深化全国质量强县示范县创建，推进“三强一制造”，更严格保护知识产权，创成国家级消费品（文教用品）标准化示范区，力争新认定中国驰名商标2件，新发布“浙江制造”标准7项。坚持反向倒逼，绘制工业地图，严禁工业用地违规改性，强化“亩均论英雄”“退二优二”，疏堵结合、分门别类开展“低散乱”行业（区块）整治提升三年行动，规上工业亩均税收增长7%。把甬临线（梅林南路段）两侧工业集聚区域作为示范试点，梯次实施小微企业集聚区翻建提升工程，争取为全县转型发展闯出一条凤凰涅槃的新路子。

持之以恒强化“科技兴县”。聚力科技创新，对接大院名所，共建一批政产学研创新载体，发展一批创新型示范企业，办好产业创新服务综合体，规上企业实现研发机构、技术创新活动“两个全覆盖”，研发投入强度达到3.05%。攻关关键核心技术，鼓励和支持首台套设备、首批次零部件研发应用，高新技术企业突破200家。聚焦产教融合，推进学科专业和产业需求精准对接。聚集创新人才，优化对用人主体引育人才的激励机制，培育一批实用型、技能型、创新型人才，引进高层次人才团队40个，让人才赋能创新，让创新赋能高质量发展。

（二）聚力项目驱动，为跨越发展蓄势增能

“四重四比”抓投资。牢牢扭住重大项目“牛鼻子”，完善项目全过程攻坚机制，开展抢政策、抢项目、抢时间和争投资“三抢一争”行动，进一步形成大抓项目、抓大项目的浓厚氛围。重前期比开工，充分考虑项目开展的必要性、可行性和实效性，精心编排重点工程242个、新开工116个、计划投资221.6亿元。谋实谋细项目前期节点，加大征迁工作力度，确保项目无障碍施工，全年项目开工率80%以上。重进度比投资，加大一线服务、合力推进、跟踪督查力度，确保固定资产投资增长9%以上。重管理比质量，盯牢项目立项、招投标、资金拨付等重点环节，盯紧施工安全教育和监管，确保建成安全工程、优质工程。强化政府投资项目绩效管理，严肃概算刚性执行。重服务比保障，应用省投资项目行政审批中介服务平台，分类分步取消政府组织委托的施工图审查，实现低风险小型项目最多20个工作日审批。力推国有企业评级提升，严控融资成本，提升投资效益。统筹财政和国有资金筹集管理，推动财政资金、国有资产、自然资源“三资”联动，全力争取并科学用好专项债券等资金，支持产业基金发展，更大力度撬动社会资本。多路径保障项目用地，完善土地管理机制，深化“标准地”改革，盘活“三未”土地3000亩，争取更多项目列入上级盘子。

内外并举抓招商。继续把招商引资作为“一把手”工程，深化完善招商体制机制，建好用好招商管理系统，促进项目、资源、信息互通共享、统筹协调，确保完成实到外资1.15亿美元、内资85亿元目标。全方位融入长三角一体化发展，下大力气招引一批行业领先企业和补链强链延链的优质项目。牢固树立留住本地优质企业和项目就是招商成果的理念，强化政策保障，促进要素资源倾斜配置，千方百计挖掘内生型优势项目，支持优势企业开展并购重组。建立县领导联系异地商会机制，强化在外乡贤联情联谊，建设“院士之家”，吸引更多优质项目、实力资本、高端人才选择宁海。

凝心聚力抓园区。按照“既要出成效、也要留空间”要求，加速宁波南部滨海新区能级提升，借势宁波南湾新区平台，组建滨海集团，创新开发模式，推动项目充实、设施夯实、产业填实，促成领为智能车灯、建新产业园一期等项目竣工试产。围绕打造中部城市产业区，强化科技园区创新平台搭建、新兴产业培育和楼宇招商，启动科技区块旧厂房改造提升，推进艾美生物疫苗产业化、北新建材宁波新材料产业园等项目，投用得力电商产业园一期。重视专业园区带动力和贡献率，加强宁波生物产业园、乌材所中国研究中心产业化项目落地，开工建设生物药研发及生产平台，着力打造新兴产业、高新项目和创新人才集聚地。

（三）聚力生态示范，为“两山”实践再谋新篇

最强责任护美绿水青山。致力于生态美县，巩固和扩大“两山”实践创新基地创建成果，严格执行“三线一单”生态空间管制制度，层层落实生态环境保护责任，再接再厉创建国家生态文明建设示范县。全方位开展环保服务企业示范行动，提升执法规范化精准化水平，推动企业落实环保主体责任，探索环保社会责任公示制度，重拳惩治主观故意、恶意破坏环境的行为。多维度构筑污染防治屏障，加大施工扬尘、工业废气等治理力度，开展土壤风险管控和治理修复，做好水环境治理控源、截污纳管、生态提升三大行动，严管电镀等环境敏感行业，基本建成全域“污水零直排区”。提升生活垃圾前端分类质量和固废处置能力，完善再生资源回收利用体系，确保环保能源发电项目投入运行，城镇生活垃圾实现“零填埋”。推广清洁能源利用，扩面管道天然气应用，增设综合供能服务站，加快抽水蓄能电站工程建设。推行环境污染责任保险和生态环境损害赔偿制度，深化国家森林城市创建，落实河长制、湖长制、湾（滩）长制、林长制，高标准完成环保督察整改任务，坚决打赢蓝天保卫战、治水提升战和治土攻坚战。

最大力度打造金山银山。坚持生态产业化、产业生态化，软硬件并举做深做精“两山”转化文章，进一步打开生态产品价值实现通道。致力于文旅旺县，围绕浙江省文旅产业融合试验区创建，实施“全域旅游再出发”八大工程，培育一批深耕本土、全产业链、集成服务的运营主体，发展一批具人文风情、乡土风味、田园风光的精品民宿，提升一批精品旅游线路，打造一批景区镇和景区村。加快大庄温泉乡根小镇等项目建设，开业运营宁海旅游集散中心、燕山君澜温泉度假酒店，促成十里红妆小镇、汶溪翠谷等项目转化。推动前童古镇创建国家AAAAA级旅游景区、深甽温泉创建国家级旅游度假区。围绕省级农业绿色发展先行县创建，以全产业链为导向、产业化招商为途径、智慧管理系统为依托，大抓“366”乡村产业振兴行动，加快农业高产高效发展，三门湾现代农业开发区争创国家现代农业产业园。实施现代种业提升工程，依托科研院所推动科技成果转化应用，推进柑橘、水产等品种优化，加速宁波海洋生物种业研究院等建设。实施区域品牌振兴工程，组建品牌发展协会，完善品牌准入和追溯体系，搭建“互联网+”品牌营销推介机制，发展精深加工、冷链物流，做实做响“宁海珍鲜”。实施新型经营主体培育工程，成立望海茶等农业产业化联合会，培养农业领军人才、农村实用人才和农技指导员，扶持“蟹大人”式的新农人、农创客和“草根精英”。

（四）聚力城乡融合，为和美家园攻坚提质

统筹推进“一核三片”。充分发挥规划引领作用，强化多规融合，科学编制“十四五”规划、新一轮县国土空间总体规划，同步编制乡镇级国土空间总体规划，促进“一核三片”县域空间联动发展。谋划推进撤县设区，加强与周边区域合作融通，打造甬南大门户、山海和美城。充分发挥中心城区核心作用，新城市中心区主攻内涵提升，老城区主攻改造提升，强化政策统筹，用好司法强拆，狠抓清零拔钉。以建设新时代美丽城镇为抓手，启动实施五大提升行动，理顺园区与属地权责关系，促进东南片拥湾发展、两化融合，西片念好山水经、新型城镇化，北片港城联动、新型工业化，培育一批具有示范性、辨识度的精品特色小镇。支持西店新城开发、老城更新、产业升级，推动中车交通等项目落地。

精心提升城乡品质。以夺取全国文明城市提名城市为目标，推进创城十大行动，实施文明好习惯养成工程，弘扬志愿服务、道德模范、身边好人等最美风尚，让宁海城乡更有品位、更有涵养、更有温度。围绕天明路城市轴线全线通车，联动兴海路、西环线两侧，加

快推进天悦广场、城市阳台、文化中心等功能性项目，开工建设钱岙邻里中心等配套项目，投用嘉隆广场、奥特莱斯商业综合体，促成一批宜居舒适小区交付入住，进一步集聚人气商气。适时启动坑龙王村、双水村等地块开发，争取城隍庙、水角凌等周边早出形象。下足绣花功夫，抓好市容市貌“治脏”、马路市场“治乱”、交通秩序“治堵”和“三改一拆”“治违”，建设运行智能停车系统，探索社会停车场停车收费峰谷价，持续创建无违建县。健全城乡融合发展机制，坚持“房住不炒”定位，发展租赁住房，提升住房条件，分类实施城镇老旧小区改造，促进房地产市场平稳健康发展。深入实施艺术振兴乡村行动，打造20个艺术特色村和大佳何等艺术精品线，加强乡村风貌保护和引导，打造精品村2个、示范村4个，创成部省共建乡村振兴示范县。发挥“两进两回”和农村指导员作用，提升涉农资金整合改革绩效，稳妥推进村社规模调整和组织换届。活跃城乡消费市场，探索零售新业态新模式，推动传统零售数字化转型、商业综合体差异化竞争，引导文创、电商等产业突破发展，提升夜间经济内涵品质，培育供应链物流，谋划县级农村物流中心，新改造提升农贸市场6个。

不断完善基础设施。致力于“2411”大交通，构建“136”交通圈，建成盛宁线力洋至胡陈段，建设城逐线二期、G228西店至桃源段和旗门港大桥等道路，推进沈海高速宁海段拓宽改造、甬台温沿海高铁等项目前期工作，开工建设宁海通用机场，新改建“四好农村路”85.3千米。加快宁海站动车存车场建设，更好发挥高铁站人口导流作用。完善市政设施，开工建设双水路、客运南站等工程，加快南门大桥改建、梅林南路提升和时代大道管线下地，建成时代西路。打造“百里亲水平台”，完成洋溪、汶溪、中堡溪水美工程，推进农村水系综合整治、东部沿海和城区防洪排涝工程，启动白溪流域慢行系统建设。深化农村饮用水达标提标行动，进一步加快清溪水库前期工作。开工建设国家电网生产综合楼，升级改造一批配电网，竣工投运跃龙220千伏变电站整体改造等工程。

（五）聚力群众期盼，为美好生活不懈努力

切实优化公共服务。深化教育领域综合改革，抓好名优师资五年倍增计划，加快公民上学“一件事”改革，规范校外培训和各类“进校园”活动，启动桃源二中、前童中心小学、城西幼儿园等新建项目，建成县中心幼儿园、城中小学改扩建一期等工程，投用县老年大学。深化“六医统筹”改革，推进县域医共体深度融合，加强特色专科培育，改造第二医院总院，投用县妇幼保健院保健楼，开工建设县精神康复中心，开展国家级农村儿童早期发展服务试点。合并医疗保险与生育保险，扩大跨省就医直接结算范围。健全公共卫生应急管理体系，提高应对突发重大公共卫生事件的能力水平。深化文化领域改革，引导和扶持文艺精品创作，推动农村文化礼堂建管用育一体化，促进文化惠民活动多样化。倡导全民运动，启动建设气象公园、毛家山公园，提升改造柔石公园，规划建设城区慢行系统，构建15分钟健身圈。健全社会力量参与社会事业的促进机制，推行公建民营、民办公助和市场化办节办会办赛事，保障海亮集团、以琳康教、方圆教育等民企投资项目加快推进。

切实加强社会保障。强化养老保障，妥善运营县老年公寓、长街敬老院一期，启动桥头胡养老院迁建工程，做好老年助餐服务，养老保险参保率达到97%，区域性居家养老服务中心实现乡镇（街道）全覆盖。多措并举稳就业，开展职业技能提升行动，加大援企稳岗力度，精准帮扶重点群体创业就业，狠抓欠薪治理，创成“无欠薪”县。聚力精准脱贫，加快县内重点扶持区域提升发展，启动新一轮村级集体经济攻坚行动，健全特困人员救助供养制度，低收入农户可支配收入增长10%以上。抓好东西部扶贫协作、省内山海协作和对口支援，确保脱贫攻坚任务如期全面完成。支持国防、军队和后备力量建设，落实“一年两征两退”改革，做好拥军优属工作，加强退役军人服务保障。

切实创新社会治理。持续打好安全生产和消防安全“四大会战”，坚决遏制重特大安全生产事故发生。以最严要求压紧压实企业主体责任，在全社会立下安全生产规矩，形成安全生产氛围。提高应急管理能力，提升应急处置协调协同水平。加强社会治安防控，纵深推进扫黑除恶专项斗争，重拳打击阻碍项目施工、扰乱市场秩序和金融领域的各类违法犯罪，坚决防范化解重大风险。深化放心消费行动，保障食品药品安全。健全矛盾纠纷多元化解机制，整合运行县级社会矛盾纠纷调处化解中心。建设社会治理共同体，规范提升基层治理四平台和全科网格，培育壮大枢纽型、支持型社会组织，共建共享平安宁海。

各位代表，县政府将一如既往落实民生实事项目人大代表票决制。今年聚焦“文教卫老、食住安行”等群众身边事，梳理形成了13个候选项目。票决确定后，我们将以高度负责的态度，不折不扣把实事办好、好事办实。同时，支持工青妇、工商联、残联、红十字会等群团组织，做好民族宗教、史志档案、流动人口、慈善和关心下一代等工作。

（六）聚力人民满意，为协同高效自我革新

让忠诚担当成为政治本色。坚持把政治建设放在首位，增强“四个意识”，坚定“四个自信”，做到“两个维护”，巩固拓展“不忘初心、牢记使命”主题教育成果，把党的领导贯穿于政府工作各领域、全过程。坚持唯实惟先，落实“争先创优”行动，增强执行能力，创新方式方法，对影响全县发展的“硬骨头”主动抓、专业抓、具体抓。坚持严管就是厚爱，完善激励担当、容错纠错、澄清正名和精准问责等机制，推动广大干部放开手脚干事业。

让依法行政成为干事习惯。坚持把政府工作纳入法治轨道，开展重大决策前专题学习、调查研究、咨询论证和综合影响评估，提升运用法治思维解决复杂疑难问题的能力，创建省级法治政府建设示范县。深化综合行政执法改革，加强文明公正执法，坚决反对冷漠执法、机械执法、任性执法，严肃查处拖而不办、吃拿卡要。深化政务公开，探索信息化应用服务，加强诉源管理，规范依申请公开答复。依法接受人大监督，自觉接受政协民主监督，加强审计监督、司法监督、监察监督和社会舆论监督，坚持重大事项向党委汇报，向人大报告和政协通报，高质量办好建议提案。

让高效服务成为工作常态。坚持把“三服务”贯穿全年，开展“双强”主题活动，建设人民满意的服务型政府。注重把“最多跑一次”理念运用到政府治理各方面，把“审批法庭”机制作为政府治理的畅通渠道和重要工具，强化协同联动意识，推行扁平化工作模式，保障长效化电视问政，深化机关内部“最多跑一次”改革，运行浙政钉督查微应用，大力弘扬“马上办”作风。加快“最多跑一次”改革向基层和公共服务领域延伸，抓好“村务厅”市级试点，切实提升“就近办”效能。强化整体智治，推进政府数字化转型，扩大公共数据归集共享开放，提升“互联网+”政务服务、监管和督查成效，打造“12345”政务“总客服”，努力让“浙里办”更可办更好办更易办。坚持和完善为民办实事长效机制，加强普惠性、基础性、兜底性民生建设，依托“村民e点通”，实现全天候“民呼我应”，用心用情用力当好答卷人。

让廉洁节俭成为行动自觉。坚持把纪律和规矩挺在前面，严格落实政府系统全面从严治党主体责任，严厉查处发生在群众身边的腐败和作风问题，加大对“中梗阻”等现象的惩治力度，加快构建清廉宁海。高标准落实中央八项规定精神，持之以恒纠正“四风”，着力整治形式主义、官僚主义，推行“四不两直”督查和“四不四要”考核，切实为基层减负减压。坚持带头过“紧日子”，贯彻以收定支原则，压减一般性支出，取消低效无效支出，集中财力办大事，切实把钱用在刀刃上。强化财政绩效管理，防范化解债务风险，增强“三保”能力，建设节俭政府，树立干部清正、政府清廉、政风清明的良好形象。

各位代表！大道至简，实干为要。让我们更加紧密地团结在以习近平同志为核心的党中央周围，在县委的坚强领导下，紧紧依靠全县人民，只争朝夕、革新求进，奋力建设“双优”宁海，为高水平全面建成小康社会、为浙江成为新时代全面展示中国特色社会主义制度优越性的重要窗口而努力奋斗！

名词解释

1. **景区“双创”**　前童古镇创国家AAAAA级旅游景区、深甽温泉创国家级旅游度假区。

2. **优化营商环境“10+N”行动**　对重点营商环境评价指标开展的专项便利化行动统称，其中“10”指开办企业、办理建筑许可、不动产登记、用水报装、用气报装、用电报装、跨境贸易、纳税、获得信贷和企业注销等10项主要指标，“N”指执行合同、办理破产和知识产权保护等其他支撑性指标。

3. **城市精细化管理十大行动**　“两违”整治、环境整治、马路市场整治、老旧小区改造、建筑工地整治、交通秩序整治、城市绿化亮化美化、生活垃圾分类、管网改造提升、数字城市管理十大行动。

4. **AED急救设备**　自动体外除颤器，是可被非专业人员使用的用于抢救心脏骤停患者的便携式医疗设备。

5. **“三级五有”服务保障体系**　建立县、乡镇（街道）、村（社区）三级退役军人服务保障机构，做到有机构、有编制、有人员、有经费、有保障。

6. **安全生产和消防安全“四大会战”**　安全生产和消防安全大排查、大教育、大整治、大提升四大会战。

7. **信访超市**　县矛盾纠纷多元

化解中心，以“最多跑一次”为理念，推行“一站式接待、一揽子调处、一条龙办理”，让群众矛盾纠纷化解和信访“最多跑一地”。

8. **预防和化解行政争议“3+N+X”机制**　由县政府办公室、县人民法院、县司法局和相关乡镇（街道）、部门，以及政府法律顾问等组成专班，强化信息共享、沟通协调、研究会商等工作，有效预防和化解行政争议。

9. **六稳、六保**　稳就业、稳金融、稳外贸、稳外资、稳投资和稳预期；保居民就业、保基本民生、保市场主体、保粮食能源安全、保产业链供应链稳定和保基层运转。

10. **“215”企业梯队培育工程**　到2025年培育2家500亿元以上、10家50亿元以上和50家5亿元以上企业。

11. **五减**　减税、减费、减租、减息和减支。

12. **百名“金管家”服务**　选聘100名金融高管或业务骨干结对服务重点企业，提供金融政策宣讲、金融需求对接、金融产品推荐等个性化金融服务。

13. **“365”工业产业升级计划**　到2025年打造文体办公、电子信息、汽车制造及模具3大五百亿级产业，节能环保、关键器件、智能家电、高端装备、生物医药、新材料6大百亿级产业，软件和信息服务、智能制造服务、智能物流、“5G+”产业、通用航空5个领域重点新兴产业。

14. **三强一制造**　标准强县、质量强县、品牌强县建设和打造“浙江制造”品牌。

15. **三线一单**　生态保护红线、环境质量底线、资源利用上线和生态环境准入清单。

16. **“全域旅游再出发”八大工程**　全域化空间布局、全景化城乡共建、全链化产业融合、全体验产品供给、全覆盖公共服务、全渠道品牌营销、全行业服务提质和全方位政策创新八大系统工程。

17. **“366”乡村产业振兴行动**　构建以茶叶、柑橘、水产为主的3大示范性农业全产业链，推进农产品初加工、精深加工、综合利用加工、主食加工、出口加工和商贸流通等6种现代加工流通产业，加快发展乡村休闲旅游、乡村文体康养、乡村现代化服务业、乡村体验农业、乡村创意农业和乡村数字农业等6种新型融合产业。

18. **五大提升行动**　设施提升、服务提升、产业提升、品质提升和治理提升五大行动。

19. **创城十大行动**　市容环境优化、交通环境提升、市场环境升级、社区环境整顿、乡村环境洁美、窗口服务提质、文明行为促进、公益宣传扩面、移风易俗深化和主流价值引领十大行动。

20. **两进两回**　科技进乡村、资金进乡村和青年回农村、乡贤回农村。

21. **“2411”大交通、“136”交通圈**　推进宁波至宁海城际铁路、甬台温沿海高铁2条铁路，沈海高速宁海段拓宽改造、甬台温高速复线至沈海高速连接线、象山港高速二通道、甬金衢高速复线4条高速公路，以及1个港区码头和1个通用机场，力争实现10分钟所有乡镇（街道）上高速、30分钟城区可达所有乡镇、60分钟全县各地均能到达宁波。

22. **六医统筹**　统筹医保、医疗、医药、医院、中医、医生的改革发展。

23. **“争先创优”行动**　省委省政府为做好今年经济工作而实施的行动，主要是按照“季目标、月评比、专班干、重激励、争高分”的要求，建立“一图一表一指数”赛马机制，推动形成比学赶超的工作氛围。

24. **“双强”主题活动**　县委提出的“走村入企强服务·深研细抓强落实”活动。

25. **村务厅**　群众办事说事的村级综合服务厅，是“最多跑一次”改革向村级延伸的办理站点，主要提供村级事务咨询、初审、帮跑、即办、约办等服务，实现村民办事不出村。

26. **“四不两直”督查、“四不四要”考核**　不发通知、不打招呼、不听汇报、不用陪同接待，直奔基层、直插现场的督查方式；考核时不查台账、不报总结、不听汇报、不搞接待，要抽查、要汇总、要网络留痕、要刚性考核。

27. **三保**　保工资、保运转、保基本民生。

壮丽 70 年　奋斗新时代

2019 年是中华人民共和国成立 70 周年，是高水平全面建成小康社会、实现第一个百年奋斗目标的关键之年。回首振奋人心的成绩，展望催人奋进的目标，宁海人民满怀希望再次出发。记录宁海人民艰苦奋斗的历程和永不懈怠的精神状态，将凝聚起全县人民不忘初心、砥砺前行、奋进新时代的强大精神力量，共同见证宁海的发展变化。

【70 年辉煌 · 翻天覆地的变化】 经济实力增强。地区生产总值（GDP）由 1949 年的 0.17 亿元跃升到 2018 年的 603.64 亿元。2018 年，宁海县工业总产值突破千亿元，实现工业增加值 280.24 亿元，外贸进出口总额 239.22 亿元。

城镇化水平明显提高。建成区面积由 1995 年的 7.8 平方千米，扩大到 2018 年的 39.7 平方千米，扩大 5 倍，城乡统筹发展水平跨入整体协调阶段。区域户籍人口由 1949 年的 22.08 万人增长至 2018 年的 63.3 万人。

2018 年，宁海城镇居民人均可支配收入达到 56186 元，农民人均可支配收入达到 31069 元，收入差距持续减少，城乡发展日益均衡。

2018 年，宁海县居全国综合实力百强区（县）第 53 位。2019 年攀升至第 48 位。

【70 年辉煌 · 记忆】 1949 年 7 月 5 日，宁海县城解放。

1958 年 10 月，撤销宁海县建制，并入象山县。1961 年 10 月，恢复宁海县建制。

1973 年 10 月，当时浙江省最大的堵港蓄淡水利工程—胡陈港堵港工程动工。

1988 年 7 月 29 日晚至 30 日晨，宁海遭百年一遇特大洪灾（“7 · 30”洪灾）。

1994 年 12 月 22 日，宁海成立经济开发区，并于次年被命名为全国乡镇企业示范区。

1996 年 12 月 28 日，白溪水库主体工程动工。

1997 年 3 月，潘天寿 100 周年诞辰之际，新建的潘天寿广场落成。

1999 年 12 月 28 日，宁海被批准为全国生态示范区建设示范县。

2002 年 5 月 19 日，首届中国（宁海）徐霞客开游节开幕。

2002 年，宁海县财政收入首次突破 10 亿元大关。

2003 年 3 月 8 日，宁海县模具城开业，“中国模具生产基地”授牌。

2003 年，宁海首次进入全国百强县行列，排名第 82 位。

2006 年 2 月 21 日，宁海平调被列入国家首批非物质文化遗产名录。

2007 年 9 月 12 日，宁海获评“国家卫生县城”。

2009 年 9 月 28 日，甬台温铁路宁海火车站通车，宁海圆了铁路梦。

2011 年起，每年 5 月 19 日《徐霞客游记》开篇日被定为“中国旅游日”。

2018 年 2 月 4 日，宁海村级“小微权力”清单写进中央一号文件。

2018 年 9 月 22 日，首届世界宁海人发展大会开幕。

【宁海农民用过的农业机具】 20 世纪 50—60 年代，宁海县粮食生产机械很少，插秧、收割都是人工劳作。特别是“双抢”时期，几乎每户都是全家总动员，每天早上四五点起床，苦干到天黑才收工。

1959 年 4 月，毛泽东主席在《党内通讯》中提出“农业的根本出路在于机械化”，全国开始大力推进农业机械化。1959 年 8 月，宁海县设立农机研究所；1960 年 2 月，成立县农具改革办公室；1970 年 11 月，成立县农业机械化办公室；1978 年 10 月成立县农机局。其间，宁海县研究推广多种类型的机械农具，至 20 世纪 70—80 年代，宁海县机械农具已达上万台。不过，早期机械农具许多还不是完全的机械化，如脚踏打稻机、手扶拖拉机等，仅是半机械化，收割用的还是传统的镰刀。

2004 年，“中央 1 号文件”决定对农民购买和更新大型农机具给予补贴；同年 11 月 1 日，《中华人民共和国农业机械化促进法》正式实施。优惠的政策极大激发农民购买机械的积极性，加快宁海县农业机械化的进程。2005 年至 2008 年，全县获补助的机械共 543 台（套），补助资金 880.3 万元，宁海县水稻的耕作、收获、植保等机械化生产走在全市前列。

2007 年，宁海县在茶院乡下徐村开展水稻机插秧播种试验成功。至此，水稻生产从育秧、插秧、植保到收割脱粒、烘干，基本实现全程机械化，制种产业也实现全程机械化操作，马铃薯全程机械化也获得重大突破。

一台台现代机械农具解放了农民，不断助推宁海县现代农业发展。2018 年，宁海县成为“全国主要农作物生产全程机械化示范县”。

【兴水惠民生　治水保安澜】 除水害，兴水利，70 年来宁海县完成水利总投资达上百亿元，投资总额和完成率排名均位于省、市前列。水利建设实现跨越发展。

打通水利脉络，筑牢农业根基。 新中国成立初期，宁海县水利设施规模小而简陋，抗灾能力低。1949 年，全县水稻田有效灌溉面积仅 5.2 万亩，而易旱易涝的靠天田、烂塘田则有 28.6 万亩，处于大雨大灾、小雨小灾、无雨旱灾的局面。

为改变沿海平原粮产区淡不能蓄、咸不能御，“一年三灾”的面貌，宁海县开始建设全省第一个堵咸蓄淡工程——车岙港水库。1952 年竣工后，1956 年又在车岙港上游兴建水库，使长街区沿港两岸“三年难得一熟”“十年九荒”的 8 万余亩农田变成宁海“粮仓”。

1956 年 8 月 1 日，十二号台风在象山登陆，宁海县遭到历史上罕见的“八一”台灾袭击，使群众深刻体会到兴修水利工程的重要性，从而掀起沿海平原以防汛为主，加固海塘；山区以防旱为主，兴修水库塘坝；沿溪以防洪为主，修筑防洪堤的热潮。杨梅岭、黄坛等中型水库也开始动工兴建，沙帽顶、下林等一大批小型水库开建。宁海县共建设水库山塘 1077 座，总库容 4.47 亿立方米，其中水库 64 座、山塘 1013 座。

其中让人印象最深的，莫过于梅林九顷洋畈的 9000 亩耕地，缺水易旱产量低，是宁海有名的“讨饭畈”。1959 年杨梅岭水库建成后，抗旱能力从 10 天提高到 70 天以上，“讨饭畈”变成为丰产畈，粮食亩产超过农业发展纲要指标。

“十二五”以来，实施小型农田水利项目 30 个，新增旱涝保收面积 7.405 万亩，完成扩大灌溉面积 9.18 万亩；灌区渠道改造建设完成 420 千米，完成胡陈港灌区标准化提升改造，有效提高河网排灌和防洪排涝能力；高度重视高效节水灌溉工程建设，自 2008 年来已累计实施项目 99 个，实施面积达 6.33 万亩……这些项目的建设，极大促进和保障了农民增收、农业增效，有效提高粮食生产能力和作物产值，为宁海县经济社会发展提供有力支撑和保障。

筑好水利屏障，守护一方安定。 至 20 世纪 80 年代末，全县水利设施基本形成蓄、引、提、排、防相结合的工程体系，并在抗旱、抗台、防汛、排涝、发电等方面发挥综合效益。但由于条件限制，已建成水利设施，尚不能控制特大洪涝、旱灾发生。

1988 年，一场百年难遇的“7·30”洪水席卷宁海大地，吞噬 182 条人命，造成经济损失 34 亿元；1997 年 8 月 18 日，恰逢天文大潮，11 号台风携风带雨直扑宁海，沿海风力达到 11 级。风暴潮“三聚头”席卷而来，宁海县沿海海塘堤坝全线崩溃，海水倒灌，宁海成为一片汪洋，直接经济损失达 12.7 亿元。

为根治洪灾，宁海县以海塘标准化建设为重点，建成一批水利骨干工程，筑起一道安全屏障。从 1998 年至 2004 年，动员全县力量新建 120 千米高标准海塘，抵御住“桑美”“云娜”等台风的考验。2016—2018 年期间，又开展海塘安全鉴定工作，针对标准海塘运行多年存在一定的安全隐患和风险，计划投资 6.7 亿元，于 2019—2022 年进行提标改造建设，守护群众的生命线。

2003 年开始，宁海县全面开展“千库保安”的水库除险加固工作，对 50 多座水库及 600 多座山塘进行除险加固。同时新建总库容 1.684 亿立方米的白溪水库和总库容 0.83 亿立方米的西溪水库。2019 年西林水库扩容工程完工验收完成；谋划十几年的清溪水库工程已完成立项工作，正在前期工作中。为下游人民群众生命财产安全、为全县工农业用水、城乡供水提供保障。

为提高全县防洪排涝能力，近年来，宁海县开展小流域、五大溪流、颜公河整治工作，总体上实现城区防洪能力达到50年一遇，大部分乡镇防洪标准达到20年一遇及以上。尤其是颜公河流域，开展颜公河干流整治，并建设颜公河调蓄池工程，控制颜公河近1/3的集雨面积。调蓄池建成后，逐步显出“超级海绵”的功能，还是宁海在建的规模最大的城市综合性公园。投资40亿元的东部沿海防洪排涝、城区防洪排涝等工程正在有条不紊地建设中，将进一步提高沿海平原及城区的防洪排涝能力。

建设“美丽水利”，推动融合发展。在水利建设中，始终立足于民生和生态两大理念。

为解决喝水难题，宁海县实施农村供水工程建设，建成城区、宁东、宁西、宁北、长亭5个城市水厂、301个农村水站，供水范围涉及18个乡镇（街道）、363个行政村，让48.9万名村民彻底告别饮水难。2019年，宁海县又把农村饮用水达标提标工作提上日程，让百姓从“喝上水”到“喝好水”。

致力于打造“美丽水利”。全面开展“五水共治”“剿灭Ⅴ类水”等专项活动，扎实推进清水河道、河道清淤、河道绿化、河道保洁等一批河道生态治理与保护工程。在打造生态水利过程中，按照“河床自然化、堤防生态化、物种本地化、功能多元化”的治理目标，充分融入生态、休闲、景观、人文等因素，打造多功能生态河道，建设“美丽水利”。累计建成集防洪、生态、休闲、旅游、健身等功能于一体的小流域120多千米，建设平原生态河道200多千米，完成河道清淤600余万立方米，完成河道绿化300多千米，全县河道生态状况得到基本改善，初步形成防洪安全、水清岸绿的河道体系。

2019年开始，宁海县计划对白溪以“绿色生态、水岸联动、功能综合、水旅融合”的模式进行全流域治理，融合沿线霞客文化、民俗文化、五匠文化、红色文化等元素，把西门城楼、连福风景区、前童古镇、梅花村红色基地、上金国际商业文化旅游区等自然人文景观、景点串联成线，将白溪流域打造成为“宁海城乡后花园”。

宁海县将以美丽河湖串联美丽城镇、美丽乡村、美丽田园，全面推进“百江千河万溪”水美工程，梳理出建设目标和重点任务。计划至2022年，完成“百江”项目5个、“千河”项目6个、“湖泊”项目3个、“万溪”项目15个。全面建设安全流畅、生态健康、水清景美、人文彰显、管护高效、人水和谐的具有诗画江南韵味的美丽河湖。

宁海水利这样走来。1985年3月，胡陈港堵港工程被浙江省水利厅授予厅级优秀设计工程。

1992年4月，县水利局被授予“全国水土保持先进单位”。

1992年9月，宁海县被浙江省水利厅授予标准海塘建设先进县。

1998年9月，宁海县在浙江省第四届水利“大禹杯”竞赛活动中被评为“海塘建设”单位先进县。

1998年，宁海县水利局被评为“全省水利工作先进集体”、宁波市“大禹杯”农田水利基本建设金奖。

2003年8月，宁海县被水利部、财政部列为“十百千”工程第四批命名示范县单位。

2005年，县水文站被水利部评为首批“全国文明水文站”。

2007年12月，宁海县在浙江省第十三届水利“大禹杯”竞赛活动中被授予水利“大禹杯”金杯奖。

2015年，宁海县下洋涂围垦工程荣膺国家“大禹杯”优质奖。

2016—2018年，宁海县水利局连续三年荣获全省水利考核优秀。

2017年3月，宁海县被评为2016年度国家水土保持生态文明综合治理工程。

2018年2月，宁海县位列全省县级水利部门年度综合考核第六、全市第一，被授予2018年度浙江省市县水利工作综合考核优秀单位称号。

2019年3月，被授予2019年度水利工作综合考核优秀单位，同时作为全省5个发言单位之一，作“抢抓机遇　求真务实　奋力开创美丽河湖建设新局面”的经典交流。

【新标准海塘建设】宁海地处东部沿海，濒临象山港，大陆海岸线总长164.46千米，台风风暴潮经常侵袭，灾害频繁。特殊的地理位置，决定宁海县经济社会发展与水利尤其是海塘修筑极其紧密的关系。

痛下决心，建设标准海塘。为抵御灾害，祖辈们经年累月在海岸边修筑百里海塘。然而这些海塘大多为历代围涂所筑，建设标准低，屡修屡毁，险象环生。为了提高防台御潮能力，保障人民生命财产安全，适应经济发展的需求，宁海县发动群众，依靠集体力量造海塘，筑堤防。

1969年，宁海县组织强蛟镇团结塘围垦工程，投放劳力150万工，于1975年全面完工，堤长1190米，高5.5米，围区7000亩，新围海塘种上柑橘，后转为水产养殖。团结塘围垦是宁海县大力建设海塘工程的缩影。

受困于当时的经济水平和技术条件，20世纪70年代至90年代建造的标准海塘水准不高。沿海海塘都由群众性围筑而成，又矮又小，经常被台风风暴潮冲毁。1974—1987年，全县建设标准海塘5处，海堤总长26.6千米。但随之在1988年发生的“7·30”洪灾中损毁过半。

1990年8月至1994年，宁海县又建海塘79处，海堤总长116千米，投资3500万元。1997年8月18日，宁海县遭到百年一遇的11号强台风袭击，且正遇到农历七月半天文大潮，出现罕见的风、雨、潮三聚头，台风带来的海浪冲击柱高达10余米。在高潮的袭击下，宁海县刚苦心建成的120千米标准海塘岸又基本毁于一旦。据统计，当年全县共损坏海塘岸70.95千米，冲毁46.83千米，被冲缺口580处，损坏闸门120座，沿海255个村庄海水倒灌，12万人被围，5万多人一时无家可归，直接经济损失达12.29亿元。

这场“8·18”灾害过后，宁海县痛下决心，作出“全民动员兴水利，万众一心修海塘”的决定，全县人民苦战三年，投资4.3亿元，建成120千米新标准海塘。

苦战三年，筑起“海上长城”。1997年10月22日，全县召开建设新标准海塘誓师大会。“建百里海塘，保一方百姓”的口号振聋发聩。

建设海塘需4.3亿元，市财政只补助35%，其他资金需由县政府和群众自筹。县政府从财政中安排出500万元资金，专项用于新标准海塘建设；县级四套班子带头捐资、引资；县乡镇党政机关、群众团体和事业单位干部、职工，每年捐一个月基本工资；企业家、工商业主，以及乡村群众都积极贡献出自己的一分力量。从县城到乡村，到处流传着一句话：“砸锅卖铁，也要建成新标准海塘。”

通过2年艰苦卓绝的努力，新标准海塘一期二期工程仅两年就完成三年计划，到1998年年底，建成标准海塘90千米。到2004年年初，分4期建成的新标准海塘共118.8千米全部竣工。50年一遇防洪标准的海塘如一条苍龙长久守护在海岸线上。

龙锁沧海，海塘带来发展新机遇。2000年以来，影响宁海的台风有20多次，其中较大的就有10次，经受“桑美”“云娜”“麦莎”“卡努”等强台风的考验，全县新标准海塘安然无恙，发挥出明显的抗灾减灾作用，成为沿海挡潮御浪的“铜墙铁壁”。

新标准海塘的建设有效地推进沿海地区的经济发展和农业产业结构的调整，将原本半种半荒的杂地和低盐碱地变成高产地，同时也带动海塘堤内养殖业发展，经济效益十分显著。与海毗邻的长街、力洋等地，已然成为宁海县杂交稻水稻制种、柑橘培育、翠冠梨种植的农业产业基地；越溪、一市等地成了县内外有名的养殖基地。

2017年，宁海县整合长街、力洋、一市等沿海乡镇的十万余亩“山、海、田”资源，以农业产业化、产业高新化、田园景观化、运行专业化、模式循环化、发展融合化开发思路打造一个崭新的三门湾现代农业开发区，宁海县还计划投资5亿元，于2019—2021年对全县II类及以上海塘实施海塘除险加固及提标升级。

【全民健身，向美好生活出发】政府提倡全民健身，家门口有设施，公园里有步道，休闲运动让老百姓的身体越来越强健。

生活水平提高，群众健身意识发生转变。1951年5月，宁海中学操场上举办宁海县第一届人民运动大会，为期6天，共有717人参加。

1952年，毛泽东主席为新中国体育工作题写“发展体育运动，增强人民体质”12个大字，明确新中国体育事业的根本目的和发展方向，推动全国体育运动的发展。宁海民间的传统健身项目如武术、舞狮等得到挖掘整理，习武之风尤盛，产生一批有一定影响的武术前辈。宁海的一些工厂、学校也率先组织开展广播操、工间操等项目，经常开展体育活动，城镇多举行棋类、球类体育赛事，沿海一带常见游泳、垂钓等活动。

体育设施建设，是关系到人民健康的一件大事。1954年，宁海中学建成有300米跑道的田径场，后扩充面积至1.3万平方米，设置篮球场、排球场和足球场。之后的县历届运动会都在此举行。随后，全县首个灯光球场、射击场、溜冰场等体育设施相继建造，满足人民群众日益发展的多元化的运动需求。

改革开放后，群众体育健身得到普及和推广。20世纪90年代初，宁海群众体育活动进入新阶段。清晨傍晚，在体育场馆、公共场所经常能看到老百姓打乒乓球、练太极的身影。最活跃的要算篮球运动，几乎每个村都有一个篮球场，白天晒谷，晚上打球，村之间、乡镇之间经常举办篮球友谊赛，围观的群众也特别多。那时，宁海一些城市街头出现台球、保龄球等健身项目和场所。坐落在人民大道以北的宁海体育中心于1996年建成，体育中心有宁海首个400米标准跑道的田径场、游泳馆和体育馆。

进入21世纪，随着《全民健

身计划》的逐步实施，群众健身在宁海民间越来越常见，兴起建立体育协会的热潮，但想要在乡镇组建体育队伍还十分困难。

2004年，县体育部门全面启动“农村小康体育工程”，逐步实现全县村庄健身路径和篮球场全覆盖，为农村群众提供家门口的体育设施。

2008年，北京奥运会成功举办，为社会注入一股活力，成为推动中国群众体育事业发展的巨大力量。2010年，跃龙街道北星社区乒乓球俱乐部成立，当时有会员80余人，一颗小球托起众多老年人的幸福晚年。同年，宁海推出第一季“千里走宁海”徒步登山活动，上万人参与。

2009年，全民健身上升为国家战略。全民健身的参与面和普及率不断提高，健身人群的年龄结构更加优化，社会上各类健身培训项目也愈加丰富，一批适合不同年龄、不同追求、不同品位的运动业态在宁海遍地开花，舞蹈、健身操、球类、户外运动、骑行等健身项目受到广大健身民众的喜爱和学习。

为了满足群众日益增长的健身需求，近几年，宁海体育部门结合城镇化发展统筹规划体育设施建设，在城区规划建设15分钟健身圈，实现新建社区的体育设施覆盖率达到100%。

近几年，宁海还以举办运动赛事来着力推动群众体育发展。连续多年举办中国运动休闲大会，每年定期承办“千里走宁海”、宁海越野挑战赛、环中国自行车业余赛宁海站等10余个省级以上大型户外品牌赛事。凭借良好的体育基础和规模化的赛事，宁海连续获评中国十佳运动休闲城市、全国体育先进县、中国体育产业基地等称号，体育事业迸发出勃勃生机。

打破户籍限制，2017年，宁海县举办首届市民运动会，吸引近3000名市民参与；2018年，举办首届乡村振兴村民运动会，具体参赛项目有掰手腕、拔河、广场舞等20余项，形成“一镇一品”特色群体运动项目。运动会期间，共计8万余人次参加比赛；2019年举办第九届机关运动会，比赛共有69家机关单位、18个乡镇（街道），3300余名运动员参加8个项目的比赛，是历届比赛中项目最多、参赛队伍和人员最多、县管干部参与最多的一届机关运动会。

从山地自行车赛，到夜跑一族；从专业的越野挑战赛，到人人皆可参与的市民运动会、千里走宁海……在宁海的公园、步道、社区运动场，运动着的宁海人，始终是一道靓丽的风景线。一场场赛事，一场场运动，全民健身让宁海更加火热起来。宁海人对美好生活追求，从全民健身开始。近十年来，宁海群众体育运动蓬勃发展，尤其是近五年，群众体育健身的需求呈井喷式增长。政府呼吁，部门搭台，全民健身遍地开花。

【宁海县商贸业演绎精彩跨越发展】解放初建立国营商业，主要分属商业、粮食、物资、水产4个部门。以批发供应为主，城镇有零售商店。1978年后，各业经商、非商业部门办公司，批零兼有。1986年年底，全县全民所有制商业机构181个、1889人，商品零售额占全县社会商品零售总额22.8%。

1950年年初，百货宁波分公司奉化经营组到宁海设摊。次年1月宁波分公司宁海经营组成立。嗣后，花纺布商店、专卖事业分销处、食品经营组相继建立。至1956年发展为百货、食品、专卖、医药、交电、纺织品6个县公司和1个水产经营组。

1958年，国营商业系统与供销合作社合并，各公司重新组合，成立棉百、食品、副食品、生产资料、农副产品5个经理部。农村商业机构统一组成人民公社供销部。

1961年，国合分开，恢复专业公司。1966年，国合再次合并，县级公司又有变动。

1978年，国合又分开，设百货、食品、五交化、燃料、糖烟酒、医药6个县公司。1985年，煤炭、石油分设公司。1986年，商业局所属百货、五交化、石油、烟糖、食品5个公司有：批发机构5个，零售机构38个，农副产品采购机构25个，储运机构6个。从业人员842人，纯销售额10279.1万元，利润264.9万元。

近年来，宁海县建立完善城乡一体、内外拓展的现代商贸流通网络，积极提升城市辐射能力，打造区域性消费中心。2019年上半年，全县实现社会消费品零售总额107.86亿元，实现商品销售总额283.6亿元，同比增长13.0%，增速位列全市第五。全县有规模较大的零售企业，又有面广量大的中小流通企业；有综合性购物广场，又有连锁超市、专卖店，涉及餐饮、休闲、娱乐等各行各业，商贸结构逐步优化。

【宁海金融70年回眸】 1949年7月5日，宁海县城解放。第二天早上，中共宁海县委、县政府宣布人民币为唯一合法货币，停止金圆券流通使用。

70年，宁海这座当初百废待兴的城市实现从贫困到富足的跨越，从贫弱的农业县成长为全国综合实力第48位的百强县；生产总值由1949年的0.17亿元跃升至2018年的603.64亿元。

伴随着经济的全面腾飞，人民收入水平和社会财富积累也全面提高。1950年年末，全县人民币存款余额仅52万元，2018年，全县金融机构本外币存款余额733.47亿元。1951年，全县贷款余额仅为0.1万元，2018年，宁海县各项贷款余额874.66亿元。

一路披荆斩棘，宁海金融始终与宁海人民同呼吸、共命运，服务地方经济发展和人民生活需求，在几代金融人的共同努力下，在改革开放的春风中茁壮成长，在高质量发展的道路上阔步前行。

重整河山，打赢宁海首场“金融保卫战”。宁海解放后，面临的第一件事就是整顿金融、改革币制。宁海解放第二天，县委县政府就张贴布告，以13500元金圆券换1元人民币的比率收兑旧币。但由于广大群众对人民币不熟悉，加上投机商操纵、匪特造谣，群众重物轻币的思想一时难以扭转。市场上银圆买卖之风盛行，价格混乱、物价飞涨，通货膨胀问题严重影响正常的生产生活秩序。

1949年10月1日，中国人民银行宁海金库成立，挂牌收兑银圆，取缔黑市金银交易。在加强对金银的管理后，投机商转而投机粮食、棉织品等大宗商品，导致粮食、棉布、食盐、油料等价格急剧飞涨，人民生活受到很大影响。

中共宁海县委一方面筹措物资投放市场，一方面实行价格管控，沉重打击囤积居奇、转手倒卖的投机者；县人行严格执行中央“三平政策”，让财政收支、物资调拨和现金出纳逐渐趋于平衡。

1950年5月1日，中国人民银行宁海办事处成立，号召全县人民积极开展人民币储蓄，把社会闲散资金集中到总行，用来控制重要物资投放市场。同时，开办保本保值折实储蓄业务，采用折实牌价。

在一系列措施的推动下，至1950年11月，宁海财政、物资、现金基本实现平衡，消除金融风险隐患，物价实现软着陆，为宁海经济休养生息和恢复发展创造条件。

同时，为解决翻身农民的生产、生活问题，推出多种帮扶措施，其中最主要的是发放农贷。1951年，中国人民银行宁海县支行放出农贷3.2万元；1952年15.7万元，1953年增至57.6万元。

强力有效的应对，让市场秩序逐渐恢复、社会实现稳定，人民群众对新政权的信任度越来越高，对使用人民币越来越放心。在这个“看不见硝烟的战场”上，宁海打赢首场金融保卫战。

艰辛奠基，“背包银行”托起群众新生活。解放前，宁海农业生产长期停滞在落后状态，农田水利失修，土地贫瘠，粮食产量低，农民始终在饥饿线上挣扎。全县亩产低于150千克的低产田占比超过28%。

解放后，宁海县发动群众建设农田水利设施，改良农田，对10多万亩低产田进行综合治理。

发展农业，离不开资金的支持。宁海县实行“国家银行和信用社两条腿走路”的方针。1954年3月，县委召开财政扩大会，要求各区（镇）积极推广农村信用互助组，农村信用合作社事业在宁海县迅速兴起。

1954年，西溪乡成立县内第一个信用合作社。至1955年冬，全县建有信用社83个，社员52418户，占总农户的74.9%。农村信用合作社以扎根农村、方便群众的方式组织资金、发展农村信贷，成为最有效的农村合作金融组织。那时候，信用社被称为“背包银行”。

宁海农民终于改变“二尺秧苗尺八稻，有收无收望天讨”的生活，实现温饱。

在探索社会主义道路的过程中，宁海县金融体系也曾几度经历过波折和动荡。“大跃进”期间，宁海县大办地方工业，推行“全额信贷”，导致大量贷款无法收回。文革10年，银行业遭受重创，银行制度被废除，业务活动无法正常开展。

经过近30年的发展，宁海这个原本纯粹的农业县有了一定的工业基础，电力、交通等基础设施得到改善，教育、医疗等民生事业稳步发展，为改革开放后的全面腾飞奠定基础。

风正扬帆　成就改革开放的“宁海故事”。1978年，十一届三中全会胜利召开，中国迎来重大历史转折，宁海金融迈开奋进的步伐。

1979年，建行宁海县支行对外营业；1980年，农行宁海县支行第三次成立；1981年，重建中国人民保险公司宁海特约代理处；1984年，分设工行宁海县支行；1986年，县邮政储蓄开业……宁海县现代银行体系逐渐成形。

随着宁海县纺织、模具、五金、电子电器等产业纷纷崛起，各大银行贷款范围迅速扩大，中短期设备贷款、个体工商业贷款、预付性贷款等产品纷纷推出。

1980年，王友庆在力洋区农业银行办事处开宁海县毛屿啤酒厂（大梁山啤酒前身）的户头，户头资金只有30元。随着企业步入良性发展轨道，从1981年至1986年，农行对该厂共发放设备贷款144万元，生产贷款954万元，让企业迅速成长为浙东地区最有影响力的啤酒企业之一。

在艰辛创业的道路上一路走来，宁海民营企业与金融机构渐渐形成互相支撑、唇齿相依的关系，共同推动着宁海工业化车轮滚滚向前。

1988年“7·30”特大洪灾重创宁海，企业最密集的城南工业区财产损失高达5000多万元。当时保险业发挥“稳定器”的作用，赔付该工业区2028万元，为众多的企业家赢得喘息之机。

宁海金融并未停下深化改革的步伐。县工行、农行、建行相继开展国际业务；县农发行开业，宁海县金融配套日趋完善。

1995年，宁波证券公司宁海营业部成立；1997年，第一家股份制典当行开业……非银行类金融机构也逐渐出现，宁海县资本市场开始发展。

2019年，宁海县有银行机构25家、保险机构53家、证券机构6家、小额贷款公司3家、民间借贷登记服务中心1家和国有担保公司2家。

从小到大、从单一到丰富、从低级向高级不断发展，正是在金融事业的强有力助推下，宁海综合实力显著提升，产业结构提质升级，城市面貌焕然一新，民生事业持续改善，成就了改革开放的宁海故事。

再造动能，拥抱资本市场的春天。宁海是民营经济大县，上市公司是宁海龙头企业未来发展的基本方向——只有拥抱资本市场，企业才能获得直接融资、进行扩大生产和技术改造，同时，处于高透明度和严密监管的环境，企业才能获得持久稳定的制度保障。

1999年7月，《中华人民共和国证券法》正式实施。宁海县抽调精干力量，加强与中介机构和上级部门的沟通和协调。2008年，成立金融上市办，负责全县金融管理和服务工作，推动企业上市。

2010年8月，双林股份在深交所挂牌上市，成为宁海县第一家上市公司。不到一个月，宁海县第二家上市公司诞生——东方日升同样在深交所创业板挂牌。2017年，宁海县又有奇精机械和润禾材料两家企业相继上市。

上市给企业带来的提升是巨大的：东方日升已经成为世界领先的光伏企业、宁海第二家“百亿企业”，不仅在太阳能光伏组件生产上优势明显，而且成为太阳能项目的投资者、开发者和EPC承包者，在全球开发建设数千个电站项目。双林上市近十年来发展迅猛，成功实施新火炬、德洋电子、澳洲DSI等多项兼并收购，实现企业产业结构调整和优化升级。奇精机械上市为扩大公司汽车零部件业务提供资金保障，汽车零部件业务成为公司第二主业。润禾材料募投德清“年产2.5万吨有机硅新材料扩建项目”即将投产，江西永修项目也已启动，企业三大基地的布局，让产能得到大幅释放。

2018年，宁海县完善出台《宁海县人民政府关于实施“凤凰凤雏凤来巢”三凤行动推进企业上市和并购重组的意见》，在原有上市企业、新三板挂牌企业奖励基础上，新增股改、资产重组、税收补助，把鼓励上市挂牌作为产业转型升级的重要手段，推动宁海实体经济再上新台阶。成立全市首家县级跨行业的金融发展“俱乐部”——宁海金融上市联合会，引导金融业更大力度服务实体经济。

新的管理格局和良好的公共服务，让宁海县企业上市挂牌步伐进一步加快。截至2019年年底，宁海县共有上市企业和新三板挂牌企业各4家，年报会企业4家，另有拟上市企业9家，重点培育企业20家，甬股交挂牌企业累计已达到106家，2019年新增甬股交挂牌企业30家。

创造幸福，普惠大众赋能美好生活。地方建设债券、“四自公路”建设、棚改安置房资产证券化等等，金融创新为宁海城乡建设提供极大的支持，让宁海人民从“桃源桥时代”走来，走过“人民路时代”，走向“天明湖”时代。

同样是来自金融力量的支持，让宁海成为“百亿企业”领航、“小巨人”频出、“单项冠军”层出不穷、“无名英雄”百花齐放的产业兴盛之地。

长期以来，在很多人的心目中，金融是为城市建设和产业发展服务的，家庭和个人成为被忽略的一方。近10年来，这种情况得到根本性的改变——家庭存款在银行总存款中的比例越来越高，银行理财成为家庭的重要收入来源，个人贷款在银行占比中甚至超过1/3。金融越来越渗透至个人生活，不仅满足家庭的消费需求，更为个人创新创业、实现更好发展提供服务。

宁海的农村普惠金融一直走在全国前列。2010年，全市第一台助农POS机在宁海县开通；2011年，开通全国第一台提供综合服务的助农POS机。宁海县行政村已实现助农POS机全覆盖，还是宁波市唯一的全国“改善农村支付服务环境示范县”创建试点县。

近年来，为深度推进乡村振兴战略，宁海县把更多金融资源配置到农村地区。开展“整村授信”工作，2018年授信农户达2.68万户，授信金额22.23亿元；创新“扶贫贷”等金融产品，发放贷款9193万元，带动1200多户低收入农户增收致富；政策性农村住房保险得到有效推广，全县农村参保率99%以上；政策性农险有30个险种，参保农户2.6万户，每年资金扶持

810 万元。

宁海的金融史也是一部科技史。从算盘到计算器，再到电脑；从存折到借记卡，再到网上银行、手机银行，在科技革命的助推下，人们的金融服务体验发生日新月异的变化。

智慧医疗、智慧菜场、智慧旅游……如今的宁海人民享受着前所未有的金融便利。优质的金融服务，已经渗透到宁海人民的衣食住行中，大大提升城市的幸福指数。

【宁海农信改革发展变迁】 宁海农信虽然几经机构变迁，几度隶属关系更迭，但始终与“三农小微企业”同呼吸、共命运，在几代农信人的共同努力下，沐浴着改革开放春风，在服务地方经济发展的道路上砥砺前行，在改革转型发展中茁壮成长。

服务为农的实干家。1951 年 5 月，中国人民银行总行召开第一次全国农村金融工作会议，决定大力发展农村信用社。从 1954 年宁海第一家信用社——西溪信用社成立，到 1959 年以人民公社为单位全面建立信用社，其间经历行政过度干预、发展策略频繁调整、管理主体几经更替，农村信用社发展一度停滞。随后在改革开放的大浪潮中，1979 年农信社进入农业银行代管时代，并在 1984 年开展第一次以“三性”（组织上的群众性、管理上的民主性、经营上的灵活性）为核心的体制改革。

在宁海农信发展初期，办公桌上一人一架木算盘是“标配”，一切业务办理全靠手工记账和算盘。下乡办理业务全靠两条腿和一个挎包，包里装着算盘、单据，走到哪里随时可以办理业务，当时的群众称信用社是“背包银行”。“挎包精神”是宁海农信人翻山越岭、走村入户，主动上门为老百姓提供金融服务的一种奉献精神，也是农信人“扎根基层，服务三农”的优良工作作风的真实写照。正是依靠老一代农信人这种“挎包精神”“三水精神”，宁海农信才和老百姓结下不解之缘，才奠定农信社发展的基础。

初心如磐的坚守者。改革开放后，党和国家高度重视农村信用合作工作，重新确认农村信用社集体合作金融组织的性质，农村信用社迎来较好的发展机遇。1988 年 4 月 15 日，宁海县信用合作社联合社成立，形成由辖内自然人、企业法人和其他经济组织自愿入股，实行民主管理，主要为农民、农业和农村经济服务的股份合作制社区性地方金融机构，并在 1996 年 10 月与农行宁海县支行在管理体制上正式脱钩，成为独立核算、自负盈亏的法人主体。

理顺体制后的宁海农村信用社，致力农村经济发展，坚持贷款投向以农户为主，以农业为主，以短期为主，充分发挥信贷促进农村经济发展作用。同时，把农村金融体制改革的成败提到事关“农业发展、农民增收”的新高度，不断创新工作方式方法，简化贷款流程，创建“信用村”，为农户提供高效、方便、快捷、灵活的金融服务。

进入新世纪后，在国务院《深化农村信用社改革试点工作的指导意见》指引下，宁海农信逐步完成改革各阶段任务，2004 年完成“二级法人改革规范”，2007 年顺利兑付央行 8793 万元专项票据，2008 年实现“统一法人改制”，到 2015 年 11 月 18 日正式改革为宁波宁海农村商业银行股份有限公司，实现从“历史包袱沉重、经营风险巨大的高风险农信联社”到“各项业务持续发展、经营管理良性运行的农村商业银行”的华丽转身，迎来全面发展的黄金时期。

虽然几经变迁、几度更名，但“改名不改姓，改制不改向”，宁海农信人的理想信念没有改变，那就是坚定不移地服务三农、支持小微。一项项惠农工程的实施，一个个创新产品的推出，不断勾勒出宁海农信人根植缑城，服务“三农”的奋斗轨迹。

改革发展的奋进者。乡村振兴主办银行、三年发展规划、普惠金融提升工程五年行动计划、人力资源改革三年规划、普惠大走访三年行动计划等等一系列政策规划相继出台；坚持党建引领、优化金融服务、加强队伍建设、持续比学赶超等等一系列工作措施相继落地，指引着宁海农信走向发展壮大。

到 2019 年 8 月末，各项存款余额 150.43 亿元，比 2008 年年末上升 127.32 亿元，增幅 550.93%；各项贷款余额 107.7 亿元，比 2008 年年末增加 89.7 亿元，增幅 498.33%；不良贷款率从高风险进入“零点时代”，累计上缴各类税收超 5 亿元，社会公益慈善捐款超 1000 万元，成为宁海县服务网点分布最广、资金实力最强、服务人员最多的金融机构。

60 余年的发展历程中，宁海农信走出一条“小而美、小而强”的独特路径，成为宁海县地方金融排头兵、农村金融主力军、普惠金融领导者。不忘初心，砥砺前行。宁海农村商业银行也将坚定“三最银行”的目标，以打造服务三农的主力银行、支持小微企业的伙伴银行、便民快捷的社区银行、个性鲜明的特色银行、稳健经营的平安银行为宗旨，助力宁海经济社会高质量发展，实现“打造百年老店”的美好愿景。

【宁海住建：雕琢城市风华　铺展人居蓝图】 70年来，缑城的城区面积从个位数，拓展至39.7平方千米。不断扩张的城市版图，承载着这座城市人们的岁月静好，更记录着这座千年古城的时代变迁。

经纬纵横，开拓城市版图。进入20世纪90年代，在改革开放和经济建设的促动下，宁海城市发展加速，城市格局向北拓展。

1993年，当时城区最宽的道路人民大道建成。1994年，作为地标的兴宁环岛伫立在人民大道与中山路、兴宁路干道的交会处，环岛内的不锈钢双鹤雕塑成为宁海城市发展欣欣向荣的标志。随后，宁海历史上第一幢高层建筑——16层楼宁海大厦建成，跃龙市场、中国银行等商业设施相继建起，人民大道逐渐取代中大街成为宁海城区的商业中心。

2003年，撤销城关镇，设立跃龙、桃源、梅林、桥头胡4个街道办事处，一个崭新的宁海县城诞生。

2006年，《宁海县新城市中心区规划》完成，宁海城市开始新一轮拓展。

2012年，宁海全面启动建设新城市中心区，新城东至兴海路，南接金水路，西临兴宁北路，北至高速互通，占地面积约6.3平方千米。不久后，新世纪环岛建成，所在新世纪商务区又崛起金融中心、西子国际商业综合体，所在区块成为宁海新的“城市客厅”。

见证宁海经济社会高速发展的人民大道区块，在2015年开启全县首个立体式道路改造工程，构建地上地下立体街区。沉寂许久的老城区块，相继完成徐霞客大道西延伸段道路建设和兴宁廊桥及延伸段工程，再次提升辛岭片、溪南片核心区域与主城区的联系。

城市道路既感受着人们生活的点滴，也记录着时代的变迁。1986年年底，县城有街、路44条，其中宽8米以上的有16条，最宽20米，最长1810米。县城道路总长度19.7千米，道路总面积19.83万平方米。2010年年底，城市建成区宽8米以上的道路共有100多条，其中宽20米以上的有60余条。道路最宽的70米，最长的约11.3千米。城区道路总长度273千米，道路总面积403万平方米。截至2019年年底，宁海县建成区面积为39.7平方千米，城市主干路网达440.36千米，城市建成区平均路网密度10.4千米/平方千米，形成“一环五纵十横”骨架路网。

广厦千万，筑造品质人居。20世纪80年代，城市公共用房主要集中在人民大道以南，尤其是桃源南路（桃源桥）一带，是当时县城最繁华的地段，短短不到500米的中大街见证改革开放初期宁海城市建设的变化。

1972年，宁海县第一幢砖混结构的四层建筑东方旅馆在中大街落成。1975年，水角凌建成县城第一幢五层砖混结构住宅楼。1988年，位于中大街的8层建筑宁海县糖烟酒大厦落成，为当时县内房屋最高建筑。

20世纪90年代，县城开始北扩，新的公共用房主要集中在人民大道与外环路之间，1997年建成的宁海大厦成为县城最高建筑物。

进入21世纪后，随着城市化建设进程的不断推进，城市公共用房建设发生量、质的大变化，2006年，县城最高商住综合建筑——龙珠大厦建成，2016年，高度166.9米、地上36层的环球中心再次刷新高层建筑纪录。

1987年年底，县城共有住宅建筑面积84.22万平方米，人均居住面积10平方米。私有住宅多为旧时留存的四合院及部分新建的联体单门独院二至三层砖混结构楼房。1995年至1999年，县城有房地产开发企业参与城市商品住宅建设。2009年至2017年，县商品住宅快速增长，商品住宅销售量稳步上升，显示出宁海县房地产规模加速扩张。2017年宁海县城镇居民人均住房建筑面积达到61.52平方米。

在不断的城市化建设过程中，保障住房实现从低收入住房困难人员到引进人才、从低保户到优秀务工人员的“安居梦”。从廉租住房到经济适用房，到限价房，再到村改居住房、公共租赁住房和人才公寓，逐步构建和完善住房保障体系。宁海县受理各类保障性住房申请家庭1.2万余户，实际保障5000余户中低收入和特殊困难家庭。建成保障性住房4500余套。

“十二五”以来，宁海县启动棚改项目44个，完成棚改12003户35682人，棚改面积218.9万平方米，城市六大功能区块、六大节点的功能得到极大提升，商业服务网络体系进一步健全，城市辐射效应进一步增加，城市整体形象进一步提升，为整体推进城市建设发挥重要的示范推动作用。

特色名片，辉映山水之城。从古色古香的城隍庙，到现代时尚的新世纪商务区，从飞凤山下的城南洋溪滨水风光，到天明湖城市公园旁的新城市中心区，一条贯穿宁海县城12个驻足点、7个沿线景观区的美丽县城精品线已初具雏形。沿着这条精品线，可将宁海城市特色一览无余。作为全省首批、全市首个“美丽县城”试点县，宁海把美丽县城建设作为加快推进新型城市化的重要抓手，打造一座极具山水禀赋的城市。

2011年，浙江省政府授予宁海

县“浙江省园林城市”称号。2012年2月，住房和城乡建设部授予宁海县“国家园林县城”称号。截至2018年，建成区公园绿地面积301.6公顷；绿地率38.1%，绿化覆盖率40.9%，人均公绿面积13.6平方米。

为推动县域旅游与休闲产业发展，依托县域内良好的自然基底与环境优势，把绿道建设作为完美体现宁海形象特色的重要载体，分别打造体现“山、海、溪、城”的特色绿道。累计新建县域绿道110千米，建成洋溪滨水广场、洋溪亲水平台、兴宁廊桥等多个节点，初步形成完善的宁海绿道网，实现居民便捷的近距离游憩和休闲，已成为一张代表宁海形象的特色名片。

2019年，县住建局认真贯彻落实市委市政府关于“六争攻坚、三年攀高”行动的相关精神，紧紧围绕打造“两高”先行区、“五好”样板区的奋斗目标，全力加速推进城乡争优攻坚工作。作为城乡争优工作的核心板块重要组成部分，新城市中心区项目建设持续“加速度”。天明湖公园一期、桃源商务楼一期、中医院等项目已经建成；大中山商务办公楼、桃源商务楼二期、总部经济区（得力总部、建新总部、旗滨总部）结顶；天明酒店、天明湖公园二期等项目建设正在全力推进。在推动城乡融合发展上，积极探索浙江实际的新时代乡村振兴新路子，先后实施“净化大地、美化家园”五年计划、“美丽乡村、美好生活”五年行动、美丽乡村升级版三年行动计划、“大森林、大景区”建设，汇聚成“千万工程”的宁海样本，并先后荣获省美丽乡村先进县、省美丽乡村示范县，连续8年获评全省新农村建设先进单位。

【宁海教育：从艰苦岁月走来，阔步迈向教育现代化】 宁海县始终坚持教育优先发展战略，以创建“省教育现代化县”为总体目标，以创新谋发展，以均衡促提高，优化教育资源配置，全面提升办学水平，促使教育事业从“学有所教”向“学有优教”的目标稳步迈进。

宁海中学是宁海革命的摇篮，创办于1926年9月，学校建校即建党，是宁海第一个中共党支部。

党建领航教育扬帆，稳步驶向高质量发展。县教育局稳步推进宁海教育高质量发展，扛牢抓党建工作的主体责任，以更加饱满的热情、更加昂扬的斗志，落实落细党建任务，为宁海“高水平实现教育现代化”贡献党建力量。

近年来，县教育局围绕“基层党建提质”目标，开展红色教育活动150余次，“学习强国”学习平台活跃率达81%，“书记上党课”活动受教育党员达2800人次。县教育局党建工作实行“清单化”管理、基层党组织标准化建设、落实“三会一课”、季度调阅等制度，确保各项任务落地落实，夯实标准化党建阵地，初步建立以城带乡、城乡共进的党建工作机制。县党建精品点达到50家，五星级独立法人单位党组织33家，稳步推进12对城乡教育联合体党建联盟工作。

高起点规划、高标准建设、高质量培育，书香党建促工作品牌化。县教育局全面开展“党员书吧”标准化建设、“书香党员和书香支部”创建等项目，积极推动党员和教师在“阅读、分享、反思”中不断提升专业素养，也为推进“一校一品”党建精品示范点扩面提质，力争完成90%以上的创建目标。

狠抓硬件设施建设，办学条件持续改善。新中国成立初期，宁海县中小学校舍大多利用村里的祠堂，校园硬件设施条件十分简陋。如今的学校现状截然不同，校园环境优美静谧，校舍焕然一新，多媒体教室、塑胶跑道等硬件设施一应俱全。

进入改革开放时期后，随着经济的发展，投入学校硬件设施建设的资金逐年增多，教育装备也逐渐完善。1989年，县委县政府把当年定为“排除校舍危房年”，积极筹措教育经费，努力改善办学条件。1993年，宁海县校舍面积达41.43万平方米，其中符合标准化的有16.3万平方米，占39.34%。

1978年，第一批幻灯机进入宁海中学、城中小学和桥头胡小学，紧接着录音机、收音机、电视机、生物显微镜、扩大机、投影仪等各种各样的教学仪器陆续被应用于学校教学。至20世纪90年代，部分中小学已配备电脑、彩电、录像机等高档电教设备，语音实验室、机房、理化生实验用房、仪器室基本符合标准。

进入21世纪以来，宁海县城镇化建设进程加快，农村人口向城区集聚明显，外来人口增长迅速，为解决教育资源区域性失衡现象，宁海县不断加大教育投入，全面改善办学条件，提升教学质量，让教育发展迈上新台阶。“十三五”期间，全县共规划安排教育建设项目41个，总投资22.8亿元。

2015年，随着我国二胎政策全面开放，宁海县学前教育资源日益紧张。为缓解“入园难”困境，让每个乡镇都有1所公办幼儿园，2017年宁海县扩建县中心幼儿园（在建），新建金阳、冠庄、西店等5所幼儿园，迁建深圳、越溪2所幼儿园，总投资5.9亿元，新增2760个学位。从2018年起，还积极落实小区配套幼儿园政策，不断扩大优质园、公办园比例，启动无证幼儿园专项整治活动。

针对部分义务教育学校基本办学条件薄弱问题，宁海县扎实开展重建、拆建、加固、改造等工作，全面提高办学条件，夯实教育现代化基础。“十二五”期间，宁海县完成73所中小学直饮水工程，改造20所农村义务教育寄宿制学校热水淋浴工程，完成18所中小学塑胶跑道和21个塑胶运动场建设项目；2019年城东小学扩建工程、辛岭小学迁建工程均已投入使用。

2019年，已高标准普及15年基础教育，全县义务教育省标准化学校比例98.57%，荣获“全国义务教育发展基本均衡县”称号。

优化教育资源配置，城乡教育均衡发展。县教育局积极摸索改革学校办学发展模式，按照“城区提升、扩强扶弱、城乡互动、优质均衡”的发展思路，不断强化教育统筹，着力创新发展模式，先后推出集团化办学、城乡教育联合体、城乡网络教研联盟等教育共同体举措，以改变城区内部、城乡之间的教育发展不均衡现象。

从2006年开始，宁海县相继组建实验小学教育集团、跃龙教育集团等机构，城区教育均衡化发展迈出扎实一步，通过名校教育辐射效应的影响，让优质教育资源得到有效拓展，持续推动城乡、区域和校际的教育优质均衡发展。同时，通过教育集团拆分重组等方式，让一些经过集团化运作、办学水平不断提升的校区从原集团中独立出来，成为新的领头羊，推动更多的薄弱学校共同发展。

2009年开始，县教育局尝试采用城乡教育联合体结对帮扶模式。在试点基础上，2015年全面开展义务教育阶段学校“帮扶办学提升质量”行动，以推进义务教育优质均衡发展为目标，组织一批管理水平高、师资队伍强、教育教学质量上乘的学校对基础薄弱的中小学进行结对帮扶。帮扶行动主要以提高学校管理水平、加强教育教学、提升教师专业素养和形成学校特色办学四方面为切入点。全县共有12所城区学校和14所农村学校进行结对帮扶，对义务教育段345位校长、教师进行流动，占专任教师的比例累计达到10.03%。

组建城乡网络教研联盟是城区学校和偏远农村学校通过远程交互平台，开展同步网络视频教研活动，让偏远农村学校能够跨越时空制约，共享城区名校优质教学资源；让偏远村校教师无障碍地参与城区名校高水平的教研活动，在名校教师的专业引领下开展教育教学研究，提升教学能力和教研水平；让偏远农村学生不离乡村即可获得优质教育，从而真正实现宁海县义务教育城乡均衡发展。实施以来，宁海县先后共有16所学校参加网络教研联盟，偏远农村小规模学校教学质量得到有效提升。

在总结与提高已有帮扶形式基础上，广泛开展特级教师、名师、骨干教师、教坛新秀“送课下乡、送科研下乡、送讲座下乡”等活动，对受帮扶学校教师进行具体业务指导，帮助受帮扶学校规范和落实教学工作常规，加强义务教育课程改革和教育教学研究，积极更新教育观念，改革教学方法，不断提高教育教学质量。县督导室、县教研室还开展阶段性督导评估和建立督学和教研员挂点指导学校制度，定期到挂点学校进行指导，并对基础薄弱的一方开展定期教学指导，进行教学管理教学质量指导和监测。多方联动、多措齐下，促进受帮扶学校树立正确的办学理念，完善管理制度，规范办学行为，提升教学质量，得到师生、家长及社会的一致好评。据不完全统计，近几年参与“支教帮扶”活动的教师达到2200人次。

完善农村新教师城区优质学校顶岗代培等结对帮扶机制，促进义务教育高位优质均衡发展。

深化教师队伍建设，红烛精神永不熄灭。县教育局积极深化教育改革，不断加强教师队伍建设，特别是在师资招聘方面，严守教师入口底线出口红线，针对地域性紧缺的专业岗位实行定向招聘，并对高层次技能人才改进招录方式。2018年，宁海中学上海校友会成立，集聚500位在沪“三高人才”。

宁海县每年教师招聘工作分三个批次进行，统招统配、定向招聘，严格按照学校缺编数量和学科需求进行新教师分配，也会适当根据当年学生数或班级数对每所学校进行动态调整。为激发广大基层教职工干事创业热情。2018年全面实施“县管校聘”管理改革，为教师合理交流轮岗提供制度保障，积极引导教师向农村学校、薄弱学校流动，促进县域内师资均衡配置，涉及教师3600余名。此外，还通过学区一体化、共同体办学、集团化办学、对口支援、名师送教等途径均衡配置优质教师资源，加快消除部分学校师资结构断层现象，优化教师队伍结构，促进师资队伍整体素质的提升。

围绕效能优化，推进教师管理改革。宁海县加强“育苗选才”工作联动机制，充分利用国家、省、市、县优质师资培训资源，全力构建互联网+师资培训、骨干培养和名优引领的“金字塔型”培养体系；整合师资培训中心、教科研和工作站等单位，形成一流教师从发现苗子、培养成才到示范引领、打造团队的完整选拔培育模式。宁海县培训绩效考核成绩年年位列宁波市前3名，浙江省前10名，取得浙江省教师培训工作先进集体等荣誉。

为规范“评审考核”管理机制、“三年评审、逐年考核、动态管理”工作机制、选人、用人的操作机制，制订校长选拔任用办法，完善相应的校长激励和约束机制，破除职业懈怠症，并制订县名师骨干评审工作制度，分类分层实施考核，督促骨干教师和名校长履行职责发挥作用，实现动态管理，确保骨干名优教师队伍始终保持活力和动力。

加强名优教师队伍建设，实施“名优师资五年倍增计划”。2018年以来，新评省特级教师1人、市骨干班主任（教师）7人，教育部乡村优秀青年教师1人。

县教育局搭建教师专业成长平台，精准实施分层分类培养，有效提升教师队伍整体素质。通过校本研修、赛课交流、苗子研修、名师带徒、影子校长和公益学堂等专业成长平台，促进一流教师的培养和整体素质的提升。2015年成立县名师名校长工作站，通过开展工作室研修和名师带徒活动，建成各级名师、名校长、名班主任的后备梯队。全县建有14家工作室，招收工作室学员200人，名师带徒366人，培养出省特级教师、教育部乡村优秀青年教师、宁波市名优教师等25位优秀教师。

2015年起，宁海县举办名师公益学堂平台，组织本地名优教师免费开课，已举办160堂公益讲座，惠及中小学生20000多人次，展示名优教师的风采。2018年，“牢记时代使命，阅读点亮人生”主题读书活动启动，组织开展教师读书分享会，在全县范围内开展教师夜研读书、“我眼中的好教风”教师征文、校党支部开展“书香党建”等活动，推动教师全员读书，促进教师师德涵养提升和专业能力发展。

新时代新征程，今日的宁海教育事业将继续保持朝气蓬勃、活力满满，冲在教育现代化征程第一线！

【宁海集贸市场发展概况】 1950年3月，县政府规定凡开办商店必须事先办理登记手续；同年，县政府工商科成立，开始在城关整顿摊贩，划定摊位。

1960年，全国上下开展“保钢保粮”增产节约运动，县人委贯彻中央指示，在全县范围内开展农村集市贸易活动。1963年起，城关、长亭等16处地方开放粮食市场，由市场管理委员会和粮食部门监督管理。1975年，西店公社革委会设立西店集贸市场，市场占地两亩，当年建成投入使用。

1979年改革开放，最早开放的就是市场交易。同年，宁海县成立工商行政管理局，对集市贸易放宽管理，恢复全县原有集市和逢农历一、六全县统一的“市日”。1981年以后，逐步取消统购统销商品，允许农民和个体生产者运输贩卖鱼鲜和其他三类农副产品，市场日趋活跃。

为了保障食品供应，1980年，县工商局市场服务中心下设市场开发服务公司，专门负责宁海县市场的投资建设和管理工作。县工商局在城区先后建成北门、南门市场，地处北大街和桃源路交叉口的大北门市场成了宁海的农副产品交易中心；1985年，城关北湖小商品市场建成投入使用。

1995年，针对大北门市场容量不足以及因此带来的交通堵塞等问题，县市场开发服务公司和北山村以股份合作的方式投资建设跃龙市场。1997年，跃龙市场正式开业。2009年，为了分流市场批发业务，跃龙市场又投资建设龙海市场。20多年前建设的跃龙市场占地虽然只有15亩，却一直是南三县菜市场的标杆，也是宁波地区最兴盛的市场之一，2017年交易额超过18亿元；加上龙海市场的批发业务，交易额则超过32亿元。

2000年以后，县商贸集团拥有包括跃龙、龙海在内的近十家大中型批零市场，管理开始向规范化、精细化、制度化转型，购物环境不断优化。2011年起，县商贸集团先后投资5000多万元，完成所有菜市场的硬件改造提升。相比硬件提升，食品安全管理更需要长期的坚持。2014年，县商贸集团以南门市场、兴宁市场为试点创建“省放心农贸市场”，经过多年来的层层推进，县内所有国有零售菜市场全部创建成功。

【文化建设：以文化人，筑起百姓精神家园】 一个个公共文化设施拔地而起，一项项文化惠民举措落地生根，一场场精神文化盛宴从原来的生活“调味品”变成现在不可或缺的“正餐”……70年来，宁海县大力开展文化建设，文化以一种润物细无声的方式，走进千家万户，丰富人们的精神生活。

与时代同频，文化设施遍地开花。城西一隅，十里红妆文化园作为宁海文化地标之一，一年多来已迎接县内外参观者近30万人次，使宁海县市民群众有了了解传统民俗、体验传统文化的第二课堂；兴宁中路上，老牌文化综合体大观文化园里特色剧院、文创集市等业态集聚，成了居民休闲娱乐的好去处；家门口的24小时城市书房灯火通明，文化馆公益培训丰富多样，农村文化礼堂热闹非凡……这些，得益于宁海县持续加大文化设施建设，为群众提供高水平的公共文化服务环境。

新中国成立初期，公共文化服务设施十分短缺。图书、阅览、文娱、文化辅导等功能均由县文化馆承担。“小时候但凡来了演出的、放电影的，街上总像过年一样热闹”。市民王女士生于20世纪60年代，回忆起从前文化生活的匮乏，她感慨万千。

文化的脉动始终与时代同频共振。伴随经济的快速发展、物质生活的极大丰富，推动文化发展的各项政策相继出台，宁海县文化发展进入快车道。1968年，宁海剧院建成，1987年，图书馆大楼开馆，2000年以后，青少年活动中心、广电大楼、县越剧（平调）团新址、正学公园、柔石公园、徐霞客公园、东方艺术博物馆、十里红妆文化园等文化设施如雨后春笋般涌现更新。

2019年，潘天寿艺术中心动工建设，县文化中心项目有序推进，其中潘天寿艺术中心内设潘天寿美术馆、潘公凯艺术馆、县图书分馆等，县文化中心则包含大剧院、文化馆、影院等，总投资7.8亿元，将成为展现宁海文化魅力、丰富群众文化生活的重大平台。

城里有文化地标，农村遍布文化阵地。宁海县乡镇（街道）综合文化站、图书分馆、村级基层文化宫、农家书屋等实现县域全覆盖。农村文化礼堂建设如火如荼，大门常开、活动常新，是老百姓想去、常去、乐去的精神家园。

相生相长，文化活动星火燎原。70年来，从送文化、种文化，到人人参与文化、人人创造文化，“种”下去的力和“长”出来的力，相生相长。

1979年8月，岔路成立县内第一家“亦工亦艺”文化厂，20余名工人边生产三角皮带，边排演文艺节目，发展经济、繁荣文化两不误。这种模式成了大家效仿的典范，全县16个公社广泛铺开，民间艺术的火种被点燃。文化厂里走出的艺术骨干是繁荣群众文化的重要力量，仍有不少人活跃在宁海的舞台上。

从“千场戏剧万场电影进农村”“天天演”、市“天然舞台”、县“戏剧进农村”到“周末剧场”“梨园点将”戏曲进文化礼堂、“百姓大舞台”“戏曲纳凉晚会”，送下去的文化“种”进城乡百姓的心田，激发出星火燎原的文化创造力。

现在村里办一台晚会，只要吆喝一声，立马一堆节目抢着上舞台，除本村的，还有邻村的，往往一场演出还排不下。伴随着“百姓大舞台”成长起来的是群众文化团队。为了打造“零门槛”艺术殿堂，宁海县深度融合“一人一艺”全民艺术普及工程，推出一系列公益培训活动，培养团队成员的知识和技能。同时，还建立一套基层群众文化需求反馈机制，各文艺类别的志愿者建立起梯队化导师队伍，“超市式”供给、“菜单化”服务。宁海县拥有县管和乡镇（街道）主要文化社团649个，参与人数达3.2万余人，涵盖舞蹈、戏曲、书画、文学、舞龙、舞狮等十几个门类。全县130余名“群星”文艺志愿者，每月平均开展服务30余次，月受惠群众达800余人次。

传统结合现代，“非遗”走进千家万户。“非遗”是群众长期生产、生活实践和智慧的结晶。2005年12月22日，国务院发布《关于加强文化遗产保护工作的通知》，决定从2006年起，每年6月的第二个星期六为中国的“文化遗产日”。“非遗”正式走进大众的视野。

宁海县历史底蕴深厚，文化遗存众多。从2006年至2008年，作为宁波市“非遗”普查试点单位，宁海县高度重视“非遗”的普查与挖掘整理保护工作，地毯式收集4万余条涵盖18大类的“非遗”项目信息。宁海“非遗”的无穷魅力逐渐展现出来。宁海平调、泥金彩漆、十里红妆婚俗、前童元宵行会等入选国家级“非遗”项目，宁海县获得“中国婚嫁文化之乡”“全国古戏台文化之乡”“中国古村落文化遗产研究基地”“中华诗词之乡”等国字号荣誉。

“非遗”保护重在传统和现代契合、传承与创新并举。宁海县创新“非遗”传承保护模式，让传统文化焕发生机活力，走进万千寻常百姓家中。

2019年开游节上，“非遗”风情大巡游、“阿拉非遗汇”展演展示、“阿拉非遗汇”宁波“非遗”衍生品展等吸引众多市民和游客的目光，泥金彩漆、十里红妆、宁海舞龙、舞狮、丝弦会、走书展演轮番上场，展示“非遗”的历史古韵和时代风采。在一些传统节日，宁海县开展独具特色的“非遗”课堂，元宵节做兔灯，端午节绣香包、做扇子，七夕节逛女红巧手文创集市……“非遗”进校园、社区、农村文化礼堂，群众在开放式、浸润式的共享体验活动中，近距离领略“非遗”的魅力。

为实现“非遗”活态传承，宁海县积极鼓励社会力量参与其中。东方艺术博物馆、十里红妆婚俗博物馆、得心坊艺术馆等一系列涉及“非遗”项目的民间博物馆在城乡遍地开花，成为人们找寻记忆、感受乡愁的地方。越来越多的人加入到“非遗”保护与传承的队伍中来，“非遗”从县内走向全国乃至世界。2019 年，宁海县“非遗”项目“浅素结艺”在保加利亚展出，泥金彩漆亮相德国，频繁的对外文化交流活动彰显宁海“非遗”的独特魅力，为“非遗”传承发展注入新鲜的动力，也让世界更加了解宁海“非遗”。

【宁海模具：从工业化先锋到全国产业高地】 55 年前，鲍明飞和另外 17 个小年轻进入宁海矿山机电厂，跟着老师傅用土办法鼓捣胶木模。当时，他们谁都不知道，模具业被誉为“工业之母”，是一切工业的基础，更不会想到模具产业会成为宁海的骄傲，吸引全世界顶级制造商的目光。

1959 年，宁海城关五金生产合作社开始制造简易的冲压模，迈出模具制造的第一步。

胶木模、冲压模是那个时代的主流。鲍明飞和师兄弟们开始做的都是胶木模，在一步步钻研探索的过程中，对模具的理解逐渐成熟，他们中一半以上成为日后宁海模具产业的领军力量。

1969 年，宁海矿山机电厂生产一套高质量钳型三用电表模具，这是宁海生产的第一副塑料模具，也奠定宁海模具未来的发展方向——塑料模为主，冲压模、橡胶模、压铸模等为辅。

改革开放，让宁海的模具产业真正起飞。伴随着中国的电器消费热潮，宁海几乎为所有的知名品牌制造模具，不断刷新模具制造的“中国第一”。

20 世纪 90 年代中期开始，宁海模具企业开始一场自我革命，纷纷引进数控加工中心，摆脱对手工的依赖，向数字化制模方式转变。传统师徒制逐渐解体，向现代工厂制管理方式转变。

汽车时代的到来，为宁海模具带来第二次腾飞。完成产业升级的宁海模具企业，成为国内外各大汽车品牌的重要供货商，方正、第一注塑、震裕、双林等一批龙头企业在业界普遍享有盛誉。如今，宁海拥有模具企业和车间 2000 多家，规上企业 44 家，产业总值达到 105 亿元，是全国仅有的两家国家外贸转型升级（模具）示范基地之一。

以高品质、长寿命而著称的宁海模具是“中国制造”幕后的无名英雄。宁海模具业也是撬动县域经济腾飞的主要杠杆，宁海六大传统特色产业的崛起，都和模具业有千丝万缕的联系。翻开宁海的企业名录，得力集团、双林股份、吉德集团……那些在各自领域最成功最优秀的企业，最早多有模具生产背景，在积聚足够的技术优势后，再向产业链两端延伸。

万丈高楼平地起。宁海模具产业的成就，背后是一代代模具人辛勤的付出。是他们的坚守和突围，托举起“宁海模具”这个熠熠生光的品牌，赋予“中国制造”浓郁的宁海元素，并推升宁海的整体工业水平。

拓荒时代，手摇机床“磨”出名声在外。小铜匠，被认为是模具人的鼻祖。在传统中国被西方工业文明冲击的过程中，这些靠着一双巧手走街串巷的手艺人逐渐找到自己的新定位，进入工厂成为技术工人。上海人把这种转型为机械工的小铜匠叫作“外国铜匠”。

解放前，“五匠之乡”宁海就有一批小铜匠闯荡上海滩，凭借一手精湛的手艺被各大工厂吸收为机械技术人员，掌握基础的模具制造技术。解放后，他们中的一些人被精简下放回宁海，与本地的小铜匠合流，成为宁海第一代模具人。

从最早的城关五金生产合作社，到后来的农机五金厂、矿山机电厂，这些模具业的先驱者带着过去在街头摆摊的小铜匠、锁匠，开始宁海模具的拓荒之路。产品最早用于制造铰链、箱角等生活用品，后来慢慢向机械、电气类模具过渡。

1964 年，18 岁的鲍明飞进入当时的矿山机电厂。这是该厂规模最大的一次招工，其中 17—19 岁的年轻人一共有 18 位。这些人大多成为日后宁海模具行业的中坚力量，矿山机电厂因此被称为宁海模具业的“黄埔军校”。

一开始就是做铅桶、做水勺，后来渐渐接触胶木模。用的都是土办法，图纸也没有，电动工具非常少，车床是皮带车床，砂轮机、钻床机全部是用手摇的，当时的模具工人就是凭着这些简陋的工具，制作出品质很好的模具，在业内渐渐有了声望。

1969 年，隶属于大庆油田的大庆建工仪表厂在广交会上接到一位日本客户的一批钳型三用电表订单，全套模具开发委托给宁海矿山机电厂生产。如此高精度的模具对宁海企业来说是前所未有的挑战，能不能完成这个订单，谁都没底。但是，宁海模具人以自己的巧手和慧思，最终把模具成功做出来，客户非常满意。

宁海塑料模具的首次试水成功吸引国内各大厂家的注意，接踵而至的订单让宁海模具人有更多的实践机会。北京、上海、成都、西安……宁海模具开始供应全国各地。

当改革开放的春风浸润中国大地，人们的生活水平快速提升，迎来第一次消费升级——“电器热”。当时，宁海街头行走着来自全国各地的供销员，轮番拜访各家企业，要求帮忙开发模具。

奔腾时代，每一台家电背后都有“宁海制造”。模具，作为制造业的基础和支柱，代表一个地区的工业制造水平。20世纪80年代的“电器热”，让宁海模具制造技术快速提高，也让宁海工业制成品质量提升一个层级，为如今的工业格局奠定基础。

1980年，受宁海县二轻局委托，宁海矿山机电厂为西店塑料一厂开发国内第一副16英寸电视机机壳模具。

同一年，宁海县成立第一家民营企业——西店东海电器厂，主要生产模具和家电配件，这是如今的“冰洗小巨人”——吉德电器的前身。

1984年，鲍明飞从矿山机电厂辞职创办第一注塑模具厂，相继开发国内首套54英寸、64英寸彩电塑壳模具和双桶洗衣机模具。

1987年，宁海塑料品厂开始开发彩电高压回扫变压器（俗称高压包）模具，开发成功后完全替代日本进口，占据国内超过50%的市场份额。它是宁海第一家上市公司双林集团的前身。

1988年，宁海县文教用品厂成立，厂里最重要的资产是一台注塑机，这是宁海第一家百亿企业得力集团的前身。

陈有甫是双林公司副总经理。20世纪80年代，是位模具学徒。1991年，进入双林工作，参与彩电高压包模具的开发，这个产品对双林有里程碑意义。

那时每逢周末，在上海至宁海的班车上就奔波着一批“星期日工程师”，他们平时在上海工厂上班，周末到宁海指导企业开发模具。宁海企业推出的每一款明星产品，上面都有他们心血的结晶。

集聚模具行业国内最顶尖的人才，宁海模具技术取得一系列革命性的突破，迎来激情澎湃的奔腾时代。“中国模具之乡”的名声不胫而走。

电视机中的飞跃、金星、凯歌、百花、西湖，冰箱中的琴岛—利勃海尔、沙松、航空，洗衣机中的白菊、水仙，收录机中的燕舞……在20世纪80—90年代，宁海几乎为国内所有的名牌电器提供模具或配件。

宁海优秀的模具制造能力也吸引国外客户的目光。1986年，宁海把第一副模具出口到香港，在全国普遍进口模具的时代，实现创汇。

1991年，第一注塑帮助成都无线电厂开发第一台国产化25英寸大屏幕彩电精密模具，中央电视台《晚间新闻》以《为名牌产品保驾护航》为题对宁海的模具产业进行专题报道。

除了遍布全县的塑料模，梅林的橡胶模、桥头胡的五金模、上蒲村的冲压模……宁海的模具品类越来越齐全。

得力的卷笔刀技术、兴业的橡胶瓶塞技术……宁海模具的每一次技术突破，都带来一家企业甚至一项产业的腾飞。

变革时代，内困外压下的“集体突围”。20世纪80年代末，日本、美国等工业发达国家的模具生产已经有近50%采用CAD/CAM技术，而宁海模具业依然采用半机械半手工的制作模式。国外模具制造企业开始大举进占中国市场，国内模具企业相互模仿、同质化竞争现象日益严重，行业生态急剧恶化。

产业变盘在即。要变革，在技术上和管理上进行现代化改造，改变作坊式粗放型的生产方式，提高技术含量和附加值，抢占高端市场，成为当时宁海不少模具人的共识。

1996年，第一注塑引进宁波市第一台大型CNC数控加工中心，开始向以CAD/CAM/CAE集成为核心的现代制模方式转变。作为宁海模具行业的领军人物鲍明飞打开工厂大门，欢迎同行前来参观。

这种全新的制模方式，让宁海的模具人看到模具产业的未来。那时起，宁海模具企业开启变革的步伐，纷纷引进先进数字化设备，采用模具CAD/CAE/CAM技术，开始一场“集体突围”。

企业层面在突围，产业层面更是加快突围的步伐。

世纪之交，宁海模具业发生三件影响深远的大事。1998年，宁海模具行业协会成立，作为行业服务、协调和监督机构，为各模企提供培训、参展、考察、宣传等方面全方位的服务。2001年，开始建设中国（宁海）模具城，主要服务小微企业，先后建成6大服务平台，如今已入驻企业600余家。2002年，宁海县模具企业开始抱团参加国际性模具展会。产业布局、市场拓展、行业管理、企业服务上的不断完善，让宁海模具企业走出“乱战”局面，开始集聚发展、协同作战。

传统生产模式转向信息化、数字化生产模式，是革命性的一步，也是挑战性的一步，肯定会经历短期的阵痛。宁海模具用整整15年时间，完成产业改造。

磨合期过后，优势凸显。那些勇于变革的企业，不仅产品质量提高、效率提升、成本回落，更重要的是，与国际接轨的模具生产方式，吸引众多国际制造业巨头的目光，产品和客户结构出现质的飞跃。2007年，宁波德科精密模塑有限公司从粗模加工转向精密模具制造，如今在汽车锁锌合金模具等被动安全领域享有盛名。

从技术到管理的全面变革，正

逢21世纪初中国汽车工业的强势崛起，宁海模具业再一次突破发展瓶颈，进入又一轮快速增长期。

领军时代，进军模具制造“第一方阵”。宁海的模具业从紧跟技术潮流，进入模具制造全球“第一方阵”。

方正模具，宁海县最大的模具制造企业，生产的吹塑油箱模具在全国占据统治地位，是吹塑油箱模具国家标准的第一起草单位，出口产值超过总产值的50%，在美国、德国、墨西哥等地设立多家营销网点和生产基地、研发中心。

震裕科技，电机铁芯模具领域的“单项冠军”，位列全国电机铁芯模具企业首位，电机铁芯级进模具国家标准主要起草单位，拥有2个控股子公司、2个国内办事处和3个海外办事处，产品销往全球10多个国家。

第一注塑，中国模具企业中的常青树，在大型注塑模领域享有盛名，长期引领技术创新，开发覆盖热流道注射成型、气体辅助成型、铝合金铸造制模工艺等模具新技术，拥有国家发明专利授权6项，实用新型专利授权8项。

双林模具，上市企业双林集团的子公司，开发的模具70%用于母公司产品的业务配套，大幅缩短产品开发周期、保证产品质量，是双林集团业务成长重要的技术支撑。

跃飞模具、大鹏模具、现代模具、南杰模塑、精超蚀刻、德科精密……都是行业“单项冠军”或“隐形冠军”。

震裕、第一注塑等模具龙头企业逐步摆脱传统的纯模具经营模式，纷纷向下游制造领域延伸，突破发展瓶颈，打造“第二主业”。头部企业稳健成长，第二梯队各有所长，新秀企业纷纷崛起，让宁海模具行业成为国内区域模具产业发展的成功样板。

宁海模具业有很多鲜明的特点：整体均衡，中国模协所列的10大类模具，宁海能生产8种；盈利水平强，以每平方千米产值543.7万元领跑全国，95%的模具企业实现盈利；平台建设完善，拥有中国（宁海）模具城和宁波模具产业园2大产业平台和23家与模具相关的公共服务平台，服务实现全覆盖；实业氛围好，企业间的协作支持和技术交流非常广泛。

良好的行业生态，让宁海模具成为全国产业高地、学术重地。第一注塑鲍明飞，早在1996年就与人合著《大型注塑模具设计》一书，至今仍是学术界的重要参考书。模具“元老”石世铫，退休后连续编写《注塑模具设计与制造教程》等4本模具专著，被很多高校作为教材使用。

从县域经济来看，宁海模具业与下游汽车零部件、文具、五金机械等产业更是形成深度协同关系，成为这些产业的重要支撑。模具业的产业带动比例约为1∶100，即模具产业发展1亿元，可带动相关产业发展100亿元。宁海制造业的高质量发展，离不开模具产业的核心关键作用。

从筚路蓝缕走来，发展到如今的全国产业高地，宁海模具的强势崛起，是因为改革开放的时代机缘，是因为宁海模具人的勤奋自强，也离不开理念的革新、市场的倒逼。正如鲍明飞所说的：“我们一直在学，学广东、学国外，学新的技术、新的工具、新的管理模式。如今这个行业面临着新的问题，但只要保持开放的心态，不墨守成规，勇于自我变革，我们就能稳稳站在产业前沿。”

宁海模具成长之路。1959年，城关五金生产合作社开始制造简易冲压模，一批来自上海的宁海籍模具师傅以纯手工方式，制造出宁海县最早的模具。

20世纪60年代初，宁海县各地工厂纷纷自制胶木模具，生产胶木制品，胶木模和冲压模成为主流。

1969年，宁海矿山机电厂为大庆建工仪表厂生产一套钳型三用电表模具，这是宁海生产的第一副塑料模具。

1980年，宁海矿山机电厂为西店塑料一厂成功开发国内第一副16英寸电视机壳模具。

1984年，宁海模具塑料厂使用自制模具为大连电视机厂生产17英寸星海牌电视机壳，在全国质量评比中得满分。

1986年，宁海第一副模具出口香港，在全国普遍进口模具的时代，实现创汇。

1987年，第一注塑模具厂为大连洗衣机厂开发国内第一套洗衣机双缸连体桶模具，重10.5吨，壁薄精度高，广获赞誉。《中国轻工业报》以此刊发报道——《浙江宁海成为新的模具工业基地》。

1996年，第一注塑引进宁波市第一台大型CNC数控加工中心，开始向以CAD/CAM/CAE集成为核心的现代制模方式转变。

1998年10月，宁海县模具行业协会成立，发挥行业服务、协调和监督功能。

2003年3月8日，宁海县模具城开业，“中国模具生产基地”授牌。

2007年，浙江工商职业技术学院在宁海县设立产学研基地（宁海机电学院），学院立足宁海模具产业基础，为省内外模具企业提供高职人才。

2009年10月26日，宁海县模具行业工会联合会成立。

2013年10月21日，宁东模具园区（宁波模具产业园区）一期启动仪式举行。

2016年6月，宁波模具产业园区一期建成并投入使用，成为宁波市首家入选国家产业集群区域品牌建设的试点单位，也是全国唯一以模具为主导产业的试点单位。

2017年11月30日，召开宁海县出口模具质量安全示范区考核验收会，经过专家组实地走访和现场查看相关资料，宁海成为浙江省首个出口模具质量安全示范区。

2019年8月，宁海模具基地被商务部认定为国家外贸转型升级示范基地，是全国以模具为主导产品的两家示范基地之一。

【宁海免疫规划工作综述】 70年风雨兼程，70年不懈奋进，在群众健康这场保卫战中，宁海人一直行进在向上的道路上，每一次革新都与全面健康紧密相连。

新中国成立之初，宁海各种传染病肆虐，疫病防控形势严峻。1956年，宁海卫生防疫站应运而生，疾控事业从无到有、面目焕然一新。第一代宁海疾控人为消灭霍乱、天花等给人民群众带来严重危害的疾病上山下乡，战斗在疫区前线，几十年奋战，丝虫病、天花、脊髓灰质炎等“退出历史舞台”。2018年，宁海县人均期望寿命从解放初期的50多岁跃升至80.97岁，群众健康明显改善。

废墟中建立。新中国成立前，宁海县预防接种的品种和数量极少，据《宁海民报》记载，民国23年（1934）县城当时开办的达生医院在中街注射霍乱预防针100人次。

新中国成立后，为贯彻预防为主的工作方针，宁海县于1950年开始全面接种牛痘疫苗，同时注射伤寒、霍乱、鼠疫和白喉类毒素等防疫针。县人民政府1955年2月19日296号文件《布置1955年预防接种工作任务的通知》：“本县解放后的种痘工作自1950年到1954年秋季共接种362074人。单纯霍乱预防注射36419人，混合二联苗注射50227人，四联苗注射102407人，白喉类毒素注射11968人，鼠疫活菌苗注射67424人。”说明解放初期宁海已开展预防接种工作。

由于条件限制，群众健康意识不强，仍无法从源头上扼住传染病的“咽喉”。1956年，县卫生防疫站应势成立。

在源头掐住传染病的“咽喉”。传染病防治是县卫生防疫站成立以来开展的一项重点工作，早期主要是应对麻疹、流行性脑脊膜炎、病毒性肝炎、霍乱等急性传染病，包括为响应政府号召于20世纪60—70年代开展的血吸虫病防治运动。

在实行计划免疫以前，预防接种工作存在重数量轻质量情况。接种对象无的放矢，一般都在学校、工厂等集体单位完成接种人头数字，重复和漏接现象普遍。另一方面受客观条件限制，由于无冷链设备，疫苗保存和运输十分困难，多数预防接种只能安排在自然温度较低的冬春季进行，而部分疫苗不得不在高温季节进行，接种效果受影响。

1978年，宁海试行“浙江省儿童预防接种免疫程序”，并在全县3个公社、镇和2个大队开展计划免疫试点。1979年增加古渡、茶院、龙浦、前童、官岭、越溪、梅林、峡山、深甽、大里10个公社。1980年全县计划免疫已扩大到189个大队，有5个公社实行计划免疫。1982年全县实行计划免疫的卫生院扩大到23个公社、652个大队建册。根据1983年上半年宁波地区卫生局的要求全面实行计划免疫的目标，宁海县于1983年年底已有49个公社（镇）、886个大队建册，并全部使用。1984年经抽查，1983年以前出生儿童的建卡率为99%，1984年出生儿童的建卡率为98%。1985年全县49个医疗单位在5月全部实行按月接种门诊。1987年经考核，全县建卡率达100%，“四苗”覆盖率为98%。儿童基础免疫全县达到市卫生局提出以乡为单位单苗接种率和“四苗”覆盖率均达到85%以上的指标要求。同时1988年4月开始实施儿童免疫保偿，为可能发生接种反应的儿童提供医疗保障。全县49个乡镇当年全部覆盖，入保率为85.73%。1989年入保率提高到95.88%。此后，计划免疫工作完全进入正常化轨道。

随着计划免疫工作的开展，主动接种疫苗逐渐成为本地儿童家长的共识，但外来流动儿童的存在，对控制和消灭传染病带来隐患。为了提高人群免疫接种率，吸取各地工作经验，1991年，宁海县卫生部门制定《流动儿童计划免疫管理办法》，并建立“红绿卡”管理制度，对外来流动儿童提供免费免疫接种服务。

1991年年底始，宁海县在每年的12月和次年的1月对0—47月儿童开展两轮预防脊髓灰质炎的强化免疫活动。至2008年，儿童计划免疫的疫苗接种率在95%以上。2002年10月，开始将乙肝疫苗纳入免疫规划管理；2008年后又将麻腮风、甲肝、无细胞百日咳、A+C流脑等，列入免疫规划管理，2016年5月实施新的脊髓灰质炎（脊灰）疫苗免疫策略转换，并将注射型脊灰灭活疫苗（IPV）纳入国家免疫规划。

接种搭上数字化快车。从原先防疫站工作人员挨家挨户追着打疫苗，到市民主动接种，这样的变化折射出宁海县实施免疫规划体系持续改善这一现实：1978 年，宁海县开始试行“浙江省儿童预防接种免疫程序”；至 2008 年，一个全方位、系列化的免疫规划体系已在宁海县形成。

一组数据，更显说服力：伴随着免疫预防工作的持续开展，疫苗可预防传染病发病率、死亡率大幅度下降。如麻疹发病率从实施免疫规划前的 248.08/10 万下降到 2017 年的 0.15/10 万。

宁海县自 1984 年在城关中心卫生院试设“接种门诊”，各乡镇卫生院相继设立门诊接种室，家长送儿童上门接受免疫接种。2002 年起以“门诊面积不少于 80 平方米、专职工作人员不少于 4 人、接种必须在 30 人次以上”的要求，进行规范化接种门诊创建，2007 年开始，长街中心卫生院创建宁海县首家宁波市“五星级接种门诊”，取号、候诊、预检、登记、付费、候种、接种、留观……家长还可以通过手机软件预约接种时间，借着“互联网+”的东风，不断开发便民服务平台，让越来越多的孩子享受到安全、温馨、快捷、便利的预防接种服务。

至 2018 年，全县共设立接种门诊 18 家。其中 3 家为“省五星级规范化接种门诊”、10 家为“省三星级规范化接种门诊”，5 家为“省规范化接种门诊”。

宁海县以提升乡镇卫生院医疗服务能力为核心，连续 4 年实施乡镇卫生院改造工程，2019 年新开工前童镇卫生院迁建工程，投用梅桥医院等 3 个项目，县妇幼保健院保健楼新建等项目如期推进。通过大医院专家定期来宁海坐诊、授课、手术指导等，为宁海定期派技术骨干到大医院进修学习，双方建立转诊机制，开展远程会诊，开辟绿色通道，提升宁海整体医疗水平。

宁海县“不忘初心、牢记使命”主题教育综述

根据中央和省委、市委的统一部署，宁海县“不忘初心、牢记使命”主题教育从2019年7月下旬开始，9月正式启动，至2020年1月上旬基本结束，县四套班子、92家单位、2191个党组织、39912名党员“参考”，交出一份担当作为的宁海答卷。

【以上率下　扛起政治责任】 9月12日上午，县委召开全县“不忘初心、牢记使命”主题教育工作会议，县委书记林坚代表县委常委会作出“五个始终”“六个带头”的承诺：始终高举思想旗帜，始终秉承政治忠诚，始终担当履职尽责，始终坚持人民至上，始终恪守务实清廉；带头参加学习研讨，带头深入调查研究，带头听取群众意见，带头检视查摆问题，带头抓好整改落实，带头反对形式主义、官僚主义。

初秋时节，县委书记林坚率全体县级领导干部前往山洋革命根据地开展“初心之旅”。通过开展“初心之旅”活动，寻找红色印记，传承红色基因，走好接续奋斗追梦前行的高质量发展之路。9月23日上午，县委书记林坚到桑洲镇田洋卢村开展“不忘初心、牢记使命”主题教育调研，带头抓好“调研破难题、深化‘三服务’”活动。

县领导以上率下，紧紧抓住时机，争分夺秒，坚持先学一步、学深一点，先改起来、改实一点，把思想、职责、工作摆进去，把主题教育与推动宁海县经济社会发展相结合，与推动各项重点工作落实紧密结合，在“六领衔”（领衔抓好一个改革项目，领衔推进一个重大项目，领衔破解一个疑难问题，领衔化解一件信访积案，领衔整转一个联系后进村，领衔办好一件暖心工程）攻坚克难行动中，县委常委领衔改革项目24个、重大项目56个、疑难问题21个、暖心工程10个、信访积案14件、后进村11个。“最多跑一次”改革、艺术振兴乡村等改革项目，饮用水工程、小学校舍提升等暖心工程都已取得阶段性成效，后进村实现全部整转。

调查研究是谋事之基、成事之道。县领导还率先开展“调研解难题、深化‘三服务’”，奔着问题去，多听群众说。

围绕解决经济社会发展存在的突出问题、群众反映强烈的热点难点问题，9月17日、18日，县委书记林坚带头深入企业开展“不忘初心、牢记使命”主题教育调研。他强调，要践行初心使命，在主题教育中做好“三服务”工作，切实以更高目标、更优路径，推动宁海模具产业更快发展。在主题教育期间，县领导深入基层调研497次，解决问题422个，形成调研报告28份。同时，集中开展包乡走村深化“三服务”，重点围绕风险隐患排查、垃圾分类、村级集体经济消薄、全国文明城市创建、民生实事难题破解、主题教育有效开展、整治基层党建突出问题等八个方面开展，全覆盖走访村社396个，帮助解决问题397个。

【刀刃向内　真刀真枪整改】 主题教育开展之后，宁海县各地各部门联系思想和工作实际查找工作短板、深刻检视剖析，深入基层“望”实情，用心倾听“闻”民意，一线巡诊“问”短板，真刀真枪抓整改。

各地各部门采取“面对面找、专项调研找、网络平台找、书面征求找”等方式，多渠道收集党员群众、服务对象的意见建议858条。在边学边改中，找准问题、深挖根源，列出领导班子和个人检视问题清单2551个。全县共召开对照党章党规找差距专题会议92场次，领导干部聚焦“18个是否”查摆问题3563个，在检视反思中普遍接受触及灵魂的洗礼。同时，各单位认真组织召开专题民主生活会，较真碰硬“切”病症。在整改落实过程中，发扬钉钉子精神，以最实措施、最快速度解决群众最急最忧最盼的紧迫问题，做到即知即改、应改尽改，以整改成效赢得人心、推动发展。

西店镇致力共建共振共享应对中美贸易摩擦，成立“三零”服务队（服务“零距离”“零负担”“零干扰”），宣传“领十争百”惠企政策。入企宣讲中美双向征税清单排除程序，解读中美贸易形势，辅导企业在线提交商品排除申请。举办经贸摩擦应对和法律风险防范培训班3期，培训企业200余家550余人次，提高风险应对能力。

县第三水厂项目的征地工作，通过集中攻坚，完成2个村的政策处理，征用土地3778.7平方米，保障项目年内开工建设；完成龙眼溪改造工程政策处理，解决新华村

"逢暴雨必淹"困境；打通徐霞客延伸段、联溪路等断头路，缓解交通拥堵……黄坛镇结合主题教育，攻坚克难，着力解决与百姓生活密切相关的民生难题。

针对机关事业单位工作人员入编环节多、多头跑问题，县委编办通过减材料、优流程、强服务等举措，大力推进机关事业单位工作人员入编"最多跑一次"改革，有效减少入编办理环节……

盯着问题改。主题教育期间，集中整治"酒驾醉驾""赌博""安全生产隐患"等老百姓关注的热点难点问题。特别是把平安作为检视整改的重要内容，开展安全生产和消防安全大排查大整治大教育大提升百日攻坚大会战，由县四套班子领导带队，发动全员齐上阵、全域大作战、全面抓整改，排查生产经营单位56645家，组织安全生产和消防安全培训2593期，培训人员38.1万人次。

聚焦群众普遍关注的"关键事"，依托"百姓事马上办"平台，推行24小时内受理、5天内答复机制，"不跑腿"帮助解决群众诉求。主题教育开展以来，共受理答复意见建议1600余条，涉及城市管理、环境保护、社会保障等民生领域。开设"为民服务解难题"民生热线，部门现场接听或网上回复问题225个。依托"村民e点通"掌上平台，"8+X"村级服务团线上线下全天候服务。开展第三方测评请群众评判，从应知应会知晓率、干部精气神、群众满意度、高质量发展等方面，评估主题教育成效，满意率98%以上。

开播2期《全媒聚焦·全民问政》电视节目，围绕城市精细化管理、文明城市创建等主题，"一把手"面对面接受"两代表一委员"、群众代表、媒体记者等质询，共查摆群众反映强烈的77项问题，相关部门迅速行动、及时整改。宁海传媒集团开设的《全媒聚焦·问政回应》栏目，跟踪报道整改情况，接受公众监督，社会反响强烈。

【紧扣中心　勇于担当作为】 初心使命是实在的担当。全县干部群众把一线作为主题教育的"练兵场"，围绕中央和省、市、县委正在做的事，切实把主题教育成果转化为干事创业的强大动力，为宁海经济社会发展聚力、聚心、聚智。

聚力高质量发展。深入践行"两山"理论，坚定不移走"两山"发展的追赶跨越之路，成功创建浙江三个之一、宁波唯一的首批国家全域旅游示范区，全市首个国家"两山"实践基地，全国百强县排名攀升至48位。把"六争攻坚"作为检验主题教育成果的大考场，全力争当全市"246"万千亿级产业集群和"225"外贸双万亿行动的双优生，有效投资四季大比拼、金秋招商大会战等破难行动全面推进，取得预期成效。在2019年前三季度全市"双底线"考核位列全市第二，进出口额、出口额、"246"产业、战略性新兴产业、数字经济核心产业、装备制造业、高端装备制造业增速、社会消费品零售总额都居全市第一；1至11月，宁海县固定资产投资同比增长14.5%，增幅较全市平均水平高出6.8个百分点，民间投资增速39.6%，增幅居全市第一，民间投资比重达到52.1%，首次超过50%。

聚心"三服务"。开展"百家机关一线结亲联姻、千个支部一线服务争优、万名党员一线走亲解忧"，打造"三服务"标杆县。深化"最多跑一次"改革，创新建立服务企业标准化体系，做精"8718"企业服务平台，做优宁海亲清家园平台，实现政策帮享、人才帮育、市场帮需、困难帮解，营商环境居全市前列。聚焦群众关注的热点难点问题，整合形成"一条服务热线+一个村民e点通平台+一张村级网格"，有效打通服务基层末梢。提升"党群同心圆"等平台，累计开展课桌圆梦、医者初心护健康等志愿服务8300余次，"党群同心圆"获评全国第二届党建创新成果十佳案例金奖。

聚智基层治理。注重高水平推进县域治理现代化，统筹打好系统治理、依法治理、综合治理、源头治理组合拳，深化村级小微权力清单标准化体系、全国文明城市创建、法治乡村建设、党员联户"五联八访"、基层宗教事务网格化管理等有效治理方式，逐步形成"自治、法治、德治"的基层治理体系。

在这场主题教育的"赶考"中，一个个热点难点问题在"考场"上得到解决，广大群众的获得感不断增强，而主题教育激发出来的工作热情和进取精神，又转化为推动发展的强大动力，推动全县人民坚定不移地朝着既定目标前进。

宁海居民健康白皮书

宁海县卫健部门发布《2018年宁海县居民健康及相关因素监测报告》（以下简称健康白皮书），阐述宁海人群健康状况与重点疾病及慢性病的现状，并提出重点疾病的防治信息。

数据显示，全县人均期望寿命80.97岁，如除去恶性肿瘤对居民的影响，全县居民寿命84.96岁，近些年，宁海县期望寿命总体呈缓慢上升趋势。但在“吃喝”等方面宁海人的生活方式并不健康。肺癌排名恶性肿瘤首位，不管是发病率还是死亡率，慢性疾病都是居民健康的“头号杀手”。

【人口结构呈金字塔】 2018年宁海县平均人口数632878人；0—14岁、15—64岁、65岁及以上人口构成比分别为14.77%、71.18%和14.05%；全县出生6482人（公安年报数），人口自然增长率为4.18‰。

【青少年健康状况】 2018年，共体检100所中小学校84491名学生，其中男生46070人、女生38421人。开展学生生长发育与现时营养状况监测、学生常见病发病情况监测、学生因病缺课监测以及学校危害因素等四个方面的健康状况综合监测工作，结果显示：学生营养不良率小学生、初中生、高中生分别为12.07%、11.64%、4.49%；学生肥胖率小学生、初中生、高中生分别为7.52%、7.5%、6.54%；学生视力不良率小学生、初中生、高中生分别为28.39%、64.74%、85.3%；恒牙龋患率小学生、初中生、高中生分别为19.02%、25.91%、44.0%；沙眼患病率小学生、初中生、高中生分别为0.32%、0.35%、0.01%；对县级监测点校的4729名学生进行贫血检测，贫血率小学生、初中生、高中生分别为11.37%、4.11%、8.97%。

【慢性病死亡率发病率均呈上升趋势】 2018年全县死亡3835人（其中男性2175人，女性1660人），总死亡率605.96/10万。居民死亡率5岁以下年龄组死亡率最3.25/10万，65岁以下年龄组3459.83/10万，65岁及以上老年人死亡人数占总死亡的80.21%。从死亡时间分布来看，冬春季节的死亡数要高于夏秋季节，其中第一季节死亡数最多。

2018年宁海县户籍居民的主要死亡原因为慢性非传染性疾病，占总死亡的83.00%。慢性非传染性疾病是全县居民的主要健康问题。据统计，2018年宁海县共新发现糖尿病发病3905例，其中男性1886例，女性2019例；男女构成比分别为48.30%和51.70%；报告发病率为617.02/10万，男性（578.14/10万）低于女性（658.39/10万）。报告发病率随年龄增大基本呈现上升趋势，70岁以下年龄组发病率最高。

2018年，新发现冠心病急性发作272例，其中急性心肌梗死最多，占86.76%，冠心病急性发作的发病率基本上随年龄增大而增大，30岁以后人群报告发病率随年龄增加而上升，50岁后发病率呈快速上升趋势。另新发现脑卒中发病1344例，报告发病率为212.36/10万；新发现恶性肿瘤发病2266例，报告发病率为358.05/10万；2018年年末全县报告登记高血压患者数共计6.75万人，报告发现登记率为9.91%。

【肺癌死亡发病排名居恶性肿瘤首位】 2018年前十位死亡原因依次为恶性肿瘤、脑血管病、心脏病、损伤中毒（伤害）、呼吸系疾病、消化系疾病、内营代谢、神经系疾病、泌尿生殖系疾病和传染病，共占总死亡的95.18%。

2018年，宁海县恶性肿瘤死亡1256例，死亡率为198.46/10万，占县户籍居民死亡的32.75%。无论男性、女性，肺癌、肝癌和胃癌位于恶性肿瘤死亡的前三位，占恶性肿瘤死亡数的57.32%（男性62.71%，女性46.68%）。

恶性肿瘤死亡居前五位的依次为肺癌（占恶性肿瘤死亡的30.81%）、肝癌（占14.81%）、胃癌（占11.70%）、结直肠肛门癌（占7.88%）和胰腺癌（占5.97%），共占恶性肿瘤死亡数的71.18%（男性75.78%，女性62.09%），其死亡率分别为61.15/10万、29.39/10万、23.23/10万、15.64/10万、11.85/10万。从性别看，无论男女性，肺癌、肝癌、胃癌、结直肠肛门癌和胰腺癌均位于恶性肿瘤死亡的前五位。女性恶性肿瘤中乳腺癌位居第六位、宫颈癌位居第七位、卵巢癌位居第十一位，男性前列腺癌位居第七位。其中乳腺癌、脑及神经系统恶性肿瘤、胆囊癌的肿瘤死亡率表现为女性高于男性，其余肿瘤死亡率均表现为男性高于女性。肺癌、食道癌、肝癌和膀胱癌死亡率男性明显高于女性，男性死亡率分别是女性的3.01倍、2.91倍、2.30倍和2.23倍。

从年龄看，10种主要恶性肿瘤的死亡率基本呈现随年龄增高而上升的趋势，曲线在40岁以下年龄组以后上升迅速，55岁以下组后上升更快，大多数恶性肿瘤在75岁以下组以后或80岁以下组以后有所下降。

专家表示，不健康的生活方式，如吸烟、二手烟暴露、不合理的膳食习惯、运动量减少等均与癌症的发生有关。室外空气污染加剧，室内装修、烹调油烟污染、职业危险因素暴露也是导致癌症发生的重要原因。

【健康建议：保持健康生活方式】 每个人都是自己健康的第一责任人，专家倡议每个人应践行健康的生活方式。

第一，均衡膳食：适量适度多种搭配，每人每天食盐不超过6克（1个啤酒瓶盖容量），食油不超过25—30克，食糖不超过50克，最好控制在25克以下。

第二，适量运动：提倡步行和每日坚持中等强度有氧运动（相当于快走6000步运动量）。

第三，戒烟或不吸烟，成人如饮酒，男性一天饮用酒的酒精量不超过25克，女性不超过15克。

第四，保持心理平衡：自我调节精神压力，心理问题多咨询和寻求帮助。

第五，保持良好生活习惯：保持充足睡眠，维持健康体重，防肥胖，定期体检，坚持长期测血压、血糖等。

第六，儿童和特殊人群按要求接种疫苗，勤洗手，注意个人和居住环境卫生。

第七，药物使用谨遵医嘱，不滥用。

第八，室内常通风换气，防感冒。

【居民健康素养水平】 2018年宁海居民健康素养水平为10.61%，其中25—34岁组居民健康素养水平为24.83%，高于其他年龄组。居民健康素养水平随年龄增长而降低。居民六类健康问题素养水平由高到低依次为居民安全与急救素养最高41.94%，科学健康观素养37.51%，健康信息素养19.53%，慢性病防治素养17.36%，传染病防治素养11.44%和基本医疗素养10.36%。

宁海2019年度知识产权发展情况报告

【商标注册情况】 截至2019年年底，全县有效商标注册量15270件，驰名商标6件，地理标志证明商标6件。宁海县获得“浙江省商标品牌示范县”称号，拥有商标品牌专业基地2个，品牌示范街道1个，品牌示范企业3家，星级品牌工作指导站5家。

2019年全县商标新注册量3915件，同比增长67.6%；有效商标注册量15270件，同比增长34.5%，全县市场主体的商标意识不断增强。

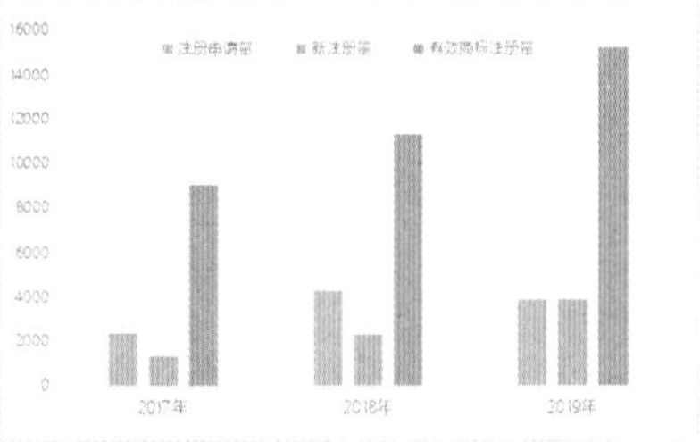

2017—2019年全县商标注册情况图

服务类商标新注册量逐年提高。从注册商标指定使用的商品或服务类别看，2019年全县商标新注册量前5个类别依次为35类（服务等）、11类（照明等）、9类（仪器等）、21类（家用或厨房用器具等）、16类（文具等）。

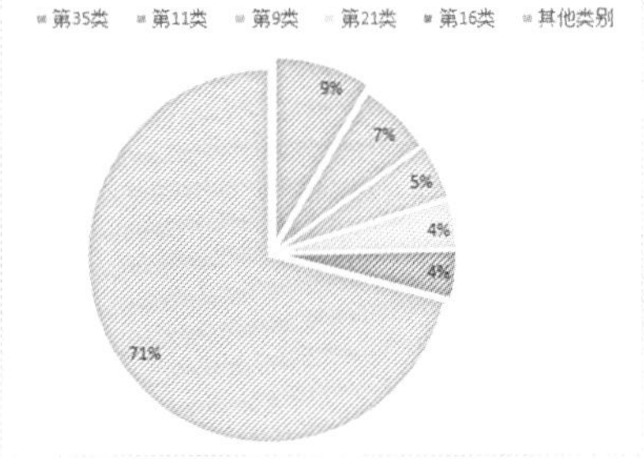

2019年全县商标新注册情况图

2019年35类商标新注册量341件，同比增加154%，服务业发展势头良好，产业结构持续优化。

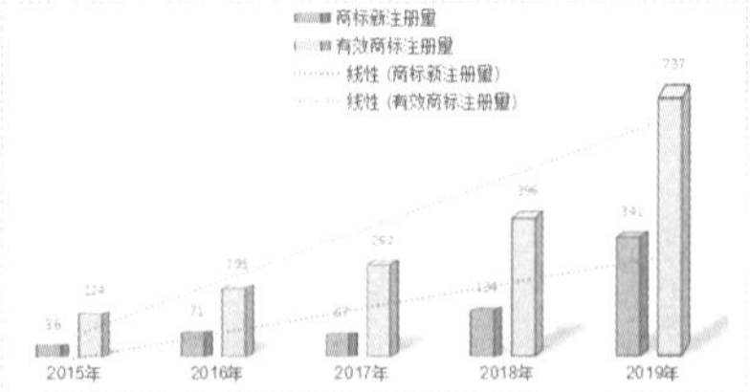

2015—2019年全县35类商标注册情况图

全县商标前10强企业

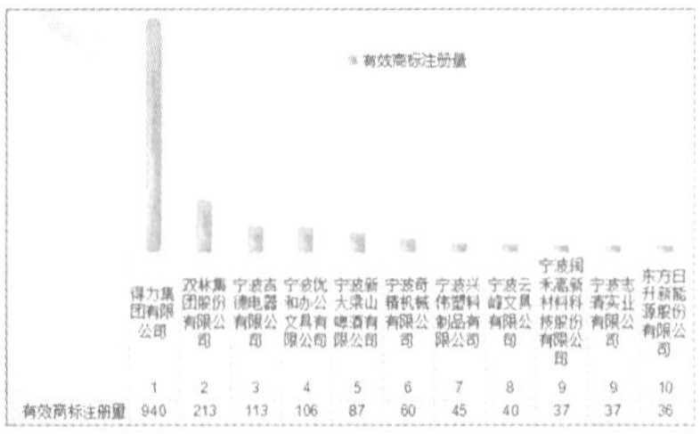

截至2019年12月，全县有效商标注册量前10强企业图

全县驰名商标及地理标志证明商标情况。2019年，全县新增驰名商标2件、地理标志证明商标3件。截至2019年年底，全县有驰名商标6件、地理标志证明商标6件。

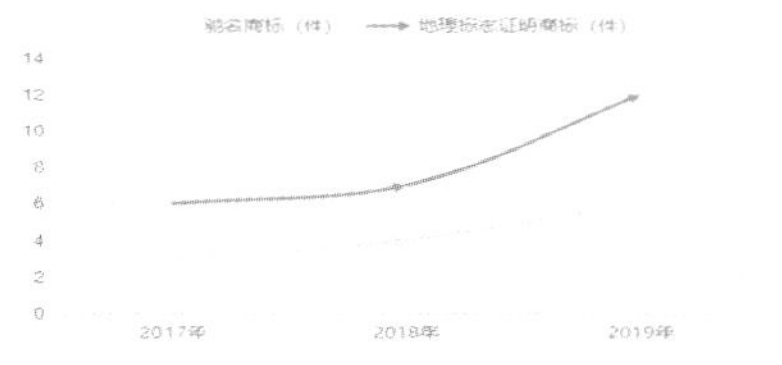

宁海县驰名商标及地理标志证明商标情况图

驰名商标

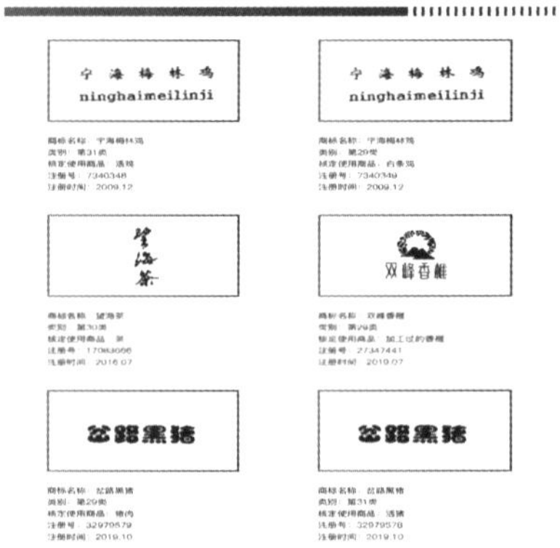

地理标志证明商标

商标品牌保护情况。近三年，县市场监管局查处商标违法案件共83件，商标保护力度不断加大。

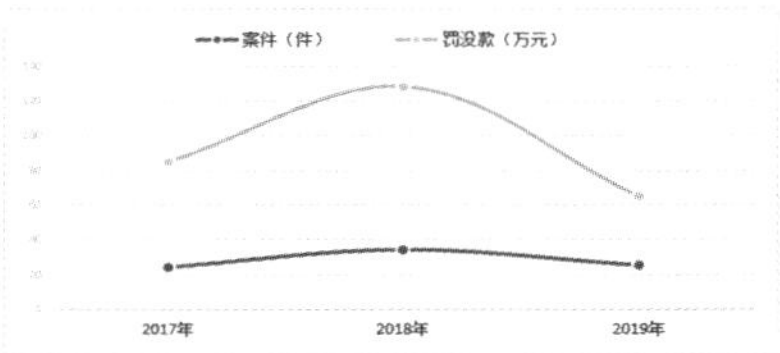

2017—2019年全县商标违法案件罚没款情况图

【专利申请情况】 截至2019年年底，全县共拥有专利14668件，其中有效发明专利1090件，实用新型专利6002件，外观专利7576件，每万人

发明专利拥有量15.9件。全县有国家知识产权示范企业2家，国家知识产权优势企业9家，浙江省专利示范企业18家，宁波市专利示范企业25家。

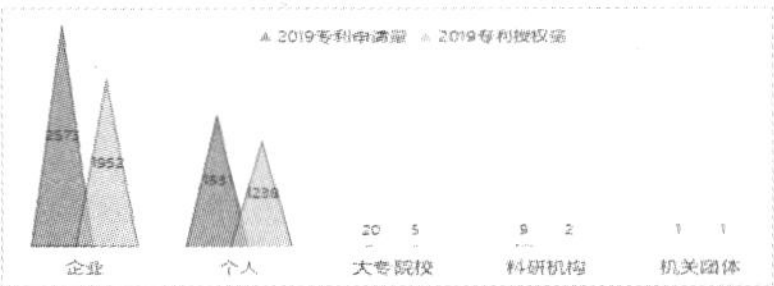

2019年全县专利申请和授权情况图

专利申请人以企业为主

发明专利占比小

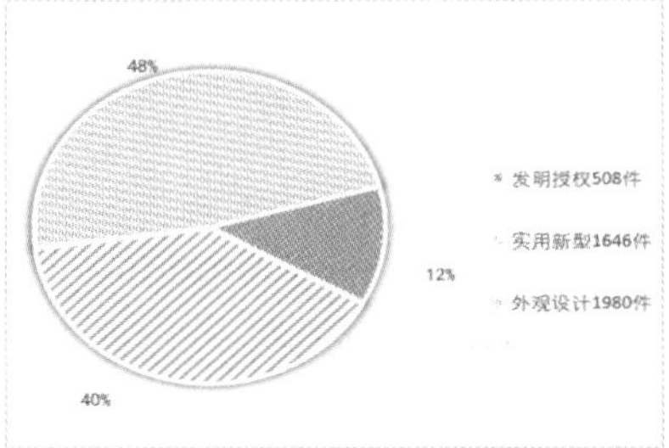

2019年全县专利申请情况图

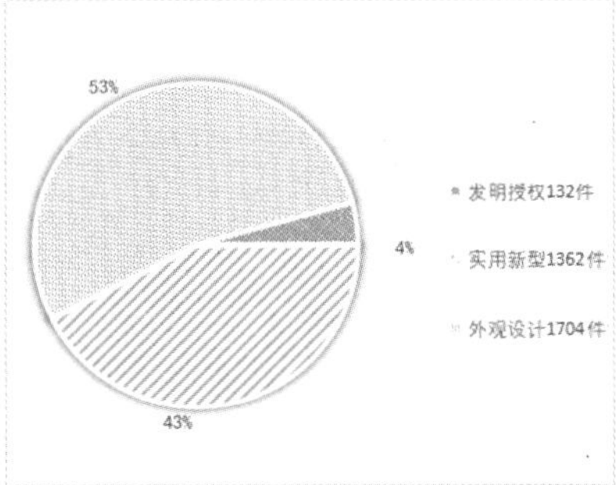

2019年全县专利授权情况图

全县专利前10强企业

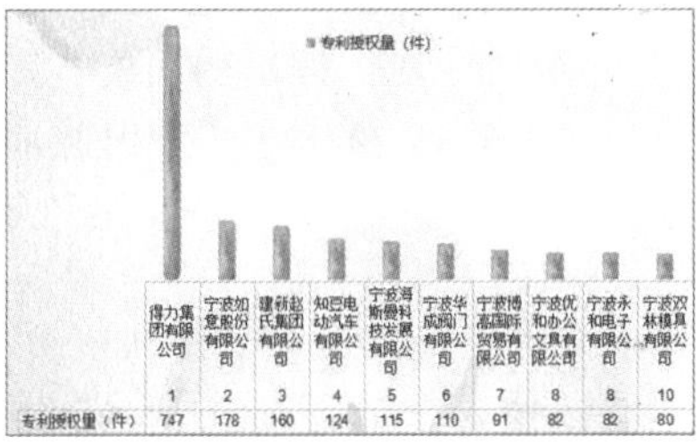

截至2019年12月，全县专利授权量前10强企业图

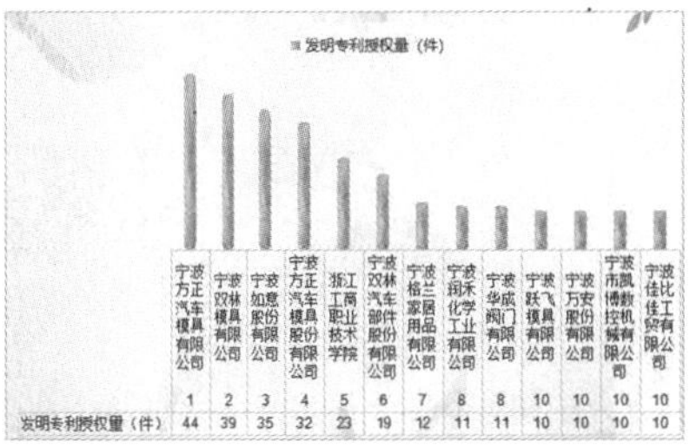

截至2019年12月，全县发明专利授权量前10强企业图

【知识产权质押融资】 2019年度，专利质押2件，实现融资1.07亿元；商标质押2件，实现融资1.01亿元，知识产权质押融资实现零的突破。

《宁海县数字经济发展三年行动计划》解读

物联网、云计算、移动互联网以及大数据、人工智能等新一代信息技术变革正加速推进全球产业分工深化和经济结构调整，形成以数据资源为关键生产要素的新型经济形态——数字经济。为全面落实省委省政府“两个高水平”和数字经济“一号工程”战略、市委市政府全力打造产业数字化升级引领区决策部署，加快推进宁海数字产业化和产业数字化发展，宁海县制定实施《宁海县数字经济发展三年行动计划》（以下简称《三年行动计划》），让数字经济全面激活传统产业的一池春水。

【把握时代脉搏，共享数字经济发展机遇】 2018年宁海县数字经济增加值150亿元，其中数字经济核心产业增加值40亿元；数字经济发展指数93.6，排名全省第15位；产业数字化全省排名第17位。数字产业化和新业态新模式指标全市领先，但基础设施、政府和社会数字化两项指标明显落后。

为实现追赶跨越，宁海县将以创新驱动、数字引领为主题，以发展数字经济、建设滨海新城为主线，以数字产业化、产业数字化为路径，大力发展以数字创意文具为引领的智能终端、智能光伏、汽车电子、软件和信息服务业等数字经济核心产业，积极开展工业物联网平台建设，促进数字经济与三次产业的深度融合，大力推进宁海制造业高质量发展，不断培育新经济、催生新业态、创造新模式、发展新动能，构建和完善县域绿色智造产业体系，使宁海成为“浙江省县域数字经济发展示范区”“宁波市数字产业发展先行区”和具有全国影响力的绿色智造高地。

数字经济将成为推动宁海传统产业向数字化、网络化、智能化和服务化方向转型升级的新引擎。《三年行动计划》提出明确的发展目标：力争到2021年，宁海县将通过数字产业化和产业数字化，全面升级原有“3+3+X”产业体系，基本建成县域绿色智造产业体系。全县数字经济增加值达到320亿元，占全县GDP比重超过40%，数字经济核心产业增加值突破65亿元。确保能够完成省数字经济五年倍增计划和数字宁波建设规划的要求，并在部分指标上实现领先。

数字化浪潮，正在冲刷经济社会发展的每一个角落。宁海县抢抓机遇、全面布局，将数字经济作为“一号工程”打造，激发出迈向高质量发展的澎湃动力。

宁海智能汽车小镇将融合新能源汽车文化、旅游、展示、体验功能，成为国家新能源汽车产业研发制造基地和展示观光体验示范基地。

【聚焦数字经济核心产业，打造四大数字产业集群】 如何以数字化转型助推高质量发展，让数字经济成为宁海经济发展的新引擎？按计划，宁海县将加快推进数字产业化集群发展，打造智能终端、智能光伏、汽车电子、信息技术等四大产业集群。其中重点打造以数字创意文具、智能家电（家居）、智能照明、智能装备等为核心的智能终端产业，加快布局智能光伏、汽车电子、软件和信息服务业等数字经济核心产业，加强智能机器人、人工智能、大数据等领域的技术研发与产品开发，不断促进两化、两业深度融合，让数字经济成为助推传统产业发展的内生动力。

围绕产品数字化，打造智能终端先导产业集群。在重点发展的数字创意文具领域，宁海县通过大力开发智能文具、提升区域品牌、加强文具文创融合等措施，加速推进宁海文具产业向数字化创意设计制造和服务的转型升级，力争到2021年，数字化文具产业实现产值近45亿元；在智能家电（家居）方面，通过创新服务增值模式、加快核心技术研发、推进智能生产管理，建立智能家电（家居）技术标准、服务体系和产业生态链；在智能照明领域，通过开发智能照明控制系统，加快向照明服务商转型，力争培育1—2家具有行业影响力的智能照明系统解决方案服务供应商；此外，宁海县通过做大做强智能装备产业、加快高端智能装备共性技术研发以及构建智能装备工业互联网平台，全面开发智能装备领域，力争到2021年智能装备制造业产值达到约45亿元。

立足研发协同化，打造智能光伏主导产业集群。加大关键技术研发投入、着力打造完整的智能光伏产业链、推动光伏制造业发展模式创新……宁海县将加快宁海智能光伏工厂建设，提升智能光伏产品供应能力并形成品牌效应，推进智能光伏系统建设与运维水平提升。力争到2021年，支撑光伏智能制造的软件和装备等服务配套能力显著提升，全县光伏产业产值达到130亿元左右，宁海成为全省乃至全国光伏发电推广应用的先行区。

聚焦汽车网联化，打造汽车电子明星产业集群。未来，宁海通过加强汽车电子产品研发生产，加快布局智能网联汽车核心产业和新能源汽车，大力发展汽车租赁业务和赛车赛事等，充分发挥宁海汽车零部件的产业特色优势，以“智能化、高端化、绿色化、服务化”为发展导向，以“电池—电机—电控—电动汽车”为发展路径，努力将宁海县建设成集研发、生产、销售和培训于一体的新能源与汽车电子产业基地。力争到2021年，宁海县汽车电子产业实现产值10亿元，培育2—3家收入超亿元企业。

面向生产智能化，打造信息技术特色产业集群。这其中包括软件、信息技术服务业和大数据产业三大领域。宁海将在软件方面通过完善嵌入式软件产业发展体系、创新发展自动化应用软件、深入实施知识产权战略，全面助推产业发展；同时，宁海县还支持信息技术服务新业态发展、建设宁海数字经济产业园、加快培育大数据产业、大力推广行业大数据应用，加速其与传统领域的融合渗透，推动宁海传统产业加速升级。力争到2021年，全县软件和信息技术服务业收入达到20亿元左右，培育超2000万元企业5—10家。

【信息化赋能，一、二、三产产业数字化提档升级】 为实现高质量发展，宁海县努力在产业数字化上实现新突破。而以创建绿色智造示范基地为目标，推动物联网、大数据、云计算等技术在宁海传统优势制造业、服务业和农业等领域的融合和应用，将是推进产业数字化的主要突破点。《三年行动计划》提出，力争到2021年，宁海县智能制造、绿色制造全面推进；智慧物流、智慧健康（养老）、数字贸易等现代服务业转型升级成就明显，智慧旅游等细分领域居于全省领先水平；农业数字化水平大幅提升，形成在全市具有示范意义的数字农业发展新模式。

在制造业数字化方面。宁海县聚焦文具、汽车及零部件、模具等三大特色优势产业，辐射五金机械、电子电器、阀门水暖、电动工具等传统制造业，以智能化改造、服务化升级、开展协同制造、建设创新综合体和分行业工业互联网平台等方式，加快优势产业提档升级。力争到2021年，宁海传统制造业两化融合发展水平指数达到88，智能制造水平大幅提升。

在服务业数字化方面。重点从目前宁海基础较好（智慧健康、智慧旅游）、发展最为迫切（智慧物流、数字贸易）的四个领域进行突破，全面提升数字融合应用水平。智慧物流将以“西子国际”“桃源广场”等一批综合性商业服务设施为依托，积极运用数字技术改造提升传统物流业，鼓励宁海物流企业运用互联网模式，对接市场需求，推动业务流程再造、组织管理变革，进行物流与供应链管理服务平台建设；数字贸易以发展电子商务为主线，鼓励宁海内外贸易企业运用数字技术，提升标准化、精细化和服务水平，不断开展服务模式和业态创新；智慧健康（养老）则依托电子政务云平台和宁海县城市大数据平台，统筹整合医疗卫生、体育、社会保障、食品药品等相关领域信息化资源，探索“互联网+”医疗健康服务；智慧旅游运用移动互联网、云计算、人工智能、物联网等数字技术，推进宁海县综合旅游大数据平台建设，加快旅游与生态建设相融合，以宁海独有的人文特色及人性化服务发展宁海数字旅游。

在农业数字化方面。重点从智慧农业和农村电子商务两个方面发力。加快农业与物联网应用，构建面向农业、农村的综合信息服务平台、涉农大数据共享平台和数据交换平台，加快农业与物联网等新一代信息技术产业的相互融合，加快农村电子商务发展，大力发展生态循环农业和智慧农业，推动宁海率先实现农业现代化；同时，加快发展农村电子商务，依托农村电商平台，积极发展农村电商，建设一批特色农（海）产品电商示范乡镇和示范村。利用宁海“全国海水养殖基地县”“中国蛏子之乡”“浙江省水产养殖强县”的品牌优势，大力发展蛏子等海产品的电商业务，提高农村经营者及农（海）产品市场竞争力，帮助广大农民增加收入。

冲锋号已吹响，新征程已开启。据悉，为确保《三年行动计划》各项目标、任务的顺利完成，宁海县着力加强组织领导，健全统筹协调机制，强化资金、人才、土地等要素保障，完善信息基础设施建设，建设人才队伍，建立健全考核评估机制……大力营造宁海人才创业创新的软硬环境，推进产业招商，使数字经济成为新时期拉动宁海经济增长的重要引擎。

一路高歌铸辉煌 宁海经济开发区25年纪实

1994年，迎着改革开放的春风，宁海经济开发区正式建立。

如今，宁海经济开发区成功入围浙江省美丽园区示范园区。作为宁海经济开发区核心区块，科技园区已建成新兴、科技、梅桥、临港等七大区块，集聚国内外企业1300余家，从业5万余人，形成以五金机械、模具、文具、汽车零部件等传统主导产业和新型建材、新材料、新能源等新兴产业为主的工业经济发展新格局，重点打造以楼宇经济、数字经济、跨境电商、智慧物流等为主的城市经济新业态，较好地谋深做实内涵提升、优二进三、产业培育等五大文章。截至2019年，宁海经济开发区科技园区已授权管理区域42平方千米，集聚工贸企业上千余家，累计吸引外资7.4亿美元，科技园区已成为多产业深度融合发展的新型经济开发区，并引领着宁海社会经济发展的巨变，书写宁海高质量发展的精彩篇章。

【25年见证园区华丽蝶变】 1992年5月，宁海跃龙经济开发区领导小组成立，为宁海加快改革开放迈出重要一步。1994年11月，经县政府批准正式建立宁海经济开发区，并经省政府批准为省级经济开发区。

这片沉睡的土地终于苏醒，到处是彩旗飘舞、机声隆隆。开发区人以“筚路蓝缕、以启山林”的创业精神，带来勇立潮头、向海而生的追梦情怀和探索勇气。一代又一代，青丝变华发；一批又一批，耕耘不辍，让希望的种子根植于脚下的沃土。

斗转星移，时代更迭。随着宁海县工业化、城市化进程不断加快，园区面貌日新月异，规模不断扩大，机构名称亦几经变换。2018年8月，随着县物流园区并入，新科技园区管理中心面世，形成新兴、科技、辛岭、梅桥（塔山）、宁西、冠北、宁海湾七大区块的发展格局，成为园区发展新的起点。

艰难困苦，玉汝于成。如今宁海环球大厦巍然矗立，点燃数字经济发展的薪火；物联大楼拔地而起，成为宁海县物流实力提升的标志；标准厂房鳞次栉比，梧桐引得金凤来……

2002年，园区完成规上工业总产值26.31亿元，工业增加值5.65亿元，财政收入1.39亿元，全面完成实到外资1678万美元

2018年，各项数据实现历史性突破。规上企业346家，其中上市企业3家、高新技术企业37家，完成规上工业总产值538.85亿元，实现企业进出口总额135.68亿元，完成财政收入35.44亿元，实到外资6500万美元，完成固定资产投资13.17亿元。园区有企业1300余家，从业5万余人。其中有美国、日本、俄罗斯、德国以及东南亚、英属维尔京群岛等26个国家和地区的外资、合资企业260家。形成以五金机械、模具文具、电子电器、汽车配件、灯具等六大传统主导行业和新型建材、新材料、新能源及电子等行业的工业格局，成为宁海转型升级的试验田、城市建设的主力军、经济发展的增长极。

【拓城筑梦，绘出锦绣蓝图】 蝶变背后，是科技园区坚持质量与效益优先，抓项目建设，抓招商引资，大力发展城市经济，培育新兴产业，不断做出的革新与努力。

拓城筑梦，描绘发展蓝图。1992年5月跃龙开发区B区工业小区率先破土动工，至1993年年底，有28个在建项目，总投资1.9亿元，基础设施建设全面铺开。其中征地拆迁是重要内容，也是难度较大的任务。工作人员不辞辛苦，奋斗在征地拆迁工作第一线。2001年至2017年园区拆迁办累计拆迁面积565278平方米，为后续发展奠定基础。

以集约型、高密度为特点，打造宁海数字经济产业集群，引领高质量发展。园区所属环球中心位于宁海新城市中心，系宁波南部第一高楼，交通便捷，周边商业配套齐全。大楼占地38亩，总建筑面积约12万平方米，重点引进软件与信息服务业、工业设计与创意产业、数字贸易、人才培训等产业，打造全县数字经济高地。科技园区冠北商贸区块的物联大楼落成，成为数字金融、智慧物流、跨境电商、创意设计等生产性服务业和数字餐饮、数字旅游等消费性服务业的总部，为宁海的商贸流通提供技术服务。

狠抓项目建设，激活发展引擎。加快推进中瑞生产技术中心、中乌高端新材料产业园、宁海汽车城综合服务中心等已落地项目的建

设；加快汽车天窗导轨和玻璃导轨等一批在谈优质项目的跟踪服务工作和转化落地；加快大金创业基地、高新汽配产业园和中瑞生产技术中心等园区自有标准厂房建设……科技园区以项目为抓手，围绕“产城融合、外引内提、双创兴园”发展思路，深入推进园区整合提升和布局调整，全力构筑园区创业创新发展大平台，为区域可持续发展提供强有力服务和运营保障。

25年来，园区累计基础设施投资90多亿元，先后完成潘天寿广场、时代大道、柔石公园以及环球中心、桃源广场、宁海汽车城综合服务中心等10多项县重点实事工程，援建西溪水库、宁海中医院大楼、宁海第一医院大楼和北部医院等工程，有力地推进宁海的工业化、城市化建设进程。

【高质量发展，勾勒灿烂前景】 创业难，守业更难。为了不断保持发展活力，科技园区厚植创新基因，促进转型升级，澎湃发展动能。紧紧围绕全县中心工作，强抓落实“六争攻坚、三年攀高”的行动任务，按照宁海县“一湾一区一带”产业发展的战略部署，以促进城市经济工作为基础，加强新产业培育力度，加快招引战略新型企业，引领园区转型升级。

发展城市经济，奠定发展基础。2018年以来，园区以发展城市经济为抓手，通过引用现代商务、总部经济、办公研发、商业配套、电子商务、现代物流等项目推动城市经济产业区发展，取得累累硕果：“退二优二”工作进一步开展；楼宇经济工作快速推进；环球中心的宁波大数据中心正式启动；集体育培训、美食娱乐、新零售于一体的桃源广场隆重开业；共享数据智能交易平台落户园区……

引进三大“国别园”，助力产业转型升级。从2012年开始，科技园区着手建立中瑞和中乌两大国别园，引进国外先进技术、人才、管理，着重打造生产性服务业，帮助提升宁海传统产业的智能化和信息化水平。中乌高端新材料产业园由宁波市政府与乌克兰国家科学院弗兰采维奇材料问题研究所合作，设立乌材所中国研究中心和宁波弗兰采维奇材料研究所，产业园研发试验设备已安装运行，有近20名乌克兰专家常驻园区工作，引进院士9名；中瑞生产技术中心是科技园区与瑞典创新科技园合作平台，已引入瑞典汽车高端装备技术、荷兰高分子聚合物新材料研发试产等一批项目，将重点围绕高端模具、汽车零部件、机械制造等产业，打造集项目合作、研发培训、人才引进、产品优化、市场拓展于一体的企业合作发展平台。

【筑巢引凤，笑迎四海客商】 新经济、新业态活力迸发，离不开园区清晰明确的招商定位，积极主动的招商意识，招大引强，谱写高质量发展的新篇章，显出勃勃生机。园区获2014年全省“国际高端汽车零部件产业园”称号，成功打造出“精品文具产业园”与“智能家居产业园”。

精准发力招好商。园区积极引进高新技术、信息产业、新材料产业。2019年11月，园区引进高色域量子点显示材料中试及产业化项目，进行量子点材料和量子点光学薄膜研发、生产和销售等，预计2025年全面投产后可实现年产8000千克量子点材料、200万平方米量子点光学薄膜，预期年销售额达4亿元；2018年，紧固件制造及变牙型防松螺纹技术应用项目与园区签约，总投资1000万美元，已成功落地；2017年，荷兰高分子聚合物新材料研发试生产项目成功落地，其高分子聚合物新材料研发试生产项目总投资400万欧元，注册资本200万欧元，引领宁海县新材料领域又一轮革新……一个个新项目的引进投产，不仅填补了相关领域的空白，也促进了宁海县新材料、信息技术等产业提档升级。

筑巢引凤搭平台。为打造具有吸引力的招商引资环境，园区把标准化厂房和小微企业集聚区建设作为提升园区集聚功能、改善招商引资环境、发展“众创空间”的重要载体。园区统一建设一批定位不同、功能完善、配套齐全的标准厂房、创业基地，用“以租代售”，帮助小微企业摆脱用地要素的制约、降低企业投资成本，把资金投用到技术设备采购、产品生产研发等方面上去。科技园区7个区块里已经有中欧中小企业创业园一期、中瑞汽配创业园工程等多个标准化厂房投入使用，南岙高新汽配产业园项目正在建设中。

梧高凤必至，花香蝶自来。25年来，园区坚持“工业企业为主，利用外资为主，出口创汇为主，致力于发展高新技术产业”的方针，招商工作从无到有、从少到多，多次荣获省市县招商引资工作先进奖项。吸引中外企业1300余家，其中外资来自26个国家和地区，合资企业260家，从1993年累计实际利用外资158.5万美元，到2018年累计实际利用外资71390万美元，累计合同外资11.12亿美元，成绩令人瞩目。

改革服务获得“新突破”。以“最多跑一次”改革为抓手，自我加压、内部挖潜，谋求服务企业的新突破。而为了提升服务效能，园区紧扣“三服务”活动要求，以培训学习为手段，根据部门特点，有针对性地组织专业培训，打造专业化队伍；以职工活动为纽带，通过形式多样、内容丰富、次数频繁的活动，培养团队合作精神，做到深度融合。以党员干部为示范，通过组建园区党员突击队，以形象示范、绩效比武等方式，切实带动园区干部职工队伍干事氛围。同时，园区全力打造风清气正发展环境，积极开展清廉园区建设，通过深化党建引领，以制度化建设为抓手，实现干部教育常态化、惩防体系制度化、作风监督经常化、企业服务优质化、园区形象公信化，真正把科技园区打造成“崇廉尚洁、制度严密、权力透明、干部勤廉、群众满意”的廉洁部门，为高质量发展提供最优环境、最强动力和最好生态。

【历次第一】 第一次公布地价：1992年6月，开发区首次公布地价，确定为每亩6.6万元。

第一份土地转让书：1992年7月，与上海童的梦制衣公司宁海分厂签订第一份“国有土地转让预定协议书”。

第一份委托建造租赁非标厂房协议书：1992年7月，与宁波利华制衣有限公司签订第一份委托建造租赁非标厂房协议书。

第一家外贸企业：2001年5月，宁波彬彬进出口有限公司成立，成为宁海县第一家企业外贸公司。

第一家上市公司：2005年年底，国内最大的订书机出口生产企业宁波彬彬文具有限公司在华尔街举行上市签字仪式，成为宁波市首家赴美国上市的企业。

第一个招拍挂：2006年3月，“5·19”广场东侧地块出让，成为园区第一个以招拍挂方式出让的项目。

第一个工业用地招拍挂：2006年12月，宁东区块44.5亩工业用地招拍挂，成为园区第一块工业用地招标拍卖挂牌出让项目。

第一批“全国高新技术企业”：2008年11月，宁波如意股份有限公司等9家企业被评为第一批宁波市“全国高新技术企业”。

第一个百亿企业：2012年，浙江国华浙能发电有限公司营业额达110.12亿元（2012年统计口径包含强蛟，2013—2015年包含强蛟、前童、岔路）。

第一个中外合作平台：2017年9月，乌克兰国家科学院弗兰采维奇材料问题研究所中国研究中心落户宁海县，目标是发展成为辐射全国的高端新材料研发应用基地。

宁海概貌

综　述

宁海位于浙东中部沿海，濒临象山港和三门湾，海湾优势明显，呈“七山二水一分田”分布。是国家级生态示范区、国家可持续发展实验区、国家卫生县城、国家生态县、国家园林县城、国家级妇幼健康优质服务示范县、全国重点产茶县，成功创建省文明县城、省文化先进县、省教育强县、省科技强县、省旅游经济强县、省级生态县、省卫生强县。

宁海人文底蕴深厚。自西晋太康元年（280）建县，至今已有1700多年历史，是方孝孺、胡三省、潘天寿、柔石等历史名人的故乡，也是明代大旅行家徐霞客所著《徐霞客游记》开篇之地和“中国旅游日”发祥地。悠久的历史积淀了丰富的文化。宁海拥有众多的古镇、古村、古戏台，是全国首个“古戏台文化之乡”和“婚嫁文化之乡”。前童、许家山、龙宫村入选中国历史文化名镇名村。平调要牙、十里红妆婚俗、泥金彩漆、前童元宵灯会列入国家级非物质文化遗产名录。

宁海资源环境绝佳。生态环境良好，森林覆盖率达62.5%，水质优良率和空气优良率均在85%以上，生态环境质量公众满意度连续三年位居全市第一，被列为首批“浙江省美丽县城试点县”，成功创建“全国休闲农业与乡村旅游示范县”，荣获“省级美丽乡村示范县”称号。积极培育壮大步道经济，共建成国家登山健身步道500千米，通过步道积极发掘户外运动资源，成功举办全国山地户外运动挑战赛、锦标赛和亚洲山地户外运动挑战赛等一系列大型体育赛事活动，被评为中国最佳户外运动基地，中国运动休闲大会也永久落户宁海县，宁海国家登山健身步道系统获得“2013中国全面小康十大民生决策”奖。宁海水能、风能、潮汐能、太阳能资源丰富，具有建设大型抽水蓄能电站和风力发电站、潮汐能发电站、太阳能发电站的选址条件，总装机容量将达到3000万千瓦。2019年，茶山抽水蓄能电站等一批新能源项目扎实推进，浙江省最大的陆上风电场——茶山风力发电项目以及中广核一市风电场项目均已并网发电，正在积极创建国家绿色能源示范县。

宁海产业特色鲜明。形成模具、文具、灯具、汽车配件等六大特色优势产业和生命健康、新能源等六大战略性新兴产业，总部经济、会展节庆等新兴服务业蓬勃兴起，拥有中国模具产业、文具产业、汽车橡胶部件产业、压铸产业和汽车零部件制造等五大“国字号”基地，构建形成“二区八园”产业布局。特别是作为省级平台的宁波南部滨海经济开发区，是环杭州湾产业带和温台沿海产业带相连接的一个重要节点，包括宁海东部长街、胡陈、力洋、茶院、一市、越溪6个乡镇，总面积721.58平方千米，总人口近20万。无论是土地、淡水、港口资源，还是太阳能、潮汐能等均极为丰富，在全市、全省乃至全国沿海地区都是一块不可多得的战略要地、资源宝地和能源高地。随着甬台温高速公路复线三门湾大桥及接线工程的开工建设，新区的战略地位和区位优势将进一步凸显，构建起“北有杭州湾、南有三门湾”的发展格局。

宁海县入选第一批部省共建乡村振兴示范省先行创建县名单。在2019年全国综合实力百强县市中排名第48位，全国综合竞争力百强县（市）第49位。位列2019中国创新百强县第27位，中国营商环境百佳示范县市位列第30名，投资潜力百强县（市）名列第30位。入选“全国制造业百强县（市）”。获评首批国家全域旅游示范区，顺利通过“绿水青山就是金山银山”实践创新基地现场核查。

宁海国家登山健身步道被授予“中国登山协会2019年度推荐登山健身步道”称号。

宁海2019居民健康素养监测结果出炉，结果显示全县居民健康素养水平为24.11%，较上年增长4.21个百分点，提前实现《全国健康素养促进行动规划（2014—2020）》中提出的“到2020年，东部地区居民健康素养水平达到24%”的要求。这意味着宁海每100个15~69岁的人群中有24个人具备基本的健康素养。

自然人文环境

【地域】 宁海县介于北纬29°05′36″—29°31′29″、东经121°09′26″—121°48′57″之间，地处浙江省东部沿海、宁波市南部，背山临海，西高东低，属沿海低山丘陵地区。东接象山县，东南临三门湾，南与台州市三门县接壤，西南与台州市天台县、西北与绍兴市新昌县相邻，北连奉化市，东北濒象山港。辖区东西最大距离64.1千米，南北最大距离44.15千米，全县国土总面积1843.26平方千米，其中陆域1563.8平方千米，占84.85%；水域面积279.2平方千米，占15.15%。距杭州211千米，宁波65千米（均为径距）。地域构造属华南台块浙闽隆起带东南沿海断裂褶皱区，新华夏系一级第二隆起带东北端。地质简单，断裂发育，属滨海丘陵地带。西部和西南山岭连绵，属于天台山脉中段，自华顶山、括苍山分别从西北、西南蜿蜒入境。最高峰蟹背尖海拔954米。东部以低丘和冲积平原为主。主要山脉有天台山、四明山。全县地势，自西向东南倾斜。北部、东南部和南部各有小块平原。

海域面积278.93平方千米。全县共有海岛42个，其中有居民海岛3个（白石山岛、横山岛、铜山岛），另有与三门争议岛屿4个，面积447公顷。宁海县大陆海岸线北起与奉化市交界处文胜塘，南至宁海县一市镇旗门塘宁海段，全长175.625千米，其中自然岸线长49.292千米，占28.07%；海岛岸线36.847千米。

根据最新国土三调数据，宁海县共有农用地2280517.8亩、建设用地228971.1亩、未利用地240267.6亩，合计面积2749756.5亩。按地类划分，其中湿地133915.65亩、耕地366660亩、种植园用地155322.6亩、林地1515268.7亩、草地35504.1亩、商业服务业用地7905亩、工矿用地50262亩、住宅用地107732.4亩、公共管理于公共服务用地10259.25亩、特殊用地5017.65亩、交通运输用地64117.65亩、水域及水利设施用地273098.25亩、其他土地29710.95亩。

根据2018年度森林资源监测数据，全县林地面积1646452亩、森林面积1610738亩、林木蓄积量5934954立方米、森林覆盖率64.07%、乔木林单位面积蓄积量4.75立方米/亩，森林面积、森林蓄积量、森林覆盖率等持续稳定增长。

【水文】 境内河道属白溪、中堡溪、凫溪、清溪等四大流域，其中白溪流域面积627平方千米；中堡溪流域面积198平方千米；凫溪流域面积188平方千米；清溪流域面积164平方千米。主要河道有一级河白溪、中堡溪、凫溪、清溪、茶院溪、颜公河等14条，总长288.5千米；二级河大溪、大松溪、混水溪等21条，总长237.7千米；三级河道盈坑、龙眼溪、里岙溪等7条，总长61.1千米。河流总长度607.4千米，河网密度0.34千米/平方千米，径流总量16.4亿立方米，年排涝量3.3亿立方米，年最大排涝量4.6亿立方米。境内最大河流为白溪，从天台县华顶山北麓流经境内黄坛镇、岔路镇、前童镇、跃龙街道，从白峤港入海，长66.5千米，流域面积627平方千米，年均流量21.9立方米/秒，主要支流有清水溪、浑水溪、大溪等。海岸线全长166.48千米，有港湾6处、岛屿44个、礁55个，海域面积244.4平方千米，东南沿海滩涂广阔，平原地区河港纵横。

【矿藏及其他自然资源】 境内已探明地下矿藏共36种，主要有磁铁矿、钼矿、锰矿、铜矿、铅锌矿、黄铁矿、明矾石、地开石、萤石、水晶、褐煤、珍珠岩、沸石、陶土、高岭土、膨润土、叶蜡石、地热资源、饰面石材、普通建筑用石料等21个矿种。其中矿产地12处，包括磁铁矿矿点2处，铅锌矿小型矿床1处，明矾石、地开石矿点各1处，陶土大型矿床2处，叶蜡石中型矿床1处、矿点1处，地热资源（温泉）1处，饰面石材矿床2处。

宁海县区域矿床资源特点是：普通建筑用石料资源丰富，地热资源、陶土、叶蜡石资源较丰富，其他金属、非金属和能源矿产资源贫乏。

金属矿产 主要有铅锌矿、磁铁矿等矿种，但多属矿点、矿化点，仅有桥头胡储家铅锌小型矿床，但品位低。

非金属矿产 普通建筑用石料资源丰富，饰面石材、叶蜡石、陶土等矿种有一定的资源储量可供开发利用，其它多为矿点，无工业价值。

能源矿产 主要有地热资源。

属于花岗岩类型构造裂隙热储，热源主要来源于深部大地热流，大气降水沿断裂通道经深循环，在南溪一带形成热水资源。已经开发的有宁海森林温泉，矿区面积0.59平方千米。探明的单井可采量为950立方米/日，控制的单井可采量为1212立方米/日，年开采量21.03万立方米。井口水温43.5℃—47℃，地热水无色、无味、无嗅、透明，氟含量为8.6—13.0毫克/升，为HCO3-Na型水。地热水中氟含量为8.6—13.0毫克/升，偏硅酸含量为54.08—62.4毫克/升，放射性核素水氡含量为24.3—52.5Bq/L，并含有锶、锂微量元素等物质，定名为重碳酸钠型低温含氡氟—硅水。

水资源 总量约17.3亿立方米，水力蕴藏量达10.6万千瓦，总库容为4.30亿立方米。

2019年，全县区域内共布设14个地表水监测点位，基本覆盖宁海重点湖库、主要水系干流、支流。监测站每月对全县1个市控饮用水源地、1个国控断面采样监测一次；每单月对1个县级饮用水源地、5个县控断面、9个市控以上断面采样监测一次。2019年全县地表水环境监测结果表明：9个市控断面全部符合《地表水环境质量标准》（GB 3838—2002）Ⅱ类水质；水质优良率为100%，与2018年持平。水环境功能区达标率为100%，与2018年持平。2019年县控以上断面水环境功能区达标率为100%，水质优良率为92.9%。9个市控断面的主要污染物与2018年同期相比，高锰酸盐指数下降2.89%、氨氮上升23.28%、总磷上升21.4%。

野生动植物资源 境内野生动植物资源丰富。有森林植物1000余种，有1202棵古树名木，28处古树群582棵，其中南方红豆杉等属国家一级保护；栖息着陆生野生动物300余种；沿海有海涂面积近1.33万公顷，海域主要有鱼类87种；甲壳类52种，以虾、蟹为主。

【土特产】 宁海望海茶入选中国农业品牌目录2019年农产品区域公用品牌榜。2019年省农业博览会在浙江新农都会展中心、杭州和平国际会展中心同时举行。宁海共组织12家农业经营主体参展，现场销售超过40万元，获得订单60万元。其中，“望海峰牌”望海茶、“山里向”笋干获“2019浙江农业博览会金奖”“花蕊牌”蜂蜜、“望府牌”红茶、“北星牌”泥螺、“草湖牌”糕点获得“2019浙江农业博览会优质奖”。

2月，宁海白枇杷获得国家农产品地理标志登记保护。

6月，浙江省2019“浙茶杯”金奖红茶评比中，宁海县获2枚金奖（太阳山茶场、俞氏五峰公司）。望府红茶因在“浙茶杯”评选活动中3次以上获金奖，获“浙江名红茶”称号。

9月，宁海通过“宁海珍鲜”商标注册代理招标，标志着宁海全产业农产品区域公用品牌第三方运营正式启动。首批入选“宁海珍鲜”的筛选标准确立，包括参选的农业龙头企业、专业合作社等主体具有一定的生产经营规模，产品符合“三品一标”质量要求，品牌具有一定知名度、认可度等。同时，“宁海珍鲜”的相关专题宣传和群众意见征求工作启动。

长街蛤蜊 长街蛤蜊在宁海八鲜之中有“鲜绝天下”的美誉，且被誉为“长街三宝”。长街蛤蜊主要产区为三门湾沿岸，又称铁蛤、青蛤，喜生活于潮间带中下区及浅海沙滩中，贝壳厚而坚，略呈三角形，蛤肉鲜美，具有滋阴润燥、利尿消肿作用，它的营养价值也很高，含有丰富的蛋白质和维生素，属于低热能、高蛋白、少脂肪的健康食材。长街蛤蜊系捕捞自然生长品种，清明前后为旺季，量多体肥，一般日捕5—10千克，长街沿海群众习俗，清明祭祖必备蛤蜊。全县一般年产量约100吨，高产年约200吨。2003年长街蛤蜊荣获浙江省博览会金奖。1995年开始以传统方式刮苗养殖，2007年人工育苗成功，开始大面积养殖，2008年发展到10305亩，产量8350吨。2009年，有17个乡（镇）的131个村、107万户和2个国有场、2个乡办场从事养蛤生产，当年放养1.89万亩，养殖总面积2.99万亩，产量9352吨，占当年海水养殖产量70%，占水产品总产量37.3%。分别占全市60%和66%。

长街泥螺 泥螺也称吐铁，属腹足纲，阿地螺科，鲜美醇香，营养价值十分丰富，同时味甘咸，性寒，且具有补肝贤、益精髓、润肝、明目、生津之功能，是宁海县沿海区域的一大传统产品。尤其是宁海长街镇生产的泥螺更具有肉嫩、体大、舌软（无沙性）的特点，味道特别鲜美，在沪甬和港台地区享有盛誉，被称为“长街泥螺”。长街泥螺不仅生长快，而且特别肥壮，大的体大如鲜蚕豆，小的胜过青皮豆，一般160粒至170粒就有0.5千克。每年可旺收二季，即麦黄泥螺和桂花泥螺，前者较优。过去长街泥螺都是采捕野生资源的，由于自然采捕量少又不稳定，不能满足市场需求。1989年伍山、山头乡渔民，采集海涂上的“泥螺蛋”（卵群）筑土塘蓄水孵化，培育成幼螺，开创人工养殖泥螺的先例。1990年长街月兰村村民黄金富，用刮苗暂养分苗疏养方法养殖成功，三门湾沿海村民纷纷仿效，1997年养殖面积达1.5万亩，产鲜泥螺750吨，产值2000万元。1998年养殖面积15900亩，产量750吨。2008年养殖面积8340亩，产量590吨。2010年养殖面积18000亩，产量1200吨，产值2800万元。2001年1月18日，长街镇被浙江省水产渔业局授予“泥螺之乡”。

岔路黑猪 岔路黑猪在岔路有三百多年的养殖历史，名列浙江省14个地方良种猪之一，为浙江省优质无公害农产品、宁波市绿色农产品。体型中等，体质结实，结构匀称，背腰平直，多为单背，胸较深，被毛全黑。1992年，宁海县人民政府拨专款85万元，在离县城9千米的梅林镇附近建成“宁海县岔路黑猪良种繁育场”开展选育，并于1994年6月经省农业厅验收，确定为一级种猪场。2003年12月与宁波市振宁牧业有限公司合股成立宁海县绿生牧业有限公司。2005年岔路黑猪存栏1836头，出栏2615头。截至2017年年底，“宁海县岔路黑猪良种繁育场”养殖岔路黑猪已逾80000多头。12月5日，岔路黑猪种质资源基地建设项目开工。

枇杷 据明崇祯《宁海县志》载，宁海在370年前已种植枇杷。1985年开始在古渡、前童、岔路等地进行规模化种植，面积1200多亩，品种有大红袍、软条白沙、夹脚、洛阳青等。1987年全县面积1984亩，幼树多，产量少。1989年进入生产期，产量224吨。1990年前后，一市镇利用良好山地资源开始发展枇杷，1993年年初产。1994年在一市村枇杷园发现一株白沙枇杷，性状表现突出，果大、味甜、品质佳，此后几年在县农林科技人员和种植户的共同努力下，该单株得到迅速繁育和扩展，2000年开始在全县推广。2003年经国内专家鉴定为优质白沙枇杷新品种，定名为宁海白枇杷。该品种地2004年通过国家林木良种认定，成为宁波市首个全国果树推广良种。2013年，全县枇杷种植面积达1.4万亩，产量2000余吨，宁海一市镇获“浙江枇杷之乡”称号。至2008年宁海白枇杷已推广至全国12个省、市，成为中国白沙枇杷主栽品种之一。2004—2007年宁海白枇杷分别认证为无公害农产品、有机食品和绿色食品，2007年获宁波市名牌产品、宁波市十大名果和“中华名果”称号。由宁海县农林局冯健君研究员主持完成的《宁海白枇杷品种选育及基地建设》项目于2004年获宁波市科技进步二等奖，2008年作为主要成果之一获浙江省科学技术奖二等奖，优秀论文《枇杷品种“宁海白”的特性》在国际刊物上发表。宁海县枇杷生产技术水平居国内先进行列。

麻糍 宁海的气候和土壤为宁海糯米的生长创造优良的自然环境，糯米外形椭圆，颗粒饱满均匀，色泽白里透青，具有香、软、柔、韧的综合特性，最适合制作宁海麻糍的主要原料。据记载，宁海麻糍早在南宋时期已成为地方特色食品，有每逢清明、四月八等传统节气就要捣麻糍的习俗。21世纪以来，胡陈乡先后举办麻糍节、成立麻糍文化体验馆，令其更加发扬光大。在胡陈乡已形成产业化经营。

麦饼 宁海麦饼历史悠久，据《宁海塔山童氏谱志》记载，早在南宋时期人们在出游和劳作时作为携带麦饼为主食，延续至今。另据史料记载，徐霞客从宁海出西门三十里，夜宿梁皇驿，对香气浓郁的宁海麦饼赞不绝口。宁海麦饼和徐霞客出游挂上钩，因此也被称为“霞客饼”。宁海麦饼的主要原料来自宁海的地产小麦，辅以宁海岔路黑猪肉为佐料，经过手工制作而成的地方特色食品。麦饼其外观多为较薄圆形，表面微焦、色泽焦黄。小麦是宁海传统种植物之一，明代旅行家徐霞客在《徐霞客游记》的开篇中写道，在宁海王爱山冈一带“可见随处种麦”。由于宁海的土壤、气候、日照时间原因，宁海的面粉品质蛋白质和酶活性含量高于普通面粉，具有面团拉伸、稠度强的特性，便于在加工麦饼过程中可随意拉伸都不破裂。一旦选用非地产原料和佐料，就明显失去昔日的味觉记忆，口感大打折扣。

马铃薯 俗称洋芋，胡陈洋芋是宁海县胡陈乡传统特色农产品之一，已有300多年的种植历史。由于具有独特的砂性土壤、适宜的气候环境，因此造就胡陈洋芋的独特品质——皮色较黄、淀粉含量适中、低脂肪、高蛋白、粗纤维，色香味美，为大众喜爱。长期以来，胡陈洋芋是一旱一水的栽培模式。境内土壤pH值在5—6之间，施肥主要以农家肥为主，化肥辅助，土壤自然肥力高。胡陈本地洋芋品种多为东仓小黄皮，洋芋可作蔬菜也可作粮食，生长季节短，胡陈乡春秋两季洋芋的种植面积达0.7万余亩，年产洋芋0.87万余吨，其中符合国家级绿色食品A级产品标准的洋芋为2500吨。胡陈乡多次组织洋芋种植大户探索开发大型蔬菜市场、超市等，主要销往上海、杭州、宁波、舟山等地。胡陈洋芋曾获得多种荣誉，2004年被认定为国家级绿色食品A级产品，标志编号：LB-15-1308117318A。胡陈洋芋荣获省级农业博览会优质奖，2017年胡陈洋芋入选为“全国名特优新农产品”名录，受农业部权威推介，2018年胡陈洋芋荣获浙江名牌农产品。

香榧 双峰香榧种植历史悠

久，是天然无公害农产品，主要分布在黄坛镇的榧坑、逐步、中央村、里塘等村。其中，建村于洪武元年的榧坑村以榧为村名。为了大力发展香榧，宁海县成立发展香榧领导小组，规划在双峰乡建立万亩香榧生产基地，于1991年建立双峰香榧苗圃园，采摘当地木榧（香榧的一个品种）为种子，繁殖苗木。1999年，双峰育出10万株香榧苗木，在杨染村、榧坑村进行嫁接。至2008年，双峰地区10多个村已发展香榧5000余亩、1.5万多株，64%的树可结果投产。榧蒲每千克16元，干榧每千克160元。2012年，双峰香榧基地面积7300亩。2015年，黄坛镇的双峰国家森林公园被评为“浙江最美森林”，为当地发展香榧产业与生态旅游提供契机。截至2017年年底，黄坛现有香榧面积1.2万亩，其中挂果面积3500余亩，年产香榧鲜蒲200余吨，是宁波市唯一的香榧产业基地。双峰有山外山农业发展有限公司、东盛林业专业合作社、补兴香榧合作社等6家专业合作社经营香榧产业。

牡蛎　俗称蛎黄，宁海西店盛产的是褶牡蛎，有700多年的历史。褶牡蛎，贝壳小，薄而脆，大多为三角形，养殖以褶牡蛎为主。据清光绪《宁海县志》载：“宋进士冯唐英避乱隐此，见岩边牡蛎盛生，教居民聚石养之。”并有“牡蛎出铁江尤佳”之赞语。铁江位于象山港尾西店，尤以西店牡蛎为著名，驰名江、浙、沪一带，海水养殖中的主产品之一。宁海西店，是浙江省最大的牡蛎基地，2008年西店牡蛎养殖面积24870亩，产量28600吨。西店牡蛎素有“海牛奶”之称，并富含蛋白质、维生素、核黄素等营养成分。2001年被浙江省海洋与渔业局授予“牡蛎之乡”。

锯缘青蟹　俗称青蟹，主产于一市、西店、大佳何等三门湾和象山港区域，清光绪《宁海县志》称蝤蛑，尤以一市青蟹为佳，营养价值大，俗称“三只蝤蛑顶只鸡”。宁海一市镇毗邻三门湾，盛产青蟹，自然条件优越，尤其是拥有天然的砂石底质，附近海域天然青蟹苗种富有。宁海青蟹运用野生、纯天然的鱼饲料进行科学喂养，是宁波市海水养殖水产品的第一个有机品牌。1985年，西店樟树村养殖户在低坝高网塘养殖青蟹，1990年以后，全县青蟹养殖面积不断扩大，成为池塘生态养殖的主要品种之一。

【气候】　**气温**　全年年平均气温17.8℃，比常年平均偏高0.9℃。上半年平均气温比历年平均偏高1.0℃；下半年平均气温比历年偏高0.9℃。冬季平均气温比常年平均偏高1.4℃；春季平均气温比常年平均偏高1.3℃；夏季平均气温比常年平均偏低0.4℃；秋季平均气温比常年平均偏高1.3℃。

降水总量　全年降水总量2273.9毫米，比历年平均偏多32%。上半年降水总量比历年平均偏多27%；下半年降水总量比历年平均偏少14%。冬季降水总量比常年平均偏多110%；春季降水总量比常年平均偏多14%；夏季降水总量比常年平均偏多49%；秋季降水总量比常年平均偏少21%。

光照　全年光照总时数1559.9小时，比历年平均偏少5%。上半年光照总时数比历年平均偏少6%；下半年光照总时数比常年平均偏少5%。冬季光照总时数比常年平均偏少51%；春季光照总时数比常年平均偏多14%；夏季光照总时数比常年偏少23%；秋季光照总时数比常年平均偏多14%。

2019年宁海主要气象灾害有低温雨雪冰冻、倒春寒、台风和强对流天气（包括梅汛期、强雷电和短时强降水过程）等，其中台风“利奇马”对宁海造成严重的风雨影响。

强对流天气　2019年春夏季，由于副高东西进退频繁，宁海处于副高边缘，对流条件较好，短时强降水、雷雨大风等强对流天气频发。其中3月21日，宁海大部分地区遭受冰雹袭击，过程伴随短时强降水、雷电等现象，城区降雹持续约2分钟，过程降水量达18.7毫米，观测到冰雹最大直径为8毫米。影响范围较广，对农业生产、人民财产造成严重破坏。

梅雨　6月17日入梅，7月17日出梅，梅期30天，梅雨量482.6毫米，为近20年来第二多。2019年梅雨总体呈三个特点：一是入梅略偏晚（常年入梅6月13日）、出梅明显偏迟（常年出梅7月7日），梅期长（常年平均24天），梅雨量比常年平均（268.4毫米）偏多80%；二是梅雨典型，出现六轮强降水过程；三是梅雨量分布不均，局地性短时强降水天气多发。

台风　1905号台风“丹娜丝”对宁海影响较弱，18日8时至19日20时全县面雨量10.2毫米，最大茶山36.4毫米；沿海及高海拔地区普遍出现6—8级大风，最大茶山22.3米/秒。

1909号台风“利奇马”于10日1时45分在台州温岭城南镇登陆，登陆时为超强台风级，影响宁海的主要时段为8月8日08时到10日下半夜，全县面雨量357.6毫米，为全省县域面雨量第一，其中19个站超400毫米，5个站超500毫米，最大留五扇597.5毫米（为宁海台风影响降水量极值）；内陆地区出现 8—10 级、沿海及高海拔地区 10—12 级大风，个别 13 级以上。

1913 号台风“玲玲”对宁海的主要影响时段为 4 日 8 时至 6 日 20 时。全县面雨量 40.7 毫米，最大骆家坑 73.7 毫米、车岙港 68.5 毫米、杨梅岭水库 62.3 毫米，城区 48.2 毫米；内陆普遍出现 6—7 级风，沿海和高海拔地区 7—8 级，最大茶山 9 级（22.7 米/秒）。

1917 号台风“塔巴”对宁海的主要影响时段为 20 日 20 时至 22 日 14 时。风雨影响以风为主，20 日 20 时至 22 日 14 时，全县面雨量 5.0 毫米，最大茶山 46.4 毫米；内陆普遍出现 6—8 级风，沿海和高海拔地区 8—10 级，最大山上应 31.6 米/秒（11 级）。

1918 号台风“米娜”对宁海的主要影响时段为 30 日 20 时到 2 日 8 时，受其影响，从 30 日 20 时至 2 日 8 时，全县面雨量 119.6 毫米，最大团联 255.0 毫米，茶山 232.1 毫米，溪下王 164.3 毫米，城区 96.7 毫米。沿海及高海拔地区已出现 9—12 级大风，内陆 8—10 级，最大杜鹃步道（36.0 米/秒）、山上方（33.7 米/秒）、枇杷山（33.6 米/秒）12 级。

【政区　人口】 2019 年年末，辖跃龙、桃源、梅林、桥头胡 4 个街道，长街、力洋、一市、前童、桑洲、黄坛、强蛟、西店、深甽、岔路、大佳何 11 个镇，胡陈、茶院、越溪 3 个乡，共 18 个乡级政区。

2019 年，辖区常住人口 63.39 万人，登记在册流动人口 22.07 万人。有汉族、苗族、土家族、布依族、侗族、彝族、回族等 33 个民族；超过 200 人的有苗族、土家族、布依族、侗族、彝族、回族等 7 个少数民族。

2019 年宁海县国民经济和社会发展综述

【国民经济主要指标】 2019 年，面对错综复杂的外部环境和宏观经济下行压力，宁海坚持以习近平新时代中国特色社会主义思想为指导，全面贯彻中共十九大和中共十九届二中、三中、四中全会精神，紧扣高水平全面建成小康社会目标任务，坚持稳中求进工作总基调，坚持新发展理念，坚持以供给侧结构性改革为主线，全面实施市委“六争攻坚、三年攀高”行动，大力开展“创新破难奋进年”活动，经济持续健康发展，人民生活福祉持续增进，县域经济呈现争先进位、量质提升的良好态势，跻身全国综合实力百强县 48 位。

国民经济。 全年实现地区生产总值 701.08 亿元，按可比价格计算，比上年增长 6.1%，其中，第一产业增加值 46.27 亿元，增长 2.6%；第二产业增加值 363.61 亿元，增长 6.2%；第三产业增加值 291.20 亿元，增长 6.5%。三次产业结构 6.6 : 51.9 : 41.5，第三产业增加值比重比上年提高 0.5 个百分点，按照户籍人口计算，人均生产总值 110652 元，按年平均汇率（1 美元 = 6.6985 元人民币）折算为 16519 美元，增长 6.0%。根据第四次全国经济普查结果和我国 GDP 核算制度规定，2018 年宁海 GDP 修订为 655.98 亿元，三次产业结构修订为 6.6 : 52.4 : 41.0。

表 1　　2019 年宁海县生产总值分行业情况表

指标名称	本年实绩（亿元）	增速（%）
生产总值	701.08	6.1
农林牧渔业	47.91	2.9
工业	316.92	7.5
建筑业	47.32	-2.6
交通运输、仓储和邮政业	22.30	10.9
批发零售业	64.95	5.0
住宿和餐饮业	11.60	5.0
金融业	38.10	5.4

续表1

指标名称	本年实绩（亿元）	增速（%）
房地产业	44.81	7.5
其他服务业	107.18	6.7
营利性服务业	42.34	10.5
非营利性服务业	64.84	4.4

说明：本表数据执行国家统计局2012年制定的《三次产业划分规定》

经济主体。全年新增各类市场主体14013户，内资企业3491户，其中私营企业3394户，外资企业17户，个体工商户10459户，农民专业合作社46户。全县累计实有各类市场主体72222户。引导完成个转企174家，其中转型为公司制企业121家。民营经济增加值占GDP比重76%。

财政收支。全年完成财政总收入104.71亿元，比上年增长4.6%，中央级财政收入38.69亿元，增长0.7%；一般公共财政预算收入66.02亿元，增长7.1%，其中：税收收入48.34亿元，增长5.0%。一般公共预算支出合计90.76亿元，增长8.8%，其中：科学技术支出2.25亿元，增长47.7%，社会保障和就业支出18.56亿元，增长36.5%，一般公共服务支出9.53亿元，增长13.3%，卫生健康支出8.64亿元，增长12.1%，民生支出67.3亿元，占财政支出的74.2%。

供给侧结构性改革。全县规模以上工业中，高耗能行业增加值下降37.6%，按可比价计算占规上工业的比重为19.8%。年末商品房待售面积比上年年末下降4.0%，其中，商品住宅待售面积下降33.4%。规模以上工业企业资产负债率为58.8%。全年规模以上工业企业每百元营业收入中的成本为82.08元，与上年基本持平。

居民消费价格。全年居民消费价格指数（CPI）上涨3.3%，高于全市平均水平0.3个百分点。八大类商品和服务项目价格同比呈“七升一降”，其中：食品烟酒类上涨6.7%，衣着类上涨1.3%，居住类上涨3.1%，生活用品及服务类上涨2.7%，教育文化和娱乐类上涨1.7%，医疗保健类上涨1.5%，其他用品和服务上涨2.4%。交通和通信类下降0.2%。

【农业和农村】 **农业**。全年实现农林牧渔业增加值47.91亿元，增长2.9%。粮食播种面积23.32万亩，总产量8.38万吨，与上年基本持平。蔬菜、果用瓜播种面积分别增长9.2%和3.1%。禽肉总产量0.12万吨，下降31.0%。水产品总产量16.03万吨，增长2.8%，其中：海水产品产量15.41万吨，增长2.8%。积极推行绿色生产方式，实施病虫害专业化统防统治9.6万亩，推广测土配方施肥40万亩次，主要农作物测土配方施肥覆盖率达92%，实现化肥减量140吨、农药减量13.6吨。大力推进农业废弃物资源化利用，秸秆综合利用率达95.59%。拥有无公害农产品147个、绿色食品22个、有机食品5个，种植业“三品”认证面积达到31.3万亩。

水利建设。全面实施农民饮用水达标提标工程建设，农村受益人口5.99万人。天明湖、凫溪（梅林段）双双获得省“美丽河湖”称号。全省水利工作年度综合考核连续四年稳居“优秀方阵”，同时荣获宁波市第七届（2018年度）水利“大禹杯”金杯奖。

新农村建设。全年完成危旧房拆除0.47万平方米，外立面改造0.15万平方米，道路硬化3.58万平方米，雨水排水设施建设0.54万米，村庄及庭院绿化1.62万平方米，新建公厕6座，河道整治0.32万米等。新建生活垃圾集中设施和垃圾桶479个。5个村的自然村农村生活污水治理项目基本完成建设，总投资1500万元，受益农户数0.15万户。

【工业、建筑业和用电】 **工业经济**。全年实现工业增加值316.92亿元，比上年增长7.5%，其中：规模以上工业实现增加值213.68亿元，增长6.6%。规模以上工业实现产值906.14亿元，增长9.0%，实现销售产值892.45亿元，增长10.1%，其中内销648.42亿元，增长5.2%，出口交货值244.03亿元，增长25.2%；实现主营业务收入893.60亿元，增长8.6%，实现利税总额91.25亿元，下降1.9%，利润总额63.83亿元，增长8.9%。综合实力50强企业实现工业总产值531.88亿元，增长15.3%；规模以上六大特色行业完成工业总产值680.37亿元，增长12.3%。

结构调整。全年规模以上工业实现新产品产值355.93亿元，增长23.4%，新产品产值率39.3%，比上年提高4.6个百分点。战略性新兴产业、高新技术产业、装备制造业、环保制造业增加值分别实现43.02亿元、100.14亿元、117.38亿元和26.35亿元，分别增长30.6%、9.9%、12.4%和39.4%。实现数字经济核心产业制造业增加值24.09亿元，增长43.3%，占规上工业增加值的11.3%，比重比上年提高2.7个百分点。“246产业”实现增加值148.91亿元，增长11.0%，高于全市3.7个百分点。十七大重点传统制造业实现增加值117.47亿元，增长5.5%。

建筑业。全年建筑业总产值增长3.6%。房屋建筑施工面积685.25万平方米，从业人员平均人数3.4万人。

用电量。全年全社会用电量37.17亿千瓦时，增长3.7%，其中：第一产业用电量0.43亿千瓦时，下降8.1%；第二产业用电量24.60亿千瓦时，增长2.9%，其中，工业用电量24.29亿千瓦时，增长2.5%；第三产业用电量4.85亿千瓦时，增长7.3%；城乡居民用电量7.28亿千瓦时，增长5.0%。

【固定资产和房地产投资】 固定资产投资。全年固定资产投资增长4.2%，其中：民间投资增长24.7%，民间投资占固定资产投资比重52.0%。工业投资增长14.4%，高于全市3.9个百分点，35个项目列入市级3511产业及传统制造业改造提升专项，其中3个数字化车间项目、473个新产品列入市级试产计划，全年新增省内首台（套）产品5个，浙江制造精品3个。高新技术产业投资增长9.3%。建安工程投资、基础设施投资、交通运输业投资分别下降6.2%、16.6%和12.4%。

房地产投资。全年房地产开发投资增长9.5%，商品房施工面积463.25万平方米，增长12.9%，竣工面积64.35万平方米，下降7.8%，商品房销售面积79.78万平方米，下降2.9%。

【国内贸易、对外经济、交通、旅游和会展】 消费市场。全年完成商品销售总额586.03亿元，增长9.7%，住宿餐饮业营业额47.69亿元，增长11.6%，社会消费品零售总额251.16亿元，增长10.0%，网络零售额91.98亿元，增长29.6%。宁海县电商产业园入驻企业64家，实现交易额41亿元。跨境电商产业有序推进，实现跨境电商出口额6.52亿美元，增长11.9%，新增跨境电商试点企业23家。

对外贸易。全年实现货物进出口总额302.95亿元，增长26.6%，分别高于全国和全市23.2和19.7个百分点。其中出口276.25亿元，增长28.7%，进口26.70亿元，增长8.4%。机电、高新技术产品为宁海主要出口产品，其中：机电产品实现出口216.17亿元，增长35.0%，占全县出口总额的78.3%；高新技术产品出口100.12亿元，增长105.1%，占全县出口总额36.2%。贸易方式不断优化，一般贸易出口269.72亿元，增长31.7%，占全县出口总额的97.6%，比重较2018年提高2.2个百分点。对“一带一路”沿线国家合计进出口83.88亿元，增长57.2%，其中出口81.03亿元，增长60.9%。

招商引资。全年共新批外资企业14个，增资项目4个，实到外资（部口径）1.26亿美元，增长69.2%，完成年度目标的114.8%，引进浙商回归资金65.04亿元，增长14.1%，完成年度目标的118.3%，引进市外内资75.13亿元，增长7.2%，完成年度目标的117.4%。

交通业。全年完成交通总投资16.4亿元，全县公路总里程1651.41千米，其中高速公路74.71千米，分别增长1.7%和46.9%。年末拥有各类营运车辆2218辆、船舶65艘。全年完成货物运输量1981.75万吨，货物周转量88.99亿吨千米，客运量165.24万人次，旅客周转量1.91亿人千米。

旅游业。全年旅游经济总收入202.41亿元，接待游客2040.7万人次，分别增长18.8%和17.1%。成功创建首批国家全域旅游示范区。胡陈乡入选第四批省级旅游风情小镇创建培育名单，创成省级A级景区村庄45个，其中AAA级8个。

会展业。全年举办各类展会9个，参展企业907家，标准展位1773个，展览面积8.61万平方米，成交额达11亿元，其中产业展会2019中国（宁海）国际机床与模具技术博览会成交额5.5亿元。举办节庆活动27个，其中县级以上节庆活动19个，镇村级8个。

【金融和保险】 金融业。年末金融机构本外币存款余额806.78亿元，增长10.0%，比年初增加73.31亿元，其中人民币存款余额789.93亿元，增长9.9%，比年初增加71.34亿元。年末金融机构本外币贷款余额 965.42 亿元，增长 10.4%，比年初增加 90.76 亿元，其中人民币贷款余额 957.34 亿元，增长 10.8%，比年初增加 92.90 亿元。年末银行业金融机构 25 家，其中：政策性银行 1 家，大型国有银行 5 家，股份制商业银行 12 家，地方性法人机构 1 家，城市商业银行 4 家，村镇银行 2 家。年末银行业金融机构不良贷款率 0.44%，较上年下降 0.53 个百分点。

保险业。全年实现保费收入 15.81 亿元，增长 2.9%。其中：财产险 6.94 亿元，增长 5.8%，人身险 8.87 亿元，增长 0.8%。保险业累计赔付支出 5.84 亿元，增长 9.5%。其中：财产险赔付支出 4.24 亿元，增长 7.7%，人身险赔付支出 1.6 亿元，增长 14.4%。年末共有 54 个保险机构数，其中：产险 34 个，寿险 20 个。

【科技、教育和人才】 科技创新。全年认定国家高新技术企业 45 家，累计达 186 家，开展 R&D 活动的规上工业企业数从上年的 262 家提高到 402 家。高新技术产业增加值 100.14 亿元，技术交易额 6.27 亿元，分别增长 9.9% 和 96.2%。培育市级创新型初创企业 200 家，获得市级及以上科技进步奖达到 11 项（其中省级 4 项）。新增国家、省市级星创天地 5 家，蛇蟠涂现代渔业列入国家级星创天地名单，新增市县级工程技术中心 85 家、省级企业研究院 2 家。5 家企业新获市县级“海外工程师”年薪资助，新增国家外专引智项目 1 个，荣获市“茶花友谊证书”外国专家 2 人。新引进博士创新、创业团队 3 个，全年专利授权量 3198 件，其中发明专利 132 件。有效发明专利拥有量 1090 件。高价值专利组合培育项目（培育类）2 家，专利导航项目 1 家。新认定国家知识产权优势企业 5 家，宁波市专利示范企业 1 家，首次通过知识产权管理体系认证企业 4 家。

教育事业。年末全县共有中小学 80 所，在校学生总数 8.70 万人。其中，普通高中 7 所，在校学生 0.88 万人；职业中学 4 所，在校学生 0.74 万人；初中 18 所，在校学生 2.21 万人；小学 50 所，在校学生 4.86 万人；幼儿园 105 所，在校学生 2.23 万人。民生项目建设顺利推进，辛岭小学、金阳幼儿园、深圳幼儿园、滨江商住 A 区配套园、冠庄幼儿园投入使用，湖西幼儿园、城西小学即将投入使用。设立民办教育发展专项资金 390 万，落实各项帮困助学政策，各类助学奖金共计 0.91 亿元，公办学校接纳外来民工子女 1.78 万人。

人才开发。年末全县人才总量 19.5 万人，增长 11.7%，其中：各类专业技术人员 7.4 万人，副高及研究生以上人才 2674 人，高技能人才 4.9 万人。入选省 151 人才工程 4 人，市领军和拔尖人才 48 人。5 人入选市级“拔尖技能人才”，47 人入选县级“优秀技能人才”。建成国家级博士后工作站 1 家、省级博士后工作站 8 家，企业专家工作站 15 家。

【文化、卫生和体育】 文化建设。电影《春天的马拉松》获评浙江省“五个一工程”奖。平调原创大戏《葛洪》在宁波逸夫剧院首次公演。开展“百姓大舞台”演出 302 场，配送节目 148 个；举办戏曲纳凉惠民活动 1052 场，受惠群众达 20 余万人次。

舆论引导。全年制作播放各类专题片、微剧、微电影等 260 多期。上送新闻稿在央视播出 37 条、浙江卫视播出 62 条。新媒体“看宁海”客户端已注册用户 16 万余户，抖音号“直播宁海”粉丝量达 3 万+。

卫生健康事业。年末全县共有医疗机构 467 家，每千人执业（助理）医师 2.94 人，每千人在岗护士 3.02 人，每千人床位 4.8 张。孕产妇实现零死亡，婴儿死亡率 2.54‰，5 岁以下儿童死亡率 4.11‰，孕产妇住院分娩率达 100%。5 个乡镇通过国家卫生乡镇创建省级考核，1 个乡镇通过省卫生乡镇市级考核，国家卫生乡镇实现历史性突破。启动全市唯一的全国农村 3 岁以下儿童早教发展服务试点县建设。梅桥医院等 3 个项目投入使用，县妇幼保健院保健楼新建等 4 个项目如期推进。推动晴隆县成为黔西南州首个实现数字化预防接种门诊全覆盖，帮扶建立全县首个疼痛康复诊疗中心、新生儿诊疗中心。

体育事业。全年新建体育公园 9 个，全民健身广场 2 个，人均体育面积达到 2.36 平方米，远远超过全省平均 1.97 平方米的标准。宁海县国家登山健身步道被评为宁波唯一的中国新美步道。成功举办 2019 宁海越野挑战赛，2019 环中国自行车业余赛（宁海站），2019 宁海国家步道百企徒步挑战赛，中国体育论坛，长三角运动休闲体验季，宁波市体育社团嘉年华，中国（胡陈）户外运动节。射击运动员王敏涛在亚洲锦标赛获得冠军，全年共取得省级冠军 20 个、国家级冠军 5 个、世界冠军 1 个。

【城市建设和环境保护】 城市建设。全年城乡争优项目完成投资 121.17 亿元。建成天明东路、学勉北路、兴宁北路等 11 个市政道路项目，建成杜鹃公园等一批绿化项目，新增城市公园绿地 25.31 公顷，建成绿道 25.5 千米。启动新一轮棚改三年攻坚计划，完成征收改造 26.3 万平方米，新开工安置房 840 套；组织实施 9 个城中村改造，已完成签约 2536 户，完成拆迁 2370 户。积极推进老小区改造工作，完成金海福园、阳光茗苑 5.94 万平方米改造，7 个物业小区的污水零直排改造同步推进。

生态文明建设。全年累计铺设污水管网 29 千米，日平均污水处理量达到 10.82 万吨，较上年增加 1.46 万吨，增长 15.6%，污水处理负荷率从 83%提高到 89%。环境质量保持稳定，全县环境空气质量优良率达 91.8%，PM2.5 浓度均值为 27 微克/立方米。9 个市控以上断面和地表水环境功能区优良率、达标率均 100%，县级及以上饮用水水源地水质和跨行政区域河流交接断面水质达标率 100%。区域环境噪声 54.5 分贝。获第三批“两山”实践创新基地的命名，入选首批浙江省清新空气示范区。

【人口、人民生活和社会保障】 **人口规模**。年末全县常住人口 68.6 万人，比上年增加 0.1 万人。全县总户数 241163 户，户籍总人口 633918 人，其中：男性人口 326564 人，女性人口 307354 人，分别占总人口 51.5%和 48.5%。出生人口 5712 人，出生率为 8.99‰，死亡人口 3961 人，死亡率为 6.23‰，人口自然增长率为 2.75‰。

城乡居民收入。全年全县城镇居民人均可支配收入 61016 元，增长 8.6%，城镇居民人均生活消费支出 39241 元，增长 10.4%。农村居民人均可支配收入 33864 元，增长 9.0%，农村居民人均生活消费支出 24620 元，增长 8.5%。低收入农户人均可支配收入增长 14.3%。城乡居民收入比 1.80∶1，较上年进一步缩小。年末城乡居民人均储蓄 51858 元，增长 2.7%。

社会保障。年末全县本地户籍人员参加养老保障 487387 人，参保率为 97.8%；城乡居民医保参保 412196 人，本地户籍参保率在 99.6%。符合条件的贫困人员养老保险实现“应保尽保”，参保率达 100%；工伤保险 188433 人；失业保险 128701 人。

就业创业。全年城镇新增就业人员 23748 人，城镇失业人员实现再就业 3616 人，就业困难人员实现再就业 1141 人，年末城镇登记失业率为 0.71%。积极推进高质量就业社区（村）建设工作，新建成省级高质量就业社区 3 个、市级高质量就业社区（村）23 个。全年培训劳动力 8492 人，创业培训 208 人，高技能培训 5836 人。累计新增创业实体 8719 个。创业带动就业人数 34876 人。

社会救助和社会福利。全县共有低保对象 6893 户 9501 人。建立健全孤儿动态管理机制，实现县、乡镇（街道）二级联网审批。全年养老机构总床位数达到 7266 张，进一步完善居家养老工作政策体系建设，实现村社居家养老服务全覆盖。

注：1. 本公报为初步统计数。

2. 生产总值、各行业增加值、农业总产值总量按现行价格计算，增长速度按可比价格计算。

2019 年宁海县党政机关、群众团体与乡镇、街道负责人名录

【中国共产党宁海县委员会】

书　记：杨　勇（5 月止）
　　　　林　坚（5 月始）
副书记：林　坚（5 月止）
　　　　腾安达（12 月始）
　　　　李贵军
常　委：王军海
　　　　叶秀高
　　　　徐震宇
　　　　张伟标
　　　　娄黛敏
　　　　方　勤
　　　　王辅橡
　　　　王琦军（10 月止）
　　　　李红伟（5 月始、挂职）
　　　　吴　玮（10 月始）

【宁海县人民代表大会常务委员会】

党组书记、主任：徐真民
党组副书记、副主任：王能迭
副主任：赵秀萍
　　　　潘红月
　　　　王兴兵
　　　　柳正维
　　　　范建军（10 月始）

【宁海县人民政府】

县　长：林　坚（10 月止）
　　　　腾安达（10 月始）
常务副县长：王军海
副县长：王鸿飞
　　　　陈陵际（8 月止、挂职）
　　　　范建军（10 月止）
　　　　沈纾丹
　　　　应国邦
　　　　俞晶磊（挂职）
　　　　王清和（2 月止，挂职）
　　　　李红伟（5 月始、挂职）
　　　　励成杰（10 月始）

【中国人民政治协商会议宁海县委员会】

党组书记、主席：尤玲娟
党组副书记、副主席：邬汝跃
党组副书记：娄黛敏（12 月始、兼）
副主席：尤永成
　　　　杨象轮（1 月止）
　　　　何建春

童青燕
秘书长:蒋善琪(1月止)
俞丹斌(1月始)

【宁海县直单位党政负责人】
县委办公室主任:
石道伟(1月止)
徐旭东(1月始)
县台办主任:李海啸
县委党史研究室主任:娄筱庆
县人大常委会办公室主任:胡家标
法工委主任:徐敬国(11月止)
监察司法工委主任:
邬开娟(11月始)
财经工委主任:冯继红
教科文卫工委主任:郑仕忠
农业农村工委主任:
丁建华(11月止)
蒋思才(11月始)
城建环保工委主任:王永进
代表工委主任:张群力
社会建设工委主任:
张晓桦(11月始)
县政府办公室(外事办)主任:
葛仁元
县会展管理中心主任:叶天峰
县流动人口服务管理中心主任:
郑建国(1月止)
李恒贤(1月始)
县机关事务管理局党组书记、局长:
方华峰(1月止)
张爱娇(1月始)
县政协办公室主任:
胡余亨(1月止)
叶良晓(1月始)
提案委员会主任:娄培宗
经济科技和城建资源环境委员会主任:褚孟法(1月止)
黄才向(1月始、12月止)
经济和城建资源环境委员会主任:
黄才向(12月始)
教文卫体和文史资料委员会主任:
胡　军(12月止)
教科卫体文化文史和学习委员会主任:胡　军(12月始)
社会法制和港澳台侨委员会主任:
娄　坚
委员工作委员会主任:陈庆宇
县纪委书记、监察委主任:徐震宇
县委组织部部长:方　勤
县委宣传部部长:叶秀高
县委统战部部长:娄黛敏
县侨办主任、侨联主席:
蒋思才(1月止)
王日辉(11月始)
县民宗局局长:任建平(1月止)
郑尚奎(6月始)
县委政法委书记:李贵军
县综治办主任:顾长安(1月止)
县人民法院院长:石坚强
县人民检察院检察长:练节晁
县委政策研究室主任:童富定
县决策咨询办主任:
钱卫挺(1月始)
县编委办主任:林长春(1月止)
县委编委办主任:林长春(1月始)
县委直属机关党工委书记:
张爱娇(1月止)
戴贤华(1月始、12月止)
方　勤(12月始)
县委老干部局局长:邬开娟
县委党校校长:方　勤
党委书记、副校长:
应培杰(1月止)
胡海军(1月始)
县农办(老区办)主任:
田启仲(1月止)
县信访局党组书记、局长:邵旭东
县发改局(物价局)党组书记、局长:
项汉明
县经信局党委书记、局长:黄建福
县教育局党委书记、局长:陈开南
县科技局局长:陈振根
党组书记:郭　青
县公安局党委书记、局长:李铭胜
党委副书记、政委:
胡华新(2月止)
褚访岳(2月始)
县民政局党委书记、局长:苏朝阳
县司法局党组书记、局长:陈海燕
县财政局党委书记、局长:庞建宏
县国资局局长:季胜洪
县人力社保局党委书记、局长:
黄才向(1月止)
胡小锋(1月始)
县国土资源局党委书记、局长:
应校军(2月止)
县自然资源和规划局党委书记、局长:应校军(2月始)
县住建局(规划局)党委书记、局长:
徐旭东(1月止)
县住建局党委书记、局长:
徐旭东(1月始)(2月止)
章武科(2月始)
县交通局党委书记、局长:
裘为民(2月止)
陈伟荣(2月始)
县水利局党委书记、局长:王　巍
县农林局党委书记、局长:
陈万奋(1月止)
县农业农村局党委书记、局长:
潘海东(1月始)
县商务局(粮食局)党组书记、局长:
张晓桦(11月止)
县商务局党组书记、局长:
卢华强(11月始)
县文广新闻出版局党委书记、局长:
盛高成(1月止)
县文广旅游局党委书记、局长:
林仙菊(1月始)
县卫生计生局党委书记、局长:
章武科(1月止)
县卫生健康局党委书记、局长:
章武科(1月始,2月止)
李乃江(2月始)
县退役军人事务局
党组书记:汪秀邦
局长:王宁芳
县应急管理局党组书记、局长:
杨东林(1月始)
县审计局党组书记、局长:戴华飞
县市场监督管理局

党委书记、局长：丁建标
县统计局党组书记：
鲍园存（1月止）
陈昌凯（1月始）
局长：龚　慧
县医保局党组书记、局长：
盛高成（1月始）
县综合行政执法局
党组书记、局长：吴继盛
县环保局党组书记、局长：
章　哲（1月止）
市生态环境局宁海分局
党组书记、局长：章　哲（1月始）
县海洋渔业局党组书记、局长：
潘海东（1月止）
县安监局党组书记、局长：
杨东林（1月止）
县总工会主席：王兴兵
党组书记：周永平
团县委书记：胡　卿
县妇联党组书记、主席：林　红
县工商联党组书记、主席：
冯　坚（1月止）
葛体员（1月始）
县文联党组书记、主席：刘尚才
县残联党组书记、理事长：葛永照
县科协党组书记、主席：陈海中
县关工委主任：方　勤
常务副主任：袁春林
县慈善总会会长：曹善军
县旅游委员会党委书记：
王军海（1月止）
主任：林仙菊（1月止）
县档案馆党组书记、馆长：张华飞
县新闻中心党组书记、总编辑：
顾一冰（1月止）
县广播电视台党委书记、台长：
何健军（1月止）
宁海传媒集团党委书记、总裁：
何健军（1月始）
总编：胡国光（1月始）
招商中心党组书记、主任：
王宏伟（1月止）
葛海峰（1月始）
县体育发展中心党组书记、主任：
郭　青（1月止）
顾一冰（1月始）
县供销联社党委书记、主任：
高剑峰（1月止）
陈云苍（1月始）
县公建中心党组书记、主任：陈剑波
县房屋征收办（城中村改造指挥部）
党组书记、主任：朱军华
市住房公积金中心县分中心
党组书记、主任：张　伟（1月止）
陈　飚（1月始）
县规划管理中心党组书记、主任：
叶良晓（1月止）
县金融办党组书记、主任：
裘德亮（1月始）
县大数据管理中心党组书记、主任：
董宜春（1月始）
县审管办党委书记：
王军海（11月止）
主任：陈国军（11月止）
县政务服务办党委书记：
王军海（11月始）
主任：陈国军（11月始）
宁海经济开发区管委会
党工委书记：王辅橡
宁海科技园区管理中心党组书记、主任：陈　飚（1月止）
葛欢善（1月始）
县生物产业园管理中心党组书记、主任：王日辉（11月止）
应利勇（11月始）
县双盘三山围涂工程指挥部
党组书记：俞安河
县交通重点工程建设指挥部
党组书记、总指挥：
裘为民（1月止）
陈伟荣（1月始）
县高速公路建设指挥部总指挥：
夏慧辉
县抽水蓄能电站建设政策处理指挥部党组书记：王军海
总指挥：杨象轮
县三门湾现代农业开发区建设指挥部总指挥：沈纾丹
县商贸集团党委书记、董事长、总经理：胡余泽
县水务集团党委书记、董事长：袁顺生
县城投集团总经理：葛军伟
宁海海关关长：王　军
县国税局党组书记、局长：陈龙均
县供电公司党委书记：
高补林（10月止）
高明（10月始）
总经理：高补林
县气象局党组书记、局长：徐　俭
县烟草专卖局局长、县烟草公司经理：袁卫东（1月止）
马效军（11月始）
县邮政公司党委书记、局长：陈国栋
县电信局党委书记、局长：
葛国标（3月始）
国家统计局宁海调查队
党组书记、队长：崔绍章
人民银行宁海县支行行长：吴林钗

【乡镇、街道党政负责人】

跃龙街道
书　记：顾国兴
主　任：夏方伟（11月止）
胡仁杰（11月始）

桃源街道
书　记：李乃江（1月止）
王永宝（1月始）
主　任：卢华乾

梅林街道
书　记：陈伟荣（1月止）
褚孔村（1月始）
主　任：褚孔村（1月止）
胡中伟（2月始）

桥头胡街道
书　记：王永宝（1月止）
邬培栋（2月始）
主　任：邬培栋（2月止）
洪　永（2月始）

长街镇
书　记：王照栈
镇　长：何称松（1月止）

石　柔(2月始)

力洋镇

书　记:胡小锋(1月止)

陈模曹(2月始)

镇　长:陈　威

一市镇

书　记:刘军平

镇　长:胡　卿(1月始)

岔路镇

书　记:葛欢善(1月止)

郭　青(1月始)

镇　长:夏智友

前童镇

书　记:张畅芳

镇　长:陈海涛

桑洲镇

书　记:陈云苍(1月止)

葛建标(6月始)

镇　长:尤煜彬

黄坛镇

书　记:胡海军(1月止)

王宏伟(1月始)

镇　长:应　剑(12月止)

大佳何镇

书　记:李文斌

镇　长:虞武君(12月止)

叶亦健(12月始)

强蛟镇

书　记:叶　挺

镇　长:陈模曹(2月止)

吕　宁(12月始)

西店镇

书　记:张伟标

镇　长:王彪平

深甽镇

书　记:王东海

镇　长:金伟科

越溪乡

书　记:徐善军(12月止)

钱贤丰(12月始)

乡　长:葛海峰(1月止)

吴　冰(1月始)

茶院乡

书　记:储根荣

乡　长:王启堂(6月止)

夏　扬(6月始)

胡陈乡

书　记:张微燕(10月止)

虞武君(11月始)

乡　长:严义靖

大事记

1月

1日，宁海县首批投运10辆比亚迪K7车型纯电动公交车，全部投放到115线。另外30辆比亚迪K8车型纯电动公交车陆续抵达。同时完成20个相配套的充电桩建设。

同日，“胡教明四大名著手抄本传交仪式”在同乐园文化礼堂举行。

2日，举行全县重大项目集中开工仪式，16个项目总投资近130亿元，掀起新一轮“项目争速”的高潮。

3日，中共宁海县委十四届四次全体（扩大）会议举行。

4日，全县机构改革动员大会召开。

5日，宁海县第二趟始发列车——宁海至贵阳G2332次高铁于7时10分从宁海站始发。

7日，宁波大学海洋学院硕士工作站产学研合作基地在大佳何镇宁波加多美机械科技有限公司挂牌。

8日，宁海县机构改革新组建部门授牌仪式举行。

9日，由中国作协创研部、浙江出版联合集团主办，浙江文艺出版社、中共宁海县委宣传部承办的“相信阳光——简平报告文学《权力清单：三十六条》研讨会”在京召开。

10日，宁海县烈属、军属和退役军人等家庭悬挂光荣牌启动仪式在岔路镇梅花村举行。

11日，宁海县基层社会稳定“一体两翼三机制”现场会暨“村民e点通”和“村级小微权力清单36条指挥运行系统”两网开通仪式在桥头胡街道举行。

14日，“追赶跨越　砥砺前行——宁海县改革开放40周年成果展”在国际会展中心一楼展出。

14—17日，中国人民政治协商会议第十届宁海县委员会第三次会议在宁海国际会展中心召开。

15—18日，县十八届人大三次会议在宁海国际会展中心召开。

16日，浙江沿海高速公路象山至乐清段通车仪式在宁波、台州、温州三地同时举行，包括三门湾大桥及接线、台州湾大桥及接线和温州乐清南塘至黄华段的沿海高速公路于16日14：00通车运营。副省长高兴夫在主会场宣布通车，副市长陈炳荣，县委书记杨勇，副县长应国邦以及市有关部门负责人、象山县相关领导等在宁波分会场参加通车仪式。

20日，宁海上海商会二届三次会员大会暨五周年庆举行。

21日，县委副书记、县长林坚主持召开县政府第42次常务会议。

同日，宁海县十里红妆文化创意集市在东方艺术博物馆开市，同时举行跃龙街道“文创基地”授牌仪式。

22日，上海铁路公安局杭州公安处宁海站派出所正式挂牌成立。

24日，宁海县举行民建宁海县总支部成立暨第一次会员大会。

25日，中国·宁波第二届生命健康创业创新大赛总决赛在宁海举行。

25—29日，宁海第十一届春节年货展销会举行，实现销售额1600万元。

30日，前童元宵行会音乐传承基地成立。

同日，由浙江文艺出版社出版的简平报告文学《权力清单：三十六条》获第一届“浙版传媒好书”优秀主题出版物奖。

31日，宁海县召开扫黑除恶专项斗争推进会。

是月，元旦小长假宁海县主要景区（点）共接待游客约58.6万人次，同比增长11.2%。

是月，浙江省推选的1005名“好支书”人选中，宁海县有8名入选，分别是胡陈乡胡陈村党支部书记鲍瑞根、越溪乡双盘村党支部书记林益满、茶院乡东腾村党支部书记周相辉、强蛟镇上蒲村党支部书记金文杰、桃源街道兴海社区党总支书记居委会主任王琛、梅林街道河洪村党支部书记俞华国、桥头胡街道桥头胡村党总支书记胡新标、县中医医院党总支书记院长奚琼霄。

是月，宁海县兴伟刀具、震裕股份、海斯曼科技三家企业入围第二批市级培育企业名单。

是月，由宁波市关工委组织举办的宁波市志愿服务“五个10”先进典型宣传推选活动获奖名单揭晓，桃源街道阳光社区成为最佳志愿服务社区之一。跃龙街道心动力爱心演艺队队长竺义貌获市十大“最美志愿者”称号。

是月，县第二医院首次以手术直播的方式举办一场基层腔镜应用沙龙研讨会，是宁波地区基层医院的首次直播。

是月，桃源街道泉水社区秦巧莲家庭获2018年第四季度浙江“最美家庭”。

是月，“浙江省妇科内镜学组名医工作室”揭牌仪式在县妇保院举行。

是月，全省首家以依法治国为主题的展馆——宁海县全面依法治国主题馆在县委党校揭牌。

是月，宁海县首个市场监管领域的“亲清”服务工作站——梅林市场监管所“亲清”服务工作站揭牌。

是月，国家发改委发布第25批新认定国家企业技术中心名单，确认111家技术中心和7家分中心具有国家企业技术中心及分中心资格，浙江有8家公司获批，东方日升名列榜中。

是月，国家税务总局委托第三方组织实施的2018年纳税人满意度调查结果公布，宁海分局取得全国第七、宁波第一的好成绩。

是月，浙江省小城镇环境综合整治行动领导小组办公室通报关于2018年度全省小城镇环境综合整治工作考核验收结果，宁海县获得2018年度全省小城镇环境综合整治工作优秀县称号。其中，力洋、岔路、黄坛、深甽、桥头胡5个申报验收的乡镇（街道）通过验收。同时，黄坛镇、桥头胡街道成功跻身浙江小城镇环境综合整治省级样板名单。

是月，浙江省生态文化协会、浙江省林业局联合公布2018年新命名的65个生态文化基地，宁海县五山林场名列其中。

是月，兴海、兴圃2个社区成功入围我省首批高质量就业社区。

是月，2018年度浙江省白金级、金宿级民宿评定结果出炉。宁海心宿无尘获得最高级别白金宿，成为全市3家白金级民宿之一，拾贰忆、乡叙王干山获得省金级民宿。是时，宁海共有白金宿1家、金宿2家、银宿4家，总量位列全市第一。

是月，宁海县老年人体育协会被评为2011—2017年度浙江省老年体育先进协会，同时获2018年全国老年人健步走大联动活动优秀组织奖。

是月，宁海县首个地方团体服务标准——《汽车销售、维修放心消费服务规范》正式实施。

是月，“2018宁波互联网年度风云榜”揭晓，熊小米原创儿童IP获十佳宁波网络文创案例大奖。

是月，省城乡环境整治工作领导小组办公室公布2018年度小城镇环境综合整治省级考核验收工作结果，全省共有237个小城镇被列为年度第二批省级样板，桥头胡街道榜上有名。

是月，县卫生监督所公布宁海民营医疗机构信誉等级评定，向被评上星级的120家民营医疗机构（其中二星级15家、一星级105家）发放信誉等级公示牌。

是月，省美丽办公布2018年生态环境质量公众满意度结果，宁海县连续七年位列全市第一，省排名从2017年的57位上升至38位，满意度总得分提升至85.45分。

2月

1日，全省安全生产暨消防工作电视电话会议、全市安全生产工作暨国家安全发展示范城市创建部署推进会相继召开，县委常委、常务副县长王军海在宁海分会场参加会议。

5日，宁海异地商会会长联谊会成立。

11日，宁海县举行“有效投资首季大比拼”暨国能置信智造谷小微企业园开工仪式。

同日，宁海家具产业联盟第五次会员大会暨中国·宁海家具产业总部招商会举行。

18日，宁海县召开争做服务标兵·勇当攻坚先锋暨全县“创新破难奋进年”动员大会。

19日，比罗乌斯院士落户中乌合作平台暨东方日升院士工作站签约仪式举行。

同日，国家体育总局体育经济司司长刘扶民率队到宁海实地调研健身休闲产业发展情况，深入了解宁海体育产业发展中面临的主要问题和政策需求。省体育局副局长李华、副县长范建军参加调研。

19日，宁海获评首批浙江省全域旅游示范县

21日，为贯彻落实全县争做服务标兵·勇当攻坚先锋暨“创新破难奋进年”动员大会精神，宁海县召开文化发展指数测评工作会议。

同日，由县人力社保局、县总工会联合举办的2019年“工会就业创业援助月”大型公益专场招聘会在县人力资源市场举行。

24日，市生态环境局宁海分局分5组对污染防治重点领域、重点区域和重点行业企业开展首次“夜鹰式”零点执法行动。

25日，庆祝中华人民共和国成立70周年，翰墨乡风——首届宁海县村民书画作品展在潘天寿艺术中心展出。

同日，在全国第十届残疾人运动会单板滑雪坡面回转比赛中，宁海籍冰雪小将王心雨以1分05秒15的成绩获得金牌。这是浙江运动员在全国综合性运动会的成年组冰雪运动比赛中获得的第一枚金牌。

28日，宁海县新四军历史研究会成立大会暨第一次会员大会在县委党校举行。宁波市新四军历史研究会副会长孙伟良，顾问萧群，县委常委、宣传部部长叶秀高参加。会后，萧群为全体会员授课，讲述新四军及其本人的革命史。

同日，县公安局“大巡访、三服务”系列活动之“警保联动、铁骑巡查”启动仪式在县交警大队举行。

是月，省水利厅通报2018年度全省市县水利工作综合考核结果，宁海县水利局以位列全省县级水利部门第六、全市第一的成绩，被授予2018年度浙江省市县水利工作综合考核优秀单位称号。

是月，西店镇人武部被评为2018年度宁波市先进基层武装部。

是月，宁海县宁兴纸业有限公司被评为宁波市节水型企业。

是月，得力集团中标联合国人口基金（UNFPA）办公文具用品项目，成为其长期供应商。

是月，长街镇获宁波市2018年度“美丽水乡”称号。

是月，《小学语文教学》（人物版）2月刊推出童声作文教学专刊，胡文杰老师被荐为封面人物，这是他再次被荐为封面人物。

是月，宁海白枇杷获得国家农产品地理标志登记保护。

是月，宁海县《县域地下综合管廊专项规划》《宁海县海绵城市专项规划》获县政府正式批复。

是月，宁波市举办和睦邻里节现场活动暨第三届“品质社区”现场评议活动，桃源街道兴海社区“四色充电站”被评为市“年度社区文明创建十佳创新品牌”。

是月，属宁海县国有林场基础设施建设项目的五山林场西溪管护站、双峰管护站举行开工仪式。

是月，县模具行业协会与县模具行业工会联合会签订宁海县第一份模具行业工资集体协议《宁海县模具行业2019年工资集体协议》。

是月，宁海县强蛟镇人民调解委员会调解员钟福昌被授予全国坚持发展“枫桥经验”实现矛盾不上交试点工作表现突出个人荣誉称号，宁波共有6人入榜。

3月

1日，全市政协社法和民宗委全体会议暨政协社法和民宗委工作座谈会在宁海举行，市政协副主席陈安平、叶正波，县政协主席尤玲娟，副主席石道伟参加。

4日，宁海县举行志愿服务项目大赛启动仪式暨第七届宁海县志愿服务文化节。

5日，全县医共体建设工作推进会暨医疗健康集团授牌仪式举行。

同日，“我们在一起”宁波志愿者关爱农村留守儿童专项行动启动仪式在县青少年活动中心举行。

同日，由县政协教文卫体委、县总工会、县妇联、县卫生健康局、梅林街道总工会联合举办，县妇幼保健院承办的第三届女性健康节——健康直通车进企业活动走进宁波永信汽车部件有限公司，为该企业200名女职工送去健康服务。

7日，县委副书记、县长林坚主持召开县政府第45次常务会议。

8日，宁海县大数据发展服务中心揭牌成立，县委常委、常务副县长王军海参加揭牌仪式。

同日，宁波市首家汽车消费纠纷人民调解委员会在宁海汽车城汽车生活广场挂牌成立。

15日，第八届宁波油菜花节暨第十六届宁海桑洲品茶节在南岭村文化广场开幕。

18日，宁海县不动产登记“一窗受理”平台县行政服务中心不动产登记窗口正式上线运行，开启宁海县房屋交易、税收和不动产登记“一窗受理”新模式，进一步深化“放管服”改革，推进不动产登记便民利民工作。

20—24日，2019第二届宁海·桥头胡樱花节举行。

21日，省体育局经济处副处长朱晖率专家组对深甽申报第二批省级运动休闲小镇进行实地考察，对首批省级运动休闲小镇培育单位胡陈乡进行中期评估抽查。市体育局副局长贺昌元、副县长范建军参加考察。

同日，宁海与中国移动宁波分公司就加快数字经济战略合作进行签约，并举行5G移动网络建设启动仪式。

同日，主要由宁海籍运动员组成的宁波轮椅旱地冰壶代表队在浙江省首届残疾人旱地冰壶锦标赛上获冠军。

22日，全县“温故知新、知行合一”学习实践活动动员会召开。

同日，由县政府与宁波银行联合举办的南三县（区）债券发行路演交流会举行。

同日，第十七届徐霞客开游节旅游日惠民活动暨2019上海—宁

海散客直通车启动仪式在上海举行

同日，第十二届宁海东山桃花节开幕。

25日，县委农村工作会议召开。

27日，县委书记杨勇会见中科院创新孵化投资公司总经理、国科国际投资管理有限公司总经理蒋磊一行。县委副书记、县长林坚一同会见。

28日，宁海县召开统一战线“五个一百”行动动员大会。

29日，宁海县举行第十一批市派农村工作指导员总结会，通报表彰先进市、县农村指导员工作单位和优秀农村指导员推荐名单，总结第十一批农村指导员工作情况。县委副书记李贵军出席会议。

30日，第十二届“情定胡陈”青年联谊活动暨环三门湾青年发展联盟启动仪式在胡陈乡东山桃园举行。宁海、象山、三门3地团县委负责人以及120余名青年参加活动。副县长范建军出席。仪式上，三地团县委负责人签署《环三门湾青年发展联盟合作框架协议书》。共青团宁波市委副书记李锋、共青团台州市委副书记杨虎共同为“环三门湾青年发展联盟”揭牌，宁海县胡陈乡光点学院、象山星光影视特色小镇星光e恋、三门县蛇蟠岛风景区成为首批环三门湾青年发展联盟基地。

同日，第十四届浙江·宁海长街蛏子节在长街新塘村文化中心开幕，一湾三县六镇合作发展主题论坛暨“千年古风，万亩珍鲜”三门湾“非遗”文化展演同时举行。

是月，2018年30个宁波“水美村庄”名单出炉，宁海县深甽镇龙宫村、力洋镇海头村、桥头胡街道双林村、胡陈乡胡东村榜上有名。

是月，中国自然科学博物馆学会第七次全国会员代表大会在中国科技馆召开。宁海县海洋生物博物馆馆长黄仁普获中国自然科学博物馆学会科学技术奖（贡献奖），并当选为学会第七届理事会理事。

是月，中央文明办发布2019年2月“中国好人榜”，宁海县强蛟镇胜龙村好媳妇潘爱青获孝老爱亲类“中国好人”称号。

是月，宁波市第三届“品质社区”现场评议活动中，银河社区荣膺宁波市十佳“品质社区”称号。

是月，宁海县桃源商务楼一期工程2#楼、宁波南部滨海新区科技研发园项目办公楼、中科院上海药物研究所宁波生物产业创新中心工程（二期）3#楼、宁海县十里红妆博物馆4个工程获2018年度宁波市“甬江建设杯”优质工程奖，是宁海县施工企业获得该奖最多的一年。

是月，科技日报社中国科技网、全国科技振兴城市经济研究会联合发布《中国区县专利与创新指数》，宁海县位列2019中国创新百强县第27位。

是月，省发改委下发相关文件，对16家2018年度全省扩大有效投资优秀单位进行通报。其中，宁海县人民政府为全市唯一一家获此荣誉的单位。

是月，县卒中中心在县第一医院举行启动仪式，覆盖宁海各乡镇、街道的急性脑血管病区域协同救治医疗体系正式建立。

是月，全省2018年打赢蓝天保卫战考核结果发布，宁海县入选第一批浙江省清新空气示范区。

是月，强蛟下蒲村魏氏宗祠古戏台获国家文物保护专项补助资金135万元，该项资金将用于该戏台主体及斗拱、大殿、厢房等的修缮和保护。

是月，国家卫生健康委发布《关于印发第一批国家分娩镇痛试点医院名单的通知》，县妇幼保健院上榜。

是月，宁海县公共卫生中心党建联盟便民服务站正式启用。

是月，宁海县获2018年度全省扩大有效投资优秀单位荣誉称号，是全宁波大市唯一一家获此殊荣的单位。

是月，宁海东方艺术博物馆（泥金彩漆“非遗”展示点）、宁海十里红妆文化园两家单位被列入第二批宁波国际交流示范基地。

是月，宁海县宁波跃飞模具有限公司的周国全、宁波日安阀门有限公司的章仉香、宁海县葛安飞根艺创作有限公司的葛伟峰和宁海县凯翔模具有限公司的葛向荣等4人被评为第三届“港城工匠”。宁波华成阀门有限公司的王朝阳与宁波双林模具有限公司的储吉江入围“港城工匠”提名奖。

是月，省商务厅公布第六批“浙江老字号”认定结果，宁海县力洋粮油食品厂榜上有名。

是月，在胡陈乡东山村，宁海县首个特色产业农合联——宁海县水蜜桃产业农合联正式成立。

是月，2017—2018年度宁波市优秀特色律师事务所名单公布，浙江诚航律师事务所名列其中，这是宁海县县域内律所首次获得市级优秀荣誉。同时，该所主任胡敏春律师还获得2017—2018年度“宁波市十佳女律师”称号。

是月，岔路镇被评为“宁波市森林城镇”。

4月

1日，宁海县出口企业出口货物劳务及适用增值税零税率应税服务开始统一开具增值税电子普通发票，不再开具通用机打发票。

同日，晴宁劳务协作就业扶贫工作站在贵州省晴隆县沙子镇揭牌成立。

1—2日，由浙江文艺出版社社长郑重带队的考察团一行，到宁海开展报告文学《权力清单：三十六条》交流活动。

3日，县公安局和得力集团有限公司相关负责人为全县首个驻企警务联络室揭牌。

5日，县公安局举行全市首个扫黑除恶案件线索核查中心成立仪式，对扫黑除恶先进个人进行表彰，为6名业务骨干颁发扫黑除恶专家聘书，并为县扫黑除恶线索核查队、县公安局扫黑除恶攻坚队、扫黑除恶尖刀队授旗。副县长、公安局局长、县扫黑除恶专项斗争领导小组副组长李铭胜参加。

6日，县水利局发布2018年全县水资源公报。

12日，宁海火车站新增至黄山北往返高铁列车G7482次（鳌江—黄山北）和G7481次（黄山北—温州南），成为宁海、黄山两地高铁旅游直达专线。

14—20日，第三届宁海桥头胡（东吕）杜鹃花节暨庭院文化节在东吕村举行。

15日，由省、市反恐工作领导小组办公室主办的4·15全民国家安全教育日宣传活动暨浙江省反恐宣教基地揭牌仪式在宁海县举行。省反恐办副主任、省公安厅反恐总队总队长詹肖冰，市公安局党委委员、副局长蔡利丰，公安部反恐怖局处长达奔那，副县长、县反恐怖工作领导小组副组长、公安局局长李铭胜，省反恐办副主任、省公安厅反恐怖总队副总队长王一初参加。

同日，县委副书记、县长林坚主持召开第46次常务会议。

同日，全县基层党组织书记骨干示范培训班正式开班，来自机关部门、农村、社区、学校、医院及两新、国企的党组织书记共230人参加培训。县委常委、组织部部长方勤出席开班仪式。

同日，宁海县两新组织红领学院在县委党校正式揭牌成立。

同日，第三届艺术宁波TOP10评选颁奖盛典举行。宁海县3个项目获奖，其中电影《春天的马拉松》被评为年度艺术事件奖，宁海泥金彩漆获十佳文创奖，宁波温泉艺术家村（飞猪）获十佳文创IP奖。

16日，由宁波首创的商标专用权保险——全国首例赔偿款在“得力”支付完成。

同日，国家全域旅游示范区创建工作推进会召开。

同日，第一届宁海县乡村庭院艺术节在大佳何镇葛家村举行。县委副书记李贵军参加并为村里的教授路和仙绒美术馆揭牌。

17日，省委常委、统战部部长熊建平一行到宁海县开展“服务企业、服务群众、服务基层”活动，并调研统战工作。市委常委、统战部部长胡军，县委副书记、县长林坚，县委常委、纪委书记、监委主任徐震宇，县委常委、统战部部长娄黛敏参加。

18日，海峡两岸艺术振兴乡村座谈会在宁海温泉文化艺术村举行。

18—19日，全省农村文化礼堂建设工作现场会在宁波召开，会议安排四个考察点。宁海考察组成员到宁海现场感受文化礼堂建设的成效。县委副书记李贵军，县委常委、宣传部部长叶秀高陪同。

19日，由县委宣传部、县教育局、县文化和广电旅游体育局、县妇联共同主办的“读书之城·书香宁海”2019宁海县全民阅读启动仪式暨“图书馆之夜”诵读活动在县图书馆广场举行。县委常委、宣传部部长叶秀高出席。

同日，宁海传媒集团举行2018年度全媒体新闻协作会议。会上，中国新闻奖、长江韬奋奖专家评委，教育部新闻教指委成员，国务院特殊津贴专家，浙江传播与文化产业研究基地首席专家，浙江传媒学院原党委副书记、副院长王文科，应邀为集团全体采编人员和通讯员作《市县融媒体新闻工作者的能力诉求及提升途径》专题讲座。

20日，宁波民建会员在市政协副主席、民建浙江省委会副主委、民建市委会主委张明华的带领下，到桑洲镇中心小学开展民建宁海县总支部“同心阅览室”成立暨桑洲镇中心小学赠书活动。县委常委、统战部部长娄黛敏，民建市委会专职副主委、秘书长张雨，副县长王鸿飞参加。

22日，浙江省文化馆2019年“耕山播海”走进宁海暨宁海县文化馆书法培训班活动在深甽镇举行。本次培训邀请浙江省文化馆研究员、中国书法家协会会员陈经集中授课、个别指导。

23日，市委常委、常务副市长陈仲朝到宁海县督查第三次国土调查工作，同时调研宁波南湾新区指挥部工作。县委副书记、县长林坚，县委常委、常务副县长王军海，县委常委、宁海经济开发区党工委书记王辅橡参加督查或调研。

25日，由宁波市委人才办、宁海县人民政府指导，宁海县委人才办、宁海县生物产业园管理中心共同参与举办的中国·宁波第三届生命健康创业创新大赛发布仪式暨2019宁波精准医疗产业投资论坛在宁波甬江人才创新中心举行。县委常委、组织部部长方勤，副县长陈陵际参加。

26日，“最美宁波人”2018年度人物颁奖典礼举行。郑莲亚、储吉旺获评2018年度“最美宁波人”，“山花烂漫”公益团队获2018年度“最美宁波人”提名奖。

同日，省文联党组成员、书记处书记徐晓率调研组到宁海调研基层文联文艺人才队伍建设工作。市文联党组书记、副主席王晓勇参加。

28日，宁海县庆祝“五一”国际劳动节表彰仪式暨全县职工喜迎新中国成立70周年文艺展演在潘天寿广场举行。

同日，宁海入选第一批部省共建乡村振兴示范省先行创建县名单。

29日，县政协举行主席议政会，就宁海县民营经济高质量发展情况进行协商。

同日，宁海县举行“激扬青春志　筑梦新时代”宁海青年“温故知新、知行合一”学习实践出征仪式暨纪念五四运动100周年主题活动。

30日，国家知识产权局发文认定奇精机械股份有限公司的“奇精”商标、宁波润禾高新材料科技股份有限公司的“润禾”商标为驰名商标。

是月，县中医医院肿瘤内科获浙江省第五批“癌痛规范化治疗示范病房”称号。

是月，由县经信局、县自然资源和规划局共同牵头，宁波铁塔公司编制的《宁海县移动通信5G基站（城区）布点专项规划（2019—2023）》正式通过专家评审，标志着宁海县5G建设进入实质性推进阶段。

是月，宁海县慈善总会原会长曹善军获“全国慈善会基层慈善先进工作者”称号。

是月，由九三学社浙江省委到宁海县调研后形成的报告《大力推广宁海“审批法庭”机制，全面深化“最多跑一次”改革》，获省委书记车俊批示。同时省委常委、常务副省长冯飞对该调研报告及宁海县首创的群众身后事“一次不用跑”进行批示，要求总结推广宁海经验。

是月，宁海县启动首批文化优才和文化名家名匠申报工作，开展文化名家名匠培育库、后备库、名录库建设。

是月，宁海县水利局被授予2018年度浙江省市县水利工作综合考核优秀单位称号，获宁波市第七届水利“大禹杯”金杯奖，刷新省市综合考核双项纪录。同时，东部沿海防洪排涝工程建设指挥部获优秀集体，县水利局何旭斌获优秀个人荣誉。

是月，位于一市镇前岙村的宁海县海山丰水产养殖专业合作社、位于蛇蟠涂的宁海县斌渊水产养殖有限公司和宁波华大海昌水产科技有限公司3家渔业基地被授予渔业科技示范基地称号。

是月，2018“我心目中的宁波品牌”和“品牌宁波年度人物”双评选活动颁奖典礼在宁波南苑饭店国际会议中心举行。东方日升获“突出贡献品牌”奖，企业负责人林海峰获“品牌年度功勋人物”称号。

是月，浙江省召开农村文化礼堂建设工作现场会，公布2018年度五星级农村文化礼堂名单，宁海县有5家上榜，分别为胡陈乡梅山村文化礼堂、力洋镇海头村文化礼堂、岔路镇湖头村文化礼堂、西店镇岭口村文化礼堂、跃龙街道枧头村文化礼堂。至此，宁海县省级五星级文化礼堂总数达到8家。

是月，科技日报社、中国科技网、全国科技振兴城市经济研究会联合更新《中国区县专利与创新指数》之“中国创新百强区”“中国创新百强县”榜单，宁海位列“中国创新百强县”第21名，与上一次排名相比，提高6名。

是月，宁海县11岁小学生孔云起发明的一款“锥桶自动摆收机”获得第33届浙江省青少年科技创新大赛一等奖。

是月，以“品望海茶　诵儒家经典”为主题的2019年全民饮茶日启动仪式在山东省济宁市文化广场举行，这是宁海县望海茶品牌连续两年冠名此项活动。

5月

1日，12时起，东海全面进入伏季休渔期，宁海县400多艘渔船进港休整。

同日，第十一届浙江·宁海前童豆腐节开幕。

3—4日，由县委宣传部、县教育局、宁海传媒集团、县语言文字工作委员会办公室主办的宁海县首届少年中国说大赛举行。来自全县各乡镇（街道）近400名中小学生和幼儿代表参加这次海选。

6日，宁海县第九届机关运动会开幕式暨宁波市首届全民运动会登山宁海赛区选拔赛在杜鹃山举行。

9日，宁海县与宁波大学签署校地全面合作框架协议。宁波大学党委书记薛维海、副校长汪浩瀚，县领导林坚、方勤、范建军、何建春参加签约仪式。

10日，宁海县举办庆祝第二十九次“全国助残日”暨残疾人文艺会演，并成立首支残疾人艺术团。

10—12日，以“聚焦绿色质造　智引产业发展”为主题的2019中国（宁海）智能制造博览会暨第十二届中国（宁海）国际机床与模具展览会在宁海国际会展中心举行。

14日，第十七届徐霞客开游节活动之一——第四届浙江宁海葛洪文化节在岔路镇湖头村开幕。

15日，县委召开全县领导干部会议。

同日，2019宁海国际投资洽谈会举行，活动分1个主场和6个专场。副市长李关定，中国工程院院士、中国海洋大学海洋生命学院院长包振民，中科院上海光机所副所长张龙，县领导林坚、徐真民、张伟标、王辅橡、陈陵际、沈纾丹、应国邦、石建军等参加。本次洽谈会吸引10多个国家和地区的210多名国内外客商参与，共有34个项目现场签约，涵盖智能制造、生命健康、数字经济、现代农业等各大领域，其中内资项目31个、外资项目3个。洽谈会上，县招商中心推介宁海县投资环境和重点招商项目。

同日，宁海县举行金融支持乡村振兴揭牌、授牌仪式，宁波市农业信贷担保有限公司宁海办事处正式成立，宁海农商行分别与县农业农村局、市农业信贷担保有限公司达成战略合作，并被授予乡村振兴主办银行。

同日，中国工程院院士包振民与浙江万里学院宁海海洋生物种业研究院签订共建“浙江万里学院宁海海洋生物种业研究院院士工作站”协议，标志着宁海县农业领域首个院士工作站成功落地三门湾现代农业开发区。

18日，以“寻找记忆美食　展示巧女风采”为主题的“妈妈的味道”浙江省第二季民间美食巧女秀总决赛在宁海举行。省妇联党组书记、主席王文娟，省妇联副主席林丹军，省农信联社副主任江丕贤，市妇联党组书记、主席顾卫卫，县领导林坚、叶秀高、王能迭、赵秀萍、范建军、俞晶磊、何建春参加开幕式或颁奖仪式。

同日，当代徐霞客俱乐部成立大会在宁海县召开。会议表决通过俱乐部章程和组织架构，并发布《宁海宣言》。县委常委、常务副县长王军海，中国青年报社副总编翁翔参加。

19日，由宁波市人民政府、浙江省文化和旅游厅和中国青年报社联合主办，宁海县人民政府和宁波市文化广电旅游局联合承办的中国旅游达人大会暨游学产业峰会在宁海召开。会上邀请原国家旅游局监督管理司司长彭志凯和中国人民大学国家发展与战略研究院文创中心主任、教授王岸柳围绕文旅产业融合的主题进行研讨。

同日，举行中国旅游达人大会暨游学产业峰会。省文化和旅游厅副厅长卢跃东，市文化广电旅游局局长张爱琴，浙江万里学院校长钱国英，温州市文化广电旅游局副局长胡琼洲，台州市文化和广电旅游体育局副局长徐华礼，县领导林坚、方勤、王鸿飞等参加。

同日，“如意杯”第八届“中国当代徐霞客”颁奖盛典举行。杜风彦、刘佳、蓝天救援队等个人、团队当选“中国当代徐霞客”，文大川（美国）获首位“当代徐霞客国际特别奖”。浙江省文化旅游厅副厅长卢跃东，市文化广电旅游局局长张爱琴，县委书记林坚等为他们颁奖。县委常委、组织部部长方勤，副县长王鸿飞等出席颁奖典礼。

20日，宁海县举行2019年“礼赞新中国·奋斗新时代”微型党课授课比赛决赛。

21日，全县职工“建设两美浙江、助力六争攻坚”劳动竞赛动员大会暨垃圾分类进企业启动仪式举行。

24日，宁海县召开城市精细化管理十大行动推进会。

同日，浙江·宁波（一市）“宁海白”枇杷节启动仪式在天一广场举行。市政协副主席叶正波、副县长沈纾丹等领导出席。

27日，在宁波市慈善总会举行的首届慈善义工颁奖仪式上，宁海县严晓东、萤火虫义工大队、“党群同心慈善同行”项目分获“十大慈善义工”“十大慈善义工组织”“十大慈善义工项目”奖项。

29日，中央电视台CCTV-2《生财有道》栏目组到强蛟镇拍摄“生态中国沿海行”专题片。

30日，全县“保平安、迎大庆”平安宁海建设专项行动推进会召开。

31日，县委十四届五次全体（扩大）会议举行。

同日，县政府与宁波海关签署关政合作协议，双方将在人员保障、知识产权海关保护、技贸措施应对、企业信用培育和国际AEO互认等方面深化合作，共促宁海县开放型经济发展。宁波海关关长顾勤，县委书记林坚，副县长王鸿飞出席。宁波海关副关长陈开茂主持签约仪式。

是月，杭州师范大学、宁海职教中心开展护理专业中本一体化七年一贯制（3+4）合作办学暨宁海县护士学校成立，于9月1日开班。

是月，浙江省举行庆祝“五一”国际劳动节暨表彰劳模先进大会，表彰2019年浙江省劳动模范、省模范集体与浙江省2019年全国五一劳动奖状、奖章获得者及2017—2018年建设“两美”浙江立功竞赛浙江省劳动模范。其中，如意股份有限公司质检员储为统、宁海前童旅游发展有限公司副经理郑莲亚、宁海县海山丰水产专业合作社理事长陈刚满获省劳动模范荣誉称号，宁海县圣猴果蔬专业合作社联合社获省模范集体称号。

是月，省文化和旅游厅公布首批浙江省优秀“非遗”旅游商品名单，宁海县东方艺术品有限公司的泥金彩漆十里红妆系列入选漆器髹饰类。

是月，胡陈粮仓度假酒店获2018—2019第五届地产设计大奖，由他们投资建设的九熹·大乐之野胡陈粮仓度假酒店喜获年度文旅项目优秀奖。

是月，宁海县志愿者王乘红、高金华、靳国华、应亚维、娄开平5人被评为市红十字会四星级志愿者，这是宁海县首批获得该荣誉的志愿者。

是月，陶行知教育基金会综合实践基地联盟工作会议在宁海县举行。

是月，深甽镇深甽村获称2019年度“浙江书法村”成为宁海县第二个省级书法村。

是月，宁海县桃源街道秦巧莲家庭获评浙江2018年度百户“最美家庭”。

是月，宁海县因2018年推进“最多跑一次”改革成效突出，实现率和满意率综合测评位居全省第一，获得省政府财政资金奖励。

是月，省卫生健康委公布一批家庭医生优秀代表，宁波入选6名“优秀家庭医生”，梅林卫生院的朱运权医生获奖。

是月，在省文化和旅游厅主办的第十五届浙江省未成年人读书节——“家风少年说”大赛决赛中，宁海县实验小学教育集团城南校区的六年级学生阮晨冉获小学组一等奖。

是月，县审管办获“宁波市模范集体”称号。

是月，浦子作品《王庄三部曲》参评第十届茅盾文学奖。

是月，全省高质量建设美丽浙江暨高水平推进“五水共治”大会上，宁海县获2018年度美丽浙江建设（生态文明示范创建行动计划）工作考核优秀单位，蝉联此项荣誉。

是月，宁海县首家乡镇红十字会教育基地——胡陈乡红十字会教育基地正式成立。

是月，浙江省2018乡镇综合竞争力指数发布，测算全省1283个乡、镇、街道。宁海县2个街道上榜百强，其中跃龙街道排名第10；梅林街道排名第82。另外，西店全省排名125。

是月，在宁海举行的首届童诗节活动上，潘天寿艺术幼儿园被授予浙江省首个“儿童诗教学基地”。

是月，省电商办公布2019—2020年度省重点培育电商平台企业名单，共105家，宁海县得力办公商城入选。

是月，2019年全县离退休干部党支部书记培训班在县委党校举行。

6月

2日，2019年全县安全生产月启动仪式暨广场咨询日活动在县青少年活动中心广场举行。

6日，民进中央研究室主任徐德安率队到宁海县调研民进会史教育基地建设。民进浙江省委会专职副主委刘毅，民进宁波市委会专职副主委徐建成，县委常委、统战部部长娄黛敏，县人大常委会副主任、民进宁海县支部主委赵秀萍参加。

6日，农业农村部发布首批20个全国乡村治理典型案例。宁海县的小微权力清单“36条”入选。该经验做法是实现依法治国的村级样本，通过对村级决策权、执行权、监督权科学合理分置，创造性地解决农村治理的关键性问题，为实现基层治理现代化提供有益范本。

同日，2019年全县村社干部示范培训班举行开班仪式。分期对全县村社书记和主任进行集中授课，重点突出党性教育和基层工作实务培训，主要包括学习习近平新时代中国特色社会主义思想、党风廉政、乡村振兴等内容。

11日，司法部在宁海县召开全国法治乡村建设工作会议，傅政华讲话，刘炤主持，王双全宋越舜马柏伟等参加，林坚作交流发言。

同日，宁海县首个建立在工程项目部的临时党支部——宁波南部滨海新区创客空间项目部临时党支部成立。

同日，司法部部长、全国普法办主任傅政华，司法部副部长、全国普法办副主任刘炤一行深入考察宁海县法治乡村建设工作。市委副书记、政法委书记宋越舜，市委常委、副市长刘长春，省司法厅厅长马柏伟，县领导林坚、李贵军、徐震宇、方勤、沈纾丹等参加考察。

11—12日，县委组织部、县委党校和县交通局共同举办2019年现代物流业专题培训班。各乡镇党委、街道党工委、县直各有关单位分管领导和业务科室负责人、县内重点物流企业负责人共70余人参加培训。副县长王鸿飞出席开班仪式。

12日，由县妇联、县教育局等主办的第二届“书海冲浪”主题活动暨“悦读童年”绘本剧创意表演大赛在金阳小学举行。

14日，全县艺术振兴乡村工作动员大会召开。会上，宁海县与人民大学等相关高校签订校地合作协议，向县内外艺术家颁发“驻村艺术家”聘书。

同日，第二届全国政府类电子商城采购高峰论坛在宁海县举行。

17日，县委书记林坚调研中乌合作平台建设。县委常委、组织部部长方勤，县政协副主席、宁波弗兰采维奇材料研究所所长何建春，乌克兰国家科学院院士比罗乌斯、巴格留克等参加。

18日，县委书记、县长林坚主持召开第48次县政府常务会议。

同日，宁海县第一医院医疗健康集团胡陈分院正式揭牌成立。

19日，“静听水墨——陈林千中国画作品展”在浙江美术馆开幕。

20日，县委全面深化改革委员会第一次全体（扩大）会议召开。

同日，宁海县召开2019年第一期全科网格员培训班，并举行开班仪式。

同日，全省农村物流高质量发展现场会在宁海县召开，省公路与运输管理中心副主任胡奕军参加会议并讲话，副县长王鸿飞致辞。会议还安排与会人员实地考察宁海县农村物流示范点。

22日，宁海县留联会上海分会成立大会在沪举行，宁海县首个留联分会正式成立。省侨联副主席、市侨联主席、市留联会会长李承成，市侨联副主席鲁爱丽，县委常委、统战部部长娄黛敏，副县长陈陵际出席。

25日，全国深化“放管服”改革优化营商环境电视电话会议召开，随后省市相继召开续会并部署有关工作。县领导林坚、王军海、王鸿飞、应国邦、李红伟在宁海分会场收听收看会议。

同日，县政协党的建设工作会议召开，这是宁海政协第一次就党建工作召开专题会议。

同日，省退役军人事务厅副厅长金登尚一行到宁海深入企业、乡镇（街道）退役军人服务站走访调研，并与宁波市、宁海县、奉化区、象山县等地退役军人事务局相关负责人座谈，调研退役军人服务保障工作。

27日，举行庆祝中国共产党成立98周年大会。

28日，县人武部党委第一书记任职宣布大会在县人武部举行。

同日，宁海传媒集团举行“不忘初心、牢记使命”主题教育暨“壮丽70年·信仰的足迹”主题采访活动启动仪式。

同日，在县卫健局与中国电信宁海分公司战略合作协议签约暨卫生健康5G应用开通仪式现场，双方签署战略合作协议，标志着宁海县智慧健康建设进入新阶段。

30日，是第九个“浙江生态日”，宁海县举行首届“生态共建、文化共融”千人绿色寻宝活动。

是月，宁海县再次提高孤儿的基本生活费标准，福利机构养育的孤儿基本生活养育标准由原来每人每月1896元调整为每人每月2073元，社会散居孤儿的基本生活养育标准由原来每人每月1517元调整为每人每月1658元。

是月，由中国模协举办的首届“卓越模具工匠　匠心模具精英”双百评选结果揭晓，宁海县第一注塑鲍薇、方正模具方永杰、震裕模具蒋震林获“匠心模具精英”称号，方正模具叶军、第一注塑金德奎、震裕模具钟丽祝、日跃模塑谢青文4位师傅获“卓越模具工匠”称号。

是月，经浙江省博士后工作办公室批准通过，宁波润禾高新材料科技股份有限公司正式成为2019年宁海县首家省级博士后工作站企业。

是月，宁波市经信局公布2019年度第一批工业新产品试产计划项目，全市共637项新产品列入试产计划，宁海县24家企业的118个产品榜上有名，总数位列全市第二。其中，宁波酷奇文具生产的N1儿童智能水杯、建新赵氏集团生产的JX1612 BORA MQB整车密封条、宁波震裕科技的ZY12018汽车发电机电机铁芯无扣点高速冲级进模具以及宁波兴利汽车模具生产的CX483大型汽车B柱密封条双色注塑对配模具等6项产品填补国内市场空白。

是月，县妇保院成立宁海县孕产妇诊疗中心和宁海县新生儿诊疗中心。

是月，宁海县对距离中小学校所有学生通勤出入口100米以内的烟草零售户开展全面清理工作，有效保障未成年人合法权益。

是月，《今日宁海》相继推出《凡人娄逢理　温暖一座城》《一诺十年的“全职义工”——记宁波市诚实守信道德模范娄逢理》《诚实守信，永恒的美德》《“有困难找娄逢理”》等一系列报道，对宁波市诚实守信道德模范、“中国好人”娄逢理的事迹进行宣传，引起极大的社会反响。6月13日，县委书记林坚专门作出批示，要求全县干部群众深入开展学习宣传活动。

是月，宁海经济开发区宁海湾循环经济开发区（核心区块）的规划环评通过省环境工程技术评估中心组织的专家复核。

是月，宁海县首个“银辉”党总支——桃源街道“银辉”党总支成立暨揭牌仪式举行。

是月，由县住建局及县城投集团有限公司共同打造的宁海县首个“有声图书墙”在桃源大厦正式投入使用。

是月，2018年度浙江省钢结构优质工程“金刚奖”评选结果揭晓，宁海县的宁波奇亿金属有限公司年产23万吨超薄精密合金材料项目5#、6#、12#楼项目获奖。

是月，浙江师范大学科学研究院副院长、科技与地方合作处处长章明卓一行到宁海深甽，和宁海温泉文化艺术有限公司就共建浙师大（宁波）材料艺术研究所签下框架合作协议。

是月，2019世界交通运输大会第二届交通旅游融合发展论坛在北京国家会议中心召开，宁海县G527宁海风景道绿色环保示范工程成为与会代表热议的焦点，并被作为慢行交通的典型案例进行深入分析。

是月，由县经信局牵头，会同铁塔公司共同编制完成的《宁海县移动通信5G基站（城区）布点专项规划（2019—2023）》正式通过县政府常务会议审议，发文正式实施。

是月，宁海县乡村医生培训开班，全县175名注册乡村医生参加为期3天的理论培训。

是月，县综合执法局开出高达18200元的噪声管控领域最高金额罚单。

是月，全市首家《小学生时代》美术教育实践基地成立仪式在桑洲镇中心小学举行，并公布校内“小小美术家”名单。

是月，浙江省2019“浙茶杯”金奖红茶评比结束，宁海县获2枚金奖（太阳山茶场、俞氏五峰公司）。望府红茶因在“浙茶杯”评选活动中3次以上获金奖，获“浙江名红茶”称号。

7月

2日，县委人才工作领导小组办公室发布《2019年浙江省宁海县引进高层次人才团队公告》。

同日，来自中国美院、浙江农林大学等高校的30支艺术设计团队齐聚大佳何镇葛家村，拉开艺术振兴乡村校地协同2019暑期融合设计（宁海）行动的序幕。县委副书记李贵军，县委常委、宣传部部长叶秀高出席。

4日，宁海县发出首张护士执业电子证照——带有二维码的照片。

5日，省考核组到宁海县考核省“四好农村路”示范县和省美丽经济交通走廊达标县、示范县创建工作。

是日，2019宁海暑期亲子产品发布暨第十二届胡陈水蜜桃节开幕式在宁波南塘老街甬水桥牌楼广场启动。

8日，由国家艺术基金长三角乡村振兴战略文创设计人才培养项目组、县委宣传部主办的中国（宁海）艺术振兴乡村论坛在大佳何镇葛家村文化礼堂举行。

是日，全市打击治理电信网络新型违法犯罪工作会议在宁海县召开。

是日，2019“家燕归巢”暑期社会实践项目发布会暨宁海青年人才驿站启用仪式举行。

同日，浙江省文化和旅游厅公布新一批“浙江省民间文化艺术之乡”名单，宁海县桃源街道依托“宁海狮舞”特色民间文化资源，被命名为“浙江省民间文化艺术之乡”。

9日，前童古镇创建国家AAAAA级旅游景区工作动员暨宁海森林温泉度假区创建国家级旅游度假区工作推进会召开。

10日，2019中国航海日“行舟致远”航海文化论坛在宁海县十里红妆文化园举行。副市长陈炳荣、县委书记林坚、副县长应国邦出席。

11日，由县人武部、县人社局、县退役军人事务局主办，县总工会职工学校承办的“你为国尽忠、我助你出彩”宁海县退役军人就业创业培训暨专场招聘会举行。

13日，甬台乡村艺术交流基地揭牌暨台湾“驻村艺术家”聘任仪式在前童镇举行。

14日，首批省级小微企业园结束公示，宁海县模具城、中欧中小企业园、宁波模具产业园区、西店小家电创业园、宁波生物产业园、金岗创业基地6个园区成功入选。

14—16日，第二届海峡两岸乡村振兴论坛暨主题峰会在宁海举办。

15日，2019年度“浙台邻里节·宁海专场暨跃龙街道银河社区第四届书香文化节”在天景园小区开幕。

同日，宁海县召开道路交通安全综合治理攻坚行动动员部署会。

17日，全县“最多跑一次”改革工作推进会召开。

19日，宁海县召开“有效投资四季大比拼”半年度项目推进会。

22日，县相关部门认定王寿松、王麒翔、王锋、杜建国4人舍身救人为“见义勇为”行为。

23日，全县“无欠薪宁海”创建工作推进会召开。

同日，市关工委、民政局相关领导到宁海县茶院、桥头胡、大佳何等地，调研“假日学校”开展情况。

24日，2019年第三期“宁海政协·崇学讲坛”举行，邀请相关专家作“城市规划与城市精细化管理”专题讲座。

同日，宁海县公安局铁路派出所成立大会暨签约揭牌仪式举行。县委副书记、政法委书记李贵军宣布成立并与杭州铁路公安处党委书记、处长夏永平一起为该派出所揭牌。副县长、公安局局长李铭胜与夏永平签署合作协议。

28日，文化和旅游部公布第一批全国乡村旅游重点村名单，前童镇鹿山村上榜。

29日，县委全面依法治县委员会第一次会议召开。

29—30日，由宁波市人民政府主办，宁波市体育局、宁海县人民政府承办的宁波市第十八届运动会（青少年部）皮划艇、赛艇项目比赛在宁海黄公渡举行，170多名选手参加皮艇、划艇、赛艇三项内容的比赛。

30日，市政府办公厅表彰公布一批2018年度宁波创业创新风云榜上榜企业和个人名单，宁海县得力集团、国华电厂、东方日升、建新赵氏、海螺水泥、太平洋百货6家企业在“纳税50强”、制造业“纳税50强”等5个榜单中上榜。

31日，县委中心组理论学习（扩大）会举行，邀请中国人民解放军陆军指挥学院战略教研室教授、博士、硕士生导师王志军大校作主题为《国际形势与我国周边安全环境》的报告。

是月，得力生产的电子计算器产品获颁“浙江制造”国际合作证书，同时获得CB认证证书，这也意味着该产品得到国际电工委员会（IEC）成员国及“一带一路”沿线国家的附认，实现“一次认证多国证书”。

是月，胡陈乡入选浙江省第四批省级旅游风情小镇培育创建名单。

是月，深甽镇的宁海温泉乐动小镇入围第二批省级运动休闲小镇培育名单。

是月，桃源街道（宁海狮舞）、前童镇（前童元宵行会）入选省文化和旅游厅公布的新一批“浙江省民间文化艺术之乡”名单。

是月，宁海县金石榴女律师维权服务分站成立。

是月，西店镇人民政府与宁波探索航天科技有限公司正式签订战略合作框架协议，合作共建航天科技教育（宁海）示范园项目。

是月，省教育厅教研室发文，将宁海“霞客古道”研学课程的实践与研究，列入省级教研课题。

是月，宁海县城投集团有限公司主体信用获评AA+等级，成为宁海县首家市场主体信用AA+等级企业。

是月，浙江省浙江制造品牌建设促进会公布2019年第二批“浙江制造”标准制定计划，宁海兴达旅游用品有限公司的碳纤维登山杖、宁波日安阀门有限公司的动态流量平衡阀获得标准立项。

是月，县市场监管局西店分局获评“全国青年文明号”。

是月，宁海县对口帮扶晴隆县医疗卫生工作座谈会在晴隆县卫健局召开，双方签署《宁海县医疗健康集团对口帮扶晴隆县乡镇卫生院协议书》，标志着医疗卫生帮扶层次和力度进一步提升。

是月，县水务集团和武汉科技大学校企合作揭牌仪式在水务集团隆重举行，双方签署教学实习基地合作协议。

是月，经浙江省钓鱼协会运动委员技术等级评定委员会审核批准，宁海县罗吉松获得“浙江省海钓一级垂钓大师称号”。这是省内首次开展海钓等级评定，全省仅两人获此称号。

是月，茶院乡总工会在宁海县华天休闲用品有限公司和宁波市东腾纸业有限公司创建“职工说事”工作室。

是月，共青团宁波市委、宁波市青年联合会联合发文，决定追授王寿松“宁波青年五四奖章”。

是月，柔石故居提升打造红色基地，升级后正式开放。

8月

1日，根据《浙江省海洋与渔业局关于2019年浙江省海洋禁渔休渔通告》，1日12时起，宁海县168艘刺网类渔船和8艘笼壶类渔船结束伏季休渔。

同日，“永远是个兵”——宁海县庆祝“八一”建军节活动暨首届“最美退役军人”发布仪式在国际会展中心举行。县委书记林坚致辞，县领导李贵军、王能迭、范建军、石道伟，县人武部政委吴玮参加。14名“最美退役军人”受表彰。

2日，以“扫黑除恶保平安，忠诚履职迎大庆”为主题的宁波市公安局扫黑除恶文艺小分队基层行走进宁海演出。

10日，省委副书记、市委书记郑栅洁到宁海检查指导防台救灾工作。

同日，第9号超强台风“利奇马”刚离开宁海境内，县委、县政府连夜召开视频会议，就防台后续工作进行再动员再部署。

11日，县委办公室、县政府办公室发出通知，要求各级各部门把确保人民群众生命财产安全放在首位，发扬连续作战精神，思想不松、力度不减，迅速恢复灾后正常生产生活秩序，最大程度减轻灾害影响和损失，确保全县经济社会发展大局稳定。

12日，省政府、市政府相继召开第9号超强台风抢险救灾和灾后重建工作视频会议。会后，宁海县继续召开会议对防台后续工作进行再次部署。

14日，县新联会二届一次会员大会举行。

15日，全县创建全国文明城市

暨推进垃圾分类工作会议召开。

同日，省建设厅调研组一行到宁海县指导灾后重建工作，实地了解宁海县灾后重建进展和存在的困难。

16日，在第十八届世界警察和消防员运动会的拳击赛场上，宁海特警队员国英杰获75公斤级别的冠军。

同日，县文广旅游局带领宁海县相关旅游企业代表赴江苏无锡，举行无锡万人游宁海首发团启动仪式暨“游圣徐霞客情牵两地”文旅推介会。仪式后，40辆散客直通车载着2000余名游客开始在宁海为期两日或三日的慢生活休闲之旅。

18日，2019年宁海县第八届戏剧节在桃源街道下桥村文化礼堂开幕。

19日，宁海县举行总投资约118亿元的14个重大项目集中开工仪式，县委书记林坚宣布项目开工，县领导徐真民、王军海、应国邦、邬汝跃出席开工仪式。

同日，县异地商会会长联谊会第二次会议暨招商引资洽谈会召开。

同日，庆祝新中国成立70周年暨宁海县国防教育主题展在宁海中学体育馆开幕。县人武部政委吴玮为主题展开幕剪彩。

20日，县委书记、县长林坚主持召开县政府第50次常务会议。

同日，2019年宁海青年企业家创新发展研习班在上海复旦大学正式开班。县委常委、组织部部长方勤在开班仪式上作动员讲话。

21日，省建设厅党组书记、厅长项永丹带领调研组到宁海县调研排水防涝工作。县委书记林坚，县委常委、常务副县长王军海参加。

25日，杭州市宁海商会成立大会暨第一次会员大会举行。省政协原副主席、宁波市原市长、杭州宁波经促会会长张蔚文，宁波市委原常委、秘书长、宁波市经促会常务副会长王剑波等领导乡贤到场祝贺。宁海县委书记林坚到会并为商会授牌授章，县领导娄黛敏、柳正维、何建春参加大会。

同日，浙江农信丰收驿站省级旗舰店宁波活动月宁海专场在杭州开幕。省农信联社党委书记、理事长王小龙，县委书记林坚，副县长俞晶磊，及部分在杭领导乡贤和外地商会代表到场祝贺。开幕式上，宁海农商行与县委组织部、县农业农村局签订深化党建联盟助推金融服务乡村振兴战略合作协议，并与杭州联合银行联合向杭州市宁海商会授信10亿元。

26日，全国第十届残疾人运动会暨第七届特奥会上，宁海游泳小将陈懿以28秒56的50米自由泳成绩为浙江斩获首金。在4×100米混合泳中，陈懿接力又获一金。

27日，县委国家安全委员会第一次会议召开。

同日，县委外事工作委员会举行第一次会议，审议通过《中共宁海县委外事工作委员会工作规则》《中共宁海县委外事工作委员会办公室工作细则》。

同日，县委审计委员会第一次会议召开。

29日，全县“五好”基层关工委示范点创建工作推进会召开，市关工委主任邵孝杰，县委常委、组织部部长方勤参加。

30日，县委书记林坚在参加第一期“全媒聚焦·全民问政”节目录制时强调，要牢固树立以人民为中心的发展思想，聚焦问题抓整改，履职为民促发展，以实实在在的工作成效不断提升群众满意度获得感。县领导叶秀高、李铭胜参加。

30日，县委“不忘初心、牢记使命”主题教育领导小组办公室召开第一次主任会议。

同日，县文广旅游局组织县内20余家文旅企业参加2019宁波国际旅游展，展示全域旅游示范县新风采、打造更具影响力的宁海文旅新品牌，助力提升全市文化和旅游消费质量水平。

是月，桥头胡街道入选2019年宁波市第三批“无违建乡镇（街道）”名单。

是月，宁海科创集团成为宁海县第四家信用评级为AA级以上优质国企平台。

是月，全市2018年度最严格水资源管理制度考核结果出炉，宁海县连续第四年荣登榜首。

是月，宁海县装饰装修行业商会成立。该协会的成立，旨在加强全县装饰装修行业的自律与管理，规范经营服务行为，维护消费者和正规装饰装修企业的合法权益，探求一条行业健康有序发展之路。

是月，宁海县入选“美丽浙江十大特色体验地”，茶院乡许家山村被命名为“美丽浙江十佳特色体验地”村。

是月，教育部、中国关工委全国“新时代好少年”主题教育读书活动“我为祖国点赞”朗诵比赛在延安闭幕。宁海县桃源中学初二学生高乙茜获全国初中组一等奖，并取得全国朗诵优秀选手荣誉称号，参加在延安大剧院举行的展示活动。

是月，商务部下发《关于下发2019年新认定国家外贸转型升级基地名单的通知》，本次全国共有65家基地获得认定，宁海县国家外贸转型升级基地（模具）正式获商务部认定。

是月，宁海国家登山步道入选“中国新美步道TOP10”

是月，娄逢理获评“浙江省道

德模范”。

是月，宁海县黄坛镇残联理事长严亚芬入选浙江省首届“最美浙江人”之“最美残疾人工作者”。

是月，由浙江双宇电子科技有限公司参与制定的国家标准GB/T 37410《地面用太阳能光伏组件接线盒技术条件》正式发布实施，这是宁海县企业参与的第5个新能源领域的国家、行业标准，也充分彰显宁海光伏企业在行业中的领先地位和主导作用。

是月，中国橡胶工业协会在浙江宁海组织召开“中国（梅林）橡塑汽配产业之乡”复评审查会，经过专家的质询和讨论，“中国（梅林）橡塑汽配产业之乡”复评审查顺利通过。

是月，科技园区陆续开展“五个一”系列活动，庆祝新中国成立70周年以及宁海经济开发区成立25周年，全面展现园区经济发展取得的成就，充分展示新时代园区人的良好精神面貌，进一步推动园区经济高质量发展。

是月，从中国电子信息行业联合会主办的2019年（第33届）电子信息百强企业发布会暨“创新聚能　智造滨海”产业发展高峰论坛传来好消息，会上发布2019年（第33届）电子信息百强企业发展情况和电子信息百强企业名单，宁海县企业东方日升新能源股份有限公司入围百强榜，为宁波市3家上榜企业之一。

是月，全县第一期国家农村综合改革标准化试点培训班举行。

是月，浙江卫视大型纪录片《东望大海》摄制组到一市镇拍摄。

是月，宁海县召开安全生产工作暨业务培训会议，总结各乡镇（街道）上半年工作，并对下半年安全生产工作进行部署。

是月，根据宁波市统计局统计调查数据显示，宁海县生态环境质量公众满意度综合得分85.2分，已连续八年位居全市第一。

是月，全县乡村治理“36条”标准（草案）意见征求会召开，以标准化引领打造乡村治理“宁海样本”，为全国村级社会治理和公共服务标准化建设提供参考样板和实践经验。

是月，浙江万里学院宁海海洋生物种业研究院理事会在县三门湾现代农业开发区建设指挥部成立并召开第一次会议。中国工程院院士、中国海洋大学生命学院院长包振民、浙江万里教育集团副董事长林良富受邀出席。

是月，市爱卫办组织专家到黄坛、桑洲考核省卫乡镇创建工作。通过书面检查和现场检查，考核组认为两个乡镇达到省卫乡镇创建标准，向省爱卫办推荐申报，这标志着宁海县实现市卫生乡镇全覆盖。

是月，县商务局、中国信保南三县办事处、宁波银行宁海支行联合举办“携手并进　助推涉外实体经济发展”专场交流会，助力宁海县企业在错综复杂的外贸形势下实现稳定发展。县内涉美贸易20家代表企业参加。

是月，由县志办、县教育局主编，实验小学教育集团实验校区负责开发的《我是宁海人》地方性课程发布。

是月，商务部新认定国家外贸转型升级示范基地名单，宁海模具基地名列其中。

是月，新华社、人民网、《浙江日报》《宁波日报》等20余家媒体到宁海开展“非遗”精彩实践采风行活动。

9月

1日，在全国第十届残运会暨第七届特奥会上，宁海运动健儿获得7金5银12枚奖牌。

2日，省政府组织召开全省“迎大庆、保安全”电视电话会议，县委常委、常务副县长王军海，副县长、公安局局长李铭胜在宁海分会场参加会议。在省、市会议结束后，王军海主持召开全县“迎国庆、保平安”专题安全生产会议。

同日，由中国书法家协会主办的全国第十二届书法篆刻作品展入展名单公布，宁海书法家王苍龙的楷书作品和王式衔的草书作品成功入选。宁海两名书法家同时入展国家级综合性书法大展尚属首例。

3日，全县“最多跑一次”改革百日攻坚大会暨机关内部“最多跑一次”改革部署会议召开。

同日，县委政法委联合公安、交通、教育、住建、应急管理、市场监管、综合执法、消防救援等县委平安办成员单位，组成4个小组进行暗访督查。

3—12日，由县政协主办，县政协教科卫体文化文史和学习委、县文联、宁海书画院、县美术家协会和县书法家协会承办的“翰墨写春秋——庆祝中华人民共和国和人民政协成立70周年宁海书画作品展”在潘天寿艺术中心三楼展厅举行。

5日，宁海举行城市建设展示馆开馆暨报告文学《平地起》首发仪式。

6日，宁海举行推进“艺术家驻村”行动座谈会，为首批文化名家名匠、文化优才授予荣誉称号。

8日，2019中国（宁波）模具产学研发展论坛在宁波举行。宁波模具产业园区新添两大重量级创新平台——模具行业工业互联网平台、汽配—模具区域供需协同平台。县委书记林坚、副县长应国邦参加论坛，并参观考察博览会展馆。

9日，宁海老年大学秋季学期正式开学，共开设74个教学班，涉及8个系，36个专业，招收学员1800余人。

10日，宁海举行各民主党派、工商联、无党派人士、人民团体和社会各界人士中秋茶话会，庆祝新中国成立70周年、人民政协成立70周年。

同日，宁海县2019年应征青年光荣入伍欢送仪式在宁海国际会展中心举行。

同日，宁海“慈善老人”王春文向湖南省溆浦县的希望小学再捐15万元，用于添置智能黑板等多媒体设备。次日，《今日宁海》以《宁海鄞州溆浦三地爱心互动“慈善老人”王春文再捐15万》为题，报道“慈善老人”王春文的事迹，县委书记林坚看到报道后，当即作出批示，号召全县学习老人锲而不舍扶贫济困的感人事迹。

12日，县委召开全县“不忘初心、牢记使命”主题教育工作会议。

16日，宁波市老年人智能手机操作技能大赛决赛在宁波电视台举行，宁海队夺得第一名。

18日，市委第五巡回指导组到宁海调研指导“不忘初心、牢记使命”主题教育工作，通过听取汇报、实地走访等形式，深入了解宁海主题教育工作推进落实情况。县委常委、组织部部长方勤参加。

同日，由县委宣传部、县人武部主办的国防教育日宣传教育活动暨西子国际军事主题展在西子国际一楼大厅举行。

同日，宁海召开党内法规工作会议，会议邀请省委办公厅法规处调研员陈再力，就如何加强和规范党内规范性文件备案工作进行专题讲座。

同日，桥头胡街道黄墩艺社成立暨“归来”美术作品展举行。

21日，社科普及月暨“文明旅游”安全出行为新中国成立70周年加分主题活动在县青少年活动中心内广场举行。活动中举行文明志愿服务小分队授旗仪式，发布《文明旅游倡议书》。

23日，县委书记、县长林坚主持召开县政府第52次常务会议。

23—25日，央视《瞬间中国》节目组对县港航处验船师谷岳忠进行为期3天的采访和拍摄。

24日，全体县管领导干部在宁海国际会展中心聆听熊澎桥的先进事迹。

25日，全县乡村环境洁美行动暨垃圾分类扩面提质工作推进会议召开。

26日，县第一医院医疗健康集团北部医院举行揭牌仪式。

27日，省委副书记、市委书记郑栅洁对应隆滚的先进事迹专门作出批示。

28日，县委书记林坚批示：老党员应隆滚同志深藏战功70年，一辈子不忘初心、不改本色、事迹感人。要把应隆滚的感人事迹作为“不忘初心、牢记使命”主题教育的生动教材。

同日，县委常委、副县长李红伟先后到火车站广场和强蛟镇，围绕全域旅游建设开展专题调研。

29日，县委主题教育领导小组办公室发出通知，认真贯彻省委副书记、市委书记郑栅洁重要指示精神，在全县广泛开展向应隆滚学习活动。

同日，宁海县庆祝中华人民共和国成立70周年歌咏大会在宁海国际会展举行。

同日，宁海召开安全生产工作紧急会议。

30日，在宁海县质量基础公共服务平台“质量淘”发布会上，宁海正式启动“质量淘”平台，实现产品质量检测“零次跑”。副县长王鸿飞参加。

30日至10月7日，第四届宁海（梅林）长寿文化举行。

是月，县农业农村局制定《宁海县农民合作社“空壳社”专项清理工作方案》，着力推进农民合作社“空壳社”专项清理工作。

是月，“读万卷书·行万里路”霞客文旅讲坛在县图书馆开讲。首期邀请“中国当代徐霞客”“中国第一农民旅行家”李振华主讲。

是月，宁波市文明办道德模范与身边好人现场交流活动在象山县西周镇湖边村文化礼堂举行，宁海跃龙街道范家村的献血明星戴东海获2019年“宁波好人”榜（7—8月）助人为乐“宁波好人”称号，一市镇武岙村村民童冬芝获孝老爱亲“宁波好人”称号。

是月，强蛟镇中心幼儿园和跃龙中心幼儿园获2019年“全国足球特色幼儿园”称号。

是月，城东小学扩建工程交付使用。

是月，在第七届“和平杯”京剧小票友邀请赛上，宁海徐米伽等5位小琴童获团体银奖。

是月，宁海通过“中国（宁海）汽车橡胶部件产业基地”特色区域荣誉称号复评工作。

是月，县文广旅游局、县总工会、团县委联合举办以“讲好宁海故事，提升城市形象”为主题的“2019年度宁波市导游风采大赛宁海选拔赛”。

是月，宁海全力打造“无证件办事之城”，实现“无证件办事”县乡应用全覆盖。

是月，中秋小长假，宁海推出丰富多彩的文旅活动，接待游客56.8万人次，实现旅游收入5.37

亿元。

是月，在浙江省第八届运动休闲旅游节开幕式上，宁海国家登山健身步道成功入选2019浙江省“十佳运动休闲绿道”。

是月，宁波如意股份有限公司获得“全国模范劳动关系和谐企业”荣誉称号。

是月，由宁波渔歌旅游开发有限公司投资建设的“日出东海”特色小镇项目落户一市。

是月，县关工委公益性青少年法律服务中心在浙江海浩（宁海）律师事务所正式成立。

是月，宁海通过“宁海珍鲜”商标注册代理招标，标志着宁海全产业农产品区域公用品牌第三方运营正式启动。同时，“宁海珍鲜”的相关专题宣传和群众意见征求工作启动。

是月，县妇幼保健院等9家医院哮喘门诊被授牌为中华医学会变态反应分会儿童过敏和哮喘学组及中华医学会儿科分会呼吸学组哮喘协作组共同认定的“儿童哮喘标准化门诊”，是宁波市首批儿童哮喘标准化门诊。

是月，县委、县政府正式印发《宁海县“十四五”规划编制工作方案》，标志着宁海“十四五”规划编制工作已经全面启动。

是月，在2019年宁波市新时代文明实践志愿服务项目大赛决赛上，县检察院选送的“点亮微光，飞扬青春”——涉罪未成年人帮教志愿服务项目获金奖。

是月，2019年宁海县“共青团与人大代表、政协委员面对面”活动座谈会召开。

是月，浙江省小微企业园工作联席会议办公室发文公布全省第一批审核认定的小微企业园名单，宁海模具产业园、中国（宁海）模具城、宁海电商产业园、中欧中小企业园、中科院上海药物所宁波创新中心、照泰工业园、望海小家电创业园、金港创业基地8家小微企业园入围。

是月，宁海中心城区防洪排涝工程槐路河、许南溪、龙眼溪、竹溪等12个河道整治项目获得世界银行贷款批复。世界银行会提供低息贷款约5亿元参与建设，极大缓解工程建设融资难的局面。

是月，第三次居民出行入户调查全面展开。

是月，宁海大佳何镇葛家村、岔路镇下畈村2个村庄入选全国“千村万寨展新颜”展示活动。

是月，县第一注塑模具有限公司院士工作站，被省科协评为省级院士工作站。

是月，县人大常委会、县政府、县政协党组分别举行“不忘初心、牢记使命”主题教育第一次集中学习研讨。

是月，宁海纵深推进安全生产和消防安全“四大会战”，排查49137家，限期整改5512家，拆除违建28.3万平方米。

10月

1日，宁海开始全面实施职工基本养老保险费、基本医疗保险费、失业保险费、工伤保险费和生育保险费“五费合征”。除建设施工项目等人员可以按规定继续单独参加工伤保险外，其他所有原先单独工伤在保的职工，将自动转到五险。

同日，在天安门广场阅兵仪式之后的“中华文化”方阵中，宁海籍古琴大师赵家珍花车上挥手庆盛典。阅兵式礼宾车前脸格栅的模具由宁海第一注塑制造。

4日，由宁波市盆景协会主办、宁海县盆景协会承办的庆华诞70周年暨中国·宁海首届盆景艺术展在西门城楼开幕。同时举行部分盆景拍卖，协会将部分所得捐献给县慈善总会用于慈善事业。

5日，以“渔家·渔味·渔悦”为主题的首届宁海湾渔人风情节开幕。

8日，《人民日报》第8版发布“2019年中国中小城市高质量发展指数研究成果”，公布2019“全国百强县”“全国百强区”“全国千强镇”等多个榜单。宁海在全国综合实力百强县市中排名第48位，前移5位。

同日，宁海举行宁海县第二届网络文化节暨宁海抖音大会启动仪式，同时成立宁海县短视频联盟。

9日，新编平调大戏《葛洪》在宁波逸夫剧院首演。

12日，宁海举行安全生产和消防安全大排查大教育大整治大提升百日攻坚大会战工作部署会。

同日，宁海县2019年全国扶贫日——“精准扶贫，宁海在路上”活动在县会展中心广场举行。市对口支援局局长何国强，县领导林坚、叶秀高、方勤、沈纾丹，晴隆县领导付明勇、冯灼华、袁力出席。

15日，宁海举行县级老领导征求意见会。

同日，香港宁波同乡会会长、声宝—乐声（香港）有限公司主席李本俊，率参加第二届世界“宁波帮·帮宁波”发展大会的香港宁波同乡会代表团，到宁海参观考察。县委常委、统战部部长娄黛敏参加。

18日，2020年全县城乡居民基本医疗保险工作会议召开。

同日，首届中国（盖苍山）童诗节开幕式暨宁海县“诗风菊韵”文明示范线开线仪式在力洋镇举行。县委常委、宣传部部长叶秀高出席并宣布开幕。浙江省农科院蔬菜所力洋指导站、力洋镇儿童诗研究中心、力洋剪纸“非遗”传承工作室被授予力洋镇新时代文明实践点牌匾。叶秀高和县委宣传部、力洋镇相关领导为文明示范线开线。

同日，县第二届乡村振兴村民运动会启动仪式在岔路湖头村举行，启动仪式后还进行美丽乡村定向赛。

19日，以“三门湾，我们共同的未来”为主题的首届三门湾区域合作与发展论坛在三门县举行。浙江省人大常委会副主任、省总工会主席史济锡，副省长、台州市委书记陈奕君，全国政协常委、民建中央副主席、上海市政协副主席周汉民，中国人民解放军军事科学研究院少将、博士生导师姜春良，中国科学院院士、浙江大学航空航天学院教授、博士生导师朱位秋，台州市委常委、常务副市长蔡永波，宁波市副市长许亚南等省市县领导专家齐聚盛宴，凝聚智慧，共话湾区合作发展。县委书记林坚出席并致辞，县委常委、常务副县长王军海参加活动。

同日，2019宁海越野挑战赛开跑，近2400名来自全国各地以及海外的选手挑战这项被称为“国内最野”的越野赛事。

21日，宁波市生态环境局宁海分局发布《关于开展“碧水蓝天保卫战”专项活动的公告》。

同日，社科普及月暨“文明旅游”安全出行为新中国成立70周年加分主题活动在县青少年活动中心内广场举行。

21—24日，住建部调研组对宁海县城排水设施工作进行调研，并举行座谈会。县委常委、常务副县长王军海出席。

22日，县科创集团下属全资子公司宁海海创投资建设有限公司与北京博元品天信息技术服务有限公司、宁海云巢互联网科技有限公司(环球中心颐高双创园运营公司)共同举行宁海大数据服务外包示范基地项目签约仪式。

同日，县第二届射箭大赛在县体育馆开赛。

23日，晚，宁海县2018—2019年度道德模范——“我身边最可敬的人”颁奖典礼在潘天寿广场举行。

同日，“青春心向党·建功新时代”2019年宁波市大中专学生暑期社会实践成果展示活动在大佳何葛家村举行。

同日，宁海召开农贸市场改造提升三年攻坚行动部署会。

24日，宁海县市场监管综合行政执法队、宁海县文化市场综合行政执法队、宁海县交通运输综合行政执法队、宁海县农业综合行政执法队4支执法队分别挂牌成立。其中，生态环境保护综合行政执法队由市里统一部署统一挂牌。

26日，2019年宁海金秋购物美食节暨商贸系统“创城”工作启动，副县长王鸿飞为活动致辞并宣布开幕。开幕式上还宣读商贸系统“创城”倡议书。

28日，宁海影视文化创作中心揭牌成立。全国政协委员、国家一级编剧王丽萍，著名电视剧制作人袁缙村，上海尚世影业公司总编辑鲁书潮等人到场参加。县委常委、宣传部部长叶秀高出席。

同日，由县教育局、县人社局、县总工会等三家单位主办，跃龙成校承办的宁海县首届保育员技能大赛决赛在跃龙成校举行。

30日，由组长施利民带队的省委第二巡回指导组到宁海调研“不忘初心、牢记使命”主题教育开展情况。市委组织部副部长、市委两新工委副书记朱志坚，市委第五巡回指导组组长张海春，县领导林坚、方勤、王辅橡参加调研。

同日，市委副书记、市长裘东耀带领市经信、应急管理、消防等有关部门负责人到宁海调研安全生产工作。代县长滕安达，县委常委、常务副县长王军海，县委常委、宁海经济开发区党工委书记王辅橡参加。

同日，代县长滕安达主持召开县政府第56次常务会议。

同日，同济大学共享数据智能交易平台项目落户科技园区，并入选宁波市“3315系列计划”3315创业团队名单。

同日，来自斯洛伐克、文莱、巴拿马等17个“一带一路”国家的40余名工商会经贸代表团成员到宁海考察，共享发展经验、共谋合作机遇。代县长滕安达，副县长王鸿飞接待代表团一行。

31日，全市区县（市）委统战部长工作例会暨全市新乡贤工作推进会在宁海召开。市委常委、统战部部长胡军，县委常委、统战部部长娄黛敏参加。

是月，宁海获评首批国家全域旅游示范区后的首个国庆假期，截至7日11时，宁海全域接待游客182.07万人次，同比增长15.54%，实现旅游收入16.1753亿元，同比增长15.86%。

是月，县文化和广电旅游体育局联合县文化市场行政执法大队、县公安局、县消防大队等单位，开展为期两周的文旅市场专项检查。

是月，前童小学在古镇成立“古镇文化少年研究院”。

是月，在第四届全省“人民满意的公务员”和“人民满意的公务员集体”表彰大会上，宁海县行政审批管理办公室被授予全省“人民满意的公务员集体”称号。是宁海首个获得该项荣誉的机关单位。

是月，2019年“创青春”浙江省青年创新创业大赛总决赛暨颁奖典礼举行。一市镇前岙村青年农创客陈仲和他的参赛项目“蟹大人”获银奖。

是月，2019中国门球冠军赛宁波分区比赛在宁海开赛。

是月，县地方剧种平调、三坑调演唱比赛在梅林街道河洪村举行，共有17支平调、三坑调演唱团队参加。

是月，县商务局联合宁波海关举办的海关业务及政策培训会现场集聚100余家外贸企业，相关专家和部门负责人针对企业关注的宁波海关18条稳外贸新政，及AEO企业认证管理办法等作详细讲解。

是月，宁波市大数据局委派专家组到宁海，对宁海村级小微权力清单36条智慧运行系统项目进行相关评审。该项目是宁海2019年唯一列入市政府数字化转型重点和创新应用项目名单的项目。

是月，县农民学校和县农业农村局联合举办全县乡镇（街道）“三资”管理服务中心代理会计业务培训班，对全县乡镇、街道农经站长和全体代理会计近100人进行培训。

是月，宁波市首届全民运动会登山总决赛在宁海国家登山健身步道闭幕，约1000名跑友参加。宁海1队夺得总冠军。

是月，宁海出台《关于实行生活垃圾分类“1”对“1”联系机制》，形成“点对点督导、线对线落实、片带片提升”的工作格局。14日，县人大常委会主任徐真民，县政协副主席何建春专题调研社区垃圾分类工作。

是月，宁海小微统保平台功能升级，在全市首次启用“单一窗口”平台线上投保方式。县商务局联合宁波市口岸办、中国信保南三县办事处、建设银行宁海支行，开展多场小微企业出口信用保险政府平台暨政策宣讲会，140多家企业参加活动。

是月，宁海全国首创司法拍卖不动产登记“零次跑”，产权过户只需“两个工作日”，提速80%以上。

是月，省农业农村厅、省文化和旅游厅联合公布浙江省休闲农业和乡村旅游精品线路110条、2019年浙江省“最美田园”100个。宁海的胡陈灵动乡野1日游、桑洲南山花语旅游精品线1日游2条精品线，和胡陈乡东山桃园、越溪乡绿色城堡菜园2个田园分别上榜。

是月，宁海组织召开浙江省“标准地”数字地图宣传培训会，18个乡镇街道工办负责人、园区相关工作人员、企业代表参加。

是月，“辉煌中国，璀璨工艺”2019中国（杭州）工艺美术精品博览会上，宁海朱金漆木雕技艺代表性传承人严海斌设计、制作的木雕作品《百鹤遐龄——新中国成立七十年献礼》获“神工杯”创意设计制作大赛金奖，玻璃画雕技艺代表性传承人戴新国设计、制作的玻璃画作品《梧竹书堂图》获银奖，由中国工艺美术协会负责评审并颁发获奖证书。

是月，浙江省第六届“兰亭奖”中小学生书法大赛（宁波赛区）获奖名单公布。宁海星海小学应晶驰、技工学校毛慧分别获得小学高段、高中段一等奖，代表宁波市参加省“兰亭奖”书法大赛。

是月，由县教育局、县文广旅游局、县科协主办的科普教育基地授牌仪式在县图书馆举行。现场开展ALVA裸眼4D百科全书互动体验活动，20余名小学生及来自宁海各小学的科技辅导员先后进行尝试。

是月，由省委宣传部、省文明办、省文联共同举办的“浙里好人”德润之江——第六届浙江省道德模范事迹巡演活动，在宁海桃源街道下桥文化礼堂举行宁波站的首场演出。

是月，浙江省第十四届“五个一工程”奖名单公布。宁海电影《春天的马拉松》《典妻》、报告文学《权力清单：三十六条》、歌曲《一诺千金》4部作品获奖，攀历史新高。县委宣传部获市级优秀组织工作奖。

是月，宁海新生儿诊治中心晴隆协作基地在晴隆县人民医院挂牌成立。

是月，第一届国际经典老车文化巡游展（宁海站）启动仪式在前童古镇举行。仪式上，柏林娜老车俱乐部授予宁海“国际经典老车巡游基地”称号。

是月，中国作家协会会员、宁海著名诗人潘志光《丁岙村诗页》获第九届“中国红高粱诗歌奖”提名奖。

是月，全市首组发光斑马线在宁海启用。在甬临线西店镇凫溪路口、茅洋路口、詹家路口、西店医院门口、崔家路口、大路加油站路口6处事故多发路口安装试运行。

是月，第五届浙江书展暨浙江省2019秋季馆藏图书展示会在宁波国际会展中心六号馆开幕。同时，宁海分会场也在宁海新华书店启动。

是月，前童小学龙狮队代表宁海参加“2019年全国青少年舞龙舞狮锦标赛”，获得二等奖、三等奖各2个。

是月，长街有企业258家，计职工7100人，其中单建工会企业48家、联合工会4家、覆盖企业52家、工会联合会1家。

是月，长街成立首家品牌调解

工作室——胡炳强调处工作室。

是月，宁海数据共享应用平台正式启用。

是月，宁海举办信息进村入户工程专题培训班。各乡镇农办（街道农业经济科）主任（科长）、农业信息管理员、全县信息进村入户工程15个示范型益农信息社的信息员共50余人参加培训。

是月，G527石浦至长街段（岳井洋大桥及接线）宁海段项目工程可行性研究报告通过宁波市发改委和宁波市交通局联合审查，标志着该项目前期工作取得重大节点性突破。

是月，根据全省5‰人口变动抽样调查工作的部署要求，这次调查涉及宁海跃龙街道、西店、长街等7个乡镇（街道）的11个村（社），调查内容主要是居民户籍和居住信息、出生、死亡、流动人口变动情况等信息。

是月，2019第六届长三角运动休闲体验季宁海站活动作为收官站在宁海胡陈乡户外运动基地举办。活动由浙江省体育局、上海市体育局、江苏省体育局、安徽省体育局共同主办，由县体育发展中心、胡陈乡人民政府承办。副县长范建军出席并致辞。

是月，生态环境部组织专家对宁海开展“绿水青山就是金山银山”实践创新基地现场核查工作，宁海顺利通过核查。

是月，为树立百姓学习榜样，宣传全民教育终身学习的理念和展示宁海社区教育的优秀成果，在全民终身学习活动周来临之际，经各乡镇（街道）成人学校推荐，专家组评审，宁海14人获评2019年宁海县“百姓学习之星”称号。其中，力洋镇海头村书记庄允肖还获评宁波市、浙江省“百姓学习之星”。

是月，县总工会机关组织全体工作人员以及物业工作人员开展垃圾分类培训会。

11月

1日，“推进全民学习，服务乡村振兴”2019年宁波市暨宁海县全民终身学习活动周启动仪式在宁海国际会展中心举行。副市长许亚南、市政府副秘书长杨小平、代县长滕安达、副县长励成杰等领导出席。

同日，由县委党史研究室编撰的《南下干部在宁海》《宁海剿匪纪实》在县图书馆首发。

2日，宁波大学潘天寿建筑与艺术设计学院教学实践基地暨“名师工作室”揭牌仪式在桥头胡街道双林村举行。

4日，第六届“创青春”中国青年创新创业大赛暨2019中国青年创新创业交流会在山东青岛闭幕。宁海一市镇前岙村的陈仲以“蟹大人”项目获农业农村组金奖。代表浙江省继商工组、互联网组后，拿下创青春全国比赛三组别金奖的大满贯，刷新历史最好成绩。

5日，第二届中国国际进口博览会在上海开幕，宁海国家级非物质文化遗产——宁海十里红妆婚俗亮相“非遗暨中华老字号”文化展示互动体验项目“云动浙江”展区。

7日，县人社局和中国邮政储蓄银行宁海支行共同举行宁海县“社银合作平台”签约揭牌仪式。

8日，宁海县精神文明建设委员会办公室公示《第二批宁海县文明校园拟命名名单》，共13所（宁海县第一职业中学、宁海县跃龙教育集团黄坛中学、宁海县胡陈乡初级中学、宁海县深甽镇初级中学、宁海县胡陈乡中心小学、宁海县跃龙街道水车小学、宁海县长街镇小学龙浦片校、宁波致远外国语学校、宁海风华书院、宁海县知恩桃源书院、宁海县双林职业学校、宁海县育才学校、宁海科达学校）。

同日，2019年全国全域旅游工作推进会在河南信阳新县召开，对首批71家“国家全域旅游示范区”进行现场表彰，宁海作为全市唯一“国家全域旅游示范区”名列其中，县委书记林坚参加会议。

9日，宁波市第五届“悦读童年”经典绘本剧创意表演大赛决赛举行。由梅林中心幼儿园演出的绘本剧《爱丽丝梦游仙境》以97.16分的全场最高分，获表演一等奖与优秀编剧奖；由跃龙中心幼儿园演出的绘本剧《鸡毛信》获表演二等奖。此外，大赛组办方授予县图书馆优秀组织奖。

11日，宁海举行新时代宁海产业工人队伍建设改革工作座谈会，就《新时代宁海产业工人队伍建设改革实施方案（征求意见稿）》中各项举措责任分解情况展开讨论。

12日，宁海召开安全生产和消防安全“四大会战”现场推进会。

同日，第五届世界浙商大会“金融服务实体经济”论坛活动暨浙江省首届“万家民企评银行”活动颁奖仪式在杭州举行，宁海农商行获2019年度浙江省“民企最满意银行”县级金融机构称号。

13日，宁海县推进“健康浙江行动”启动仪式暨第二届乡村振兴村民运动会在县体育中心举行。

同日，在衢州第四届全国智力运动会上，代表浙江队出战的宁海小棋手胡家艺夺得象棋少年女子组个人金牌。

14日，全县新乡贤助力乡村振兴工作推进会在深甽镇举行。

14—15日，代县长滕安达率党政代表团赴贵州晴隆考察扶贫工作，谋划2020年项目，力促宁海—晴隆东西部扶贫协作工作落实。晴隆县委副书记付明勇参加。

15日，“促进文具跨境贸易便利与安全”高端论坛在宁海举办，国家通报咨询中心研究员王力舟，宁波海关副关长苏铁，中国文教体育用品协会副理事长胡红江出席，副县长王鸿飞主持论坛。

16日，在湖北省十堰市举行的中国生态文明论坛十堰年会上，生态环境部对第三批国家“绿水青山就是金山银山”实践创新基地进行表彰命名，宁海是宁波市唯一获得这块“国字号”生态金牌的县（市）区。县委书记林坚上台领奖并作“两山”实践创新典型发言。

同日，第八届浙江宁海“双峰”香榧文化节开幕式在宁波南塘老街隆重举行。

同日，2019中国（宁海）国际文具产业博览会暨户外用品展闭幕，3天时间参观参与人数超过14710人次，意向成交额达1.63亿元人民币。

18日，由农业农村部主办，农业农村部乡村产业发展司、农业农村部农村社会事业发展中心承办的“长春国信杯”第三届全国农村创业创新大赛决赛在江苏南京闭幕。一市镇前岙村的青年陈仲以《蟹大人》项目获三等奖。

同日，一市镇2019年度奖教金颁奖大会暨首届尚都城奥特莱斯奖教金成立仪式在一市中学举行，该镇14名优秀教师获奖。

19日，宁海举行重大项目集中开工仪式，15个项目集中开工，总投资85.4亿元，年度计划投资20.9亿元。

同日，储吉旺、王春文获第六届“浙江慈善奖”

21日，宁海举行2019中国运动休闲大会宁海国家登山健身步道建成10周年庆祝活动。全国政协教科卫体委员会副主任、中华全国体育总会副主席、中国奥委会副主席冯建中出席并宣布活动启动，体育总局体育器材装备中心副主任王平，体育总局登山运动管理中心副主任张志坚，省体育局副局长李华，副市长许亚南，市体育局局长张霓，人民日报社人民文旅CEO郭嘉，县领导滕安达、李贵军、励成杰、石道伟等出席。活动上还进行“2019人民之选——中国新美步道TOP10”授牌仪式。本次大会由中国体育报业总社、国家体育总局登山运动管理中心、国家体育总局体育器材装备中心、浙江省体育局、宁波市人民政府主办，宁波市体育局、宁海县人民政府、中体联（北京）投资有限公司承办。2019年是中国运动休闲大会落户宁海的第十年，也是宁海国家登山健身步道建成十周年，本次大会以“2019中国（宁海）运动休闲大会——步道经济引领全面发展——宁海国家登山健身步道十年建设”总结交流为主题，为体育行业各负责人之间的交流学习提供一个良好的平台。

22日，浙江省第十四届精神文明建设“五个一工程”表彰座谈会在杭州举行。宁海电影《春天的马拉松》《典妻》，报告文学《权力清单：三十六条》和歌曲《一诺千金》4部文艺作品获奖，创历史新高。县委书记林坚作为全省唯一县级单位代表，在会上作题为《深挖区域文化资源　深耕文艺精品创作》的交流发言。

22日，全国安全生产电视电话会议召开，县领导滕安达、王军海、李铭胜在宁海分会场参加。会后，宁海召开续会，对安全生产和消防安全“四大会战”和岁末年初安全生产工作进行部署。

同日，民建宁波市委员会支教助学活动走进越溪。市政协副主席、民建市委会主委张明华，民建市委会专职副主委、秘书长张雨，副县长、民建宁海总支部主委王鸿飞出席活动。

同日，县图书馆组织召开地方文献资源建设与读者服务交流会，邀请20余位县史志界、文献收藏界、教育界的专家学者和资深读者代表进行座谈交流。

23日，宁波市王阳明文化研究促进会会长陈利权一行到宁海开展阳明文化交流活动。

26日，代县长滕安达在参加第二期“全媒聚焦·全民问政”节目录制时强调，要始终秉持“为民而生”理念，聚焦民生关键小事，让群众提问题，帮群众解难题，促进政府效能的全面提升。

同日，由县委、县政府主办的宁海县第十六届“宁海之秋”群众文化艺术节开幕式暨2019年全县百姓大舞台优秀原创节目展演在前童镇游客服务中心举行。

同日，宁波（越溪）第四届沧海桑田文化节在越溪乡王干山观景平台开幕。

27日，全市基层宗教事务管理推进会在宁海召开。

同日，代县长滕安达主持召开县政府第57次常务会议。

同日，泳溪、桑洲、沙柳三地志愿者齐聚桑洲镇上叶村，开展“同守初心、共护清溪”暨纪念三地治水行动五周年活动。

同日，县法院举行婚姻家庭纠纷案件审判工作新闻发布会，发布《2016年至2019年10月婚姻家庭纠纷案件审判白皮书》。

同日，新疆库车县第八小学研学活动之学生结对仪式在宁海实验校区举行。

27—28日，省人大代表宁波中心组围绕促进民营企业高质量发展主题，开展集中视察活动。市人大常委会副主任翁鲁敏，县人大常委会主任徐真民，县人大常委会副主任王兴兵等参加。

28—29 日，宁波市“职工说事”现场推进会暨厂务公开民主管理经验交流会在宁海举行。

29 日，2019 宁海金秋购物美食节闭幕式暨颁奖典礼在桃源广场举行，副县长王鸿飞出席并致辞。

30 日，县电子商务促进会举办农电商培训会。

同日，由浙江图书馆、宁波市图书馆、县文化和广电旅游体育局主办，浙图文澜朗诵团、县图书馆承办的宁海县文心朗诵社成立大会暨“阅动宁海”朗诵会在县图书馆报告厅举行。

是月，在全国第二届党建创新成果展示交流活动上，宁海“党群同心圆：党员志愿服务的‘淘宝城’”获评全国第二届党建创新成果十佳案例金奖。

是月，县人民法院联合县检察院、县公安局、县司法局召开打击制裁虚假诉讼新闻发布会，向社会发布《关于依法打击和制裁虚假诉讼的联合通告》《宁海县人民法院关于虚假诉讼线索举报奖励办法（试行）》及相关典型案例。

是月，宁海县港口开发有限公司强蛟磨盘山码头前三季度已累计作业船舶 259 艘次，吞吐量达到 1004500 吨，成功跨入百万吨级散杂货码头行列。

是月，2019 年宁海县中小学生田径运动会在县技工学校举行，17 项县纪录在本届运动会上被打破。

是月，宁海首个固定献血屋在人民大道亮相。

是月，据市统计局数据显示，1—7 月，宁海“246”规上工业企业合计实现工业增加值 81.5 亿元，同比增长 12.8%，高出全市平均水平 6.5 个百分点，增速连续两个月在全市十个县（市、区）中排名第一。

是月，县房屋征收办在华联纺织有限公司（工业区）地块出让中首次采用“残值竞拍”模式，项目竞拍定价 40 万元，最高竞拍成交价 228 万元，溢价率达 470%，有效降低征收成本。

是月，宁海快递累计业务量持续保持高位增长，1 至 9 月同比增长 43%，增速居全市首位。

是月，盛宁线力洋至城区段提升工程完成竣工验收。

是月，学勉北路与天明东路交叉口正式开放通行，标志着新城市中心区东部路网全面贯通。

是月，“峰烟古道”文明示范线开线仪式在黄坛镇杨染村举行。

是月，全市首个连片池塘海水养殖尾水集中处理项目——蛇蟠涂北区养殖池塘尾水集中处理项目在三门湾现代农业开发区开工建设。

是月，宁海率先在县第一医院试行“医后付”模式。

是月，2019 年度“宁波市建筑工程结构优质奖”评审日前结束，宁海城东小学扩建工程、机动车检测中心工程、喜来登大酒店等 13 个工程项目榜上有名。这也是宁海获“宁波市建筑工程结构优质奖”数量最多的一次。

是月，宁海鲍明沛的作品紫檀镶嵌《箍桶记》入围第十四届中国民间文艺山花奖·优秀民间工艺美术作品，成为浙江省唯一入围作品。

是月，“妈妈的味道”浙江省第三届民间美食巧女秀活动在衢州市水亭门历史文化街区广场举行。其间，由桑洲镇妇联选派的成校美食人才章才芬的肉灌蛋麦饼获得“最佳人气奖”。

是月，宁海方正模具总经理方永杰、第一注塑模具总经理鲍薇，同时荣登中国模协专家委员会专家榜，分别被聘为技术型专家、管理型专家，聘期 4 年。

是月，2019 浙江省“国乐乡村”优秀团队展演活动在台州市举行。宁海跃龙街道同乐乐团代表宁波市参加本次展演，并获得 2019 年浙江省“国乐乡村”建设优秀团队称号。

是月，生态环境部发布公告，命名 23 个地区为第三批“绿水青山就是金山银山”实践创新基地，宁海榜上有名。

是月，宁海组织文艺骨干赴丽水松阳、景宁两地开展“静城宁海 田园松阳”和“山海协作 共享幸福”文化走亲专场演出活动。

是月，县法院行政庭联合县府办、县司法局组织开展行政案件庭审观摩活动，来自 34 家行政机关单位的 100 多名分管领导及信息公开的工作人员一起旁听政府信息公开案件的庭审。

是月，宁海 50 家农村家宴“放心厨房”接受验收。

是月，番薯产业农民合作经济组织联合会在茶院乡组建成立，这是宁海组建的首家番薯产业协会。

是月，县非物质文化遗产与文化产业促进中心主任章亚萍入选文化和旅游部公布的 2019 年度乡村文化和旅游能人支持项目人员名单。

是月，2019 年度宁海县乡镇专职消防队（微型消防站）技能大比武在会展中心广场举行。

是月，县慈善总会、县农民合作经济组织联合会、县福利企业协会 3 家社会组织组成扶贫小分队，在县民政局的带领下，前往贵州晴隆县开展扶贫协作工作。

是月，宁海望海茶入选中国农业品牌目录 2019 年农产品区域公用品牌榜。

是月，随着宁波市模具工（设计）职业技能竞赛的顺利落幕，标志着宁海2019年职业技能系列竞赛已全部结束。

是月，经市农业农村局农村合作经济指导处相关人员考评审核，宁海新申报宁波市示范性合作社项目顺利通过验收。

是月，2019年宁海县首届“邻距离”生活服务节“宁海大嫂厨艺秀”在西子国际广场举行。

是月，市总工会“工匠沙龙”走进宁海。由宁波市职工发展中心、县总工会主办，宁波市模具协会、宁海县职教中心协办的宁波市总工会“工匠沙龙”，在梅林街道职高路创业园的三楼大会议室举行。

是月，省考核组对宁海“省放心农贸市场”“三星级文明规范市场”进行考核验收。

是月，以“实施乡村振兴战略 满足美好生活需要”为主题的2019年省农业博览会在浙江新农都会展中心、杭州和平国际会展中心同时举行。宁海共组织12家农业经营主体参展，现场销售超过40万元，获得订单60万元。其中，“望海峰牌”望海茶、“山里向”笋干获“2019浙江农业博览会金奖”“花蕊牌”蜂蜜、“望府牌”红茶、“北星牌”泥螺、“草湖牌”糕点获得“2019浙江农业博览会优质奖”。

是月，市“百村示范、千村整治”工作协调小组对宁海开展美丽乡村绩效评估，宁海被抽查的梅林街道河洪村、西店镇海洋村2个村顺利通过。

是月，宁波市教育局公布2019年度宁波市终身教育提升工程相关建设项目名单，一市镇老年大学通过宁波市标准化乡镇（街道）社区老年大学评定，且获A档。

是月，县行政服务中心启动保险理赔气象证明服务改革，即在宁海进行保险理赔时，原需向气象部门申请出具气象证明，再提交至保险公司申请理赔，现可一步到位，直接到保险公司办理，保险公司直接通过气象资料查询服务系统查询办理，然后再根据查询结果进行相应的保险理赔，省去多余的环节。

是月，市农机总站监理处检查组一行到宁海进行农机安全检查。

是月，县第二医院外科在李惠利医院专家的帮助下成功应用神经电生理监测系统为两名甲状腺癌患者实施术中甲状腺神经监测，该技术在全县尚属首例。

是月，宁海企业设站助推科研提升，如意公司首位博士后顺利开题。

12月

1日，宁海开始实行建筑业企业资质审批全流程网上办理。

1—7日，是全国“宪法宣传周”，宁海各地部署开展以“弘扬宪法精神，推进国家治理体系和治理能力现代化”为主题的宪法宣传活动。

2日，代县长滕安达率党政代表团赴景宁考察对接山海协作工作。

3日，省委副书记、市委书记郑栅洁参加指导宁海县委常委会“不忘初心、牢记使命”专题民主生活会。

4日，十四届县委第九轮巡察工作动员会召开。

同日，宁海召开全县根治欠薪冬季攻坚行动暨“宁海无欠薪”创建再推进部署会。

同日，是第六个国家宪法日。由县司法局、县普法办公室主办、以“弘扬宪法精神，推进国家治理体系和治理能力现代化”为主题的第六个国家宪法宣传周活动在潘天寿广场等地举行。当天，力洋、岔路等乡镇举办宣传活动。

5日，宁海举行国家级农村儿童早期发展服务试点县暨浙江省0—3岁婴幼儿托育服务示范县启动仪式。

同日，岔路黑猪种质资源基地建设项目开工仪式暨岔路镇乡村振兴项目集中开工仪式举行。市农业农村局副局长茅黎泓出席并致辞。副县长沈纾丹宣布开工。

6日，海亮（宁海公学）学校项目正式签约。同时，双方还就海亮国际康养小镇项目签订合作框架协议。代县长滕安达，副县长沈纾丹、励成杰，海亮集团董事长曹建国出席签约仪式。

7日，由共青团浙江省委主办的2019浙江省亲青恋公益集体婚典在宁海十里红妆文化园举行。团省委副书记王慧琳、县委副书记李贵军、团市委副书记李锋参加。

同日，由文化和旅游部、住建部、农业农村部等相关部门指导，第一财经发起并联合中央人民广播电台经济之声等80家主流媒体主办的“2019乡村振兴发展论坛暨最美村镇颁奖典礼”在安徽蚌埠举行，岔路镇天河村获“2019中国最美村镇暨生态宜居成就奖”。

8日，中央统战部副部长、全国工商联党组书记、常务副主席徐乐江一行到宁海调研亲清家园建设情况。省委统战部副部长、省工商联党组书记陈浩，市委常委、统战部部长胡军，县委书记林坚，县委常委、统战部部长娄黛敏参加调研。

同日，人保财险宁海支公司成为宁海财险行业首家保费突破2亿元的保险公司。

9—11日，省第七督导组到宁

海开展2019年度“五水共治”、“三改一拆”、小城镇环境综合整治和生活垃圾分类工作督导，督导组将先后赴5个乡镇（街道）开展实地督导。

10日，宁海第57期正学大讲堂暨“缑城金融大讲堂”开讲仪式在宁海国际会展中心举行。

同日，在浙江省关工委成立30周年暨全省关心下一代工作“双先”表彰大会上，宁海茶院乡关工委获先进集体，县人大常委会副主任潘红月、县关工委常务副主任季元法获先进个人。县人大常委会原主任娄林忠，县人大常委会原副主任陈云高，宁海县委原常委、组织部部长周秉达，县人大常委会原副主任孙愫贞获特殊贡献奖。

同日，纪念柴时道100周年诞辰座谈会暨《钵底骊龙》首发式举行。县政协副主席何建春出席。

13日，宁海诞生首个世界级体育赛事，宁海越野挑战赛晋级超级越野跑世界巡回赛。凌晨，2019 Ultra-Trail World Tour（简称“UTWT”）年终颁奖晚会暨2020UTWT超级越野跑世界巡回赛发布会在法国巴黎落幕。大会发布2020年28场UTWT系列赛在全球19个国家举办。宁海越野挑战赛和香港100、高黎贡超级山径赛一起，作为中国越野跑赛事的代表，成功入选2020UTWT超级越野跑世界巡回赛。

同日，“越剧好声音”全国越剧名票《年度终演》总决赛在杭州大剧院闭幕。县戏剧家协会会员、县第二届戏王刘丽娜以越剧尹派经典剧目《宋弘传奇》选段“和诗”夺冠。

15日，胡陈乡叶梦鼎丞相书院举行奠基仪式。

同日，由县委、县政府主办的十佳乡村戏迷擂台赛在黄坛镇杨家村文化礼堂闭幕，20名选手分获“十佳乡村戏迷”和“十佳乡村优秀戏迷”称号。

19日，代县长滕安达主持召开县政府第59次常务会议。

20日，浙江宁波“侨梦苑”宁海中心揭牌仪式举行。省委统战部副部长、省侨办主任陈安，县委书记林坚分别致辞并共同揭牌。市委统战部副部长、市侨办主任顾正为，县领导娄黛敏、王辅橡参加。

同日，晚上8点30分，宁海人方静登上央视《濠江故事》讲述她与澳门《因为爱》的故事，庆祝澳门回归20周年。

同日，宁海举行2019新的社会阶层人士联络联谊活动。景洪市委常委、市政协党组副书记、统战部部长岩香宝一行参加，县委常委、统战部部长娄黛敏出席并讲话。

同日，“汶溪翠谷”文明示范线开线仪式在桥头胡街道举行。

同日，宁海举行全县人才项目汇报交流会，同时，宁海首个人才爱国奋斗教育基地在潘天寿故居成立并揭牌。

同日，艺术振兴乡村校地协同2019暑期融合设计（宁海）行动落地成果摄影展在潘天寿艺术中心三楼展厅开展。

同日，浙江省普缘慈善基金会和县慈善总会组成慰问组，走访慰问全县50户特困家庭。这是该基金连续第4年对宁海特困户进行慰问，共慰问特困户218人（次），累计发放救助金155万元。

26日，庆祝宁海经济开发区成立25周年晚会在国际会展中心举行。

同日，2019“西林杯”青年大学生创业大赛在宁海闭幕。《打造禽类养殖智能化繁育系统》项目获一等奖；《极健康——个人健康数据管理》《外卖智联共享平台》项目获二等奖；《水下穿越管道检测及完整性管理》《遇见公益健身平台》《乐享会员——到店支付平台》等项目获得三等奖。

同日，县互联网发展协会主办2019第二届网络文化粉丝节活动。

同日，召开文艺精品创作工作表彰座谈会。县委常委、宣传部部长叶秀高出席并讲话。3家单位及10位个人获宁海县文艺精品创作贡献奖，4件作品获2018年度政府常设性文艺奖，2件作品获柔石文学奖一等奖，5件作品获潘天寿艺术奖一等奖。

27日，宁海邮政管理局成立大会暨揭牌仪式举行。省邮政管理局党组成员、副局长、纪检组组长黄立群，市邮政管理局党组书记、局长温雪荣，县领导林坚、方勤出席。副县长王鸿飞主持。

同日，国家标准委下达14项城乡统筹领域国家标准制修订计划，由宁海牵头的《村务管理 基础术语与事项分类》《村务管理 事项运行流程编制指南》和《村务管理 村务流程化管理实施指南》3项标准获得国家标准立项，系全市唯一。

28日，第十四届中国全面小康论坛在广东省佛山市顺德区举行，就全面小康建设中的重点及难点问题展开讨论，宁海获评“2019年度中国营商环境百佳示范县市”，位列第30名，全市第一。

同日，由县垃圾分类办、县文明办、县综合执法局共同主办的“垃圾分类树新风、文明县城谱华篇”宁海县生活垃圾分类专项推进行动在潘天寿广场举行。

同日，“视觉宁海”2020浙江省综合材料绘画邀请展在桥头胡街道举行。

同日，县“猛飞电器杯”传统武术太极拳表演大赛在潘天寿广场举办。

30日，县委副书记、代县长滕安达主持召开县政府第61次常务会议。

同日，“潮起星城砥‘蛎’前行”2019第二届宁海西店蛎黄文化节在邬家庄园慈善广场开幕。

同日，宁海2019年新录用机关工作人员初任培训班结业式暨入职宣誓仪式举行。

31日，县公安局“警企服务中心”在县金融中心“亲清家园”正式挂牌成立。副县长、公安局局长李铭胜出席揭牌仪式。

同日，省药品监督管理局党组书记、局长徐润龙到宁海调研生物医药产业。县委书记林坚、副县长王鸿飞参加。

同日，宁海县文化旅游集团有限公司正式揭牌成立。

同日，宁海首条最美风景道——象西线桥头胡至深甽段改建工程全线通车。

同日，中央农村工作领导小组办公室、农业农村部等5部委公布998个全国乡村治理示范村名单，岔路镇下畈村榜上有名。

是月，中华全国工商业联合会办公厅发文，宁海县工商联被全国工商联评为2019年民营企业调查点工作示范单位。

是月，在第二届“本贞杯”少儿京胡全国展演邀请赛上，宁海县戏剧家协会小会员徐米伽、谢昕恬同学分别获1金1铜。

是月，省文化和旅游厅公布一批浙江省美丽乡村美育村（社区）试点单位，全省94个村（社区）入选，宁波共有7个。宁海大佳何镇葛家村和深甽镇深甽村榜上有名。

是月，“2019年度中国散文年会”在北京举行，宁海作家林伟民的散文《恩人》获2019年度“十佳散文奖”。

是月，宁波市发改委组织召开宁海通用航空机场工程初步设计审查会议。该项目是浙江省规划的7个A1类通用机场之一，总投资6.42亿元，用地规模483.7亩，已列入省“十三五”重大交通设施项目和2018年省重点工程项目。

是月，县第一医院被授予国家级“示范防治卒中中心”荣誉称号，并由浙江省卒中防治工作委员会授牌。

是月，在司法部、全国普法办开展的“全国普法依法治理创新案例”推荐评选工作中，宁海的“法治乡村建设的探索与实践”成功入选十大“2019年全国普法依法治理创新案例”，是浙江省入选的唯一案例。

是月，“中国社会科学院财经战略研究院成果发布会：《中国县域经济发展报告（2019）》暨全国百强县（区）报告”在北京举行。会上共发布三个榜单，宁海名列2019年全国综合竞争力百强县（市）第49位，比2018年的第87位上升38位，同时，投资潜力百强县（市）名列第30位。

是月，宁波市市场监管局发布宁波文具行业“品字标浙江制造”名单，全市主持制订的文具类“品字标浙江制造”标准共16项，其中宁海11项，占68.8%；全市共12种产品获文具类“品字标浙江制造”，其中宁海6种，占50%。在年度世界认可日主题活动暨“品字标”品牌走向“一带一路”发布活动中，得力集团生产的电子计算器产品获颁“浙江制造”国际合作证书，认证范围覆盖欧盟、美国等多个国家和“一带一路”地区。

是月，第十七届风云浙商30强出炉，得力集团有限公司娄甫君、宁波如意股份有限公司储吉旺入选。

是月，得力集团打造的“得力办公智慧供应链平台”获“全国石油石化企业技术创新一等奖”。

是月，一市镇成人学校获评2019年度浙江省现代化成人学校。

是月，随着杨梅岭公路隧道右洞挖通，县交通重点工程甬临线杨梅岭至堤树岭改线工程重要节点杨梅岭公路隧道全线贯通。

是月，宁海首个以区域划分的女性创客空间工会联合会——银河女性创业工会联合会成立。

是月，宁海桑洲镇获评2019中国最美村镇“中国特色康养小镇”。

是月，县第二医院与李惠利医院举行“惠民利民”健康党建联盟签约揭牌仪式，再创市县联动行业党建联盟特色品牌。

是月，宁海雁苍山电力建设有限公司装配车间主任兼党支部书记徐剑中获评2019年“浙江好人”敬业奉献好人。

是月，宁波市委办公厅公布第十一批市级爱国主义教育基地，岔路镇梅花村会议纪念馆榜上有名。

是月，宁波市第三届“十大法治人物”颁奖礼举行，宁海县社会与经济服务中心主任童跃获此殊荣，为县级行政单位中唯一一位体制外的获奖人。

是月，宁海凫溪（梅林街道片）和天明湖入选浙江省2019年美丽河湖。

是月，由市委宣传部、市农村文化礼堂建设工作领导小组办公室主办的市级“最美”人物进乡村礼堂活动在茶院乡举行。

是月，宁波市2018—2019年度美丽乡村示范创建名单公布，宁海7个村（胡陈乡胡东村、力洋镇小青村、茶院乡柘浦王村、越溪乡信千山村、前童镇板岭陈村、深甽镇马岙村、梅林街道河洪村）入选美丽乡村示范村，2个乡镇（茶院乡、前童镇）入选美丽乡村示范乡镇，2条风景线（桥头胡街道的禅意栖居；前童镇、岔路镇的古镇乡韵）入选美丽乡村风景线，100%完成年初制定的美丽创建目标。

是月，桃源街道泉水社区获评第四批宁波市社会工作示范基地名。

是月，2019年全国职业院校技能大赛教学能力比赛上，县第一职业中学校长应龙泉带领应龙泉名师工作室成员孙立荣、赵超和施全茂《塑料模具结构的认知》课程获全国中职组教学能力大赛二等奖，教师郑海根与北仑职高合作的《盘发的基本技法运用》获二等奖。

是月，由宁海县企业服务中心（“8718”宁海平台）牵头承办的《中小企业公共服务省级标准化试点》项目成功获批立项为省级标准化试点项目。

是月，在全市农村生活垃圾分类绩效评估中，宁海以82.1分获全市第一。

是月，2019年度国家级和省级水产健康养殖示范场验收（复查）结果公布，一市镇华大海昌水产科技有限公司和海山丰水产专业合作社通过国家级水产健康养殖示范场验收，蛇蟠涂园区宏良水产、闻涛水产和宏康水产3家养殖有限公司通过省级水产健康养殖示范场的验收。

是月，县天然气有限公司正式推行网上营业厅——“微客服”。

是月，景宁—宁海两县山海协作乡村振兴结对帮扶项目——景宁县大均乡新庄村光伏发电项目正式开工建设。

是月，全市2019年度美丽宜居示范村建设名单公布，强蛟镇临港村、力洋镇力洋孔村榜上有名。

是月，在宁波市公共资源交易中心组织开展的2019年度全市公共资源交易服务评先创优活动中，评选出“2019年度全市先进公共资源交易分中心”“2019年度全市公共资源交易服务优秀案例”和“2019年度全市公共资源交易业务能手”，宁海县公共资源交易中心获三大奖项。

是月，在2019年度全市生活垃圾分类工作考核中，宁海获县（市）组排名第二。

是月，大佳何镇地埋变投运送电，这是宁海首次安装投运地埋变。

是月，强蛟镇峡山村入选省文化和旅游厅公布的第五批浙江省非物质文化遗产旅游景区名单。

是月，黔西南州团委组织黔西南州优秀企业家代表、优秀团干部等10余人，在一市镇开展产业扶贫协作调研工作。

是月，岔路镇下畈村被省生态文化协会和省林业局授予“浙江省生态文化基地”称号。

是月，宁海泥金彩漆新生代传承人胡亮亮在团市委主办的2019甬城青年工匠评选入选。

是月，市科技局公布2019年市级星创天地备案名单，宁海县蛇蟠涂海洋开发有限公司、县绿色城堡蔬菜种植有限公司、宁峰香榧开发有限公司、宁波佳田农业科技有限公司、宁波美栖生物有限公司5家单位榜上有名。

是月，宁海县第十六届“宁海之秋”群众文化节暨“我们都是艺术家”乡村书画家现场书画比赛在桥头胡村文化礼堂举行。

是月，跃龙举行纪念范金镳120周年诞辰座谈会。

是月，长街镇第三届对岙洞村知青文化节暨“美丽乡愁”文明示范线开线仪式举行。

是月，市文化广电旅游局发布的2019年度浙江省AAA级景区村庄名单，宁海共有9个村入选。

中国共产党宁海县委员会

综　述

2019年，中共宁海县委始终把“两个维护”作为最高政治原则，开展“温故知新、知行合一”学习实践活动，县委常委会以上率下，带动全县党员干部重温总书记两次调研宁海时的指示精神，多批次多形式开展习近平新时代中国特色社会主义思想集中轮训。坚持内促转型、外拓市场，1—11月“246”产业集群、战略性新兴产业、数字经济核心产业、装备制造业等增加值增速均居全市前二；农业现代化发展水平从全省22位提升到13位；出口增速居全市第一，占全国份额从年初的13.07‱提高到16.2‱，对美依存度从年初的30%降到24.2%，“一带一路”市场占比提高到31.4%，开关运行宁海海关，获评国家外贸转型升级示范模具基地。坚持项目带动、以投促产，聚力推进“有效投资四季大比拼”“金秋招商大会战”，1—11月固定资产投资增长14.5%，工业投资、高新技术投资较2018年扭负为正，逆势增长21.7%和23.2%，民间投资占比达到52.1%，成功引进上海光机所、中车交通等一批补链强链项目，抽水蓄能电站项目纳入长三角一体化发展规划纲要。坚持尽心为企、精准惠企，民营经济“30条”释放政策效应，全年减免税费23.9亿元、增长42.6%，普惠型小微贷款余额同比增长23%，消化利用“三未”土地5132亩，助推一批企业突破瓶颈快发展。全国百强县排名升至第48位，取得“进五十冲三十”的阶段性成效。

高规格配备县委改革委和改革办，强化“最多跑一次”改革专班运作，30项重点项目、11项试点落地见效。设立“一件事”改革实验室，不断在试验中出经验，全国首创司法拍卖不动产登记“零次跑”，群众身后事“一事联办”、食品经营许可“最多核一次”等做法全省推广，企业开办3小时内可办结，亲清新型政商关系试点有效推进，获评中国营商环境百佳示范县市第30名、全市第一。宁波南湾新区指挥部正式挂牌，乌材所得到省政府高度重视，蛇蟠涂现代渔业园获评国家级星创天地，新增省级创新平台28个。出台“智汇宁海”系列政策，新引进院士3人，乌克兰莫里亚尔院士获得中国政府友谊奖，入选市“3315计划”人才项目并列全市第一。深化国资国企改革，AA+国企平台实现“零的突破”，新增AA级1家，组建文旅集团，成立首个文化产业基金。村级小微权力清单制度入选全国首批乡村治理典型案例，全国法治乡村建设工作会议在宁海县召开，落户首个省乡村治理标准化技术委员会，3项标准获国标立项。顺利完成党政机构改革。

历经数年接续努力、创成全市唯一的首批国家全域旅游示范区和全国“两山”实践创新基地，是全省同时拥有这两项殊荣的2个县市区之一，两山转化“六大模式”成为全国典范。积极创建国家AAAAA级旅游景区和国家旅游度假区，大庄温泉乡根小镇、梁皇山景区提升等一批重大旅游项目扎实推进，鹿山村入选全国首批乡村旅游重点村，登山步道入评中国十佳新美步道，获评美丽浙江建设优秀单位和十大特色体验地。入围部省共建乡村振兴示范省先行创建单位，全面完成村级集体经济三年消薄任务，创新开展艺术振兴乡村工作，引起社会热烈反响，积极探索新时代新农村发展的新路径。圆满收官小城镇环境综合整治三年行动，9个乡镇街道成为省市样板。筑牢生态基础，促成水源地保护等级调整优化，受阻多年的环保能源发电项目顺利实施，生活垃圾分类实现基本全覆盖，生态环境质量公众满意度稳居全市首位。

坚持把稳就业放在突出位置，出台就业创业扶持政策，建成省市县高质量就业村社39个，前三季度城乡居民两项收入同比分别增长

9.1%、9.2%。组建运行3个医疗健康集团、3个幼教集团，海亮宁海公学完成土地挂牌，县老年公寓、城西小学、区域卫生健康云等一批项目建成，以琳康教展能中心、梅桥医院等一批项目投用，成为国家农村儿童早期发展服务试点县。注重兜底线保基本，出台低收入农户精准扶持增收办法，实施农民饮用水达标提标行动，切实做好生猪增产保供稳价。众志成城创建文明城市，成立指挥部统筹推进“十大行动”，挂牌运行新时代文明实践中心。实施“名师名医名家名匠”工程，再获中国民间文艺最高奖山花奖，省“五个一工程”获奖成绩全省最好，省级道德模范实现“零的突破”，“好人系列”评比数量和层级全市第一。积极回应社会关切，集中解决设施占道、垃圾清运、拉链马路等一批群众烦心事，新划公共停车位4945个。新城市中心区东部路网全面打通，城市环线中最后一段的城逐线开工，密切区域联系的象西线桥头胡至深甽段全线通车，综合客运枢纽完成改造提升，动车存车场建设顺利推进，宁海火车站年客运量达到439万人次，发送量同比增长11.3%，群众出行更加便捷。

2019年是宁海平安建设历程中极不平常的一年，干群一心战胜50年来致灾强度最大的“利奇马”台风，军地联手圆满处置20年来浙江发现数量最大的老旧遗留弹药，但也发生“9·29”重大火灾事故。应从思想深处、工作短处深刻汲取惨痛教训，全域全面全力推进“四大会战”，排查生产经营单位5.7万家，整改“一危两小”企业隐患2.6万处，拆违36.3万平方米，组织培训38.8万人次，挤出19个编制充实基层应急管理力量，建立重大隐患制度抄告、企业安全风险当日报告和主要负责人管控承诺、安全生产“第三方服务”评估惩戒等长效机制。一刻不松抓好各领域平安工作，建成“信访超市”，完善“基层四个平台”，积极创建“枫桥式派出所”，聚力推进信访维稳百日攻坚和扫黑除恶专项斗争。

严格履行全面从严治党主体责任，以政治建设为统领，全面加强新时代党的建设。认真落实意识形态工作责任制，有力整改宗教工作督查反馈问题、整治多年遗留的重大复杂宗教场所问题，成立传媒集团，运行县级融媒体中心，大力弘扬社会主义核心价值观。健全激励干部新担当新作为工作机制，加强和改进干部教育培训工作，构建干部大监督工作体系，审慎研究党员干部处分问题，对10名党员干部进行澄清。更加注重干部队伍的高素质、专业化，深化“宁接未来”成才计划，80%以上的优秀干部从基层一线和攻坚主战场发现、选拔。着力打造“锋领宁海”，深入实施组织力提升工程，持续抓好“双整两全”，加强机关党建工作，推动基层支部标准化规范化建设，全面实行村党组织书记县委备案管理，强化党建带群建，荣获“全国关心下一代工作先进县”称号。持之以恒落实中央八项规定精神，出台基层减负实施细则36条，坚决整治形式主义、官僚主义。全面执行“三交底”谈话制度，深化派驻机构改革，加强巡察监督力度，试点推行村社监察联络员、村级“廉情地图”等制度，严肃查处违纪违法行为。县委常委会充分发挥统领全局、协调各方的作用，全力支持人大、政府、政协依法履职尽责，专题召开县委人大、政协工作会议，研究出台新时代做好人大、政协工作的意见，认真抓好统战、群团和党管武装工作，营造良好政治生态。

县委重要会议

【全县机构改革动员大会】 1月4日召开。对深化机构改革工作进行动员部署，共设置县级党政机构37个，其中党委机构12个、政府工作部门25个。县委职能部门和县政府组成部门在机构设置和职能配置上，与省市机关基本对应。同时，为适应宁海经济社会发展需要，在机构限额内因地制宜设置部分机构，优化调整一些领域的机构职能。

杨勇指出，作为新部门、新班子，要展现新境界，坚定贯彻落实上级决策部署。既要把中央决策、省委部署、市委要求全面转化为推进宁海县机构改革的清晰思路和有效举措，又要立足于宁海发展的阶段性要求、着眼于追赶跨越的战略性追求，按照县委全会和即将召开的县两会部署，在推进机构改革的同时推动工作落实。要体现新担当，不折不扣落实机构改革任务。各部门要紧盯时间节点，精心组织实施，有组织、有纪律、有步骤完成转隶组建、“三定”制定等工作。要凸现新作为，同心同力推动各项事业跨越发展。不断转变理念、优化职能，坚持党的领导促发展、狠抓关键改革促发展、提高服务水平促发展，以“最多跑一次”改革为牵引撬动各方面各领域改革，以优质服务聚力打造营商环境最优县。要呈现新气象，从严从实建强班子带好队伍。各部门要以机构改革为契机，加强领导班子和干部队伍的政治建设、能力建设、作风建设，讲政治、讲党性、讲规矩，担当作为、严明纪律、团结协作，携手把班子建好、把队伍带好、把事业干好。

同月8日，宁海县机构改革新组建部门授牌仪式举行。县委书记杨勇在仪式上讲话；县委副书记、县长林坚为7家新组建部门授牌；县委常委、常务副县长王军海主持；县委常委、组织部部长方勤宣布新组建部门主要负责人和班子成员；县领导王军海、范建军、沈纾丹分别为县自然资源和规划局、县农业农村局、县文化和广电旅游体育局、县卫生健康局、县退役军人事务局、县应急管理局、县医疗保障局7家新组建部门揭牌。授牌仪式上，县农业农村局作为新组建部门代表作表态发言。

【全县“有效投资四季大比拼”专项行动动员大会】 1月24日上午召开。县委常委、常务副县长王军海主持并作工作部署。副县长王鸿飞、范建军、沈纾丹、应国邦参加。

会议总结2018年有效投资工作及重大项目推进工作并对“有效投资四季大比拼”专项行动进行部署。2018年，县政府紧密围绕市委“六争攻坚、三年攀高”行动，大力开展“革新求进提质年”，以重大项目“双高攻坚”专项行动带动投资结构优化，建立稽查特派员制度，完善红绿灯督查机制，深化“百日攻坚”，一大批好项目、大项目相继签约落地、开工建设和投产达效。

县委副书记、县长林坚在大会上强调，要贯彻落实县委全会、县两会精神和要求，迅速行动、坚决执行，以有效投资四季大比拼为着力点，持续保持项目争速强劲态势，全面掀起有效投资新热潮，不断培育和增强稳增长的新动能。围绕“为什么比拼”“怎么拼”“拼什么”“谁来拼”4个问题，对专项行动提出明确要求。

一是为什么要急迫开展有效投资大比拼？要实现有效投资稳中有进、稳中提质，对自己的工作要求更高、任务压力更大、时间安排更紧、工作协同性更强，要延续2018年大抓项目、抓大项目的强劲态势，一开始就开足马力争抢拼干，要把这种抓准抓狠、抓实抓牢、冲刺冲锋的热度强化下去。

二是有效投资大比拼怎么拼？要贯穿全年始终，以季为阶段，一个季度一个季度滚动推进。要制定行动方案，并强化督办，在确保高质量的前提下快速推进项目，同时，要动态组建攻坚专班，定期召开协调会、过堂会，常态化协调问题，全方位保障服务。

三是有效投资大比拼拼什么？要结合县委全会提出的“三双”活动，竞赛比拼与项目有关的各领域各环节，拼前期比开工、拼进度比竣工、拼招商比落地。

四是有效投资大比拼谁来拼？要全县上下共同拼，各项目分管县领导要以身作则，时刻把项目抓在手上，把身子立到工地上；各责任部门要尽职尽责，把最精干的力量充实到项目上，确保每个项目每个环节都有人抓、有人管；要以大督查倒逼大比拼，加大督查力度，突出奖优罚劣导向；要广泛宣传大比拼活动的好经验好做法，并借力各类媒体宣传活动成果，努力营造全县上下全员参与、全力支持的浓厚氛围。

【扫黑除恶专项斗争推进会】 1月31日上午召开。县委副书记、政法委书记李贵军，副县长、公安局局长李铭胜，县人民法院院长石坚强，县人民检察院检察长练节晁参加。

会议充分肯定前阶段宁海县扫黑除恶专项斗争工作取得的成绩。自中央部署扫黑除恶专项斗争以来，宁海县精心谋划部署，强化组织领导，扎实落实各项工作，专项斗争取得阶段性成效，社会治安秩序持续向好，基层组织建设有效夯实，投资发展环境明显优化。

李贵军强调，2019年扫黑除恶专项斗争将进入集中攻坚阶段。各地各单位要紧紧围绕学习贯彻习近平总书记重要讲话和中央、省、市、县相关会议精神，按照“面上抓平衡、点上求打深；严把质量关、深挖‘保护伞’；建长效机制、铲黑恶土壤”的总思路，全力推动宁海县专项斗争不断向纵深发展。

就下一步工作，李贵军指出，要对专项斗争进行再动员、再部署，全面开展一次自查自纠，启动全县专项斗争集中宣传活动，重点抓好扫黑除恶宣传进机关、进学校、进村庄、进市场、进工地、进企业、进家庭、进监所等“八进”活动，在春节前后掀起新一轮高潮。各级公安机关要主动研判发现线索，严格落实线索核查要求和责任，推动线索核查再深入。要把重大案件攻坚作为2019年专项斗争重点工作，加大依法打击力度，聚焦重点领域，抓住关键环节，完善协同打击机制，组织开展严打深挖行动，加大重大案件攻坚力度。要坚持边打边治边建，强化重点行业监管、加强基层组织建设、深化基层治理创新，建立健全源头治理长效机制。要以迎接中央督导检查为契机，充分运用督导、考核等“利器”，及时发现问题、传导压力、推动落实，确保专项斗争沿着正确方向前进。

会上，县委宣传部、县委组织部、县纪委以及公检法等6家单位分别作工作部署。

【县委人才工作领导小组（扩大）会议】 2月26日召开。县委副书记、县长林坚主持，县领导王军海、方勤、范建军、何建春参加，各乡镇（街道）党（工）委书记列席。

贯彻落实中央和省市委人才工作精神，研究部署当前和今后一个时期的全县人才工作。

杨勇就进一步指出，要跳出人才看人才，一定要有大局观，切实在解放思想中提高站位、抢占先机，自觉以习近平总书记关于人才工作的重要思想为指引，置身省市大局谋划和推进人才工作，把人才工作同推进强县目标相结合，切实凝聚起智汇宁海、发展宁海的强大力量。要重视人才聚人才，像抓招商引资一样抓招才引智，像支持企业家创业一样支持人才创业，确保完成“22111”工作目标。

要心系人才为人才。各地各部门要共同用心用力，健全“多方协助、齐抓共管”的责任机制、“政企联动、无缝对接”的运行机制、“招商引资、招才引智”的融合机制，统筹抓好人才工作，着力打通政企人才对接的堵点，积极实践“人才+资本+项目”模式，形成“双招双引”齐头并进之势。

林坚指出，要快而又快出政策，广开言路、广纳谏言，加快完善、尽早出台高质量的新版人才政策，使政策内容更加符合民意、更有利于聚合人才。要实而又实兑政策，把抓人才政策落地作为一项重要工作，真心诚意当好“店小二”，以“最多跑一次”理念，打通政策落地“最后一公里”，打造政策兑现“直通车”。要广而又广宣政策，结合“五问五帮”服务企业活动和海内外人才工作站、异地商会等各类载体，积极宣传宁海的人才政策，加快形成“智汇宁海”共襄发展的生动局面。

县委常委、组织部部长方勤部署人才工作，县政协副主席、宁波弗兰采维奇材料研究所所长何建春通报中乌合作平台建设情况。

会上，审议通过《关于进一步优化人才生态加快建设“智汇宁海”的意见》《宁海县人才政策28条》等一系列政策。进一步加大对校企合作培养人才的支持力度，对吸纳宁海县紧缺岗位在校生、毕业生到企业见习实习的，给予一定补贴；制定“131”人才培养工程实施意见，健全本地人才的选育和奖励机制；通过安家补助、购房补助和生活安居补助等多种途径，保障人才安居乐业。

【全县医共体建设工作推进会】 3月5日，全县医共体建设工作推进会暨医疗健康集团授牌仪式举行，县委书记杨勇在会上指出，要统一思想、迅速行动、狠抓落实，建设高质量县域医共体，齐心协力把这项民生工程做好做扎实，谱写健康宁海崭新篇章。会议由县委副书记、县长林坚主持。县领导尤玲娟、柳正维、范建军参加。

自2017年9月宁海县被确定为市级县域医共体建设试点县以来，通过科学谋划、多方联动、大胆实践，试点工作取得明显成效。2018年全县基层医疗机构门急诊人次达267.67万，比上年同期增长7.86%；患者对医疗卫生工作的满意度明显提升。2019年宁海县将在推进县域医共体建设中突出抓好构建县域医疗卫生服务新体系、建立县域医疗卫生管理新体制、完善县域医疗卫生运行新机制、增强县域医疗卫生制度新优势、推动县域数字医疗卫生新发展、促进县域医疗卫生能力新提升等六个方面工作，全面推进宁海县医共体建设。

要突出“共”字强认识，突出基层强能力，突出预防强保障，突出改革强机制，突出统筹强合力，同时，做好政策解读、凝聚共识、营造氛围的工作，切实提高群众对医共体的认知度和认可度，让老百姓有获得感。

会上，林坚还向县第一医院医疗健康集团、县中医医院医疗健康集团、县第二医院医疗健康集团的代表授牌。县财政局、县人力社保局、县卫生健康局、县医疗保障局及县第一医院医疗健康集团代表作表态发言。

【高质量土地利用工作会议】 3月7日上午召开。县委常委、常务副县长王军海参加。

过去一年，全县自然资源和规划系统紧紧围绕“三美宁海”建设等工作重心，积极主动服务，严格规范管理，切实维护群众利益，更加有效地统筹发展保障与资源保护，较好地完成全年各项目标任务。国土方面，大力推进垦造万亩耕地、“三未”土地清单化处置，盘活存量建设用地4712亩，获得奖励土地指标300亩，全省最多；规划方面，完成中心城区总体城市设计规划和溪南片区概念规划，荣获全市优秀城乡规划项目三等奖；林业方面，有序推进森林宁海创建；海洋方面，着重抓好国家海洋督察反馈问题整改等工作。特别是在越来越严格的耕地保护和新增建设用地减量政策等多重压力下，做到全县近3000亩重点项目建设指标应保尽保。

自然资源和规划局，作为机构改革后新组建的部门，功能重要、作用明显、事关重大，直接影响项目落地，直接关系宁海县经济社会发展。作为重要职能部门，县自然资源和规划局要进一步强化前瞻意识、创新意识和廉洁意识，尽快实现从物理并拢到化学融合的有机转变，继续围绕全县经济社会发展大局，坚持保护资源和保障发展并举，迎难而上，真抓实干，为宁海县实现高质量发展提供充足的资源要素保障。同时，他要求各地各部门始终树立“守土有责”的责任意识、“护土有方”的大局意识、“动土有据”的法治意识和“用土有益”的创新意识，共同推动重点工作落实，推动全县经济社会又好又快发展。

【县委农村工作会议】 3月25日上午召开。县委书记杨勇在会上强调，要在“聚光灯”下前行、“显微镜”下攀高，拉高标杆、奋勇争先，坚定走好宁海特色农业农村高质量发展之路，以乡村振兴的优异成绩向新中国成立70周年献礼。县委副书记、县长林坚主持会议，县领导徐真民、尤玲娟、李贵军、王军海、沈纾丹在主席台就座。

杨勇具体分析实施乡村振兴战略面临的形势，指出宁海县农业农村工作中存在的短板不足。强调要以乡村振兴标杆县的高站位、高要求，不断创新理念、创新思路、创新办法解决好发展中碰到的问题难题，加快乡村振兴步伐，创造新时代农业农村发展更大业绩。明确2019年的工作目标和任务要求：要坚持以习近平新时代中国特色社会主义思想为总引领，以农业农村优先发展为总方针，以农业农村现代化为总目标，对标“三农”高质量发展要求，从产业、人才、文化、生态、组织五个方面加速发力突破，积极争创国家乡村振兴示范县，为2020年高水平全面建成小康社会夯实“三农”基础。

会议强调乡村振兴要坚持“品质+品牌”，高质量推进产业振兴；要坚持“优引+优育”，高质量推进人才振兴；要坚持“文化+文明”，高质量推进文化振兴；要坚持“颜值+价值”，高质量推进生态振兴；要坚持“有力+有效”，高质量推进组织振兴；要强化“主抓+主体”，形成乡村振兴大合力。

会议强调，要提高政治站位重落实，进一步统一思想、坚定信心，走出一条具有宁海特色的乡村振兴发展新路子，全力当好全省乡村振兴的排头兵，争创省部共建乡村振兴示范县。要紧盯重点难点抓落实，围绕省市工作重点和会议部署要求，扎实推进科技进乡村、资金进乡村、青年回农村、乡贤回农村“两进两回”，培育提升新型农业经营主体，有效盘活农村资源资产资金，不断激发乡村发展活力。要深化改革创新促落实，坚持整体化推进、项目化攻坚、差异化实施，切实做好新时代“三农”工作，让农村成为农民安居乐业的美丽家园和蓄满乡愁、人人向往的地方。

会议表彰2018年度全县“三农”工作的先进单位和个人。会上，长街镇、胡陈乡、大佳何镇、县三门湾现代农业开发区建设指挥部、宁海农村商业银行作交流发言。

【全县安全生产工作会议】 3月29日下午召开。县委副书记、县长林坚强调，平安高于一切，安全生产重于泰山，各地各部门务必警钟长鸣抓实安全生产，坚定坚决守牢安全底线。县委常委、常务副县长王军海主持会议并部署2019年重点工作安排。县领导范建军、沈纾丹、应国邦、李铭胜参加。

会议强调，要在思想认识上始终保持如履薄冰。各地各部门要认真学习、深刻领会习近平总书记重要指示精神，清醒认识安全生产形势的严峻性、复杂性和突发性，切实把安全生产放在心上、抓在手上、扛在肩上。要在防化风险上更加突出主动作为，突出底线思维，强化源头管控，做到抓早、抓小、抓严，盯牢消防安全、道路安全、建筑施工安全、海上运输船只安全、涉化涉爆企业安全、食品安全、防汛防旱、农村饮用水安全、“大棚房”问题整治、打击套路贷等领域。要在应急管理上不断强化改革创新。要以“创新破难奋进年”活动为抓手，努力构建“大安全、大应急、大减灾”体系，加快实现从单一灾种救援向“全灾种”“大应急”转变。要在责任担当上严格做到层层落实。

【县委两新工委书记扩大会议】 5月13日下午召开。贯彻落实全国、省、市组织部长会议以及省市两新工委书记会议精神，总结成绩、分析形势、研究部署2019年重点任务。市委组织部派员参会，县委常委、组织部部长方勤出席。

过去一年，宁海县“两新”组织党建工作积极作为、巩固提升，系统谋划更加有力、组织体系更加健全、支部建设更加规范、作用发挥更加积极，各项工作均实现新的突破、取得新的成效。

就如何做好新时代“两新”组织党建工作，方勤指出，要聚焦服务发展，充分认识“两新”组织党建工作重要性和必要性，自觉从全面加强党的建设高度、从服务县委中心大局角度出发，增强政治责任，扛起使命担当，提高“两新”党建工作绩效。要坚持靶向发力，深入实施“两新”组织“党建争强”三年行动计划，高质量加强政治建设、推动服务稳企、推进“三整一全”、打造过硬队伍，推动“两新”领域“五个提升”，着力以“两新”党建高质量，助力经济社会发展高质量。要加强自身建设，整合发挥“两新”工委成员单位力量，各司其职落实责任，严格落实基础保障，坚决力戒形式主义，踏踏实实推进工作，凝聚各方合力抓好各项任务，力争使新一年“两新”党建工作有新的起色，为宁海实现创新突破奋进贡献“两新”力量。

会议还为获得资质认证的33名“两新”组织党务红领颁发证书，4名中级党务红领与4家企业党务工作者进行结对，着力通过导师带徒方式，加快推进打造高素质专业化的“两新”组织党务红领队伍。

【全县领导干部会议】 5月15日上午召开。市委常委、组织部部长钟关华出席会议并讲话。市委组织部常务副部长朱金茂宣布省委、市委关于宁海县领导班子调整的干部任免决定。杨勇任杭州湾新区管委会主任、党工委副书记，不再担任宁海县委书记。林坚任宁海县委书记，不再担任宁海县县长职务。

全体县级领导干部；各乡镇党委书记、乡镇长（候选人），各街道党工委书记、办事处主任；县直及部省市属各单位党政正职，县纪委副书记，县委组织部、县委宣传部、县委统战部、县委政法委、县法院、县检察院机关第一副职；县人大常委会工委主任，县政协专委会主任；县委巡察组组长，县纪委常委；曾担任过县级领导职务的离退休老同志参加会议。

【县委十四届五次全体（扩大）会议】 5月31日下午召开。县委常委会主持会议。县委书记林坚代表县委常委会作工作报告。县领导李贵军、叶秀高、徐震宇、张伟标、娄黛敏、方勤在主席台就座。

全会的主要任务是：以习近平新时代中国特色社会主义思想为指导，全面贯彻中共十九大和中共十九届二中、三中全会精神，深入学习领会习近平总书记关于防范化解重大风险的重要讲话精神，认真落实省委十四届五次全会、市委十三届六次全会精神，研究部署宁海县防范化解重大风险工作。全会讨论《中共宁海县委关于着力防范化解重大风险的意见》。

全会指出，中共十八大以来，以习近平同志为核心的党中央高度重视防范化解重大风险工作，摆到打好三大攻坚战的首要位置。习近平总书记对防范化解重大风险工作发表一系列重要论述和重要讲话，为打赢防范化解重大风险攻坚战提供根本遵循。要常观大势、常思大局，以高度的思想自觉和行动自觉肩负起防范化解重大风险的政治责任，清醒地认识到防范化解重大风险极端重要、任务艰巨、成果丰硕，切实勇于担当、主动作为，时刻警惕、迎难而上，增强信心、保持定力，坚决彻底打赢这场硬仗。

全会就防范化解政治、意识形态、经济、社会、城乡发展、作风建设等领域重大风险作出深刻分析、提出明确要求。

全会强调，要下好先手棋、打好主动仗，以昂扬的斗争精神切实做好防范化解重大风险各项工作。一要坚定政治方向防范化解重大风险，坚定践行“两个维护”，坚决捍卫国家政治安全，严格落实意识形态责任制，使党的领导更加巩固。二要突出发展导向防范化解重大风险，切实做好抓研判、稳增长、促转型、维护金融安全等工作，推动经济高质量发展，不断增强经济抗风险能力。三要纠正利益偏向防范化解重大风险，坚决纠正“大闹大解决、小闹小解决”“只盯经济效益、不顾公共安全”“扫黑除恶、事不关己”的错误倾向，誓夺平安创建“十五连冠”。四要对准短板指向防范化解重大风险，软硬并重提升城乡统筹，内外联动发展镇村经济，整创齐抓推进环境治理，不断提升群众获得感。五要把握风险走向防范化解重大风险，着力应对好风险的“倒灌效应”“叠加效应”“联动效应”“放大效应”“破窗效应”，切实把好防范化解重大风险的时效度。六要坚持各方同向防范化解重大风险，一线担当、一线作为，推动形成全员上阵、群策群力、群防群治的生动局面。

全会强调，全县上下要切实把思想和行动迅速统一到县委的决策部署上来，精准施策、强化责任、注重长效，做实做细做深防范化解重大风险各项工作。要稳中求进做好抓指标、促改革以及招商引资、有效投资、平台建设、服务保障、转型升级、创建工作、平安建设等各项工作，确保实现经济稳步增长、社会和谐稳定。要扎实开展“警示教育月”活动，始终保持反腐败高压态势，切实拧紧全面从严治党责任链条，推动清廉宁海建设取得新实效。与会人员观看警示教育片《以案为鉴，警钟长鸣》。

全体县委委员、候补委员，县纪委委员；其他县级领导干部；各乡镇党委书记、乡镇长（候选人），各街道党工委书记、办事处主任；县直及部省市属各单位党政正职，县委组织部、县委宣传部、县委统战部、县委政法委、县法院、县检察院机关第一副职，县人大常委会工委主任、县政协专委会主任；县委巡察组组长；曾担任过县级领导职务的离退休老同志出席会议。部分党代表应邀列席会议。

【县委全面深化改革委员会第一次全体（扩大）会议】 6月20日下午召开。县委书记林坚强调，要坚定以改革促发展，纵深推进各领域全面深化改革，全力巩固这些年来始终位居全市第一梯队的好态势，确保宁海改革继续走在全市乃至全省前列。县委副书记李贵军主持会议并部署2019年全面深化改革工作。

本次机构改革后，县委全面深化改革领导小组调整为县委全面深化改革委员会，下设7个专项小组。2019年改革要点涉及7个领域17块内容，包括“最多跑一次”改革、推行行政管理体制改革等。

林坚强调要紧盯改革重点，认真抓好上级部署的改革任务，重点是深化“最多跑一次”改革，将这项工作作为“一把手”工程，着力打通数据壁垒、强化窗口建设、优化审批服务，推进“最多跑一次”改革向更多公共服务领域延伸。要着力破解当前发展过程存在的土地等要素保障难题，攻克矛盾化解等突出问题，切实以改革创新激发活力、促进发展。要积极主动回应民生关切，全力办好民生实事，真正让改革成果更多地惠及全县人民。

强调要创出改革品牌，形成更多有价值、有影响的改革亮点、改革经验、改革样本。要处理好改革办与改革专项小组、改革办与跑改部、改革牵头单位与改革参与单位、改革专项小组与改革部门小组之间的关系，进一步明确改革责任、凝聚改革合力，做到各司其职、又相互配合，共同推动宁海改革和追赶跨越的光荣事业再上新台阶。

县委全面深化改革委员会全体委员，各乡镇（街道）党（工）委书记，县直各单位主要负责人参加会议。

【庆祝中国共产党成立98周年大会】 6月27日晚召开。号召全县各级党组织和广大党员干部不忘初心、牢记使命，振奋精神、实干有为，全力推动宁海经济社会发展追赶跨越。县委书记林坚致辞，县领导尤玲娟、李贵军等出席。

林坚代表县委向受表彰的优秀共产党员、优秀党务工作者、先进基层党组织表示热烈的祝贺，向奋战在全县各条战线上的广大共产党员以及老党员、老同志致以节日的问候。

林坚指出，伴随着党的98年光辉历程，宁海走过不平凡的发展历程。一代又一代的优秀宁海儿女听党话、跟党走，接续奋斗、无私奉献，把宁海建设得越来越好。特别是近年来，宁海经济社会持续向好发展，在党的建设、产业发展、生态文明、基层治理等方面涌现出许多“宁海经验”，综合实力、美誉度和影响力不断提升。

林坚强调，宁海正处于决战决胜“十三五”和高水平全面建成小康社会的关键时期。摆在大家面前的一张共同答卷，就是推动宁海更好更快发展，朝着更高站位的全国强县第一方阵持续迈进。要高举习近平新时代中国特色社会主义思想伟大旗帜，扎实推进“不忘初心、牢记使命”主题教育，把对党的生日祝福，转化为最坚定、最自觉、最实在的行动。要增强信仰的力量，始终保持对党的绝对忠诚，时刻不忘党员身份，站稳政治立场，强化政治担当，把坚定理想信念作为一辈子的事去践行。要用好榜样的力量，传承和弘扬红色基因，学先进、赶先进、争先进，带着深情、带着使命做好群众工作，不断增强人民群众的获得感幸福感安全感。要积聚前行的力量，进一步发挥党建引领作用，更大力度推进深化改革、经济发展、项目建设、招商引智、乡村振兴、环境整治、平安维稳等各项工作，全力保持经济社会发展的延续性、稳定性和协调性，以思想领先、创新争先，实现发展率先。

大会表彰全县优秀共产党员、优秀党务工作者和先进基层党组织，对受表彰代表进行访谈，并播放相关电视片。文艺会演分为“旗帜飞扬”“金雁领航”“锋领前行”三个篇章，通过小品、独唱、音乐快板、诗朗诵、歌伴舞等多种表演形式，歌颂中国共产党的丰功伟绩，激发广大党员爱党、爱国的真挚情感，展现全县上下昂扬向上的精神面貌。

【全县“最多跑一次”改革工作推进会】 7月17日下午召开。县委书记林坚在会上强调，要坚定不移扛起改革使命，持续发力争当改革先锋，全力推动“最多跑一次”改革不断深化、走在前列，让市场主体和人民群众有更多实实在在的获得感。县委常委、常务副县长王军海主持会议。

林坚指出，要把走在全省前列作为使命担当，把这项改革作为检验机构改革成效的重要抓手，作为检验政府治理体系和治理能力现代化建设的重要标准，作为下步宁海县开展“不忘初心、牢记使命”主题教育的重要工作来抓细抓实。各地各部门要高度重视、强化责任，尤其是“一把手”要问一问自己的思想、精力、工作有没有到位，切实亲自上阵、干在一线，全力以赴交出一张“最多跑一次”改革的满意答卷。

强调要把干在实处作为工作方

向，强调政府数字化转型是一场全方位、系统性、重塑性的政府治理革命，强调要把内外协同发力作为坚强保障，做到跑改力量、督查考核、宣传推进只能加强不能削弱，着力强化县跑改部、行政服务中心和基层工作力量，不断加强督查考核工作力度，认真总结工作成效和先进典型，创造更多“宁海经验”“宁海做法”，形成全社会参与、支持“最多跑一次”改革的良好氛围。

县跑改部部署2019年“最多跑一次”改革重点工作，县委政法委以及县司法局、人社局、市场监管局、大数据中心、西店镇先后发言。

【县委全面依法治县委员会第一次会议召开】 7月29日下午召开。县委书记林坚在会上强调，各级各部门要认真学习贯彻习近平总书记关于全面依法治国的新理念新思想新战略，坚决落实中央和省、市委相关工作要求，以更高标准推进全面依法治县，为推动全县发展加快追赶跨越提供有力的法治保障。县委副书记、政法委书记李贵军主持会议，县领导潘红月、俞晶磊、石道伟，县人民法院院长石坚强，县人民检察院检察长练节晁参加。

会议传达中央全面依法治国委员会第二次会议、省委全面依法治省委员会第一次会议、市委全面依法治市委员会第一次会议精神，审议有关文件。

林坚在充分肯定2018年法治宁海建设的成绩后指出，要提高认识，尊崇法治。要坚持党的领导，统筹推进保证执法、支持司法、带头守法等各方面法治建设任务。要坚持宪法至上，进一步做好宪法宣教，切实把实施好、监督好、捍卫好宪法作为推进依法治县的首要任务和基础性工作。要坚持人民中心，自觉把维护好广大人民根本利益作为法治宁海建设的出发点和落脚点，使人民群众成为衡量依法治县水平的最终评判者。

林坚强调法治建设重在实践，要围绕大局，厉行法治。要以法治促发展，以法治的理念和举措全力推进“最多跑一次”改革、保障项目建设、企业法律风险防范和化解等工作，切实以法治建设为经济发展营造良好外部环境。要以法治促民生，以制度化、法治化手段配置民生社会资源，进一步抓好就业、教育、医疗、养老等工作，更好地满足群众美好生活需求。要以法治促和谐，着眼法治具有的权责明晰、程序公开、预期稳定等比较优势，不断提升社会治理的制度化、科学化水平。

强调各级各部门要紧盯短板，完善法治。要抓好法治政府建设，持续深化行政体制改革，严格规范公正文明执法，切实提高行政执法的有效性和社会满意度。要守好公平正义底线，让群众在每一起案件办理、事件处理中都感受到公平正义。要用好新型技术手段，主动应用大数据技术于法治宁海建设的各领域，更好地促进数据融合、技术融合、业务融合。要做好普法宣传教育，落实普法责任，运用生动案例，抓住关键少数，不断增强普法宣传教育的针对性和实效性。

强调要压实责任，保障法治。县委全面依法治县委员会要发挥牵头抓总、把关定向作用，委员会各协调小组要研究落实本领域法治工作重大问题，推动线上任务落到实处，委员会办公室要全力担负协调、督促、检查、推动等职责，各有关单位要靠前站位、主动作为，落实落细各级法治建设要求，加快推动法治宁海建设再上新台阶。

【县委常委会（扩大）会议暨经济社会形势分析会】 8月5日下午召开。会议强调，各级各部门要认真贯彻落实中央和省市有关会议精神，迎难而上振奋争抢拼干精气神，竭尽全力打好稳中求进主动仗，奋战下半年、奋力争上游，确保三季度和年底交出令人满意的成绩单。县委书记林坚主持会议，县领导徐真民、尤玲娟、李贵军等参加。

会议指出，2019年以来，全县经济运行总体平稳、稳中有进，社会大局和谐稳定，但也出现一些新困难、新问题。各级各部门要带着压力争进位，进一步强化压力传导，切实明确领导责任抓落实，对标全年目标和市里考核目标，逐个盯紧抓紧、逐个分解提升，努力把各项指标往前赶，全力以赴把经济平安生态“三张报表”抓上去。

会议强调要保持定力抓发展。清醒研判外部形势的传导影响，坚定不移办好自己的事，以工作的确定性应对形势的不确定性。

强调要增强魄力干工作。一要切实加强经济的预测和研判能力，着力强化乡镇（街道）统计队伍建设，抓好各领域应统尽统、挖潜增效工作，并围绕高质量发展指标，逐个抓分析、抓提升，延续近年来考核评价在全市争先的良好态势。二要分类施策做好企业纾困，精准服务好出口企业、重点企业和中小企业，加强企业之间的抱团协作，把“五问五帮”服务送到家、做到位、抓到底，持续深化“最多跑一次”改革，不断优化宁海营商环境。三要紧盯进度狠抓项目建设，掀起有效投资大比拼热潮，保持工业投资持续增长、补齐结构性考核短板指标，同时要创新招商模式，提前谋划2020年和“十四五”项目，培育发展新动能。四要担起责任推进社会民生补短板，统筹抓好垃圾分类、环保督查整改、文明创建、平安攻坚、防范化解重大风险等工作。五要以主题教育提振干事状态，不断加强理论学习、业务学习，积极谋事、主动干事，时刻坚守廉洁自律底线，切实通过主题教育的入脑入心开展，进一步激发干部想干事、会干事、干成事、不出事。

会议还就抓好安全生产、交通安全、预防溺水、防台防汛等工作提出要求。会上，县发改局、经信局、住建局、交通局、农业农村局、商务局，以及县委政法委、县信访局根据各自职责分工，深入分析上半年经济、社会稳定和信访工作存在的问题和不足，提出下阶段对策和举措，并对各乡镇（街道）提出具体要求。

【全县创建全国文明城市暨推进垃圾分类工作会议】 8月15日下午召开。会议强调，各级各部门要全民皆兵推进垃圾分类革命，众志成城誓创全国文明城市，在全县掀起一场文明创建热潮、垃圾分类革命，来推动一次理念的大改变、习惯的大改造、城乡生活品质的大改善。县委副书记李贵军主持会议。

会前，市政府副秘书长、市综合执法局党组书记、局长郑一平对参会对象进行垃圾分类工作培训。会上，县委常委、宣传部部长叶秀高部署创建全国文明城市及新时代文明实践中心探索创新工作，县委常委、常务副县长王军海部署下阶段垃圾分类工作。县市场监管局、县综合执法局、茶院乡、西店镇、跃龙街道作表态发言。

林坚强调要志在必得誓创全国文明城市。各级各部门要通过全覆盖全领域的、广泛的、深入的、具体的创建，一年一个台阶，让宁海的文明程度来个大提升。要紧盯测评要求，对好全国县级文明城市测评体系、文明县测评细则“两张表”，倒排时间、细化任务，确保取得好成绩；要紧盯薄弱环节，补强城市管理粗放、基础设施不全、文明意识不强“三块短板”，真正让文明行为在宁海蔚然成风；紧盯目标任务，实施好“十大行动”，把工作抓细抓具体、抓平常抓长效。

林坚强调要干则必成集聚全县之力攻坚。要克服宁海县文明城市创建和垃圾分类推进过程中还存在的不应该不平衡不到位问题，关键是要形成“人人负责、人人担当”的共识与合力。要做到一个平台统筹指挥、一张责任清单细化落实、一套组合拳精准发力、一条心狠抓到底，抓好文明城市创建和垃圾分类，通过大家的合力攻坚，给宁海人民一个文明有礼、整洁有序的宁海。

全体县级领导干部，各乡镇街道党政主要负责人、专职副书记、宣传委员，县直及部省市属各单位主要负责人、各相关单位分管负责人，全县各行政村及跃龙街道、桃源街道各社区党组织主要负责人，各物业公司、保洁公司负责人参加会议。

【全县招商引资工作推进会】 8月26日下午召开。县委书记林坚强调，要解放思想，保持干劲，精准招商、专业招商、科学招商，迅速掀起金秋招商大会战，持续保持虎口夺食拼抢态势，奋力夺取招商引资更大成果。县领导王军海、张伟标、方勤、王辅橡、王鸿飞、陈陵际、沈纾丹、应国邦参加。

林坚指出有项目才有未来，必须毫不动摇抓招商。有线索才有希望，必须想尽办法抓储备。有落地才有实效，必须紧盯不放抓对接。有环境才有优势，必须真心实意抓服务。有压力才有动力，必须全力以赴抓比拼。

会上，县招商中心汇报招商引资工作情况，各重点产业招商引才小分队及西店镇就招商引资相关工作先后发言。

【县委国家安全委员会第一次会议】 8月27日下午召开。县委书记、县委国家安全委员会主任林坚在会上强调，各级各部门要深入学习贯彻习近平总书记关于国家安全的一系列重要论述，勇于担当，敢于斗争，努力筑牢宁海县国家安全防线。县领导李贵军、叶秀高、李铭胜，县人武部政委吴玮参加。

会议传达省委、市委国安委第一次会议精神，听取我市国家安全形势汇报，审议有关文件。

林坚强调要提高发现风险的洞察力，做到万无一失。要增强忧患意识，要见微知著、防微杜渐，做好这项于无声处见功力的特殊工作。要提高处置事件的战斗力，做到战无不胜。国家安全工作无小事，任何涉及国家安全层面的问题，都具有很强的政治性、政策性和专业性，既要有坚定的斗争精神，更要有过硬的斗争本领和高超的斗争艺术，做到行之有据、进退有度和争取有利。要提高固本强基的行动力，做到常抓不懈。维护国家安全是一项长期的系统工程，必须把工作重心放在抓细节、抓日常、抓防范、抓制度上，扎实做好每一项基础工作，切实筑牢安全防线。总体来说，要做到线上线下联动，线上，要做好网络设施的安全防护和网络空间的综合治理，线下，要维护和谐稳定、平安可控的社会环境。要提高齐抓共管的协同力，做到劲往一处使。各级各部门要牢固树立“大国安”的工作理念，各司其职、紧密配合，主动解决本单位、本系统涉及国家安全的重大问题，加快完善资源共享、信息互通、力量联动的工作机制，筑牢国家安全的铜墙铁壁。同时，要利用好“国家安全教育日”，创新宣传载体和形式，大力推动国家安全宣传教育进企业、进农村、进机关、进学校、进军营，推动形成维护国家安全人人有责、人人出力的浓厚氛围。

【县委常委会暨主题教育领导小组第一次会议】 9月11日下午召开。会议传达学习中央和省市委第一批“不忘初心、牢记使命”主题教育总结会议暨第二批部署会议精神，确定宁海县及县委常委会开展主题教育的总体安排。县委书记林坚主持，县领导李贵军、王军海、叶秀高、徐震宇、张伟标、方勤、李红伟出席，县政协主席尤玲娟列席会议。

会议指出要认真贯彻落实中央和省市委对主题教育的部署要求。紧紧围绕深入学习贯彻习近平新时代中国特色社会主义思想这一根本任务，贯彻守初心、担使命，找差距、抓落实的总要求，聚焦理论学习有收获、思想政治受洗礼、干事创业敢担当、为民服务解难题、清正廉洁作表率五个方面具体目标，推动学习教育、调查研究、检视问题、整改落实相互融合、相互促进并贯穿始终。这次主题教育要求更严、标准更高、范围更大，全县各级党组织和党员干部要高度重视，强化认识，以饱满的政治热情、高昂的精神状态投身主题教育。

会议强调经济社会发展情况和成效是检验主题教育成果的重要标准，要以“两不误、两促进”推进主题教育，确保主题教育工作和经济社会发展都能走在省市前列。要紧盯宁海县重点工作，将改革发展稳定重大问题、人民群众关切的热点难点问题的发现解决作为主题教育的一个重要内容，既要聚焦经济发展、生态环保、供给侧结构性改革、信访维稳百日攻坚、项目建设、招商引资等迫切需要解决的难点，通过“六领衔”等活动攻坚破难，以斗争精神打好防范化解重大风险攻坚战，切实稳定经济社会发展态势，也要加强2020年工作思路和“十四五”规划研究等工作。

会议要求要全面加强对主题教育的组织领导。县委常委会班子成员既要当好参与者，更要当好组织者、推动者，为各级各部门提供可学可操作的示范指导。主题教育领导小组要抓统筹、把方向；其他领导小组成员单位要充分发挥职能优势，主动研究、紧密配合；领导小组办公室要注重统筹协调，加强分类指导、精准指导、及时指导，加强正面引导、反向监督，及时掌握主题教育进展情况。各级党组织要切实履行职责，党组织书记带头学、带头改、带头抓，确保主题教育高质量开展。

【全县“不忘初心、牢记使命”主题教育工作会议】 9月12日上午召开。县委书记林坚在会上强调各级党组织和党员干部要深入学习领会习近平总书记重要讲话精神，坚决贯彻落实中央和省市委主题教育工作会议精神，切实提高政治站位，紧扣目标要求，紧抓工作任务，推动主题教育高标准高质量开展。林坚还代表县委常委会作出“五个始终”“六个带头”的承诺，始终高举思想旗帜，始终秉承政治忠诚，始终担当履职尽责，始终坚持人民至上，始终恪守务实清廉；带头参加学习研讨，带头深入调查研究，带头听取群众意见，带头检视查摆问题，带头抓好整改落实，带头反对形式主义、官僚主义。

市委第五巡回指导组组长张海春代表巡回指导组讲话，县领导徐真民、尤玲娟、李贵军、王军海、叶秀高、徐震宇、张伟标、方勤、王辅橡、李红伟在主席台就座。

林坚指出：开展“不忘初心、牢记使命”主题教育，是以习近平同志为核心的党中央统揽伟大斗争、伟大工程、伟大事业、伟大梦想作出的重大部署。全县各级党组织和党员干部要自觉用习近平新时代中国特色社会主义思想统一思想和行动，全力在主题教育和经济社会发展中走在省市前列。要在坚定理想信念中牢记初心使命、在党的政治建设中坚守初心使命、在联系服务群众中践行初心使命、在推进事业发展中检验初心使命，切实扛起责任担当，发扬斗争精神，增强本领能力，把主题教育提振的精气神和工作干劲转化为干事创业的强大动力。

林坚强调要紧扣“守初心、担使命、找差距、抓落实”这一总要求，准确把握“理论学习有收获、思想政治受洗礼、干事创业敢担当、为民服务解难题、清正廉洁作表率”五方面具体目标，抓严抓实各项举措，切实把主题教育各项任务落到实处。

林坚强调各级党组织要切实增强责任感紧迫感，全面加强组织领导，确保主题教育有力有序有效推进。要压实领导责任，严实督促指导，抓实宣传引导，夯实基层基础，力戒形式主义，落细落实，把讲求实效贯穿主题教育全过程，不断把主题教育引向深入。

张海春充分肯定宁海县主题教育前期筹备工作，阐述主题教育的基本要求和任务，就宁海县主题教育和督查指导工作提出要求。他强调，要提高政治站位，以高度的政治自觉推动主题教育走深走实。要牢牢把握目标任务，把握主题主线，突出抓好重点对象，做好结合文章，强化分类指导，以严格的标准贯穿主题教育全过程各方面。要坚持力戒形式主义，强化主体责任，履行指导职责，坚持开门搞教育，注重工作实效，切实以好的作风确保主题教育取得好的成果。

【县委常委会（扩大）会议】 10月7日下午召开。进一步研究部署落实全县大排查大整治工作。县委书记林坚主持会议，县领导徐真民、尤玲娟、李贵军等参加。

会议首先通报全县安全生产大排查大整治工作的基本情况，并传达全市安全生产专题会议和市委常委会会议精神。国庆长假，按照省、市主要领导的批示指示精神，县四套班子领导带队分赴18个乡镇（街道），对重点企业开展大检查。各乡镇街道各有关部门切实扛起本地区、本行业安全生产责任，深入系统地开展拉网式地毯式的大排查大整治大培训专项行动，大排查大整治工作取得一定成效。

会议强调要全力以赴抓好下阶段大排查大整治工作。执法检查人员要切实上好安全培训这一课，确保检查整治“从专从细从严”，不走过场。检查既要全面深入，保证区域里、领域内、内容上无遗漏，做到手中台账齐、心里底数清、脑内情况明，更要突出重点，重中之重排查危险化学品、易燃易爆品等工业企业，做到重点行业100%排查、重点场所100%过检、重点企业100%覆盖。同时要把安全红线牢记心间，坚决守住安全“底线”，确保不留任何死角和盲区。

会议强调大排查大整治要和三改一拆、无违创建等综合整治工作结合起来，对发现的各类安全生产违法违规行为要严厉打击，对存在问题和已排查出的隐患要逐项整改、逐一落实。同时要充分利用媒体曝光等手段，发挥震慑作用，倒逼企业落实安全生产主体责任，在全县范围内形成“态度坚决、严肃紧张”的排查整治氛围，切实做到“全覆盖、零容忍、严执法、重实效”。

会议最后强调，全县党员干部要把这一次大排查大整治工作作为主题教育的一项重要内容，当成政治工程、民生工程来抓，层层压实属地责任，细化落实部门责任，强化企业主体责任，做到迎难而上、敢于担当、主动作为，形成齐抓共管、人人参与、各负其责的良好局面，全力以赴抓好安全生产工作，确保全县人民群众生命财产安全。同时还要创造性开展工作，不断探索创新监管机制，全力把各类事故隐患消除在萌芽状态。

【县委“不忘初心、牢记使命”主题教育领导小组办公室第二次主任会议】 10月8日下午召开。县委常委、组织部部长、县委主题教育领导小组办公室主任方勤参加会议。

就贯彻省委、市委部署要求，做好下步工作，方勤强调以更高站位布局推进主题教育高质量开展，以更实举措奋力推进主题教育重点任务落实，以更优作风合力打好主题教育这场政治硬仗。

【县委常委会】 10月11日上午召开。传达学习中央政协工作会议精神和省委市委人大工作会议精神，研究部署宁海县贯彻落实工作。县委书记林坚主持会议并讲话，县领导李贵军、王军海、叶秀高、徐震宇、张伟标、娄黛敏、方勤、王辅橡、李红伟出席。县人大常委会主任徐真民，县政协主席尤玲娟列席会议。

会议传达学习中央政协工作会议精神。会议指出，要学深悟透中央政协工作会议精神特别是习近平总书记重要讲话精神，牢牢把握新时代人民政协的新方位、新使命，不断丰富和发展人民政协制度在宁海的生动实践。要强化思想政治引领，用习近平新时代中国特色社会主义思想武装头脑、推动实践，切实把党的领导贯穿政协工作全过程各方面。要紧扣中央、省委、市委和县委中心工作来履职尽责，团结引领各党派团体和各族各界人士同频共振、同向发力，广泛凝聚共识，画出最大同心圆。要加强党对政协工作的领导，努力创造条件支持政协工作，更好地发挥人民政协的优势和作用。

县委常委会听取县委办公室关于传达学习省委市委人大工作会议精神、《中共宁海县委关于高水平推进新时代人大工作和建设的意见》起草情况以及县委人大工作会议建议方案的汇报。

【县委全面依法治县委员会办公室第一次（扩大）会议】 10月16日下午召开。深入学习贯彻习近平总书记全面依法治国新理念新思想新战略和省委、市委有关会议精神，扎实推进县委全面依法治县委员会第一次会议部署的任务，全力做好2019年法治浙江建设考核等工作，全面推动依法治县工作有效开展。县委副书记、政法委书记李贵军主持并讲话。

就做好2019年依法治县工作，李贵军指出，要强化思想认识，提升政治站位。全县各地各部门要提高政治站位，立足新起点、展现新作为，切实履行好法治建设职责，推进法治宁海建设迈上新台阶。要明确职能定位，树立正确导向。要坚持正确的价值导向和工作理念，坚持目标导向、问题导向和效果导向，精心谋划、超前布局、争取主动，切实提升宁海县依法治县水平和人民群众对法治建设的满意度和获得感。要完善工作机制，凝聚工作合力。要健全协调小组联络员单位工作机制、会商研判机制、请示报告机制和内部运行机制，形成齐抓共管的强大合力。要聚焦工作重点，补齐突出短板。各相关单位要逐条对照2019年全面依法治县工作确定的5个方面34项任务，逐项落实措施，确保宁海县在2019年法治浙江建设考核评价中能取得好的名次。

会上，县委全面依法治县委员会办公室相关负责人汇报县委依法治县办工作开展情况，对下阶段法治建设重点任务进行部署；执法协调小组联络员单位县综合执法局、司法协调小组联络员单位县委政法委、守法普法协调小组联络员单位县委宣传部作工作汇报。

【宁海县领导班子会议】 10月29日上午召开。市委常委、组织部部长钟关华出席会议并讲话，县委书记林坚主持会议。市委组织部副部长、市委人才办常务副主任金彦宣读省委、市委任职决定：提名滕安达为宁海县县长候选人。县领导徐真民、尤玲娟等出席会议。

钟关华强调要坚定贯彻执行省委和市委的决定，切实把思想和行动统一到省委、市委的决定上来，全力支持滕安达的工作，齐心协力抓改革、破难题、促发展，推动宁海各项事业取得新成效；希望滕安达抢抓机遇、锐意进取、敢于担当、真抓实干，努力干出更加出色的业绩。要奋力推动宁海高质量发展再上新台阶，紧紧抓住目标任务不放，紧紧抓住宁波南湾新区建设发展机遇不放，紧紧抓住创新基层治理不放，紧紧抓住防范化解重大风险不放，狠抓落实、砥砺前行，为推动宁波走在高质量发展前列做出更大贡献。要全面加强领导班子自身建设，始终保持对党忠诚的本色、团结务实的作风、担当实干的劲头、清正廉洁的底色，进一步巩固聚精会神搞建设、一心一意谋发展、千方百计保平安的良好氛围。

林坚表示对省委、市委的决定坚决拥护。相信滕安达来到宁海后，一定会发挥自身优势，团结带领政府“一班人”，高位谋划、科学决策、狠抓落实，推动政府工作不断取得新的进步。

滕安达表示，在新的岗位上，深感使命光荣、责任重大。在今后工作中，一定不忘初心、牢记使命，与全县党员干部群众一道，以强烈的责任感和使命感，奋力加快全国百强县进位步伐，以实际行动向党和人民交出满意答卷。要以忠诚之心答好“政治卷”，不折不扣推动中央、省委、市委各项决策部署在宁海落地生根；要以勤勉之心答好“发展卷”，坚持一张蓝图绘到底，跳起来“摘桃子”，沉下心“钉钉子”，争取早日跻身全国强县第一方阵；要以赤子之心答好“民生卷”，坚持以人民为中心的发展思想，努力让全县人民切身感受到每年都有新变化，一年更比一年好；要以敬畏之心答好“作风卷”，始终把纪律和规矩刻在心头、挺在前头，永葆勤政廉洁的政治本色。

【县委常委会（扩大）会议暨前三季度经济社会形势分析会】 10月31日下午召开。会议强调各级各部门要认真贯彻落实党中央、国务院决策部署和省委省政府、市委市政府工作要求，增强紧迫意识，强化责任担当，全力全面冲刺，抓紧抓深谋划，振奋精神交出高质量发展的高分答卷。县委书记林坚讲话，代县长滕安达主持，县领导徐真民、尤玲娟等参加。

会议指出前三季度宁海县狠抓发展的各项举措逐步释放积极效应，经济发展企稳回升、稳中有进、进中向好，在转型阵痛中向高质量发展迈进的步伐更加坚定、态势更加明显。各级各部门要以积极的态度、坚毅的定力、大无畏的勇气、冲刺的激情，把议定的事项、设定的目标、部署的任务，迅速有力、扎扎实实地抓下去。

会议指出四季度是“一季关两年”的关键时期，一要推进指标突破大会战，特别是聚焦高质量考核的短板指标、亮红灯指标、GDP核算关键指标以及下行压力较大指标，迅速抓紧抓实。二要推进项目招商大会战，深化“金秋招商大会战”，推进“有效投资年终大比拼”。三要推进安全生产大会战，保持高压态势，不断深化和提升大排查大教育大整治大提升行动。四要推进民生实事大会战，抓好老旧小区改造、城中村改造、美丽城镇创建、城市精细化管理、文明创建等工作，对一系列民生工作进行全面检查评估，确保如期交账、兑现承诺。五要推进信访维稳平安大会战，压实责任、化解矛盾，统筹抓好扫黑除恶等各领域平安工作。六要抓好“不忘初心、牢记使命”主题教育后半段文章，确保主题教育与各项工作两不误两促进。

会议强调要摸清底数、精准发力。要整合企业服务数据库，实现合理合法共享，切实摸清企业底子，助推“三服务”“五问五帮”精准有效、落到实处。要加强国有资产管理和国企改革，强化资产核查和盘活，提升经营效益，激发活力动力。要抓好科学统计，精准排摸、应统尽统，真正做到底子清、情况明、统计全。要抓好社情和风险排摸、化解、管控，杜绝侥幸心理、树立风险意识，全面“扫雷”、稳妥“拆弹”。要学习贯彻落实好中共十九届四中全会精神，不断提升基层治理能力。要做好人大建议和政协提案办理工作，落细落实、加快推进。

会议强调要掌控变数、主动作为。要把握好内外部形势，快速反应对接、主动争取政策红利，落实好降本减负政策，及时关注分析政策效果。要持续推动主题教育走深走实，提升干部担当精神和改革破难能力。要谋划好2020年工作思路和“十四五”规划，以及国土空间规划、南湾新区规划、大交通建设等事关宁海长远发展的大事，谋划一批既科学又务实的战略举措。要抓好党风廉政建设，履行好“一岗双责”，始终保持正风肃纪高压态势，抓早抓小、防微杜渐，稳住心神、管好身手，真正打造清廉宁海。

【全县领导干部会议】 11月4日上午召开。县委书记林坚传达中共十九届四中全会精神并讲话，代县长滕安达主持会议。县领导徐真民、尤玲娟、李贵军等参加。

林坚指出中共十九届四中全会是在新中国成立70周年、在“两个一百年”奋斗目标历史交会点上，召开的一次具有开创性、里程碑意义的重要会议。全会围绕坚持和完善中国特色社会主义制度、推进国家治理体系和治理能力现代化作出的决定，对于坚定“四个自信”，战胜各种风险挑战，确保党和国家兴旺发达、长治久安，具有重大现实意义和深远历史意义。学习宣传和贯彻落实好全会精神是当前和今后一个时期的重大政治任务，全县上下要以高度的政治自觉开展多层次、多形式的学习宣传活动，确保中共十九届四中全会精神深入人心、落地落实，推动宁海县域治理现代化水平大提升。

林坚强调要把思想统一到中共十九届四中全会的精神上来。要充分认识到三中全会以来在党中央领导下取得的伟大成就；充分认识到坚持和完善中国特色社会主义制度、推进国家治理体系和治理能力现代化，需要坚持和巩固什么、完善和发展什么。要在思想上深刻认识到，坚持和完善中国特色社会主义制度、推进国家治理体系和治理能力现代化是一项关乎全局、着眼长远、纲举目张的大战略；以习近平同志为核心的党中央的坚强领导是推进国家治理体系和治理能力现代化的定盘星、主心骨；中国特色社会主义制度和国家治理体系具有强大生命力和显著优越性，是真管用、真有效的制度和治理体系；这次全会作出的新部署，为推进“四个伟大”提供战略指引。

林坚强调要坚持以四中全会精神为指引，推进县域治理体系和治理能力现代化。要把贯彻全会精神与推动当前工作结合起来，抓好全年各项目标任务落实。

滕安达强调要在学深悟透上狠下功夫，把深入学习贯彻全会精神作为当前一项极为重要而紧迫的政治任务，通过中心组学习、研讨培训、基层宣讲等多种方式，在全县迅速掀起学习贯彻中共十九届四中全会精神的热潮，使全县上下深刻认识全会的重大意义，学深悟透全会的精神实质。要在落实制度上狠下功夫，带头维护制度，带头执行制度，不折不扣贯彻全会精神，并对标全会提出的总体目标和13个“坚持和完善”，把中央决策部署和宁海治理创新结合起来，扬优势、补短板、强弱项，形成一套行得通、真管用、有效率的制度体系，用制度规范权力、解决问题、保障发展、巩固成果。要在推动工作上狠下功夫，以坐不住、等不起的紧迫感，打起十二分精气神，全面对标年初目标任务，全面对接省市考核要求，全力以赴冲刺“全年红”，并谋好2020年工作思路，用过硬的工作实绩展示学习贯彻的最大成效。

【安全生产和消防安全“四大会战”现场推进会】 11月12日下召开。县委书记林坚强调，要保持高压态势，保持警钟长鸣，以铁的决心、铁的手腕、铁的措施，政企同心、全民用力，坚决打赢“四大会战”，全力确保宁海平安。代县长滕安达主持会议，县领导徐真民、尤玲娟、王军海、徐震宇、沈纾丹、应国邦、李铭胜、励成杰在主席台就座。

会上，林坚传达市委副书记、市长裘东耀在宁海县调研安全生产工作时的讲话精神以及省应急管理厅领导对宁海县提出的具体要求。指出抓思想、安全生产的意识必须一刻不松，特别要进一步树牢底线思维、强化责任。必须痛定思痛、痛下决心，深入开展“四大会战”。做到检查不断线、考核不留情，倒逼党员干部履职尽责、倒逼主体责任落实。要严防政府热企业冷，企业必须肩负起安全生产主体责任，严格落实安全生产责任制，加快推进转型升级；政府部门和乡镇（街道）必须肩负起监督管理责任，认真落实“党政同责、一岗双责、齐抓共管、失职追责”和“三个必须”的要求，推动形成专群结合的群防群治格局。

林坚强调抓行动、排查整治的力度必须一强再强，特别要进一步树牢严实作风、不留死角。抓机制、安全制度的落实必须一贯到底，特别要进一步树牢规章意识、精准执行。

滕安达强调要以更坚决的态度推进“四大会战”，绷紧安全生产这根弦，决不能有丝毫松懈、侥幸和抵触，决不能出现整改后再次“返潮”，必须决心更足、力度更大、氛围更浓。要以更强力的措施推进“四大会战”，必须深之又深、细之又细、实之又实抓推进，并以此为契机倒逼低小散乱企业转型升级，倒逼城市有机更新，众志成城推动宁海经济爬坡过坎、再创新辉煌。要以更严格的责任推进“四大会战”，守土尽责、合力作战，强化企业主体责任，把安全生产要求落实到每个环节、每道工序、每位员工，推动全员参与、全员落实。

县委常委、常务副县长王军海作工作部署，县经信局、梅林街道、山中合金（宁波）有限公司先后发言。会前，与会人员现场考察得力集团有限公司、山中合金（宁波）有限公司和宁海县华星文具有限公司。

【中共十九届四中全会精神专题学习研讨会】 按照省委、市委主题教育办工作部署，于11月13日晚召开。县委书记林坚主持会议并讲话，县领导李贵军、王军海、叶秀高、徐震宇、张伟标、娄黛敏、方勤作交流发言，市委第五巡回指导组成员郑锡伟到会指导，县人大常委会主任徐真民、县政协主席尤玲娟列席会议。

会上，大家在前期学习思考的基础上，结合各自分管工作，交流分享学习中共十九届四中全会精神的心得和体会，并就贯彻落实中共十九届四中全会精神提出思路和举措。林坚在发言时说，要把推动县域治理现代化与加快高质量发展结合起来，积极建设发展优质、治理优越的“双优”宁海；要深刻理解治理现代化这一时代命题，在内容内涵上与社会治理区分开来，在方式方法上与传统治理区分开来；要更好更强地发挥党的领导优势、制度的根本作用、自身的实践成效，全力打造县域治理亮点，推动宁海县治理持续高水平，努力走在前列。

林坚强调，要把学习贯彻中共十九届四中全会精神贯穿主题教育始终，自觉把全会精神和决定的学习纳入主题教育理论学习范围，系统学习、深入理解全会提出的重要论述，做到精读研读，切实学深、悟透、弄通，把学习成果体现到主题教育民主生活会上，确保学习上有收获、能力上有提升。要把学习贯彻中共十九届四中全会精神与学习贯彻省委、市委全会精神结合起来，认真对照省委全会、市委全会的部署要求，对标对表，精准推动，确保工作不偏离方向。同时群策群力筹备好县委全会。要切实以中共十九届四中全会精神为指引，谋深谋实县域治理现代化建设。在具体工作中，要深化调查研究，对照中共十九届四中全会的要求找问题、找短板，深入剖析研究，敢于创新、善于创新，找准系统化、制度化的治理之策，不断提升宁海县县域治理现代化的能力水平。

【“有效投资四季大比拼”项目攻坚冲刺推进会】 11月19日上午召开。县委书记林坚强调，各级各部门要铆足干劲、强力推进，争分夺秒干出项目建设加速度，一鼓作气冲刺有效投资大比拼，为宁海加快高质量发展提供有力支撑。代县长滕安达主持会议，县领导徐真民、尤玲娟、李贵军、王军海、王鸿飞、沈纾丹、应国邦等参加。

林坚通报相关乡镇、部门有效投资完成情况、利用外资情况以及项目推进情况，并提出具体要求。就抓好“有效投资四季大比拼”工作，强调：一要持续作战，确保大比拼圆满收官，二要善于总结，形成常态长效的项目推进机制，三要迎难而上，坚定抓项目扩投资的信心决心。

滕安达指出重大项目是经济发展的“生命线”，是拉动地方经济发展的重要引擎。要紧紧抓住这个“牛鼻子”，进一步增强紧迫感，抓好项目推进和项目招引，确保项目早日落地、投产达效。要深挖投资潜力，以“有效投资四季大比拼”、安全生产和消防安全“四大会战”为契机，推进产业转型升级，加快经济高质量发展。要以更实的举措抓推进，强化协同作战，项目逐个盯紧抓实，指标逐个分析破难，同时科学谋划具体项目，夯实发展“硬支撑”。

与会人员观看桃源街道司法强拆汇报视频片。县委常委、常务副县长王军海作工作部署，县交通局、县房屋征收办、西店镇作表态发言。

滕安达在致辞中要求各地各部门要持续发扬比拼精神，以大比拼攻坚大项目，以大项目促推大发展。要拼速度比进度，推动项目早竣工、早投用、早见效。要拼服务比效率，切实为项目建设保驾护航。要拼管理比质量，强化全过程监管，一丝不苟保质量，万无一失保安全。要拼谋划比后劲，努力形成项目源源不断、持续推进的生动局面。

【深化生态环境治理工作会议】 11月19日上午召开。县委书记林坚讲话，代县长滕安达主持，县领导徐真民、尤玲娟、李贵军、王军海、王鸿飞、沈纾丹参加，副县长应国邦作工作部署。

林坚指出，一年内收获首批国家全域旅游示范区和全国“两山”实践创新基地两块生态领域最具分量的国字号牌子，成绩难能可贵，希望大家倍加珍惜，切实巩固已经取得的成果，并以此为新的起点，持续激发前进动力，按照中共十九届四中全会要求，标准更高、要求更严深化生态治理、完善生态文明制度体系，确保宁海始终走在全国前列。

林坚强调要高度重视，全力以赴做好迎接中央生态环保督察工作。要提高站位，站在讲政治的高度，把迎检工作作为深入践行习近平生态文明思想、推进生态环境保护工作的全面体检，作为“不忘初心、牢记使命”主题教育成果的重要检验，全力以赴抓好各项任务的落实。要对标攻坚，既要对标第一轮督察反馈的整改要求，整改到位、防止反复，更要对标本轮督察的新要求查漏补缺，切实做到精准对标、高效整改、逐一落实。领导小组和专项工作组要强化统筹、高效指挥，各地各部门要各司其职、协同配合，强化沟通、主动对接，迎检工作整个反应体系要灵敏快捷，服务保障要细致周到，确保各项工作高标准完成。

滕安达指出，好生态需要坚持不懈地保护，尤其是好不容易刚拿到国家荣誉，又迎来中央督察，必须更为重视更有准备，整改落实的情况要再详细对账一次，台账资料的准备要再提前梳理一遍，可能出现的问题要再认真分析一次，切实打起百倍精神，做足万全准备，决不能抹黑牌子、砸了招牌。各地各部门要协调配合、协同作战，坚守生态保护红线、安全生产底线，同心同向把问题解决好，群策群力把工作往前推，共同打硬战、确保打胜仗。

【十四届县委第九轮巡察工作动员会】 12月4日召开。传达中央和省市委巡视巡察工作会议精神，部署第九轮巡察工作安排。县委常委、县纪委书记、县监委主任徐震宇作动员讲话。

本轮巡察采用常规巡察和巡察“回头看”交替轮作方式。常规巡察监督着眼于聚焦基层贯彻落实党的路线方针政策和党中央决策部署情况、聚焦群众身边腐败问题和不正之风、聚焦基层党组织软弱涣散、组织力欠缺问题。“回头看”巡察主要监督巡察反馈意见整改落实情况、共性问题整改落实情况，巡察之后出现的新情况新问题、干部群众对整改落实情况的评价等。

会议强调要坚持政治高站位，准确把握巡察初心使命。要准确把握政治巡察的定位，自觉践行初心使命，坚决扛起“两个维护”的特殊历史使命和重大政治责任，强化政治担当，认真履行职责，进一步发挥好利剑作用。要坚持质效“两手抓”，着力提升巡察整体水平。必须主动对标中央和省市巡察工作，不断改进方式方法，探索巡察工作“宁海经验”，推进县委巡察工作高质量发展。要坚持协作共推进，全力营造巡察良好氛围。被巡察党组织要严肃认真对待巡察工作，自觉接受巡察监督；巡察干部要以更高标准严格要求自己，切实履行好巡察监督职责；各级各部门要强化大局观念，既讲职责分工，更讲协作配合，努力形成巡察工作整体合力。

会上，县委编办、县直机关工委、县信访局、县招商中心4家被巡察单位党组织负责人作表态发言。动员会后，还开展巡察工作业务培训。

纪检　监察

【概况】 2019年是新中国成立70周年，是全面建成小康社会、实现第一个百年奋斗目标的关键之年，也是清廉宁海建设加快推进之年。县委旗帜鲜明、坚定不移扛起管党治党政治责任，以上率下深化全面从严治党，反腐败斗争压倒性胜利不断巩固发展，政治生态持续净化。全县各级纪检监察组织在市纪委市监委和县委的领导下，不忘初心、牢记使命，忠诚履行党章和宪法赋予的职责，不断强化监督执纪问责和监督调查处置，坚持不懈正风肃纪、坚定不移惩治腐败、标本兼治一体推进，全县纪检监察工作取得新成效。

【坚定“两个维护”】 实施“清障护航”行动，加强对“不忘初心、牢记使命”主题教育、“创新破难奋进年”等重大决策部署贯彻落实情况的监督检查，全力保障推进“大棚房”专项整治、减税降费、安全生产和消防安全“四大会战”。积极协助县委落实主体责任，全面实施“三书三查两报告”（三书，即分工告知书、监督提醒通知书、函告书。三查，即年初面对面评议审查、年中专题督查、年底考核检查。两报告，即主体责任落实情况报告和监督责任履行情况报告。）和“三交底”（“三交底”廉政谈话制度：围绕主体责任履责清单、所在单位问题清单、重要廉政风险清单，与新任党委（党组）书记面对面谈话交底。）廉政谈话制度，下发主体责任监督提醒告知书26份，督促整改问题122个。充分发挥清廉宁海建设主力军作用，督促“7+X”立体推进，呈现出“多点开花、亮点纷呈”的发展态势，形成共建共促良好格局。

【专项整治】 根据主题教育工作部署，开展扶贫及帮扶、民生领域不正之风和侵害群众利益问题专项整治，会同14家职能部门，围绕19个整治项目精准靶向施治，全部完成销号。严肃查处群众身边的不正之风和腐败问题20起，处理25人，其中移送检察机关审查起诉5人。持续发力“打伞破网”，共发现问题线索12条，深挖“保护伞”10人。

聚焦基层公权力监督，督促做好36条智慧化、标准化、法治化特色文章，全国首个省乡村治理标技委落户，全国法治乡村建设工作会议在宁海县召开。村级小微权力清单制度入选全国首批乡村治理典型案例，主题电影《春大的马拉松》、报告文学《权力清单三十六条》获浙江省“五个一工程”奖。

严格落实农村干部“五险一金”（“五险一金”廉政风险干预机制：从政风险、用权风险、廉洁风险、持家风险、工程风险以及廉政保证金。）廉政风险干预机制，开展老年协会资金资产管理专项清理，完成426个村级账户清理，移交资金总额1027万元，不断织密农村基层权力运行的“廉政防护网”。开展化解涉纪信访“百日攻坚”行动，进行挂牌销号、集中化解，核查结重点涉纪信访33件，签订息访承诺书8份。

【“四风”纠治】 制定《正风肃纪警诫清单72条》，使全县党员干部明红线、守底线。实施“百日肃风”行动，坚决整治“一桌餐”等“四风”隐形变异现象。开展正风肃纪专项行动415批次，发现问题101起，处理94人，违反中央八项规定精神问题14起，处理24人，给予党纪政务处分13人，下发通报5起。集中整治形式主义、官僚主义突出问题17个，处理22人，通报典型案例10起。深化移风易俗工作，严格执行操办婚丧事宜“双报告”和公示制度，共在“清廉宁海”网站公示42人次。

【日常监督】 聚焦第一职责、基本职责，推动形成纪律监督、监察监督、派驻监督、巡察监督四个全覆盖的权力监督格局。建立健全领导干部廉政档案，动态研判分析廉政情况，回复廉政意见92批次2136人次。运用“四种形态”（四种形态：第一种，经常开展批评和自我批评、约谈函询，让“红红脸、出出汗”成为常态。第二种，党纪轻处分、组织调整成为违纪处理的大多数。第三种，党纪重处分、重大职务调整的成为少数。第四种，严重违纪涉嫌违法立案审查的成为极少数。）处理640人次，同比增长6.7%，其中第一种形态运用占比71.3%。针对日常监督和调查中发现的突出问题，下发监察建议书5份，督促相关部门及时建章立制。严格把握“三个区分开来”（三个区分开来：把干部在推进改革中因缺乏经验、先行先试出现的失误和错误，同明知故犯的违纪违法行为区分开来；把上级尚无明确限制的探索性试验中的失误和错误，同上级明令禁止后依然我行我素的违纪违法行为区分开来；把为推动发展的无意过失，同为谋取私利的违纪违法行为区分开来。）的要求，集中为10名人员澄清失实举报。不断推动县委巡察向基层延伸全覆盖，高标准完成3轮常规巡察，反馈问题533个，已整改落实217个，责任追究45人次。“四式联动”推进村社巡察，出台村社巡察规范意见，完成村社巡察166个，反馈问题1464个，已整改落实1231个，责任追究316人次。督促乡镇（街道）和县直部门开展下属单位、基层站所内部巡察，已巡76个。开展人防系统专项巡察，反馈问题12个。对49家已巡察单位以及6家共性问题整改责任单位进行“回头看”。

【推进改革】 严格执行重大事件、重点工作请示报告制度，强化党对反腐败工作的集中统一领导。完善纪检监察片区协作联动机制，统筹力量破人手关、集团作战破人情关、以战代训破能力关。充分发挥县委反腐败协调小组作用，加强与公检法等部门的协作配合，健全提前介入和案件会商机制，做到纪法衔接、法法贯通。试点推行村社监察联络员制度，加快推动基层监察职能有效履行，破解“同级监督不力”难题。优化派驻机构组织设置，派驻机构数从16家整合至12家，派驻机构处置问题线索53件，立案23件，同比分别上升8.2%、27.8%。

【高压反腐】 建立健全问题线索集中管理、集体排查、分类处置机制，开展问题线索大起底，处置各类问题线索554件；立案215件，同比增长20.8%，其中本级查办案件23件，涉及县管干部5件，留置案件6件；给予党纪政务处分180人，同比增长10.4%；移送检察机关审查起诉10人。大力整治交通工程领域乱象，查处县交通系统腐败案件6起，对2人给予开除党籍、开除公职处分，对4人给予党内警告处分，另对14人诫勉谈话。严肃整治侵害群众利益问题，查处桃源街道应家山村村干部挪用资金案、强蛟镇下渔村村干部职务侵占案等一批案件。严格执行办案安全责任制，坚决守住安全底线。做好查办案件“后半篇文章”，健全完善处分执行内容告知、公示检查等制度，对受处分人员开展回访教育。深入开展警示教育月活动，共组织61批次2100余人参观县级警示教育基地，举办警示教育展和廉政书法展，挖掘清白溪沿线廉政故事23个。

【干部队伍建设】 高质量推进“不忘初心、牢记使命”主题教育，部署开展纪检监察系统“温故知新、知行合一”学习实践活动。常态化开展点题培训、业务比武、挂职锻炼，用足用好中央纪委培训教材，积极参加全省纪检监察干部业务“大比武”活动和应知应会知识测试。全面落实“五张清单一张网”（“五张清单一张网”制度：“一把手”责任清单、班子成员责任清单、委机关各室和派驻机构主要负责人责任清单、机关纪委责任清单、干部廉洁自律承诺书，自上而下层层签订，环环相扣，形成人人有责，人人负责的责任链条，织密横向到边、纵向到底的党风廉政建设责任网。）制度，严格执行纪检监察干部个人有关事项即时报告、离甬外出审批等制度，实施廉政家访制度。建立特约监察员制度，聘请16位特约监察员，主动接受各方面监督。

十九届中央纪委四次全会总结“五个坚持”“三个一以贯之”的重要经验，省纪委十四届五次全会提出“五个始终”的基本原则，市纪委十三届五次全会提出“五个必须”的工作要求，宁海要紧密结合实际，在工作中牢牢把握、贯彻落实，力求“五个贯穿始终”。

把坚定政治属性、做到知行合一贯穿始终。切实把“两个维护”贯穿纪检监察工作全过程，确保监督执纪问责和监督调查处置始终沿着正确的政治方向推进，确保习近平总书记重要指示批示精神和中央、省市县委重大决策部署一贯到底、落地见效。

把坚守职责定位、深入落实“三转”贯穿始终。准确把握主体责任和监督责任的职责边界，既要坚守主责主业，持续推进更深层次更高水平“三转”，又要增强协作意识，在日常监督、长效监督上探索创新，推动主体责任落到实处。

把坚固群众基础、维护群众利益贯穿始终。牢牢坚守以人民为中心的根本立场，坚决整治群众身边腐败和作风问题，维护基层良好政治生态，切实提升人民群众获得感幸福感安全感。

把坚持标本兼治、一体推进“三不”贯穿始终。不敢腐、不能腐、不想腐是相辅相成、环环相扣的严密体系，必须相互融合、交互发力，坚持稳中求进总基调，着力打通“三不”内在联系，统筹谋划、一体推进，提升综合治理效能。

把坚决走在前列、深化改革创新贯穿始终。始终秉承勇于改革、善于创新的精气神，坚持不懈推进纪检监察“三项改革”（纪检监察“三项改革”：纪律检查体制改革、国家监察体制改革和纪检监察机构改革。），与时俱进推动工作理念、思路举措、体制机制、方式方法创新，在党风廉政建设和反腐败斗争中提供更多宁海经验、宁海样本。

组织工作

【概况】 2019年，县委组织系统深入贯彻习近平新时代中国特色社会主义思想，深入践行新时代党的组织路线，紧盯高质量发展目标，从严从实开展“不忘初心、牢记使命”主题教育，凝心聚力推动领导班子和干部队伍建设，着力夯实基层基础，提升人才工作质效，各项工作守正创新、稳中求进、攻坚破难、提质增效，为宁海综合实力迈上更高台阶提供坚强组织保证。

【理论学习】 牵头开展“不忘初心、牢记使命”主题教育，坚持把学习贯彻习近平新时代中国特色社会主义思想作为主线，从严从实推动全县92家单位、2191个党组织、39912名党员读原著学原文悟原理，全面接受一次深刻的灵魂洗礼。

广泛组织“三读三悟”“三聚三谈”等学习活动，开展向应隆滚等先进典型学习，组织940名县管领导干部专题读书班轮训，创设12条“初心之旅”线路，各基层党组织集中学习1.1万余次。组建15个巡回指导组，推动全县领导干部深入基层调研2122次，形成调研报告739份，讲授专题党课3056次，聚焦“18个是否”检视整改问题3445个。

【自身建设】 突出对党忠诚教育，坚持把思想政治教育贯穿干部教育培训全过程，开设46个主体班次9400余名党员干部接受政治理论和党性教育集中培训，组织623名村主职干部参加示范骨干培训。突出政治素质把关，集中对全县领导班子和“一把手”开展全覆盖政治素质考察，综合分析研判，强化结果运用。

突出基层党组织政治功能，建立全市首家两新组织红领学院，率先开展党务红领考评认证，职工80人以上企业党组织单建率提升至

100%；升级“红动宁海”初心学堂，全县1524个党组织43921名党员报名参加。

突出人才政治引领，深入开展“爱国奋斗、建功立业”系列活动，在潘天寿故居成立宁海县首个人才爱国奋斗教育基地。

【服务中心工作】 干部供给进一步优化，制定激励干部新担当新作为20条意见，抽调126名干部参与环保能源发电项目政策处理、“9·29”火灾事件后续处置等重点中心工作，一批表现突出的干部得到提拔重用。

不折不扣落实机构改革任务，扎实推进主体班次、“周末课堂”等专题培训，干部队伍结构进一步优化。

深入开展“宁接未来”成才计划，分层次全覆盖推进导师制培养，举办年轻干部培训班，精准掌握一批优秀年轻干部，配备90后中层干部56人。

基层执政根基进一步夯实，深入实施组织力提升工程，紧抓“锋领头雁”队伍建设，制定落实行政村党组织书记县委备案管理办法，强化村（社）干部分层分类差异化绩效考评。加强第三批48名全日制驻村“第一书记”管理，强化乡村振兴力量支撑。持续推进基层党建督导，督促整改各类问题188个。

人才效能活力进一步释放，制定落实“智汇宁海”系列政策，紧扣一湾两中心建设，新引进特优以上高层次人才12人，其中莫里亚尔院士荣获中国政府友谊奖；市“3315系列计划”入围10个，取得历年最好成绩，“3315”个人项目和资本引才项目成功实现“零的突破”。袁家军省长专门会见乌克兰专家，平台聚才能级进一步提升。加快产学研创新载体建设，新增省级以上创新平台26家，其中国家级3家。加强人才队伍统筹，新增高技能人才4500余名、“名师名医名家名匠”人才118人、三星级以上民间人才111人。

4月12日，全县第二批年轻干部导师结对工作会议在县委党校举行

5月9日下午，宁海与宁波大学正式签订校地全面合作框架协议，搭建政产学研联合发展平台

6月29日，宁海县纪念中国共产党成立98周年暨“党群同心、党建争强”锋领服务月举行启动仪式

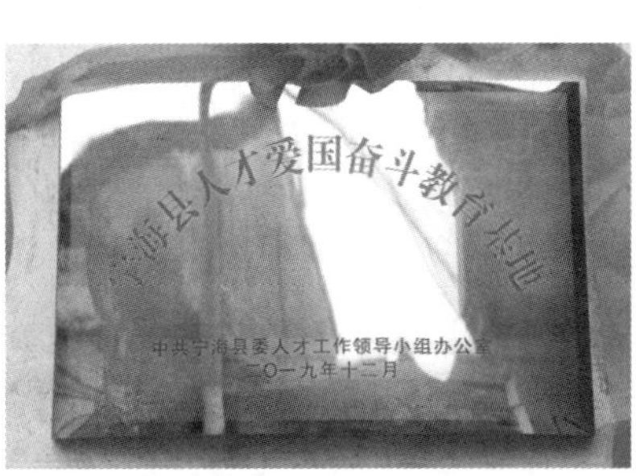

12月25日，召开全县人才项目汇报交流会，成立宁海县首个人才爱国奋斗教育基地

【专项整治】 牵头开展四大专项整治，制定干部大监督工作机制，持续推进领导干部个人有关事项报告抽查、基层选人用人不正之风、干部因私出国（境）违规问题等专项整治，批评教育未如实填报个人有关事项报告23人、责令作出检查4人，取消考察对象资格1人；因私出国（境）实名通报违规问题31家单位，通报批评4人、诫勉6人、约谈12人。着力夯实基层短板，55个市县两级后进村一村一策基本完成整转，累计辞职、免职不合格村社干部12名，歇职教育10名，对1268名近三年新发展党员入党程序进行复查，整改问题4306个。积极落实为基层减负要求，精简政策性文件56%、精简会议43%。

宣传工作

【概况】 2019年，宁海宣传思想文化工作以习近平新时代中国特色社会主义思想为指导，守正创新，锐意进取，勇争一流，2019年在全市宣传思想、文化产业和旅游工作三项考核中都位居“第一序列”，宣传思想工作已经连续三年位居全市“第一序列”，多项工作取得历史性突破，为全县经济社会发展提供有力的思想保证、舆论支持和文化条件。

【理论学习】 县委带头，建立实施理论学习“第一议题”制度，把学习新思想作为党委（组）会、理论中心组学习会、支部（委）会议的“第一议题”。提升“理论夜市”学习载体，广泛开展“周一夜学”“周二夜宣”“周末夜课”等活动，形成多领域、全员型、广覆盖的理论学习大格局，得到省委宣传部常务副部长来颖杰批示肯定。依托县委讲师团、青年讲习所、银辉讲师团，深入开展形式政策宣讲活动，推进党的理论“飞入寻常百姓家”，全年组织学习教育近6000场次，受教育党员群众共计约8万人次。

【农村文化礼堂建设】 农村文化礼堂建设被纳入政府实事工程票决制项目。新建农村文化礼堂72家，累计建成265家，文化礼堂覆盖率达73%。承办全省农村文化礼堂现场推进会现场考察活动，下桥村文化礼堂、湖头村文化礼堂等深受与会领导好评。实现向社区、企业拓展，已建成车河社区、得力集团等一批社区文化家园、企业文化俱乐部。农村文化礼堂“建管用育”水平不断提高，得到省委宣传部原副部长王四清批示肯定。

【文化产业】 建立影视文化创作中心，首期引进上海夏晓昀影视文化工作室、张忌工作室，电视剧《幸福的乐章》正在筹拍中。前童古镇入选首批中国新乡村音乐演艺交流基地，王干山入选创作体验营地。泥金彩漆十里红妆系列产品亮相在德国举办的浙江省非物质文化遗产展。得力集团成功研发具有自主知识产权芯片的智能打印机。1—9月，全县规（限）上文创产业增加值达31.98亿元，同比增长18.7%，增速排名居全市第三；规（限）上文特产业增加值达28.40亿元，同比增长26.9%，增速排名居全市第二。

文化事业亮点纷呈。以艺术为切入，以创意设计为引领，开展艺术振兴乡村，走出新时代新农村发展新路径，作为工作交流在中宣部《宣传工作》中刊出，得到省委宣传部常务副部长来颖杰，原市委常委、宣传部部长万亚伟等省市领导批示肯定，获全省宣传思想工作创新大奖。文艺精品工作取得历史性突破，电影《春天的马拉松》、报告文学《权力清单：三十六条》、歌曲《一诺千金》、戏曲电影《典妻》等4部作品获省“五个一工程”奖，在全省“五个一工程”表彰座谈会上县委书记林坚作为全省县市区唯一代表作典型发言。打造“百姓大舞台”2.0版，全年共举办368场次，受惠群众15万余人次。开展第二季“文化振兴·全民寻宝”活动，推出144个文宝点，挖掘和弘扬优秀传统文化。

【对外宣传】 全年在中央、省、市主流媒体刊发报道2200余篇，打响“村级小微权力清单”“法治乡村”“艺术振兴乡村”等“宁海品牌”“宁海样板”，有力地唱响宁海的好声音。外宣报道4次获得省委副书记、宁波市委书记郑栅洁批示。其中，先进典型宣传引发广泛社会关注，应隆滚相关事迹得到省、市领导的批示。

【舆论引导】 加快融媒体建设，组建宁海传媒集团，县融媒体中心指挥平台正式投入使用。开设《全媒聚焦》栏目，精心组织2期电视问政节目，围绕中心工作，聚焦社会关切，坚持“曝光问题+追踪回访”，有力助推机关作风建设、“三改一拆”、“最多跑一次”、“文明城市创建”等中心工作落地落实。举办新闻发言人培训，组织新闻发布演练，健全新闻发布制度，提高新闻发布水平。

加强网络舆情处置。建立健全网络舆情应对体系，妥善处置各类网络舆情。通过建立舆情导控作战指挥、全天候24小时值班等方式，为环保能源发电等重大项目平稳落地、开工建设营造良好的舆论氛围。9.29火灾事故科学缜密应对，网络舆情平稳，有效避免事态在网上发酵升级，成为应对突发事件的成功案例和典范。

网络正能量传播精彩纷呈。成立全省首个县级短视频联盟，涌现出糯小米等短视频内容创作高手，推出的网络正能量作品频频获奖获赞，糯小米作品《这里是宁波》荣获“NB轰红”短视频大赛年度冠军。举办第二届网络文化节等网络活动，网络文化品牌更具影响力。

【自身建设】 借机构改革东风，配齐配强干部力量。部机关领导班子配备4名副部长，均为正局级。设立志愿服务指导中心，统筹指导全县志愿服务工作。县网络信息中心升格至副局级事业单位。中层职数增加3职，事业编制增加2人。深入开展“不忘初心、牢记使命”主题教育，建立健全“日学周研半月谈”、机关干部全员联系等学习和工作制度，做法和成效得到市委、县委巡回指导组的高度肯定。

先进典型评比获历史新高，入选中国好人3例、浙江好人5例、宁波好人12例，数量位居全大市各县市区之首。娄逢理被评为全省道德模范，实现省级道德模范“零的突破”，命名表彰县道德模范10例，“点亮微光　飞扬青春”志愿服务项目获评市志愿服务项目大赛金奖。打造社会治理体系的宁海“德治”模式，建立县、乡镇（街道）、村（社区、企业）三级社会荣誉体系，县级层面的“思齐园”、工会、教育等部门的“两室一堂”建成并对外开放。新时代文明实践中心完成挂牌运行，被列入省级新时代文明实践中心试点。桥头胡“汶溪翠谷”、黄坛“峰烟古道”等11条农村文明示范线正式开线。

创成首批市级公共服务窗口文明单位14家，创成第二批市级文明校园11所，银河社区获评宁波市第三届品质社区称号。

3月4日，第七届志愿服务文化节

10月18日，首届中国（盖苍山）童诗节开幕式暨宁海县“诗风菊韵”文明示范线开线仪式

精神文明建设

【概况】 根据中央、省、市文明办统一安排部署，持续深化群众性精神文明创建活动，一年来，文明创建各个领域不断取得新成效，为争创全国文明城市提名城市打下坚实基础，为“双优”宁海建设提供精神支撑和道德滋养。

【公德建设】 广泛开展“我身边的道德榜样”培树活动，全年入选“中国好人榜”好人3例，浙江好人5例，宁波好人12例，娄逢理当选第六届浙江省道德模范和宁波市道德模范。

宁海县2018—2019年度“道德模范——我身边最可敬的人”评选活动，命名表彰县道德模范10例。广泛开展志愿服务活动，举办第7届志愿服务文化节，入选宁波市“五个10”学雷锋志愿服务先进典型5例，“点亮微光　飞扬青春”志愿服务项目获评市志愿服务项目大赛金奖。王乘红入围“全国学雷锋志愿服务最美志愿者”选评并荣获2019年度浙江省学习雷锋志愿服务最美志愿者荣誉称号。

创新开展三级社会荣誉体系建设，完成“思齐园”建设项目和教育局、总工会等一批“两室一堂”示范点项目。宁海县被列为第二批新时代文明实践中心建设省级试点县。

文明创建再深化。成立创城领导小组，建立创城指挥部，从有关部门抽调7名干部，与文明办合署办公，实行专班化运作。指挥部实行“周会商、月例会、季汇报”工作制度。广泛开展创城十大行动，第一期14个创城专项行动取得初步成效。夯实基层创建基础，创成首批市级公共服务窗口文明单位14家，新创县级102家，累计建成率为73%；命名表彰首批县级文明机关31家；县级文明村、文明镇累计建成率分别达90.36%和100%；定点创建“三美乡村”精品村10个。银河社区获评宁波市第三届品质社区称号，兴海社区“四色充电站”入选市社区文明创建十佳创新品牌。

德育工作更深入。组织开展“我们的节日”“扣好人生第一粒扣子”等系列活动，全县乡村学校少年宫与春泥计划精品示范点开课1000余场次，惠及少年儿童30万余人次。组织参加市第八届“多彩少年”优秀童谣作品征集传唱活动，宁海县19篇作品获奖。深化“文明校园”创建，创成第二批市级文明校园11所，县级文明校园建成率达100%。全年开展贫困儿童、留守儿童帮扶200余次，惠及少年儿童1万余人次。

24岁青年为救落水父子不幸身亡的故事引发全国关注。宁海县“勇救落水父子”群体，见义勇为事迹引发各大主流媒体持续关注，得到市委郑栅洁书记批示关心，县委书记林坚批示肯定，先进事迹通过广泛宣传在社会上引起强烈反响。

【社会荣誉体系建设】 以社会荣誉体系建设为切入口，对精神文明领域社会荣誉体系建设进行有益探索。通过加强阵地建设，创新活动载体，立足制度保障，活化利用精神财富，让荣誉“活”起来，使先进“动”起来，把典型“树”起来，打造出社会荣誉体系宁海样本。

【深化移风易俗】 以“遏制攀比风、狠刹人情风”为目标，联合县纪委针对酒席操办、人情簿登记情况开展移风易俗专项检查5轮14次，联合县殡仪馆对陈规陋习还潮情况开展回头看，发现违规情况35起，并落实相关乡镇（街道）做好整改。

统一战线

【概况】 围绕县委“创新破难奋进年”要求，结合第二批主题教育深入开展，宁海统一战线主动作为，开拓创新，取得进一步的成效。亲清家园工作作为素材入选中组部《贯彻落实习近平新时代中国特色社会主义思想在改革稳定中攻坚克难案例》，被省委组织部推荐成为浙江卫视“攻坚”系列专题片报道案例。县民宗局被评为2019年度全省民宗系统成绩突出集体。县工商联被评为全省工商联系统先进单位。十里红妆文化园获评省华侨国际文化交流基地。

【政治共识】 深化统一战线成员思想政治引领，组织开展新中国成立70周年系列活动。在民主党派中组织开展“风雨七十年、肝胆长相照”主题系列活动，在党外知识分子中组织开展“弘扬爱国奋斗精神、建功立业新时代”系列活动，在新的社会阶层人士中组织开展“凝聚新力量·筑梦新时代”主题教育，在非公有制经济人士中深入开展“坚定发展信心、矢志报效国家”理想信念教育实践活动，在民族宗教界开展“讴歌伟大祖国·展示民宗风采”系列活动，在港澳台海外人士中开展“同根海联·心怀家国”主题交流，积极引导统一战线广大成员在提升改革发展创新中进一步画大同心圆，汇聚正能量。

【加强领导】 县委主要领导带头落实“三带头”“四纳入”机制，县委常委会专题听取并研究统战工作5次，县委层面召开统战领域现场推进会2次，将宗教工作纳入县委巡察内容和联村铁律30条。机构改革中增设2个行政科室，增配1名专职副部长，增加事业编制2名，统战力量进一步配强。

【省级试点工作】 扎实推进亲清家园省级试点建设，县委出台《宁海县构建亲清新型政商关系的实施意见（试行）》，纵深推进亲清家园建设试点工作，做深做实部门联建工作。中央统战部副部长、全国工商联党组书记徐乐江，省委常委熊建平部长和市委常委胡军部长分别实地指导并充分肯定。亲清家园工作在全国检察院服务保障民营经济发展座谈会上交流。

扎实推进工商联所属商会改革试点工作，结合“最多跑一次”改革，主动承接政府职能转移项目，全面完善商会调解机制，基本形成制度化规范化商会运行机制，履职服务能力全面提升。

【两个市级现场会】 成功承办全市新乡贤工作推进会，“家·在宁海”“商·归宁海” “乡·治宁海”“善·行宁海”的乡贤工作模式受到与会领导和同志好评并在全市推广，被浙江卫视《和合天下》栏目专题报道。

成功承办全市基层宗教事务管理工作现场推进会，总结推广宁海宗教“四个一”工作机制。同时，宗教文化品牌建设、私设聚会点整治、宗教网格化管理和“九合一”民间信仰点整治等工作得到省市民宗领导和与会同志的高度肯定。

【持续做靓“三个统战工作”品牌】 “宁聚力·6G星空”新的社会阶层人士工作品牌影响力不断提升，“6+6+X”工作模式得到省市委统战部的充分肯定。县社会组织代表人士服务中心创成省级新的社会阶层人士实践创新基地。圆满完成县新联会换届。

同心桥论坛持续举办，成为党外人士知情明政的平台、建言献策的舞台、竞相亮相的擂台。

同心益行项目进一步提质扩面，分期策划开展活动10次，累计受益群众达1400余人次。

【乡贤工作】 出台《大力开展新时代乡贤助推乡村振兴工作的实施意见》，实施乡贤组织扩面工作，拓展建立11个镇级、39个村级乡贤联谊组织，成立全市首个县留联会上海分会和首个异地商会会长联谊会，新建宁海杭州商会。举办乡贤招才引智、招商引资活动10余次，引进乡贤回归项目10余个，排摸入库乡贤增至3284名。在外乡贤捐助公益资金达到2291万元，为历年之最。成功举办第二届海峡两岸乡村振兴论坛，海峡两岸关系协会会长张志军出席会议并高度肯定。成功创建浙江宁波“侨梦苑”宁海中心。

【民族宗教工作】 全力推进《民族宗教与民间信仰场所巩固提升三年行动计划》，按照布点规划在全市率先试行佛教场所退出机制，有8家场所启动依法退出程序，4家场所已拆除。

实施宗教领域安全生产“四大会战”百日攻坚行动，排查所有宗教和民间信仰场所安全隐患，消除隐患682个，依法关闭安全隐患严重的宗教场所3家。

开展宗教安全培训72期共2520人次。率先在越溪乡试点实施宗教网格化管理机制并进行全县推广实施，建立网格666个，落实网格“5人驻管”制度。

推进梅林小学省级民族团结进步示范点创建，宁波阿诺丹机械有限公司原创微电影《爱在阿诺丹》获省优秀作品奖。

决策咨询

【概况】 2019年，宁海咨询委以建好智力平台为己任，逐渐优化队伍配置，逐步完善工作机制，决策咨询工作日渐成熟，有效地发挥智囊团作用。决策咨询工作更有目的性和针对性，调查研究更广泛更深入，较好地完成各项工作计划。

【重点工作】 完善决策咨询研究议题征询机制，年初向咨询委员征询收集宁海近期社会热点难点问题14个、未来两年课题和建议的议题意向33条。经主任办公会议研究后，统筹确定3个重点研究议题、3个备选研究议题和32条咨询建议意向。

完成重点决策咨询课题工作。聚焦中心工作，围绕工业经济高质量发展、县域建设转型升级、国有资产高效管理三个方面，联合宁波工程学院、宁波规划设计院、浙江万里学院等研究机构开展重点决策咨询课题研究，以高质量完成为原则，经过多方调研、座谈，分别形成咨询报告和研究报告，报送县委县政府主要领导参阅，获得主要领导的高度肯定，并批示有关部门落实转化。

完成决策咨询任务。接受市咨询委课题合作邀请，配合完成《关于进一步高质量发展我市乡村民宿经济的咨询报告》。根据县委县政府的要求，对宁海职业学校的德育工作进行专题研究，形成《关于进一步重视宁海县职业学校德育工作的咨询报告》。接待服务好省、市咨询委到宁海开展“县域经济治理”等课题的调研活动。积极参与市咨询委组织的各项培训、讲座和交流活动。

完成其他咨询成果的年度计划。围绕经济建设、政治建设、文化民生、干部培养等研究内容和方向，充分发挥咨询委员的智慧和专业作用，按计划报送决策咨询建议15篇、决策咨询参考22篇、决策咨询动态2篇，编撰印制《宁海决策咨询》第3期，完成2019年咨询成果汇编及印制工作。

承接有关单位的决策咨询。充分利用咨询委系统的资源优势，为有关单位和乡镇（街道）提供决策咨询服务近10次，组织专家为水利、住建、文旅等部门提供政府投资项目的决策咨询服务；召集咨询委员为长街、岔路等乡镇提供发展规划的论证服务；联系市级有关部门，为深甽镇全域旅游发展出谋划策。

【工作机制】 进一步落实调查研究的工作制度，以重点研究课题为纽带，组织课题组和专家下基层、进企业、走乡村、访社区，多方了解收集线索，倾听社会各界人士心声，深入了解掌握第一手信息资料，征集各有关部门、金融机构、企业单位素材30余份，在此基础上，反复调查，跟踪现状，到11月底，宁海咨询委全体成员或单独或会同各课题组的相关专家，深入机关企事业单位以及农村、社区等基层组织开展调研工作，召开重点课题座谈会10次、课题论证会3次、调研座谈会超过50次，为做好决策咨询工作奠定良好基础。同时，加强与研究机构和咨询委员的交流研讨，把理论创新和问题研究结合起来，把实践经验和对策建议结合起来，取得良好的实效。

4月，宁海咨询委联合县委办公室、县政府办公室制定出台《关于建立健全决策咨询成果转化机制的若干意见》，并印发全县。以“明晰责任、突出重点、稳妥有序”为原则，建立健全科学民主的决策咨询机制和高效灵活的成果转化、跟踪反馈机制，保障决策咨询成果快速流转，促进有效转化。相关部门以取得实效为标准，及时反馈对接，咨询委随时跟踪了解，推动决策咨询成果转化过程更科学更合理。2019年共收到住建、规划、教育、公建中心等部门的反馈信息15条、后续情况报告5次，咨询委根据研究需要开展补充调研4次。

逐步完善咨询委员队伍“能进能出、择优奖励”的激励机制，2019年增补咨询顾问2人、咨询委员3人。近期，宁海咨询委根据《中共宁海县委宁海县人民政府决策咨询委员会的设置方案》和《宁海县决策咨询委员会工作规则》的有关要求，开展两年一次的咨询委员换届和咨询成果评级奖励工作。在1月15日召开的咨询委全体会议上，对表现突出的咨询委员进行表彰奖励。

【现代智库建设】 坚持按照现代智库建设的要求，组建宁海决策咨询委员会顾问和委员库，组织开展咨询委顾问、委员座谈会3次，听取顾问、委员对现代智库建设和2018年决策咨询工作的意见建议，逐步完善宁海咨询委体系建设；积极参加市咨询委组织的培训学习，进一步开拓思路，加强对经济社会形势的了解和对专业知识的掌握；组织开展咨询顾问、咨询委员培训班，邀请市咨询委李炳君部长讲解决策咨询工作的内容和要求，有效地强化智库支撑；组织全体驻会干部赴余姚、慈溪、鄞州等兄弟县市区调研学习6次，学习交流智库建设、课题开展等方面的工作经验；积极开展一线调研，全年走访乡镇、部门超过50次，召开咨询顾问、有关部门领导及专家论证、座谈42次。

【助力社会经济发展】 全体咨询委员秉持强烈的事业心和责任感，始终关注生态环保、城镇化建设、投资环境、产业振兴等经济社会和民生事业发展热点，以问题为导向，发挥专长，履职尽责，上报包括小城镇治理、污水处理等内容的咨询建议，为县委、县政府谋划和决策全局性、战略性、前瞻性重大问题提供有力的智力支持。咨询委办公室也时刻关注乡村振兴、城市治理、人才引进、基层党建等治国理政热点难点，引用国内其他地区的先进经验，编写咨询内参，为县委、县政府提供决策参考。

1 月 31 日，咨询委顾问组 2019 课题意见征询会

9 月 17 日，国有经济课题初稿讨论现场

5 月 5 日，县教育局咨询建议反馈会议

机关党建

【概况】 县直机关工委认真贯彻中共十九大及中共十九届二中、三中、四中全会精神，深刻领会习近平新时代中国特色社会主义思想，紧扣“围绕中心、建设队伍、服务群众”核心任务，从建强基层组织入手，着重抓好机构改革涉改部门机关党建工作，加大专项督查指导，确保组织运行更加有力；从提升党建质量入手，深化运用机关党建标准化体系，培育选树党建品牌，确保示范引领更加有效；从党建融合发展入手，推进模范机关创建，提升党建助推发展绩效，确保作用发挥更加有为，为推动宁海县朝着更高站位的全国强县第一方阵持续迈进提供强大动力和坚强保障。

【主题教育】 加强思想政治引领。发挥党委（党组）理论学习中心组领学促学作用，常态化依托“红动宁海”“周一夜学”“主题党日活动”等载体，持续推动以习近平新时代中国特色社会主义思想为主要内容的政治理论学习走实走深。联合举办“我最喜爱的习总书记的一句话”主题宣讲、“礼赞新中国，奋斗新时代”微型党课等活动，推动理论学习再升华。将政治理论学习纳入党务干部、入党积极分子、新发展党员等各类专题培训班课程，5 期 659 名党员干部参加专题学习。通过组织认证、业务指导、督查通报等方式，推进“学习强国”平台在机关各级党组织的使用全覆盖，使之成为党员理论学习重要自学平台，县直机关 9048 名党员，平均每天使用率达到 82%。指导涉改部门开展谈心谈话等思想政治工作，确保涉改部门思想、队伍、工作融合。配合做好庆祝新中国成立 70 周年歌咏大会工作。联合县自然资源规划局牵头组建县直机关综合合唱团。

10 月 9 日，联合县委宣传部举办第三届“我最喜爱的习总书记的一句话”主题宣讲

6 月 18 日，联合县委宣传部举办“礼赞新中国，奋斗新时代”微型党课授课比赛

4 月 24 日，举办入党积极分子培训

深入开展“不忘初心、牢记使命”主题教育。工委作为专司机关党建的部门，坚决扛起政治责任，以更高标准、更严要求开展好“不

忘初心、牢记使命”主题教育。坚持带头学、示范学，以每日早读、集体研学等形式，推动工委干部多学一些、深学一层。坚持到一线“问诊、问需”，列出 28 项清单，抓深抓实机关党建工作专项调研，摸清摸透现状和问题，并帮助解决问题 56 个。面向全县机关干部开展思想动态问卷调查，从精神懈怠、能力不足、脱离群众、消极腐败四方面查摆检视，并积极向县委提出 5 大方面 48 条举措建议，形成翔实调研报告，该项工作同时省工委郑才法书记关注。坚持把整改落实摆在突出位置，针对机关党建“灯下黑”问题，研究提出“九个到支部”机制，着力解决党内基本制度执行不够刚性等问题；改进满意机关评议办法、组织体验式督查，推动机关作风转变，确保主题教育取得实效。

9 月 12 日，召开县直机关工委“不忘初心、牢记使命”主题教育工作会议

【固本强基】 加强机关党的组织体系建设。着力在组织体系建设上下功夫，做好机构改革“后半篇”文章，指导 19 家涉改单位完成党组织设置调整、20 家部门建立机关纪委，督促 43 家党组织抓好换届选举、增补委员工作。同步完成 350 余名党员组织关系转接。配齐配强专职副书记队伍，做好 348 名党组织书记轮训等工作。

持续开展机关党建标准化建设。在总结实践的基础上，重新修订升级标准化体系，扩大为 8 个方面、45 项质量标准，尤其是加强党建作用发挥、工作基本保障等方面规范，以标准化提升党建工作质量。同时与省委机关党校建立合作关系，借力党校优质资源进一步完善提升体系框架及内容，为标准化体系在全省推广运用做好准备。

10 月 31 日，举办第二届全县县直机关机关党务干部专题培训班

推动机关基层党组织组织力建设。对 378 个机关基层党组织进行星级评定，认定四星级以上党组织 196 个，党建质量进一步提升。着力在党建品牌建设上下功夫，推动建立机关党建常委联系点，以上率下推进清廉机关、模范机关创建。持续做强“党群同心圆”品牌，2019 年获评全国党建创新成果十佳案例金奖。同时，加强点上党建品牌培育，通过项目指导会、交流会等形式，选树打造志惠“三农”、红盾驿站等 42 个特色品牌。

11 月 1 日，“党群同心圆”获全国第二届党建创新成果“十佳案例”金奖

【推动党建与中心工作融合发展】 聚力服务中心。牵头组织开展“奉献担当”专题教育实践活动，推动机关党组织和党员干部在“六争攻坚”主战场展现担当作为，机关涌现出“初心红榜”“两优一先”等一批先进典型。主动对接相关职能部门，共同策划推出“最多跑一次”改革、垃圾分类、精准扶贫等专项服务活动 2800 余次，凝聚合力助推各项工作落地。

聚力服务基层。认真贯彻落实“三服务”活动要求，广泛发动机关党员干部深入基层一线“访民情、访企情、访政情”，已累计走访服务 2500 余次，收集问题建议 1569 条，帮助解决问题 1304 个。组织发动百家机关一线走亲联姻，推动机关党建资源下沉，实打实为基层提供政策、项目、资金等支持。县直部门帮助推进共建项目 99 个，解决问题 2100 余件。

聚力服务群众。精准对接需求，分类策划特色项目，组建专业化服务队伍，引导机关党员八小时外积极参与志愿服务。2019 年累计开展集中服务行动 1.1 万余次，党员参与数 5.8 万人次，帮助群众实现微心愿 1200 余件次。结合宁海县扶贫日系列活动，策划推出情暖晴隆“课桌圆梦”行动，活动 3.5 个小时吸引 1700 余名机关党员干部和社会爱心人士认领 2200 余套课桌椅，认领金额达 44 万余元。该活动受到央视、《人民日报》等新闻媒体的关注报道。

10 月 12 日，扶贫日举办情暖晴隆“课桌圆梦”活动现场

【自身建设】 主动接受政治巡察。配合做好各项巡察工作，按要求整理各类工作台账，实事求是向县委第一巡察组全面反映工委2015年来的各项工作开展情况。

从优从严选用干部。规范干部任用工作，坚持廉政谈话制度。把优秀干部放到基层一线、关键岗位、复杂环境进行锤炼，推荐选派1名干部到国企试岗锻炼。关心关爱干部，经常性开展谈话，帮助解决干部思想、工作、生活各种困难，用好关心关爱各项政策，充分调动干部工作积极性。

驰而不息纠治“四风”。坚决贯彻落实中央八项规定和省市县委有关规定，持之以恒反对“四风”反弹，积极完善作风建设制度，重点加强对上下班制度、工作纪律、公务接待的监督检查。严格控制“三公”经费支出，规范外出考察。严格履行县级机关工会联合会职责，对县直机关各单位工会职工疗休养申报进行审查备案。严格按照有关部门规定发放津补贴。

推进全民健身在机关的开展。开展各项运动赛事，举办宁海县第九届机关运动会，77家县直和乡镇（街道）机关的3000余名干部职工参加趣味登山、循环跳绳、羽毛球、桌上冰壶球、气排球、广播体操6项团体赛及领导干部乒乓球赛、篮球赛2项邀请赛的比赛。首次举办机关干部职工沙滩气排球比赛。宁海湾渔人风情期间，联合县总工会、县体育发展中心、强蛟镇人民政府在强蛟镇横山岛举办首届机关干部职工沙滩气排球比赛，13支代表队250余名运动员报名参加。比赛间隙穿插主题教育知识竞赛，以赛促学，以学助赛，促进大家进一步深入学习习近平新时代中国特色社会主义思想。

6月27日，第九届机关运动会闭幕式（第九届机关运动会桌上冰壶球比赛，摄于6月18日，朱妍霖拍摄）

推进文明指数在机关的提升。深化坚持严管和厚爱相结合，七一期间开展对机关困难党员、离退休老党员的慰问，走访慰问党员群众40名。抓好职工医疗互助保障、疗休养等工作。根据宁海县创建省级文明县工作部署，继续开展文明机关评选表彰，26家机关单位获第二批文明机关称号，文明机关累计57家，占县直机关70%。

机构编制管理

【概况】 以习近平新时代中国特色社会主义思想为指引，紧紧围绕机构编制服务高质量发展这一主线，全面贯彻落实县委、县政府及上级决策部署，有力推动新一轮党政机构改革、乡镇（街道）机构改革和事业单位改革，持续深化重点领域改革、深入推进机关内部“最多跑一次”、统筹抓好机构编制管理等各项工作，为宁海经济社会高质量发展提供有力的体制机制保障。

【机构改革】 按照省市统一部署，4月启动新一轮党政机构改革工作，制定《宁海县机构改革方案》，有组织有步骤有纪律地推进机构组建和人员转隶。新组建部门7个。转隶人员581个，涉及12个县级部门、59家事业单位。通过改革，党的领导得到全面加强，机构设置和职能配置得到进一步优化，部门职责关系得到进一步理顺。

进一步深化乡镇（街道）机构改革。紧紧围绕乡镇（街道）职能定位、内设机构和事业单位总量控制等新情况，深入开展调研，广泛征求意见建议，形成符合宁海基层实际的改革方案。增强基层党委统筹功能，将党建工作办公室作为必设内设机构，加强乡镇（街道）党（工）委对辖区各项工作的统一领导。坚持“精简高效”原则，合理整合原有内设机构和下属事业单位。各乡镇（街道）事业机构设置总量相比改革前减少2—3个，卫星城市西店镇比改革前减少8个。会同县委组织部开展机构改革后乡镇（街道）工作人员专题培训，培训人员超过2.2万人次，培训覆盖面达100%，全面提升基层一线履职能力。

扎实做好机构改革“后半篇”文章。进一步厘清职责边界，重点研究分析应急管理、自然资源和规划、农业农村、水利和气象等部门职责分工，通过召开专题协调会的形式，对汛期灾害防治与应急救援、防汛防台抗旱和森林防火等具体事项进行梳理和协商，并以会商纪要的形式进行明确涉及县应急管理局17项主要职责、县自然资源和规划局18项主要职责。统筹谋划协同推进相关配套工作，及时做好涉改部门中层职数使用审核，同步调整120家事业单位，梳理完善权力事项4682项及公共服务事项369项。

【重点领域改革】 谋划开展事业单位分类改革。提前谋划生产经营类单位改革，紧紧围绕主要职责、人员编制及生产经营状况等情况，对涉改事业单位进行初期调研，并通过模拟改革进程的方式，明晰改革难点和风险点，明晰改革的方向和路径。加强对事业单位改革工作的领导，拟定事业单位改革领导小组成员名单及成员单位职责分工，多次召开座谈会听取涉改单位意见建议。按照改革原则和上级口径，结合6家生产经营类事业单位的实际情况，有序推进生产经营类事业单位改革。

推进综合行政执法体制改革。根据省市要求和部署，全面排摸掌握四大领域执法队伍的机构编制、人员配备情况，深入听取改革意见建议，研究制定符合宁海实际的各领域综合行政执法队组建建议方案，2018年10月在全大市率先完成市场监管、文化市场、交通运输、农业综合四支执法队挂牌，基层一支队伍管执法进程有效推进，多头执法、多层执法、执法扰民等问题进一步破解。

推进机关内部“最多跑一次”改革。牵头梳理宁海机关内部“最多跑一次”事项300余项，数量居全大市第一，95%以上事项已实现“最多跑一次”。其中以一件事联办为焦点，梳理形成“政府投资信息项目申报”等30个事项。按照“合规、合理、高效”原则，推进材料精简、时限合理、流程再造，经优化后，申请材料精简比例50%，办事时限平均压减70%，机关内部效能大幅提升。全市首创出（入）编业务“零次跑”，将出（入）编与工资、五险一金等业务整合为“一件事”联办，实现（出）入编信息在财政、工资、社保、医保、住房公积金等业务端口自动流转。

【机构编制管理】 管活用好机构编制资源。强化安全生产等关键领域机构编制保障，在全县编制总额内，统筹优化编制资源配置，增加乡镇（街道）应急管理中心事业编制19名和编外用工指标36名，提升乡镇（街道）应急管理能力。完善医院报备员额制，协同人社、财政、卫生等部门，建立健全相关配套制度，为全县卫生事业发展腾出187名编制。创新推动机关事业单位编外用工管理，修改完善《宁海县编外用工管理办法》，探索机关事业单位政府雇员制度。组织开展实名制信息系统数据与养老保险系统数据的比对工作，纠正问题数据21例。

规范事业单位登记管理。扎实开展事业单位绩效考核，完成全县330家事业单位绩效考核，评定优秀50家，合格280家。高质量完成年度报告公示工作，通过精心织好“服务+指导”“阳光+公示”和“跟踪+监管”三张网，实现“双百”目标，即年报率达100%、公示率达100%。落实“双随机、一公开”抽查，按比例抽取6家事业单位法人进行核查，现场查处10项整改问题并落实整改。举办县委主体班次，完成50名事业单位法定代表人培训。

深入贯彻机构编制法定化。贯彻落实《中国共产党机构编制工作条例》等法律法规和党内法规，严格机构编制管理权限和程序。推行机构编制“一把手函告制”，将部门主要职责、机构编制情况及存在问题、机构编制政策法规以“函告单”的形式报送新任部门一把手，增强领导干部严格执行机构编制刚性纪律的意识。严格机构编制审批，强化编制使用效益评估，统筹合理使用机构编制，实现2019年财政供养人数与2012年持平。严格机构编制纪律，全面梳理分析机关事业单位违规超编问题7例、政策性超编问题45例，制定措施分步推动整改落实；对9家单位开展“双责联审”，发现并整改5起违规问题。

【锻造高素质干部队伍】 高质量开展“不忘初心、牢记使命”主题教育。以“五个一”活动为抓手，积极开展初心之旅、初心考场，有效推动每位党员干部先学一步、悟深一层、做实一点。落实“三个一线”调研法，形成编外用工管理、机构改革及“减负”新形势下理清乡镇职能、政府雇员制探索等调研成果，积极谋划转化应用的措施和途径。以正视问题的自觉和刀刃向内的勇气抓问题整改，通过主题教育活动的开展，党员干部的政治定力更强，担当意识更足，工作力度更大，解决一批机构编制难点、堵点、痛点问题，如推行医院报备员额管理等举措，有效缓解卫生编制紧缺问题，机构编制服务宁海高质量发展的力度进一步加大；宁海急难险重工作中都有编办干部全力奋进的身影，如“9·29”火灾事故善后工作、新冠肺炎疫情防疫防控阻击战等。

高质量推进“清廉编办、模范机关”创建活动。高标准开展党支部建设提升工程，整合有限的办公室资源组建党员活动室；依托钉钉平台，创建“e支部”学习平台定期发布支委会、党支部学习会、主题党日、在线讨论等活动，开展好线下支部学习和线上学习讨论活动，以组织开展“初心学堂”“干部考场”“实践课堂”、上挂下派等形式，提升干部综合素质。以县委巡察组巡察为契机，进一步强化薄弱环节、规范内部管理制度，推进编办持续向上向好的政治生态。

党校工作

【概况】 县委党校在省委、市委党校的指导下，县委、县政府的领导下，坚持以习近平新时代中国特色社会主义思想和中共十九大、十九届四中全会精神为指导，认真贯彻落实《中国共产党党校工作条例》《行政学院工作条例》《干部教育培训工作条例》以及中央、省委、市委《关于新形势下加强和改进党校工作意见》，立足实际，扎实推进，各项工作取得长足进步和发展，2019年再获“党群同心圆”工作进步党组织、首批宁海县文明机关、先进基层党组织、宁波市党建研究会2018—2019年度微调研成果三等奖、中共宁波市委党校建校70周年文艺会演二等奖、中共宁波市委党校系统教职工运动会团体一等奖等荣誉。

【政治建设】 踏实做好主题教育工作。首先是“强”学习，理论武装实现新升华。谋划带头促“早学”，提早召开中心组理论学习会和“领学领读”活动，参观宁波市委党校党性教育主题馆；创新方式促“讲学”，开展读书分享会、党员教师半小时党课、学习研讨；营造氛围促“比学”，随机抽查党员学习情况，赴县档案馆重温入党誓词，开展“砥砺初心强使命、担当报国我先行”主题党日活动。其次是“强”谋划，党校阵地发挥新作用。将主题教育内容贯穿到干部培训的各个环节，办好主题教育专题读书班，同时在其他培训班中增加主题教育相关内容；通过在报告厅、教学楼布置党性标识，在校图书室中开设习近平新时代中国特色社会主义思想学习专栏，营造“党校姓党”校园文化氛围。再次是“强”宣讲，党课宣讲明确新方向。制定一份“主题教育授课菜单”，成立“主题教育宣讲队伍”，积极参加“宁海县新时代文明实践志愿服务工作清单”服务项目。

认真履行党风廉政建设主体责任。坚持任务明细、责任定位，依据上级有关文件要求，修订党风廉政建设责任制度领导与分工，按照“谁主抓谁负责、谁分管谁负责”的原则，把主体责任清单逐一分解到人，压实校委班子主体责任，做实主要负责人“第一责任”、其他班子成员“一岗双责”。坚持党风廉政建设与其他工作一起研究、一起检查、一起考核，逐级签订廉政责任书，落实党风廉政承诺、报告个人有关事项，层层分解责任、传导压力，基本形成“班子齐抓共管、科室各负其责、全校整体推进”的目标责任体系，推进各项工作顺利开展和高效运行。

依法行政，做好防控结合文章。坚持民主集中制，规范各种议事议程和程序，做到重大决策、重要人事任免、重要项目安排、大额资金使用等“三重一大”事项由集体讨论决定。严格党内政治生活，紧抓问题易发多发的关键环节和重要岗位，从单位层面和财务、采购、资产、基建、业务等方面对具体制度和工作流程进行细化完善。

【干部培训】 着力打造教学、科研、管理三大转型升级版，力求全校工作与县委中心工作同向而行、同轴而转。按照年初制定的干部教育培训工作计划的要求，充分发挥党校干部教育培训主渠道、主阵地作用，以强化党性教育为重点，突出党章党规党纪、习近平总书记系列重要讲话精神等内容，立足正学大讲堂、县级主体班、“周末课堂”、现场教育基地等教学阵地开展干部教育培训工作。全年举办19个主体班次共34期，培训学员8789人次；举办委托班次103期，培训学员10886人次。

主业主课安排凸显“重”。加强相关课程开发和设计，充实主业主课内容，及时将中共十九大精神、习近平新时代中国特色社会主义思想等内容作为党校理论教育重中之重。主要从四方面入手：推出主业主课菜单式培训课程；加强“师资库”建设，有针对性地聘请知名学者、资深专家、党政部门专家型领导干部和具有丰富实践经验的基层干部组成师资库；创建试题库；准备一套中共十九大精神报告单行本及读相关原著、《习近平党校十九讲》等学习资料。

培训方式方法不断出“新”。首先是打造特色培训模块。有乡村基层治理、基层党建、城建专题研修、乡村生态旅游、特色小镇、干部心理健康调适6个培训模块。其次是推行“异地办学”。组织相关主体班次赴省（市）内外党校、高校等地学习考察、培训交流。再次是继续打造精品班。做到“三结合三联动”：“请进来”与“带进来”相结合、“走出去”与“带回来”相结合、课堂学习与实地调研相结合，主办单位与专家教授联动、专家教授与学员联动、组织部、党校与前三者联动。最后是拓展5种教学方式，由死板的“课程供应式”向“菜单设置”的自主式拓展，由单一的“课堂讲授式”向“课堂+基地”的实践式拓展，由传统的“理论灌输式”向“讲授+研讨”的互动式拓展，由枯燥的“听讲式”向“听讲+行动”的体验式拓展，由线下“模糊式”向“线上+互动”的明朗式拓展。

干部教育培训工作管理“严”。党校干部教育培训始终牢牢掌握意识形态工作的主动权，坚决守好“责任田”。一是加强建章立制，先后制定《中共宁海县委党校学员管理条例》《干部教育培训现场教学实施程序》等具体的规章制度。二是从严把握培训流程。把牢“训前关”，抓好“训中节点”，做好“训后关”。三是实施联合管理。实行学员信息反馈制度，把学员学习情况、考核结果及时反馈给学员单位和干部主管部门，并记入干部人事档案，与干部的培养和提拔挂钩，将学员管理与学员单位、干部主管部门有效对接；采取班主任全程跟班制，重点班由组织部派员到党校跟班，了解学员在校表现，督促其认真学习。四是现场教学基地利用率“高”。自从建立健全现场教学基地以来，全年参观考察现场教学基地创新高。参观考察学习较多的基地分别是乡村基层治理展厅、前童红色党建一条街、前童廉政文化基地、得力企业非公党建、下畈村垃圾分类示范点、三门湾智能汽车小镇、会展中心小城镇建设规划展厅、民俗文化十里红妆、党外人士服务中心等，共接待30多批培训班次。现场教学基地的利用增强培训的针对性和实效性，使之真正成为干部教育培训的“第二课堂”。五是委托班次举办“多”。借助党校新平台及宁海的特色资源，县外班及县内班来我校培训大幅度增多。截至12月30日，2019年委托班次已有103期。县外委托班次明显增加，共有48期。其中省外委托班次17期。

【教学科研】 以科研工作为理论创新、提高教学质量、党委政府决策服务为导向，做到实践出题目，科研做文章，成果进期刊、进决策、进课堂，促进教学科研咨询一体化，在明确科研主攻方向、加大科研组织力度、深化科研管理体制机制改革、整合校内外科研资源等方面进行积极探索，科研成果数量有明显增加，质量大幅提高。

科研立项获得新进展。充分利用宁海县乡村治理中心教育培训平台，成立华中科技大学基层治理研究中心宁海基地，切实加强与省内外、县内外的科研交流，2019年共有4项课题结题，8项课题立项。

科研实力进一步增强。营造浓厚的科研氛围，打造一批高质量的调研文章。2019年，参与省市县各级理论研讨会的入选论文16篇次，其中在市党校系统关于庆祝新中国成立70周年理论研讨会上获二等奖、三等奖各1篇；在省党校系统理论研讨会上获一等奖、三等奖各1篇；浙江省社会主义学院系统2017—2018年度优秀调研成果1篇。

理论宣讲工作突出。根据理论宣传任务和干部教育培训需求，统筹编制教学专题印发至各乡镇（街道）及有关部门（10位老师共14个专题），2019年，围绕中共十九大精神、形势报告、干部能力提升、传统文化、社会关爱等10余个专题开展宣讲，进一步扩大党校教育在社会上的覆盖面和影响力。

4月12日，宁海县优秀年轻干部培训班在县委党校开班

2019年，宁海县新录用机关工作人员初任培训班中举办入职宣誓仪式

【内部管理】 坚持将营造风清气正政治生态、心齐气顺的人文生态，进一步汇聚推动党校创新发展的正能量，着重抓好党员制度规范管理和队伍建设，形成良好的风气向。

抓好干部廉洁管理。坚持党管干部、党管党员，加强对党员干部队伍的教育管理。通过领导谈心、纪检单位联系等方式，通过日常管理加强对干部廉政监督。针对新党校完善过程中涉及的重要项目、采购及所有重要环节做到程序规范，全部按规按序进行。对财务采购等制度进行采管分离，形成制约督查，对办班经费实行业务科室具体事务对接服务外包单位、后勤科室采购报备核实的方式，增进行政效率和财务透明。对单位涉及个人事项报告、出国（境）申报、请销假审批等，严格按制度规定实行。

规范后勤管理，把“按规办事”融入实际工作中。创新后勤服务管理方式，实行学员公寓对外承租、物业管理外包形式。既可节约党校人力成本，又能节约资金成本，提高综合经济效益。其中完善后勤保障工作流程，狠抓主体办班后勤保障各个环节，积极发挥会议培训接待事前、事中和事后的指导、协调、监督作用，完善服务体系，提高服务水平，完成县委县政府重大会议、主体班、外训班的接待保障任务，做到零差错。同时打造“绿色校园”，抓校园保洁保绿，落实节能降耗，配合县里的垃圾分类等重大工作。完成日常环境卫生安全工作、地坪保养维护，绿化养护修建等；做好节能降耗知识宣传发动，强化节能减排意识；继续督促校园垃圾分类工作，提高垃圾分类意识，美化校园环境。

9月18日，宁海县县管干部“不忘初心、牢记使命”主题教育专题读书班在县委党校开班

1月7—8日，第一期“全国民主法治示范村（社区）”普法骨干培训班在宁海县委党校成功举办

党史地方志工作

【概况】 县委党史研究室深入学习贯彻习近平新时代中国特色社会主义思想，紧扣市委“六争攻坚、三年攀高”行动和县委“创新破难奋进”活动，立足“史志鉴宣”主业，勇于奉献担当、践行知行合一，较好地发挥“存史、资政、育人”作用，全县党史地方志工作呈现良好发展势头。

【主题教育】 坚持深学深悟。通过集中研讨、“初心学社”、午间诵读会等形式原原本本读原著、扎扎实实学原文、认认真真悟原理；依托红色资源，深入开展革命传统教育，使大家在感悟革命精神中重温初心使命。

坚持深入基层。以推动工作为要务、以群众利益为导向、以党的建设为根本，通过走一线、跑基层、察民情，深入开展革命遗址保护利用和基层志编纂两方面调研，征集到7个方面22条意见建议，解决问题3个。

坚持深挖剖析。按照“四个对照”“四个找一找”的要求，以正视问题的自觉和刀刃向内的决心，找差距、挖根源、知不足，高标准召开对照党章党规找差距专题会议和专题民主生活会，认真征求各方意见建议，为整改落实提供精准靶向。

坚持边整边改。把整改落实贯穿在主题教育的全过程，认真抓好九大专项整治，对班子和个人存在的问题，建立问题清单，实行销号制度，以钉钉子精神贯彻落实上级决策部署，体现新时代史志干部的使命担当，共完成问题整改14个。

坚持真抓实干。牢固树立以人民为中心的发展思想，把初心使命变成开拓创新的精气神、转化为真干实干的源动力，静下心、沉住气、扛起担，围绕推动“史志鉴宣”四大主业高质量发展聚焦发力，切实用史志干部的务实指数、辛苦指数，换取史志编研的发展指数。

【党史编研】 持续深化班子成员分编负总责、在职干部分编参与和每周例会制度，第一时间协调解决编写难题、交流编写心得、通报编写进度，对未按要求完成或质量未达标的作出说明和完善措施，全年共召开例会42次、会商8次，讨论解决问题57个。强化史志联络员制度，就所涉部门资料的补充完善“一对一”指导交流。严格行文规范，将公文体、文学体等转换为客观平实的记叙体，尽量减少个人色彩对三卷编研的影响。建立边写边改边统机制，编辑在编写过程中及时根据会商意见，对已完成部分进行修改完善，由班子成员本着“质量优先、兼顾进度”的原则负责统稿。已完成初稿的80%。

【地方志书编修】 二轮县志坚持精雕细琢，妥善处理出版社“三校”反馈意见，年底出版。基层志编修方兴未艾，持续探索“民资官修”和“帮帮团”模式、推行“一志一品”、实行“挂图作战”，着重解决资金来源单一、志书内容同质化、质量参差不齐、志书编修进程缓慢等现象；建立“室领导统筹、室干部分片联系、史志人才分片指导”制度，在走访调研基础上，推动有条件的乡镇部门启动志书编修。全年出版3部，1部完成终审送交出版社，正在编纂7部，资料征集阶段2部。

【年报、年鉴编纂】 年报方面，年初发函同时征集史志资料年报和各单位年鉴，共征集112家单位的文档206件、图照302幅，并组织人员完成梳理分类、电子归档入库等工作。采取编辑外包形式进行年鉴组稿编写，再由我室审读校核，同时持续深化富有宁海地域特色的资料编辑，形成“改革开放40年的宁海路径探索”系列专记13篇共6.5万字。另外还出版有3部专业年鉴。

【史志宣教】 一是围绕新中国成立70周年和宁海解放70周年，推出“壮丽70年·宁海档案”、宁海解放纪实等专栏，举办文艺晚会、广场活动、书画展、党史团史知识竞赛等活动。二是集中推出资政读物。全县首部地方性课程教材《我是宁海人》，于秋季开学在全县六年级学生中投入使用，分7个单元，涵盖宁海党的发展、自然风貌、风俗物产、名人名胜等，通过半年多实践教学，进一步提高学生的自豪感、归属感和家乡认同感；《南下干部在宁海》《宁海剿匪纪实》举行首发式并在新华书店上架销售，为宁海改革开放前的党史研究提供有益参考，为广大党员干部群众学习党在宁海的历史提供生动教材；清光绪《宁海县志》点校本已完成文档电子化，送交出版社。三是协助挖掘村史，或帮助查找资料，或核实史实，或统稿文字和协助布展，有力助推乡村文化礼堂建设，全县所有村文化礼堂已完成村史内容全覆盖。四是积极开展“史志话宁海”活动，为全县10个文化礼堂、4家单位和2家企业送去史志书籍300余本。

【阵地建设】 平台稳步发展。“缑乡史话”保持高效率运作，全年编辑发布40期，总阅读量突破1.5万人次，粉丝增长78%；配套《我是宁海人》推送课后思考，作为延伸阅读，进一步在学生重宣传地方史志文化；通过近年来的运行，已在缑乡风华、史海沉钩、宁邑旧事等板块积累固定粉丝群，留言互动、探讨交流频繁，朝着打造全县史志研究交流的权威平台不断前进。指导县史志研究会和县新四军历史研究会进一步发挥作用，开展业务活动，为有编史修志需求的单位和会员牵线搭桥，既缓解史志编写人才紧缺难题，又能促进史志人才业务提升，达到“双赢”效果。

革命遗址保护利用全面发展。一是大走访大调研。选择红色资源比较集中的6个乡镇、历史影响较深远的11个革命遗址开展集中调研，与属地党政领导、相关部门负责人、当地群众深入交流，征集到4方面15条意见建议。二是大提升大融合。投资100万元改造升级柔石故居，以党建红色元素为引领重新布展，开辟新展厅1个，新增个性化党日活动菜单和微信预约功能；台东会议旧址正式对外开放，并结合当地生态好、风景美等优势打造红色休闲游线；岔路镇依托丰富的革命遗址资源，紧扣“红色”主题，把“游山玩水”和革命传统教育结合起来，把革命遗址与生态游、养生游串珠成线，发展“红+绿”产业链，打造集党史国史教育、民俗文化展示、文创产品开发于一体“红色游线”。2019年以来，全县革命遗址已接待2600余批、12万余人，新增市级、县级爱国主义教育基地各1处。

【队伍建设】 一突出政治建室，旗帜鲜明讲政治，严格遵守以习近平同志为核心的党中央对党的历史的重大判断和关于重大党史事件、重要党史人物的最新结论和口径，按照党的两个历史问题决议精神和改革开放以来历次党的全国代表大会、中央全会以及重要精神开展工作，切实担负起县委、县政府赋予的使命职责。

突出人才强室，通过“走出去、请进来”、学习沙龙、分享汇和以老带新、拜师结对、交流锻炼等形式，使史志干部既能在专业领域独当一面，又有较强的办文办会办事能力，努力锻造一支政治强、业务精、作风正的高素质专业化史志铁军。

突出从严治室，严格落实全面从严治党要求，坚决执行党风廉政建设规定，积极参与“警示教育月”活动，全员签订廉洁自律承诺书。主动对照身边反面典型案例，从思想上树牢讲政治、守规矩的观念，不逾红线、守住底线，真正成为政治上的清醒人、明白人。

档案工作

【概况】 宁海县档案工作紧紧围绕县委、县政府中心工作，推进各项工作。2019年对所有馆藏档案进行清点和排序、定位，完成全宗卷规范化整理。完成13个全宗1176卷档案的开放鉴定；完成1015卷国家级重点档案民国档案的文件级著录；完成《宁海县档案馆指南》的编写。接收县乡镇企业局等全宗档案2636卷。做好利用接待，全年共接待档案利用2960人次，提供档案6188卷次，复印（拍照）11759页，拷贝95758页。信息化建设稳步推进。完成长久保存系统、智能馆控系统、库房管理系统的开发，完成中心机房的升级改造。

【机构改革单位档案处置】 召开机构改革档案工作专题会议，“一局一策”拟定全县22家涉改单位的档案处置方案及《涉改档案归属流向表》；“三定”方案，完成《文件材料归档范围和保管期限规定》编制报审工作。

完成“互联网+监管”平台相关配置工作，完善浙江省行政执法监管平台双随机系统数据录入，运用“掌上执法”APP对涉改单位开展档案执法，对6家单位实施掌上执法，掌上执法率100%。

【“两馆”创建】 以规范化国家数字档案馆测评和省级国家综合档案馆业务能力建设评价，为年度工作的重点和难点。对标落实“两馆”创建各项工作任务，坚持倒逼机制、销号作战，补齐馆藏家底不清、数字化覆盖率等短板，完成馆藏档案脱密、信息化软硬件改造升级、规范个各业务环节流程等重点工作，12月顺利通过规范化国家数字档案馆测评和省级国家综合档案馆业务能力建设评价，实现档案馆业务管理水平质的提升。

【档案监管】 打造局、馆管理功能于一体的局、馆、室三位一体的档案资源管理系统。对原档案室系统进行升级，开发网上业务指导和网上年检功能，拓展监管方式，提升监管效能。

全面落实“最多跑一次”电子化归档工作。指导督促各有关单位完成浙江政务服务网权力事项电子化归档工作，完成“最多跑一次”电子化归档系统接口对接。接收17家单位的电子档案2.46万条进馆。

加强对基层的业务指导，参与403县道梅茶线等重点工程验收；组织全县档案工作人员照片档案及数字化工作业务能力提升培训；完成房管中心、西溪水库等4家单位的档案目标管理认定工作；抓源头治理工作，通过备案的方式开展对档案中介服务机构的登记监管工作。

【档案文化建设】 做好档案展览工作。数字档案体验馆和党性教育主题活动室坚持对外开放，成为全县党性主题教育初心之旅、中小学生暑期活动、秋游等热选之地，全年累计接待人数3200人次。

协助纪念新中国成立70周年和开展国际档案日宣传活动。与网信办开展“新中国70周年——记忆珍藏”主题档案征集展示活动，《票证的故事》荣获中国青年网主办的“新中国70年，镇馆之宝70件”文物和档案故事网上征集活动“最震撼网民的70件镇馆之宝”。与宁海县传媒集团合作，在《今日宁海》开辟《一张图看宁海》系列专栏，通过馆藏照片档案的深度挖掘，展示70年宁海百姓生活密切相关的各项事业发生的翻天覆地变化。举办暑期和周末声像档案展播活动，免费播出爱国主义影片。组织宁波市“档案见证　乡村振兴”图片巡回展。

【档案征集编研】 利用各种渠道开展好档案资料征集工作。通过向重大活动举办单位征集、向老领导老同志征集、上门征集复制等多种方式新征集书画作品、地方文献、家谱、宁海名人系列纪念封、老照片等370余册（件）。

完善声像档案资料报送工作，建立每季度定期报送制度。全年各单位报送照片1200余张，视频60个。

继续做好行政村微视档拍摄工作，完成11个行政村的拍摄。

完成入选省级档案文献遗产目录的“清代宁海育婴堂档案”的编辑成册工作，将由省档案馆统一组织出版。

12月12日，宁海县国家级数字档案馆系统测试会

宁海县人民代表大会

人大监督

【财政经济工作监督】 听取和审议财政预决算、预算执行和审计工作报告，加强审计查出问题的整改落实。完成预算联网监督系统建设。对县司法局、县卫健局、县残联等部门预算开展重点监督，组织人大代表和专家进行专项审查，审查意见得到县政府采纳和落实，共取消、合并5个项目，削减资金7500万元。深化财政资金绩效评价工作，对2018年3个重点项目进行终期评价和满意度测评，开展2019年3个重点项目中期评价，组织代表视察整改情况，督促相关部门及时改进工作，实施2020年重点项目目标评审，提高财政资金项目安排的科学性和精准性。加强国有资产管理监督，重点听取和审议全县行政事业单位国有资产管理情况的报告，建立全口径、全覆盖的国有资产管理情况报告制度。加强政府债务监督，依法审查和批准政府债务限额调整方案。及时审查和批准部分政府重大投资工程概算方案，审议同意将店前王溪下游段河道治理等项目补充列入国民经济和社会发展计划，支持保障重大项目建设。

【民生工作监督】 依法保障和改善民生。组织开展学前教育“两条例”实施情况执法检查、专项审议，组成人员分组实地检查18家幼儿园，提出完善规划布局、落实小区配套园政策、扶持普惠性民办幼儿园、提高非编幼儿教师待遇、完善招生政策等7方面审议意见，得到县政府的重视落实。专题听取和审议基层医疗服务能力建设情况的报告，针对城乡医疗事业发展不平衡不充分、基层医疗服务能力弱等问题提出审议意见，要求政府做强做优县级医院，科学定位乡镇卫生院功能，推动县域医共体深度融合，优化医疗资源配置，加强医技人员队伍建设，加快推进全县基层医疗服务能力全面提升。

加强民生实事项目监督。专门制定项目监督计划，落实主任会议成员、代表小组联系监督工作机制，扎实开展“年初问安排、年中督进度、年底查效果”的全过程监督，有力推动民生实事项目顺利实施。10项民生实事项目已经如期完成年度目标，具体情况已向大会作报告。加强联系指导，推进乡镇（街道）民生实事项目建设。全年县乡两级人大代表开展48次专项监督视察活动，促进民生实事项目更好惠民利民。

【城乡环境治理监督】 听取和审议城市精细化管理工作情况报告，督促政府理顺部门交叉职能，完善长效机制，提升城市管理精细化水平。听取和审议2018年度环境状况和环境保护目标完成情况报告，推动环境报告制度县乡两级全覆盖。助力打好污染防治攻坚战，开展水污染防治执法检查，专题视察污水零直排区建设，就加快污水设施建设、落实管网养护责任、严格环保执法等提出意见建议。认真贯彻宁波市生活垃圾分类管理条例，听取和审议生活垃圾分类管理工作情况报告，组织代表专题调研和视察检查，推动垃圾分类工作有序开展。组织古村落保护和开发情况调研视察，就完善古村落保护开发机制、拓宽资金筹集渠道、加强活化利用、留住乡愁记忆等提出视察意见。专题调研“农村四好公路”建设情况，指出要加强规划衔接、完善政策机制、提升建管养护水平，促进美丽乡村建设。

【执法和司法领域监督】 扫黑除恶是保障人民安居乐业、社会安定有序的重大举措。为推进全县扫黑除恶专项斗争，常委会全面听取县监察委、扫黑办和公、检、法、司等部门意见，实地走访胡陈、西店、跃龙、桃源等地，召开人大代表、企业负责人、村社干部群众等座谈会，组织人大代表视察县看守所、跃龙派出所工作情况。在此基础上，听取和审议扫黑除恶专项斗争工作情况报告，督促公检法等部门充分认识专项斗争的重要性、长期性和复杂性，善于运用大数据等信息化手段，做深做细线索排查核实工作，加大黑恶案件侦办力度，完善综合治理体系，夯实乡村治理基础，以法治方式营造更加和谐的社会环境。

围绕“基本解决执行难”目标，听取和审议专项工作报告、开展专题询问，县乡两级人大联动，深入一线查问题、找对策，广泛听取执行联动部门负责人、律师群体、人大代表和群众代表意见，汇总梳理28个问题，进行清单式交办、销号制整改，大部分问题已经得到妥善解决，取得良好的监督效果。

常委会作出关于进一步支持县人民法院解决执行难问题的决定，巩固监督成果，助推法院执行工作全面提升，实现监督闭环。制定司法机关重要情况向人大报告备案的规定，加强对司法机关重要文件、特定案件和重大事项的精准监督，促进司法机关依法办案、公正司法。

按照全面依法治国的要求，以依法行政为重点，坚持一年一度听取县政府依法行政工作情况报告，督促政府加强重大行政决策监督管理，强化对部门和乡镇街道规范性文件监管报备，督促切实做好行政复议应诉工作，推进法治政府建设。

加强规范性文件备案审查工作，落实全面报备与重点审查工作机制，维护国家法治统一，监察和司法工委被评为市级先进集体。充分发挥代表联络站和立法联系点作用，积极反映基层意见，全力配合省、市人大开展执法检查、立法调研、地方性法规清理工作，切实保障法律法规贯彻实施。认真做好人大信访工作，制定人大机关信访工作细则，加强涉法涉诉信访反映问题的分析研判，从中梳理监督线索，通过执法司法监督途径，推动共性问题解决。

人大工作

【“不忘初心、牢记使命”主题教育】 把学习贯彻习近平新时代中国特色社会主义思想作为首要政治任务，不断深化对习近平总书记关于坚持和完善人民代表大会制度重要思想的认识，增强“四个意识”、坚定“四个自信”、做到“两个维护”，进一步强化坚持和完善人民代表大会制度的责任感和使命感。坚持把主题教育与投身“三服务”活动结合起来，与促改革、助发展、保稳定结合起来，深入一线调研，助力解决企业、群众和基层反映集中的问题，着力推动县委重大决策部署的落实。对照党章党规找差距，认真检视剖析问题，召开专题民主生活会，开展批评与自我批评，在坚定理想信念、加强党风廉政建设、健全联系代表和群众机制、改进作风建设等方面取得新进展，以主题教育的新成果推动人大工作守正创新。

【人大工作机制】 严格执行请示报告制度，坚决落实县委的决定和指示，切实做到讲政治、守规矩、重规范。坚持党管干部原则，依法做好人事任免工作，积极配合县委推进机构改革，设立社会建设委员会和工作委员会，精心组织任前表态发言、宪法宣誓等活动，加强干部任后监督。主动配合县委开好人大工作会议，县委出台关于高水平推进新时代人大工作和建设的意见，提出五方面17项具体举措，就建立健全审议工作“闭环”监督机制、加强全过程预算绩效审查监督、推进专题询问常态化、深化民生实事项目票决制等作出具体规定，为做好新时代县乡人大工作和建设提供重要政治保障。

【宣传教育与理论研究工作】 完善法定会议全面宣传、履职工作重点宣传机制，加强重大活动、重要议题统筹策划，讲好人大故事，讲出制度自信。精心组织地方人大设立常委会40周年纪念活动，宣传优秀代表好风采，激发代表履职热情。发挥人大理论研究会作用，组织开展重大课题研究，选送的两篇论文分别荣获省市人大理论研究会优秀调研成果二等奖和三等奖。

【助力经济发展提质增效】 围绕落实县人代会确定的目标任务，听取和审议国民经济和社会发展计划执行情况的报告，开展半年度经济和财政运行情况专题调研，就保持经济发展稳中有进、稳中向好、确保财政收支平衡提出意见建议。对203家民营企业开展问卷调查，重点走访12家企业，听取66人次的意见建议，收集和梳理问题53个，在此基础上听取和审议政府专项工作报告，提出进一步提升产业层次、统筹政策扶持、改善营商环境、提振发展信心等意见，为民营经济实现高质量发展营造良好的社会环境。深入调研“卖橘难”问题，要求政府加快研究柑橘产业规划和专项扶持政策。组织开展现代农业园区建设情况视察，做好招商引资、产业融合、提升示范引领和辐射带动水平等意见，助力推进农业供给侧结构性改革。开展全域土地综合整治与生态修复工程工作情况调研，推进土地资源要素城乡统筹、合理配置、高效利用，为乡村振兴提供要素保障。

【推动代表主体作用发挥】 深化推进代表联络站建设。规划建设县人大代表履职服务中心和网上代表联络站，建成代表联络站22个，基本形成覆盖城乡的联络站网络体系。全面推行县级领导干部代表带头进联络站开展“察民情、聚民智、解民忧、惠民生”活动，推动省市县乡四级人大代表进站活动常态化、制度化。结合“不忘初心、牢记使命”主题教育，开展“六领衔”攻坚破难行动，推动解决王爱片农民饮水难、梅林区块防洪排涝等重大民生问题，不断提升联络站运行实效。2019年，全县联络站共接待选民2212人次，梳理汇总意见建议783条，促进解决问题256个，积极回应民意诉求。

精心组织闭会期间代表履职活动。组织各级人大代表联动开展“创新破难奋进年”主题实践、主任接待日、代表活动月等系列活动，指导代表中心组、代表小组围绕经济发展、城市管理、河道整治、民生实事项目建设等，开展视察调研76次，参与代表171人次。扩大代表对常委会工作的参与，先后邀请48名代表列席常委会会议，邀请代表223人次参加常委会视察调研、执法检查、专题询问等监督活动。坚持县政府重要情况通报会、街道办事处半年度工作情况报告等形式和途径，及时向代表通报“一府两院”重要工作，保障代表知情知政。加强代表履职管理，制定年度履职清单，组织76名代表向选民述职并接受评议。依法做好代表补选工作，共补选县代表20名。

提升建议办理工作实效。加强对代表建议提出、交办、督办的全方位服务、全过程监督。完善建议会商工作机制，加强建议撰写指导，提高建议提出质量。扩大代表对建议交办环节的参与，合理安排主办单位和协办单位，提高建议交办的精准性。实行“不满意件”二次交办、跟踪督办，不断提高建议办理实效，2018年代表提出的164件建议已全部办结，促进问题解决和基本解决的67件，占比40.9%，6件“不满意件”经重新交办和督办后，代表均表示满意。常委会领导牵头督办的16件重点建议，加快柑橘产业发展、岔路黑猪保种和产业化、改善龙海市场配套设施及新增公厕等建议得到有效落实。

【推进常委会自身建设】 以完善议事规则为重点加强制度建设。认真贯彻中共十九届四中全会关于坚持和完善中国特色社会主义制度、推进国家治理体系和治理能力现代化的要求，制定关于改进常委会审议工作、提高审议质量的若干规定，进一步完善选题、组织、报告、审议、整改、反馈“全链条”工作流程。同时，加强和改进专题询问工作，推进专题询问主体、形式、内容、程序、答复的规范化、制度化，增强监督工作的实效性。

以提高工作实效为目标加强能力建设。完善学习制度、丰富学习形式，举办常委会专题学习、专题讲座25次，举办常委会组成人员和人大干部届中培训班，提升经济、政治、文化、社会、生态文明五大建设理论与实践知识水平，增强把握大势、服务大局、议决大事的能力。加强对新设立的社会建设（工作）委员会、更名后的监察和司法（工作）委员会的领导，推进工作制度和组织建设。各专工委利用自身特点和优势，在监督、代表等工作中充分发挥服务、协调、保障作用。适应数字宁海建设要求，整合信息资源，建设“宁海人大履职”APP掌上平台，整体推进全县人大工作信息化。

把调查研究作为履职基本功，加强作风建设。不断改进调研方式，切实抓好调研成果转化，确保调研工作真正取得实效。特别是对群众等不得缓不得的问题，坚持立行立改，边调研边交办边推动问题解决。常委会、专门委员会开展35次调查研究，形成21篇较高质量的调研报告，部分意见建议已经得到县委主要领导批转落实，推动人大工作更好体现实践发展和人民要求。加强常委会党组和机关作风建设，严肃政治纪律，严格执行中央八项规定，巩固和扩大主题教育成果。

加强对乡镇街道人大工作的联系指导。坚持定期召开乡镇人大、人大街道工委负责人例会、县乡人大工作读书会，总结交流经验，密切协同配合，推进工作落实，增强人大工作整体实效。全面实施乡镇一年召开两次人代会，探索开展年中人代会专项工作评议，深甽、大佳何两镇（试点）的特色做法获得市人大常委会的高度肯定，成为宁波市乡镇人代会议程及内容清单的基础样本。

县人大代表大会及常委会会议

【概况】 2019年是新中国成立70周年，是高水平全面建成小康社会关键之年，也是地方人大设立常委会40周年。在中共宁海县委的坚强领导下，县人大常委会坚持以习近平新时代中国特色社会主义思想为指导，坚决落实习近平总书记对人大工作的重要指示，团结依靠广大代表和全县人民，围绕中心大局，认真履行职责，扎实开展工作。共召开常委会会议9次、主任会议16次，听取和审议专项工作报告37项，开展执法检查3次，作出决议决定12个，任免国家机关工作人员71人次，全面完成县十八届人大三次会议确定的各项任务。

【宁海县第十八届人民代表大会第三次会议】 1月14日至18日在宁海国际会展中心召开。244名代表出席会议。会议听取和审议县人民政府县长林坚所作的政府工作报告，听取和审议县人大常委会主任徐真民所作的县人大常委会工作报告、县人民法院院长石坚强所作的县人民法院工作报告、县人民检察院检察长练节晁所作的县人民检察院工作报告，审议县发展改革局、县财政局受县政府委托分别提请的关于宁海县2018年国民经济和社会发展计划执行情况与2019年国民经济和社会发展计划（草案）的报告、关于宁海县2018年预算执行情况和2019年预算（草案）的报告，并作出各项决议，审查批准各项报告以及2019年国民经济和社会发展计划、2019年本级预算；会议听取和审议县人民政府副县长王军海所作的2018年县政府民生实事项目完成情况报告，以投票表决方式确定2019年县政府民生实事项目10项。

会议共收到代表10人以上联名提出的议案2件，大会主席团决定本次会议收到的议案不列入会议议程，全部作为建议、批评和意见，连同大会收到的162件建议、批评和意见，一并授权县人大常委会整理归类后交有关机关、组织研究处理并负责答复代表。

县级有关领导，县人武部有关领导、县政府组成人员，县级机关部门及有关单位负责人，县人大常委会有关办、工委负责人，部、省、市属有关单位负责人，乡镇、街道有关负责人，在宁海的驻军单位负责人，曾担任过县人大常委会领导的老同志，不是县人大代表的省十三届、市十五届人大代表共191人列席会议。参加县政协十届三次会议成员团体列席本次会议。还有25名听会人员和20名公民参加旁听。

【县十八届人大常委会第十六次会议】 1月7日，县十八届人大常委会举行第十六次会议。县人大常委会主任徐真民主持，副主任王能选、赵秀萍、潘红月、王兴兵、柳正维及常委会委员出席。会议分别听取审议县政府、县法院有关人事任免议案报告，投票表决通过有关人事任免事项。会议听取审议县人大常委会代表资格审查委员会关于张平等代表资格审查的报告；听取审议关于调整代表资格审查委员会组成人员的议案和建议接受石道伟辞去县十八届人大代表职务的报告，表决通过议案，作出接受辞职的决定。会议表决通过县十八届人大三次会议日程草案、主席团和秘书长名单草案，提交县十八届人大三次会议相关会议进行表决；表决通过县十八届人大三次会议代表团召集人、列席人员名单。

会议听取审议县发改局受县政府委托所作的关于宁海县2018年国民经济和社会发展计划执行情况与2019年国民经济和社会发展计划草案的报告、关于2018年票决民生实事项目完成情况和2019年民生实事候选项目形成情况的报告；听取审议县征收办受县政府委托所作的关于2019年房屋征收安排情况的报告、县财政局受县政府委托所作的关于宁海县2018年预算执行情况和2019年预算草案的报告、县规划管理中心关于有关历史文化名镇、名村保护规划情况报告。

会议听取审议县环保局关于质量工作情况的报告、县商务局关于质量工作情况的报告，还对两家单位质量工作进行满意度测评。

会议审议并表决通过县人大常委会工作报告和2019年工作要点送审稿。

会后，县人大常委会为此次会议任命的人员举行宪法宣誓仪式。

【县十八届人大常委会第十七次会议】 2月21日上午，县十八届人大常委会召开第十七次会议，县人大常委会主任徐真民主持，副主任王能选、赵秀萍、潘红月、王兴兵、柳正维及常委会委员出席。会议分别听取县政府、县人大常委会主任会议、县法院有关人事任免的议案和报告，表决通过有关人事任免事项。会议表决通过关于任命陈立光等为人民陪审员的决定草案。会上，徐真民传达省十三届人大二次会议、市十五届人大四次会议精神。

会后，县人大常委会为此次会议任命的人员举行宪法宣誓仪式。

【县十八届人大常委会第十八次会议】 4月30日，县十八届人大常委会举行第十八次会议。县人大常委会主任徐真民主持会议，县人大常委会副主任王能选、赵秀萍、潘红月、王兴兵、柳正维及委员出席。

会议听取审议县政府《关于提请李红伟等职务任免的议案》、常委会主任会议《关于提请洪永免职的议案》、县法院《关于仇华等职务任免的报告》。会议以无记名投票表决的方式，通过人事任命事项，并向被任命人员颁发任命书。

会议听取审议县政府《关于2018年度环境状况和环境保护目标完成情况报告》；听取审议常委会各工作委员会《关于2018年度有关常委会审议意见办理落实情况的调研报告》，审议县政府关于宁人大〔2018〕33号视察意见和〔2018〕34号、35号、37号审议意见办理落实情况的报告；审议各街道办事处2018年度工作总结和2019年度工作安排，对街道办事处的工作提出意见和要求。

会后，县人大常委会为此次会议任命的人员举行宪法宣誓仪式。

【县十八届人大常委会第十九次会议】 6月21日，县十八届人大常委会举行第十九次会议。县人大常委会主任徐真民主持会议，县人大常委会副主任王能迭、赵秀萍、潘红月、王兴兵、柳正维及委员出席。

会议听取审议常委会主任会议《关于提请华飞等职务任免的议案》，并以无记名投票表决的方式，通过人事任命事项；听取审议代表资格审查委员会《关于建议接受冯建友等辞去县人大代表职务的报告》，并表决通过关于接受冯建友等辞去县人大代表职务的决定草案。

会议分别听取并审议县财政局、县审计局受县政府委托提请的《关于宁海县2018年财政决算草案报告》《2018年预算绩效管理工作情况报告》《关于2019年宁海县新增地方政府债券预算调整方案的报告》和《宁海县2018年度财政预算执行和其他财政收支情况的审计工作报告》，并表决通过关于批准宁海县2018年本级决算的决议草案和关于批准2019年政府债务限额及预算调整方案的决议草案；还对2018年常委会重点关注的绩效评价项目进行满意度测评。

会议听取审议公建中心关于第一医院住院楼扩建工程和中医院迁建工程概算调整情况的报告。表决通过关于批准调整县第一医院住院楼（医疗中心）扩建工程和县中医医院迁建工程概算的决定草案。

会后，县人大常委会为此次会议任命的人员举行宪法宣誓仪式。

【县十八届人大常委会第二十次会议】 8月29—30日，县十八届人大常委会举行第二十次会议。县人大常委会主任徐真民主持会议，县人大常委会副主任王能迭、赵秀萍、潘红月、王兴兵、柳正维及委员出席。会议听取审议县政府《关于提请免去陈陵际职务的议案》、县法院《关于林欣荣等职务任免的报告》，以无记名投票表决的方式，通过人事任命事项。会议听取审议县财政局受县政府委托所作的《关于上半年财政预算执行情况的报告》、县发改局受县政府委托所作的《关于上半年国民经济和社会发展计划执行情况的报告》以及常委会财经工委《关于上半年全县经济运行和预算执行情况的调研报告》；听取审议县经信局受县政府委托所作的《关于民营经济高质量发展情况的报告》和常委会财经工委相关调研报告；听取审议县公安局《关于拟对县人大代表俞光兵采取取保候审强制措施的报告》，决定许可宁海县公安局依法对俞光兵采取取保候审强制措施；听取审议县教育局受县政府委托所作的《关于我县学前教育“两条例”贯彻实施情况的报告》以及常委会教科文卫工委《关于我县贯彻实施学前教育“两条例”情况的执法检查报告》；听取审议县政府办公室受县政府委托所作的《关于县十八届人大三次会议代表建议办理情况的报告》和常委会代表工委相关调研报告。会上还传达学习省委人大工作会议精神。

8月30日上午，县人大常委会第二十次会议召开“基本解决执行难”专题询问会。县人大常委会主任徐真民，副主任王能迭、赵秀萍、王兴兵、柳正维，县法院院长石坚强，县检察院检察长练节晁参加会议。县人大常委会副主任潘红月主持会议。会上，县法院作《关于“基本解决执行难”工作情况的报告》，县检察院作《关于加强对法院执行活动法律监督工作的报告》。询问会采取一问一答的方式进行。县人大常委会组成人员和县人大代表主要就执行过程中存在的问题及群众关心关注的热点、难点问题进行询问，县“基本解决执行难工作领导小组”成员单位负责人围绕本职工作，客观诚恳地回答了询问。询问结束后，石坚强代表县法院作表态发言。县人大常委会组成人员，县人大常委会办公室和各工委负责人，部分县人大代表，县“基本解决执行难工作领导小组”部分成员单位的负责人，各乡镇人大、人大街道工委负责人参加会议。另外，2位律师事务所负责人和5位旁听公民也列席本次询问会。

【县十八届人大常委会第二十一次会议】 9月29日下午，县十八届人大常委会举行第二十一次会议。县人大常委会主任徐真民主持会议。县人大常委会副主任王能迭、赵秀萍、潘红月、王兴兵、柳正维及委员出席。会议听取审议并表决通过县检察院《关于提请免去施坚等职务的报告》，常委会代表资格审查委员会《关于陈模曹等代表的代表资格审查报告》《关于建议接受薛瑞革辞去县十八届人大代表职务的报告》；听取审议县政府《关于提请将店前王溪下游段河道治理项目补充列入国民经济和社会发展计划的议案》，并表决通过常委会关于批准店前王溪下游段河道治理项目补充列入国民经济和社会发展计划的决定草案；听取审议县财政局受县政府委托《关于2018年度宁海县行政事业单位国有资产管理情况专项报告》，及常委会财经工委《关于我县行政事业单位国有资产管理情况的调研报告》；听取审议县综合执法局受县政府委托《关于城区生活垃圾分类管理工作情况的报告》，听取审议县农业农村局《关于农村生活垃圾分类管理工作情况的报告》，以及常委会农业农村工委《关于我县生活垃圾分类管理工作情况的调研报告》。

【县十八届人大常委会第二十二次会议】 10月29日下午，县十八届人大常委会召开第二十二次会议，县人大常委会主任徐真民主持会议，副主任王能迭、赵秀萍、潘红月、王兴兵、柳正维及委员共31人出席会议。

会议听取并审议副县长王军海受县政府委托所作的《关于提请滕安达等任职的议案》和《林坚关于请求辞去宁海县人民政府县长职务的报告》；表决通过《关于接受林坚请求辞去宁海县人民政府县长职务的决定》，决定任命滕安达为宁海县人民政府副县长、代理县长；决定任命励成杰为宁海县人民政府副县长，决定免去范建军的副县长职务。

会议听取审议县公安局关于《“扫黑除恶”专项斗争情况的报告》；听取审议县政府关于《我县基层医疗服务能力建设情况的报告》；审议并表决通过《宁海县人大常委会关于司法机关重要工作情况报告备案的规定》；听取审议县财政局受县政府委托所作《关于2019年财政预算调整方案的报告》，决定批准县政府提出的预算调整方案。会议还表决通过关于接受王小平辞去县十八届人大常委会委员职务的决定，任命王小平为县监察委副主任。

会后，县人大常委会为新任命人员举行宪法宣誓仪式。

【县十八届人大常委会第二十三次会议】 11月29日下午，县十八届人大常委会举行第二十三次会议。县人大常委会主任徐真民主持，副主任王能迭、赵秀萍、潘红月、柳正维及委员出席，县人大常委会党组成员范建军列席会议。

会议听取审议县政府《关于提请卢华强等职务任免的议案》、县人大常委会主任会议《关于提请邬开娟等职务任免的议案》、县法院《关于吕晓莹等任职的报告》、县检察院《关于黄胜等任职的报告》。会议投票表决通过人事任命事项。

听取审议县人大常委会代表资格审查委员会关于建议接受代表辞职的报告，并作出接受辞职的决定。根据代表法有关规定，万吉良、王小平、张伟平、胡为灿、俞光兵的县十八届人大代表资格终止。会议决定接受华飞辞去县十八届人大常委会委员职务。

会议听取审议县综合执法局《关于城市精细化管理工作情况的报告》和县人大常委会城建环保工委《关于整治“脏、乱、差”，推进城市精细化管理的调研报告》。会议听取审议秦岭、沈平绒、林益满、李静、张亚平、吕杰平、汪永琪、裘为民、释有圆、葛文枝等市人大代表的述职报告。

会后，县人大常委会为新任命人员举行宪法宣誓仪式。

宁海县人民政府

综　述

宁海县人民政府坚持以习近平新时代中国特色社会主义思想为指导，坚持稳中求进工作总基调，深入实施“八八战略”，纵深推进“六争攻坚”，大力开展“创新破难奋进年”活动，有力推进经济社会持续健康发展。地区生产总值突破700亿元，增长6.1%，一般公共预算收入66亿元，全国综合实力百强县进位至第48位，创成全宁波市唯一的首批国家全域旅游示范区，获评宁波市首个全国“两山”实践创新基地，成为浙江省获此双殊荣的两个县（市、区）之一。

【政治建设】　重学习、强队伍。高质量开展“不忘初心、牢记使命”主题教育，深入学习贯彻习近平新时代中国特色社会主义思想，重温习近平总书记两次调研宁海时的指示精神，第一时间专题研讨中共十九届四中全会精神、传达省市委全会精神，增强“四个意识”，坚定“四个自信”，做到“两个维护”。持续推进“大学习大调研大抓落实”，精准开展“三服务”，班子成员常态化协调重大项目、解决企业困难、开展课题调研。持续推进公务人员专业化建设，组建“最多跑一次”改革、文明城市创建等工作专班，会同县委组织部开设经济高质量发展、服务民生“周末课堂”，325名人员赴基层一线、金融系统等交流锻炼。重法治、促规范。严格执行重大事项决策程序，开展县政府常务会议会前学法活动，自觉接受人大依法监督和政协民主监督，向县人大常委会报告环境状况和环境保护目标完成情况，与政协开展“请你来协商”，办理人大代表建议164件、政协提案193件。强化依法行政，注重政务公开，建立预防和化解行政争议“3+N+X”机制，行政诉讼案件和败诉案件实现双下降；加大司法强拆力度，助推一批久拖不进的项目取得突破。积极配合省自然资源资产审计和工业固废专项审计，第一时间落实审计整改工作。重效能、守清廉。推动“互联网+政务服务”，开展“全媒聚焦、全民问政”电视问政，落实国务院“好差评”制度，县政务服务办获评全省“人民满意的公务员集体”。注重资金绩效，紧盯项目投资、政策补助等重点领域，完成审计项目105个，整改问题金额1.6亿元。坚持把钱花在刀刃上，清理11个部门31项专项资金4326万元，一般性支出和“三公”经费预算均压减10%。推进清廉宁海建设，认真履行全面从严治党主体责任，严格执行“三书三查两报告”制度。

【实业强县】　产业发展更具质量。常年常态开展“五问五帮”企业服务活动，解决实际问题4500余个，减税降费23.9亿元，人民币贷款余额达到900亿元，小微企业贷款增长21%，不良贷款率全市最低，成为金融服务民营经济国家试点。工业经济优化升级，规上工业总产值突破900亿元，跻身全国制造业百强县，入围省级隐形冠军、市级单项冠军各5家，获评首批省级小微企业园9个，新增上云企业845家，数字经济发展综合评价居全省第20位。规上高新技术产业、装备制造业、战略性新兴产业的增加值分别增长9.9%、12.4%和30.6%，均居全市前三。服务经济快速发展，社会消费品零售总额增速全市第一，旅游总收入、网络零售额分别增长18.8%和29.6%，一批补链延链的生产性、生活性项目基本建成。宁海海关开关运行，对“一带一路”沿线国家等出口增长迅猛，获评国家外贸转型升级模具基地，创成省快递发展先进县。现代农业稳步提升，岔路黑猪种质资源省级基地启动建设，创成省级以上水产健康养殖示范场13家，新增国家地理标志证明商标3个，农业现代化发展水平从全省第22位跃升至第13位。项目支撑更加有力。抓实抓紧“有效投资四季大比拼”，新开工项目90个，竣工投用47个，工业投资增长14.4%，民间投资增长24.7%、占比突破50%。园区平台项目不断填实，宁海经济开发区获评省美丽示范园区。完善专业化综合招商工作体系，全年实到外资1.1亿美元、内资82亿元。创新要素更为集聚。出台“智汇宁海”系列政策，新引进高层次人才229人、团队35个，入围宁波“3315系列计划”人才项目10个，亚历山大·莫利亚尔院士荣获中国政府友谊奖。新评国家级企业技术中心、工业设计中心各1家，新增国家高新技术企业45家，入围浙江制造精品3项、省首台（套）产品5项，新增中国驰名商标2件。研发投入强度达到3.0%，高于省市。

【重点工作持续推进】 纵深推进“最多跑一次”改革。集中设立政府数字化转型办公室、优化营商环境办公室、“一件事”改革实验室，与县跑改部统筹运作，一般企业投资项目实现全过程审批“最多45天”，企业开办实现3小时内办结，司法拍卖不动产登记“零次跑”全国首创，食品经营许可“最多核一次”全省推广，科技类产业政策补助兑现“一指通”试水运行，全国营商环境百佳县位居第30位、全市第1位。推动“最多跑一次”改革向公共服务领域延伸，运行出生“一件事”联办中心，成为浙江群众身后事“一事联办”策源地。落实“基层减负年”要求，启动机关内部“最多跑一次”改革，政府系统文件会议精简40%以上，关停政务APP（公众号）178个。坚决打好三大攻坚战。风险防控全面加强。聚焦安全生产，全面开展安全生产和消防安全“四大会战”，全力打好安全生产翻身仗。聚焦政府债务，严格实行限额管理，提升国有企业主体信用评级等次，新增政府专项债券6亿元。精准脱贫扎实推进，全县所有村集体经济收入超过30万元，低收入农户可支配收入增长14.3%并居全市第一，高标准完成对口帮扶协作年度任务，扶贫车间、就业扶贫等模式入选国家扶贫协作典型案例。污染防治成效明显，抓好环保督察等问题整改，建成污水零直排区6个，生态环境质量公众满意度稳居全市第一，入选美丽浙江十大特色体验地，创成首批省清新空气示范区。积极融入区域一体化发展。坚持基础设施先行，宁海抽水蓄能电站项目纳入《长江三角洲区域一体化发展规划纲要》，主体工程进场施工；清溪水库完成可研报告技术审查，与相邻县签订工程建设协议书；宁海通用机场工程项目设计获批，沈海高速宁海段拓宽改造纳入市级统筹，全年高铁客流量位居沿线县级站点第2位。加强产业项目承接，成立杭州市宁海商会，签约中车交通项目，引进中科院上海光机所产业化项目，投用东海水产研究所宁海试验基地。

立足群众需求，民生福祉持续改善。统筹城乡协调发展。新城市中心区愈加精致，旧城旧村有机更新，开展城市精细化管理十大行动，获评省AAA级景区城。推动城镇多元特色发展，获评中国特色康养小镇1个，列入省美丽乡村示范乡镇2个，入选省AAAA级景区镇3个。开展部省共建乡村振兴示范县创建，创新开展艺术振兴乡村，获评首批全国乡村旅游重点村1个，建成AAA级景区村庄9个、新时代美丽乡村精品村30个，2个村亮相全国“千村万寨展新颜”活动。提升民生服务水平。10项人大代表票决实事工程圆满完成，全年民生类支出67.3亿元，占一般公共预算支出的74%，均高于上一年。社会事业协调发展，一批学校、医院投入使用，国家卫生乡镇、省道德模范、省“五个一工程”奖实现“零的突破”，“党群同心圆”捧获全国志愿服务创新案例金奖。民生保障扎实有力，城乡居民人均可支配收入同比分别增长8.6%和9%，新增养老床位1200张、公共停车位4945个，安装ETC 13万辆，荣获全市首个全国关心下一代工作先进县。严守食品安全底线，做好生猪增产保供，完成6万人的农村饮用水达标提标。双拥优抚积极开展，稳妥处置一批老旧遗留弹药，建成“三级五有”服务保障体系。完善基层治理体系。承办全国法治乡村建设现场会，荣获全国乡村治理示范村1个，获批立项村务管理国家标准3项，农村小微权力清单入选首批全国乡村治理典型案例。用好基层治理“四平台”，建成信访超市，打好信访积案化解百日攻坚战，岔路派出所被评为全省“枫桥式公安派出所”。推进扫黑除恶专项斗争，打掉“套路贷”等黑恶团伙23个，完成“保平安、迎大庆”等安保任务。成功防御超强台风“利奇马”。

县政府常务会议

【第42次常务会议】 21日下午，县委副书记、县长林坚主持召开。县委常委、常务副县长王军海，副县长王鸿飞、陈陵际、范建军、应国邦、俞晶磊、王清和出席。县人大常委会副主任王能迭、县政协副主席童青燕应邀参加。

会议听取并原则通过县水利局

关于《宁海县东部沿海防洪排涝工程方案设计》及《征拆工作实施方案有关事项》的汇报。作为宁波市级重点水利工程，宁海县东部沿海防洪排涝工程采用中疏、自排、外海强排辅助、生态相结合的治理方式，通过三年时间全面整治长街镇一、二、三、四干线及岳井片等8条河道，总计长约55.93千米，同时统筹考虑生态、景观等因素，全力打造江南平原水乡特色风貌区。

会议听取并原则通过县综合执法局关于《宁海县中心城区路灯管理机制方案》的汇报。宁海中心城区共有路灯4万余盏。路灯的管理工作关乎群众日常出行和城市形象。2017年3月开始，县有关部门着手制定方案，以国有企业公司制改革为契机，推进宁海县路灯行业的规范化，妥善解决运维经费问题，保持宁海中心城区路灯设施的安全平稳运行。

会议听取并原则通过县春运办关于《2019年全县春运工作情况》的汇报。2019年春运从1月20日至3月1日，县春运办将紧紧围绕“安全、畅通、舒适”总体目标，努力打造“高效春运、平安春运、畅通春运、便捷春运、温馨春运、文明春运”。会议指出，各有关单位要按照总目标、总要求，牢固树立红线意识、底线思维，紧盯关键部位、薄弱环节、重点场所，做好隐患排查，加强管控，确保全县春运工作有序开展。

会议传达省、市关于“大棚房”整治工作和高质量完成“三大攻坚战”工作任务相关会议的精神。会议指出，宁海高度重视“大棚房”的整治工作，在省政府召开全省视频会议的当晚，召开全县专项清理整治工作会议。会议强调，全县各有关部门和乡镇（街道），要强化思想认识，强化问题整改，强化责任落实，促进经济持续健康发展和社会大局稳定。

会议听取并原则通过市生态环境局宁海分局关于《中央环保督查反馈意见整改落实情况》和《宁海县省环保督查反馈意见专项整改落实方案》的汇报，听取并原则通过县经信局关于《宁海县制造业领军企业培育计划实施办法（试行）》补充规定的汇报。

会议以书面形式听取县政府办公室关于《2019年春节慰问方案》和县地方志编纂委员会办公室关于《加快推进宁海县地方志事业发展的若干意见》的汇报。

【第45次常务会议】 7日下午，县委副书记、县长林坚主持召开。县委常委、常务副县长王军海，副县长王鸿飞、陈陵际、范建军、应国邦、俞晶磊出席。县人大常委会副主任柳正维，县政协副主席石建军应邀参加。

会议听取并原则通过县委组织部《关于进一步优化人才生态加快建设“智汇宁海”的意见》《宁海县人才政策28条》的汇报。宁海将以人才领域“最多跑一次”改革为牵引，全面深化改革“引才育才用才留才”各环节，推动形成全链条管理、全方位保障、全领域推进的人才工作格局，并整合、优化和提升相关人才政策，为加快打造“两高”先行区、“五好”样板区提供坚实有力的人才保障和智力支撑。

会议听取并原则通过县经信局《关于加快小微企业园高质量发展的实施意见》的汇报。宁海计划到2022年，新增小微企业园15个以上，新建（改扩建）标准厂房200万平方米以上，推动1000家以上企业入园集聚转型发展；基本完成老旧工业点和块状行业整治提升，形成布局结构合理、产业特色鲜明、配套设施完善、管理服务规范的小微企业园高质量发展格局，促进块状经济再创新优势。

会议听取并原则通过市生态环境局宁海分局关于《宁海县打赢蓝天保卫战三年行动方案》的汇报。宁海将围绕打赢蓝天保卫战，坚持全民共治、源头控制、综合治理、重点突破，集中开展治气攻坚行动，全面开展清新空气示范区建设，推动全县环境空气质量持续改善，促进高质量发展，增强人民的蓝天幸福感。

会议听取并原则通过县招商中心《关于建立完善市场化专业化招商引才体制的若干意见》的汇报。宁海将在进一步加强对外招商引才合作的基础上，不断推进市场化招商引才，抓好产业集群招商引才，优化产业基金招商引才，招引项目落户和人才进驻；积极探索招商引才人员的管理考核新体系，建立以实绩为导向的招商引才奖励分配机制；开发建立项目和人才信息管理系统，对项目和人才信息实行动态管理、大数据管理。

会议听取并原则通过县科技局关于2018年度宁海县科学技术奖评奖情况的汇报；通过县长质量奖评审委关于2018年度县长质量奖和一线班组奖评审情况的汇报。会议以书面形式听取县人民政府关于对宁人大〔2018〕34号、35号、37号审议意见和宁人大〔2018〕33号视察意见的办理落实情况的报告。

会议还研究其他事项。

【第46次常务会议】 15日上午，县委副书记、县长林坚主持召开。县委常委、常务副县长王军海，副县长王鸿飞、陈陵际、范建军、沈纾丹、应国邦、李铭胜出席。县人大常委会副主任柳正维，县政协副主席石建军应邀参加。

会议听取并原则通过县经信局关于《宁海县工业集聚区规划》、《宁海县小微企业园发展规划（2018—2022）》和《关于加快工业企业闲置资产盘活促进民营经济高质量发展的若干意见（试行）》的汇报。《宁海县工业集聚区规划》对宁海现有工业区块的能级规模、发展潜力、产业类型和环境影响等相关筛选原则进行战略优化，谋划布局10个县级工业集聚区，形成“2521”县级工业集聚区空间布局。此次小微企业园发展规划期限为2018—2022年，预计至2022年，宁海共打造34个小微企业园，全面提升小微企业园发展质量和水平。会议指出，要不断优化完善规划，多规融合、统筹兼顾，实现资源集约化，为宁海工业经济发展拓展空间。要积极发挥政府部门作用，紧跟市场经济规律，解放思想，加大宣传力度，优化办事流程，为宁海制造业高质量发展提供新样板。

会议听取并原则通过县水利局关于《宁海县（2018—2020年）农民饮用水达标提标专项规划》和《宁海县农民饮用水达标提标行动实施方案》的汇报。会议指出，要充分认识这项工作的重要性、紧迫性和艰巨性，切实增强这项工作的操作性，强化顶层设计，统抓统管，细化各项责任，为高质量实施乡村振兴战略、实现“两个高水平”目标提供强有力的基础支撑。

会议听取县会展管理中心关于《庆祝“中国旅游日”2019年浙江省主会场活动第十七届徐霞客开游节暨浙江省文旅消费季启动仪式总体方案》和《庆祝“中国旅游日”2019年浙江省主会场活动第十七届徐霞客开游节暨浙江省文旅消费季启动仪式组织机构及工作职责》的汇报。会议要求，各有关部门要切实承担起各项活动的职责，加强领导，加大宣传力度，深化载体，进一步打响宁海的知名度和美誉度。同时，要统一思想，提高认识，切实增强做好开游节期间安全保卫工作的使命感和责任感，努力为开游节营造一个和谐、稳定的社会环境。

会议还研究其他事项。

【第48次常务会议】 6月18日上午，县委书记、县长林坚主持召开。县委常委、常务副县长王军海，副县长王鸿飞、范建军、应国邦、李红伟出席。县人大常委会副主任王能迭、县政协副主席石建军应邀参加。

会议听取并原则通过县经信局关于《宁海县数字经济发展三年行动方案（2019—2021）》编制说明和《宁海县移动通信5G基站（城区）布点专项规划（2019—2023）》的汇报。会议指出，数字经济是省委省政府的“一号工程”，根据省市关于推进数字经济发展指导意见，宁海在编制过程中要立足宁海实际，把握政府引导，市场主导；数字产业，创新驱动；产业数字，融合发展原则，积极拓宽宁海传统产业发展路径，培育数字经济新业态助推宁海经济发展高质量。5G建设和应用是一项国家战略，宁海将是全国开展5G应用试点最早的区域之一，总体规划期限为2019年至2023年。

会议听取并原则通过县财政局关于2018年预算绩效管理工作情况的报告。会议充分肯定有关部门共同推进财政预算绩效管理工作所取得的成绩。会议要求，下一步要进一步提高预算绩效管理工作的认识，针对存在的问题，各有关部门要积极加以整改，严肃纪律，推进预算绩效管理，努力把钱花在“刀刃”上。

会议听取并原则通过县房屋征收办提请县政府作出黄坛镇17-1地块、梅林南路拓宽改造工程、宁海县前童镇古得模具厂地块、科技园区办公楼西地块、梁皇山庄地块、宁海华联纺织有限公司（工业区）地块、城中小学地块征收决定的汇报。

会议听取并原则通过市生态环境局宁海分局关于《宁海县打赢治土攻坚战三年行动方案》的汇报。根据方案，宁海将到2020年，基本实现全县一般固体废弃物产生量与利用处置能力相匹配，危险废物规范化管理达标率达到90%，危险废物利用处置无害化率达到100%。

会议听取并原则通过县国资局关于《宁海县国有企业基金直接投资管理暂行办法》的汇报。会议以书面形式听取县财政局关于提请审议批准2019年全县政府债务限额的议案、关于2019年宁海县新增地方政府债券预算调整方案的报告以及县财政局关于宁海县2018年财政决算草案的报告。

会议还研究其他事项。

【第50次常务会议】 8月20日下午，县委书记、县长林坚主持召开。县委常委、常务副县长王军海，副县长王鸿飞、范建军、沈纾丹、应国邦、俞晶磊出席。县政协副主席何建春应邀参加。

会议听取并原则通过县发改局关于《宁海县“十四五”规划编制工作方案》的汇报。会议要求，“十四五”规划要明确“十四五”时期工作的指导方针、主要任务、发展重点和保障措施，使其成为指导全县未来五年国民经济和社会发展的行动纲领。

会议听取并原则通过县财政局关于宁海县2019年上半年财政预算执行情况的汇报。2019年上半年，全县经济呈向好态势，全县财税部门围绕改革发展大局，加强财政收支管理，有序推进财税改革，预算执行总体稳健。

会议听取并原则通过县教育局关于《宁海县人民政府关于进一步扶持社会力量兴办教育促进宁海民办教育高质量发展的实施办法》的汇报。《实施办法》的出台，是宁海全面深化教育综合改革的重要战略举措，对于缓解宁海教育资源供需矛盾，营造不同类型学校公平竞争、协调发展的环境，提升城市教育竞争力、促进教育事业整体发展，具有深远的影响。

会议听取并原则通过县司法局关于《加快宁海县律师行业健康发展的实施意见》的汇报。会议指出，要通过政策扶持，破解宁海律师行业发展的瓶颈问题，提高律师人才队伍整体素质，进一步壮大律师行业规模，引导、支持和激励广大律师人才更好地服务宁海经济社会发展。

会议听取并原则通过县自然资源和规划局关于《宁海县国土空间规划编制工作方案》的汇报。会议指出，要确保在2020年年底前高质量完成宁海县国土空间规划编制任务，推动规划实施管理制度和规划编制技术创新，形成布局合理、集约高效、支撑有力、协调可持续的国土空间发展蓝图，促进宁海国土空间高质量利用。

会议听取并原则通过县农业农村局关于《深入实施东西部扶贫和山海协作工作的若干意见》的汇报。会议要求，要进一步提高站位，压实责任，以更高标准、更大力度、更实举措，抓重点、攻难点、促提升、求实效，全力助推打赢脱贫攻坚战，聚力打造山海协作升级版。

会议听取并原则通过县发改局《关于进一步加强政府投资项目管理的通知》的汇报；通过县应急管理局关于《宁海县防汛防台抗旱应急预案》修订情况和全县防御第9号台风“利奇马”工作情况的汇报；通过宁海科技园区管理中心关于《宁海—景宁山海协作“消薄飞地”产业园合作共建补充协议》的汇报。

会议还研究其他事项。

【第52次常务会议】 9月23日晚，县委书记、县长林坚主持召开。县委常委、常务副县长王军海，副县长王鸿飞、范建军、沈纾丹、应国邦、俞晶磊、李铭胜出席。县人大常委会副主任王能迭，县人武部政委吴玮应邀参加。

会议听取并原则通过宁海传媒集团关于《组建宁海传媒集团的实施方案》的汇报。会议强调，要坚持传播媒介有变，党媒属性不变；体制机制有变，人才导向不变；创收模式有变，正确价值取向不变；传媒技术有变，“内容为王”不变的要求，对现有县域媒体资源进行整合融合，不断强化体制机制创新，不断提升主流媒体的传播力、引导力、影响力和公信力，不断拓展智慧产业和文化产业，以进一步壮大舆论阵地，做强媒体实力，更好地凝聚群众、引导群众、服务群众，打造县域媒体深度融合的“宁海样板”，为助推宁海经济社会持续健康向好发展提供强大的媒体支持和丰富的文化产业支撑。

会议听取并原则通过县市场监督管理局关于《宁海县农贸市场改造提升三年攻坚行动实施方案（2019—2021年）》的汇报。会议指出，农贸市场改造提升工作是一项民生实事工作，要按照“六争攻坚、三年攀高”行动要求，立足于农贸市场“民生性、公益性”定位，进一步深化农贸市场管理体制改革，加强综合施策治理，遵循“改造达标一批、优化完善一批、示范引领一批”的理念，促进农贸市场硬件提档、管理升级，做到环境整洁、食品安全、秩序井然、价格公道、群众满意，成为展现宁海文明城市形象的重要窗口。

会议听取并原则通过县国资局、县文广旅游局关于熊小米专项投资基金项目的汇报。熊小米是由熊小米（北京）文化传播有限公司重点打造的国产学龄前儿童领军动漫IP品牌。熊小米（北京）文化传播有限公司在2016年3月注册成立宁海熊小米文化传播有限公司，旨在全面加强与宁海合作，共同推动儿童动漫IP品牌的创建，打造宁海熊小米儿童文具产业链，推进熊小米儿童美育生态圈。

会议听取并原则通过县房屋征收办提请县政府作出南门菜场地块征收决定的汇报；会议听取并原则通过桃源街道关于《宁海县桃源街道杨柳峰股份经济合作社城中村改造征收集体所有土地房屋拆迁安置实施方案》的汇报。

会议还研究其他事项。

【第56次常务会议】 10月30日下午，代县长滕安达主持召开。县委常委、常务副县长王军海，副县长王鸿飞、沈纾丹、应国邦、俞晶磊、李铭胜、励成杰出席。县人大常委会副主任潘红月、县政协副主席石建军应邀参加。

会议听取并原则通过县商务局关于《宁海县深入开展消费扶贫助力对口地区脱贫攻坚加快区域协调发展实施方案》的汇报。宁海坚持政府引导、社会参与、市场运作、机制创新，充分激发全社会参与消费扶贫的积极性，着力拓宽贫困地区农产品销售渠道，帮助提升贫困地区农产品供应质量和水平，积极推动贫困地区休闲农业和乡村旅游业发展，有效扩大贫困地区产品和服务消费，促进贫困人口稳定脱贫和贫困地区长远发展，为助力打赢脱贫攻坚战、推动区域协调发展、推进乡村振兴战略实施做出积极贡献。2019年，全县消费销售对口地区农特产品总额不低于3600万元。会议指出，脱贫攻坚战是中央三大攻坚战之一，是一项重大政治任务，各地各部门务必要统一思想讲政治，全力以赴做好消费扶贫工作；各有关责任单位要根据实施方案的要求，不折不扣抓好各项工作的落实。

会议听取并原则通过市生态环境局宁海分局关于迎接第二轮中央生态环境保护督察工作有关情况的汇报。会议强调，开展中央生态环境保护督察，是党中央、国务院为加强生态环境保护工作采取的一项重大改革举措和制度安排，各地各部门务必提高思想认识、增强政治觉悟，以更加严谨的态度做好第二轮中央生态环保督察迎检准备工作，确保全县生态文明建设不断取得新成效。

会议专题传达贯彻裘东耀市长调研宁海安全生产工作讲话精神。会议强调，各地各部门要认真学习贯彻裘市长讲话精神，结合裘市长的要求，对前期安全生产工作进行全面检视，持续深化安全生产和消防安全“四大会战”，最大限度消除事故隐患和问题，有效管控各类安全风险，全面夯实安全生产基础，推动全县安全生产形势稳定好转。

会议听取并原则通过县交通运输局关于《宁海县深化收费公路制度改革取消高速公路省界收费站实施方案》的汇报、县人民政府关于对宁人大〔2019〕26号视察意见办理落实情况的报告。

会议还研究其他事项。

【第57次常务会议】 11月27日，代县长滕安达主持召开。县委常委、常务副县长王军海、副县长王鸿飞、沈纾丹、俞晶磊、励成杰出席。县人大常委会副主任赵秀萍，县政协副主席石建军应邀参加。

会议听取并原则通过县农业农村局《关于2019年宁海东西部扶贫和山海协作工作考核任务完成情况》的汇报。一直以来，宁海紧紧围绕上级要求，按照“上级要求、对方所需、宁海所能”的原则，深化“县级共商，局级共推，股级共抓”扶贫协作新模式，确保扶贫工作有力高效精准推进。会议充分肯定前阶段宁海在东西部扶贫和山海协作工作中取得的成绩。会议指出，脱贫攻坚战是中央三大攻坚战之一，是一项重大政治任务，各地各部门要统一思想，盯紧看牢，补齐短板，全力做好扶贫工作；2020年是脱贫攻坚冲刺年，要做实做细前期谋划工作，抓好各项工作落实。

会议听取并原则通过市生态环境局宁海分局关于《宁海县固体废物污染防治规划情况》的汇报和关于《宁海县生态环境保护工作责任规定》的汇报。会议指出，生态是宁海最大的资源，保护生态环境是宁海自身发展的需求，也是宁海人民的向往。生态文明建设工作要紧紧围绕上级有关要求，认真贯彻落实中央生态文明建设和环境保护决策部署，以人民对美好生活的向往为目标，以深化生态文明体制改革为动力，以解决突出环境问题为导向，强化环境保护和污染监管，不断提升生态文明水平。

会议以书面形式听取《宁海县人民政府关于对宁人大〔2019〕24号审议意见办理落实情况》的报告，县法院还书面通报《宁海法院行政案件司法审查情况》的报告。

会议还研究其他有关事项。

【第59次常务会议】 12月19日晚，代县长滕安达主持召开。县委常委、常务副县长王军海，副县长王鸿飞、沈纾丹、应国邦、俞晶磊、励成杰出席。县政协副主席石道伟应邀参加。

会议听取并原则通过县司法局关于《宁海县人民政府关于废止部分行政规范性文件和政策性文件的决定》的汇报。会议指出，开展行政规范性文件清理工作，对于加快法治政府建设、全面推进依法行政有重要意义。相关部门要做到及时清理，与时俱进，保持法治政令统一。

会议听取并原则通过县自然资源和规划局关于《宁海县土地储备管理办法（试行）》的汇报。会议指出，要按照宁海新型城市化和全域城市化发展方向，通过控制新增、挖掘潜能、统筹收储，创新完善存量建设用地管理机制，使闲置和低效土地得到充分利用，为招商引资和提质发展提供新的空间。

会议听取并原则通过县自然资源和规划局关于《宁海县人民政府关于进一步规范土地出让管理工作的通知》的汇报。会议指出，要进一步规范土地出让管理工作，规范有关工作制度，强化监督检查机制，维护公开、公平、公正的土地市场秩序，促进土地节约集约利用。

会议听取并原则通过县文广旅游局关于《宁海县“全域旅游再出发”专项行动实施方案》。会议指出，宁海抓抢休闲旅游时代机遇，举全县之力发展全域旅游，经过三年的努力，2019年正式被文化和旅游部命名为首批“国家全域旅游示范区”，宁海全域旅游发展站在新的起点。相关部门要有新展望、新要求、新作为，巩固全域旅游建设成果，进一步发挥全域旅游对发展经济、惠及民生的重要作用。

会议还研究其他事项。

【第61次常务会议】 12月30日上午，县委副书记、代县长滕安达主持召开县政府第61次常务会议。副县长王鸿飞、沈纾丹、应国邦、俞晶磊、李铭胜、李红伟、励成杰出席。县人大常委会副主任赵秀萍、县政协副主席何建春应邀参加。

会议听取并原则通过县司法局关于《2019年全县法治政府建设工作情况汇报》。会议指出，推进法治政府建设是全面推进依法治国基本方略的重要组成部分。各级各部门要进一步强化法治思维，牢固树立“法律红线不能碰、法律底线不能越”的观念，带头依法办事、遵守法律，并增强以法治思维和方式推动发展、推进改革、解决矛盾的能力。

会议听取并原则通过县农业农村局关于《2019年东西部扶贫协作工作情况汇报》。会议指出，要在全面总结2019年工作的基础上，提前谋划好2020年工作，以争先创优的精神，确保晴隆县在现行国家扶贫标准下的农村贫困人口如期实现脱贫，贫困村全部出列，与全国一道迈入全面小康社会。

会议听取并原则通过县应急管理局关于《2019年宁海县安全生产工作报告》。会议指出，要时刻绷紧安全生产之弦，持续深入推进安全生产和消防安全“四大会战”，切实加强当前安全生产工作，积极谋划2020年安全生产和应急管理工作思路，确保全县安全生产形势持续稳定。

会议听取并原则通过县住建局、县消防救援大队关于《建设工程消防设计审查及验收工作情况的报告》、《宁海县2019年度消防安全工作情况报告》。会议指出，消防安全事关人民群众生命财产安全，决不能有丝毫麻痹。要从严落实责任，不断夯实消防基础，加强消防队伍建设，重视消防安全教育培训，守牢安全红线，确保人民群众生命财产安全。

会议以书面形式听取《宁海县人民政府关于对宁人大〔2019〕36号审议意见办理落实情况的报告》，听取县政府办公室关于《2020年春节慰问方案》的汇报。

会议还安排时间集体学法。宁波大学法学院教授钭晓东以《未来法治与中国之治的未来——兼议宁海之治的创新点寻求》为题，重点阐释未来法治的建设和演进会如何、中国之治应如何顺应与回应、宁海之治的创新点寻求等思考与回复。

会议还研究其他事项。

信访工作

【概况】 认真贯彻落实习近平总书记对信访工作的重要指示精神，认真学习贯彻落实信访工作责任制，圆满完成新中国成立70周年、中共十九届四中全会等一系列重大活动期间的信访维稳安保任务，顺利实现各项工作目标，有力规范信访秩序、有序维护社会稳定切实，为建设“平安”宁海营造良好的社会环境。

宁海县委、县政府高度重视信访工作，县委书记多次专题批示信访问题，听取信访工作汇报；县委副书记、组织部部长、常务副部长先后约谈18个乡镇街道及9家重点信访单位的一把手；县领导作为积案化解工作的第一责任人，亲自挂帅，推动化解；县级积案则由县领导联系、指导，各乡镇街道党政一把手、各部门主要领导亲自抓，分管领导具体抓，促进案件化解。

【制度改革】 以“最多跑一次”为引领，积极推进“信访超市”建设。打造完成宁海县矛盾纠纷多元化解中心建设，由法院、人社、司法、调解、交通等12家单位入驻，形成全科受理、访调一体、集成联办、一站化解的县级信访超市，形成长期有效的处理解决群众问题的“一站式”场所，全面提高基层社会治理现代化水平。

打通“最后一公里”，全面推广镇村信访代办制度。6月24日，在岔路镇启动信访代办制试点工作，并陆续在全县范围内开展推广，225个行政村（社）设立信访代办点。

建立完善信访网电综合效能指数定期发布机制。制定发布《关于实行信访事项办理效能指数通报发布制度的通知》。根据各乡镇（街道）和有关单位信访办理情况，每季度分组排定名次。

【无积案县创建】 以百日攻坚行动为抓手，打好信访积案化解攻坚战。3月28日，宁海县委政法委、县纪委、县信访局共同制定发布《2019年宁海县重点涉稳信访积案化解百日攻坚行动方案》，梳理出121件重点涉稳问题挂牌督办件，挂牌督办的重点信访案件办理按照

“分级负责、归口办理；谁主管、谁负责；属地管理”原则，实行定领导、定措施、定时间、定责任，包调查、包处理、包稳定的“四定三包”责任制。39件涉稳类案件已化解31件，82件挂牌的信访案件已化解43件，化解率达61%。同时在督查中对责任不落实、工作不到位的乡镇街道和部门以及相关工作人员，联合纪委启动问责机制，全年累计发出责任追究通报1次，责任追究4人，其中诫勉1人、立案查处1人、约谈2人。

以督查抓落实，确保工作落实促成效。成立由县委副书记、政法委书记李贵军任组长的“百日攻坚”行动领导小组，全面负责攻坚行动的指挥调度、督导问责等工作。县两办督查室会同县委组织部、县纪委、县政法委、县信访局对全县重点涉稳问题及重点信访问题开展为期2个月的专项督查。第一轮督查实地走访18个乡镇街道和16个县直部门，通过实地督查，听取汇报，查阅台账等形式，有效摸清各单位的情况，把汇总形成专报，将好的做法进行推广，对存在问题的单位点对点下发通报、落实整改，切实有效压实各单位的信访维稳工作责任。

行政审批管理

【概况】 县政务服务办公室紧紧围绕县委“创新破难奋进年”整体工作安排，党建引领破管理难，优化提升破攻坚难，取得明显改革成效。审批服务质量持续提升，群众办事获得感持续加强，营商环境持续改善，打造“最多跑一次”改革的宁海新样板，常态化企业开办“5小时办结”和“双证联取”“零次跑”服务外籍专家获得省委副书记、市委书记郑栅洁的批示。同时，深化推进公共资源市场化配置改革，实现公共资源配置向更加公平、高效、规范方向发展。县审管办获全县首个省级“人民满意的公务员集体”、市级模范集体、宁波市“五星级基层党组织”、宁波市公共服务窗口文明单位、宁波市优秀团组织、宁海县先进基层党组织、“党群同心圆”志愿服务先进党组织、宁海县三八红旗集体等荣誉。县公共资源交易中心在全市公共资源交易服务评先创优活动中，包揽2019年度全市先进公共资源交易分中心、2019年度全市公共资源交易服务优秀案例和2019年度全市公共资源交易业务能手三大奖项。

全年，办公室主动公开政府信息6998条，其中政府网站公开政府信息6896条，占比98.54%；通过政务微博公开政府信息70条，占比0.01%；通过政务微信公开政府信息32条，占比0.005%。

【基层组织建设】 从基础建设、模范引领、科学决策等方面全面提升基层组织建设，党组织作为核心战斗堡垒的作用得到充分发挥，全体工作人员奋发有为，精神风貌明显提振。成立机关党委、配备专职副书记，探索“支部建在项目上”，按办理区为单位建立单独支部，充分发挥党支部在中心与部门间上下联通、各进驻部门间左右贯通的纽带作用，将主题教育作为统一队伍思想、检视当前问题、促进改革落实的有效抓手，打造科学、合理、效益最大化的基层党组织体系，让党建工作成为推动各办理区化学融合、推动改革走深走实的强劲动力。

【从严治党】 扎实推进“清廉机关”建设，推进清廉文化进心中工作开展。探索廉政风险点执行准则，将全面从严治党延伸至窗口负责人，将廉政风险点梳理延伸至所有岗位人员，以“切实防范吃拿卡要等腐败行为”为重点，深耕廉洁土壤，厚植清风底蕴，同时积极协调推进“两集中、两到位”，让权力在阳光下运行。经过两年时间的创建，“扎紧制度网、夯实学习网、筑牢重点网、布设监控网、规范服务网”五网廉动，“清廉机关”建设卓有成效，为改革提供强有力的纪律保障。县纪委第二纪检监察组在召开“清廉机关”成果推广会上推介该经验。

【素质建设】 以全国文明单位创建为目标做好申报准备，将大厅标准化建设和文明单位创建紧密结合，大力宣传本系统致力改革、优化营商环境的典型做法、经验和亮点，向社会传递正能量。坚持高素质的队伍是推进改革的最佳保障，以打造“荣誉共同体”为理念，打造最强学习力、最强服务力、最强源动力的“三强三力”队伍体系为目标，持续创新差异收入分配制激发动力，探索窗口人员业务能力与岗位补贴发放相挂钩制度，将岗位等级分为四级，紧密结合一窗通办的要求，建立考级题库，对所有人员开展考级评定，所有岗位人员通过一级考评。

【项目审批】 一般企业投资项目开工前审批“最多37天”稳步运行。截至年底，已领取施工许可证的86个项目中，77个项目在“37天”内完成，实现率89.5%，从项目备案到施工许可证领取最短用时仅13个工作日。一般企业投资项目竣工验收“最多11天”有序推进。通过减审批、减前置、减材料，实施联合验收等，改变竣工验收由企业多头申报、各部门多头分验的困局，实现一般企业投资项目竣工验收“最多11天”，全流程审批不超过45个自然日，共有18个工业项目和3个房地产项目实施联合竣工验收。全市率先推行涉水事项“多评合一”。建设项目水土保持报告书、防洪影响评价报告书以及水资源论证报告书合并编制为水评影响报告书，审批时间从法定的70天缩短为5天，提速率达93%。建设、人防、消防有关事项实行“多合一”。房屋建筑和市政基础设施工程经施工图审查合格后，建设单位可以提出同时办理应建防空地下室的民用建筑项目报建审批、人防工程质量监督手续、建设工程消防设计审查、建筑工程施工许可、建设工程质量监督安全手续的“多合一”申请，环节由5个合并为1个、材料由25份减为5份，极大缩短企业办理时间。

【商事登记】 食品经营许可“最多核一次”获全省推广。对食品销售单位实行“告知承诺制+零核查”，对餐饮服务单位实行“告知承诺制+最多核一次”，现场核查多次反复的现象得到根本改善，服务效率大幅提升，“最多核一次”的改革样板成为全省推广实施的模板。全市率先实现企业开办全流程“一件事”3小时办结。以中国银行宁海支行为试点，利用“智能柜台移动版”载体，将开户地点从银行柜台前移至行政服务中心，企业在行政服务中心可当场开户，开办全流程3小时办结。大力推进“证照分离”改革，分取消审批、改为备案、实行告知承诺、优化准入服务等4类全面推开改革，有效降低企业制度性交易成本，有力破解市场主体“办照容易办证难”“准入不准营”等突出问题。大力推进企业注销便利化。一般注销取消清算组备案环节，注销材料从9份减至4份，精简55.6%，依托“企业注销一网服务平台”，实现市场监管、税务、人力社保、商务、海关等部门的办理信息互通，有效推进简易注销1个工作日内办结。

【不动产登记】 全国首创司法拍卖不动产登记“零次跑”。通过合并事项、精简材料、上门服务，并依托政务钉钉，全面优化部门工作流程，申请人跑腿次数从4次减为0次，办事时间从至少半个月减少到2个工作日，相关做法被人民网报道。企业不动产转让2日内办结。设立企业不动产登记“绿色通道”，不动产、税务、房管联合开展企业国有建设用地使用权及房屋所有权交易登记“一件事”，办结时间从省里要求的4个工作日缩减为2个工作日。不动产抵押登记进银行。在宁波银行、农商行、建行、中行、杭州银行等多家银行安装不动产登记系统，实现“放贷”一件事在银行就能“一站式”办结。

【民生登记】 外籍人才“双证联取”“零次跑”。通过实施“绿色办”“同步办”“分类办”等举措，外籍高端人才办理外国人工作许可证和外国人居留许可签证从需要跑市级部门“等待15天”变为坐等服务上门“当天办”，从“跑3次”变为“零次跑”。户外广告实行“一事联办”。城市大型户外广告设置及建筑物、设施上张挂、张贴宣传品等审批事项，由原来的多头受理审批转变为一窗受理、一网审批，申请单位从跑4个部门、30个工作日变为只需跑1个窗口、5个工作日内即可完成办结。新建项目地名核准和门牌编制实现一步走。对已建成新小区的地名核准与门牌编制两个审批事项，以“一件事”的方式进行审批，改二步走为一步走，有效减少审批环节和群众来回跑次数。

【改革服务体系】 按照OSM现场管理要求，大力推进实体办事大厅标准化建设，优化功能区块服务建设，配置可视化数据平台，实时展示满意度、办件进度、排队等候人数等信息，接受办事群众监督。健全“好差评制度”，强化差评闭环机制建设，完善“一事一评”制，建立实时通知、督促整改、超期预警、晾晒通报的工作机制，打通实体大厅与省级“好差评”平台数据对接的“最后一公里”。

【三级联动体系】 在西店岭口村开展“村务厅”试点工作，夯实“大事不出镇、小事不出村”基础；大力推进社保医保、卫生计生、民政救助、国土建设、水电燃气等168项群众关注度高的常用事项向乡镇（街道）便民服务中心延伸；大力推行“代办点+自助服务终端+网格员”便民服务模式，实现“宁波办事”综合自助服务终端乡镇（街道）全覆盖。

【政务帮办体系】 政府代办方面。组建县、园区、乡镇（街道）投资项目帮办团队65人，助力项目快速落地；组建“店小二”政务服务志愿队219人，根据企业群众提出的需求，灵活机动开展上门服务。中介代办方面。组建环保审批代办队伍20人，负责从环评编制到报批全过程为业主提供免费代办服务；组建水利审批代办队伍10人，负责为业主代办建设项目水土保持方案报告书、水土保持方案设施验收报备等事项的网上申报、方案评审、提交资料等。银行代办方面。商事登记领域与7家银行76个网点开展政银合作，社保领域与44个银行及邮政网点建立合作，实现乡镇街道银行代办全覆盖；公积金领域，实现代办合作银行达7家。全动员的政务帮办体系实现政务服务“就近能办、同城通办”。

【服务拓展体系】 实施供水、排水、供电、供气、通信网络、数字电视等市政公用服务报装接入综合改革，提升市政公用服务报装流程、优化市政公用服务报装审批、改革外线接入施工审批、减轻涉企收费，积极牵头组织基本建设项目各单位开展上门服务，做好“联合踏勘”“现场受理”“联合会审”“统一承诺备案”，争取做到最多挖一次。不动产转移登记从通过微信平台线下实现“水、电、气、数字电视”联动办理，到升级至线上平台办理，实现水、电、气、数字电视、宽带网络“五通”网上联办，一窗受理、一站式办结。

【净化工程建设领域软环境】 根据全县工程建设管理工作会议精神，按照“围绕中心、服务大局，突出重点、抓住关键，标本兼治、惩防并举，统筹兼顾、系统整治”的总体思路，对工程建设领域开展全面的专项排查和整治。牵头组织各乡镇（街道）和县直部门开展自查，对自查情况进行归类汇总，分析问题产生的原因，提出对策建议。牵头组织各部门对需要补充、修订、完善的制度文件和拟新出台的制度文件进行梳理，着手出台工程建设领域文件汇编。《汇编》主要包含《关于进一步加强政府投资项目管理的通知》《宁海县工程建设项目招标投标管理暂行办法》《宁海县村级集体投资工程建设项目管理办法》《宁海县政府投资项目竣工验收管理办法》《关于规范行政审批领域中介机构管理的实施方案》等5个新出台文件和《宁海县政府投资项目估算概算管理办法》1个新修订的文件，并且系统而全面地梳理目前工程建设领域涉及的法律法规和规范性文件123个，推进工程建设领域有序发展的长效机制建设，促进市场交易活动依法透明运行。

【清除黑恶势力】 坚定整改决心，营造舆论氛围，出台整改方案，从政治站位、依法严惩、综合治理等方面落实具体整改措施，认真整改扫黑除恶专项斗争中存在的问题。针对水利、交通以及房建的幕墙、空调、电梯“五大行业”、“五类主体”和“五种情形”开展招标投标领域违法行为专项治理，将发现的有效线索及时移交公安部门。同时建立多个长效机制，巩固整治工作，进一步净化宁海招标投标市场环境。

【公共资源交易】 积极督促各招投标行业主管部门清理、排查、纠正对投标企业设置的各类不合理条款，将宁海本地税收、奖项、业绩等加分条款予以取消，切实净化营商环境。改进招标采购制度，推行重点自主创新产品定向采购制度。完善“政采云”平台并推行全流程线上操作，加速政采电子化，实现政府采购首例全流程电子化，从采购计划审核、采购文件制作、招标公告发布、招标文件获取、投标、专家抽取、开标、评标、合同备案和电子归档及监督等全过程均通过电子交易系统完成，全过程无纸化操作、电子留痕、可溯可查。编织“采购一张网”，打通和“政采云”平台数据的连接，实现“预算—计划—采购—合同”全流程网上操作，采购单位“一次不用跑”即可完成采购业务，真正实现“阳光采购”“高效采购”“功能采购”“智能采购”四大成效。

表2 2019年宁海县政务服务办公室荣誉汇总表

序号	名称	授予单位	颁奖单位	月份
1	2017—2018年度宁海县三八红旗集体（奖牌及奖状）	宁海县审管办	宁海县妇女联合会	2019年3月
2	2018年优秀团组织	宁海县审管办	共青团宁波市委	2019年2月
3	2018年度宁该县优秀共青团组织（第一支部）	宁海县审管办	共青团宁海县委员会	2019年3月
4	2016—2018年度宁波市模范集体	宁海县审管办	中共宁波市委	2019年4月
5	先进基层党组织	宁海县审管办	中共宁海县委	2019年6月

续表2

序号	名　　称	授予单位	颁奖单位	月　份
6	宁波市公共服务窗口文明单位	宁海县审管办	宁波市精神文明建设指导委员会	2019年3月
7	“人民满意的公务员集体”称号（奖牌及证书）	宁海县审管办	中共浙江省委组织部	2019年9月
8	五星级基层党组织	宁海县审管办	中共宁波市委组织部	2019年3月
9	2018年度“党群同心圆”志愿服务先进党组织	宁海县审管办党委	中共宁海县委组织部	2019年3月
10	2018年度宁波市级“青年岗位能手”（荣誉证书）	宁海县审管办陈新娜	宁波市“号、手”活动指导委员会	2019年2月
11	2018年度“党群同心圆”优秀党员志愿者	宁海县审管办应晓燕、陈新娜	中共宁海县委组织部	2019年3月
12	2018年度宁海县先锋团干部（荣誉证书）	宁海县审管办陈新娜	共青团宁海县委员会	2019年3月
13	2019年度优秀公共资源交易分中心（奖牌及证书）	宁海县公共资源交易中心	宁波市公共资源交易中心	2019年12月
14	《多措并举综合发力　全面打造阳光政采——宁海县政府采购中心完善信息化项目采购》——2019年度公共资源交易服务优秀案例（奖牌及证书）	宁海县公共资源交易中心	宁波市公共资源交易中心	2019年12月
15	2019年度全市公共资源交易服务业务能手（荣誉证书）	宁海县公共资源交易中心仇海标	宁波市公共资源交易中心	2019年12月

8月15日，省委改革办、省委党校领导一行到县政务服务办公室考察“最多跑一次”改革工作

11 月 8 日，宁波市政务服务办领导一行到县政务服务办公室调研

2 月 22 日，学习传达争当服务标兵，勇当攻坚先锋暨“创新破难奋进年”动员大会

县大数据中心

【概况】 2019年新中国成立70周年，是高水平全面建成小康社会的关键之年。大数据中心坚持以习近平新时代中国特色社会主义思想为指导，认真贯彻落实中共十九大及中共十九届二中、三中、四中全会精神，在省市党委政府和县委、县政府的坚强领导下，大力开展“创新破难奋进年”活动，深入推进“六争攻坚”行动，重点围绕省市政府数字化转型各项工作部署，奋力推动各项工作出现新的突破。

为加强互联网与政务服务的深度整合，助推“最多跑一次”改革，经县政府研究，并报市委编办同意，2月19日，设立宁海县大数据发展服务中心，为县政府直属事业单位，机构规格相当于正科（局）级。

3月8日上午，宁海县大数据发展服务中心揭牌成立。3月28日，经县深化机构改革协调小组办公室同意，从县政府办公室接收转隶事业人员3名。

中心定编制12名，班子1正3副，设置3个科室。党务、财务、学习等综合性事务依托县政府办公室开展，确保集中精力抓业务。党政信息中心干部转隶至县大数据中心，又从部门、乡镇选调精干力量充实大数据队伍，组建好精兵强将推进政府数字化转型工作。

【组织保障】 重塑机构，有力协调。为加快推进政府数字化转型工作，促进“最多跑一次”改革纵深推进，成立以县委书记林坚为组长、常务副县长王军海任副组长的县深化“最多跑一次”改革推进政府数字化转型工作领导小组，同时调整“最多跑一次”改革工作部组织结构，由县府办主任兼任数转办主任与跑改部部长，组建综合协调、营商环境、政府数字化转型、公共服务、政策补助、标准化建设等7个专项工作组。为协调各单位、提升部门执行力，提供坚实的组织保障。

建章立制，依规行事。出台《宁海县政府投资信息化项目管理办法》《宁海县政府投资信息化项目管理办法实施细则》，进一步加强和规范信息化项目管理，落实全生命周期监管，确保财政资金使用效益，消除信息孤岛。出台《“浙政钉”管理暂行办法》，进一步明晰各级职责，规范使用浙政钉。2020年度政府投资信息化项目已通过数转会议，技术评审已完成，涉及项目51个，投资约1.08亿元。

智力保障，加强合作。明确全县各部门、乡镇街道的大数据分管领导及联络员，形成大数据工作网络；从县委组织部的公务员档案、县人社局的事业干部档案及县国资局的国有企业职工档案中，搜集与大数据相关专业毕业的年轻干部职工名录，形成“大数据后备人才资源库”；推动与省、市专家建立不定期联络方式，构成大数据“专家库”；推动相关企业根据从事范围、特色特长、能级评估、成功产品范例及社会绩效评价等分类，构建大数据“企业库”。推动以上“一网三库”成为支撑今后宁海政府数字化转型的重要力量。

【推进政务事项网上办】 通过提升事项指标颗粒度实现网上办事精准指引，实现扩充事项50%以上，累计配置44部门2910项政务指标；通过全流程网上办理，网上申报、快递传达、上门办理，双向快递，全城免费代办等途径推动实现“跑零次”，实现95%以上事项可以“跑零次”，一证通办事项实现100%；通过容缺受理、告知承诺、优化流程、信息共享等方式压缩办件承诺期限，压缩时限超80%以上，实现投资项目审批一件事37个工作日审批，不动产登记1小时办结；通过全事项检测，确保部门事项真实可办、操作通畅、流程简约。逐条核验事项数据，指标不达标的绝不放过，数据不完善的绝不放过，系统不相容的绝不放过，及时整改错误事项，解决错误节点，抓好日常动态维护。通过不懈努力，宁海“互联网+政务服务”工作始终稳居全市前列。在8月16日市政府数字化转型第二次专题会议上，宁海政务服务六大核心指标有四项位居全市第一；在9月16日市长第三次专题会议上，宁海政务服务八大核心指标有六项位居全市第一；在12月27日市长第四次专题会议上，宁海总体得分位居全市第三。

【助力“一件事”改革】 在跑改部统筹领导下，积极做好公民“一件事”改革技术支撑，多项改革得到应用推广。在省委改革办主办的《领跑者》上刊发群众身后“一件事”改革，是宁波各县市区唯一的领跑案例，并被评为改革优秀实践案例；全国首创“执行全联动”破解执行难在人民网报道；优化营商环境推动二、三产政策补助“一指通”，并成为首批接入国家政务服务平台的特色服务。

【深化政务办公上钉运行】 宁海是最早响应政府数字化转型工作的县市区之一，特别是浙政钉工作走在全省前列，在群众身后事、项目审批、高龄津贴、新生儿登记等改革中，利用浙政钉开发宁海民生、宁海云鹰等微应用，而且全部数据对接浙江政务服务网。在2019年的云栖大会上，宁海作为全省浙政钉应用的唯一案例进行推广，阿里钉钉研究院为此专题调研浙政钉应用工作。宁海浙政钉注册22151人，活跃度89%，激活率100%，日均使用钉内微应用1849人次，日均发言9219人，日均钉消息1716条，日均电话视频会议8次。全面完成36个相关部门790条实施清单的编制录入，实现监管事项100%全录入。全县共计入库执法干部564名，设置检查任务数180个，其中双随机任务128个，检查各类主体8000户次，浙政钉掌上执法系统应用率95.11%。通过培养干部使用浙政钉的习惯，配合各类为民服务的政府端口向群众传导掌上办事的优越性与便捷性。

【引领智慧应用创新推广】 《宁海县村级小微权力36条运行系统》列入市级创新应用名单。开发具有留痕、查询、预警、提醒等多功能的2.0版本，拥有4个总平台、11个分类、57个栏目。与1.0系统相比，2.0系统统一登陆地址，把原有18个乡镇分散独立的数据库整合为一个36条总数据库；增加钉钉登陆、智能分析、搜索引擎、分类统计、文件查询、范本下载等功能。项目通过市大数据局组织的专家组验收，并一致认为：该项目目标明确，充分利用宁海县村民e点通钉钉平台的用户资源和县政务数据中心云资源，建设内容全面，系统架构合理，具备向全省、全市具有较好的复制推广性。系统在实际应用中成效显著，共录入村级工程项目619个，涉及工程项目投资8.83亿元；收录村级资产资源1124个，涉及村级资产资源总额72.62亿元。公开基层党务847项、村务841项、基层财务904项。系统上线至2019年，仅通过村级工程项目程序的规范和对闲置集体资产的及时处置，就挽回村集体损失300余万元。因村级事务得到更多展示，运行更加阳光，有效缓解群众内部矛盾，截至年底，各乡镇街道共接待群众信访123件，比2018年同期下降36%。

【推进政务数据统筹归集】 积极落实省市关于政务数据资源目录梳理的工作指示，于9月30日之前完成并提交65个单位872项10589条政务信息资源目录梳理工作，其中：21个单位提交个性化信息资源目录，共计177条个性化信息资源目录，1389项数据项，无条件共享信息项197项，受限共享1137项，非共享数据项49项。是全市唯一一家在规定时间内完成工作的地区，并且为全市的政务信息资源目录提供重要贡献。向省市申请数据共享接口190个，2019年调用数据总量431.6万余次，应用率位居全市第三，完成84个省、市、县系统对接配置。

【顶层设计】 落实县委林书记指示认真开展城市精细化管理调研，班子围绕《政府数字化转型创新模式与路径研究》《政府投资信息化项目建设管理难点分析与对策》《“互联网+政务服务”事项解析助推“最多跑一次”改革》三个课题，同步启动《宁海县大数据发展“十四五”规划》编制。深入开展数字城市调研工作，走访40余家重点部门、10余家企业中介，摸清全县数字化项目建设、运行情况及存在问题，得到详尽准确的系统软件平台、数据资源目录、自有数据存储等数据，检查65个部门121个信息系统，汇总归纳4大类17项面临难题，提出6方面21项建议与计划。

【保障基础网络安全】 投入190万元的宁海县政务数据中心安全扩容建设项目已经完成建设。投资512万元完成政务外网核心网络安全设备升级改造，由原来的1千兆升级到1万兆。进一步完善宁海县政务数据中心应急预案，规范应急响应工作内容和流程，提高应急响应能力，完善应急响应机制，确保网络和信息系统的安全及业务的连续性。特别是在发生云平台故障、软硬件故障、网络流量异常、设备异常告警、端口异常等问题时无缝启用紧急维护手段，迅速恢复业务，最快速度收集处理信息。对市县网信办和公安网监部门日常检查中发现的安全隐患都进行及时的处置，配合网信部门妥善处置“勒索病毒”事件。

【自身建设】 开展主题教育、主题党日以及参与县府办领跑学堂学习50余次、集中学习17场、集体学习领读原文原本37篇，除了逐篇逐页学好规定书目外，还向每位党员发放《干在实处走在前列》《中国共产党的九十年》《之江新语》《新中国发展面对面》等理论辅助读物，进一步加强理论学习。

结对紫金花园每周一次开展垃圾分类指导工作，列入市级优秀小区。组织全体党员干部赴“红动宁海初心学堂”重温一次入党誓言、过一次政治生日、聆听一次革命故事、观看一部红色影片、参观一处纪念馆；开展集中研学、深谈体会，进一步提高党员干部的学习能力、协调能力、管理能力和创新能力。

政治意识到位，加强风险防范。中心党组于2月25日建立，班子成员3人，共有党员5名，设支部1个。制度建设到位。建立“三重一大”党组议事决策规则，制定选人用人、网络舆情、意识形态、财务管理、档案保密等13个专项制度。在基层减负、精简办文办会方面发挥大数据优势，以现场办公取代工作部署会；完善“三铁一器”保密硬件；完善政务数据中心应急预案，明确应急指挥体系，加强日常监管，24小时值守，未发生网络安全事件。

压实责任，廉政建设到位。落实“一岗双责”要求，中心全体党员签订不信教承诺书；无举办大型论坛、学术报告等情况，无下属管理的群团组织。

严格执行干部选拔任用规定。制定《县大数据中心中层干部选拔聘任工作实施方案》并报县委组织部审核通过。按照动议、述职述德述廉述法、民主推荐、确定考察对象、组织考察、民主测评、预审、讨论决定等九个步骤严格规范落实。在中层干部选拔中党组议事规范，考察及材料纂写规范，任前公示和发文任职规范并报组织部备案，本次选拔平级转任3名，提拔副职1名。严格执行干部档案管理规定。以干部人事档案专项审核“两全”工作为契机，对正式调入中心的3位同志进行档案审核，其余因未完成人事调动手续由原单位审核。

【浙政钉推广应用工作】 积极贯彻落实全省政务统一使用“浙政钉”系统的部署，将县级开发应用作为从省到村五级架构中的创新活力源，探索出多项数字化政务协同办理模式，受到省委主要领导批示肯定，被钉钉技术开发团队认定为全省标杆案例，成为10月阿里巴巴主办的云栖大会全省“浙政钉”应用唯一代表性案例。

理念引领，构筑应用新高地。宁海县在“浙政钉”推行之初，即从贯彻落实省政府“最多跑一次”改革重大决策部署和实现数字化转型突破点的高度，加以强势推进。专题部署并进行全域技术培训，使“浙政钉”移动办公理念的意义深植全县各地各部门，抓早抓紧的工作态势，为形成“纵到村社、横跨部门”的移动联络系统和扁平化协同管理、逐步推进基层政府履职数字化应用全业务覆盖、全流程贯通打下基础。全县21202人实现“浙政钉”协同办公，居宁波市首位，有组织机构168个，日均消息5.8万条，日均活跃率77%，为全市最高。

勇于破难，形成办公新态势。勇于打破县域“浙政钉”应用的权限、技术等难题，不断催生基层创新使用“浙政钉”的新路径。在“浙政钉”组织架构全省统一、县级不具备自建钉钉企业组的开发权限的现状下，宁海县专门成立“最多跑一次”数据共享组，2017年就主动开发对接数梦工场和钉钉团队，实现高效协同处理技术难题，从OA办公系统入手，设计向“浙政钉”平台迁移计划，开发出全市第一个在“浙政钉”架构下的办公类微应用系统。重试点先行，打造应用样板间。根据县政府办公室“枢纽中心”的特点，作为“浙政钉”智能办公牵头和试点单位，精准实现智能会议室、“钉”上部署全县工作、考勤审批等功能，探索出符合基层实际的政务办公核心业务应用模块，试点后全面推行政府系统办公协同，明确规定通过“浙政钉”布置3项任务，打通“浙政钉”与OA系统，对适宜公开的任务和会议通知，均通过“浙政钉”部署；依托“浙政钉”打造办公室内部各类办事系统，加强“浙政钉”内联外通功能，逐步禁止使用QQ、微信等，由点到面实现政府系统办公高效协同；重平台建设，实现赶超先一步。用足用好“浙政钉”建群、即时消息、视频等开放性功能，开发出招商引资审批、政务信息网上公开审批、信息报送、发文预审、公文轮阅、政府信息依申请公开、因公出国（境）审批、智能会议室、应急处置等10余项政务工作移动化、协同式办理，将“浙政钉”打造成24小时全天候的指挥、沟通和反馈平台。通过“浙政钉”应用，政府工作执行力和协同化水平大幅提升，2019年1—8月，全县文件、会议比2018年同比下降30%和35%，成为机关内部“最多跑一次”和基层减负的有效路径。

核心攻关，创造办事新体系。深入探析“浙政钉”审批部门架构完备、移动即时办公、应用场景丰富等特色，紧抓能接入第三方应用的开放特征，全省率先探索“浙政钉”办公协同向“办事”协同飞跃。实现民生事项的“钉上即办”。以群众获得感为第一标准，重点将生老病死等民生“一件事”，进行业务重组和流程再造，一律通过“浙政钉”平台进行信息化改造提升，开发出亲人身后事、高龄津贴发放、新生儿登记等“钉上联办”应用。如亲人身后事办理，建立业务协同模型，群众只需拨打“12345”政务服务热线告知死亡信息，相关部门通过使用“浙政钉”微应用，打破条块分割、单部门内循环模式，群众“零跑”办理死亡证明、殡葬火化、户籍注销、津贴停发等，该模式受到省委主要领导批示肯定，被省委改革办等11个部门联合发文推广。实现项目审批的“钉上互动”。重点以企业投资项目审批为主，在全省统一使用V2.0平台的架构下，以增进共享交互为核心，开发“宁海云鹰”微应用，通过“钉”上运行，建立跨部门、跨层级、跨区域的共享互动，实现申报材料内部共享，审批环节紧密衔接，审批流程全程分析，投资项目（标准地）等基础数据可统计分析等功能，助推V2.0平台审批高速高质，企业投资项目开工前审批平均时间29.5天，为企业节省大量成本，完成总量和完成率长居宁波市第一。实现充分完整的钉上功能。将核心应用的民生事项、企业投资项目审批等微应用，实时对各类事项和信息数据归集进行统计分析，为政府决策提供科学依据，进行督办追溯，牵头部门对每个环节整体管理，建立扁平化、一体式的办理流程；所有权力实现网上留痕，即时通报督办，促进政府办事工作作风大力转变。

宁海县作为全省唯一“浙政钉”应用案例入围2019年云栖大会现场

更大探索，保持先发新优势。探索大数据基层应用。针对基层数据“回家”难问题，政府数字化转型中数据归集共享应用方面的思考，利用“浙政钉”全面应用优势，将宁海大数据微应用作为数据采集端和资源的共享应用端，同步助推基层和信息化程度较低部门，加快推进数字化转型，全面提升数字化应用和数据共享水平。探索互联网应用向“浙政钉”整合。将县政府重点打造的唯一法定政务新媒体平台——宁海政府网接入“浙政钉”，提供政府权威信息的展示平台，更是互联网应用向“浙政钉”平台整合的探索，为更多应用的整合提供方向和桥梁。探索基层治理现代化的突破。依托钉钉在全县18个乡镇（街道）实现“一站搜集、后台分流、组团服务”的基层治理模式，具体为：一村（社）一界面，村民通过文字、图片、语音、视频等方式上传诉求或意见沟通，查看本村通知公告、“三务公开”、重点工程进展等；组建“8+X”服务团队（联村干部、村干部、网格员、联片民警、医生、教师、农技工作者、法律顾问和其他志愿者），负责处理回复民情。截至2020年3月底，全县注册激活188404人，已处理民情12658次，化解率94.11%，为钉钉的基层推广应用和“最多跑一次”改革的基层延伸提供借鉴。

【宁海县村级小微权力36条智慧运行系统】　为切实做好市政府、县政府的部署要求，在县纪委的牵头下，县大数据中心以政府数字化转型为主旨，协同县相关部门，积极推进“宁海县村级小微权力36条智慧运行系统”改版升级，不断提升宁海农村治理体系与治理能力现代化水平。

项目背景　2018年中央一号文件确定，推行村级小微权力清单制度，加大基层小微权力腐败惩处力度。省委书记车俊、市委书记郑栅洁等领导相继作出在全省、全市推广的批示，作为“宁海经验”写入清廉浙江建设决定。为进一步推进农村基层管理、决策、监督的数字化，根据36条要求研发相应智慧运行系统，包括“基础平台”与“十一个大栏目”，主要由决策、采购、财务、村务、资产资源等模块组成。该系统历经研发、测试、推广，2018年6月从胡陈乡试点逐步向全县推广，2019年年初完成1.0版本上线运行。

1.0版本系统试运行以来，暴露一些问题。一是功能模块相对简单。主要应用模块是工程管理，没有把党务、村务、财务、村级资产、低保救助、卫生计生、宅基地审批等小微权力36条所涉及的内容包涵。二是内容不够丰富。系统录入的资料不够充实，除工程项目流程，还没有设立村情模块，把行政村简介、建设规划、党建、资源禀赋、特殊人员等各村基础材料补充完整，不能全面反应行政村整体运行情况。三是智能化程度不高。以工程项目模块为例，工程审批涉及的立项、招标、合同、进度控制等流程，每个环节是否落实，需要哪些资料，输入和确认都需要人工识别，出现漏项和错项，没有考虑特殊条件下的变量。四是操作不够便捷。系统开发重点集中在后台技术，没有考虑美观性和用户体验，操作很不方便。五是数据分析不够全面精准。对于监管部门来说，需要基于整体数据分析得出有效的监管重点和可能出现的风险点便于提前介入，目前数据分析模块还不够完善。为此，2019年1月正式提出“宁海县村级小微权力清单36条运行系统2.0”建设方案并进入系统研发，并成功列入市政府首批数字化转型创新应用项目。

项目进程　6月，县纪委徐震宇书记亲自到大数据调研，就36条系统创新作出重要指示：“要体现智能化、法治化、标准化。重视整体设计，不能单纯限定在工程项目上；抓好顶层设计，分步实施，实现手机端、电视端、电脑端、触屏端四个端口全打通；追求实效，实现简易化操作；要发挥数据平台、操作平台、展示平台、监管平台的作用。”在县纪委的牵头下，会同县相关部门，扎实做好系统改版提升工作。

一是主动作为，完善机制。县纪委负责牵头工作，县大数据中心负责后台背景设计，多次向组织部、民政局、农业农村局等相关部门和试点乡镇街道调研探讨，形成框架，做好前期工作，完善推进机制。建立项目例会制度，县大数据中心每周一专题讨论项目进展情况和存在问题；建立工作专班制度，县纪委牵头大数据中心、组织部、农业农村局、民政局、农商行、传媒集团等部门，协同推进36条系统改造；建立及时反馈制度，软件公司无缝对接各部门，及时处理技术问题，提升改版效率。

二是扁平管理，协同推进。在软件改造开发上，大数据中心无缝对接各相关部门，实行扁平化管理，互通消息，及时反馈。各部门充分发挥主观能动性，深入分析系统要求，提出功能要求和不足，软件公司及时跟进，形成实时运转的工作网络。7月，36条系统的基本框架搭建完成。县纪委和大数据中心对系统进行初步验收，发现系统在操作界面、功能板块、公示途径等方面与既定要求还存在一定差距。8月，县纪委组织各部门进行多次研讨，大数据中心组织专家进行多次评议，对系统的完善提出明确要求。9月底，36条运行系统项目研发工作基本完成。9月30日，项目通过市大数据局组织的专家组验收，一致认为，该项目目标明确，可强化宁海县村级小微权力清单36条运行的智慧监管，向全省、全市具有较好的复制推广性；充分利用宁海县村民e点通钉钉平台的用户资源和县政务数据中心云资源，建设内容全面，系统架构合理。

系统功能　该系统围绕农村治理结构优化，以数字化为手段，构筑“数据全面导入、项目全程跟踪、预警及时生成、整改迅速到位”的动态闭环式监管体系，有效提升农村监管能力与水平，使农村管理从粗放向精准、从碎片向系统、从被动向主动的转变。至年底已形成具有留痕、查询、预警、提醒等多功能的2.0版，拥有4个总平台、11个分类、57个栏目，涵盖重大决策、工程管理、三务公开、救灾救助、资产资源等功能性需求模块。实现项目从动议到验收、拨付资金等环节的全程监管，提升分析研判质量，优化美化界面；完善功能设置和操作方式，充分体现智慧性，减少人为工作量；加快智能化、格式化流程建设，实现数据互联互通；完成村务模块与

3月8日，宁海县大数据中心挂牌

阳光村务网对接。

系统分为县级监管平台、乡镇基础平台、移动端、数据大屏平台等四个子系统：

县级监管平台主要是相关部门用于监管各乡镇街道36条制度运行情况。主要有数据汇总、统计分析、首页监控、系统管理等功能。

乡镇基础平台主要用于基层单位在36条制度运行过程中，进行规范化管理。主要有重大事项、工程项目、“三务”公开、资产资源、救助救灾（可选）、文件查询、范本下载、首页监控等功能。

触控交互平台用于触摸屏人机交互展示36条各项运行数据指标。主要有三务公开数量、工程项目总数及投资额、工程项目分类统计、工程项目规模分析、工程项目月度分析、资产资源数量及收入、资产资源分类统计、资产资源合同及收款预警等功能。

数据大屏平台汇总各乡镇街道基础数据，各类数据分析以图表方式呈现，为领导决策提供依据。主要有三务公开数量、工程项目总数及投资额、工程项目流程环节分析、工程项目月度开竣工分析、工程项目规模分析、资产资源数量及收入、资产资源分类统计、资产资源合同及收款预警、资产资源收入趋势等功能。

与1.0系统相比，2.0系统统一登陆地址，把原有18个乡镇分散独立的数据库整合为一个36条总数据库；增加钉钉登陆、智能分析、搜索引擎、分类统计、文件查询、范本下载等功能；简化各模块流程，使操作更加简便；增加多端公示，让系统运行更加阳光。

系统成效 截至11月，36条运行系统共录入村级工程项目619个，涉及工程项目投资8.83亿元；收录村级资产资源1124个，涉及村级资产资源总额72.62亿元。公开基层党务847项、村务841项、基层财务904项。系统上线至2019年，仅通过村级工程项目程序的规范和对闲置集体资产的及时处置，就挽回村集体损失300余万元。因村级事务得到更多展示，运行更加阳光，有效缓解群众内部矛盾，据统计2019年各乡镇街道共接待群众信访123件，比2018年同期下降36%。

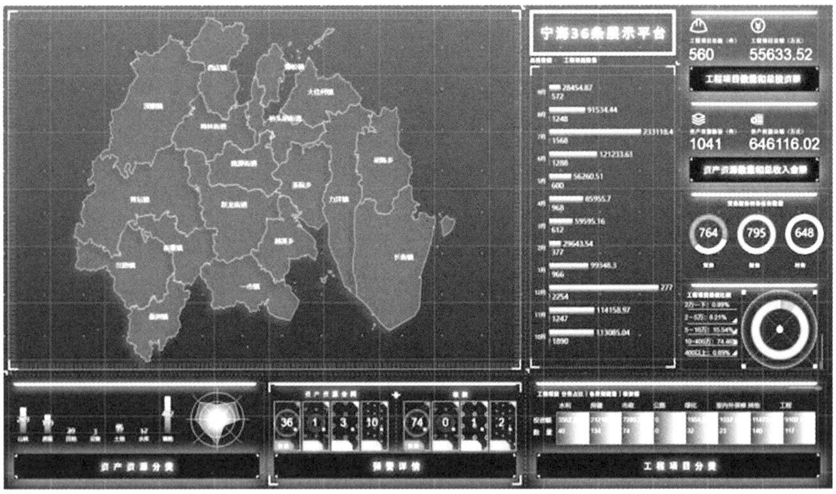

36条系统触摸屏界面

外事工作

【因公出国（境）情况】 强化因公出国（境）管理，计划管理与量化管理相结合，注重公务策划与执行，注重部门联动，注重外事行前教育。全年全县党政人员因公出国18批47人次。

【县内主要项目对接】 4月，英国诺丁汉市议会议长乔·柯林斯、副市长克里斯·亨宁等率团访问宁海宁波生物产业园；8月，县政协副主席何建春率团回访诺丁汉市，双方在生物产业领域开展合作交流。

5月，县人大常委会副主任潘红月率团访问德国劳恩堡市，7月，劳恩堡市市长安德里亚斯·蒂德率团回访宁海，双方在汽配、智能装备产业和新能源汽车制造等领域展开交流。

8月，副县长范建军率团访问墨西哥杜兰戈州，11月，墨西哥杜兰戈州经济发展部部长罗蒙·托马斯·达维拉·弗洛雷斯、副部长古斯塔沃·金茨勒·巴约勒等一行4人访问宁海，交流贸易投资合作。

【推进城市国际化工作】 继续推进“千校结好”服务工作，跃龙中学、潘天寿中学分别与新西兰奥克兰市怀科法中学、庞森比中学开展交流。

县女红技艺领头人缪素青带着中国结编织手艺参加保加利亚索非亚中国文化中心组织的中国“非遗”项目展示活动，推动两国文化交流。

继续宣传宁海东方艺术博物馆、十里红妆文化园文化，发挥国际化示范基地作用，为访问宁海的境内外人士提供认识、了解、体验宁海的窗口。

中国人民政治协商会议宁海县委员会

综　　述

2019年是中华人民共和国成立70周年，也是人民政协成立70周年。县政协及其常委会在宁海县委的领导下，坚持以习近平新时代中国特色社会主义思想为指导，认真贯彻中共十九大和中共十九届二中、三中、四中全会精神，深入学习贯彻习近平总书记关于加强和改进人民政协工作重要思想，深刻领会中央和省、市、县委政协工作会议精神，制定印发《关于新时代加强和改进人民政协工作的实施意见》，锚定新时代人民政协的新方位新使命，立足宁海发展的新形势新任务，创新搭建“请你来协商”平台、聚焦专题面对面协商、围绕重点事项开展民主监督活动等等，充分发挥人民政协专门协商机构作用，倾力服务大局、真诚服务群众，为推进宁海改革发展做出积极贡献。

参政议政

【协商建言】 锚定县委十四届四次全会确定的目标，充分运用全体会议协商、常委会专题协商、对口协商等载体，全力助推宁海追赶跨越、争先进位。

十届三次会议期间，围绕政府工作报告、国民经济和社会发展计划主要指标和项目、2019年财政预算报告、专项资金预算绩效目标等事关宁海县发展全局的重大事项进行充分讨论，与党政领导班子成员面对面交流，提出的336条建议，被分解到30多个部门，促进相关工作落实。

【调研活动】 紧扣民营经济高质量发展，组织调研组赴上海、杭州等地学习取经，召开常委会与县政府分管领导及相关部门负责人进行充分协商，会后县政府专门召开会议研究调研成果转化，其中推进产业平台整合、加快产业创新服务综合体建设、打造土地交易信息平台等建议直接转化为施政举措。

【创新工作方式】 积极搭建“请你来协商”新平台，将城市精细化管理作为首个议题，县委书记林坚参加协商会，与委员面对面交流，现场回应委员的意见建议，并要求相关部门列出清单抓好落实。2019年还围绕数字经济发展、“最多跑一次”改革、“六争攻坚”行动等党委政府中心工作开展协商，共计提出意见建议128条。

【服务中心大局】 弘扬一线精神当好参与者实践者，既要助推助力，更要实干践行。继续开展好“勇于担当，善于履职”活动，引导政协委员踊跃投身推进宁海县改革创新的生动实践，带头做好本职工作，立足本职岗位建功立业、主动作为，做到“双岗尽责、双岗有为”。

县政协班子成员积极参与“走乡入村、深化三服务”活动，深入全县83个村考察调研，开展各类座谈会、意见征询会90余次，共发现涉及农村风险隐患、基层党建等问题106个，领衔破解共性问题7个；积极参与安全生产和消防安全“四大会战”，带队开展地毯式大检查，共排摸38家企业发现安全隐患问题77个，交县政府统一集中处理；常态化走访联系企业和基层联系点，帮助协调处理困难和问题；继续当好洋溪、中堡溪等6条河流的“河长”，2019年累计开展巡河活动150余次，督促部门解决好“五水共治”问题30多个。

民主监督

【概况】 全年县政协共围绕16项重点工作开展监督，参加委员400余人次，切实做到民主监督有影响、有力度、有实效。

【助推决策落地落实加强民主监督】 坚持问题导向，打出“组合拳”，综合运用调研、视察、提案督办等多种形式，针对重大改革举措、重要决策部署的贯彻落实情况，积极开展民主监督。

【聚焦城乡生活垃圾分类进行专项集体民主监督】 开展集中视察25批次，明察暗访居民小区、菜场、企业等点位100余个，委员参与150余人次。

【其他监督】 聚焦农村集体产权制度改革，就农村“三资”管理、农村集体经济发展等方面开展督查，助推全县农业发展、农民富裕、农村繁荣。对县检察院、县水利局、县审计局、县文联、县房屋征收办等单位派出民主监督组，并反馈监督意见书，协助部门解决问题、改进工作。就促进民营经济高质量发展30条、土地整治情况进行视察监督，部分意见得到政府部门采纳吸收。

团结民主

【增强团结联谊】 坚持把凝聚共识作为政协重要职能，坚持大团结大联合，不断巩固共同思想政治基础。主动听取和认真吸收各民主党派、工商联和无党派人士的意见建议，重点安排参加政协各项履职活动，优先让他们发表意见建议，切实为他们在政协履职创造良好条件。积极协助党政部门做好新经济组织、新社会组织和新社会阶层代表人士的工作，扩大团结面，增强包容性，着力促进阶层关系和谐。密切与民族宗教界、海外同胞的联络联系，为宁海县改革发展汇集更多同行者、更强正能量。支持政协之友社、宁海书画院、平调研究会、跃龙诗社等社团开展联谊活动。协助配合省市及兄弟县（市、区）政协在宁海县考察调研，全年共接待29批次396人次。

【促进和谐稳定】 充分发挥界别优势，通过委员联络站紧密联系、服务各界群众，把凝聚共识融入视察考察、调查研究、协商建言、座谈交流等各项工作之中，协助党委政府做好协调关系、化解矛盾、理顺情绪的工作，为改革发展调动积极因素、减少消极因素。发挥政协渠道畅通的特点，运用委员提案、社情民意等形式，广泛收集传递基层群众的意见建议，畅通民意、弥合分歧，助推党政部门在决策中体现更多的群众智慧、更好地反映群众心声。继续发挥县政协慈善爱心基金作用，开展“金秋助学”“助残救困”等各项慈善公益活动，相继发放爱心基金15.3万元。

【深化文史宣传】 组织开展文史史料征集工作，加大对重大事件亲历者和重要代表人物的史料征集抢救工作，引导组织委员积极撰写所在行业与领域发展变化及政协发展的“三亲”史料。认真组织好“庆祝人民政协成立七十周年”系列活动，“壮丽70年·政协委员风采”系列报道、“翰墨写春秋”书画作品展、中秋茶话会、政协知识竞赛等十大活动，得到政协委员和广大群众的热烈响应，有力增强政协工作的影响力。充分利用人民网、人民政协报、联谊报、宁海政协微信公众号等媒体做好宣传，2019年在全国各类媒体上发表报道69篇，人民政协报的通讯《浙江宁海“矩阵”式履职撑起服务民生大舞台》、“浙江政协同心苑”的《宁海县委书记：根据“请你来协商”建议列出清单，整改落实!》等报道产生较大影响。

自身建设

【主题教育】 紧扣“守初心、担使命，找差距、抓落实”的总要求，扎实开展“不忘初心、牢记使命”主题教育。精心组织党员干部学习规定书目、党章党规，通过领导干部上党课、开展革命根据地初心之旅、干部研讨学习等方式，确保真正学懂弄通做实；认真开展“调研解难题、深化三服务”活动，深入基层一线，先后开展调研57次，发现问题41个，推进解决问题15个，形成调研报告20份；高标准抓好问题检视整改，高质量开好专题民主生活会，共收集6方面34个问题，列出整改清单和责任清单，逐项逐条抓好落实，立行立改见出成效。注重提升主题教育辐射力，落实“机关党外干部一起参加培训、一起参加考试、一起参加初心之旅，党外委员一起接受党课教育”的学习教育方案，县政协党组、机关党组成员分别为联系乡镇、界别委员上党课，1000多人次的非党委员和基层群众接受教育。

【理论教育】 始终把思想理论武装摆在首位，注重健全完善学习体系，引导委员把认同核心、维护核心、紧跟核心落实到履职全过程和各方面。坚持把理论学习作为县政协党组会议的重要议题，通过中心组学习会、常委会议、党组会议、主席会议等形式，组织政协委员和机关干部深入学习习近平新时代中国特色社会主义思想，推动各民主党派和社会各界人士牢固树立“四个意识”、坚定“四个自信”、坚决做到“两个维护”。及时组织学习中共十九届四中全会、中央政协工作会议、习近平总书记系列重要讲话精神，着力增强承担新使命新任务的思想自觉。全年共举行党组理论中心组学习会12次、专题学习31次。

【党建工作】 政协党组认真贯彻落实县委关于加强政协党建工作的要求，肩负起党对政协工作领导的重大政治责任，着力在把方向、管大局、保落实上下功夫，不折不扣贯彻落实党的决策部署。坚持重要工作、重大事项向县委请示报告制度，确保党的领导落实到政协工作的全方面。首次召开县政协党的建设工作会议，研究推进新时代全县政协系统党的建设。健全县政协党组织体系和制度，成立5个专委会功能型党支部，探索实行党员委员组织关系一方隶属、参加双重组织生活的办法，推动党的组织对党员委员全覆盖、党的工作对政协委员全覆盖。

【两支队伍建设】 主动适应新时代新要求，着力加强政协委员和政协机关干部两支队伍建设，为政协事业创新发展奠定基础。召开常委读书会，围绕如何把新时代人民政协的政治责任担当起来、如何把新时代人民政协的精神风貌焕发出来等“五个如何”开展大讨论，进一步树好新时代政协委员的新样子。通过崇学讲堂、学习报告会等载体，深化委员对世情、国情、县情的了解，进一步提高委员的政治把握能力、调查研究能力、联系群众能力、合作共事能力。把加强政协机关干部队伍建设作为新时代政协工作提质增效的切入点，大力倡行“文经我手无差错，事交我办请放心”“守住法纪底线、追求道德高线”等工作理念，培育机关干部脚踏实地、高度负责的工作作风，树立遵纪守法、严于自律的良好形象。坚持严管与厚爱相结合，积极营造良好的工作氛围，努力打造团结和谐、乐观向上、积极作为的工作团队。

【工作制度建设】 根据省委指导意见，协助县委出台《关于开展“请你来协商”平台建设工作的实施意见》，制定细化方案，规范协商主题、协商流程、协商建议办理机制、持续跟踪问效机制、协商频次，为“请你来协商”平台建设提供有力的制度保障；修订完善《全体会议工作规则》《常委会工作规则》等7个文件，让制度更加符合工作需要，使委员履职的制度化、规范化、程序化水平进一步提升。

【创新基层履职平台】 积极搭建与新时代要求相契合的履职平台和工作载体，将委员工作室创建作为做好委员工作的重要抓手，出台《宁海县政协关于创建政协委员工作室的实施意见》，建立红妆文创、科创和黄坛镇3个示范性委员工作室，其中科创委员工作室成功创建市级委员工作室。推动委员工作室向专业聚焦、向网络拓展，使其成为委员服务基层群众、团结社会各界的重要阵地。

政协主席会议

【县政协十届二十六次主席会议】 1月7日，尤玲娟主席主持召开。副主席邬汝跃、尤永成、杨象轮、何建春、童青燕，党组成员石建军和秘书长蒋善琪出席会议，娄坚、娄培宗、胡军、陈庆宇、潘微琼、徐卫东、黄珂、周武军、陈珍莹、胡春霞、郑文英列席。

会议协商讨论有关人事事项。县委统战部副部长任建平就政协委员变动情况作说明。

政协第十届宁海县委员会辞职常委名单（草案）：冯坚、胡余亨、褚孟法。

政协第十届宁海县委员会辞职委员名单（草案）：胡余亨、褚孟法、冯坚、顾长安、董宜春。

政协第十届宁海县委员会增补委员名单（草案）：俞丹斌、叶良晓、黄才向、陈伟军。

政协第十届宁海县委员会增补常委名单（草案）：叶良晓、任建平、黄才向。

会议对以上有关政协委员变动情况表示赞同，提交县政协十届十次常委会议协商决定。

会议协商讨论县政协十届三次会议有关事项。

【县政协十届二十七次主席会议】 2月2日，尤玲娟主席主持召开。副主席邬汝跃、尤永成、石建军、何建春、童青燕，石道伟和秘书长俞丹斌出席会议。十届政协副主席杨象轮应邀参加会议。叶良晓、黄才向、娄坚、娄培宗、胡军、陈庆宇、潘微琼、黄珂、周武军、陈珍莹、胡春霞、郑文英列席。

会议传达学习省政协十二届三次会议精神，审议通过主席会议成员分工调整有关事项、县政协2019年工作任务分解、2019年度协商工作计划，研究确定2019年2月工作安排。

【县政协十届二十八次主席会议】 2月27日，尤玲娟主席主持召开。副主席邬汝跃、尤永成、石建军、何建春、童青燕，石道伟和秘书长俞丹斌出席会议。叶良晓、黄才向、娄坚、娄培宗、胡军、陈庆宇列席。

会议传达学习全市政协系统党的建设工作会议精神。

审议通过县政协主席会议成员与宗教界代表人士联系对象调整有关事项。

审议通过县政协十届三次会议重点提案和重要提案有关事项。决定将“关于加强宁海县农产品销售体系建设的建议”等6件提案列为重点提案，提请县政府分管县长领办，决定将“关于前童古镇与梁皇山联合创建5A级景区的建议”“关于发展精品特色小众农产品的建议”等20件提案列为重要提案，提请县委、县政府领导重点阅看。

审议通过委员履职量化考评实施细则、委员工作室组建实施方案、民主监督组派驻单位工作实施方案。

总结县政协2月工作并研究确定3月工作安排。

【县政协十届二十九次主席会议】 3月29日，尤玲娟主席主持召开。副主席邬汝跃、尤永成、石建军、童青燕和秘书长俞丹斌出席会议。叶良晓、黄才向、娄坚、娄培宗、胡军、陈庆宇、周武军列席。

会议听取县市场监管局局长丁建标关于宁海县市场主体发展情况的通报。会议认为，发展市场主体，对于促进经济稳中有进和保持就业形势稳定具有重要意义。近年来，县市场监管局坚持改革创新，主动谋划推进一系列力度大、成效好的工作措施，促进市场准入、竞争和消费环境明显改善，为全县经济高效运行和健康发展提供重要保障。会议对此表示充分肯定，并提出下一步工作的意见建议。一是要深化改革，持续深入推进“放管服”“最多跑一次”、商事制度等改革，全力打造最优营商环境，全面激发市场主体活力，包括制定政策推进“个转企”、推动农民专业合作社减量提质增效等等。二是要强化监管，加快整合优化各项监管职能和机制体系，积极运用大数据等方式，破解事中事后监管等难题，全面提高监管效率和行政效能。三是要优化服务，深入开展“三服务”“五问五帮”等活动，以心贴心的行动和实打实的成效，增强群众、企业的获得感和满意度。

专题学习《中共中央关于加强党的政治建设的意见》。会议指出，党的政治建设是党的根本性建设，决定党的建设方向和效果。人民政协作为政治组织，必须旗帜鲜明讲政治，把党的政治建设摆在首位。会议要求，要充分结合汪洋主席在全国政协全体会议上提出的“三个崇尚”要求，全力抓好学习领会和贯彻落实工作。一是要崇尚学习、加强学习，深刻学习领会加强党的政治建设的核心要义和丰富内涵，增强思想及行动的自觉性和坚定性，进一步增强“四个意识”、坚定“四个自信”、做到“两个维护”，始终同以习近平同志为核心的党中央保持高度一致。二是要崇尚创新、勇于创新，要把加强党的政治建设与巩固深化习近平总书记关于加强和改进人民政协工作的重要思想创新性地结合起来，扎实推进专委会党支部建设、“委员工作室”创建、“政协智库”筹建等创新性工作，以新的思路理念、方式载体和制度机制，开拓工作新局面，提升履职新质效。三是要崇尚团结、增进团结，坚持建言资政和凝聚共识双向发力，把中共中央关于加强党的政治建设的意见和精神，通过崇学讲堂、走访交流等各种方式，积极传递到每位政协委员和干部群众身上，多做引领引导之事，多聚同向同行之力，凝聚起共同推进党的政治建设的政协力量。

审议通过“推动民营经济高质量发展”调研方案。

总结县政协3月工作并研究确定4月工作安排。

【县政协十届三十次主席会议】 4月29日，尤玲娟主席主持召开。副主席邬汝跃、尤永成、石建军、何建春、童青燕、石道伟和秘书长俞丹斌出席会议。叶良晓、黄才向、娄坚、娄培宗、胡军、陈庆宇、周武军、陈珍莹列席。

会议听取县经信局局长黄建福关于宁海县民营经济发展情况的通报。会议认为，民营经济是稳定经济的重要基础，是经济持续健康发展的重要力量。近年来，县经信局深入实施“工业强县”战略，面对严峻复杂的经济形势，坚持稳中求进工作总基调，开足马力稳增长，保持定力促转型，深处着力抓改革，精准发力优服务，有力推动全县工业以及民营经济持续健康发展。会议对此表示充分肯定，也讨论客观审视推进招商引资和扶持本土企业间的抉择利弊等问题，并提出下一步工作的意见建议。要进一步解放思想，争做改革创新的“排头兵”，深入学习借鉴上海、温台等地的经验做法，纵深推进“放管服”“最多跑一次”等改革。要进一步强化担当，争做克难攻坚的“尖刀排”，在困难问题面前要敢于迎难而上，增强有勇有谋、运筹帷幄的能力素质。要进一步转变作风，争做全心为企的“服务员”，持续深入开展“三服务”“五问五帮”等活动，做精做强“8718”企服平台，构建亲清政商关系。同时，会议强调“推动民营经济高质量发展”课题调研工作，要求既要分析企业问题、也要分析政策问题，做到精准分析现状、精准找出问题、精准建言献策。

专题学习《中国共产党党组工作条例》《中国共产党支部工作条例（试行）》，并审议通过《关于加强新时代人民政协党的建设工作的实施意见》（代拟稿）（以下简称《实施意见》）。会议认为，人民政协作为中国共产党领导的多党合作和政治协商的重要机构，坚持中国共产党的全面领导，加强政协系统党的建设，是应有之义。会议要求，要见思想，高度重视党建工作，提高政治站位，确保政协事业始终在党的领导下沿着正确方向前进。要见行动，按照新时代党建要求查漏补缺，加快专委会党支部建设、政协系统党建会议筹备等工作，做到规定动作做到位、自选动作有特色。要见成效，强化党建引领，发挥好政协党组的领导核心作用、党支部的战斗堡垒作用、党员的先锋模范作用，开创政协工作新局面。要根据会议讨论情况，对《实施意见》作进一步修改完善，尽快提交县委审议发文。

会议审议通过《庆祝人民政协成立70周年十大系列活动方案（草案）》。

会议专题学习省委办公厅印发的《县（市、区）政协开展“请你来协商”平台建设工作的指导意见》。

会议总结县政协4月工作并研究确定5月工作安排。

【县政协十届三十一次主席会议】 5月30日，受尤玲娟主席委托，邬汝跃副主席主持召开县政协十届三十一次主席会议。副主席尤永成、石建军、何建春、童青燕、石道伟出席会议。叶良晓、黄才向、娄坚、娄培宗、胡军、陈庆宇、周武军列席。

会议专题学习《法治政府建设实施纲要（2015—2020年）》《法治政府建设与责任落实督察工作规定》。会议要求，要深刻领会实施法治政府建设的重大意义，切实把思想和行动统一到中央和省市县委的决策部署上来，充分发挥人民政协独特优势作用，努力为法治政府建设做出新的更大贡献。

审议通过《政协第十届宁海县委员会委员编入专门委员会方案（草案）》、《宁海县政协2019年度党的建设工作方案（草案）》、《县政协功能型党支部组织设置及工作任务（草案）》。

审议通过《关于开展“请你来协商”平台建设工作的实施意见》（代拟稿）、《县政协2019年“请你来协商”平台建设工作实施方案（草案）》。

审议通过《庆祝新中国和人民政协成立70周年宁海书画作品展实施方案（草案）》、《2019年宁海县政协中秋茶话会策划方案（草案）》。

总结县政协5月工作并研究确定6月工作安排。会议要求，要认真按照工作安排落实好各项工作。尤其要紧盯提案办理工作，抓好全会提案民主监督实施方案的细化落实，确保各项提案按时办结、取得实效。

【县政协十届三十二次主席会议】 6月20日，尤玲娟主席主持召开。副主席邬汝跃、尤永成、石建军、何建春、童青燕、石道伟和秘书长俞丹斌出席会议。叶良晓、黄才向、娄坚、娄培宗、胡军、陈庆宇、潘微琼、徐卫东、黄珂、周武军、陈珍莹胡春霞、郑文英列席。

会议听取县人力社保局局长胡小锋关于城乡社会保障体系统筹情况的通报。会议认为，社会保障关系群众切身利益，是民生之依、民生之福。近年来，县人力社保局按照“广覆盖、保基本、多层次、可持续”的基本要求，认真执行社会保障相关政策，全县基本建立多层次、全方位的城乡一体的社会保障体系，成绩值得肯定，但也存在一些薄弱环节。会议要求，要进一步强化大局意识，树立“人社为民”理念，不断增强工作的责任感和使命感。要进一步推动体制机制改革创新，加强队伍建设、信息化建设和大数据运用，打造标准服务平台，优化社保经办服务。要进一步规范基金筹集使用，完善社保基金监督制度，加大基金监管力度，使社保基金成为阳光基金、放心基金。要进一步优化政策环境，促进社会公平正义，加强宣传引导，提升群众政策知晓率和参保率。

专题学习《中国共产党党员教育管理工作条例》。会议认为，重视党员教育管理工作是党的先进性的体现，是提升党员思想政治素质和履职能力的重要举措。会议要求，要深入学习贯彻，紧密结合实际抓好落实。每位党员干部都要主动加强党性教育，做一名政治过硬、作风过硬、业务过硬的合格党员。

审议通过《县政协关于开展“新时代人民政协的新样子”专题讨论活动的实施方案》《县政协党的建设工作会议实施方案》《县政协“六送下乡”惠民服务活动方案》《2019年县政协界别活动月实施方案》《县政协十届十三次常委会议议程》《县政协十届十三次常委会议日程》《全力推动民营经济高质量发展（讨论稿）》。

会议总结县政协6月工作并研究确定7月工作安排。

【十届三十三次主席会议】 7月26日，尤玲娟主席主持召开县政协。副主席邬汝跃、尤永成、石建军、何建春、童青燕、石道伟和秘书长俞丹斌出席会议。叶良晓、黄才向、娄坚、娄培宗、胡军、陈庆宇列席。

会议听取县发改局局长项汉明关于宁海县半年度经济社会发展情况的通报。会议认为，2019年以来，面对复杂多变的内外部环境，县域经济运行基本保持平稳，成绩难能可贵、来之不易。会议要求，要坚定信心，积极将信心传递给社会各界，进一步稳定社会预期，营造良好氛围。要找准靶心，县发改局要加强调查研究，针对经济结构有待优化升级、招商引资作用发挥不够等问题进行深入分析，为县委、县政府决策提供重要参考。要紧贴中心，紧紧围绕县委、县政府的决策部署，找准结合点和发力点，努力为全县发展贡献更多的政协智慧和政协力量。

会议专题学习《习近平新时代中国特色社会主义思想学习纲要》。会议认为，纲要内涵丰富、思想深邃、意义深远，是激励和引领大家前行的强大思想武器和真理力量。会议要求，要高度重视，把学习纲要作为一项重要政治任务来抓，原汁原味、逐字逐句的进行学习。要融会贯通，将学习纲要与学习习近平总书记重要论述、党内重要法规等紧密结合起来，读原著、学原文、悟原理，不断提高政治理论水平。要知行合一，用习近平新时代中国特色社会主义思想指导解决实际问题，切实把学习成效转化为推动事业发展的内生动力。

会议审议通过《宁海县政协关于庆祝人民政协成立70周年系列活动方案》《推动农村饮用水达标提标课题调研方案》。

会议总结县政协7月工作并研究确定8月工作安排。

【十届三十六次主席会议】 10月28日，县政协主席尤玲娟主持召开。

会议传达学习省委政协工作会议精神。会议要求，大家要深刻理解和把握精神，学到深处、研到新处、干到实处，自觉践行和落实中央和省市县委决策部署和工作要求。县政协副主席邬汝跃、尤永成、石建军、何建春、童青燕、石道伟，县政协秘书长俞丹斌参加会议。

传达学习省委书记车俊在省委政协工作会议上的重要讲话和省政协主席葛慧君的总结讲话。会议指出，要把学习贯彻省委政协工作会议精神与学习习近平总书记关于加强和改进人民政协工作的重要思想结合起来，与当前正在开展的“不忘初心、牢记使命”主题教育结合起来，更加突出围绕习近平总书记对浙江的期望、对宁波和宁海的指示谋划好政协的履职活动；更加突出把加强思想政治引领、广泛凝聚共识这一中心环节贯穿于政协各项履职过程中；更加突出以协商为统领开展好各项履职活动，发挥好专门协商机构作用；更加突出履职为民的工作导向，在扩大公民有序政治参与上下功夫；更加突出按照“四个一线”的要求抓好自身建设，努力推动宁海县政协工作高质量发展。要协助开好县委政协工作会议，明确宁海县进一步加强和改进政协工作的具体举措，推动人民政协制度更加成熟更加定型。要用中央和省委政协工作会议精神指导政协实践，抓好落实中央和省委出台的文件，认真对照会议精神和文件要求，制定重点任务分工方案，逐项抓好落实。

听取县财政局有关财政预算调整方案通报；审议县政协十届十四次常委会议有关事项。会议还讨论其他事项。

表3　县政协十届三次会议重点提案办理情况一览表

案号	提案人	联系方式	案　由	县政府领办领导	县政协牵头督办领导	主办单位	责任办委
全会提案	叶良晓	宁海县政协办公室	关于加强精细管理　提升城市品质的建议	林坚	尤玲娟	县综合执法局	办公室
22	县政协工商联界	宁海兴达旅游用品有限公司　胡金学	关于多策并举提升宁海建筑业竞争力的建议	王军海	尤永成	县住建局	委员工作委
11	郑莲亚	前童古镇旅游发展有限公司	关于前童古镇与梁皇山联合创建5A级景区的建议	王鸿飞	邬汝跃	县文广旅游局	提案委

续表3

案号	提案人	联系方式	案　　由	县政府领办领导	县政协牵头督办领导	主办单位	责任办委
141	王声旺	县第一医院	关于提高基层卫生院医疗卫生服务水平的建议	范建军	童青燕	县卫生健康局	教科卫体文化文史和学习委
9	冯健君	县农林局	关于加强宁海县农产品销售体系建设的建议	沈纾丹	石建军	县农业农村局	经济和城建资源环境委
181	杨文红	跃龙街道时代大道158号	关于解决制约因素，推动公交普及的建议	应国邦	何建春	县交通局	委员工作委
97	郑昌庆	县党政信息中心	关于加快提升宁海县道路交通智慧化管理的建议	李铭胜	石道伟	县公安局	社会法制和港澳台侨委

3月13日，县长林坚、县政协主席尤玲娟调研城市精细化管理

6月14日，委员工作室创建推进动员会

9月29日，县政协“六送下乡”活动

10月31日，县政协在西店开展“六争攻坚”视察

社会团体

宁海县总工会

【概况】 设置办公室、基层工作部、权益保障部3个职能部室，有在职干部、职工28人；有宁海县工会职工服务中心、宁海县工人文化宫2个事业单位，有基层工会组织1469家、工会会员208370人。

下设县委直属机关工委、县经信局、县教育局、县住建局、县交通局、县水利局、县农业农村局、县文化和广电旅游体育局、县卫生健康局、县供销联社、县商贸集团、县人力社保局、县自然资源规划局、县财政局、县市场监管局、县综合执法局、宁海经济开发区、县三门湾现代农业开发区管委会、县金融系统工会联合会等19个局工会联合会，长街镇、胡陈乡、力洋镇、茶院乡、越溪乡、一市镇、桑洲镇、岔路镇、前童镇、黄坛镇、大佳何镇、强蛟镇、西店镇、深甽镇、跃龙街道、桃源街道、梅林街道、桥头胡街道18个乡镇（街道）总工会。

2019年，在县委和上级工会的领导下，以习近平新时代中国特色社会主义思想为指引，以实施“六大主题行动”为抓手，以打造“六型工会”为目标，努力在履行政治责任、服务中心工作、维护职工合法权益、满足职工群众向往、加强工会自身建设上积极作为，全县工会事业保持创新发展的良好势头，获得全国级荣誉2项，省级荣誉13项，市级荣誉65项。

【创业创新】 紧紧围绕县委“六争攻坚、三年攀高”行动，深入开展以助力重点工程项目优质高效建设、推动企业技术创新、促进安全生产、提升产业工人技能素质为重点，以“三重一新”劳动竞赛、岗位创新竞赛、职工技能大赛和安全生产专项竞赛为主要内容的劳动竞赛活动。召开全县“建设两美浙江、助力六争攻坚”劳动竞赛动员大会，引导和激励广大职工积极践行新发展理念，为推动宁海全面建成小康社会和提质进位建新功立新业。

积极响应上级工会号召，推动全县各级工会深入企业开展垃圾分类工作，将垃圾分类理念深植职工心中。结合产业特点，选择从业人员多、涉及面广的叉车司机、麦饼制作、数控车工等多个职业（工种）举办县级以上职业技能大赛10余场，参与人数上千。其中联合县市场监管局首次承办浙江省“如意西林”杯叉车司机职业技能大赛，宁海选手分别荣获个人前三名和团体第一名的好成绩。

大力弘扬劳模精神、工匠精神，不断挖掘宁海职工队伍中禀赋“工匠精神”的高素质、高技能人才，评选表彰第三批“缑城工匠”10名，选送市级工匠11名，其中4人获“港城工匠”荣誉称号，谢青文荣获“浙江工匠”称号。全力推进集劳模先进事迹陈列、劳模活动交流、劳模创新工作室、劳模讲师团四项功能为一体的“劳模之家”建设，设置200平方米劳模荣誉室、劳模工匠创新工作室、劳模讲堂和劳模沙龙室，投入资金50多万元，有效搭建联系劳模、服务劳模、宣传劳模、展示劳模的窗口和平台。稳步推进产业工人队伍建设改革，出台《实施方案》，建立健全联合调研、信息通报、定期会商等制度机制，坚持问题导向，突出精准施策，强化跟踪服务，加快建设一支适应宁海经济社会发展的知识型、技能型、创新型劳动者大军。

9月21日，2019年浙江省“如意·西林杯”叉车司机技能竞赛的颁奖仪式举行

11 月 11 日，宁海县新时代宁海产业工人队伍建设改革工作座谈会在县职工之家工人文化宫二楼多功能厅召开

【维权维稳】 深入实施和谐企业创建扩面行动，全县和谐企业创建率达 92.5%以上。开展第六批宁海县和谐企业创建工作，评选表彰县级和谐企业 15 家。其中奇精机械有限公司被评为省级和谐企业，宁波如意被评为全国模范劳动关系和谐企业。

联合人社局、工商联等部门出台《关于推进工资集体协商精细化管理的通知》，已建工会企业集体协商率动态 92%，市级和谐企业实施工资集体协商精细管理率 50%以上，使企业工资集体协商在扩面的同时，质量和规范化上又迈进新台阶。

不断健全完善多元化劳动争议调解衔接机制，全年受理劳动争议案件 86 件，涉及金额 1030.17 万元，其中提供法律援助 10 件，涉及金额 359.9 万元。开展职工心理关爱服务，全年开展心理健康讲座 46 场，公益法律讲座 2 场，参与“国家宪法日”“法律宣传下乡”等普法现场活动 2 场，发放宣传资料 3800 余册，惠及职工 8000 余人。进一步发挥工会在服务“平安宁海”建设中的作用，全面落实劳动保护工作，向职工发放平安倡议书 8 万份。发动 1432 家企业参与开展“安康杯”竞赛活动，组织开展“查找身边事故隐患”活动并抓好整改落实，宁波双海机械制造有限公司等 17 家单位及个人荣获市安康杯先进。组织开展“送清凉，送安全，送健康，送慰问，强保障”为主题的防暑降温和高温期间劳动保护工作，县、乡镇（街道）两级工会共慰问企业 258 家，慰问职工 19679 人，慰问金额达到 97.18 万元。积极参与安全事故调查和工伤等级评定工作，联合开展工伤多发企业检查，有力维护职工的合法权益。认真贯彻中共十九届四中全会精神，在现有企业民主管理制度基础上，以推进“职工说事”为载体，积极探索加强和创新基层社会治理。“职工说事”制度推行以来，已有 52 家规上企业建立“职工说事”工作室，收集意见 885 条，解决 885 条。“职工说事”工作也得到上级部门的充分肯定和各级媒体的广泛关注，全总厂务公开民主管理网、中宣部“学习强国”APP、全国总工会《工会信息》专题刊登“职工说事”做法，《工人日报》、《浙江工人日报》、《宁波日报》、宁波电视台等媒体也都相继进行专题报道。全市“职工说事”现场推进会暨厂务公开民主管理经验交流会在宁海召开，为宁波工会探索中国特色社会主义工会发展道路以及参与国家治理体系和治理能力现代化形成可复制可推广的经验。组织参加全国“企业民主管理征文”比赛和职工代表优秀提案活动，县第一医院的《基层医院职代会开展民生实事工程票决制的初步探索与思考》获全国“企业民主管理征文”三等奖；海螺水泥夏丁辉的《关于推进标准化宿舍建设的提案》和县第一医院许巧红的《关于改善就医环境提高门诊患者满意度的提案》获市优秀职工代表提案。

2 月 20 日，宁海县模具行业职工代表大会暨行业工资集体协议签字仪式现场

11 月 28—29 日，宁波市“职工说事”现场推进会暨厂务公开民主管理经验交流会在宁海县举行

【文化阵地】 深入学习贯彻习近平新时代中国特色社会主义思想和中国工会十七大精神，深刻领会习近平总书记关于互联网的重要讲话精神，高度重视互联网工作，主动将职工文化阵地作为先进文化的传播阵地，主动适应新媒体要求，适应职工参与活动的新方式，最大程度第一时间占领新媒体阵地，有效利用新媒体传播社会主义核心价值观。

为庆祝中华人民共和国成立 70 周年，唱响礼赞新中国、奋进新时代的时代主旋律，举办全县职工“表初心，讲奉献，扬风采——我与祖国共成长”演讲比赛，录制展示职工风采的“我和我的祖国”祝福视频，通过微信、抖音等新媒体传播正能量，向新中国成立 70 周年华诞献礼。

积极响应上级工会号召，组织

职工参加“展示职工风采助力名城名都”职工声乐大赛、三人制篮球赛、羽毛球赛、台球赛、气排球赛、戏曲小品比赛等项目，其中宁海职工吕存峰在市级声乐大赛中获得银奖；如意集团职工在市级台球比赛中获得团体第四，个人第二的好成绩；水务集团职工在市级气排球比赛中获得第六名。发动全县职工积极参与“红分享．我的初心故事”主题全市职工征文比赛，1人获得二等奖，1人获得三等奖，2人获得优秀奖。

职工文化得到进一步繁荣，每个乡镇“一台戏”“一场赛”活动持续推进，“百千万”送文化工作深入开展，“送演出”11场次，“送电影”130余场次，“送图书”1200余册。配合市总工会组织开展长街、岔路、桑洲三地的“与惠同行”系列健步走活动，吸引全市近百万职工关注。

积极宣传推广“甬工惠”市总工会微信公众号，关注粉丝突破5万人，同比增长70%；“甬工惠”APP下载安装激活量达到43194人，位居全市前列；在“看宁海”APP客户端开辟工会专栏，进一步筑牢职工宣传阵地。工会阵地建设进一步提升，县职工之家于5月正式启用，兴海社区职工活动中心被评为省级农民工文化家园。

9月27日，全县职工“表初心，讲奉献，扬风采——我与祖国共成长”演讲比赛举行

10月26日，“觅桑洲美食、步桑洲古道”全市职工健步走活动在宁海桑洲镇屿南山岗举行启动仪式

【综合服务】 整合各方资源，优化布局三级实体化服务阵地建设，构建区域性职工综合服务体系，全面启用新县职工服务中心大厅，三级职工服务站点全年共服务职工近3万人次。

助力脱贫攻坚战，大力实施建档困难职工帮扶工作，落实生活救助、医疗救助、助学救助三类精准帮扶措施，全年发放慰问金29.98万元，其中生活救助64户、医疗救助8户、助学救助15户。制定出台《宁海县总工会送温暖资金使用管理实施细则》，发放送温暖资金21.05万元，涉及职工209人。

开展劳模慰问专项行动，共慰问劳模55人，发放慰问金7.2万元。发放劳模津贴42人，金额14.43万元。

不断拓展服务职工内容，开展工会就业创业援助月活动，举办大型招聘会17场，进场企业420家，提供岗位信息11098个，帮助2072名职工成功就业。

开展东西部扶贫和山海协作工作，增进互访交流，拓宽协作领域，援助晴隆县总工会帮扶资金20万元，累计援助40万元。促进晴隆县异地扶贫搬迁家庭劳动力就业创业，针对晴隆县困难群众开展对口帮扶岗前培训，培训人员123人。

扩大职工医疗互助保障覆盖面，参保人数6万人次，理赔人数402人次，共计赔付金额94.53万元。“5·1服务卡”共计开卡3.74万张，新拓展20家特约服务商户，组织开展特惠活动25场，惠及职工8600人，向946名职工发放“蓝领通”贷款1.6亿元。

推进职工健康工程建设，有效保障广大职工身心健康，组织引导职工赴晴隆、景宁等地开展疗休养活动，促成工会职工疗休养与对口扶贫工作有效融合，超额完成900名一线职工赴半边山工人疗养院休养体检工作；与县妇幼保健院创新合作推出职工流动体检车，为一线职工提供县级医院的上门体检服务，全年累计为1300余名职工提供上门体检活动。

2月21日，2019年“工会创业就业援助月”招聘会现场

4月17日，县总工会与晴隆县总工会举办宁海县总工会扶贫帮扶资金捐赠仪式现场

【固本强基】 推进基层工会改革创

新，激发基层工会组织活力。创新推出“一会一特色”工作机制，培树西店镇“职工学校”、胡陈“职工说事”等一批基层改革典型。推荐跃龙街道等3家乡镇（街道）总工会、泉水社区等4家“小二级工会”、得力集团等2家企业工会作为全市百家基层工会改革试点单位，围绕15项基层工会改革重点方向进行改革，做到边推动、边总结、边交流、边推广、边提高，形成一批可复制、可推广的基层工会改革新经验、新典型。

开展第三批市级示范乡镇（街道）工会创建工作，力洋、强蛟两个镇总工会获评第三批市级示范乡镇（街道）荣誉。

开展工会组建行动，进一步强基层广覆盖。按照“抓重点、补短板、强弱项”的要求，加快新领域新阶层工会组建和会员发展工作。围绕“乡村振兴”战略，开展乡村产业工会组建专项行动，推进农家乐、民宿、农村电子商务、农副产品生产加工销售企业等涉农组织和行业的工会组建工作，按照省总“两基”工作视频会及推进会的要求，积极开展工会组建工作。全县新组建工会117家，其中单建工会112家、小二级工会6家，覆盖企业265家，发展会员8250余人。其中胡陈乡的水蜜桃专业合作社联合工会、前童镇的“传统小吃产业联合工会”和跃龙街道的银河女性创业工会联合会作用发挥明显。

推进工会组织和会员实名制数据库建设试点工作，进一步做好基层工会组织和工会会员实名制采集工作，全县各级工会共录入基层工会组织1206家，会员采集数161150个，采集数完成会员年报数的75.05%，居全市前列。

持续推进“活力基层工会”星级创建工作，进一步健全完善星级创建考核验收常态化工作机制和评级复查机制。其中宁波西子国际商圈工会联合会和前童镇民宿产业联合会被授予“市五星级区域性行业性工会联合会”称号。

建立并落实职业化工会工作者激励和非公有制企业工会主席津贴制度，发放三星级以上非公有制企业工会主席岗位补贴72.4万元。积极探索工会干部社会化、兼职化新路子，全县共配备镇乡（街道）兼职副主席25名，兼职协理员19名，职业化工会工作者31名。实施工会干部梯次化培训，全年累计开展培训50余次，培训各级各类工会干部5000余人次，基层工会干部能力素质进一步提升。

7月4日，宁海县工会系统首期“一会一特色”PK擂台赛在县总工会四楼报告厅举行

11月15日，宁海县劳动保护监督检查员培训班在县总工会职工业余学校四楼报告厅举办

【党建工作】 聚焦提能提效，齐头并进促统筹取得新进步。全面落实新时代党的建设总要求，把党的政治建设摆在首位，充分发挥党组领导核心作用，严格履行全面从严治党的政治责任，严守政治纪律和政治规矩。

根据中央和省、市、县委的统一部署，在县委第一巡回指导组的指导下，高质量高标准开展“不忘初心、牢记使命”主题教育活动，引导工会系统党员干部牢固树立“四个意识”，争做“四铁”干部。坚持以知促行悟初心、走访调研解难题、强化服务促担当、对标检视查不足、整改落实见成效，把党政所需、职工所盼、工会所能的工作做细做好做实，规定动作不折不扣做到位，自选动作体现工会特色和优势，开展集中学习30次，“当一周工人”有关做法在市级简报单篇刊发，以主题教育的实际成效，引领广大职工群众听党话、跟党走。深入开展“三服务”活动，出台《关于助力“五问五帮”，助推民营经济健康发展的12条措施》，以“五问五帮”为主载体，健全完善服务企业的长效机制，助推民营经济健康稳定发展。

结合主题教育，开展“当一周工人、体工会初心”活动，作为工会干部守初心、转作风、听真话、强担当的具体举措，全面提升工会干部“娘家人”形象，形成服务企业、服务基层、服务职工的整体效应。严控“三公”经费开支，强化工会内部实务审计，确保工会经费依法收缴、规范管理和有效使用，确保工会系统风清气正。坚持各项工作齐头并进，工会经费税务代收工作稳步实施，财务管理和经费审查工作进一步规范，工会资产管理迈入新阶段。工会女职工工作在特殊权益维护、服务帮扶等方面取得新的成绩。

9月12日，县总工会“不忘初心、牢记使命”主题教育工作会议在县职工之家四楼劳模讲堂举行

3月29日下午，县政协工会界委员一行到西店镇开展调研活动

共青团宁海县委员会

【概况】 团宁海县委深入学习贯彻中共十九大，中共十九届二中、三中、四中全会精神和团的十八大精神，紧紧围绕县委和上级团组织部署要求，按照“突出主题、聚焦主业、强化主线、夯实主责”的总体思路，不断激发广大团员青年的凝聚力和创造力，团的各项工作取得较好成效。团支部“第一书记”工作得到中青报、共青团新闻联播、青年时报整版报道；团中央定点帮扶山西灵丘县党政代表团、团中央青年发展部等先后到宁海考察调研乡村振兴、青年之家等工作；承办团省委第二片区工作交流活动，“青跑团”工作得到王慧琳书记高度肯定。

【政治建团】 理想信念教育卓有成效。坚持用习近平新时代中国特色社会主义思想武装青少年，扎实推进“青年大学习”专项行动，组织全县团员青年原学习习近平总书记在纪念五四运动100周年大会上的重要讲话精神。线上线下结合开展“青春心向党·建功新时代”“牢记初心使命、勇于担当奉献”等主题实践活动，新时代新青年讲习团开展轮回宣讲140余次，惠及1.3万余名青少年。针对时政热点，策划拍摄纪念新中国成立70周年献礼微电影。推出《70年·70首诗》栏目，少先队员以诗文朗诵的形式，大力唱响礼赞新中国、奋斗新时代的昂扬旋律。

【仪式感召教育】 全县各级团组织先后开展“青春心向党·建功新时代”特别主题团日活动260余场，2.7万名团员青年全员参加。组织税务、供电等团员青年300余人，共唱《我和我的祖国》，迎接新中国成立70周年。举办“激扬青春 志筑梦新时代”宁海青年“温故知新知行合一”学习实践出征仪式暨纪念五四运动100周年主题活动。为纪念少先队建队70周年，举办全县少先队“不忘初心，传承红色基因”特别主题队日活动。

【教育引导阵地拓展】 推进“青年之家”实体阵地建设，共有11个“青年之家”运行良好。其中，重点打造D++造梦空间、光点聚落、青年志愿服务中心3个“青年之家”，成为青年群众喜爱的温暖之家，团中央、团省委领导多次莅临参观指导。深入推进“网上共青团”建设，依托“宁海新青年”“宁海志愿者”等团属新媒体平台，有效凝聚青年思想，发挥舆论阵地作用。

【实干立团】 开展“三服务”活动。制定印发《宁海共青团“三服务”活动实施方案》，深入企业送服务、深入青年解难题，深入基层补短板。全年累计走访兴伟刀具、海斯曼、蟹大人等企业117家，走访村社225个、青年群众2500余人，收集问题诉求66个，已解决64个，有效提升企业、青年、基层的获得感。

【助推党政中心工作】 积极引导团员青年认领社会岗2.5万余个，并组建平安志愿者、河小二等专业服务队650余支，有效发挥先锋模范作用。深入推进“青跑团”助力“最多跑一次”改革，构筑“事前助跑、事中陪跑、小事代跑、琐事免跑”的四跑体系，启动“青跑团”服务窗口32个，完成事项咨询2300余次，事项办理934件，办结率、满意率均达100%。大力推进青创农场建设，2019年共申报市级青创农场3家，推荐5名农村创业青年参加市级农村致富带头人培训。选送农创青年陈仲参加第六届“创青春”中国青年创新创业大赛，“蟹大人”项目获得全国赛农业农村组金奖。举办第五届“平安达人”定向挑战赛，组织80余支队伍400余人参赛，发动平安志愿者2万余人广泛参加平安宁海创建，发放平安宣传资料10万份，累计受众面20万人次，营造全民参与、全城动员的平安氛围。

【青年人才引育】 打造宁海青年人才驿站，通过“酒店提供住宿+人社服务点提供就业服务”的双服务模式，设立人才专属楼层，专属服务窗口，专属就业平台等，基本实现“一站式临时住宿、就业创业指导、政策信息、培训交流、社会融入等公益服务”建设目标，现已为

45名外来人才提供住宿服务，推荐用工16人次，签订就业协议4人。在宁波人才日期间，举办“智汇宁海 逐梦未来”——2019宁海菁英趣味定向挑战赛，吸引240名青年人才参加，并挂牌成立宁海高层次人才服务中心。持续开展宁海未来人才储备计划，深化“家燕归巢”青年学子引才行动，为430余名在校大、中学生提供菜单式实习岗位和志愿服务项目。加强人才引育力度，与乐业空间、电商产业园等合作开发“创新学院训练营”项目，邀请北华大学、吉林农业科技学院等4所高校的40名大学生赴宁海开展为期一周的创业体验。

【精准扶贫】 继续开展“百团连百心，共结山海情”晴隆学子帮扶行动，募集资金15万元帮扶100名晴隆贫困学子。持续开展“从山的这边到海的那边”活动，第二批8名晴隆学子到宁海进行游学体验，圆山区孩子的“看海梦”。与贵州晴隆团县委签订“伴你童行”留守儿童关爱帮扶合作协议，组织专业老师赴晴隆为96名留守儿童送去精彩纷呈的素质拓展课程。开展宁海少先队“手拉手，共庆祖国70华诞”活动，为贵州晴隆、丽水景宁的贫困学生募集爱心牵手包280个，价值20余万元。

【青年志愿服务】 在全县机构改革后成立青年志愿服务中心，专门为青年群体参与社会志愿服务提供新平台，积极培育孵化优秀青年志愿服务项目，8个项目入围宁波市新时代文明实践志愿服务项目大赛复赛，“点亮微光，飞扬青春”项目、情暖功勋“红心”项目入围决赛并斩获1金1铜，“古镇小导游”项目获评优秀奖。在“3·5”学雷锋日，举办宁海志愿服务项目大赛启动仪式暨第七届宁海县志愿服务文化节，成立“最多跑一次”、关爱留守儿童等8支专业志愿服务队；承办宁波市志愿者关爱农村留守儿童专项行动启动仪式，茶院乡等5家单位被评为宁波市关爱农村留守儿童志愿服务基地，沥水之阳“两地书信”项目被评为宁波市关爱农村留守儿童志愿服务优秀项目。全面铺开垃圾分类推广宣传活动，累计招募垃圾分类志愿者2500余人次，发动群众3.5万余人次。积极开展抗台救灾工作，组织团员青年奋战抗击超强台风“利奇马”一线，入镇入村帮助转移安置危房户260余户，加固河堤12处，清理道路障碍24处，开展安全巡逻600余人次，为受灾青年果农发起爱心接力，帮助销售受灾葡萄850余千克。组织“小青柠”为519开游节、全国法治乡村现场会、海峡两岸乡村振兴论坛提供嘉宾接送、会场布置等专业的志愿服务1200余人次。

【服务兴团】 青年社会组织蓬勃发展。重点发挥共青团枢纽性服务作用，打造“亲青汇”共青团门店。试点成立宁海县亲青帮青少年社会工作服务中心，天明阳光家园、红岩谷公益服务社等5家社会组织整体入驻，梳理完善青少年社会工作服务清单，形成以中心为核心，政府职能部门和重点青少年双向点单、中心派单、社会组织承接办单、三方评单的合作体系。实施“青春朋友圈”计划，培育与青年社会组织、青年意见领袖、在外优秀青年等有重要影响力群体与个人的伙伴关系，建立青年智库，选好青年带头人，增强团组织服务辐射面。

【青少年陪伴成长】 与象山、三门团县委共同签署《环三门湾青年发展联盟合作框架协议书》，进一步加强三地青年在人才培养、婚恋交友、志愿服务等领域交流合作。开展“慢享美胡陈·桃缘会佳人”“香知相遇 榧你莫属”等30余场青年交友联谊会，服务青年近850人次，成功牵线30余对。紧扣精准要求，不断提升扶弱助困的针对性和实效性，面向低收入农户子女连续7年推出“我的新年心愿”圆梦计划；面向留守儿童推出“伴你童行”守护计划，开展心理疏导、素质拓展、安全自护等活动，关帮扶关爱留守儿童349人次；面向偏远地区青少年持续开展“公益大帐篷”“流动少年宫”等活动，5000余名贫困学子接受优质的校外教育；面向残障青少年，持续推进助残“阳光行动”，为培智学校、天明阳光家园等80名残障青少年送去常态化服务。

【青少年权益维护】 倾心关爱重点青少年群体，落实“甬爱”项目协议，推行社最未成年人社会观护“职能部门+社工+志愿者”的全新模式，建立“检察机关+共青团+青少年事务社工+志愿者”的工作架构，取得较好成效。扎实开展“三经三防三自”主题教育活动，在长街中学、泉水社区等开展禁毒、安全自护、防溺水等内容丰富的未成年人安全教育10余场，1200余名青少年受益。

【固本强基】 加强团的组织建设。以推进“潮头工程”提升组织力为目标，牢固树立大抓基层的鲜明导向，持续优化基层组织建设路径，强化“全团抓学校”意识，深入推进中学特色团支部和学校少工委建设。切实加强农村、社区、机关事业单位等传统领域团建工作，同步做大两新组织、特色小镇、商圈楼宇等新兴领域的团建增量。继续深化团支部“第一书记”品牌工程，进一步拓展工作内涵，强化组织保障，确保团支部第一书记工作在农村落地开花。

加强团员队伍建设。严抓团员发展、团员教育、团员管理这3个关键点，出台宁海共青团“1234”基础团务系列制度（即三会两制一课和团员发展、团费收缴、组织关系转接与档案管理、推优入党等制度）。制订发展团员工作规范，试点实施入团“四制法”（即培训学分制、理论测试制、志愿服务制、全程纪实制）。全面实施“三亮三比”团员量化积分管理，制定团员量化积分“一月一小评，一季一公开，一年一总评”考核办法，使团员行有目标、管有标尺。三是加强团干部队伍建设。以“不忘初心、牢记使命”主题教育为契机，深化团干部成长观教育，引导团干部树立正确的事业观和政绩观。在全县团干部中每两周开展一场“青春夜学”活动，以“三个40分钟”的形式（40分钟授课学习+40分享分钟交流+40分钟谈心谈话）促进年轻干部成长成才，累计130余名团干部参加“青春夜学”活动，有效帮助团干部强化政治理论素养，提升工作专业水平。

1月22日，宁海未来人才储备计划——“家燕归巢”体验拓展营开营仪式

3月4日，“志愿新征程　奉献新时代”宁海志愿服务项目大赛启动仪式暨第七届宁海县志愿服务文化节举行

9月23日，在大佳何镇葛村举行“青春心向党　建功新时代”2019年宁波市大中专学生暑期社会实践成果展示活动

10月19日，县第五届“平安达人”挑战赛暨平安志愿者“一起点亮”万人接力行动启动仪式举行

11月11日，“香”知相遇·“榧”你莫属宁海青年交友联谊会在十里红妆文化园举行

宁海县妇女联合会

【巾帼建功活动】 多角度深化乡村振兴巾帼行动。深入开展美丽庭院升级版创建，实行进度“双比双晒”月报制度，成功创建清洁庭院村40个、美丽庭院村15、乡愁庭院5个，共投入资金280万元，计划中的60个村均已完成创建任务。深化庭院艺术人才培育，借力高校优秀艺术家驻村行动，在大佳何镇葛家村开展第一届宁海县乡村庭院艺术节和人民大学·葛家村融合设计艺术展等活动，激发乡村振兴村民内生动力，共培育出“庭院艺术家”40余名，向前童、桑洲等乡镇输送人才指导艺术庭院创建，相关报道被推送至“学习强国”的“浙江学习平台”。

注重乡村文创女性挖掘，整合县文旅局力量资源，面向传统手工艺领域开展“巧手巾帼·匠心传承”推选活动，共筛选出巧手巾帼10名、优秀作品奖13名。其中缪素青（刺绣）、华建英（棕编）、潘晓燕（压花）3人上榜省级百名“女红巧手”。定期开展巾帼“艺术+”课堂，推出传统手工技能培训班和巾帼文创女性培育项目，开展技能培训、理念提升、对接市场等活动20余次，吸收“宁海巧娘”30余位。

多平台展示创业创业巾帼成果。全力承办好省级大赛。投入40万元全力支持承办“‘妈妈的味道’浙江省第二季民间美食巧女秀”总决赛活动，宁海美食前童沸腾豆腐、长街蛏子、一市糕3个参赛项目荣获大奖。两天展期，全省参展的130余家美食商家现场销售额达50余万元。全力架好妇女创业输出桥梁，2019年第25届义乌国际小商品博览会，宁海推荐2个来料加工项目和2个女红产品参加妇女创业创新成果展洽，全市共6个展位，宁海占4个；推荐从事灯具、文具来料加工的2位女经纪人参加展洽，省女企业家协会共推出9个展位，宁海占2个，此次义博会上宁海推荐的展示项目均获得良好的口碑和市场认可度，共促成户外灯具首批订单150万元，折叠凳子首批订单100万元。继续深化巾帼建功活动，2019年重点在两新组织、商品交易市场、农旅行业新创8个省岗、41个县岗，并指导潘天寿幼儿园持续争创国岗。

多形式贡献对口帮扶巾帼力量。结合援疆教育行动，联合“种太阳”公益基金共同发起“书海冲浪进龟兹，爱心播撒飘万里”主题助学行动，向新疆库车5所学校捐赠4万元书籍；结合黔西南州对口协作，与贵州晴隆县妇联开展“书海冲浪”家庭教育帮扶结对，就绘本图书共享、网络课程共享、公益团队共享等内容达成合作意向、签订合作协议，联合县农业农村局开展“书海冲浪聚梦想　绘本故事进晴隆”行动，向晴隆20所学校、留守儿童之家捐赠绘本读物8万元，输送举办亲子阅读故事会6场、家庭教育讲座7场。探索创业创新扶持共建，积极整合创业女性技术资源，组织手工行业巾帼创业创新促进会成员6人前往晴隆县，与当地绣娘群体开展技术探讨、理念交流、合作发展对话活动，选派优秀来料加工经纪人为小镇服装扶贫企业输入技术技能、管理理念。开展外派干部人才家属关爱服务，通过摸清情况、联动共建、情暖关爱三部曲，切实推动关爱服务活动有序开展，共开展主题关爱活动4次，走访慰问9户，赠送空调被、鲜花等关爱物品30余件，受益家属90余人。2019年的全大市挂职人才家庭关爱工作总结大会放在宁海召开。

【家庭文明建设】 结合妇联实际，专门成立“女性初心读书会”，满足丰富妇联全体干部精神文化生活需要的同时营造良好主题教育学习氛围，活动期间共开展“学思践悟知行合一”“家风．家书．初心”等专题读书会4期，红色初心之旅3次，撰写调研文章5篇。在本次主题教育工作中，县妇联属于先进单位，信息录用情况在全县位列第一序列，调研报告“深、细、实”极具指导实践意义，获县巡回指导组高度肯定。

深入实施“百千万巾帼大宣讲”行动，组建由妇联领干部、业务骨干、三八红旗手、巾帼志愿者等组成的新时代巾帼宣讲团队伍，线上线下开展百千万巾帼大宣讲活动1268场次。大力推进新媒体妇联建设，“宁海女性”发稿87篇，被“宁波女性”“浙江女性”等省市级录用发布28条；被国家级杂志新媒体平台录用2条；被县级新媒体录用发布28条，开展活动网络直播3场次，制作《我和我的祖国》快闪MV 2个。充分挖掘宣传先进典型，承办的浙江省第二季“民间美食巧女秀”活动在《中国妇女报》《宁波日报》上报道，好爸好妈故事团先进事迹在《中国妇女》《婚姻与家庭》《浙江日报》上报道，葛家村艺术振兴乡村工作在《浙江日报》《宁波日报》《宁波晚报》上报道，并被“学习强国”录用发表。

特色化推进家庭建设工作。深入开展各类特色家庭、优秀亲子阅读基地、好家风家训寻找、打造、宣传、展示、激励活动，评选出宁海县文明家庭1000户，最美家庭20户；宁波市文明家庭10户、宁波市最美家庭5户；宁波市绿色家庭10户，浙江省绿色家庭1户，浙江省最美家庭1户，浙江省特色最美家庭—廉洁守法家庭1户；建设17家县级亲子阅读基地，评选宁波市亲子阅读体验基地3家、县亲子阅读书香家庭300户；提炼好家风家训48条，创建家风家训名村落3个，举办各形式家风文化节18场。

品牌化推进亲子阅读工作。做强做大“书海冲浪”品牌，积极对接县教育局，通过单位推荐、自主报名等形式，选拔聘任家庭教育讲师团30人，依托家长学校阵地，全年共开展有引领性的家庭教育讲座24场，投入资金约1.5万元；在县级“好爸好妈故事团”总队的基础上招募组建18支乡镇（街道）分队，全年共开展“好爸好妈故事团”亲子阅读进农村、进社区活动100余场，投入资金约2万元。开展宁海县第二届“书海冲浪”主题活动暨“悦读童年”绘本剧大赛，评选出优秀绘本剧8个，共奖励资金3万元，现场表彰好爸好爸故事团优秀成员5位，优秀家庭教育讲师5位，县亲子阅读十佳书香家庭，亲子阅读基地优秀示范点5个，共发放奖励金额6万元。

项目化推进家庭教育运作。利用政府购买服务方式为竞争招标购买形式，实施“家庭教育父母课堂”项目，在开展线下家庭教育指导基础上，投入10万元与金华教育学院合作开发适宜的家庭教育线上网络课程，满足不同年龄段家长群体学习需求，课程内容由省专家全程技术把关，至年底已开发完成6个。利用政府购买服务方式推进垃圾分类工作，评选出宁波市垃圾分类达人8个。

凝聚力量关爱妇儿。广泛开展农村妇女“两癌”免费检查，成立宁海首支“两癌”关爱“双丝带行动”服务队，邀请招募专家团队+女性志愿者30余人，为女性“两癌”患者提供社会支持、医疗康复、心理援助等，打通爱心传递微循环，至年底已在6个乡镇街道中心卫生院设立“两癌”常态化初筛机构。持续开展“康乃馨”救助行动，2019年累计募集康乃馨捐款21.4万元，可为22名患“两癌”贫困妇女提供救助资金，捐款数全市第一，同时全面启动“康乃馨女性健康关爱计划”，已联系省妇联妇基会向“两癌”低保户赠送母亲邮包12份。创新组建“关爱女性健康．关注女生成长”志愿团队，已赴力洋中学等地开展团队专题讲座进校园行动5场次，有效弥补家庭、学校教育在女生心理、生理成长方面的不足。扎实做好长街镇、梅林街道2个学龄前儿童溺水预防干预项目全国试点工作，联合县红十字会“飞狼救援队”开展“防溺水”体验式演练进试点行动。

【妇女儿童维权工作】 深化源头维权。联合县法院出台《关于女性社会组织参与家事调解、调查的指导意见》，共同推动婚姻家庭纠纷调解工作及家事审判改革工作，实施女性社会组织参与家事调解，以调查员、调解员、监督员等方式，利用女性社会组织的柔性关爱与法律的刚性法规有机结合，促进家庭纠纷的有效调解，保护未成年人、妇女和老人的合法权益的妥善解决。积极履行保障妇女权益的监督职能，不断扩大陪审员队伍中女性比例。贯彻落实《中华人民共和国反家庭暴力法》，及时有效制止家庭暴力，主动与公安部门对接全面推行家暴告诫制度，依托县救助站提高反家暴庇护中心救助条件，为受家暴妇女提供庇护。

深化开展普法宣传。依托“互联网+阵地”宣传模式在妇联官方微博、微信、QQ群等大力开展妇女权益保障法、预防和制止家庭暴力、反家庭暴力法等平安知识宣传，同时依托文化礼堂、妇女之家、假日学校等阵地和“3.8”维权周、“6·26”禁毒日、“11·25”世界反家暴日等节点，以社区、村为基点，面向广大家庭，大力开展法治维权宣传活动。深入开展“建设法治中国　巾帼在行动”主题活动，举办妇女普法宣传、讲座等活动。常态化开展农村老妇代会主任走访关爱、健康体检、外出参观等服务和农村留守儿童学习辅导、心理疏导等关爱活动。畅通妇联信访渠道，依托“12338”维权热线，为妇女群众提供维权咨询服务。

整合“三支队伍”强化维权服务力度。依托“三支队伍”，谱好“宣、疏、调”三部曲，奏响婚姻家庭纠纷预防化解和谐交响乐。奏好金石榴女律师立体式普法“宣”字曲，成立金石榴宁海分站，每月安排女律师到县妇儿权益维护窗口值班，提供现场法律咨询服务；每个乡镇街道均配备结对女律师，每年以“菜单”模式、群众喜闻乐见形式开展“百场普法课进基层到万家”普法行动，全年共开展婚姻家庭方面法律讲座82场，协助5个广场舞协作区编排反邪教、禁毒、婚姻家庭纠纷调解小品5个，开展平安家庭知识竞赛3场次。奏好姊妹护航服务队网格式排查“疏”字曲，建立执委、妇女代表网格化分片包干机制，结合入户走访宣传、阵地聊天说事开展重点人员、重点苗头、重点线索“三重”情况排查，并建立跟踪回访机制，做好二次疏理。奏好春风化雨服务队三级式“调”字曲，创新推出村（社区）、乡镇（街道）、县三级联动调解机制，专门印制包含调解技能、调解程序等内容的调解记录本，各级调解员根据纠纷难易逐级移送调解，尽量将矛盾纠纷化解在萌芽状态。三级式调解机制获得省、市妇联高度肯定，并在全省婚姻家庭矛盾纠纷化解能力提升培训班典型交流。

有效助推维权服务社会化。深化推进“姊妹护航”行动，注重“姊妹护航”一镇一品打造，涌现西店镇“妇联+未检”关爱未成年人模式，岔路镇“邻里守望”关爱空巢老人模式，跃龙街道“村嫂联户”环境整治模式，桃源街道“书香桃源”亲子阅读模式，长街镇“河管家”巾帼治水模式等特色品牌。继续以项目化女性社会组织承接方式开展平安家庭知识竞赛预赛2场、决赛1场，5大协作区编排推送5个反邪教、禁毒、婚姻家庭纠纷调解有关的歌舞、小品等形式的平安家庭宣传节目，以寓教于乐的方式积极引导居民创建科学文明之家、和睦友善之家、平安稳定之家。创设奖励性工作机制，每季度评选十佳姊妹护航团队和10个先进个人，并给予十佳团队2000元/个、先进个人500元/人的奖励资金，有效提升“姊妹护航”队伍工作积极性。全年共开展各类服务2400余次，发放年奖励资金10万元。

【组织建设】 主动对接组织部门，配齐配强乡镇街道妇联主席，完成全县18个乡镇街道妇联换届。换届后，新当选妇联主席6人，执委共292人，新增执委146人，总体呈现年轻化、学历优等特点；兼职妇联主席43人，广泛吸收社会各阶层、各行业、各领域的优秀女性代表。换届后，基层妇联干部队伍进一步壮大，基层妇联组织力量进一步加强。

高质量推进基层妇联组织触角延伸。出台《在全县村（社区）建设示范型“姊妹驿站”微妇联工作的实施意见》，在村民小组、社区网格、党建网格、流动妇女聚居地等妇女群众生活的最小单元建立“姊妹驿站”妇女微家，通过制定工作手册、定期交流进度、重点指导培育措施，建立工作特色鲜明、服务成效显著、妇女群众满意的姊妹微家50个。在资源较为丰富来料加工集中点、企服中心、旅游集散中心、法院等地建立5个示范型执委联络工作站，开展执委集中接待日活动，有效联系和服务群众。

巩固深化选派“第一妇联主席”制度。创设搭建“一手册、一论坛、一微群、一例会”平台，通过例会制度、业务培训、观摩学习、导师带徒等措施，全方位增强第一妇联主席服务基层妇女工作的能力，已累计选派两批近60名县直机关选派干部通过一月两次蹲点式结对精准帮扶。积极参与认领纯公益项目，全县国企、事业单位等机关妇委会在2019年“三八”节上公开认领10个纯公益项目，县妇联结合庆祝新中国成立70周年主题活动，对机关妇委会认领的“水电柔情　守护平安”“定格微笑　留住感动”“生命绿卡　暖心护苗”等10大纯公益项目负责人进行表彰，并颁发纯银公益服务纪念牌。

高标准推进女性社会组织孵化。全面推开向社会组织购买妇女儿童家庭公共服务工作，创新推出社会组织购买服务月度例会制度助力2018年度的6个妇女儿童家庭服务项目圆满完成，直接受益人数达71654人次，项目开展满意率达98.5%。全面启动2019年度妇女儿童和家庭关爱项目，结合县妇联系统半年度工作会议，以票决形式推出婚姻家庭纠纷调解及困境妇女关爱、姊妹护航共创平安、失独家庭关爱、乡村文创女性培育、家庭教育父母课堂、“我爱我家”垃圾分类行动等六大项目，购买资金达50万元。在10月“姊妹护航”展风采迎国庆主题活动中，对承接项目的女性社会组织进行公开竞评，共评选出年度优秀女性社会组织3家、示范女性社会组织3家。成立全市首个女性社会组织联合党支部，新培育女性社会组织2个。

宁海县科技协会

【组织建设】 召开宁海县科协十届二次全委（扩大）会议，听取和审议县科协主席陈海中代表科协十届常委会所作的工作报告，副县长陈陵际到会并表彰2017—2018年度宁海县优秀科技人员、优秀科协工作者。

组织召开加强学（协）会党建工作会议，印发《关于加强学（协）会党建工作的实施意见》《关于在县科协所属学（协）会中成立党的工作小组的通知》。组织召开加强学（协）会党建工作会议，建立模具协会、老科协等10家学（协）会党工组，并开展行之有效的活动，如组织政治学习，到红色基地参观，送科技下乡等。

结合进一步发挥“三长”作用，调整充实乡镇（街道）科协，吸收1名“三长”担任副主席，其他“三长”担任委员，吸收民间人才、专业合作社负责人、种植养殖大户等进科协班子。建立完善村级科普协会，将村干部、乡村医生、土专家、专业大户吸纳为协会会员，并由村党支部或村委会负责人担任协会负责人，并设联络员。专门编印《关于进一步发挥“三长”作用长街镇科协试点工作材料》，供其他乡镇（街道）参照学习。成立长街镇水产养殖专业技术协会，并开展活动，为专业技术协会工作积累经验。

特色学（协）会建设。要求学（协）会发挥特长，推出有个性化的特色活动或服务项目。如环保科技学会积极承接政府职能转移，主动参与环境规划方案编制，当好企业环保管家；县营养协会主动服务全民健康，开办国家健康管理师培训班；县模具协会以周末晚间沙龙平台为载体，全年举办50场次，310人参与互动，与会员开展信息与技术交流；县汽配橡塑协会组织开展银企对接为会员企业服务。

自9月开始，开展“不忘初心、牢记使命”主题教育，切实做到将主题教育延伸，组织科技工作者中的党员参加，学习指定书籍，开展讨论会、谈心会，找问题短板，提高政治理论水平和党性修养增强为民宗旨意识。

【服务经济发展】 推进院士工作站建设。宁海县第一注塑模具有限公司申长雨院士工作站被认定为省级院士工作站。新建市级浙江万里学院宁海海洋生物种业研究院包振民院士工作。

推进海智工作站建设。引进留美归国博士、上海瑞金医院医生武文漫领衔的“血源性新型长效凝血因子ⅧⅢ”研究项目落户宁海。

加强大学、科研院所与企业、地方的科技合作。宁波天普橡胶件有限公司正在同青岛科技大学对接建立合作关系；长街杂交水稻制种基地与宁波农科院加强技术合作；万里学院与长街镇开展校镇结对，并与宁海现代农业园区建立全面合作关系。

【交流活动】 举办“做新时代科技追梦人”演讲比赛。5月专门发文部署举办“做新时代科技追梦人”演讲比赛，9月27日正式举行比赛，23名选手参加演讲，决出一等奖2名、二等奖3名、三等奖7名，收到良好效果。

邀请马余刚院士故乡行。宁海县作为世界宁波帮帮宁波发展大会、2019年“回乡重聚共创”甬籍院士故乡行的院士邀请单位，邀请到马余刚院士及夫人参加甬籍院士故乡行、世界宁波帮帮宁波发展大会。

开展学术交流。评选自然科学论文、鼓励出版著作。组织完成2017—2018年度自然科学论文评选，共评出一等奖4篇、二等奖10篇、三等奖17篇。

县茶业协会开展春茶、功夫红茶加工等技术培训，开展茶园绿色防控、茶树新品种选育技术攻关，与中国茶叶学会建立导师制，实施“青年茶农”结对培养计划，并组织会员企业参加各类茶叶评比，获宁波市第四届红茶金奖励个，浙茶杯金奖红茶2个，中国黄茶斗茶大赛金奖1个。县护理学会开展护理技能大赛，县医学会积极承办省市继续教育项目，受教育医护人员覆盖面达98%以上；县汽配橡塑协会与13家单位合作，在广东清远市举办全国第三届“现代橡胶论坛”，组织本行业专家参加。

【科普工作】 开展专题科普。邀请中国地质大学（武汉）浙江省研究院到宁海帮助县科协在全县农村开展地学知识普及工作，主要普及地质灾害基本知识、农业地质环境学基本知识、与工程建设等相关的地质基本知识，为乡村振兴服务。

加强科普设施建设。在宁海图书馆建成总投资70万元的宁海数字科普展示馆，在长街中港村建立浙东蛏子馆，与温州大学教育信息化研究所合作在城东小学建立4A模式STEAM实验室，新建6座标准科普画廊，新增3家县级科普教育基地，新认定县级科普示范基地4家，设立市级科普旅游线路1条，近百名市民及学生在“5·19”全国旅游日开展科普旅游体验活动。

加强互联网科普工作。全县18个乡镇（街道）均建立科普微信群，县科协及县级有关部门的同志加群，内会员已达千人以上，至11月底计划接收信息百万条（次）以上。在全国科普日活动期间，举办科普知识网上问答活动。

开展惠民特色科普工作。完成中老年人智能手机操作技能培训5000人以上，组队参加市科协、宁波电视台现场直播的中老年人智能手机操作技能大赛，获团体第一名。完成百场科教电影进农村进社区放映活动。各地农函大（成人学校）继续抓好公民职业技能培训。

【平台建设】 联合县委人才办，完成“宁海民间人才培育千人计划”。完成2019年度宁海民间人才（中医骨伤科）星级评定工作，共评出五星级1名、四星级2名、三星级10名、二星级16名，给民间人才以一定身份认同。

举办宁海县第十届青少年科技节，开展七巧板、电子制作、奇迹创意、车模、空模、创新论文、科技夏令营等系列活动，全县3310名中小学生参加各类竞赛，获省一等奖5项、市一等奖3项；安排6名老科学家举办“快乐科技一堂课”活动13场讲座，近5000名师生参与聆听；促成美国ACE中心与胡陈梦鼎培训学校合作，举办2019ACE青少年科技夏令营，共300名学生参加为期4天的活动。

宁海县工商业联合会

【概况】 宁海县工商业联合会以习近平新时代中国特色社会主义思想和中共十九大精神为指导，以改革创新的精神和求真务实的作风，紧紧围绕县委、县政府的中心工作，牢牢抓住“两个健康”工作主题，充分履行商会职能，积极推进工作创新，荣获2019年民营企业调查点工作示范单位、2019年度浙江省工商联系统先进单位。

【主题教育】 增强党组带头示范作用。按照守初心、担使命、找差距、抓落实的总要求，把学习教育、调查研究、检视问题、整改落实贯彻主题教育全过程，确保规定动作不走样，自选动作有创新。领导干部开展集中学习4天、集中研讨4次、基层调研4次，走访企业百余家，形成调研文章4篇，领导班子检视问题4个，个人检视问题14个，已全部整改完成。

增强支部战斗堡垒作用。在县工商联党总支的指导下，下属3个党支部结合主题教育积极开展各项活动。以庆祝中国共产党成立98周年为契机，机关党支部组织党员赴余姚四明山、岔路山洋开展“初心之旅”，宁海四川商会党支部组织党员赴红色教育基地——石棉县开展现场教学、体验红色之旅活动，宁海上海商会党支部组织党员赴岔路镇梅花村革命根据地集体过“政治生日”，增强非公有制经济人士创业不忘国家民族的爱国情怀。

强化非公有制人士思想引领。加强理想信念教育，引导广大非公有制经济人士牢固树立守法诚信意识，自觉践行社会主义核心价值观。年初，召开执常委会议，深入学习中共十九大及系列全会精神以及习近平总书记在民营企业家座谈会上的讲话精神；7月，召开非公有制经济代表人士座谈会，开展国情形势教育和中美贸易战讲座；10月，召开主席（会长）会议，专题学习习近平总书记在新中国成立70周年大会上的讲话和中央经济工作会议精神。

大力开展村企结对扶贫工作。联通过发起倡议书、出台相关文件等方式，在基层商会和企业积极开展扶贫宣传工作。宁海县50家企业与晴隆县50个贫困村开展结对帮扶，帮扶资金293万元。此外，得力集团向黔西南捐赠扶贫资金300万元。10月底，在市工商联领导的带队下，县工商联组织部分民营企业到贵州省黔西南州晴隆县等地开展扶贫活动，参观移民安置小区、扶贫车间，对困难群众进行慰问，并与当地工商联作扶贫工作交流。同时，走访农产品生产销售公司10余家，达成销售意向金额1000万元，其中与3家公司签订购销协议，签约金额650万元。县工商联通过工会福利助力消费扶贫8400元，并积极发动全体党员干部认领党群同心圆微心愿，开展“课桌圆梦”和“消费扶贫先锋行”爱心购活动，涉及金额2600元。

【拓展服务】 打造由县工商联委托，县商会企业服务中心具体运行，政府参与，社会化运作的服务企业的平台。为17490家企业提供11大平台57项服务134.35万次，其中公益服务37.79万次。持续开展（商会）企业劳动用工纠纷矛盾调解工作，成功调解445起，减少企业成本842.78万元，满意度100%。在原有八大平台的基础上又推出三大平台：

创新开展商会工伤互助救济服务。3月，由县工商联牵头，社会组织发起，实施第三方专业机构托管，创新开展商会工伤互助救济服务，以互助互济的方式解决工伤预防、保险及处置问题。截至年底，参加工伤互助企业达1558家，救助职工17365人，实现企业工伤管理综合支出减少50%以上。

探索推出企业体检。为促进

6月24日，县工商联机关支部赴余姚开展“砥砺见初心　奋斗新时代”主题党日活动

12月8日，中央统战部副部长、全国工商联党组书记、常务副主席徐乐江一行到宁海，调研亲清家园建设情况

“两个健康”，在加强对企业家身体健康体检的同时，创新推出对企业的健康体检，采取“定制与点单式”经营体检项目，在两个必选的劳动用工与安全管理风险诊断上增加八个自选风险诊断，受到企业家的关注，20家企业报名参加体检。

精心打造“亲清家园”。为更好地构建亲清新型政商关系，在市工商联和县委统战部的指导下，精心打造亲清家园，成效明显。与8家部门建立联建机制（与人社局建立商会劳动争议调解委员会和仲裁派出庭，与县检察院设立“保护企业家健康成长工作站”、与县法院建立“法官工作室”、与县司法局建立“宁海县商会法律服务中心”、与县税务局建立“纳税人权益维护中心”、与县环保局建设“民营企业绿色发展工作站”、与人行宁海县支行签署优化民营企业金融服务合作框架协议，与应急管理局建立“亲清”安全生产服务工作站等），组建40名企业家“智库”和200名企业联络员队伍；组织基层商会走进亲清家园，18个乡镇街道商会分六批组织139家企业141人次参加；建立以政府服务企业、企业促进地方发展、政府清明和企业清廉为主要内容的“亲清健康指数”评价体系基本框架；积极协调政企关系，2019年，受理涉企事件16起，包括经济纠纷、行政审批、政务服务等，已处理完成16件，受到企业的好评，增强工商联的影响，凝聚工商联人心。2019年以来，累计接待62批次来自全国各地各级领导的参观、考察和调研，包括全国工商联党组书记徐乐江、省委常委、统战部部长熊建平，市委常委、统战部长胡军，市委常委副市长刘长春等领导。此外，结合市县两级清廉民企示范单位创建活动，宁海高格卫浴有限公司和跃龙街道商会成为市级首批清廉企业示范创建单位。

2月5日，宁海县全国异地商会会长联谊会成立大会会场

【参政议政】 组织撰写提议案并做好提议案答复工作。两会期间，非公有制经济人士中的人大代表和政协委员分别撰写建议、提案60余件，涉及经济、政治、文化、生态文明等方面，反映社会各界关心的热点难点问题。积极做好《关于加强民营企业接班人培养的建议》《关于为非公经济人士健康成长营造更好环境的建议》《关于走出去“拉人才”的建议》等3个提案的协办工作。

定期开展工商联界政协委员活动。组织参加县政协举办的以城市规划与城市精细化管理、推动经济高质量发展等为主题的崇学讲堂系列活动，2019“全国放鱼日”宣传暨增殖放流活动以及“生态文明建设”政情交流会。联合科技界、经济界举办中美贸易摩擦背景下知识产权保护工作专题讲座，邀请专家为界别委员在当前经济形势下如何开展知识产权保护工作。

认真部署参政议政课题调研。紧紧围绕全县经济和社会事业科学发展、和谐发展的主题，制订科学调研和参政议政工作规划，精心选择调研课题，深入开展调查研究，加强调研成果转化。聚焦中美经贸关系摩擦对企业影响和减税降费落实情况，开展大走访活动。走访商会、企业100余家，累计协助解决问题30余个。同时，先后深入到广东、四川、云南等异地商会，召开高质量发展座谈会3场次，面对面听取企业家对家乡推进高质量发展，打造优良营商环境的意见、建议。积极配合开展县政协开展的“推动民营经济高质量发展”的专题调研，分别赴温州、台州、杭州、上海等地开展实地调研视察，分析宁海民营经济发展情况、存在问题和不足，分析原因，探讨对策。

【队伍建设】 县工商联（商会）共有会员2971个，基层商会17家，行业商会5家，异地商会15家。

加强县内商会建设指导和改革探索工作。加强基层商会规范化建设，指导基层商会完成换届，选优配强商会班子，为推动当地经济发展和社会公益事业发挥重要的作用。为更好地发挥铝型材行业商会的作用，在多次协调沟通的基础上，指导该商会于6月18日顺利换届。为加强全县装饰装修行业的自主管理，规范经营服务行为，维护消费者和装饰装修企业的合法权益，指导县装饰装修行业商会于6月28日成立并开展银企对接。同时，根据全省工商联所属商会改革和发展试点工作的部署，作为全省商会改革和发展试点单位，成立商会改革和发展试点工作领导小组，以县工商联主席为组长，制定工作方案，全面部署推进改革试点工作。通过提升商会企业服务中心在服务企业高质量发展、承接政府职能转移、协同参与社会治理、助力政企沟通等方面的能力，更好地服务区域经济发展。至年底，按时间节点方案制订的各阶段工作已经完成。

加强异地商会工作。积极推进异地商会建设，扩大工商联（商会）组织网络。组建成立全国异地商会会长联谊会。2月5日，16个异地商会会长及地区代表参加，组建成立全国异地商会会长联谊会，这是宁海异地商会开始由分散创业走向抱团发展的起点。6月，联谊会在四川参加宁名轻工业产业园开园仪式活动，助推项目顺利实施；8月，联谊会在云南召开第二次联谊会，明确联谊会发展方向和定位，商讨运行机制。

把异地商会打造成招商引资办事处和返乡创业联络站。在深圳、四川、云南及宁海县召开4次招商引资座谈，为扩大招商引资线索打下基础，其中4月3日，在异地商会招商引资座谈会上，4个项目进行现场签约，签约涉及金额10.5亿元。

推进异地商会组建工作。8月25日，杭州市宁海商会成立，是宁海第15家异地商会，县委书记林坚到会并为商会授牌授章。

探索建立专委会制度。10月，为加强工商联（商会）执常委建设，增强工商联（商会）的影响力和凝聚力，进一步促进并加强宁海执委企业间的交流与合作，根据行业关联度和企业家意愿，将执常委分成4个专业委员会，根据相关制度开展参观考察、学习调研等活动，专委会开展活动3次，走访企业37家，受到企业家的大力欢迎。

加强新生代企业家培训。为让新生代企业家进一步开阔视野、增长才干，联合组织部、统战部和经信局，组织50余名新生代企业家代表在上海复旦大学参加创新发展研习班，深入学习当前宏观经济形势、区域科技产业发展新战略等内容。

加强机关干部队伍建设。积极开展学习型机关创建，深入学习习近平新时代中国特色社会主义思想和中共十九大精神，积极打造一支政治过硬、业务精良、勤于奉献、务实高效的干部队伍。

宁海县文化艺术界联合会

【概况】 在宁海县委的领导下，牢牢把握政治方向，把学习宣传贯彻作为首要政治任务。紧密围绕中心工作，找准立足点，发挥思想引领、舆论推动、精神激励的重要作用，深入抓好宁海文艺工作。

县文联各级文联协会会员8200名，成为一支活动在宁海城乡土地上的文艺主力军。文艺精品创历史新高，获中国民间文艺最高奖“山花奖”1项、4部作品获省“五个一工程”奖、4件书画作品入展国级家展览、2件工艺美术类作品入围浙江省映山红奖。选派优秀艺术家驻村艺术振兴乡村典型做法被省委宣传部评为创新项目，被市委宣传部评为创新大奖。

【理论学习】 在第二批“不忘初心、牢记使命”主题教育工作中，县文联党组聚焦“守初心、担使命、找差距、抓落实”这一目标，坚持以上率下，一级抓一级，规定动作抓到位，自选动作有亮点，“五坚持五做到”，注重结合求实效。

坚持把组织领导贯穿始终。党组书记切实履行第一责任人职责，以身作则，带头自学、带头研讨、带头调研、带头检视问题、带头整改落实。

坚持把学习教育贯穿始终。通过读原著、学原文、悟原理，用习近平关于文艺工作系列重要讲话指导文联工作实践，能力水平有很大提高。

坚持把调查研究贯穿始终。围绕文艺如何振兴乡村、文艺精品创作和文艺队伍建设等内容进行调研，进一步推动调研成果转化为单位全面建设和服务文艺工作的实际成效

坚持把检视问题贯穿始终。班子成员从服务基层、增强“四力”从发，通过实地走访、座谈交流等方式摸清现状，梳理问题清单，提出针对性措施。

坚持把整改落实贯穿始终。制定整改落实工作方案，列出问题清单，明确牵头领导和牵头科室，坚持立足当前，标本兼治，把解决思想问题与解决实际问题结合起来，以“钉钉子”精神抓好各项整改措施的落实。通过主题教育，党组班

子凝聚力、战斗力进一步增强，政治生态进一步优化，党员领导干部理论素养明显提升，思想政治持续坚定，担当精神显著增强，服务意识更加强烈，表率作用充分发挥。

【文艺培训】 根据市文联的十万文艺甬军的打造，制定一系列的培训计划，以习近平新时代中国特色社会主义文艺思想为指导思想，开展基层组织协调管理能力、文艺综合素质提升和专业业务知识的培训。开展11期文艺骨干培训班，进一步提高基层文艺骨干自身理论素养、专业水准。

抓好基层文联骨干培训。选派3批次近60名乡镇（街道）文联舞蹈、曲艺、美术文艺骨干到宁波培训，为他们成为开展群众文艺活动的领头羊，把学到的才艺传授给热爱文艺的群众，提高老百姓的精神文化生活，争当新时代文明实践文艺志愿服务排头兵创造条件。

【特色挖掘】 文艺精品创作创历史新高，鲍明沛的《箍桶记》获中国民间文艺最高奖“山花奖”，电影《春天的马拉松》《典妻》、报告文学《权力清单：三十六条》、歌曲《一诺千金》获省“五个一工程”奖、4件书画作品入展国级家展览，2件工艺美术类作品入围浙江省映山红奖，获奖等次和数量走在全国县级文联前列。中共宁海县委书记林坚在全省“五个一工程”奖表彰座谈会上作为全省唯一县市区领导作典型发言。阿门诗集《半生史》获宁波文艺奖，赵安炉散文《竹匠》获2019宁波市文学期刊联盟年度优秀作品奖；周毅的综合材料作品入选第二届“艺术西湖”国际水墨展、维也纳第二届中欧艺术双年展、第十三届全国美术作品展并荣获进京展资格；王苍龙的楷书作品入展、王式街的草书作品入展第十二届全国书法篆刻展；原创大戏《葛洪》于10月9日在宁波逸夫剧院首演，平调优秀折子戏《见判》受邀参加全国高腔优秀剧目展演、2019年全国净行、丑行暨武戏展演；歌曲《村里来了艺术家》荣获市音协第八届“我的城市我的歌”征歌活动“最佳歌曲”“浙江省第十八届音乐新作演唱演奏大赛”兰花银奖，由严再望作曲的《爱不够的中国》获2019全国群众创作歌曲展评金奖；舞蹈《王者之风》获省舞台舞蹈大赛表演金奖和创作银奖，《醒狮》《高粱酒，荷花藕》获市第十届音乐舞蹈节创作和表演金奖；刘尚才、戴余金主编的《故事里的龙宫》获宁波市民间文艺奖，《宁海谚语》获宁波市精品课程二等奖；王昕竹刻作品《不器》、章雄辉清雕《八仙之曹国舅等》入选第十四届中国民间文艺暨第四届浙江美术工艺双年展；顾光辉、缪军摄作品入展“农民摄影展”。

【优势发挥】 加强阵地建设，创新文艺载体。发挥潘天寿艺术中心和童衍方艺术馆的平台优势。开展宁海县党员干部违纪违法典型案例专题展、首届宁海县村民书画作品展、纪念潘天寿122周年诞辰天明艺苑藏品展、庆祝新中国成立70周年书画作品展、廉政书法作品展、“伟大祖国　美丽宁海”摄影作品展等展览活动，进一步丰富广大市民的精神文化生活。

宁海文艺微信公众号作用凸显。至年底，在平台上共推出20余次，包括活动开展、作品展示、创作成就等方面内容，该平台已成为宁海文艺工作传播、展示、交流的主要窗口。

用足用好《早春》文学期刊。以季刊形式，展示宁海广大文学工作者的创作成果，使之成为广大文艺工作者的创作摇篮。

开展文艺服务，助推乡村振兴。开展艺术家驻村行动，大力开展艺术振兴乡村专项行动，推动艺术融入经济社会发展各领域，形成强大的文化创新力、文化竞争力和文化凝聚力，让农村大地真正富起来、活起来、美起来，助推县域经济和综合实力再上新台阶，不断满足人民群众对美好生活的期盼。

组织承办艺术振兴乡村校地协同2019暑期融合设计（宁海）行动，按照“因地制宜、就地取材”的原则，组织艺术高校团队深入群众、依靠群众、发动群众，开展环境艺术设计，注重环境艺术设计成果落地，提升群众生活品质。来自国内7个高等院校的30支团队入驻30个行政村，进行为期一个半月的助力乡村艺术品位提升。通过这次行动，共有27个村项目落地，建立5个艺术馆、3个艺术团队工作室、5个高校创作基地，得到30多家媒体的广泛报道，宁海县文联艺术振兴乡村典型做法已在中国文联简报刊发，并向全国推广。

实现城乡互动，文艺惠民凸显。基层文联活动蓬勃开展。全县18个镇乡（街道）文联紧紧围绕党委政府的中心工作，充分发挥文艺资源优势广大文艺工作者齐心协力、齐抓共管，形成城乡文联互动、文艺共荣的文联文艺工作新格局。大佳何镇以这次艺术振兴乡村为契机，成立艺术创意协会，吸收葛家村内各类骨干120余名。岔路镇文联出台《岔路镇繁荣群众文化发展奖励扶持办法》，完善考核激励机制，形成创先争优的氛围；越溪乡文联组织县作协的10余位作家来到越溪乡，开展“王干山诗歌散文之旅”采风活动，组织专题创作，挖掘地方特色。茶院乡文联大力培养、挖掘优秀文艺人才，补齐乡村文化短板。组织优秀文艺人才投入到文化空白村进行上门服务，结对帮扶 16 次，已基本形成“村村有阵地，时时有活动”的群众文化活动氛围；黄坛镇文联与中国工艺美术大师高公博合作，将永联村作为宁海第七期“非遗”传承研修班成员的实践村庄；力洋镇成立力洋镇文学工作者协会，召开中国童诗界的盛会“首届中国（盖苍山）童诗节”，吸引全国各地的 400 余名小学老师前来参与；前童镇文联“非遗”协会在前童小学成立“非遗前童行会音乐传承基地”，组建小学音乐队，传承和弘扬前童“非遗”文化。强蛟镇文联做好农村文艺创新和普惠推广工作，小品《安全生产》在第十六届群众文化艺术节开幕式展演中荣获金奖；桥头胡街道文联成立黄墩艺社，助推打造一个艺术助推乡村振兴的“桥头胡样板”。桑洲镇文联将当地传统文化山歌“山坑调”排入演出，有效地挖掘和保护本土文化。深甽以天明书画社和温泉文化艺术村为依托，成功创建省级书法村。胡陈乡文联打造永和村丞相书院，为传承丞相文化，彰显“丞相故里”。跃龙街道文联集中精力组织编写整理《跃龙故事》，共收集 27 个行政村与 20 个经济合作社约一百篇故事。桃源街道文联戏曲舞蹈活动蓬勃发展，每年演出上百场。梅林街道文联在河洪村成立文化创客联盟，建立共学共商共享共建机制，向内互相提升，对外补链谋强。西店镇文联以回澜书画社、四明影社西店分社为依托，组织开展 4 次书画摄影作品联展和 7 场次艺术培训活动。一市镇文联参与组织“传承文化 振兴乡村”2019 喜迎“立夏”网联旗韵相约一市文艺演出。长街镇文联通过组织本地农民“作家”“艺术家”定期到学校、各村文化礼堂开展交流，探讨创作经验，举办展演展示等形式，提升民间艺术家的艺术创作。

企业文化活动扎实有效。县供电公司文联开展内容丰富、形式多样的企业文化活动，以夜校开班的形式，先后开办“乐享生活”厨艺系列和点心系列培训班，书画、气排球培训班。太平洋恒业集团文联组织企业各单位结合重大节日开展歌颂党、歌颂祖国、歌颂人民、歌颂美好生活的文艺活动，特别是在新中国成立 70 周年之际，举办第二届宁海县商贸服务行业红歌大赛，邀请社会文艺力量在商场广场举办文艺演出，营造节日期间隆重、热烈的氛围。县农村商业银行文联紧紧围绕本行中心工作，以“草根精神”为指引，由党建引领五大协会全力做好本行文联的各项工作，组织员工参加 2019 年庆祝新中国成立 70 周年宁海县歌咏大会、第二届宁海县商贸服务行业红歌大赛，展现金融系统党员好风采。县烟草专卖局文联发挥自身优势，服务大局搞活动，凝心聚力促发展，组织开展员工摄影比赛、拍摄快闪视频等各类文艺活动。

7 月 2 日，“两山”艺术节（宁海）校地协同 2019 暑期融合设计启动仪式

12 月 25 日，艺术振兴乡村校地协同 2019 暑期融合设计（宁海）行动落地成果摄影展

法　治

政法委及综治

【概况】 2019年，县委政法委坚持以习近平新时代中国特色社会主义思想为指导，深入贯彻落实中共十九大，中共十九届二中、三中、四中会议，习近平总书记系列重要讲话，中国共产党政法工作条例精神以及省、市、县委决策部署，积极开展“不忘初心、牢记使命”主题教育，聚焦平安护航新中国成立70周年大庆维稳安保工作这一主线，压紧压实工作责任，落细落实各项举措，连续5年获评省“平安铁路示范县”，连续5年“平安三率”综合测评居全市前列，连续14年蝉联省“平安县”。

【维护稳定】 组织开展“信访维稳百日攻坚”专项行动，39件重点涉稳问题挂牌销号32件，得到省委副书记、市委书记郑栅洁批示肯定。常态化运作“4+X”扁平化指挥体系，牵头协调处置重大风险隐患50余起，依法打击多次恶意进京非访2人，非法阻挠环保发电项目正常施工的挑头扛旗者9人，坚决打赢新中国成立70周年大庆及宁海徐霞客开游节等重大活动维稳安保仗。有效开展“反邪教雷霆行动”，依法取缔打击“精神传销”等非法活动。

【平安建设】 首次在全县经济形势分析会上专题研究平安建设，有效发挥平安办牵头抓总作用，用好平安考核杠杆，对标平安暗访清单，打造上下联动、条块结合、整体推进的工作“责任链”，以“保平安、迎大庆”专项行动为牵引，深入开展民意导向社会治安重点地区和突出问题排查整治，共开展全方位安全隐患三轮大排查共508余次，整治突出问题546起，成功整治18个县级挂牌地区和1个市级督办问题。强化平安宣传，创新推出“989主播话平安”、交警执法大型直播等系列节目，全县群众社会治安安全感始终保持在97%以上，实现拿好“经济报表”的同时，真正抓好“平安报表”。

【基层治理】 “12345”政务热线“一号”受理“亲人身后事”一次也不跑2769件，满意率100%。精准试点网格员专职化工作，助推“基层治理四平台”提档升级，全县645个执行网格开展走访巡查466万人次，收集流转事件162959件次，解决问题162650个，满意率99.81%。全面推开“村民e点通”平台，民情反映12037件，跟进解决11508条，办结率95.61%，其中8203件受到群众在线好评。深入推进县乡两级社会矛盾纠纷调处化解中心建设和镇乡矛盾问题化解处置试点，探索建立繁简分流“A+B”诉源治理模式，共受理各类诉讼案件17427件，同期相比下降11.02%，诉讼增量控制效果初显。

【扫黑除恶】 聚焦“扫黑除恶专项斗争攻坚年”，成立全市首家扫黑除恶线索核查中心，积极发挥专项整治责任牵头单位牵头抓总作用，就“对黄赌毒和黑恶势力听之任之、失职失责、包庇纵容充分‘保护伞’问题”拟订责任分解清单，梳理7大整治重点，统筹协调相关责任单位整改落实，结合中央扫黑除恶督导组反馈的问题打掉黑恶势力团伙48个，查处“保护伞”11名，抓获团伙成员512名，冻结、扣押非法资产1.6亿余元。通过发布涉“套路贷行为”典型案例、防“套路”指南，架“高炮”、拉横幅、发送宣传品等多种手段，强化风险警示，加大防范力度。累计侦破“套路贷”团伙案件8起，抓获犯罪嫌疑人139人，破获诈骗、敲诈勒索、虚假诉讼等案件149起，查获涉案资产6600余万元。

【政法队伍建设】 深入开展习近平新时代中国特色社会主义思想和《中国共产党政法工作条例》大学习大研讨大培训活动，出台《全县政法各单位重大事项请示报告制度》，坚实高举旗帜、听党指挥、忠诚使命的思想基础。严格按照“革命化、正规化、专业化、职业化”和五个过硬要求，组织开展“政法工作排头兵”建设年活动，在绍兴枫桥学院高质量举办平安综治能力素质提升班，“脱产式”培训提升政法干部运用法律政策、防控风险、群众工作、科技应用和舆论引导能力。进一步深化政法干部协管工作，严格落实从严治党主体责任，强化日常教育管理和监督问责，通过案件评查、执法监督等手段，扎牢扎紧政法干警司执法制度笼子。

1月11日，在桥头胡街道召开县基层社会稳定“一体两翼”工作体系现场会暨“两网”开通仪式

3月7日，省委常委、政法委书记王昌荣到县社会治理综合指挥中心调研宁海“三服务”工作

4月22日，在县委县政府大会议室召开全县建设平安宁海暨政法信访工作会议

9月10日，市平安护航新中国成立70周年专项工作督查组到宁海督查

法治政府建设

【概况】 以全面推进依法行政、建设法治政府为目标，按照《法治政府建设实施纲要（2015—2020）》和《法治政府建设与责任落实督察工作规定》的要求，稳步推进各项工作有效落实。

【组织领导】 推进党政主要负责人履行法治政府建设第一责任人职责。1月，分别向县委、县人大常委会报告2018年度法治政府建设情况，同时在县门户网站上公开2018年度依法行政工作报告；3月，召开府院联席会议，全面部署法治政府建设工作。

将法治政府建设工作纳入考核指标体系。坚持把法治政府建设绩效考核纳入政府目标管理考核，不断完善考核评价指标，多层次、多角度、全方位地评价法治政府建设情况。

开展法治政府建设全面督察。通过全面自查和实地督察的方式，全面排查法治政府建设中存在的问题，加快补齐短板，进一步提升法治政府建设水平。

3月21日，召开县预防和化解行政争议工作联席会议暨全县法治政府建设推进会

【履行政府职能】 推进数字化政务转型。通过“浙政钉”平台进行信息化改造提升，行政审批内部“一次也不跑”助力外部“最多跑一次”，实现“浙政钉”由“办公”向“办事”升级突破性进展。开发出如亲人身后事、高龄津贴发放、新生儿登记、企业投资项目审批、村民e点通等事项，大力解决民生和企业服务问题。

深化“减证便民”改革。印发县跑改部《关于深入推进“减证便民”改革打造“无证明办事之城”工作的通知》，对全县现行1091项证明事项进行全面梳理和合法性审核，取消33项证明事项；下发县司法局《关于推行证明事项告知承诺制工作的通知》，对105项证明事项实行告知承诺制，精简优化各类证明，进一步提高公共服务效率。

优化营商环境。完善企业审批流程，对企业投资（含外商投资）

项目核准（技术改造）（投资管理条线）这一权力事项进行前置清理，企业投资项目备案从3个工作日缩短至即报即办。推进企业信用体系建设，以县企业信息信用共享平台为依托，扩大和完善共享平台数据信息，年度共享平台共接入56个单位66个共享点，推广覆盖到全县18个乡镇（街道）。出台《宁海县现代家居市场主体信用评价办法》《宁海县现代家居市场主体信用评价指标体系》，开展现代家居市场主体商户信用数据采集工作。

【监督管理】 加大行政规范性文件备案审查力度，严格督促制定机关根据县政府《关于进一步加强行政规范性文件制定和监督管理工作的通知》要求上报备案，做到有件必备、有备必审、有错必纠。完善行政规范性文件动态清理机制，及时组织开展全面清理、专项清理，认真做好机构改革过程中行政规范性文件清理和实施的衔接工作。年度共审核行政规范性文件19件。按照“谁制定、谁清理”原则，对198件县政府及县政府办公室制发的行政规范性文件组织全面清理，经县政府第59次常务会议审议通过，决定废止46件。2019年度各级各部门共签订行政合同905件，合法性审查率均为100%，其中县政府签订合同7件、乡镇（街道）签订行政合同642件、县直单位签订行政合同256件。各单位法治机构共提出合法性审查意见1700余条，相关意见均被采纳。

【行政决策】 认真落实《宁海县人民政府重大行政决策程序规定》等制度，不断完善科学民主依法决策机制，严格落实公众参与、专家论证、风险评估、合法性审查和集体讨论决定等程序，对涉及人民群众切身利益的重大决策事项，依法召开听证会、形成报告，作为政府决策的重要依据，确保程序正当、过程公开、责任明确。7月，按照依法行政工作要求，在各级各部门上报重大行政决策建议事项基础上，经过梳理、筛选，编制《2019年度县政府重大行政决策事项目录》并向社会公布，涉及县经信局、县教育局、县自然资源规划局、县水利局4家单位，包含“宁海县工业集聚区规划”“制定宁海县扶持民办教育实施办法”等6项重大行政决策事项。

11月27日，在县人社局开展法治政府建设督察

【规范执法】 全面推行“三项制度”。印发县司法局《宁海县关于贯彻落实浙江省全面推行行政执法公示制度执法全过程记录制度重大执法决定法制审核制度实施方案的通知》，提出具体工作目标、工作任务和组织保障措施。同时，开展行政执法“三项制度”实施情况专项督查，及时整改发现的问题，确保各项任务按时完成。

加强行政执法资格管理。机构改革后，对各行政执法机关的信息及相关材料进行全面梳理、审查，报县政府批准后，确认42家单位的行政执法主体资格。扎实开展执法证件申领工作，年度新增执法证件373本，持证率大幅提升。

开展常态化执法监督。以行政执法案卷评查、专项执法监督活动为抓手，落实特邀执法监督员对全县各行政执法单位开展执法监督活动。年度共组织集中执法案卷评查2次，对食品药品等领域开展专项执法监督3次。

11月27日，在县人社局进行拖欠农民工工资专项执法监督

【行政权力的制约和监督】 自觉接受县人大常委会对年度法治政府建设报告的审议，围绕意见建议，重点做好整改落实。发挥人大代表和政协委员依法监督职责，开展“代表进部门”“请你来协商”等活动，丰富监督的形式。建立行政诉讼败诉分析报告制度，加强工作整改。积极打造以网站为主平台，政务服务网、两微一端、广播电视报纸等综合一体的政务公开平台。全面推广全省标准化通用化行政执法监管平台及掌上执法系统，落实“双随机一公开”抽查管理，加强事前事中事后监管，全县执法人员信息入库率达100%，掌上执法实施检查率100%。开通“招标投标领域营商环境专项整治”线索征集平台，面向社会收集问题线索。县政务服务办印发《关于招标投标领域营商环境专项整治线索征集的通知》，充分发挥社会监督作用，切实提高整治效果。

【化解社会矛盾纠纷】 加强行政复议规范化建设。认真贯彻《浙江省人民政府关于深化行政复议体制改革的意见》，稳步推进行政复议规范化建设，提高行政复议信息化、专业化水平。年度共收到行政复议申请35件（立案受理34件、不予受理1件），其中已审结30件（纠错5件、维持8件、通过调解化解17件）。

加强行政应诉工作。根据《宁海县行政首长出庭应诉工作暂行规定》，加强行政应诉指导，督促各级各部门履行行政应诉职责，落实行政首长出庭答辩。年度宁波市各级人民法院审结宁海县行政机关行政诉讼案件136件，行政首长出庭率为97.06%。

加强行政调解工作。建立预防和化解行政争议“3+N+X”常态化工作机制，强化信息共享、专题会商、定期研判，全力化解各类行政争议。年度共组织31次协调会，化解行政纠纷案件17件，取得良好的效果。

11月14日，组织领导干部旁听“民告官”庭审

【队伍建设】　加强领导干部集中学法。各级各部门普遍建立领导班子和公务员学法制度，常态化开展党委（党组）理论学习中心组集体学、中层干部每月集中学等各种形式的学法活动，做到有清单、有计划、有小结，不断提升领导干部法治水平。

组织全县领导干部庭审旁听。组织开展3次旁听“民告官”庭审活动，全县40家行政单位的分管领导和法治机构负责人参加。通过旁听活动，以“一案教育一片”的方式，使行政机关负责人了解行政诉讼案件审理过程，增强程序意识和证据意识，有效提升行政执法水平。设立法律顾问和公职律师。2019年，全县乡镇（街道）、县直单位共聘用政府法律顾问87人，参与重大行政决策30余次，加快推进政府法律顾问制度从有形覆盖向有效覆盖转变。积极指导各单位加强公职律师的培养，鼓励年轻干部参加法律职业资格考试，申领律师执业资格证，加强机关内部的法律人才储备。2019年度，新申领公职律师执业证6人，全县公职律师增加至17人。

公　安

【概况】　2019年，宁海县公安局深入贯彻习近平总书记重要讲话精神，高标执行全国和省、市、县公安工作会议要求，完成各项工作任务，有力维护全县大局稳定、治安安定。荣获年度全省公安机关执法质量优秀单位、队伍正规化建设优秀单位和宁波市防台救灾先进集体，4个集体、个人荣立二等功，34个集体、个人荣立三等功，72个集体、个人获得嘉奖，36名集体、个人荣获县级及以上荣誉称号。

全年共接报有效警情数11.897万起，与2018年相比上升6.9%，其中刑事警情下降13.5%、治安警情上升5.8%、交通警情上升4.3%，刑事发案总量3186起，与2018年相比下降2.5%，其中盗窃案下降19.5%、“两抢”案件下降87.5%、命案下降60%、七类案件上升50%、黑恶案件上升113.9%。统计上报交通事故120起，死亡56人，受伤90人，直接经济损失45.615万元，同比2018年事故数持平，死亡、受伤、直接经济损失同比分别下降15.2%、1.1%、7.2%。发生火灾109起，直接经济损失88.2万元。

2019年，宁海县公安局下设办公室、人事训练科、新闻宣传科、辅警管理大队、警务保障室、信访科、政治处、机关党委等内设机构，警务督察大队、情指联勤中心、科技信息化科、国保大队、经侦大队、治安大队、刑侦大队、行动侦查大队、打击环境侦查大队、网警大队、法制大队、出入境管理大队、行政审批科、禁毒大队、交警大队、巡特警大队、拘留所、看守所、县视频监控管理应用中心等19个执法勤务机构以及跃龙、桃源、西店、梅林、桥头胡、力洋、长街、深圳、黄坛、大佳何、越溪、茶院、岔路、前童、桑洲、胡陈16个派出所。共有民警687人（包括职工4人）、辅警1261人，民警数占全县户籍人口总数的2.28‰。

【惩治违法犯罪】　严打严重刑事犯罪。坚持命案必破，严重暴力犯罪快侦快破，破获现发命案2起、七类案件17起，破案率100%。在现发命案全部告破的基础上，破获命案积案1起。

深入开展扫黑除恶专项斗争。成立全市首家扫黑除恶线索核查中心，累计办结中央交办线索7条；共侦办涉黑涉恶团伙42个，其中省厅已经认定的涉黑团伙1个，恶势力集团13个；破获团伙刑事案件445起，抓获团伙涉案人员431名；对639名九类涉恶犯罪嫌疑人采取刑事强制措施；挖出涉案公职人员4名，打掉省公安厅认定的“保护伞”2名。

加强新型犯罪打击。历时9个月的扩线深挖，成功破获公安部督办特大电信网络诈骗案件，累计抓获犯罪嫌疑人108名，查扣、冻结资金200余万元，涉及17个省市2000余起案件。成功侦破公安部督办特大涉民族资产解冻类诈骗案件，涉案人员数十万人，涉案金额达3亿元，缴获冻结资产近亿元，得到省委副书记、市委书记郑栅洁，市委常委、公安局局长黎伟挺和县委、县政府主要领导的批示肯定。该案经县局层报公安部后，公安部刑侦局于9月9日发起全国集群战役，在全国20个省市开展集中收网行动，抓获犯罪嫌疑人122名。

8月14日，县局党委迎接重大涉民族资产解冻类诈骗专案组凯旋

组织开展打击整治黄赌违法犯罪专项行动，共侦破涉黄涉赌团伙40个，采取刑事强制措施168人，移送起诉153人，行政拘留317人；对6家涉案场所予以停业整顿，在高压氛围中自行歇业（转让）16家。同时，积极开展党员干部“酒驾醉驾”和“赌博”集中整治，查处党员干部违法犯罪54起，其中酒后驾驶13人、赌博6人。

严打枪爆违法犯罪。深入开展打击整治枪爆违法犯罪专项工作，查办涉枪爆案件7起，涉枪起诉6人，其中与宁波港分局共同侦办部督涉爆团伙案件1起，采取强制措施12人，移诉6人。

坚持不懈开展追逃工作。累计抓获各类逃犯220名，其中部督逃犯3名全部归案。10月26日，经前期大量工作，在福建晋江市某工厂工地内抓获潜逃16年的部督“2003.6.18”命案逃犯胡某春。经审讯，犯罪嫌疑人胡某春对杀人犯罪的事实供认不讳。

严打经济犯罪。积极开展“蓝剑2019”专项行动，2019年4月，宁海县公安局专案组成员赴河南、山东、陕西三省六市，成功打掉一条涉及“产、储、销”全环节的、制售假冒得力注册商标A4纸产业链，捣毁制假售假窝点6个，抓获犯罪嫌疑人7名，查获假冒得力注册商标内包材8吨，得到省委副书记、宁波市委书记郑栅洁和省委常委、政法委书记王昌荣的批示肯定。加强涉企案件办理，10月19日，接得力集团报警，称该公司一巴拿马客户被假冒该集团财务人员的犯罪嫌疑人骗走4万美元，县公安局立即对接市公安局反诈中心，对嫌疑人账户内4万美元诈骗款进行冻结，迅速止损，维护企业形象。

严打食、药、环领域违法犯罪。深入推进“昆仑”、民生领域食品安全整治等专项行动，破获食药环案件22起，打掉违法犯罪团伙9个，抓获嫌疑人92名，侦办省督案件2起，端掉生产销售假茅台、青花郎等酒地下黑工厂1个。

严打毒品犯罪。通过跨省追查、跨国抓捕，成功破获2019-7号部督目标贩毒案件，抓获违法犯罪嫌疑人51名，刑事拘留21人，缴获冰毒6.6千克，麻古717粒，摧毁一条缅北至浙江的贩毒通道，得到国家禁毒委副主任、公安部党委委员、反恐专员刘跃进的批示肯定。

强化监所管理。以建设“六个监管”“三大阵地”为目标，以监所信息化、管理军事化、诊疗医院化、教育校园化“四型监所”建设为主线，全力打造平安监管场所，实现“零事故、零脱逃、零警情、零违纪”的工作目标。是年，该县看守所共收押犯罪嫌疑人2474名；拘留所共收拘1847名。

确保网络舆情稳定。编制每日网事214期，内参82期。办理网络问政平台信息432条，办结率为100%。圆满完成新中国成立70周年网上安保工作，成功处置宁海县环保能源发电项目、“9·17”废旧弹药、“9·29”重大事故网上舆情处置工作，有力防止负面舆情蔓延扩散，确保舆情总体平稳可控，宁海社会大局持续稳定。

【行政管理】 紧扣中华人民共和国成立70周年大庆安保主线，牢固树立总体国家安全观，围绕全年“不出事”的目标和底线，抓早打小、以点带面，扎实有效落实各项管控措施。圆满完成系列重大安保任务，全年未发生影响社会政治稳定的重大敏感案事件。经常性正面接触教育感化、适时敲打重点人员，有效防止敏感时间节点发生非法聚集等“街头政治”活动。积极开展“严厉打击政治谣言”专项工作，快速处置网上编造、传播政治谣言24起。对20名外来邪教人员逐一落实帮教管控工作，成功找到失控邪教对象6名，对15名持有出入境证件的重点对象及时报备、限制出境或注销证件。加强重要敏感物资管控，聚集源头企业着力开展走访约谈、签订责任书、电商平台巡查等工作，对违规企业第一时间落地查控、严肃处置。8月26日，对违反寄递业“三个100%”规定的宁海昱达快递有限公司（韵达），运用《中华人民共和国反恐怖主义法》给予行政罚款。

服务经济社会发展。圆满完成全国法治乡村现场会等系列活动安保98场次。保障强蛟环保能源发电项目安全落地，以最小维稳成本取得最好社会效果。深化“最多跑一次”改革，探索外籍专家定制化办证服务，得到省委副书记、市委书记郑栅洁批示肯定。打造“警银联通平台”，服务企业转贷131起、金额7.8亿元、节省融资成本500余万元。成立“警企服务中心”，强化涉企犯罪高压严打，飞赴三省六市，端掉一条制售假冒得力注册商标A4纸产业链，得到省委副书记、市委书记郑栅洁和省委常委、政法委书记王昌荣的批示肯定。

12月31日，县公安局“警企服务中心”揭牌仪式在县亲清家园举行

加强道路交通安全管理。深入开展道路交通安全综合治理专项攻坚，聚焦影响安全通行的“小隐患”“小痛点”，投入资金4150万元，建设违停自动抓拍系统（点位782个）、人脸识别自动抓拍系统（点位80个）。组织力量排出各类隐患10700处，“一地一图一对策”汇编成册，参谋县委、县政府，对接财政、交通、住建、城投等部门，争取项目资金4000万元。迅速启动整改工作。加强交通违法打击整治，累计查处交通违法行为66.1万起，处罚无牌无证、酒后驾驶等严重违法行为3872起，全县亡人交通事故数同比下降15.1%，同比前三年平均数下降32%。出动警力3.2万人次，查处未戴头盔等电动车重点违法19.8万起，进一步增强群众交通安全意识。

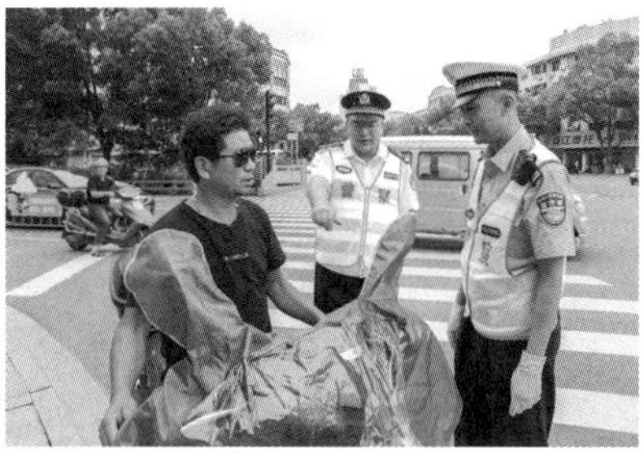

7月8日上午，县局在城区13个人流、车流密集路口组织开展“三小车”交通违法集中整治行动

加强消防安全管理。深刻汲取“9·29”事故教训，深入推进安全生产大排查大教育大整治大提升百日大会战行动，编发《工作手册》，创新推出“八问八查八推送”工作法，累计排查、整改居住出租房屋、旅馆、派出所消防列管单位、易制爆危险化学品从业单位、剧毒化学品使用单位等各类安全隐患31821处，处罚561家。

11月7日下午，在西店镇召开全县公安机关治安领域安全生产工作现场会

沉着应对突发风险。情指行高速运转、精准管控，有效应对突发重大安全风险，圆满完成“9·17”老旧遗留弹药应急处置工作。参战民警充分发扬不怕牺牲、不畏艰难的精神，徒手挖出疑似爆炸物583枚，经鉴定确认为还具危险性的国民党时期老旧遗留弹药497枚，为浙江20年来发现的数量最大的历史遗留弹药储存点。10月22日，在前期精心筹划基础上，严格贯彻市和局县委、县政府主要领导对销毁工作的重要指示，在市局治安支队、巡特警支队的现场指导下，与县有关部门密切协作，对“9·17”废旧弹药进行销毁。当天，497枚废旧弹药已全部按规程安全销毁完毕。

10月22日，县局圆满完成“9·17”废旧弹药处置、销毁工作

深化“最多跑一次”改革。结合“最多跑一次”改革，探索外籍专家定制化办证服务，将签证办理时间从原来15个工作日缩短至当日出证。打造“警银联通平台”，

2月27日，县公安局宁海农村商业银行助推“三服务”警银联通平台签约仪式在县金融中心举行

与农商银行深度合作，为企业办理转贷业务65起，涉及金额5.2亿元，为企业节省融资成本300余万元。同时，聚焦群众反映强烈的停车难、行车难问题，集中力量对城区所有能划停车位的地方进行排摸，共计排出4585处，将之纳入2019年道路交通隐患整改项目，目前正在招投标，有望年内完成全部施划工作。

【警务保障】 深入开展“枫桥式公安派出所”创建。形成以岔路、西店、跃龙为代表的3种实践样本、9种创新做法，推出“阳光义警”“家庭警务”“智安小镇”“校园110云课堂”等一批基层治理好经验。岔路派出所获评全省首批“枫桥式公安派出所”。

5月23日，岔路“阳光义警”周年总结暨“阳光义警”调解工作室成立大会在岔路镇梅花村文化礼堂举行

深化执法规范化建设。紧紧围绕重大安保和重要敏感节点维稳，以及打击突出违法犯罪活动等中心工作，强化法律服务保障，多措并举，深入推进执法规范化建设，连续17年荣获全省公安机关执法质量优秀单位，进一步提升公安执法能力和执法公信力。

深化智慧防控建设。按照“常规数据颗粒归仓、敏感数据脱敏减项、涉密数据安全调用”的要求，加强“阿拉警察”APP、智能门禁等信息化系统、平台推广，获取各类社会信息，进一步做大公安数据池。大力融合推广桃源群租房标配化管理、西店高密度视频监控区建设、“三合一”企业“5+X”整治，全域、全量、多维、即时感知公共安全隐患，推动大数据智能应用成为警务活动的基本方式。

深化情指行一体化建设。按照“机构扁平化、协同一体化、作战合成化、支撑专业化”的建设思路，坚持做强网安、做深技侦、做实刑侦，充实足够优秀专业骨干，建强情指行一体化合成作战体系。

夯实基础设施建设。从优待警更加扎实，基层所队业务用房建设进一步加快，1个派出所完成搬迁、2个派出所主体完工，基层办公条件进一步改善。

加强档案管理工作。整理专业档案4929卷、文书档案83卷、其他档案243卷。完成档案数字化加工225万页，条目110万条。

加强调研文秘工作。编发调研文章10篇，简报43期、工作动态578篇，办理建议提案34件。

【队伍建设】 从严执纪问责。坚持红脸、出汗，加强教育挽救，全年运用监督执纪“第一种形态”412人次。加大民警违法违纪案件查处和追责力度，因违纪问题立案调查6起9人，其中1名民警被开除、2名中层干部停止执行职务。

健全制度规范。健全民警、辅警饮酒报备、领导干部外出报备审批、重要会议活动请假、个人重大事项报告制度，打造风清气正的警营生态。先后对7名局领导、13名县管干部、48名中层干部、110名民警岗位予以调整，新提拔县管干部2名、中层干部17名，干部结构进一步优化。

强化教育训练。组织开展全警大轮训活动，根据警种实战需求，就窗口办事、接处警、嫌疑人盘查等技能开展“点单式”学习，全警练兵氛围不断浓厚，一线实战民警行政管理、日常执法更加规范。

维护民警执法权益。全力维护民警执法权威，查处正当执法权威受侵案件33起，刑事处罚4人、行政处罚31人。

深化爱警惠警。组织“银辉话初心”活动，开展最美警队、最美家庭、最美警嫂评选推荐，进行“最美浙警·寻找缑城美警”系列推选，拍摄《使命》主题MV，开展暑假民警子女托管班、“缑城少警”夏令营，提升队伍正向活力。

深化文化育警。深入开展“不忘初心、牢记使命”主题教育活动，通过集中自学、专题调研、对照检视，提升班子政治素养，增强全警理想信念。

8月19日上午，“缑城少警”夏令营开营仪式现场

【案例举要】 自2017年10月以来，犯罪集团头目严某以宁海跃龙街道西子国际商务楼为据点，利用旗下商奇宝、闪借宝、万贷宝、进金岁月、火龙果等APP平台从事网上高利放贷业务，并采用电话骚扰、辱骂、威胁、将当事人照片PS成色情图片等方式，对已逾期的借款人及相关联系人进行暴力催讨。该公司组织体系严密，设有审核组、催款一组、催款二组，以及财务、引流、

文员等岗位，各岗位均有专人负责管理，并制定规章制度对员工进行考核，涉案资金量不少于800万元，在当地造成恶劣影响。2019年2月14日，成功抓获团伙成员23名，冻结涉案资金450万元。

2018年11月至2019年4月，县公安局会同县纪委、监委，在市公安局技侦、刑侦等部门的大力支持下，在县有关部门的协作配合下，成功打掉一个挪用侵占村集体资金团伙，抓获陈某君、葛某愉、陈某长、陈某兵、葛某宽5名犯罪嫌疑人，查实挪用、侵占桃源街道应家山村旧村改造资金约2086.81万元。经过对此案的扩线深挖，又打掉一个以娄文明为首的涉恶团伙，抓获涉案人员6名，破获相关案件4起。

5月8日，宁海县公安局成功侦破一起重大对非国家工作人员行贿、非国家工作人员受贿案件，共抓获犯罪嫌疑人12名，其中刑事拘留3名，取保候审9名，暂扣非法所得544万元，涉及村干部6名、乡镇人大代表2名。经侦查查明，犯罪嫌疑人叶某红、吴某康以向叶某光、叶某春等8人以行贿、串标的方式拍得宁海蛇蟠涂北区养殖塘使用权，造成恶劣影响。

2018年10月至2019年6月，宁海县公安局从“破小案”入手，一举捣毁贵州铜仁一特大洗钱团伙和海南儋州数个电信网络诈骗窝点，历经9个月的侦查取证，成功破获公安部督办特大电信网络诈骗案件。累计抓获犯罪嫌疑人108名，查扣、冻结资金200余万元。经查，该案涉案资金达2000余万元，受害人员达2000余名，摧毁一张由海南儋州延伸至全国多地实施诈骗的特大电信诈骗网络。

7月，县公安局经情报研判发现1名宁海籍受害人被以解冻民族资产的名义诈骗6000元。该局从这一线索入手开展扩线深挖，查明犯罪嫌疑人韦某万、李某贤等人以海外民族资产解冻需要解冻资金为幌子，通过建立微信群的形式发布消息，承诺只要交纳一定数额的资金，待资产解冻后就能获得高额回报，以此吸引受害人参与，涉案人员达数十万人，涉案资金达3亿多元。8月，抓捕小组飞赴广西南宁、北海等地，成功抓获犯罪嫌疑人14名，冻结、扣押、查封资产近亿元。8月8日，省委副书记、市委书记郑栅洁对本案作出重要批示：“认真负责。好!”

2018年12月，宁海县公安局在侦办多起吸贩毒案件中发现，极有可能存在一个跨国贩毒网络。侦查查明，贩毒集团在缅甸小勐拉地区组织毒品货源，利用“马帮”走私至云南景洪市，再优化包装后以快递运输的方式将毒品运至宁波等地分销。经层报，公安部将此案件确定为2019-7号目标案件。6月3日，宁海县公安局专案组出动警力150余人，在宁海、奉化、鄞州、象山以及缅甸小勐拉地区开展集中收网，共抓获涉案嫌疑人51名，其中跨境抓获逃犯1名，刑事拘留21名、治安拘留30名，缴获冰毒约6.6千克，麻古600余粒，摧毁一条缅北至浙江的贩毒通道。6月10日，国家禁毒委副主任、公安部党委委员、反恐专员刘跃进对该案作出批示：“一个县公安局能够牵头侦破如此大案，质量很高，应予表扬。”副省长、省禁毒委主任、公安厅厅长王双全批示：“可就近期破获的几起典型案件集中通报，肯定成绩。”市委常委、公安局局长黎伟挺批示：“这一仗打得好!望乘胜追击，取得更大实效，助推禁毒文明城市建设。”

检　察

【概况】　县检察院深入学习贯彻习近平新时代中国特色社会主义思想，在县委和上级检察院的坚强领导下，坚持讲政治、顾大局、谋发展、重自强，推动“扫黑除恶攻坚年”和“法律监督行动年”“检察业务建设年”“智慧检务提升年”向纵深开展。获全国检察宣传先进单位、全省扫黑除恶专项斗争先进集体、全市政法机关“双十佳”提名奖、首批县文明机关等荣誉。

【刑事监察】　加强与县公安局、县法院衔接，牵头出台提前介入机制，深化引导侦查、联动对接和信息共享。加强与市检察院、县委政法委、县纪委县监委联系，及时做好请示汇报、线索移送。组建专门办案组，依法办理审查逮捕涉黑涉恶案件33件139人，审查起诉案件19件154人。市委政法委督办的刘天欢恶势力犯罪集团案被评为宁波市检察机关打击“套路贷”犯罪典型案例。坚持扫黑除恶专项斗争与社会治安综合治理一体落实，向有关乡镇街道和行政执法部门发出检察建议5件。

全力打好“三大攻坚战”。围绕防范化解重大风险，重点做好涉众型经济犯罪惩治和风险防控，批捕电信诈骗、非法经营网贷APP等犯罪60人，起诉78人。围绕结对扶贫，分别选派检察人员援藏、担任驻村“第一书记”和农村工作指导员，组织开展为西藏贫困学生捐款捐物。对6名生活确有困难的刑事被害人或其近亲属提供救助25万元，并联合前童商会对2人开展社会化救助2.3万元。围绕污染防治，批捕破坏环境资源犯罪2人，起诉40人。深入实施在办理破坏环境资源犯罪中建立的生态修复机制，用好强制措施、加强释法说理，督促引导16名犯罪嫌疑人缴纳修复金，移送行政处罚监督线索5件。督促非法捕捞案犯增殖放流修复海洋生态的做法亮相央视新闻频道。

全力提升服务民营经济质效。坚决落实“两个毫不动摇”“三个没有变”要求，细化民营经济司法保护措施，依托与县工商联联建的“依法保护企业家健康成长工作站”，进一步联系企业和听取意见。携手亲清家园，检商共建、多元共治促进民营经济健康成长的经验做法得到省委和省院领导批示。依法办案平等保护民企合法权益，批捕相关犯罪10人，起诉8人，对涉嫌轻微犯罪的1家涉案企业和7名企业管理人员作出不起诉决定，对1名企业主变更逮捕强制措施，对1起涉企虚假诉讼案提出再审检察建议。加大走访调研、法律助企力度，积极开展“三·四”主题日系列活动，院领导和员额检察官带头送法入企。

全力打造“枫桥经验”宁海检察版。认真研究制定“三服务”工作方案，提出12项具体措施。深化推进诉源治理，深入开展“少捕慎诉、保障权益”专项行动，对犯罪情节轻微的不捕173人，不诉171人，不捕率21.1%，不诉率14.26%，均呈逐年上升态势。加大检调对接力度，促成12起案件当事人达成刑事和解，修复社会关系。认真落实“群众来信件件有回复”工作要求，确保群众来信来访7日内程序性回复，3个月内实体性答复，妥善办理群众来信来访151件262人。强化未成年人全方位司法保护，与县教育局联建“法治课堂”孵化基地，与泉水社区联办“小候鸟”法治夏令营，涉未帮教项目获市新时代文明实践志愿服务项目大赛金奖。积极发挥检察室驻扎基层优势，常态化进镇入村听意见、解矛盾、破难题。

【检察监督】 刑事检察保质提速。聚焦为新中国成立70周年大庆营造安全稳定的政治社会环境，进一步提升批捕起诉工作质效，批捕430人，同比上升30.3%；起诉1013人，同比上升7.4%。积极融入反腐败斗争大局，起诉职务犯罪7人，均实现诉判一致。加强侦查监督，监督立案、撤案4件，追诉9人3单位，往年追诉2019年死缓判决生效1人，监督纠正不规范侦查行为18件。加强审判监督，提出、提请抗诉9件，已获改判或发回重审2件，2018年抗诉2019年改判2件，监督数成倍增长。探索“派驻+巡回”刑事执行检察新模式，开展全省首次看守所巡回检察，相关经验做法获最高检肯定。

民行检察做细做实。坚持裁判结果监督与审判程序监督并重，对认为有错误的民事生效裁判，提出再审检察建议2件，提请抗诉6件，市检察院已提出抗诉4件。对认为裁判正确的23件申请监督案件，通过释法说理促进息诉服判，维护裁判权威。监督纠正民事行政审判、执行中的违法情形6件。针对公民代理审查不严问题发出检察建议，推动法院出台规定规范审查。发出行政非诉执行监督检察建议9件，实现该领域法律监督新突破。配合支持法院开展打击虚假诉讼专项行动，办理案件35件，提请抗诉3件，发出检察建议3份，移送公安机关立案侦查2件。

检察公益诉讼拓面提质。深化公益诉讼大协同机制，通过自行巡山巡河、加强信息共享、配合调查取证等方式，收集案件线索78条，立案57件。开展“保障千家万户舌尖上的安全”专项监督，督促行政执法部门整改违规外卖商家6家，并开展专项整治；开展医疗污水污染监督活动，督促整改违法排放的口腔医疗机构25家；督促纠正违规向服刑人员发放养老金12人，并推动建立诉讼信息共享机制；针对1起违法侵占国有建设用地案，督促相关部门积极履行监管职责，实现食品药品安全、生态环境资源保护、国有财产保护、国有土地使用权出让四大领域公益诉讼全覆盖，共向有关部门发出诉前检察建议51件，回复率100%。提起刑事附带民事公益诉讼3件，均已判决。

【改革创新】 司法责任制改革全面发力。坚持思想引导到位、机构设置到位、岗位配置到位、人员配备到位，按时完成内设机构改革任务，并全面实行“捕诉一体”办案机制，实现机构“瘦身”、履职增效。以入额院领导带头办案带动整体业务水平提升，院领导列席审判委员会制度全面落实，出庭支持公诉成为常态。将案件质量评查与司法责任制改革有效衔接，制定评查细则和评查方案，对204件案件开展常规抽查和专项评查，评查结果纳入办案人员司法档案、职业发展档案。

刑事诉讼制度改革深入推进。积极推动认罪认罚从宽制度落地见效，切实履行检察机关主导责任，重视发挥值班律师权利保障作用，加强学习培训、数据比对和沟通对接，适用认罪认罚从宽制度的案件比例稳步上升，量刑建议精准度不断提高。进一步推进案件繁简分流，促进简案快办，繁案精办。依法规范行使起诉裁量权，制定出台部分刑事案件适用相对不起诉工作指引，加大放权力度，严格备案审查，提升办案质效，办案周期平均缩短20天。

智慧检务建设步伐不断加快。深化“三远一网”建设，加大远程提讯、远程庭审、远程案件会商系统应用力度，建设检察工作网电子政务系统，自主开发手机端移动办公。全省试点开展统一业务应用系统工作网版建设，实现涉密网和工作网之间网络连通、平台贯通、数据融通。全市率先建成公益诉讼快速检测实验室，为环境资源保护、食品药品安全等领域案件提供快速检测技术支持。持续推进政法一体化办案系统应用，网上协同办案1796件，办案效率进一步提升。

【队伍建设】 抓政治建检凝心聚力。狠抓理想信念教育，持续推进“两学一做”学习教育常态化制度化，扎实开展“不忘初心、牢记使命”主题教育，守初心、担使命，找差距、抓落实，确保检察队伍绝对忠诚。严格落实意识形态责任制，注重思想引导和阵地管理。认真学习贯彻《中国共产党支部工作条例（试行）》，制定党支部标准化建设手册，完成党总支和党支部换届选举。严肃党内政治生活，严格落实“三会一课”、民主生活会、主题党日等制度，党组织生机活力进一步增强，院党组连续三年获评县“学习型党组织”“党群同心圆”志愿服务先进党组织。

抓人才兴检固本培优。突出教育培训规范化建设，推行积分管理制，进行量化考核、动态监督。加强实战培训，认真组织业务微课比赛、宁检论坛等岗位练兵活动。积极适应捕诉一体下专业素质新要求，定期开展案件研讨、业务沙龙、庭审观摩等活动，促进全面提升刑事检察能力。以文化育检、文明创建为平台，积极推动争先创优，第六检察部获评市青年文明号，向日葵未检工作室获评市巾帼文明岗，1人获评全国检察宣传先进个人，6人被市检察院评为精英骨干人才，7人次在市县微型党课比赛中获优异成绩，11个案件获评省市精品优秀案件，2门检察业务微课分获省市精品优秀微课，7篇调研文章在省市征文中获奖。

抓从严治检正风肃纪。加强党风廉政建设和反腐败工作，始终坚持将纪律和规矩挺在前面，持之以恒落实中央八项规定精神。健全与检察权运行新机制相适应的廉政风险监督防控体系，加强检察人员八小时内外行为和司法办案全程监督，认真开展“七个一”“警示教育月”活动，常态化开展院领导带队检查，促进党风检风持续向好。不断加强检察文化建设，营造风清气正的廉洁文化环境。主动接受政治体检，全力配合做好市院党组巡察工作，积极认真抓好整改落实。

法　　院

【概况】 全年新收各类案件18842件，与2018年同期相比下降10.66%；办结19131件，同比下降10.10%；未结案1893件，同比下降13.24%；财产保全率、庭审直播率等数据指标居全省法院前列。

高为民、童文辉、王翠获中华人民共和国最高人民法院2018年第三届司法大数据专题协作研究中获评聚焦民生热点优秀奖。民事审判一庭（综合审判庭）获全国妇联全国维护妇女儿童权益先进集体。被省高级人民法院授予荣誉有：立案庭获集体二等功、洪磊获基本解决执行难专项个人二等功、陈雅珍获浙江法院书记员（司法雇员）岗位技能竞赛第二名。

【依法惩治犯罪】 受理刑事案件660件，审结646件，同比分别下降7.82%、9.78%，判处罪犯987人，其中判处三年以上有期徒刑115人。严惩危害群众生命财产安全犯罪，审结故意伤害、抢劫等严重刑事犯罪案件54件。严惩危害人居环境犯罪，审结食品药品安全、环境污染犯罪案件27件51人。严惩危害公共安全犯罪，审结交通肇事、危险驾驶犯罪案件148件。推进“以审判为中心”的刑事诉讼制度改革，落实证人出庭、非法证据排除等相关措施。推进刑事辩护全覆盖工作，共为338名没有辩护人的被告人提供法律援助。深化浙江政法一体化系统运用，接收审判协同案件604件，向公安、检察机关发送裁判文书591件，审判协同率达93.80%。

【调判结合强化民生保障】 受理民商事案件9781件，审结9790件，同比分别下降10.42%和11.43%，调撤率、调解自动履行率分别达到63.79%和61.30%。深化家事审判改革，审结婚姻、继承等家事纠纷884件。保障房地产市场健康发展，审结涉房屋买卖、租赁、建设工程等案件297件。切实维护民生权益，审结劳动争议、道路交通事故、医疗损害等案件644件。积极参与金融风险专项整治，推进涉银行不良资产司法处置，审结民间借贷、金融借款等案件2887件。建立心理疏导干预机制，邀请“春风化雨”女性社会组织参与家事调解、调查，召开婚姻家庭纠纷案件审判工作新闻发布会，发布审判白皮书及典型案例。因在依法维护妇女儿童权益的工作中表现突出，民事审判一庭（综合审判庭）被全国妇联表彰为先进集体。

11月27日，召开婚姻家庭纠纷案件审判工作新闻发布会

【依法妥善化解行政争议】 受理行政诉讼案件100件，审结111件，同比分别下降43.82%和33.13%；受理司法救助案件14件，办结14件；受理审查行政非诉案件145件，办结145件，同比均下降29.95%。注重行政争议实质性化解，协调撤诉率达45.95%，同比上升23个百分点。落实行政机关负责人出庭应诉制度，出庭率达91.78%。严格执行合法性审查标准，切实维护行政相对人合法权益，判决行政机关败诉14件，败诉率12.61%。推进行政诉讼代理全覆盖，为当事人提供法律援助22人次，引导理性维权。联合组织开展行政案件庭审观摩活动，邀请来自18个乡镇（街道）、34家行政机关的百余名工作人员旁听两起行政诉讼案件庭审，进一步促进执法水平提升。

11月14日，县人民法院行政庭联合县府办、县司法局组织开展行政案件庭审观摩活动

【切实解决执行难】 完善综合治理执行难工作大格局，推动“基本解决执行难”向“切实解决执行难”转变。受理执行案件8060件，办结8352件，同比分别下降10.52%和7.97%。贯彻浙江省高级人民法院“最强执行措施”，落实宁海县人民法院“七个一律”，严厉打击拒执犯罪，形成强大威慑。纳入失信被执行人名单4028人次，采取司法拘留措施372人次，限制高消费4696人次，限制出境999人次，移送涉嫌拒执案件19件21人。开展为期3个月的打击拒不报告财产行为专项行动，共发出财产报告令499份，对拒不报告财产的被执行人实施罚款244人次，司法拘留56人次，敦促被执行人主动履行义务。积极参与最高人民法院推进的《民事强制执行法（草案）》起草工作，高质量完成“分配与清偿”章初稿。

【依法保障重点项目建设】 落实府院联席会议议定事项，建立县预防和化解行政争议“3+N+X”工作机制，顺畅推进研究会商，引调案件8件，化解8件，预防和化解行政争议初显成效。持续运用行政征收和强制执行“2+X”对接机制，指导依法规范征收、拆除，防范涉诉风险。监督指导司法强制拆除现场，顺利完成环南中路征收地块、竹口三村改造项目拆迁等四批次房屋征收司法强制执行，保障宁海重大项目工程稳妥顺利推进。明确“时间表”“路线图”，扎实推进办案质量效率双提升工程等平安考核过程性指标工作措施落地落实，切实助推“平安宁海”建设。

【扫黑除恶专项斗争】 共向公安机关移送涉黑涉恶线索14条，审结涉恶案件4件31人，最高判处十八年有期徒刑。严格落实刑事诉讼制度改革，注重强化证据意识，依法从严、从快审理涉黑恶案件。建立健全线索排摸机制，明确线索排摸重点，强化依法打击力度。坚持“不拔高、不降格”标准，对2起不符合“恶势力”犯罪特征的案件依法不予认定。聚焦涉村级经济组织、民间借贷等案件类型，不定期开展督查指导。推行案件会商机制，细化涉黑涉恶案件办理对接流程，深化公检法协同打击。通过本院微信公众号、“送法进社区”“党群同心圆”等多渠道加强宣传，营造严厉打击黑恶势力的舆论氛围。

5月22日，宁海县人民法院首次对涉“套路贷”恶势力犯罪集团案件进行宣判

【服务保障】 积极开展“三服务”“五问五帮”等活动，对企业进行实地走访调研，深入了解生产经营状况，准确把握司法需求。继续升级“行业协会+法官”特色服务，在“亲清家园”设立“依法精准服务企业”法官工作站，定期开展法律培训、法律沙龙等活动。强化破产案件简易审、“执转破”工作，落实院领导听取企业破产管理人报告工作制度，加快破产企业及“僵尸企业”不良资产处置并有序退出市场。联动18个部门及单位建立特困企业处置府院联动机制，对特困企业处置中的问题及困难，每季

度以《破产简报》形式向府院联动机制成员单位发送，并在府院联席会议中协调解决、稳妥处置。共受理破产案件27件，审结24件，盘活房产81568平方米，土地186亩，清理债务4.34亿元，化解金融债权1.97亿元，安置职工431人，化解执行案件405件。

不断深化司法便民服务。启动诉讼服务中心升级改造和诉调对接中心建设工程，推动两个“一站式”建设。持续推广移动微法院运用，全面实现在线立案、送达、调解、开庭、执行，移动微法院案件引入率和活跃度名列全市基层法院前列。推进“最多跑一次”改革，在县跑改部等部门的协调支持下，全国首创司法网拍不动产登记“零次跑”模式，实现不动产登记全流程从超半个月缩减至2个工作日，截至2019年12月底已完成网拍不动产登记20件。实行人民法庭办理辖区内执行案件制度，共立案1540件，结案1317件，执行完毕576件，达成和解307件，撤回执行申请89件，实际执行率达71.16%，累计执行到位金额达7162万余元。充分运用司法援助保险理赔机制，为8件刑事附带民事诉讼“执行不能”案件申请获得保险理赔金57万余元。

11月27日，交通法庭利用微法院开庭审理一起机动车交通事故责任纠纷案件并当庭宣告判决

【持续推进诉源治理】 坚持把非诉讼纠纷解决机制挺在前面，加快完善递进式的矛盾纠纷分层过滤化解机制，推进诉源治理实质化落地落实。诉前委派调解案件3688件，诉前纠纷化解成功案件2496件，诉前纠纷化解率33.29%，位列全市第二。积极构建“一平台、两中心、多点面”工作格局，借助ODR平台，依托法院诉讼服务中心和县社会矛盾调解中心，将受理的案件分流至各地调解组织、服务站等，实现两大中心与各点之间的资源共享、有效对接。法院诉讼服务中心分流案件2521件，县社会矛盾调解中心分流案件320件。大力推行财产保全，以创新财产保全机制为着力点，以提高保全到位率为突破口，将财产保全贯穿审判全程，力促矛盾纠纷化解于诉讼、执行之外。共受理财产保全案件2000件，财产保全率27.17%，同比上升5.68个百分点，位居全省法院第2位，全市基层法院第1位。

【打击虚假诉讼】 构建立案、审判、执行全流程、多层次的虚假诉讼甄别机制，组建4个核查工作小组，分别甄别民事、商事、执行、行政案件虚假诉讼行为。完善虚假诉讼防范和制裁制度体系，在立案窗口及法庭张贴警示宣传标识，推行关联案件查询制度，定期发布职业放贷人名录和不诚信诉讼名单，并向上述名单人员的工作单位、社区、村委会通报，提高威慑力。首推全市虚假诉讼线索举报奖励制度，对于举报线索属实的，按照举报事实对应的罚款执行到位金额的20%给予奖励。联合开展打击制裁虚假诉讼新闻发布会，发布联合通告和典型案例，形成打击合力。共移送公安机关及扫黑办21件，拘留24件28人，罚款34件38人次，罚款金额169.6万元，判刑2件19人，罚款并拘留件数居全省第一。

10月30日，县人民法院联合县检察院、县公安局、县司法局召开打击和制裁虚假诉讼新闻发布会

【全面落实普法责任制】 充分发挥“宁法有约”宣讲团优势，持续开展普法宣传进校园、进社区等“法律六进”活动47次。邀请学生、人大代表、政协委员、村干部等走进法院，开展公众开放日活动13次。启用力洋法庭法治教育基地，已联合开展4期预防农村职务犯罪培训班。拓宽传统媒体和新媒体普法渠道，在县级以上媒体刊用宣传稿件214篇，在官方微信推送原创文章77篇，56篇被上级微信公众号转发。进一步深化司法公开，持续推进裁判文书公开和庭审直播常态化。裁判文书上网率保持在100%，庭审直播率达到97.06%。

7月19日，县人民法院联合县纪检委举办宁海县预防农村职务犯罪培训班开班仪式

因司法宣传工作表现突出，县人民法院被最高人民法院政治部、新闻局、人民法院新闻传媒总社通报表扬，综合办公室被省普法教育领导小组评为全省“七五”普法中期成绩突出集体。

【队伍建设】 深入开展“不忘初心、牢记使命”主题教育，创新特色亮点，紧盯目标任务，把学习教育、调查研究、检视问题、整改落实贯穿主题教育全过程，做到“规定动作不走样，自选动作有创新”，取得阶段性成效。紧紧围绕“抓党建带队伍促审判”，出台《关于加强党支部建设的实施意见》，使党建工作环节有据可依、有规可循。结合内设机构改革重新整合10个党支部，建立纵向到底、横向到边、上下联动的责任网络。加强党建联盟建设，通过内联增进党组织优势互补，外联促进资源共享、交流合作、发展共赢。建立“三评价”机制，对党员“政治理论学习、业务质效、服务群众”三方面内容进行考核评价，并把结果作为评先树优、提拔使用和实施奖惩的重要依据。开展党支部书记论坛，16名党支部书记围绕初心和使命，畅谈心得体会。紧密结合“三服务”，开展“走基层我最勤，服务群众我最优”活动和“党群同心圆”志愿者服务，发挥党员模范作用，共开展服务基层活动508次，走访企业233家；全院党员参与志愿服务2571次，人均23.59次。1名干警入选宁波市第六期“六争攻坚”先锋榜“铁军榜”，1名干警被共青团宁波市委授予“宁波市向上向善好青年”荣誉称号。

10月12日，县法院召开“不忘初心、牢记使命”主题教育党支部书记论坛

着力提升司法能力。建立培训常态化机制，定期开展民商学习会、疑难复杂案件讨论会、青年法官论坛等，共组织干警参加各类培训4192人次。组织全院中青年干部开展为期两天的专题培训，就主题教育、党性锻炼、互联网安全、心理调适等方面专题授课，激发干警内生动力。健全长期未结案件预警防控机制、院庭长层级督办、长期未结案动态跟踪、审委会督办等制度，聚力清理超6个月未结案件，全方位提升干警办案质效。规范干警参加公开遴选、竞争性选拔等的调动流程，完善年轻干部“上挂下派”机制，并将新进人员全部安排至办案一线培养锻炼，促进年轻干警快速成长成才。县人民法院干警在微党课比赛中获县级奖项2人次，市级奖项3人次；中标并完成省重点调研课题和省二级课题各1个。

10月29日，县法院召开办案质量讨论会

着力强化廉政建设。结合“四风”新表现和岗位风险点进行调研排摸，排查廉政风险点200余个，提出针对性建议300多条。坚持刀刃向内，共查摆36个涉立案、信访、审判的典型问题，逐一敦促整改。结合警示教育月活动，组织干警参观廉政基地、上廉政党课、学习违规违纪典型案例等，使党员干部知敬畏、明法纪、守底线。持续3年开展党建廉政家访活动，实现在编人员、司法雇员、临聘人员家访全覆盖，引导和约束干警业内外行为。创新司法督查工作，推行“三色”督办单制度，共向全院17个庭室发出27份督办通知单，全部整改落实到位。

主动接受各方监督。自觉在人大、政协和社会各界监督下开展工作，坚决贯彻落实人大及其常委会的决议和决定，主动向人大、政协汇报和通报工作情况。组织干警旁听人大代表审议法院工作报告，制定《县人大十八届三次会议各代表团审议法院工作报告意见建议任务分解及责任分工》，明确责任部门和办理时间，积极回应人民群众对司法的新期待。配合做好县人大常委会“基本解决执行难”专题询问工作，并针对专题询问中反馈的29个问题，逐一抓好整改落实。认真听取和办理人大代表、政协委员意见建议，主动邀请人大代表、政协委员旁听重大案件庭审。依法接受检察机关法律监督，邀请检察长等列席审判委员会会议。积极回应检察建议，针对检察建议中提出的公民代理审查不严问题，出台《关于规范审查公民代理行为的规定》并抓好落实。畅通诉求表达渠道，推行诉访分离，受理申诉、申请再审、再审审理案件82件，办结73件。贯彻落实《中华人民共和国人民陪审员法》，新选任人民陪审员123名，一审普通程序案件陪审率达99.94%。落实法官、律师互评机制，进一步推动法律职业共同体建设。

3月20日，县法院举行新任人民陪审员就职宣誓仪式暨岗前培训

司法行政

【概况】 宁海县司法局以机构改革为契机，对照上级决策部署和年初确定的目标任务，紧扣“一个统筹、四项职能”新要求，真抓实干，克难攻坚，基本完成年初既定的工作目标任务。

2019年，获得全国性荣誉8项、省级荣誉11项。其中钟福昌获司法部坚持发展“枫桥经验”实现矛盾不上交试点工作表现突出个人称号、县法律援助中心对田某涉及诈骗一案提供法律服务案例被司法部案例库录用、县司法局被司法部授予“三个课堂”打造“T型”人民调解员队伍。娄启丰被评为全国公共法律服务工作先进个人。《浙江省宁海县法治乡村建设的探索与实践》入选司法部2019年全国普法依法治理创新十大案例（宁波市市长裘东耀专门批示）。

【服务中心】 谋求新作为，服务大局成效显著。将“三服务”、六争攻坚、大庆安保等工作作为全年工作重心，全力服务大局。县政府和87家行政事业单位聘请律师担任常年法律顾问，乡镇（街道）实现法律顾问全覆盖，共代理政府部门案件156件，参与合同审查247件，重大事项决策讨论8件。县公证处参与重大项目、重点工程招投标公证92件。扎实推进“五问五帮”企业服务季工作，组建4个民营企业“法治体检”专项服务团，累计走访企业1245家，出具法律意见建议书（风险提示函）31份，打造最佳营商法律服务环境。部署开展“大排查、早调处、护稳定、迎国庆”专项行动，成功调处矛盾纠纷5890起。积极推进“征迁老娘舅”工作，助力老城区拆迁。全面排查社区服刑人员重点对象，严格落实“日报告、日见面”管控措施，累计进行信息化核查21.7万人次，开展上门巡查1400余人次，高质量完成监管任务。

6月12日，桃源街道竹口三村旧村改造司法强拆现场监督

【法治建设】 立足新起点，法治建设统筹推进。按照机构改革要求，

11月28日，浙江知仁律师事务所杨建员律师为前童镇民宿业主开展培训会

设立县委全面依法治县办公室，及时召开委员会、办公室第一次会议和各协调小组、成员单位联络员工作会议，制定“两规则一细则”，出台《2019年县委全面依法治县工作要点》《2019年法治宁海建设重点工作任务清单》和《2019年法治浙江建设考核评价细则责任分解》，层层分解任务。由县委依法治县办领导带队，分三组对法治建设情况开展全面督查。召开府院联席会议和法治建设社会满意度调查工作部署会，实时跟踪督查落实情况，有效推动全面依法治县各项工作有序开展。严格行政规范性文件制定和备案程序，累计完成各类合法性审核44件，清理行政规范性文件62件。深入推进“减证便民”改革，收集全县现行证明事项目录清单1091项。全面开展行政执法主体确认工作，确认执法主体42个。有效落实行政执法人员持证上岗和资格管理制度，2019年全县新增行政执法证件375本。稳步推进行政复议规范化建设，办理行政复议申请30件。建立预防和化解行政争议“3+N+X”常态化工作机制，化解行政争议21件，行政诉讼案件败诉率为16.3%，大幅度下降。探索建立法治乡村创建地方标准，县政府向市人大申报《法治乡村促进条例》立法项目计划，《条例》被纳入市人大立法五年规划项目库，并将作为市2020年立法预

7月29日，中共宁海县委全面依法治县委员会第一次会议召开

备项目，审议通过后将成为全国第一部有关法治乡村建设的地方性法规。

【基层普法与依法治理】 营造新氛围，依法治理持续深化。成功承办全国法治乡村建设工作会议，宁海梳理形成的36条村级权力清单得到傅政华部长等参会领导的肯定，并在会上作交流发言。“法治乡村建设的实践和探索”入选2019年全国普法依法治理十大案例，系全省唯一，得到市主要领导批示肯定。积极贯彻落实全国法治乡村建设工作会议精神，筹备司法行政学院宁海法治培训基地和全国民主法治示范村（社区）普法骨干培训班，培训班定于2020年1月7日正式开班。深化基层普法依法治理，将小微权力清单36条、法治诊所、民宿公约、普法驿站、法治课堂、以案释法等特色工作融入乡村自治法治管理。扎实推进民主法治村创建，申报创建省级民主法治村7家。全面落实“谁主管谁负责、谁执法谁普法、谁服务谁普法”责任制，制定下发普法责任清单，有效推进精准普法。统筹社会普法资源，完善“智法达人”等社会普法平台，着手建立精准普法标准化体系，促进“互联网+法治宣传”，构建全社会共学共享的普法命运共同体。

6月11日，司法部在宁海县召开全国法治乡村建设工作会议

【矛盾纠纷化解】 践行新理念，矛盾化解提速提质。健全矛盾纠纷多元化解机制成员单位联席会议制度，完善县社会矛盾调解中心运行机制，打造“枢纽型”调解中心，强化人民调解、行政调解、司法调解三方联动，大力推进行政调解。坚持发展“枫桥经验”，健全县人民调解协会运行机制，设立调解协会乡镇（街道）分会3家。西店镇人民调解委员会“和解”调解工作室和跃龙街道人民调解委员会“家长里短我来说”调解工作室获“市级个人品牌人民调解工作室”称号，8名人民调解员被评为全市成绩突出人民调解员。巩固提升“老何说和”专职调解品牌，“老何说和”专职调解经验做法在司法部《司法行政工作交流》上刊登。成立全市首家汽车消费纠纷人民调解委员会，岔路镇人民调解委员会“阳光义警”调解工作室顺利建成，全县人民调解组织达到436家，全县各调解组织成功调处矛盾纠纷6732件，涉及金额1.34亿元，调解成功率达98.93%。部署开展“传承发扬新时代‘枫桥经验’，我为民营经济高质量发展做贡献”等主题实践活动，提升调解员工作向心力。出台《全县人民调解组织支持和促进民营经济高质量发展九条措施》，推行人民调解服务民营企业“反向跑”，在全县范围内开展人民调解“三访三问三解”活动，开展涉民企矛盾纠纷排查216次，成功调处涉民企矛盾纠纷878件。人民调解服务民营经济高质量发展“五聚”（聚识、聚心、聚智、聚才、聚力）工作法在全市范围内推广。

3月14日，宁波市首家汽车消费纠纷人民调解委员会在宁海县汽车城汽车生活广场挂牌成立

【特殊人群管控】 把握新要求，特殊人群严格管控。建设规范化社区矫正中心，健全社区矫正工作制度，社区矫正工作执法质量水平有效提升。引进三家社会组织参与社区矫正教育矫治、社区服务等工作，全面推行社区服刑人员修心教育，组织开展社区服务114次，集中教育12次，社会组织参与社区矫正工作模式被省厅领导批示肯定。加强与公检法等部门沟通协作，推进“应收监未收监”专项整治工作，成功收监2名历史遗留人员，圆满完成26名社区服刑人员特赦工作。不断深化监地衔接工作，与省第二女子监狱、市望春监狱建立互动机制，开展审前调查、探访探监等多领域合作。开展县政协社区矫正对口协商活动，形成矫正工作合力。加大排查走访及教育谈话力度，全面掌握社区服刑人员社会关系情况，深入挖掘涉黑涉恶线索。全县在册330名社区服刑人员无脱管漏管现象。完善刑满释放人员信息衔接核查机制，落实重点帮教人员帮扶安置，有效预防和减少重新犯罪。

9月5日，在县社区矫正中心举行特赦宣告仪式

【法律服务】 满足新期待，法律服务纵深发展。构建县、乡、村三级公共法律服务体系平台，融合实体、网络、热线三大服务模式，出台《宁海县公共法律服务产品指导目录》，4家司法鉴定所进驻中心工作，“公证E通”乡镇专用窗口筹建基本完成。试行设立村级“法治诊所”，创新推行“合法性审核前置”，经验做法被《宁波日报》头版刊登报道。开展公共法律服务流动平台基层行活动，配合党委政府中心助力重点项目推进。持续深化法律援助“最多跑一次”改革，累计办理法律援助1056件，为受援人挽回经济损失2138.45万元。推动县两办出台《关于加快宁海县律师行业健康发展的实施意见》，召开全县律师工作会议，引进合创律师事务所，将成为宁海第一家20人所，破解律师行业发展瓶颈。推广运用“互联网+监管”掌上执法，有效落实“双随机一公开”工作机制，法律服务市场不断规范优化。

5月30日，公共法律服务流动平台走进东观社区，现场组织调解员进行纠纷调解工作

【固本强基】 把学习贯彻习近平新时代中国特色社会主义思想作为推动各项工作的关键，扎实开展“不忘初心、牢记使命”主题教育，不断增强全体干部“四个意识”。严格落实党风廉政建设责任制，开展“警示教育月”专项活动，扎实开展廉政风险排查，对排查出的廉政风险点逐一制定防控措施。将原有工作职能和原政府法制办工作职能无缝整合，新增职能科室4个，中层正职职位15个，政治处主任实现高配，选聘中层干部16人，高质高效完成机构改革任务。干部工作动力不断增强，2人获省司法厅记功嘉奖，2名年轻干部得到提拔重用，形成培养与使用的良性循环。坚持党建引领，开展研讨攻坚，强化创新工程，推动工作有序开展。设计干部培养路径，加大能力培训、知识更新和实践锻炼力度，切实提高专业能力。强化基层司法所建设，西店、桑洲司法所申报市级“文明规范公正”司法所，司法所形象得到进一步提升。

5月21日，召开第四期“温故知新、知行合一”学习实践活动暨全县司法行政系统警示教育会

军 事

综 述

2019年是国防动员系统改革调整后的全面推进之年，全县武装工作坚决贯彻落实宁波市委市政府军分区的决策部署，聚焦备战打仗持续用力，坚持强军思想引领、强军目标统揽，武装工作全面建设稳中有进，呈现较好的发展势头。

认真贯彻落实习近平新时代中国特色社会主义思想、强军思想，坚持党管武装原则、军民融合发展战略，聚力改革抓转型升级，聚焦服务打赢抓动员准备，国防后备力量建设呈现向上向好发展态势，不少工作有成效、有特色、有亮点。

加强宁海县人武部党委班子和国防动员建设，切实强化党管武装使命责任。坚持向备战打仗这个中心聚焦，大抓练兵备战，持续提升动员能力，纵深推进军民融合，加快构建精准高效沟通体系。切实打造坚强有力的党委班子，坚持把军地联动作为重要工作方法，构建全民国防教育格局，维护军人职业荣誉，支持地方经济建设，合力提升武装工作质量效益。

年初，挂牌成立退役军人事务局，继续做好退役士兵服务保障工作，落实好相关政策，更好地支持国防和军队建设，有效促进宁海长远发展。

2月，西店镇人武部被评为2018年度宁波市先进基层武装部。

部队建设

【人事变动】 6月28日，县人武部党委第一书记任职宣布大会在县人武部举行。宁波军分区司令员沙忠明宣读任职通知，县委书记林坚担任县人武部党委第一书记。会上，沙忠明为林坚颁发任命书。县委常委、常务副县长王军海，县委常委、人武部部长王琦军，县人武部政委吴玮参加。

6月28日，在县人武部作战室召开部党委第一书记宣布命令大会

【日常备战】 突出重大敏感时期，加强辖区突发民社情掌控，对作战值班室进行升级改造，严格落实作战值班、请示报告、兵力动用等制度。

认真贯彻落实《中华人民共和国军事设施保护法》，加大军事设施保护工作力度，协同长街香花山雷达站、西店光缆传输站等单位，对重要军事目标周边环境进行清理治理，划定军事设施保护区域，配合作战部队做好辖区内预设阵地协调保障工作。

加强民兵情报信息侦搜。强化民兵情报信息员队伍建设，加大陆上行政网布建力度，每个行政村落实1—2名民兵信息员，实现情报侦搜全域覆盖。以海上报情“双+”试点任务为牵引，在县域远洋运输力量萎缩的情况下，深挖海上民兵侦察力量潜力，协同县交通运输局、农业农村局、海事渔业等部门，大力做好汉陆公司、双宁公司的教育动员，吸纳远洋运输公司力量扩编民兵信息船，拟定远洋信息船队伍建设与运用实施细则，切实提高海上情报侦搜数质量。

【后勤装备保障】 坚持经费保障持续向备战打仗聚焦用力，严格落实省军区党委管财暂行办法。结合民兵调整改革，投入90多万元，分批次购置补充应急抢险装备，规范民兵装备仓库管理，优化武器装备调拨组织和操作程序，最大限度发挥后勤装备效用。

【年度军训】 始终坚持以新军事训练大纲为依据，紧盯民兵分队支援保障打仗、参与抢险救灾等职能任务，瞄准“四队”兼备应急力量能力建设标准要求，采取专业分队跨区联训、行业系统在岗训练、基层武装部自行组训、县人武部成建制集训相结合的方法，抓实民兵任务分队必备技能训练。主要完成保交护路、海上搜救、海上运输分队的在岗训练，水上救援军警民联训，应急和通信分队骨干强化训练，专武干部和民兵连长集训，海上和陆上民兵信息员培训，国防动员成员单位业务培训，森林防火和海上搜救分队跨区联训等，民兵队伍应急救援能力得到稳步提升。

8月23日，召开预定兵员役前训练动员大会

1月30日，在宁海县民兵训练基地雄风山庄开展海上民兵分队集中点验

【征兵工作】 6月到8月征兵期间，联合县委宣传部和县退役军人事务局，开展“新中国70年礼赞——我是一个兵”系列宣传活动，采访宁海籍优秀现役退役军人，采取电视播放、报纸刊登及公众号推送等多种媒体形式进行宣传，并配合制作年度征兵宣传片在各大广场荧屏轮播，起到较好的征兵宣传效果。

认真吸取2018年宁海县退兵比例突破1%红线的深刻教训，从征兵工作启动开始就强化组织领导，压实各级责任，广泛宣传发动，严格体检程序，全程跟踪监督，有序展开征兵工作。8月6日，宁海县召开2019年度征兵工作会议，回顾总结2018年征兵工作，表彰通报征兵工作先进单位和先进个人，部署安排征兵工作。9月5日，宁海召开2019年度征兵工作定兵会议、宁海县2019年应征青年光荣入伍欢送仪式，首批新兵踏上军旅征程。

继续推进“阳光征兵”，以提高兵员质量为核心、征集高学历青年为重点，圆满完成新兵征集任务。8月23日至27日，在县民兵训练基地集中组织为期5天的役前训练，通过模拟军营生活和训练内容，开展专题教育、战备教育、军事训练、条令学习、思想排查和复查复考，有效确保征集兵员的质量。

新兵到达部队后，及时跟踪思想动态和训练情况，主动靠前与部队对接解决可能退兵问题，实现“零”退兵任务目标，被评为市征兵工作先进单位。

民兵预备役

【概况】 宁海县预备役部队在上级部门的领导和支持下，组织建设有较大的巩固和提高，整组训练、国防教育等各项工作都取得可喜成绩，尤其是预备役全体官兵大力弘扬我军优良传统，以不怕吃苦、突击力强、敢打硬仗的作风，主动支援地方经济和社会建设，请领急难险重任务，在参加抢险救灾、应对突发事件、维护和谐稳定、开展扶贫帮困等方面发挥突击队作用。

【完成民兵整组任务】 坚持以支前保障为主体，突出海上、应急和军兵种保障力量为重点，有序推进基干民兵由“应急、支援、储备”向“应急、专业、特殊”转变，进一步提升民兵队伍应急救援能力。

结合任务需要，将县民间救援组织飞狼救援队、飞鸽救援队等专业力量编入民兵应急力量体系，进一步扩充民兵队伍的专业救援能力。

4月，在胡陈乡水域开展水上分队综合演练

10月，在宁海县民兵训练基地雄风山庄开展民兵应急分队骨干集训

【预备役炮兵营2019年度整组点验】 5月22日，举行预备役炮兵

营2019年度整组点验大会，全营预备役官兵接受点验。县委常委、常务副县长、宁波预备役炮兵团副团长王军海出席大会。王军海高度肯定预备役炮兵营所取得的成绩。同时，要求全营官兵要转变观念，积极适应改革，深入推进政治建军、改革强军、依法治军，切实认清肩上责任，不断强化“强战备、谋打仗”的意识，勇于担当，奋发作为，推动营队全面建设创新发展；要认清使命，积极训练备战，继续发扬英勇顽强的战斗作风和勇争第一的拼搏精神，用优异的成绩充分展示营队和宁海的良好形象；要把住核心，加强统筹指导，在营党委这个核心的坚强领导下，把营党委的核心领导作用和党支部的战斗堡垒作用发挥出来，树牢国防意识、牢记职责使命，把党中央关于国防和军队建设的方针政策落实到具体工作中去，努力推进宁海预备役炮兵营建设再上新台阶，为国防和军队建设、促进社会稳定发展做出更大的贡献。大会上宣布入队命令和干部任职命令，并进行庄严宣誓仪式。

5月22日，宁海县举行预备役炮兵营2019年度整组点验大会

【训实民兵应急队伍，提高实战应急行动能力】 紧盯民兵分队支援保障打仗、参与反恐维稳、参加抢险救灾等职能任务，瞄准“四队”兼备应急力量能力建设标准要求，采取行业系统在岗训练、基层武装部自行组训、县人武成建制集训相结合方法，抓实民兵任务分队必备专业技能训练。主要完成重要目标警戒分队现地训练，水上救援军警民联训，应急和通信分队骨干强化训练，应急分队骨干应急保障训练，专武干部和民兵连长集训，海上和陆上民兵信息员培训，国防动员成员单位业务培训等，民兵队伍应急救援能力得到稳步提升，先后参与抗击超强台风“利奇马”“9·17”老旧遗留弹药挖掘销毁、“9·29”火灾处置维稳等重大安全事件，均出色完成任务。

7月11日，宁海县举行2019防汛防台实战演练，进一步强化广大干部群众的防汛防台意识，提升防汛防台指挥能力和作战能力，提高作战效率与实战水平，为做好防汛防台工作奠定良好基础。

抗击“利奇马”，紧急驰援台州、临海。 8月中旬，超强台风“利奇马”席卷浙江。应急分队1小时集结完毕、2小时机动到达任务区域，是省军区下达跨区救援命令后第一支到达的应急力量，反映民兵应急队伍较强的战备意识和战备状态。宁海县人武部先后出动民兵4553人次参与地方抗台抢险，累计转移群众2330人，全力守护一方平安。积极响应兄弟县市救援需求，出动民兵2批次182人、车船20台，星夜驰援台州临海抗台救灾，圆满完成支援任务，作为全省第一支到达指定救灾地域的民兵应急分队获央视新闻频道、解放军报客户端、《中国国防报》等国家级媒体报道。县民兵应急连被评为宁波市“防台救灾先进集体”，宁海民兵应急力量“家门口子弟兵”的赞誉，经受住实战考验。

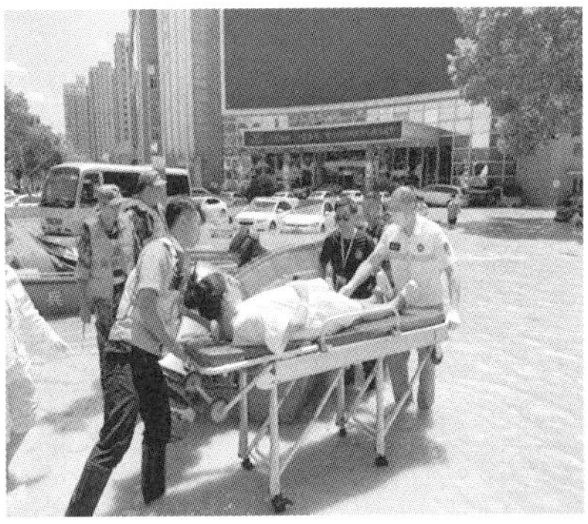

8月12日第一次驰援台州临海期间，宁海县民兵紧急转移一名待产孕妇

8月15日凌晨4时许，宁海县民兵再次在县民兵训练基地集结出发驰援临海

8月15日，宁海县民兵再次到达台州临海开展灾后清淤工作

圆满完成“9·17”老旧遗留弹药处理任务。 9月17日下午，宁海县人武部收到在一建筑工地发现多枚疑似爆炸物的情况报告后，及时将情况上报军分区。根据省军区冯司令员指示，省军区刘副司令员、军分区沙司令员连夜赶赴宁海，会同县党委政府主要领导，现

场研究指导处置工作。并协调陆军第72集团军军部、工兵第72旅、防化第一旅等专业技术力量共17人参与弹药挖掘、鉴定和转运工作。10月22日，依托地方爆破公司，利用1天时间，在宁海县白峤岭渣土垃圾填埋场组织“9·17”老旧遗留弹药销毁。

9月18日，省军区刘副司令员、军分区沙司令员在现场研究指导处置工作

双拥工作

【概况】 以“全覆盖、强服务、高效能”为目标，健全工作机制，创新工作方式，规范优化服务，强化队伍建设，按照“有机构、有编制、有人员、有经费、有保障”要求，全面搭建三级服务保障体系，确保服务体系全面铺开，服务网络全面覆盖，使各项政策法规的落实更有保障。建立县退役军人服务中心1个，乡镇（街道）退役军人服务站18个，村（社区）退役军人服务站405个。在此基础上，逐步推进服务保障体系标准化、制度化、信息化建设，逐步完成各级退役军人服务保障体系标准化建设任务，为退役军人提供精细化、精准化、个性化服务，增强广大退役军人的获得感、归属感、幸福感。

【优抚工作】 1月10日，宁海县烈属、军属和退役军人等家庭悬挂光荣牌启动仪式在岔路镇梅花村举行，副县长范建军参加。启动仪式上，岔路镇介绍该镇拥军优属工作开展情况；退役军人代表宣读致全县退役军人的倡议书；10名烈属、军属和退役军人代表现场获颁“光荣之家”牌匾。

春节前，走访慰问162名现役干部家庭和19名特困退伍老兵家庭，协同县退役军人事务局和县人社局举办第三届退伍军人返乡欢迎仪式及专场招聘会，配合县委组织部和县退役军人事务局积极推动特等功臣应隆滚老英雄先进事迹素材收集和典型宣传。

6月25日，省退役军人事务厅副厅长金登尚一行到宁海深入企业、乡镇（街道）退役军人服务站走访调研，并与宁波市、宁海县、奉化区、象山县等地退役军人事务局相关负责人座谈，调研退役军人服务保障工作。

7月11日，由县人武部、县人社局、县退役军人事务局主办，县总工会职工学校承办的“你为国尽忠、我助你出彩”宁海县退役军人就业创业培训暨专场招聘会举行，来自全县各乡镇（街道）的180多名退役军人参加培训和企业招聘，60多名退役军人与企业达成就业意向，这为他们提供良好的就业平台，同时也为当地部分企业解决招工难问题。

8月1日，“永远是个兵”——宁海县庆祝“八一”建军节活动暨首届“最美退役军人”发布仪式在国际会展中心举行。县委书记林坚致辞，县领导李贵军、王能迭、范建军、石道伟，县人武部政委吴玮参加。此次有14名“最美退役军人”受表彰。

为加快退伍军人从军到民的转变，努力适应地方就业需求，更好为宁海经济服务，9月县退役军人事务局举办为期1周的2019退伍军人订单式电脑技能知识和操作培训，内容涉及日常办公、制图操作和图像处理等。30余名退伍士兵接受电脑技能操作培训。

9月26日下午，市退役军人事务局局长王建云来到宁海，走访越溪乡七市村、山头应村、长街镇伍山村等村级退役军人服务站，及长街镇本级退役军人服务站，实地考察宁海退役军人服务保障体系建设情况。考察过程中，王建云看望慰问越溪乡七市村困难退役军人金广虎和老英雄应隆滚，并走访长街镇胡炳强调处工作室。

9月27日上午，县2019年退役士兵返乡欢迎仪式暨适应性培训会举行，以全面落实退役军人就业创业政策，满足退役军人就业需求，拓宽退役军人就业渠道，促进退役军人就业和再就业。

12月11日下午，县退役军人事务局组织退役士兵社保补缴工作的40名操作员进行培训。根据中办、国办《关于解决部分退役士兵社会保险问题的意见》、浙江省《关于做好我省部分退役士兵社会保险接续工作的实施意见》和有关文件精神，县退役军人事务局加强各乡镇（街道）及部门操作员的知识培训，确保登记填写不失误、不漏报。在县退役军人事务局的统一组织指导下，退役士兵社会保险补缴工作在各乡镇（街道）全面展开。

12月，由《雷锋》杂志社、县退役军人事务局指导，市军创驿站理事会主办，宁海云巢互联网科技有限公司承办的市军创驿站理事会宁海县工作站成立大会暨首届军创博览会第四次论坛，在环球中心颐高双创园举行，旨在构建一个服务退役军人创业创新工作和军人直系亲属就业创业的公益平台，努力打造“六位一体退役军人就业创业服务体系”。

国防教育

【积极构建军地联动的大国防教育格局】 充分利用县委中心组学习、军事日等时机，邀请军队专家进行授课辅导。指导岔路镇创建申报“红色西乡”省级国防教育基地，结合学生军训和全民国防教育日，在宁海中学和西子国际商业广场组织两场国防教育军事主题展，参观人数达数万人次，社会反映普遍较好，极大增强全民国防意识，提升国防观念。

【国防教育主题展】 8月19日，庆祝新中国成立70周年暨宁海县国防教育主题展在宁海中学体育馆开幕。主题展持续3天，共展出海、陆、空、火箭军部队武器装备模型82种，其中航母战舰25艘、飞机40架、坦克炮车16辆、枪模1把，民兵通信、救援、防爆、防护等武器装备20余种。本次展览结合学生军训工作，以提高宁海县国防教育为指引，增强学生国防观念，居安思危，深入了解国防形势，并积极参与国防教育活动，增强捍卫国家主权的国防意识。正参加军训的宁海中学高一新生列队参观展览，飞狼救援队还现场演示高空索降救援。

【全民国防教育日活动】 9月21日是第十九个全民国防教育日，主题是“赞颂辉煌成就　军民同心筑梦”。18日，由县委宣传部、县人武部主办的国防教育日宣传教育活动暨西子国际军事主题展在西子国际一楼大厅举行。现场海、陆、空三军上百款装备模型及民兵应急防护装备齐亮相，激发广大群众强烈的民族自豪感和国家荣誉感，营造庆祝新中国成立70周年的浓厚氛围，汇聚强国强军的强大力量。

【学生军训】 在暑期组织开展年度学生军训工作，利用一个多月时间对6所中学高一新生进行军事训练。人武部机关2人，抽调教官骨干23名，共25人参加，共训练高一新生4230人，圆满完成年度军训任务。

农业·农村

综　述

2019年是全面建成小康社会、打赢脱贫攻坚战的关键之年，也是农业农村局新组建运行的第一年。宁海县农业农村局党委班子以高度的政治责任担当，团结带领全体干部，不忘初心、牢记使命，既轻装上阵、又负重前行，农业农村工作全新开局。贯彻落实上级重大决策部署作为坚持“两个维护”的思想自觉和行动自觉，高质量完成机构改革、脱贫攻坚、环保督查、大棚房、垃圾分类、防台救灾、“非瘟”防控和生猪保供等重大任务。农业现代化发展水平从全省第22位跃升至第13位，跻身2019中国茶业百强县第33名，获评省第三届“河姆渡杯”粮食生产先进县，农村生活垃圾分类绩效评估拔得全市头筹，入选贵州省脱贫攻坚先进集体、宁波市六争攻坚先锋榜，工作居宁波市、黔西南州第一，山海协作由末位跃居全市前列；涌现出全市“六争攻坚”好班长潘海东、好干部仇贤林。

种 植 业

【概况】 全县种植业产值21.9亿元，较2018年21.48亿元增长2%。其中农业种植业总产值约11.48亿元，比2018年同期增长0.31亿元，增长2.8%。林特业产值为10.42亿元，较2018年10.31亿元，增0.11亿元，增长1.1%。

【春花作物减产明显】 大小麦、蚕豌豆收获面积5.3（3.0+2.3）万亩，比上年减少0.4万亩，总产值4231万元。其中，小麦“三减”，单产230千克，比上年减少65千克，总产值1960万元；蚕豆单产525千克，产值1785万元，蚕豌豆总产值2271万元，比2018年增长6.6%。春马铃薯种植面积2.9万亩，与上年持平，单产1450千克，比上年减50千克，总产4.2万吨，收购价2.4元/千克，总产值10092万元，比去年增长10.4%。油菜种植面积0.7万亩，比上年减少0.2万亩，单产144千克，比上年减少9千克，总产值564万元，比上年减少26.8%。全年上半年，以阴雨天气为主，对春花作物生长有不利，减产明显。春花作物面积9.5万亩，总产值14887万元，与2018年基本持平。

【水稻双减】 面积13.3万亩（包括早稻0.2万亩、连晚0.1万亩、单季稻13.0万亩），与上年持平，平均单产540千克，比上年减少37千克，总产7.17万吨，总产值2.13亿元，比上年减少6.9%。

【蔬菜双增】 蔬菜面积9.6万亩（包括鲜食大豆和玉米），比上年增加0.3万亩（主要是西兰花增加）。上半年天气差，单产低，但价格高，全年还是保持增长态势，蔬菜总产值3.5亿元，比上年增加6.0%。西甜瓜面积3.7万亩，与上年持平，总产值1.56亿元，减少3.7%。

【其他作物】 棉花面积0.7万亩，比2018年减0.2万亩，总产值714万元；秋季马铃薯1.0万亩，总产值5700万元；加上甘薯、草莓、花生、豆类、玉米等作物总产值合计2.8亿元。

林　业

【果品产业形势】 全年果品产量117170吨，产值51540万元，分别比上年下降1%、增长1.6%。成功申报宁海白枇杷国家地理标志。

枇杷产量2600吨，产值7800万元。杨梅产量7800吨，产值达到6100万元。桃子产量15800吨，产值6000万元。猕猴桃产量1000吨，产值1600万元。梨产量7100吨，产值3440万。葡萄产量3080吨，产值2760万元。

柑橘产量76300吨，产值

17000万元，分别比上年增4.0%、21.4%；大分、日南、由良等特早熟柑橘生产情况良好，成熟期与往年接近，大分、日南价格每千克3.6元左右，由良价格每千克5—20元。由良面积共计5000亩左右，其中投产面积3000亩。

香榧：青果产量425吨，干果产量85吨，总产值3800万元。

小水果：李1000吨，产值600万元；樱桃100吨，480万元；梅200吨，120万元；蓝莓200吨，500万元；果桑130吨，210万元；覆盆子200吨，400万元；柿子、枣子、火龙果等450吨，530万元；板栗400吨，200万元。

【竹产业发展】 全年竹笋总产量30648吨，比2018年28760吨增产6.6%。其中冬笋1350吨，春笋26128吨；雷竹笋2020吨，砻糠覆盖产量45吨；其他类笋1150吨。竹笋总产值10660万元，比2018年10161万元增长4.9%；其中春笋4960万元、冬笋3200万元、雷竹笋1720万元、其他笋780万元。

【茶产业发展】 全年茶叶总产量6419吨，比2018年6470吨减少0.8%，全年总产值30570万元，比2018年30400万元增长0.6%。其中，名优茶总产量899吨，产值23380万元，与865吨、22580万元相比，产量产值分别增长3.9%和减少3.5%。

【花卉产业】 全县林业育苗产值约为11400万元，相较2018年12000万元下降5%。

畜牧业

【概况】 畜牧业总产值9.52亿元，较2018年6.67亿元上涨42.73%。完成农发牧业年出栏10万头生猪养殖标杆场项目一期落地投产，岔路黑猪省级原种场项目一期开工建设。

【收成】 受畜禽养殖污染整治、非洲猪瘟疫情和猪周期等多种因素影响，宁海畜牧业产能降幅明显。经生猪增产保供综合措施有效落实后，生猪产能有所恢复，其他畜禽养殖量尚未触底反弹。

生猪养殖效益显著。生猪存栏6.6073万头，同比下降17.20%，出栏11.18万头（圆满完成市政府下达的年出栏11万头考核目标），同比下降25.32%，其中能繁母猪0.5322万头，同比下降26.08%。全年生猪出场价格高位运行，全年生猪平均出场价17.2元/斤，按照每头猪130千克的体重，头均盈利2522元左右，为2018年的12.6倍，生猪养殖效益处于盈利显著状态。

牛羊养殖小幅盈利。牛存栏0.3222万头，同比下降23.29%，出栏0.1294万头，同比下降38.38%；羊存栏0.438万只，同比下降46.59%，出栏0.4948万只，同比下降50.02%。

家禽养殖产能萎缩。受动物疫情、市场行情、污染整治等因素综合影响，家禽产量不断下降。家禽总存栏38.6074万羽，同比下降28.11%，出栏99.9731万羽，同比下降44.27%。其中鸡存栏30.0251万羽（振宁土鸡25.7182羽），同比下降34.87%，出栏99.9731万羽（振宁土鸡91.4778万羽），同比下降45.33%；鸭存栏8.4346万羽，同比上升15.54%，出栏8.1517万羽，同比下降27.22%，鹅存栏0.1477万羽，同比下降45.30%，出栏0.3668万羽，同比下降55.81%。全年肉鸡批发价20元/千克，家禽养殖处于盈亏临界点。

【亮点】 成功创建省级美丽生态养殖场3家：宁海县海渡牧业有限公司、宁海县顶牛畜牧养殖专业合作社、宁波丁元牧业有限公司，均具备场区布局合理、设施制度完善、环境卫生整洁、生产全程清洁、产出安全高效、资源循环利用、整体绿化美化的特点。

8月，宁海县海渡牧业有限公司绿化美化

建成农牧结合绿色循环体3家：宁海县顶牛畜牧养殖专业合作社+宁海县立新特菜专业合作社、宁波绿港水产牧业有限公司+宁海县金龙浦农业开发有限公司、宁波玉林牧业有限公司+长街九江塘种植基地。养殖场产生的粪便经发酵制成有机肥，沼液经宁海县为农沼液配送中心和养殖场沼液配送车运送至田间沼液储存池，进行生态消纳，实现粪污100%的资源化利用，减少养殖场沼液处理成本，提高种植基地经济效益，实现共赢。

10月，宁海县顶牛畜牧养殖专业合作社沼液输送设施

10月，宁海县立新特菜专业合作社

10月，宁波绿港水产牧业有限公司集粪棚

10月，宁海县金龙浦农业开发有限公司沼液储存池

宁海农发牧业有限公司项目一期投资1.2亿元，占地200亩，在空栏养殖场的基础上改造升级，已引进种母猪3020头，仔猪4700余头，已具备年出栏商品猪6万头的产能。

宁海县岔路黑猪省级原种场建设项目于2019年12月5日正式开工建设。项目建设地点为岔路镇高塘村，总投资3015万元，占地22.7亩，设计年产能为4500头，预计2020年9月建成投产。

12月6日，宁波玉林牧业有限公司

11月，长街九江塘种植基地

11月11日，宁海农发牧业有限公司引种母猪

12月5日，宁海县岔路黑猪省级原种场建设项目开工仪式

渔　业

【概况】 宁海县渔业局紧紧围绕县委县政府“建设生态名城，打造两湾明珠”的总目标，以渔业水域及资源保护为出发点，严格落实渔业健康发展、为“渔”服务理念，狠抓渔船安全生产管理，全年渔业安全及渔业经济发展形势平稳，水产品产量160348吨、产值26.47亿元，同比分别增长2.8%、5.98%，其中海水养殖产量148350吨，较2018年同期增长2.95%；淡水养殖产量5890吨，较2018年同期增长3.08%；海洋捕捞产量5700吨，较2018年同期减少1.76%；淡水捕捞产量408吨，较2018年同期增长11.17%。

【水产养殖业】 积极推进养殖场尾水示范点建设工作，开展2019年示范点的筛选和方案编制工作。

启动健康养殖示范场创建工作，从全县161家水产企业中筛选出宁波华大海昌水产科技有限公司、宁海县海山丰水产专业合作社、宁海县盛宁水产养殖有限公司等3家企业申报国家级健康养殖示范场，浙江丰瑞水产科技有限公司等10家水产企业申报省级健康养殖示范场。其中3家国家级已通过宁波市级初步验收，10家省级健康养殖示范场已全部通过省级验收，为宁海县下步创建渔业示范县打下良好基础。另外，积极开展初级水产品质量安全可追溯体系建设工作，有效加强初级水产品质量安全监管。

【打击违法违规行为】 全年登船检查310艘，查处65起，扣押拆解涉渔“三无”船只50艘，查处违规作业渔船15艘，涉嫌刑事犯罪移交公安机关9起，罚款195920元，检查陆上市场餐饮饭店、码头509个点，查获各类违禁渔获物2268千克。组织开展“清网”行动，收缴海上禁用渔具5132顶，在下洋涂、力洋港等海域清理地笼网2850顶，清理串网8600余米。

发挥乡镇、街道属地作用，共清理滩涂网具上千顶。清理整顿超规划养殖，象山港海域清理非法牡蛎养殖657根，网箱3000个；清理三山涂和双盘涂非法养殖塘面积超过1200亩，非法养殖现象得到遏制。

悬挂宣传横幅36条，张贴宣传海报3700余份。大队2次现场执法工作分别被宁波电视1台和中央2套《第一时间》播出报道，提高宣传的高度。结合“党群同心圆”活动平台，组织行动23次，参与人员98人次，累计查获渔获物140.02千克，起到“以点带面”的作用，打开宣传的宽度。

【安全源头监管】 加强渔业安全教育宣传。召开宁海县“三战”工作部署会议，签订安全生产责任状。加强渔船安全监管，构建县、镇、村、船四级安全责任体系。深入推进小型渔船更新改造工作，完成114艘渔船更新改造和18艘渔船补助资金发放。出台并印发《宁海县渔港“港长”制实施方案》，推行“港长”制工作。向市里争取2000万元配套资金对强蛟峡山二级渔港进行升级改造。组织船员上岗培训357人次。继续做好2018年度渔业生产成本补贴发放。

【养殖设施建设】 **推进“整洁渔园，美丽渔业”项目建设。**持续在一市、越溪、长街3个乡镇落实养殖管理房拆旧建新工作，累计48间。

狠抓设施渔业建设工作，积极推进设施渔业建设。以“高产、高效、生态”为目标，以“多茬、多级、循环”为方向，建设配套生态污水处理池的设施渔业养殖基地。已建成大棚设施养殖面积2218亩。

抓好水产良种培育推广，大力推进科技兴渔工作。扶持水产种业企业做大做强，以实施水产科技和种业项目为抓手，积极引导发展重点水产品种苗种和规模化繁育基地。随着宁海县华大海昌、海南正联等先进苗种场陆续投产，培育大批鱼、虾、蟹等品种苗种，填补本地无该类苗种的空白。充分发挥科技进步力量在渔业中的作用，推广“健康生态、多渔并举、管控创新”的生态高效养殖模式，重点对良种良法的示范和推广，水产养殖病害的监测与防控，产业化关键技术开发研究、集成提升等项目进行推广，积极转化中国水产科学研究院华东水产种业中心、万里学院等科技创新平台的科研成果、创新渔业科技，努力转变渔业发展方式，提高养殖技术和水平，实现渔业增效、渔民增收、渔区繁荣。全年推广养殖饲料替代鱼饲料面积2万亩。

农业产业化

【农业品牌建设】 新评定浙江名牌农产品1个、宁波名牌农产品2个；荣获浙江农业博览会金奖2个、优质奖4个，中国（宁波）食品博览会金奖1个；宁海麦饼荣获“2019浙江十大农家特色小吃”称号。

【现代生态循环农业】 **着力推进农业环境整治。**打造整洁田园、建设美丽农业，胡陈乡东山桃园、越溪乡绿色城堡菜园获评浙江省“最美田园”，胡陈灵动乡野1日游、桑洲南山花语旅游精品线1日游入选省级休闲农业和乡村旅游精品路线。

抓好农业龙头企业培育。2019年年度评选受疫情影响，联席会议还没开，文件还没发，预估农产品优秀购销大户20名、县级农业龙头企业54家（省级5家、市级31家、县级54家）。

农业龙头企业完成产值47.4亿元，同比增长6%，带动农户11.34万户，带动原料生产基地10.51万亩，收购加工地产农产品20万吨。积极展示宁海农业独特资源，展现现代农业发展成果，组织75家次农业企业、合作社参加7个国内外农产品展示展销活动，主要包括义乌森博会、浙江省农博会、上海农博会、中国（宁波）食品博览会等。

【现代农业转型】 **强化产业发展顶层设计。**开展农业农村部一、二、三产业融合发展试点县建设，积极构建产业链条完整、功能多样、业态丰富、利益联结紧密、产城融合更加协调的新格局；完成一、二、三产业融合发展试点项目（茶叶和柑橘产业）总投资3500万元，中央财政资金1000万元。制定《关于加快现代农业转型发展的若干意见》（征求意见稿），提出结构优农、主体强农、科技兴农、质量立农、品牌惠农等抓手举措。

扎实推进绿色都市示范区建设。全面实施宁波绿色都市农业示范区“152211”工程，走“优质高效、特色精品、绿色生态”道路。持续开展一市白枇杷现代农业综合体项目建设，新建力洋柑橘现代农业综合体试点项目。打造“点上出彩、线上美丽、面上洁净”的“多彩美丽”新田园，变“美丽风景”为“美丽经济”，创成宁波市多彩农业美丽田园示范基地5个（累计创成10个）、现代农业庄园4个（累计创成11个）。继桑洲茶叶特色农业强镇之后，创成胡陈水蜜桃特色农业强镇。持续开展柑橘、茶叶省级示范性农业全产业链和水产养殖市级示范性农业全产业链建设，新增畜禽养殖市级示范性农业全产业链。

释放金融服务农业能量。涉农资金整合改革持续推进。推动财权整合转向事权整合，优化资金投向，集中财力抓重点、补短板、强弱项。完成2019年涉农资金整合农业产业化类项目申报、评审、立项和实施方案批复工作，立项项目235个，涉及8部门四大类22小类项目，整合财政资金4652万元。

农业机械化

【概况】 落实强农惠农政策，全年发放各类补贴资金835.23万元，其中购机补贴402台（套）336.02万元，新型农机17台（套）125.2万元，设施农业面积34家252.81万元，服务体系规范化建设5个40万元，报废拖拉机137台64.33万元，保险农业机械82台、烘干机26台、库房7家共16.87万元。

水稻耕种收综合机械化率达89.99%。建立完善农机安全监管长效机制，检验各类农业机械1252台，年检率达94%。组织上路516人次，排查农机安全隐患436条，处理拖拉机违法行为326台次，外籍拖拉机登记17台。举办各类农机操作技术及安全教育18期1875人次。

【农机服务】 在农时季节，抽调技术骨干深入作业生产一线，宣传农机新机具、新技术，检修调试作业机具，排除故障隐患。全年累计开展技术下乡服务活动105次，发放资料手册1100余份，检修各类农机具1862台，储备农机配件70余万元。

【特色农机推广】 以加快推进粮食生产全程机械化的薄弱环节为重点，以发展特色产业关键环节机械化为突破口，开展农机新技术、新机具作业演示与推广，共推广17台先进、适宜的特色机械，下达新型农机补贴资金125万元，特别是引进收割打捆一体机8台，减少秸秆焚烧的现象。

【农机购置补贴】 根据宁海农业发展急需，联动补贴，出台宁海购置补贴监督管理办法，提高补贴专项整体效能，实现项目效果的最大化。全年共补贴各类农机具402台，农机购置补贴资金总额336.02万元，其中：中央补贴256.21万元、市级补贴39.29万元、县级补贴40.52万元。

【设施农业项目建设】 全年共完成设施农业项目建设34家，补贴金额252.81万元，补贴面积35万平方米，主要涉及草莓、西瓜、葡萄、火龙果、蔬菜等经济作物的钢管大棚种植，补贴类型主要为连栋、单栋大棚。特别是柑橘（红美人）大棚给予重点支持。

【粮食全程机械化生产】 以建设粮食生产功能区为重点，以水稻机械化种植为突破口，采取政策倾斜、项目扶持等措施，狠抓水稻机插和粮食烘干机械化技术推广，确保水稻生产全程机械化水平。2019年全县水稻种植面积12.7万亩，耕种收综合机械化率89.8%。

【农机合作组织建设】 强化服务组织功能培育，不断推动宁海农机服务体系建设规范化、程序化和标准化。新创建省级示范合作社2家、市级功能培育2家、市级作业公司1家，5个项目补贴40万元，全部完成验收。

【智慧农机平台建设】 完成全市首个县级部门智慧农机平台，在4个示范点安装8个动态视频监控点，实时掌握新式农机具作业情况。当前智慧农机平台逐步建成集水稻智能化育秧、谷物烘干作业、机械化作业、农业机械维修保养等为一体的监控系统，有效地监测粮食生产全程机械化和经济类作物重点环节的机械化，为科学分析决策提供数据支撑，加强农机化和信息化的融合，实现农机化发展转型升级。

【农机市场整治】 开展“打假保农”监督检查工作，监督农机销售厂商、农机维修网点规范经营，从源头上保障农机产品质量安全。积极开展农机维修网点的审核审验，全年对宁海32家农机维修网点进行全面的安全检查，整治安全隐患98条，整改率100%。

【“最多跑一次”改革】 全面梳理“最多跑一次”行政审批及其他权力事项清单，落实专人负责，整合农机服务大厅布局，优化工作流程，强化便民服务，实行一窗受理、集成服务，全面提升服务水平和服务质量。不断完善“最多跑一次”事项清单，并及时向社会公布。其中拖拉机、联合收割机操作人员操作证件核发；拖拉机、联合收割机证书和牌照核发；拖拉机联合收割机年检这三个事项均实现“零跑次”。

【农机政策保险】 继续积极开展“一站式免费服务”和实地免费检验，严把检测关和牌证办理关，加强农机安全源头管理。认真按照市、县拖拉机报废和政策性农机保险两个实施办法要求开展工作，切实减轻农户负担，消除安全隐患。至年底，全县应检上道路拖拉机、农田拖拉机、联合收割机共计1871台，已检1762台，年检率达94%。纯农田作业拖拉机上牌6台，联合收割机3台，拖拉机转出1台，转移60台，换核发拖拉机驾驶证131本。报废回收拖拉机137台，报废补偿资金64.33万元。纳入政策性保险拖拉机和收割机82台、人员290人、烘干机11台、库房3家，共计发放保险补贴资金7.05万元。

【农机宣传】 结合春节、“五一”、国庆、“安全生产月”，举办宁波市农机事故应急演练会等活动，会同县安委会各成员单位开展安全宣传教育活动，会同公安交警部门，开展巡回安全警示教育活动，组织各乡镇在年检前召集农机驾驶人参加安全培训，分发宣传手册、配发消防灭火器和安全宣传物品等各类警示用品。加强安全生产主体责任落实，指定安全生产管理员，明确职责，与合作社签订责任状49份。充分利用农机安全信息平台，特别是在台风、暴雨等重大气候变化时节及重大节假日期间，发送农机安全警示信息18600余条次，受益农机户接近4200余人。

【农机执法】 强化路面动态监管，加强上道路拖拉机，特别是外省籍拖拉机的专项整治行动，加大对假牌证的查处力度；县农机警务室、各乡镇（街道）站所和交警中队共同建立联勤签到平台，开展农机“大排查、大整治”专项行动；领导带队分赴各地检查农机安全生产工作，对重要路段、重点场所等进行重点检查和隐患排摸。全年共组织上路516人次，排查农机安全隐患436条，处理拖拉机违法行为326台次，外籍拖拉机登记17台。全县非道路农机死亡事故零发生。

【平安农机建设】 巩固全国平安农机示范县、12个省级平安农机乡镇（街道）、88家农机安全示范村和16家市级平安农机示范合作社创建的基础上，继续抚育一批镇、村、合作社为对象，使平安农机创建工作的示范效应继续延伸。12月17日上午，由宁波市农业农村局主办，宁海县农业农村局、长街镇人民政府承办的宁波市农机事故应急演练在长街镇举行，进一步普及应急救援知识，提高农机监理部门的应急处置能力，同时加强应急联动部门之前的协同配合。

12月17日，宁波市农机事故应急演练在长街镇举行

【农机培训】 强化安全教育培训、抓好驾驶培训，积极开展销分培训工作，做好农机干部素质培训。针对上道路拖拉机驾驶人因违规违章扣分满12分的，开展理论再教育培训考试工作，全年共培训9人。为推进农机人才队伍建设，加快培育新型职业农民，积极组织农机合作组织、农机干部、从业人员等开展业务培训，邀请相关专家授课，提高农机干部素质。全年组织50余名农机管理人员集合到余姚、奉化考察学习。组织3家农机合作社参加全国无人飞机驾驶、全省农机驾驶、全省农机修理工技能竞赛分别荣获三等奖、二等奖、三等奖。开展新式农机具操作、从业人员技能培训4期256人次，培养一批善管理、有技术、会操作的人才队伍，为农机服务组织提供人才保障。

农村经济工作管理

【农业农村综合改革】 **积极推进农村集体产权制度改革。**围绕“证书发放、信息纠错、档案整理”认真开展农村土地承包经营权确权登记颁证“回头看”工作，全县开展确权的村社268个，涉及承包农户79951户，承包地242592.664亩，承包地块总数310910块。承包合同签订率已达95.69%，权证颁发率达95.03%。全县共纠错3676户，收回并重新发放权证3676本，全县平均纠错率为4.60%。有序规范土地经营权流转，落实县乡村三级农村土地承包经营权流转服务体系建设，土地流转率75.11%，林地流转率23%。全面完成427个村（社）股份合作制改革工作，共有54.7万名股东，发放15.3万本股权证，换发427个村的牌子、公章、股份经济合作社证明书正副本，完成登记赋码379个村社，股改资料全面整理归档。股权信息全部导入全省统一管理平台——金安易系统中，实现股权信息化管理。

完善农村集体“三资”管理。对“36条”地方标准（草案）中相关内容，结合实际逐条逐项进行认真审核，提出修改意见，及时提交相关补充样表清单，推进宁海“36条”标准化建设，助力宁海村务管理“36条”获国家标准立项。完成对村级老年协会的资产清理，全县共移交村集体资金总额达1027万多元，进一步规范村老年协会的资产管理。下发《关于开展农村集体资产清产核资工作验收的通知》，开展工作自查，圆满通过市局的验收；下发《关于加强村股份经济合作社收益分配管理的通知》，进一步规范有收益村社的年终分配行为，加强村集体收益分配管理；对全县代理会计开展会期四天的实用业务培训；实地到越溪乡、深甽镇、梅林街道开展村监会业务培训，提升农村集体“三资”监管能力；每月定期开展村级财务公开检查，推进阳光村级财务，进一步规范村集体资产财务管理。

积极做好善治示范村创建工作，推进乡村治理现代化。按照打造乡村治理现代化先行省的要求，以加强治理能力和治理体系现代化为目标，以进一步推进“三治结合”为重点，积极推进乡村治理工作。积极做好2019年度善治示范村创建工作，创建省级善治示范村32个。

【新型农业经营】 **抓好新型职业农民培育。**提升农村农业生产骨干的理论知识和实践技能，以点带面促进农村农民素质建设，培训新型职业农民340名。鼓励引导大学生在农业领域创业创新，打造涵盖农业主要产业、创新引领作用突出的农创客队伍，新增农创客27名。加快农业科技自主创新、技术集成和推广应用，新增农业科技示范基地4家，建成农民田间学校1家（跃龙茶专业合作社）。推动信息精准到户，建成益农信息社332个，行政村覆盖率达91%。

抓好农民专业合作社、家庭农场培育。以管理规范化、生产标准化、产品安全化、经营品牌化、成员技能化“**五化建设**”开展示范性合作社申报、监测，培育创建县级示范性农民专业合作社17家，市级示范性农民专业合作社3家，省级示范性农民专业合作社2家（县级以上合作社270家，其中国家级9家、省级5家、市级15家、县级241家）；创建县级示范性家庭农场26家，市级示范性家庭农场5家，省级示范性家庭农场3家（县级以上示范性家庭农场共126家，其中省级6家、市级23家、县级97家）。推荐5家经营主体为市级示范性农业社会化服务组织。推荐宁海2家合作社进入2020年中国农民专业合作社500强榜单。

体现美丽价值。加快推进村级集体经济“亿元造血”工程，全面解决村级组织运转经费问题，严格执行“一村一策”帮扶计划，落地实施12个单村项目，2个多村联建联购项目，全县所有行政村集体经济总收入超过30万元，经营性收入达到10万元以上，而且经营性收入超过30万元的村达到35%以上。创新发展绿色休闲、银色养老、古色文化、碧色山泉、蓝色海湾、彩色田园、特色民宿“七色美丽经济”，推进农林牧渔、农旅文体深度融合。大力发展民宿经济，以消防备案制改革为突破口，稳步推进民宿经济从1.0版本向5.0版本多元发展、多业联动，“宁宿”区域品牌惠及广大农村居民。

新农村建设

【美丽乡村创建】 串珠成链，扎实推进精品线建设。全面启动“一环八线”精品线建设，加强主题策划，营造特色韵味，高起点谋划、高标准建设，把沿线的山水风光、特色村庄、产业园区、景区景点，串珠成链、连线成片，加强沿线道路改造和绿化提升、房屋立面粉刷、田园景观建设、河道全域治理，让山、水、林、田、路、房焕发新的活力。全面完成汶溪翠谷精品线、古镇乡韵精品线建设。

重点打造，扎实推进精品示范村建设。统筹安排美丽乡村、联网公路、饮用水改造、文化礼堂、居家养老等新农村建设类资金，打造宁海美丽乡村建设的精美名片。完成2017年度启动建设的3个精品村，深入推进2018年启动的2个精品村项目建设。完成7个续建示范村项目建设，有效推进4个新启动示范村建设项目。

全面普惠，扎实推进合格村建设。把合格村创建作为美丽乡村建设的基础，按照环境洁化、村庄绿化、水质净化、村道硬化、村容序化、公共服务均等化、社会保障一体化、基层治理网格化等八化要求，全力推进创建工作，完成2019年启动创建的30个美丽乡村合格村。

【艺术振兴乡村行动】 艺术振兴乡村是“十三五”深化实施乡村振兴战略的重要抓手，宁海创新推进艺术振兴乡村，与中国人民大学艺术学院签订合作协议，在宁海建立教学实践基地，积极探索校地合作的人才培养模式，为宁海农村的艺术振兴提供人才支撑。2019年6月，召开宁海县艺术振兴乡村工作动员会，选派63名艺术家开展驻村工作，旨在通过努力，在全国率先实现城乡公共艺术设施有效覆盖、公共艺术产品供给一体化、公共艺术管理运营体系化，基本建立与经济、社会、发展水平相适应的艺术发展格局，助推县域文化、经济和综合实力再上新台阶。

【历史文化村落建设】 加强对历史文化村落的保护与传承，守住文化根脉，留住乡韵乡愁，将历史文化村落保护与旅游开发相结合，与传统文化继承相并举，与生态保护相协调，让新农村与古文化相得益彰、相映生辉。将历史文化村落建设与精品示范村、合格村、传统村落等创建载体相结合，确保历史文化村落得到有效保护开发。全年完成1个省级历史文化村落重点村和3个省级历史文化村落一般村的申报工作。

【美丽庭院创建】 突出"洁化、绿化、美化、文化"建设要求，配合做好57个"清洁庭院""美丽庭院""乡愁庭院"分级创建工作，引导农户开展"美丽庭院"自己建、自己享。

【环境整治】 **提升农村环境面貌。**深入实施第三方卫生保洁督查活动，每次检查结果进行通报，并与年底绩效奖金挂钩，完成4次检查。

提升垃圾分类处理。宁海县在垃圾分类实现行政村全覆盖基础上，重点深入推进垃圾智分类工作，建立智分类数据管理云端平台，信息化贯通农村生活垃圾分类处理"户—村—乡（镇）"全主体和"分类—收集—处理—利用"全流程，推动农村生活垃圾治理进入2.0时代。完成3个省级高标准农村生活垃圾分类处理示范村、5个市级农村生活垃圾分类处理示范村、2个市级农村生活垃圾分类示范乡镇创建工作。

深入推进"创城"工作。农业农村局作为乡村环境洁美行动的牵头单位，深入开展农村环境卫生整治工作。截至年底，已经完成小城镇环境综合整治成效管理专项行动和农村简易棚厕清除专项行动。

推进农村生活污水治理。投入5000万元资金，新启动5个自然村的提升建设，新增受益户数约1500户，基本完成在建项目的扫尾工作和运维移交工作。新启动的5个自然村2个已进场施工，3个已完成施工图设计准备招标。全年完成验收项目村49个，累计验收项目村294个。

【乡村振兴】 巩固放大全省乡村振兴现场会成果，大力推进部省共建乡村振兴示范县，在2019年部省共建乡村振兴示范省工作现场会上作典型发言，编制完善《宁海县乡村振兴战略规划》。宁海经验持续发力，"36条"小微权力清单制度入选全国首批20个乡村治理典型案例，美丽乡村"宁海十条"入选宁波市"六争攻坚"先锋创新榜。"三治融合"引领乡村治理现代化，岔路镇下畈村获评全国乡村治理示范村。成功举办全国法治乡村建设工作会议、第二届海峡两岸乡村振兴论坛，成为首批国家全域旅游示范区、第三批国家"绿水青山就是金山银山"实践创新基地，成立全国首个乡村治理标准化研究委员会。创新实施艺术振兴乡村行动，8所高校30个艺术团队近百名艺术家扎根宁海，参与暑期融合设计活动，大佳何镇葛家村等一批艺术村名声渐起。

扶贫工作

【概况】 始终把脱贫攻坚作为首要政治任务，坚持高层引领、中层推动、基层落实，深入推动各类资源整合，大力开展"输血+造血"式帮扶，努力开创"资源共享、优势互补、发展互惠、合作共利"的扶贫协作新局面。2014年来，助力晴隆累计脱贫24523户113445人，56个贫困村累计出列32个，贫困发生率从37.28%下降至3.56%，在贵州省排第4位。特别是2019年落实市县财政援助资金0.59亿元，募集社会帮扶资金0.2亿元，引导企业投资2.95亿元，援建扶贫车间16个，县内消费扶贫0.3亿元，助推"黔货出山"1.04亿元，注册中国社会扶贫网1.4万人，在宁海稳岗就业316人、贫困学生就读52人，受益贫困人口4万多人，助力脱贫出列15个村5733户25090人。

通过国家东西部扶贫协作成效考核，扶贫车间、就业扶贫等模式入选国家扶贫协作典型案例，20余篇报道在国家级媒体刊出，晴隆驻宁海劳务协作工作站被评为贵州省优秀县（区）劳务协作站，宁海县教育局、人社局、卫健局、西店镇以及县第一医院被评为黔西南州脱贫攻坚先进集体，宁海晴隆帮扶工作组及潘海东、仇贤林等被评为宁波六争攻坚好团队、好班长、好干部，东西部扶贫协作在全市考核位列第一。宁海景宁山海协作"消薄飞地"工作得到袁家军省长点名表扬，在新一轮扶贫结对帮扶景宁工作推进会暨山海协作"五县联盟"启动仪式作典型发言，山海协作在全市考核也位列第一。县内区域帮扶紧紧围绕"扶持对象精准、项目安排精准、资金使用精准、措施到户精准、因村派人精准、脱贫成效精准”目标，坚持输血造血结合、帮村帮户同步，工作成效明显。2019年低收入农户可支配收入为13899元，同比上年度增长约14.3%，增幅位列全市第一。

【扶贫攻坚】 民生保障有新进展。完成重点扶持区域村庄整治建设提升工程10个村，其中市级5个、县级5个，累计投资2100万元。稳步推进库区、山区内聚外迁移民，按照“整村推进与梯度转移”、“集中安置与分散安置”相结合的方法，完成搬迁278户、807人。大力推进资源型机耕路建设，落实市、县两级补助资金356万元，完成修建142千米。

富民增收有新成效。认真落实省委、省政府提出的“低收入农户奔小康工程”，深入实施“低收入农户收入倍增计划”，制订出台《宁海县低收入农户精准扶持实施办法》，实施“6+2”片区三年摘帽攻坚行动，把提高帮扶质量、促进全面发展放在首位，坚决打赢低收入农户增收攻坚战。继续推广“政府+银行+保险公司+农村经营组织”的金融扶贫政策，市、县安排财政贴息资金341万元，对带动272户低收入农户增收的68家农业经营组织进行贷款贴息，对有劳动能力和劳动意愿的低收入农户，依托农民培训工程，免费提供转岗就业和技能培训，加快向二、三产业和城镇转移就业，积极开展党员干部结对帮带和低收入农户大学生子女创业补助项目。根据低收入农户统计监测数据显示，2019年低收入农户可支配收入为13899元，同比上年度增长约14.3%，位列全市第一。积极发挥“第一书记”、农村工作指导员助推村级集体经济作用，在实现较薄弱村人员选派全覆盖的基础上，平均为每村争取项目资金100万元。

壮大村级集体经济。花大力气破解村集体经济增长不快短板，出台扶持发展村级集体经济专项政策，大力实施村级运转经费补助为主、村级集体经济项目补助为辅的发展壮大村级集体经济“亿元工程”。累计下达财政资金5050万元（不包括西店镇），对341个行政村的村级组织运转经费进行补助，实施消除集体经济薄弱村三年行动计划，以联营共建、独立实施等多种方式，统筹抓好土地资源、环境资源、行政配置公共资源和村级组织资源的开发和利用，落实540万元财政资金，对9个发展壮大村级集体经济项目进行补助，并开展“村企结对、助力振兴集体经济”专项行动。

【东西部扶贫】 资金支持有力。2019年落实市、县两级财政援助资金5900万元，实施帮扶项目16个，其中三宝乡产业园区龙发服饰扶贫车间以《甬黔携手全力建好“造血式”创业孵化基地》为题入选《全国东西部扶贫协作培训班案例选编》。募集社会帮扶资金（含物资）1790万元（不包括通过市光彩事业促进会捐赠300万元），实施村级“爱心超市”、产业发展、就业补助、贫困村基础设施改善等项目，做到晴隆县贫困村社的全覆盖。

产业合作高效。2019年引导9家企业到晴隆投资，到位资金2.95亿元，受益贫困人口4631人。新建15家扶贫车间，至年底16家东西部协作扶贫车间共吸纳贫困劳动力就业444人，位居全市第一。截至年底宁海开设3个“扶贫小店”，助力“黔货出山”1.04亿元，带动贫困人口增收9873人，为黔西南州最多。2019年以来共组织76批次1333人到黔西南州疗休养，大大推动两地交流，促进当地旅游产业发展。

劳务协作精准。2019年，宁海县共帮助晴隆县贫困人员就业5991人，其中省内就近就业4127人，赴东部结对省份就业874人，到其他地区就业990人，截至年底已在东部省份稳定就业1579人，位居全市第一。《打好就业扶贫“组合拳”助力精准脱贫“攻坚战”》入选国扶办《携手奔小康案例选编》。

人才支援给力。2019年，按照市委组织部要求和晴隆县需求，选派扶贫协作挂职干部2人，选派专业技术人才48人次，举办党政干部培训班13期1838人次，专业技术人才培训85期、3369人次，为晴隆县引进明日见、红美人等13个优质农业品种，首次引入急性心肌梗死患者急诊冠脉介入治疗等一大批医疗项目，涌现出储杨洋、王鑫根、刘世科、李和孟等一大批脱贫攻坚优秀好干部。

携手奔小康深入。2019年，宁海县与晴隆县两地党政领导带队互访13次（主要领导2次），召开党政联席会议5次，部门、乡镇（街道）互访12次。有75个部门、22个乡镇（街道）、30家企业互访考察，签订镇镇结对协议14个，村企结对协议52个，3个社会组织结对帮扶晴隆县3个贫困村，39个学校结对41个晴隆学校，7家医疗机构结对17家晴隆医院，同时组织开展致富带头人培训115人，成功创业46人，带动5683名贫困户。

【山海协作】 加强互访交流。县级领导对接5次，召开党政联席会议3次，签署《山海协作工程合作协议》《“景宁600”农产品产销合作协议》，部门（乡镇）层面交流30余次，签订部门结对协议7个、乡镇结对协议6个、村企结对协议6个。落实援建景宁县资金121万元，实施项目7个，募集社会帮扶资金280万元，用于景宁县乡村振兴项目建设。

拓宽协作领域。引导企业赴景宁县开展有实质性的项目投资洽谈5次，签订“飞柜”等项目，宁海消费扶贫店助力“飞柜经济”销售835万元，新引进畲族风情康养度假综合体3.2亿元项目，持续推进祥源商贸城项目工程和景宁天寿养生养老山庄项目建设，实际到位资金1.59亿元。

增强造血功能。与景宁共建“消薄飞地”，景宁70个村集体经济薄弱村以每村50万元，入股景宁兴村富农投资发展有限公司，作为资本入股宁波裕景兴宁产业园开发有限公司，宁海科创投资建设有限公司以厂房入股，以厂房租金的方式为景宁带来350万元“消薄”收入，并逐年递增。建设景宁县乡村振兴示范点光伏项目，助力新庄村集体经济每年增收10万元。宁海用心用情用力推进山海协作工作得到省发改委高度肯定，在新一轮扶贫结对帮扶景宁工作推进会暨山海协作“五县联盟”启动仪式作典型发言。

【结对援疆】 宁海—库车两地有2批次20人次、多个学校、镇村进行结对交流，落实结对帮扶资金100万元，捐赠教育经费22万元，开设新疆特产店“驿疆南”旗舰店，助推“疆果东送”工程，实现消费帮扶100万元。

水　利

【概况】 2019年，县水利局以“水利工程补短板、水利行业强监管”为发展总基调，按照县委县政府提出的“创新破难奋进年”要求，聚焦聚力“乡村振兴”“五水共治”“六争攻坚”等决策部署，全力推进水资源、水生态、水环境、水旱灾害统筹治理，全面提升水安全综合保障能力，圆满完成年度各项目标任务。县水利局连续第四年被授予浙江省水利工作年度综合考核优秀单位荣誉称号（位列全省第11），相继荣获浙江省“利奇马”台风防台救灾先进集体（宁海县唯一），宁海县“绿水青山就是金山银山”实践创新基地建设先进集体、重大项目建设优胜奖、安全生产目标管理优秀单位、首批县文明机关等多项荣誉。宁海县天明湖、凫溪（梅林街道片）被评定为浙江省美丽河湖。这些成效的取得，为宁海县高水平全面建成小康社会、跻身全国百强县第一方阵提供可靠的水利安全保障。

天明湖

【水文水资源】 宁海县多年平均降水量为1630.6毫米，折合水量27.07亿立方米，水资源总量16.41亿立方米。2019年是丰水年，区域平均降水量2306.3毫米，折合水量38.29亿立方米，水资源总量约26.61亿立方米，比多年平均水资源总量增加62.2%。全县7座大中型水库（包括白溪水库）年末蓄水总量2.111亿立方米，年末蓄水总量比年初增加0.144亿立方米。

2019年，全县总供水量1.7143亿立方米（包含环境配水量0.11亿立方米），其中地表水源供水量1.7118亿立方米，地下水源供水量0.0025亿立方米。全县总用水量1.7143亿立方米，比上年减少11.7%，其中农业用水0.7473亿立方米，占43.6%；工业用水量0.2502亿立方米，占14.6%；生活用水量0.5903亿立方米，占34.4%；生态环境补水0.1265亿立方米，占7.4%。全县主要饮用水水源地水质良好，与上年相比，总体情况稳步提升，其中水质为Ⅱ类及以上的占参评总数的100%，主要江河及平原河网水质有所改善。

【水旱灾害防御】 统筹构建防控体系，水旱灾害防御凸显实效。按照机构改革防御水旱灾害水利相关职能要求，县水利局紧紧围绕“监测预警、工程调度、抢险支撑”三大重点任务，在汛期降雨量偏多、梅雨特征典型以及受台风深度影响等严峻形势下，立足早安排、早行动，扎实做好水旱灾害防御工作，确保平稳度汛。汛期县水利局积极开展“利奇马”“米娜”等台风防御工作，其间共出动防汛防台检查200余人次，发送各类预警信息10万余条，并对7座大中型水库合理调度，充分发挥水库防洪减灾效益。同时不断完善“智慧防汛”体系建设，对全县水库、闸门、河道建立智能化监测体系，建成雨量水位遥测站点192个，视频监控站点250个；完成宁海县智慧水利平台（一期）项目及主城区洪水风险图项目建设，进一步提高精准预测预报和决策能力。

【水利建设】 加快补齐项目短板，水利建设提质增效。全速推进市县重点工程建设进度。2019年以来，县水利局紧紧围绕年度目标任务，倒排工期，挂图作战，抓开工、抓推进、抓落实，在保证工程质量的前提下，全力抓好各类项目实施，确保高质高效完成项目建设任务。2019年全年共完成重点民生水利建设投资11.1亿元，推进实施东部沿海和城区防洪排涝、小流域治理、海塘除险加固及提标、乡村河道整治、洋溪亲水平台改造提升（二期）等重点实事工程建设，超额完成市县两级水利建设投资任务，完成投资排名省市前列。

全力落实省市民生实事项目建设任务。2019年省市民生实事项目涉及宁海县水利建设主要包括美丽河湖创建、中小河流整治、清淤、无违建河道建设、农饮水达标提标及人口覆盖率等六大类，为全面完成目标任务，县水利局以问题为导向，狠抓项目推进关键节点，着力破解瓶颈制约，并强化跟踪落实，提前1个月完成年度目标任务，实现各项目标任务的“全年红”目标。

10月10日，县委书记林坚专题调研岔路镇王爱片区域中心水站建设

【水利管理】 深入开展“企业动态信用评价”。为进一步规范水利建设市场秩序，建立施工企业动态信用评价体系，有效倒逼施工企业诚信作业，规范水利建设市场秩序，2019年共开展施工企业信用动态评价76次，发现并整改问题238个。

加快推进水利工程标准化管理。2019年计划创建的44个标准化项目全部完成创建验收，同时高标准完成406个项目的划界工作。

全面构建最严格水资源管理体系。严格依标开展水资源管理各项工作，至2019年宁海县已连续四年荣获市级最严格水资源管理制度考核优秀。同时创建完成县级节水型公共机构92家，完成县级节水宣传教育基地建设。

积极探索“互联网+监管”模式。依托“浙政钉·掌上执法”，对水利监管事项、监管对象进行全面梳理录入，实现监管事项全覆盖、监管过程全记录、监管数据可共享。自9月“浙政钉·掌上执法”应用以来，共录入监管对象867个，监管事项31个，开展检查109次，问题检出率7.69%、整改率100%。

12月3日，副市长卞吉安一行调研宁海农民饮用水工作

【水利改革创新】 撬动深化改革发展，水利创新落地见效。聚力打造“美丽水利”新格局。在河湖治理中，县水利局始终坚持“绿水青山就是金山银山”的发展理念，以厚植生态底色、提升休闲成色、融入文化特色“三色治理”为靶向目标，高定位高标准推进“美丽河湖”建设。如对宁海县汶溪打造“生态休闲景观区”、五市溪打造“乡愁文化特色区”、杨溪打造“城市滨水走廊”等，天明湖、凫溪（梅林街道片）又创成浙江省“美丽河湖”，进一步助推宁海县全域旅游发展。

探索实施世行贷款融资建设模式。9月初，宁海县中心城区防洪排涝工程12个河道整治项目被列为世行贷款宁波可持续城镇化项目中最具亮点、最具创新力的重头项目，由世界银行提供近6.5亿元低息贷款资金用于项目建设，极大地缓解工程建设融资难局面，实现融资模式的新突破。

创新实行项目“捆绑”建管模式。为加快推进农饮水工程建设进度，县水利局自我加压，实行“2019+2020年”捆绑建设模式，将乡镇积极性最高、准备最充分的2020年项目提前至2019年启动，形成项目建设抢抓进度的良性竞争局面；同时实行“补助+融资”捆绑筹资模式，通过“市、县补助+水投公司融资+镇村自筹”的方式，捆绑筹集工程建设资金，有力保障项目推进。通过达标提标，全年宁海县共完成农饮水工程农村受益人口5.99万人，超额完成年度计划的200%以上。

加快跑出“最多跑一次”水利速度。为深化水利“最多跑一次”改革，在2019年上半年全面完成宁海经济开发区“区域水资源论证+水耗标准管理”改革的基础上，县水利局又以上金国际商业文化旅游区主景区二期项目为试点，在全市率先推行涉水审批“多评合一”制度改革，实行“四个一”审批模式，极大地提升涉水事项的审批效能。

【思想政治教育】 狠抓“主题教育”，党员干部素养整体提高。9月至12月期间，县水利局按照县委统一安排部署，紧扣“守初心、担使命，找差距、抓落实”的总要求，在全县水利系统开展“不忘初

2019年，浙江美丽河湖——凫溪（梅林街道片）

心、牢记使命”主题教育，全体党员思想一致、认识明确，以强化组织领导、深化理论学习、抓实调查研究、深入检视问题、狠抓整改落实5大举措，有力、有序、有效完成主题教育各项任务。党员干部在理论学习有收获、思想政治受洗礼、干事创业敢担当、为民服务解难题、清正廉洁作表率5大目标上均交出满意答卷，并以主题教育总结大会为契机，继续抓好学习教育、调查研究、检视问题和整改落实，不断巩固扩大主题教育成果，着力把主题教育成果转化为推动水利工作的强大动力，奋力开拓水利为民惠民新局面。

宁海县三门湾现代农业开发区

【概况】 2019年，按照高质量发展的要求，以省级现代农业园区创建为抓手，围绕年初制定目标计划，破难奋进、狠抓落实，有效推进开发区建设，不断夯实发展基础，营造良好投资环境。

【招商引资】 立足农业的基础功能不动摇，根据总规设计，坚持“走出去、请进来”，抢抓招商引资机会，狠抓项目签约落地投产。先后接洽50余批次客商，其中落地项目3个。

抓项目落地开工。强化主动对接和服务，浙江万里学院宁海海洋生物种业研究院项目，完成建设方案编制和建设用地政策处理。蛇蟠涂北区池塘养殖尾水集中治理项目开工建设，为全市首个连片海水池塘养殖尾水处理点，将示范带动全县乃全省海水池塘养殖尾水处理。高密度南美白对虾养殖2.0版创新基地（一期）项目完成招投标，项目将实现设施工厂化南美白对虾养殖零尾水排放，改善养殖尾水对环保的压力，实施后将为设施化养殖提供一个新的样板。

紧跟重点在谈项目。与正大集团已进行多轮对接，拟建集海水养殖、种植、农产品加工于一体的产业化基地，正在商洽有关细节。另外在谈较为成熟的还有新希望六和股份有限公司生猪养殖产业链项目和青岛海升集团设施农业种植及农产品加工等产业链配套项目。

强化智力团队招引和培育。中国工程院包振民院士工作站于5月正式签约成立，并获批建立宁波市级院士工作站。浙江万里学院宁海海洋生物种业研究院薛清刚团队被认定为市级“泛3315计划”创新团队。

精心组织宁海国际投资洽谈会现代农业专场推介会。30余家涉农企业、科研院所及高校代表参会，会议共签约宁波海洋生物种业研究院项目等八个农业项目，对推动宁海现代农业转型升级具有重要意义。

【项目建设及申报创建】 项目建设是开发区发展的重要载体和支撑。一年来，突出规划引领，强化项目申报创建，加快基础设施建设。

抓在建项目竣工验收。全年完成固定资产投资1.46亿元，公共服务中心正式投入使用；蛇蟠涂渔业园区基础设施配套工程三期、东海水产研究所浙江宁海试验基地土建工程等完工验收；下洋涂海堤及闸门维修加固工程、下洋涂围区基础设施石渣路面整修工程均已完工。

省级现代农业园区创建稳步推进。项目总投资已完成65%，其中华大海昌对虾繁育基地等农业种养项目、下洋涂主干道路建设等基础设施建设项目相继完成建设，10月通过县财政局和县农业农村局组织的进度检查，预计2020年完成创建并验收。

省级农业科技园区（宁海县海产品农业科技园）创建工作进展顺利，完成年度工作目标。四是经审查、审核、公示等，宁海县蛇蟠涂现代渔业星创天地入选国家级星创天地备案名单。五是宁海县花果渔乡产业融合发展示范园列首批省级农村产业融合发展示范园创建名单。

【历史遗留问题处置】 历史遗留问题是制约开发区发展在瓶颈之一，开发区着力开展清障提速攻坚，取得阶段性成效。

继续推进农场土地经营权提前回收。截至12月15日，青珠农场土地经营权提前回收已签约336人，签约率达到78.5%，兑现补偿资金6183万元。同时积极做好已回收土地的管理。

逐步解决下洋涂区块承包合同纠纷。全年3月底，旺盛公司承租地块依判决解除协议后到期，奇天和公司承租地块协议期满到期，受用地政策、非正常协议到期、养殖季节临近以及维稳等因素影响，采取收回承租权，由下洋涂公司对养殖户实施直接管理。下洋涂全体工作人员思想高度统一，放弃休假，实行“白加黑”“5+2”工作模式，克服种种困难，逐一进行走访、排摸、核实、催缴租金，截至11月底，原旺盛公司承租地块已收租金1330万元，原奇天和公司承租地块已收租金2776万元，分别完成计划的97%和96%。租金收取不但一举突破前三年的艰难局面，还全面收回原旺盛、奇天和承租区块1.479万亩土地的管理权。积极主动向上级领导汇报玉麟公司动态和进展，案件得到市委、市政府主要领导的高度关注。10月宁波中院对玉麟公司提交的《撤销仲裁裁决申请书》案件作出重新仲裁的判决，指挥部认真做好资料收集，积极应对玉麟公司重新仲裁问题。

5月15日上午，包振民院士工作站签约仪式

稳步推进蛇蟠涂北区养殖塘废标后续处理工作。从围绕中心，服务大局角度出发，积极对接一市镇政府，商谈宁波太空红公司及其转租人，核对基础数据，拟订协议，完成第一阶段工作。

妥善处置蛇蟠涂基础设施一期工程结算遗留问题。

【组织保障】 学习贯彻习近平新时代中国特色社会主义思想和中共十九大精神，坚持全面从严治党，为开发区发展提供坚强组织保障。

深入推进“不忘初心、牢记使命”主题教育。按照县委统一部署安排，围绕“守初心、担使命、找差距、抓落实”总要求，切实加强组织领导，即完成各项规定动作，又因地制宜，结合实际，开展特色的自选活动，全体党员及干部职工精气神进一步提振。基本实现理论学习有收获、思想政治受洗礼、干事创业敢担当、为民服务解难题、清正廉洁作表率的既定目标。

5月15日上午，浙江万里学院宁海海洋生物种业研究院签约仪式

深入学习贯彻习近平新时代中国特色社会主义思想和中共十九大精神及中共十九届四中全会精神，推进学习教育制度化常态化，定期开展固定组织生活日，树牢“四个意识”，坚定“四个自信”，坚决做到“两个维护”，切实增强党组织的凝聚力和战斗力。

加强党风廉政建设。落实全面从严治党主体责任，严格落实中央八项规定和各级党风廉政规定，强化正风肃纪和效能建设，牢固树立底线意识，把反腐倡廉建设与开发建设紧密结合起来，切实做到“两不误、两促进”。四是加强作风建设。对于既定目标和任务不断行动、坚决落实；强化敢于担当的作风，勇于攻坚克难，敢于动真碰硬，以作风建设实实在在的成效推动开发区跨越发展。

【管理服务】 突出问题导向、效果导向，坚持内外兼修，着力加强内部管理和日常管理。

完善内部制度。坚持用制度管人管事管物，起草《小微工程管理办法》《招商引资管理办法》等管理制度，修订《财务管理办法》，内部管理制度日益健全。

及时阻止清理非法侵占偷种养行为。采取宣传告知和巡查劝阻并举方式，全面清理下洋涂排水港、未出租养殖塘25口塘和蛇蟠涂养殖塘、河港偷养行为；劝阻清理下洋涂二号桥非法养羊羊圈3间、肉鸭养殖1万余只；清理青珠农场偷种番薯地10亩；密切关注并及时阻止玉麟公司种植区块非法作业行为，劝退作业机械，为开发区营造良好的投资环境。

加强干部职工专业知识能力培训。聚焦干部职工业务短板、理论盲点，开办员工知识培训专班，举办专题农业种养知识培训3次，组织安全生产与消防培训2次、闸门管理员培训1次，消防演练1次，受训达400余人次。有效提高全体干部职工的专业业务水平和综合管理水平。

积极组织工会活动。组织全体干部职工赴奉化开展拓展训练；结合主题教育和开发区实际，组织开展升国旗活动和“唱响新时代　共筑绿色梦”红歌比赛及《我最喜爱习总书记一句话》演讲比赛，有效激发广大干部职工激发干事创业激情，增强工作凝聚力。五是做好公务接待工作。即厉行节约，又不失标准，做好司法部副部长刘炤、省农业农村厅厅长林健、副市长卞吉安等各级领导调研考察开发区的接待和汇报工作。

外宣工作积极推进。积极报送宣传信息，其中院士工作站落地等7篇信息被今日宁海等媒体采用。开发区微信公众号宣传防台、主题教育等信息8条。

工业·园区

工　业

【概况】 2019年宏观形势更趋复杂严峻，经济遭遇更大下行压力，宁海县紧紧围绕“六争功坚、三年攀高”行动和培育“246”万千亿级产业集群的决策部署，以稳中求进为总基调，以“产业争先”为导向，以“五问五帮”企业服务年活动为主要抓手，努力化解各类不利因素，全力保障工业经济平稳运行，助推工业经济高质量发展。

全县587家规企实现工业产值906.1亿元，同比增长9.0%，高于全市平均2.0个百分点；实现销售产值892.5亿元，同比增长10.1%，产值率为98.5%（全市97.7%）；实现规上工业增加值213.7亿元，同比增长6.6%，高于全市平均0.2个百分点；实现出口交货值244亿元，同比增长25.2%，增速全市排名第一；规下工业增加值增速8.7%，高于全市平均0.2个百分点；完成工业投资56.7亿元，同比增长14.4%，高于年度目标4.4个百分点。

“246”产业发展加速。2019年，“246”产业集群累计实现工业增加值148.9亿元，同比增长11.0%，高于全市平均水平3.7个百分点，全市排名第二。其中，高端装备、新材料、电子信息、关键基础件、智能家电、文体用品、节能环保等产业分别以16.5%、45.9%、38.8%、5.7%、23.5%、14.5%和17.3%的增加值增速排名前列。

表4　　2019年度宁海县分产业规上工业增加值增速情况表

产业名称	宁海县		全市平均增速（%）	全市增速排名
	工业增加值（亿元）	增速（%）		
高端装备业	55.8	16.5	9.6	3
新材料业	9.8	45.9	6.9	1
电子信息业	25.2	38.8	16.1	1
关键基础件业	24.3	5.7	2.3	2
智能家电业	6.9	23.5	9.3	2
文体用品业	45.7	14.5	5.5	1
节能环保业	3.5	17.3	12	2

数字经济进入发展快车道。2019年，数字经济核心产业（制造业）实现增加值24.1亿元，同比增长43.3%，增速位居全市第一。重点监测的17家软件与信息服务企业，实现营收13.2亿元，同比增长30%；环球中心乐业空间已累计入驻各类软件企业30余家，实现营收超2亿元。

优势行业支撑发展。2019年，全县六大特色行业实现产值680.4亿元，同比增长12.3%，占全县规上产值比重达75.1%。其中，文具行业（14.2%）、灯具行业（26.3%）、电子电器（23.6%）3个行业均实现两位数增长，拉动全县规上产值增长8.3个百分点，对全县工业经济发展的支撑作用非常显著。

表5　2019年度宁海县六大特色行业规上工业产值一览表

单位：万元　%

行　业	累计产值	增幅±%	行　业	累计产值	增幅±%
模具行业	414570	3.7	灯具行业	1553425	26.3
文具行业	2133992	14.2	五金机械	1149055	4.6
汽车零部件	1019614	-1.0	电子电器	533071	23.6

生产效率和能源利用率稳步提升。宁海深入实施智能制造基础诊断和智能化改造两个“全覆盖”工程，大力实施“机器换人”，通过关键设备进行数字化改造，大大提升生产效率，“技术红利”替代“人口红利”成为发展新趋势。2019年，全县135家规上工业企业实施168个500万元以上技改项目，已竣工投产56个，生产设备数控化率提高5%，全县规上工业企业全员劳动生产率为20.7万元/人，比2018年同期提高10.8%。规上工业万元增加值能耗降低率为4.3%。

强化平台建设，集聚创新动能。2019年，新增市级及以上企业工程技术中心20家，其中省级高新技术企业研究开发中心2家，省级企业研究院2家。规上企业科技活动经费支出22.4亿元，同比增长25%，高于全市平均11.3个百分点；规上企业科技活动经费支出占主营业务收入比重达到2.5%，居全市第三。全县专利授权量3198件，其中发明专利132件。“3315计划”人才团队达到26个，全年新增高端人才31人，其中院士3名。

【模具】　全县共有模具从业人员5万余人，模具专业制造厂家500余家，模具加工企业和模具车间1500多家，年产模具近5万套，生产的主要模具类别为注塑模具、冲压模具、压铸模具、橡胶模具等，模具行业总产值约105亿元，是宁海工业经济发展的重要力量，先后被授予“中国模具产业基地”（中国模协）、“国家外贸转型升级宁海模具基地”（商务部）称号，8家企业获得中国重点骨干模具企业称号，3家企业获“模具出口重点企业”称号。通过强化“一城一园”（指模具城、模具产业园）基地建设，采取小企业入城、大企业入园的模式强化公共服务平台的作用，模具产业园发挥大型企业集聚的作用，共同推动宁海模具产业的转型升级。

宁海县是全国模具工业的发达地区之一，制模技术越来越成熟，设备越来越先进，全行业有数控设备4000余台，其中加工中心1000余台，高精度高转速五轴联动机床40余台，三坐标测量仪80余台，线切割机床逐步以慢走丝线切割机床为主，电脉冲加工多采用符合基准统一原则、达到高效率装夹的高精度加工。模具产品出口欧美、日本、韩国等国家和地区，为一汽、大众、海尔、长虹、松下等大型企业提供模具和产品配件。

重视模具行业产学研合作，引进浙江工商职业技术学院，形成相对完善的技术人员和管理人员的培养和培训体系。同时，宁海模具企业重视研发投入和技术创新，具有一定生产规模的企业均建立模具研发中心，企业研发经费投入达到销售额4%以上，ERP信息管理技术、Pro/E、UG、Cimatron、Solidworks、WORKNC、Powermill、Moldflow等软件已在规模型企业得到普遍应用，成为宁海模具企业加快技术进步、提高创新能力的重要手段。拥有模具国家重点实验室1家、国家级产学研基地1个、院士工作站3个、国家高新技术企业43家，有多家企业在全国模具“精模奖”评比中获奖。

宁海模具企业主要分布在跃龙街道、桃源街道、西店镇。2019年，规上企业（56家）实现工业产值41.5亿元，同比增长3.7%。

12月，宁波方正汽车模具有限公司厂房内景

【文具】 文具产业是宁海工业经济的优势产业，拥有生产企业近400家，全行业从业人员2万多人，2019年全年全行业产值250亿元，相继荣获中国文具产业基地、国家外贸转型升级专业型示范基地（商务部）、浙江省文具商标品牌基地、宁波市精品文具产业基地、文具行业三星级品牌工作指导站、省级出口文具质量安全示范区等荣誉称号，拥有中国驰名商标3件，省名牌5件。发明专利、外观专利、实用新型专利等各类专利近2460项。

行业门类齐全，主要有书写工具、纸品本册、五金文具、文件保管用品、化工类文具、教学用具、美术用品、学生用品、办公箱柜等近万种品种，产品远销欧美、东南亚等100多个国家和地区。国家文教用品质量监督检验检测中心在文具行业，承担国家文具标准化专业技术委员会秘书处工作，推广《金属文具通用技术条件》《化工文具通用技术条件》团体标准，制定实施中国文教用品行业协会团体标准、浙江制造团体标准以及地方协会团体标准21项，其中主持制定浙江制造标准12项，主导参与的国家标准、行业标准52项。全国文具行业中“宁海标准”的国内影响力和贡献力大幅提升。得力研发中心通过省级工程技术中心验收，荣获国家级企业技术中心，得力、兴伟等被评为中国十大文具品牌企业，被授予“中国学生用品行业知名品牌”，被商务部确定为重点培育的“中国出口名牌”。宁波兴伟刀具科技有限公司荣获中国学生文具制造行业美工刀类示范生产企业，主持起草《国家轻工行业美工刀标准》，荣获宁波市制造企业单项冠军，小雪人文具起草《修正带行业标准》，云峰文具、伟书文具参与制订《订书机行业标准》。凯盛文具荣获文化产业高成长企业奖。

加快公共服务平台建设，国家文教用品质量监督检验中心、宁波文具产业公共服务平台、产品展示中心和产品设计中心等辅助性服务机构的相继落户宁海。

大力实施文具产业提升战略，鼓励和引导企业成立自主研发中心和设计中心等机构，加快新产品研发设计，提高产品附加值，增强产品竞争力，全县70%以上的企业均有自己的设计研发机构，20余家企业在国内外设立创意工作室，平均每年推出几千款新产品。通过接轨创意设计产业，大幅提高产品附加值，与传统产品相比，产品效益提高约10百分点。

宁海文具企业主要分布在长街镇、黄坛镇、西店镇、跃龙街道。2019年，规上企业63家实现工业产值213.4亿元，同比增长14.2%。

12月，得力集团有限公司国内研发中心

【汽车零部件】 汽车零部件产业是宁海县的朝阳产业，企业300余家，从业人员3万人，全行业实现产值约130亿元，已形成产业发展的龙头产业集群以及较为完整的产业链和配套协作体系。

积极发挥三项传统优势：汽配产业链长，形成较好的协作加工体系；模具产业发达，提供稳定支撑、企业分布集聚，形成区域特色；生产设备得到改善，制造优势显著。拥有一家创业板上市公司（双林汽车部件），一家新三板上市公司（永成双海）；已经报会企业3家；拥有国家级高新技术企业46家；国家认可实验室5家；院士工作站3家；博士后工作站3家；国家企业技术中心1家，省级研发中心16家，市级企业技术工程中心29家。先后被授予“中国（宁海）汽车橡胶部件产业基地”和“中国汽车零部件制造基地”等国字号荣誉称号。建新赵氏集团有限公司、宁波双林汽车部件股份有限公司成立院士工作站。

把技术创新、管理创新以及人才培养放在首位，转变观念，改良结构，改善组织模式和工作方式，加速应用先进的汽配设计和制造技术，以适应新形势的发展。全行业设备先进，拥有多功能橡塑挤出机、GSB-2型高速编织机、全自动炼胶生产线、密封条四复合挤出生产线、自动橡胶注射机、汽车用同步带生产线、密封条微波硫化挤出生产线等主要进口生产设备，臭氧试验机、疲劳试验机、MTS三轴向动静态弹性体测试仪、三坐标测量仪等主要进口检测设备，着重发展CAD/CAM/CAE、快速成型、反求工程、精密成型、虚拟制造和网络制造以及IT管理等先进制造技术。涉足汽车零部件除发动机、车身、轮胎外几乎所有产品的生产，主要产品有油封及密封制品系列；减震制品系列；点火系统；管路系统系列；制动传动带系列；动力装置类；汽车底盘类；电器、仪表及相关配件类等。

根据上级部门有关信息化和工业化深度融合要求，切实推动企业“两化融合”，引导企业利用信息技术在营销管理、研发设计、生产制造控制等方面推广应用，全面提升企业数字化、智能化、信息化水平。如建新集团实施的 PLM-PTC Windchill 信息化项目，有效提升企业的自动化水平。

宁海县汽车零部件企业主要分布在西店、梅林街道、桃源街道，2019 年，规上企业（91 家）实现产值 102 亿元，同比下降 1.0%。

12 月，建新赵氏集团有限公司的轿车密封条生产车间

9 月 16 日，宁海成功复评“中国（宁海）汽车橡胶部件产业基地”称号

【灯具】 宁海县灯具产业发展历史悠久，已逐步成为国内颇具影响的品牌。企业发展以 LED 手电筒、压铸类灯具、太阳能灯具为主的多元化灯具产业，在整个生产流程中跟紧生态设计标准，在产品设计开发上注重能效设计要求，提高产品的功能和美观等。

积极调整产品结构，改进生产工艺，实现自身产品性能功效和技术含量的整体提升，以技术创新为动力，加快研发具有自主知识产权的节能灯具，以优质、环保、稳定的产品积极参与国际技术竞争。

宁海灯具行业拥有较为领先的高端设备，已形成从原材料进厂及配件—物理化学分析—模具设计—热表处理—模具产品三坐标自动检测—压铸—压制件深加工—压铸件光饰处理—产品检测—产品销售—售后服务等完整的配套工艺和服务体系。

宁海县灯具企业主要分布在大佳何镇、岔路镇、前童镇、西店镇。2019 年，规上企业（80 家）实现工业产值 155.3 亿元，同比增长 26.3%。

【五金机械】 五金机械产业历经 50 多年的变更，获得跨越式的发展。主要产品如搬运车类、阀门类、挡圈钳、家用工具箱、工业刷金属制品类、通用机械类等逐步成为国内外优势产品。行业大力推进“四项关键技术、五个重点方向和六大实施工程”。四项关键技术即 CAD/CAE/CAM 技术、ERP 技术、电子商务技术和机电一体化技术；五个重点方向即搬运车类着重于“科技、品牌、发展”，阀门类着重于“高档、专业、品质”，工具类着重于“差异、美观、和谐”，金属制品类着重于“拓展、时尚、休闲”，通用机械类着重于“数字、精密、服务”；六大实施工程即创新平台构筑、龙头企业培育、区域品牌创建、产业生态、技术人才建设和产业信息化等。积极开展行业产业链延伸，巩固发展装备制造产业：机械手、防爆车、变压器、风力发电、煤矿设备、注塑机械、通用五金和钢丝绳。

宁海县五金机械企业主要分布在长街镇、黄坛镇、深甽、跃龙街道、桃源街道。2019 年，规上企业（89 家）实现工业产值 114.9 亿元，同比增长 4.6%。

【电子电器】 宁海县电子电器行业主要产品有冰箱、洗衣机、电饭煲、吸尘器、饮水器、电热壶等家电产品以及电路板、电子元器件等电子产品，家电行业以节能实用为宗旨，不断开发新品种，逐步发展智能型家电，壮大行业规模，电子行业以绿色环保为宗旨，引进国内外著名的电子企业，扩大行业总量。

宁海县电子电器企业主要分布在西店镇、跃龙街道、桃源街道。2019 年，规上企业 46 家，实现工业产值 53.3 亿元，同比增长 23.6%。

电力工业

【概况】 国网浙江宁海县供电有限公司，国有中型企业。公司下设 7 个职能部门、3 个业务支撑和实施机构、7 个乡镇供电所以及 1 家下属集体企业。至年底，公司共有全民所有制职工 249 名，担负着宁海县域电网的建设、维修、运行及供用电管理任务。

全年完成全社会用电量 37.17 亿千瓦时，同比增长 3.69%；售电量 35.56 亿千瓦时，同比增长 3.76%；综合线损率 2.74%；农网综合供电电压合格率 99.998%；城镇供电可靠率和农村供电可靠率分别为 99.9803% 和 99.942%；全社会最高负荷 69.55 万千瓦，同比增长 5.68%；累计完成固定资产投资 2.53 亿元，其中电网投资 2.43 亿元。电网建设实现持续、稳定、健康发展，为宁海经济发展创造良好的供用电服务环境。

公司先后被授予全国模范职工之家、全国“安康杯”竞赛优胜企业、全国工人先锋号、浙江省五一劳动奖状等荣誉称号。

截至年底，宁海县境内拥有500千伏变电站1座，主供宁波南部三县，主变总容量250万千伏安；拥有220千伏变电站3座，主变总容量144万千伏安；110千伏变电站15座，主变总容量150万千伏安；35千伏公用变电站6座，主变总容量15.15万千伏安。110千伏线路37条，线路总长323.22千米；35千伏线路23条，线路总长215.24千米；10千伏线路298条，线路总长3015.7千米；10千伏配变8446台，配变总容量264.77万千伏安。

【人力资源】 优化调整公司组织机构，完善公司党建工作机构设置及职责。探索人力资源管理创新，完善年轻干部发现培养选拔机制，强化中层干部考评监督体系，开辟到龄转岗干部职业发展新通道，全年进行股级干部岗位交流24人次，敏感岗位交流6人次。全员劳动生产率116.19万元/人·年，人才当量密度1.2236。

开展年度组织绩效考核，注重基层生产人员技能提升，一线员工全覆盖的“全员培训”。采取“菜单+补缺”的培训方式，开展各类培训153期，共计参加员工达到189人次。开展持证上岗培训，完成259名低压设备操作人员低压电工证取证培训、312人安全技术等级复证培训、97人高处作业复证培训工作，10名员工通过工程师、高级工程师资格评定。

强化“师带徒”模式，助力新员工成长，共有13对新员工师徒结对。班组建设水平不断提升，出台《宁海公司关于班组建设提升工作的实施方案（试行）》，客服中心获评“优胜”流动红旗班组、岔路供电所获评省公司精品班组。职工吴佩颖代表省公司夺得国家电网公司首届配电自动化专业技能比赛团体二等奖、个人二等奖的优异成绩。

【电网建设】 实施电网高质量发展三年行动计划，优化项目精准投资，提升电网资源配置能力，全力推进宁海电网高质量发展。

政企关系持续夯实，组织召开2019年宁海县供电工作会议，促成县政府与27家主要单位签订2019年供电工作任务责任书；累计推动县府办主持召开协调小组周例会7次，分管县长现场办公会5次，有力保障年度重点工程项目的按期推进。

工程建设制度不断优化，创新现场联办机制，实现线路路径相关部门意见一周内全部取得，做法在宁波电网建设工作会议上获表扬。

建立业主项目部评价体系，推行工程双周例会制度，提质提速项目建设，桃源业主项目部被评为宁波公司2019年半年度配网五星项目部。主网工程有序推进，110千伏深圳变主体工程、线路工程依法开工；220千伏跃龙变电所整体改造工程变电站主体部分“三证齐全”，线路部分工程开工前取得线路工程规划许可证，分别获省公司通报表扬。

配网网架不断补强，实施配网项目70个，建成投运开关站16座，环网单元58个，10千伏线45条，新建、改造架空线路达175千米，电缆线路225千米。市县两级联动，累计储备配网49个项目，投资达3.65亿元。

线路治理取得阶段性成效，完成20条雷击高故障防雷绝缘子安装、接地改造，累计砍伐修剪树竹近2万株，完成配变增容布点200余台。宁海黄坛镇小城镇环境综合整治获评省公司2018年小城镇环境综合整治电力线路治理优秀场景。

【经营管理】 持续做实做大有效资产，累计接收用户资产1.20亿元，完成年度任务的200%，大市排名第一。公司获评浙江省AAA级“守合同重信用”称号。营业收入21.45亿元、同比增长3.42%，实现利润1150.14万元。资产总额10.93亿元，资产负债率43.02%。电能替代指标完成率5647.37万元，完成年度计划81.85%；节能指标完成1256.20万元，完成年度计划113.17%；综合能源服务营业收入1990.02万元，完成年度计划104.74%。公司系统集体企业实现收入5.60亿元、利润5559.66万元。92个配网项目实现自动竣工决算，项目转资率和项目预算完成率分别达93.13%和97.09%。

3月21日，公司派驻人员正式进驻县行政服务中心，开设供电服务窗口

率先在全省县公司中实施“事项化”管控，建立“费用事项库”，提升资源配置的精准性。推进多维精益管理体系建设，承接精益管理建设四个核心项目之一在公司试点，承办市公司精益管理建设研讨会。开展“三金一款”清退自查工作，切实为企业减负。遵循市场实际需求，推进运检、营销组织机构

优化，促进前端业务融合。出台《供电所管理提升激励方案》，农电管理水平扭转长期落后局面。重制加班工资发放方案，落实“按劳分配、多劳多得”。

【安全生产】 深入构建“严细实新、履职担当、战友情怀”的安全生态，把牢人身、电网、设备、网络、消防等安全关。持续完善安全管理制度，重新修编36个部门192个岗位的职责清单。

注重全员安全意识培养提升，组织公司领导班子成员首次进行年度安全生产述职，举办公司安全学习周，多形式开展安全培训演练。强化作业现场安全管控，开展各级反违章稽查4194场次，落实领导人员到岗到位240场次。

着力问题隐患整改闭环，开展春季、秋冬季安全大检查，完成425项排查发现问题整改；通过第四轮安全性评价，专家组提出的7方面问题、2方面建议均得到落实；开展“防风险保平安迎大庆”消防安全检查专项行动，完成生产、办公、生活等各类场所18个方面的隐患排查整改。

持续推进变电站设备改造提升，完成2座110千伏变电站4台主变及配套设施C检，完成12组110千伏闸刀大修保养，对15座110千伏变电站、6座35千伏变电站定期消防维保，对6座35千伏变电站消防系统装置进行改造升级。

作业机制不断优化，运检一体化实现常态化开展。成功打赢防御“利奇马”、“米娜”等台风攻坚战，确保电网安全和电力可靠供应，得到宁海县委、县政府及宁波公司的充分肯定。截至12月31日，公司连续安全生产日5962天。

【营销与优质服务】 开展优化营商环境“大回访、大调研”活动，公司领导带队向200家企业听需求、解政策、推服务。完成2019年“臻享+”星级客户服务，落实36户四星级、1户五星级客户走访、协议签订与模块推广，推广应用指数为100%。

积极探索第三方合作网点运营模式与管理规范，牵头完成《国网浙江省电力有限公司关于第三方合作网点驻点运营管理的意见（试行）》。结合宁海城区品质提升行动，完成问题表箱改造12207只。客户满意度不断提升，工单投诉量同比下降65.5%；公司7个供电营业厅全部获评宁海县公共服务窗口文明单位。

“最多跑一次”进一步落实，成功在岔路梅花村开展VTM机远程办电试点应用；全大市率先开展低压居民业务收资承诺制；派员进驻县行政服务中心，执行单位领导服务窗口坐班制，推动“一窗受理、集成服务”改革，累计办理常规业务20905个，对接基建项目476个。积极应对改革新要求，完成2019年度供售同期调整，推进市场化售电相关工作。贯彻“一般工商业电价平均再降10%”要求，减少客户电费支出1831.58万元。

营销基础管理不断提升，线上业务有序推进，智能交费推广覆盖率达到75.34%，位居全大市第一。反窃查违年度任务超额完成，追补电费及收取违约金共134.133万元。

同期线损稳步提升，负损台区全面清零。业务职责进一步明晰，已完成岔路、梅林、宁东3个供电高压业务下放。

综合能源服务工作稍显成效，全县已并网光伏项目4937个，容量47.25万千瓦，装机户数全大市第一；全大市率先促成配电设施租赁合同签订。全年累计签订综合能源服务项目9个，完成电能替代5936万千瓦时。完成“5·19”开游节、新中国成立70周年大庆等34项重大活动保电任务。

【科技与信息化】 重视科技创新，完善创新培育机制，落实费用，组建团队。科技成果收获颇丰，公司参与的《电力终端攻击检测与安全防护关键技术及应用》获省公司科技进步一等奖，《电力体制改革财务适应性技术开发及应用》获得省公司科技进步三等奖，《创建“123+”廉政风险防控体系》获浙江省企业管理现代化创新成果三等奖，QC成果《减少“95598”工单数量》在第四届亚洲质量创新研讨会中斩获“亚洲质量改进优秀案例一等奖”。岔路供电所配合省公司开展供电所仓储系统上云试点工作，探索泛在电力物联网在基层落地实践，完成前童镇与梅花村电力二维码试点应用，获得国网公司第二巡查组的高度认可。人机协同全域无人机巡检从输电向配电延伸，实现无人机巡检供电所全覆盖，在故障查找，隐患分析上发挥较大的作用。

【党建与精神文明建设】 持续压实从严治党责任，高质量推进“不忘初心、牢记使命”主题教育，制定年度党风廉政建设和反腐败工作要点，编制领导班子成员党风廉政建设履责要点告知书和各部门党风廉政建设履责要点函告书。聚焦业扩报装中的廉政风险，形成新装客户走访常态化机制。

实施廉洁教育“四进”工程，推进岔路廉洁示范所建设。扎实推进公司党建责任制建设，常态化开展党支部工作过程考核。深化党建与经营融合应用，推进高故障线路党员责任制项目立项，及“文化+安全”企业文化的探索与实践。

开展“守正创新、担当作为，奋勇争先、创造一流”主题党日活动，进一步激励广大党员发挥先锋模范作用。组织“书记开讲”微型党课竞赛，参加县“礼赞新中国·奋斗新时代”微型党课竞赛，获优秀组织奖。加强正风肃纪检查，坚持“逢节必查、逢查必报”，全年开展正风肃纪检查18次，通报6期，提出监察考核建议12条。

开展社会责任周“走进国家电网”活动，邀请县人大代表、政协代表、主流媒体、企业代表和社区代表近距离感受公司在优化营商环境等方面的努力，扩大公司履责成效和社会影响力。员工徐剑中荣获“浙江好人”“宁波市劳模”称号。公司视频作品《我变了　我没变》获英大传媒2019年度优秀电视作品展评微视频一等奖，并首次在“学习强国”平台进行展播。

【宁海抽水蓄能电站建设政策处理】 2019年着重做好电站施工过程中发生的涉民问题的处理和复建项目推进工作，维护社会和谐稳定，保障电站顺利建设。及时妥善解决团联村生活用水水源和涨坑、龙储村施工挂渣临时占地面积的补偿问题。上水库云峰禅院大殿完成主体结构施工，彭坑林区、玉边林区生产管理用房建成投用，下水库右岸复建道路路基开挖全线贯通。

宁波南湾新区

【概况】 2019年，面对内外部风险挑战不断加剧、发展形势错综复杂的局面，坚持以习近平新时代中国特色社会主义思想为指导，在县委县政府的领导下，全力推进“六争攻坚”，扎实开展“创新破难奋进年”活动，以打造未来发展新增长极的站位和担当，推进新区各项工作持续健康发展。全年完成固定资产投资24.7亿元，其中工业投资9.7亿元；实现规上工业总产值34.5亿元，限上服务业销售产值87.6亿元；引进县外内资18.6亿元，市外内资8亿元，浙商回归8亿元，实际利用外资1400万美元。

【开发建设】 大力抢抓市委市政府成立宁波南湾新区这一重大发展机遇，主动对接，全力支持南湾新区指挥部在新区快速投入开展工作，强化工作运行保障，形成与南湾新区指挥部相互融合、协同作战的工作机制。有效协助开展南湾新区产业发展规划和空间布局规划编制工作，助推新区成为实质性的市级发展大平台。

扎根产业，持续集聚大好高优质项目。聚焦产业集聚，坚持补链强链，引进一批优质产业项目，总投资11亿元的中南高科滨海智造产业园实现当年签约当年开工，总投资6亿元的年产2000万件汽车轻量化零部件生产线项目、1.8亿元的年产500套精密车灯模具及50万套高档车灯部件项目均已完成落地转化。探索楼宇招商，全力对接上海人才金港、网易联合创新中心、大象+空间等楼宇运营商，积极促成合作开发。借助南湾新区各类推介会，多途径多渠道强化项目储备，有效跟踪储备钢结构装配式生产基地、激光医疗器械、护理机器人等一批产业和人才创业团队项目。建立健全市场化招引体制，激发招商队伍活力，加快构建全员招商工作格局。

【项目提速】 奇亿金属年产23万吨超薄精密合金材料项目、吉宁落线线与热成型线一期项目全面建成投产，总投资27亿元占地351亩的壹岛城市核心区开发项目当年签约并顺利实现开工。特色商业街、城市湿地公园等项目基本建成，创客空间、宁河湾住宅小区形象初显，领为智能LED车灯、建新产业园一期、荔枝湾隧道、宁东18-C地块安居工程等重点项目加快推进，全年建成市政道路4.58千米，污水管网7.7千米，绿化面积1.6万平方米。全年完成政策处理土地2400亩，完成土地出让10宗共832.43亩，其中工业用地7宗481.06亩，经营性用地3宗351.37亩，为加快项目建设打下坚实用地基础。

【四大会战】 大抓大整，有力推进安全生产“四大会战”。深刻吸取“9·29”重大火灾事故教训，全域全面推进安全生产“四大会战”，排查生产经营单位208家，其中工业企业193家，整改隐患357处，拆除影响消防安全和占用消防通道违章建筑1.8万平方米，6家直属企业5000平方米违建全部拆除，组织培训17场2400人次，强化健全日常安全监管网络，新区上下安全生产意识全面增强。

【防范化解重大风险】 注重分析研判，加强资金保障，全年融资到位45.2亿元，宁东新城3.5亿元企业债券成功发行，滨海城投信用等级获评AA，滨海城投25亿元公司债成功受理，宁东新城公司债和PPN发行，滨海城投PPN发行等融资工作有序有效推进。全力化解新区企业债务危机，多次斡旋、多方协商，积极有效处置新区企业债务危机，最大限度降低负面影响。

【主题教育】 领导班子带头示范，不分阶段推动主题教育走深走实、常态长效。带头领学领讲，通读精读规定书目，认真开展理论中心组专题学习研讨、领导干部上党课、初心之旅等活动，确保学通弄懂做实。深入企业工地一线开展调查研究，从产业集聚、国有资产管理、金融风险化解、招投标体制改革等关键处入手，找准问题症结，破解难题难点。深化“三服务”“五问五帮”，深入项目、企业服务走访36次，收集各类难题47件，解决43件，全面提升群众的幸福感获得感安全感。

1月2日，领为智能车灯研发和产业化项目

5月14日，宁波南湾新区挂牌

宁海经济开发区科技园区

【概况】 2019年是宁海经济开发区成立25周年，紧紧围绕县委县政府中心工作，继续打好三大攻坚战，推进“六争攻坚”，按照“创新破难奋进年”活动要求，大力推进项目建设、招商引资等重点工作。

2019年，园区完成规上工业总产值594.65亿元，同比增长7.4%；规上工业企业利税总额66.19亿元，利润总额48.39亿元，同比增长2.49%；实现企业进出口总额203.79亿元，同比增长34.77%，其中出口总额180.89亿元，同比增长40.04%；完成公共财政预算收入30.31亿元。截至2019年宁海经济开发区科技园区已授权管理区域42平方千米，集聚工贸企业上千余家，累计吸引外资7.4亿美元，科技园区已成为多产业深度融合发展的新型经济开发区，引领着宁海社会经济发展的巨变。

【招商引资】 成立招商引才工作领导小组，积极转变招商思路，从纯二产招商逐步向二、三产招商并举转移，重点做好楼宇招商和标准厂房招商，侧重引进数字经济产业和优质的生产性服务业项目。成功举办宁海首届数字经济推介会，签约数字经济相关项目9个，成功引进大数据呼叫中心项目，将打造集呼叫中心产业服务、商业数据处理、人才培训和派遣等为核心的数字服务外包产业链。全年实到外资超额完成6000万美元的目标。进一步强化招商引资与招才引智相结合，引进人才高校院所、国内外高层次人才专家团队项目9个，与中科院光机所建立长期人才培训合作，并成功引进高色域量子点显示材料中试及产业化项目。

【要素保障】 积极做好“退二进三”，完成园区现有办公场所西地块征收的所有前期工作。积极挖掘空间潜力，对桥头胡27、28号地块约450亩土地完成预征。不断强化资金保障。8月，科创集团成为宁海第四家信用评级为AA级以上优质国企平台；10月成功获得15亿私募公司债批文。全年实现43.63亿元的融资规模，有效保障园区发展各项资金需求。

【基础建设】 2019年园区自投建设项目9个（包括续建项目8个，分别是店前王溪防洪渠、宁海湾白沙港防洪渠、科技园区平台建设、科园北路延伸段及桥梁工程、高新汽配产业园区标准厂房、高新汽配园配套宿舍区、气象北路沿街商业综合体、宁海汽车城综合服务中心项目；新建项目1个，铁江路北段工程），计划总投资6.8亿元，已完成投资7.2亿元，占年度计划投资的107%。同时，物流区块污水零直排工作通过省级复评。

扎实开展安全生产和消防安全“四大会战”，成立专门班子和11个工作组，由领导干部分头带队，排查企业612家，拆违4880平方米，安全培训14场4645人次。落实落细“三服务”工作，结合“最多跑一次”，主动开展企业代办业务上门办理。结合大数据平台应用，开展“一企一档”建设，深入采集企业经营、效益、用地、厂房等情况信息，已走访企业近800家，完成262家规上企业信息采集。在辖区内，安排专门力量开展不间断、全方位、高频度巡查整治，发现路面破损窨井盖缺失、管井堵塞等管理问题201处，完成处理171处，移交处理30处。强化企业环保监管，推行园区环保管家制度，全年无环保事故发生。

【国别园建设】 中乌高端新材料产业园引进办理外专工作证的乌方专家共计38人，其中院士9人，往来工作的乌方专家总人数超过50人。该平台围绕在铜钛合金、钛合金粉末制备以及阻尼轴承项目等3个重点领域，与研究院所、企业深入合作，加快产业转化。同时，通过浙洽会、宁波科技人才周、新材料博览会等载体，与50余家国内高校、科研院所和企业开展一系列技术交流活动，并与部分高校、上海电气股份有限公司、中国船舶设计中心、中核动力研究院等企业和院所建立合作关系。中瑞生产技术中心发展平台是全省第一个与国外园区合作的创新平台，科为（宁波）装备技术有限公司也是宁海第一家与瑞典合资公司，作为中欧高端技术装备合作的成功典范和窗口，现有瑞典萨博汽车旗下AF公司、西班牙LANBI项目、意大利MA&CO等项目正在洽谈中；日本博楷迪碳化钛基合金项目成功签约入驻。

【自身建设】 进一步完善科创集团现代化企业管理运行机制，根据组织架构与职能设置，不断改进管理与业务流程；选人用人上，落实中层公开竞聘上岗，提升国企干部队伍整体素质。认真做好“不忘初心、牢记使命”主题教育，积极开展清廉园区建设，聚焦管理、制度、人员、氛围等方面规范化建设，推动全面从严治党向园区各领域延伸，有关经验做法受到县纪委徐震宇书记批示肯定。

5月16日，2019宁海经济推介会

12月25日，科技园区成立25周年晚会

宁海经济开发区25周年摄影展版面之一

8月22日，消薄产业园建立

宁波生物产业园

【概况】 生物医药企业67家，产值9.27亿元，其中2019年园区新招引企业15家，注册资金8150万元，实到内资11495万元；新招引高层次人才7名，共4个项目入选宁波市“3315计划”。自建园以来，累计招引高层次人才100余名，其中国家重点人才4名、省重点人才2名、市“3315计划”项目团队10个。2019年新获国家药品监督管理局临床试验通知书1个，二类医疗器械注册证6个。宁波生物产业园被认定为省级小微产业园、并入选宁波市产业技术研究院名单和市级综合体创建名单。

【项目建设和平台运营】 园区三大工程项目完成年投资额约9500万元，临床前研究中心已完成装饰装修工程，预计2020年5月可竣工验收；微创穿刺器及其他医疗耗材项目已完成项目主体结构工程，预计2020年9月可竣工验收；飞秒激光美容项目已完成项目建设。生物药分析检测平台已获生物安全二级实验室备案认可，正开展部分生物药小试工作，2个项目已获得小试样品；宁海县生命健康产业党群服务中心、宁海县生命健康产业高层次人才活动中心正式运营，并成立宁海县生命健康党建联盟；中国药科大学共建GMP实训平台正与中国药科大学商讨修订战略合作协议；生物药研发及生产平台完成可行性研究报告编制。

1月25日，举办中国·宁波第二届生命健康创业创新大赛总决赛，思多科、Rabome，Inc、深圳华诺生物科技、骐骥生物等10强项目入选宁海县战略性新兴产业C类。

9月21日，宁波生物产业创新服务综合体通过中期阶段性评估，入选市级创新服务综合体创建名单。

9月26日，承办民营企业对话世界500强专场、第四届宁波生物产业发展论坛分论坛活动——生物医药投资合作（宁波）交流会，知名世界500强企业拜耳、默沙东，中美史克等出席此次交流会。

【招商引资引才】 宁波越凡医疗科技有限公司获得欧盟二类CE医疗器械注册证和美国二类FDA医疗器械注册证，协助企业申请园区“千人计划”资金补助政策。

举办由宁波市委组织部人才办、宁海县人民政府主办，宁海县生物产业园管理中心、宁海县委组织部人才办承办的宁波第三届生命健康创业创新大赛发布仪式暨2019宁波精准医疗产业投资论坛。

成功举办第四届宁波生物产业发展论坛暨中国·宁波第三届生命健康创业创新大赛决赛和2019民营企业对话世界500强生物医药投资合作（宁波）交流会。泰然生物、泰泊医药、棒米科技等大赛十强项目与园区在论坛现场签约并入选宁海县高层次人才创业团队C类。

浙江宁波“侨梦苑”宁海中心揭牌仪式在宁海县生物产业园管理中心举行。

宁海县生命健康产业党建联盟启动仪式暨宁海县高层次人才活动中心揭牌仪式在宁波生物产业园举行。

1月25日，举办中国·宁波第二届生命健康创业创新大赛总决赛

4月25日，中国·宁波第三届生命健康创业创新大赛发布仪式暨2019宁波精准医疗产业投资论坛

5月15日，邬海燕副部长（左）和王日辉主任（右）为宁海县生命健康产业党群服务中心揭牌

8月27日，浙江省委组织部人才办主任张旭明（右三）一行在县委常委、组织部部长方勤（右四）陪同下至园区走访调研，考察人才引进情况

9月23日，宁波市科技局局长黄志明（右一）调研园区企业宁海捷仪生物科技有限公司

9月25日，宁海县生物产业园管理中心主任王日辉（左五）与大赛前十强项目负责人合影留念

11月19日，延边州州长金寿浩（左四）和副市长卞吉安（左六）参观创新中心一号楼5楼海洋经济展厅

12月31日，省药品监督管理局党组书记、局长徐润龙（前排右一）走访企业

经济贸易

商贸服务

【概况】 宁海县商务局为正局级的县政府工作部门。

内设4个职能科室，分别为办公室（行政审批科）、商贸发展科（电子商务科）、行业管理科（蔬菜副食品科）、对外经济贸易科（对外经济合作科）。行政编制核定10名。设局长1名，副局长4名；总经济师1名；中层职数4名。下属事业单位1个，为宁海县商务服务中心（全额拨款，非独立核算）。原县经信局下属事业单位县信息化服务中心从事重点开发区域工作办公室的2名专项事业编制划转至县商务服务中心，县商务服务中心4名事业编制划转至县发改局，收回3名空余事业编制，县商务服务中心事业编制核定16名。

下属社会团体中国国际贸易促进委员会宁海支会使用3名全额拨款事业编制不变，在职人员仍是2名。

2019年，宁海县实现社会消费品零售额251.1亿元，实现增长10%，位居宁波市第一。实现商品销售总额586亿元，同比增长9.7%，位居全市第八。实现网络零售额91.98亿元，增速29.6%，位居全市第一；实现跨境电商贸易额6.95亿美元，增速11.92%。实现进出口额302.95亿元，同比增长26.6%，位居全市第一；其中出口276.25亿元，同比增长28.7%，位居宁波全市第一。实现境外核准中方投资额13766.7万美元；实现境外承包工程和劳务合作营业额12438万美元。实现服务贸易进出口额35.52亿元。被中华人民共和国商务部授予“国家外贸转型升级基地（模具）”称号。

【商贸流通转型升级】 依托节庆会展激活消费流通。坚持“有节造节，无节造势”原则，发动组织企业参加中东欧博览会、消博会、食博会以及消费促进月等活动，举办年货展销会、金秋购物节，策划“阿明逛年货展”“抖音看商旅”“大嫂厨技艺秀”等一系列活动，推进商旅文跨界融合发展，在“政府搭台+企业唱戏+媒体助力”模式下，消费热度保持较好。年货展和购物节累计销售额实现2.76亿元。此外，线上线下的节日促销活动也极大刺激消费增长，春节、国庆期间监测的17家重点商贸流通企业销售额累计实现2.82亿元，28家重点企业“双十一”实现交易额超1.3亿元。

开展消费扶贫助力脱贫攻坚。编写并出台《宁海县深入开展消费扶贫助力对口地区脱贫攻坚加快区域协调发展实施方案》，加强产销对接，联合县扶贫办组织企业多次到结对帮扶地区开展座谈及资源对接，其中在黔西南州秋季农特产品产销对接洽谈会上，促成宁海圣猴农产品等5家企业（协会）与晴隆县企业达成合作协议，签订近8000万元农特产品购销意向合同，引进对口地区绿色优质农产品，带动贫困地区农户增收致富。同时通过订单式定向帮扶助力晴隆脱贫，鼓励得力、如意等重点企业到“黔货出山”“扶贫车间”订购农特产品和工作服等，已签订6000套员工服。配合开展扶贫日广场活动，组织三家扶贫专卖店开展扶贫产品展示义卖活动，并融合互联网，扶贫销售网点已建有6个。

加强培育招引提升品质建设。培育发展一批影响力大、带动作用强的商贸企业，发挥示范引领作用。组织开展“吃货团走进浙江老字号”行动，通过分享宁海老字号创立故事、参观老字号产品制作流程、品尝特色产品，进一步提升“草湖”“古镇”“力洋”等老字号知名度和美誉度，擦亮做响金字招牌。全年申报省级商贸特色镇（前童镇）、商贸示范村（长街村）各1家。推进重点项目建设及开业，跟踪推进湖西特色商业街、奥特莱斯、城隍庙等商贸项目的规划建设进度；推进得力办公用品智慧供应链平台项目建设，已完成项目验收。促成华东实木家具建成开业，并加快推进桃源广场、香港泰悦城等城市综合体的二次招商，引进红星美凯龙旗下星艺佳招商管理团队入驻泰悦城，打造高端家装一站式购物商城。

促进商贸节能助力创城建设。制定《开展文明城市创建商贸专项行动实施方案》，召开创城专项行动推进会，开展百货商场环境秩序优化行动，积极加强节能宣传，倡导绿色消费，做好商贸重点用能企业的能耗监管，全年全县重点监测的商贸企业万元销售收入电耗下降3.29%，单位营业面积综合能耗降低1.43%。引导物美、耀德百货等4家商贸企业开展节能改造，指导帮助太平洋国际大酒店申报绿色饭店，以及太平洋国购、人民店，华润万家申报绿色商场，均已上报评审材料。

【深化“互联网+”发展】 优化发展环境推动产业集聚。积极推进电商服务站点改造提升，依托“邮乐网”“丰收购”“农村淘宝”等平台实现网货下乡和农产品进城双向流通。建成站点740个，实现销售额4407.07万元，有效带动农民创收，引导一市镇加强与顺丰等物流企业的合作，成功举办枇杷节，将销售战场从江浙沪一带延伸到全国221各城市。做好“互联网+外贸”文章，持续推进省级跨境电商试点城市建设，依托拓普旺等成熟的跨境电商平台加大企业国际市场的开拓能力，产业园内11家跨境电商企业实现销售额5200万元，全球贸易通宁海分部自成立以来不断挖掘潜在客户，已签约45家本地企业。同时加快推进得力电商产业园和得力办公用品智慧供应链平台项目建设，已完成验收。全县各集聚区累计入驻电商企业超200家，基本形成产业集聚格局。

加大培育力度推动提质增效。制定《宁海县电子商务工作三年行动计划及任务分解》，对农村电商提质增效、电子商务融合发展、推进跨境电商等方面做出具体的任务要求，为电商发展明确目标。完善县级重点课题调研，完成《关于推进农电商平台建设　打响“宁海珍鲜”品牌的调研报告》。加快电商人才培育，发布县级电商人才培训公告，全年培训电商人才超300人，省、市两级备案的电商培训机构、实践基地累计达10家；组织企业申报“泛3315计划”和重点平台，已申报电商创业团队和电商创业人才各1项，得力商城被认定为浙江省2019—2020年度重点工业电商平台企业，得力办公商城和东华能源的聚烯堂被认定为2019年度宁波市重点电商平台。鼓励企业参加各类大赛，点对点公司的“蟹大人”荣获中国青年创新创业大赛金奖。引导村镇健全配套设施，培育发展淘宝镇、淘宝村，阿里研究院数据显示，宁海西店镇为年度淘宝镇，长洋村、滨海村、崔家村等7个村为淘宝村。西店镇樟树村被评为省电子商务示范村，花山村、下洋葛村、一市、北山村、东镇村、隔水洋村、双水村、松竹村电商服务站被评为省农村电商示范服务站（点）。

【构建外经贸高质新格局】 深耕展会推动市场多元化。坚持“巩固传统市场、扩大周边市场、拓展新兴市场、培育潜在市场”原则，组织400余家次企业抱团参加广交会、华交会、文博会、香港礼品赠品展等传统外贸展会，达成意向成交额约10亿美元；组织33家企业赴中东欧博览会进行贸易对接，并删选有意向进口的157家外贸企业赴进博会采购，为进口攀升铺路搭桥。同时编制年度重点展会推荐手册，加大新兴市场的政策倾斜，对29个境外展会、7个境内涉外型展会给予展位费全额最高3万元的补贴，将涉美企业新兴市场的参展补贴由原先的50%提高至80%。全年共兑现各级参展补贴2883.7万元。全县“一带一路”沿线国家出口同比增长60.86%，高于全县平均水平（28.70%）32.16个百分点。

创新驱动推动产业转型升级。推动外贸行业从成本优势向技术、标准等竞争新优势转变，在原有文具基地基础上，成功创建国家外贸转型升级模具基地，为全县外贸行业转型提供样板。引导企业由“以量取胜”向“以质取胜”转变，注重出口产品结构档次，提升核心竞争力，全县机电产品和高新技术产品分别出口216.17亿元、100.12亿元，分别增长35.0%、105.1%，占出口总额比重比2018年同期提高3.7和13.5个百分点。引导企业由“造产品”向“树品牌”转变，鼓励企业申报省、市出口名牌资质，新增1个省级出口名牌项目(日安阀门)，全县累计省、市出口名牌企业20个。加快培育外贸综合服务平台，运用好“全球贸易通”平台，掌握外贸企业大体信息工作，指导其召开中美贸易趋势分析及新兴市场开发峰会，帮助企业转变贸易模式，进军外贸新蓝海。联合乡镇街道开展招商引贸工作，全年能招引回流出口业务4000万美元以上，其中奇亿金属、光星健康科技公司表现突出。

精准帮扶，纾解企业发展难题。推进省级“订单+清单”预警预判监测系统建设，分乡镇片区开展订单系统填报辅导，发动企业积极入库，率先在全大市完成全部企业上线填报工作，截至年底，已完成应上线企业683家，上线填报企业587家，填报订单14745单，订单金额13.87亿美元，填报率为85.134%，居全省第二、全市第一，响应率100%。开展应对中美经贸摩擦精准服务外贸企业专项行动，建立局领导班子企业联系制度，对全县出口500万美元以上、对美出口100万美元以上的116家企业实现全覆盖走访，进一步摸实情、解难题，为企业制定个性化解决方案，全年为20余家企业提供帮扶25次。联合中信保扩大信用保险宣讲面，通过“政府全额买单+信保承担风险”模式，鼓励企业投保并利用保单进行融资。全年支持377家投保企业出口增长35.6%，高于全县平均水平12.5个百分点，帮助企业获得融资12.5亿元，其中一般贸易项下信保融资7亿元，项目融资5.5亿元。此外创新按需融资，为东方日升制定个性化金融方案，开通“特险融资”服务，首笔授信金额4700万元，成为全县首例针对企业的海外工程承包项目保险融资，有效盘活资金流动性。

政策保障，厚植外贸发展动力。结合实际，在市级外贸措施基础上，实施县级层面稳外贸6条专项措施，新增700万元扶持资金帮助企业减负避险，为让企业及时享受政策红利加快兑现速度，共计兑现各级补助资金约6462万元，惠及全县近500家企业。优化扶持资金申报流程，将材料收集初审端口下移，引进第三方审计和绩效评价机制，提高政策扶持的精准性和有效性。推进“企业成长计划”行动，根据企业需求和国际形势变化，相继举办外经贸政策宣讲会、海关业务培训、全球贸易形势分享会等培训7场次，累计参训人员约800人次。完成“‘十四五’宁海开放型经济高质量发展的思路及对策研究”课题，以及市级跨国经营20强企业初审上报，提升县域企业竞争力。

跟踪服务构建“走出去”新局面。搭建海外投资统保平台，对投保中信保境外投资保险的保费给予市县两级全额补贴，支持其开展海外投资、境外收购及兼并重组，将企业“走出去”的风险降到最低。已有方正、东方日升、得力、格兰家居4家企业进入平台，并积极对接奥拓等有实际投资的境外生产型企业，争取凡正式投资出去的企业全覆盖。受中美经贸摩擦影响，境外投资势头强劲，新增境外投资企业11家，外经队伍不断扩大。及时跟踪完善“走出去”企业台账，全面系统掌握企业境外投资项目进度，得力越南项目厂房正在建设中；东方日升越南、澳大利亚、墨西哥的光伏电站项目按计划稳步推进。辅助奥拓、奇精、建新、如意、润禾5家企业做好境外投资备案申报和提醒境外投资安全风险防范工作，协助凯特机械成功申报商务部的成套设备输出资质。完善服务外包企业基础入库资料，实地走访排摸潜力项目，指导企业登录商务部服务外包管理系统，争取应统尽统。

【提升民生安全保障能力】 强化市场供应保障。完善应急保障预案，在满足菜篮子商品基本需求基础上，由14家企业落实生猪活体储备4500头、冻猪肉150吨、蔬菜500吨、豆制品100吨、水产类100吨，有效提高灾期、节期和敏感期的应急保障能力，同时由6家市级蔬菜基地扩种青菜730亩，承担夏秋淡季青菜种植任务。加强质量自控体系建设，建立量化考核指标，更新（增配）检测食品仪器，抽样检测的154个平价性菜篮子商品合格率100%，与“艾特”公司签订肉菜追溯日常运行维护服务外包合同，有效解决运行过程中的技术难题。

加强行业安全监管。做好成品油市场专项整治工作，制定出台《宁海县成品油市场专项整治行动方案》，组织市监、交通、公安等10家成员单位开展3次大型联合执法行动，查处非法流动加油车25辆，固定非法加油点9个，立案4件，处罚12万元，查扣油品3.5吨。推进再生资源回收工作，1—10月，宁海累计回收工业类和生活类再生资源回收量34.54万吨。参与电视问政并针对“破烂王”问题及时组织相关部门和街道开展讨论部署会，制定整改计划，明确责任单位和时间节点，3处地方堆砌杂物基本已清理完成，但部分散落棚户由于历史原因暂无法拆除或搬迁，将与再生资源回收集散站建设加以整合实施。做好食盐储备工作，签订食盐储备协议，下达610吨储备任务，并查处2家无证食盐批发窝点。出动36人次对汽车拆解、二手车市场进行安全经营检查，发现3处安全隐患并督促企业限期整改。积极调解预付卡纠纷行为，落实专人负责预付卡备案及投诉处理工作。处理预付卡投诉271起。

【优化商务发展环境】 推进平安商务建设。结合平安暗访、迎大庆等工作，制定“平安商场”创建活动、商贸领域消防安全专项行动实施方案，并按照安全生产大排查大整治大培训行动，采用分组编排、分片进企、现场勘查的方式，由局领导带队进行6组地毯式拉网排查，重点推进商贸企业、成品油经营企业、境外投资企业等三大领域安全隐患排查，并集中开展连续5天的大培训，累计出动57人次，累计排查企业116家，发现隐患257个，培训5场次共325人，还有4家在整改中。

推进党组织建设。召开党风廉政建设大会，全面部署全年党风廉政建设工作；成立局机关作风和效能督查领导小组，实行“领导带班查、周检查、月通报”制度，力促效能建设新常态；对干部任用、行政审批、资金使用等重点部位和关键节点进行隐患排查，共排查出5个廉政风险领域共30个廉政风险点，并坚持排查和防控相结合，对风险点逐项制定切实可行防控措施共38条。此外，积极开展主题教育，把主题教育和中心工作同安排、同部署，落实学习研讨、调查研究、党课交流、初心之旅等一系列活动，同时融合党建和“三服务”工作，组建党员小分队以“全链式服务”助力解决外贸企业、商贸企业改革发展中的突出问题，以精准服务提升主题教育实效。

推进“最多跑一次”建设。全面梳理局“最多跑一次”权力事项清单，编制并公开办事指南，依照事项内容和即办制要求，多次精减和优化办事环节，实现流程再造。全局22个事项均实现“最多跑一次”，且均实现即办。

供销合作

【概况】 2019，县供销联社紧紧围绕“乡村振兴”“六争攻坚”等中心工作，以深化“三位一体”改革为主线，以服务三农促进农产品流通为重点，强改革促发展，各项工作取得明显成效。

【为农服务】 稳步推进农合联现代农业服务中心。完善并运作好胡陈乡农合联现代农业服务中心宁海首个省级示范“金字招牌”，重点打造前童镇、桑洲镇和长街镇建设市级示范性中心。前童镇、桑洲镇服务中心正在加紧建设中，长街镇中心建设方案正在抓紧完善。

精心培育特色产业农合联。围绕生产、供销、信用“三位一体”农民产业联合体建设目标，推进特色产业农合联建设3家。其中，水蜜桃产业农合联带领会员闯上海、嘉兴、杭州市场，开展水蜜桃专场推介会3次，销售水蜜桃近50万千克，相关工作得到县委书记杨勇的肯定批示。宁海县番薯产业农合联已于日前组建完成，翠冠梨产业农合联正在组建中。

大力夯实基层组织建设。充分整合优势资源，累计建成农民专业合作社联合社9家、基层供销合作社5家；新建村级综合服务社2家，累计拥有村级综合服务社136家；新立项县外名特优农产品直营店3家、县内名特优商品购物中心1家，建成县外名特优农产品直营店、县内名特优商品购物中心10家，累计实现销售额超7亿元。

【创新发展农产品区域公用品牌】 首推“地域+产品特性”农产品区域公用品牌商标。积极打造覆盖全产业的区域公用品牌——“宁海珍鲜”，整合宁海县的蔬、果、渔、畜、茶等众多产业，共同闯荡消费市场。这一举措在宁波市各县（市）区属于首创。明确“宁海珍鲜”普通集体商标注册风险代理机构，向国家知识产权局商标局进行申请注册。

全媒体多方策划“宁海珍鲜”品牌宣传。研究制定“宁海珍鲜”品牌全媒体宣传方案，通过产品征集、口号征选、抖音宣传等方式在宁海各类媒体平台全方位开展信息发布、活动推广。

全社会积极参与“宁海珍鲜”品牌建设。完成“宁海珍鲜”首批主推介产品目录征集和主题口号征选，票选确定“白枇杷”“青蟹”“蛏子”“香榧”“茶叶”“对虾”“桃子”“竹笋”8个首批主推介产品，“宁海好味道，珍鲜都知道”“人意山光俱喜态，宁海珍鲜好味来”“寻霞客开篇，醉宁海珍鲜”等6个主题口号。组织参与德清、宁波等地举办的首届中国田园博览会、长街蛏子节、一市枇杷节、宁波食博会等活动，社会反响良好。

全方位严谨征集“宁海珍鲜”品牌目录。充分征求多方意见，按照“质量过关、品牌过硬、规模过线”等标准，初步筛选40余家龙头企业、专业合作社（联合社）、家庭农场等作为首批“宁海珍鲜”供应主体。

【农产品流通体系建设】 不断提升农资社会化服务。依托社属企业丰庆农资配送有限公司，“双夏”期间储备农资产品1万余吨，有效保障全县农业生产需要；广泛开展病虫害统防统治，完成防治面积1.84万亩，落实无人机飞防2万亩次；举办各类新肥新药推广等培训班30余期，培训指导农民近1600人次。

农产品展示展销活动如火如荼。依托白枇杷节、水蜜桃节等特色节庆，开展宁波天一广场白枇杷推介、南塘老街水蜜桃推介等系列线下展示展销活动。联合番薯产业农合联启动“甬品千创”线下体验周活动，利用“互联网+”思维开创农产品线上线下销售新模式，拓展销售渠道。

积极助力城乡争优行动。大力开展全县垃圾分类“1+1”联系结对以及机关垃圾分类，积极配合全县垃圾分类回收体系建设；全力推进全县五水共治工作，有效配合油污集中收集点建设；依托全县93家农资网点，持续开展农药废弃物包装回收服务，全年回收农药瓶（袋）648万余只，共同打造美丽宁海。

【规范推进社有企业长效发展】 全力推进社有资产盘活。针对当前系统企业面临的困境，经过前期多次考察调研，对社属控股企业模具城有限公司、再生资源有限公司等资产进行通盘考虑，提出盘活社有资产的具体方案，努力解决企业生存困境。

持续强化社有企业规范化管理。完善社有企业各项管理制度，加大社有企业管理力度，有效规范企业现代化运作。加强对社有企业资产的出租管理，将社有资产出租统一纳入县产权交易中心招标，采取公开拍租的方式，规范社有资产管理。定期开展对社有企业的监督检查，强化企业的纪律意识，规范企业的队伍建设。

重点抓好安全生产防控。积极组织安全生产专项会议2次，开展安全生产检查6次，特别是对出租房消防安全、“三合一”现象等问题进行重点检查，共检查200余人次，发现隐患96条，整改96条，整改率100%。落实安全教育培训，组织安全生产培训51人次，强化企业安全意识。开展安全生产宣传，组织安全生产消防演练活动，确保企业生产安全。截至年底，下属企业安全生产责任零事故。

【自身建设】 实施“组织力提升工程”。深入开展“不忘初心、牢记使命”主题教育系列活动，重点抓好习近平新时代中国特色社会主义思想、中共十九大和中共十九届三中、四中全会精神学习宣传贯彻落实。围绕全县“创新破难奋进年”活动，组织开展“党建争强”专项活动。制定出台2019年县供销联社党的组织生活有关文件，落实好“三会一课”制度，规范党的组织生活。

推动全面从严治党发展。按照巡察整改反馈意见要求，不折不扣地落实整改工作。严格落实全面从严治党主体责任，认真履行第一责任人和“一岗双责”职责，落实“四专三书一报告”制度。签订党风廉政责任书，认真落实党风廉政建设责任制，推进党风廉政建设和反腐败工作。严格执行中央八项规定，加强机关及下属控股企业公务消费管理。

建设高素质专业化干部人才队伍。强化“六重六不让”的选人用人导向，进一步规范干部选拔任用工作，重点培养选拔优秀年轻干部。抓好干部专业能力和素质培养，探索竞争上岗机制，激发争先创优的工作意识。建立容错纠错机制，激励干部队伍勇于担当。

【主要活动】 1月25日，县供销联社下属控股公司模具城公司营建的宁海县模具交易市场在金桥广场举办开业仪式。

3月26日，在胡陈乡东山村举办宁海首个特色产业农合联——宁海县水蜜桃产业农合联成立大会。

4月8日，宁海县甬庆丰水稻专业合作社社员大会暨统防统治农民会在长街镇山头村文化礼堂召开。

5月10—12日，2019中国（宁海）智能制造博览会暨第十二届中国（宁海）国际机床与模具展览会在国际会展中心举行。

7月8日下午，浙江省供销社副主任张建一行4人到宁海考察“三位一体”工作。

7月15日，宁海县模具城与宁海其他五家园区一同入选首批省级小微企业园。

12月18日，果蔬市场创建的食品检测中心，喜获2019年度宁海县青年安全生产示范岗荣誉。

12月23日，果蔬市场积极开展基础设施改建、安全生产管理、经营秩序管理等方面工作，通过“浙江省三星级文明规范市场”复评。

国资经营

【概况】 宁海县商贸集团有限公司为县政府直属国有企业内设办公室、人力资源部、计划财务部、监察审计部、运营管理部、投资开发部6个职能部门，有宁海县国有资产投资开发有限公司、宁海县物业管理有限公司、宁海县维安机动车检测有限公司、宁海县应急管理研究有限公司、宁波市宁海县国际贸易有限公司、宁海县资产经营管理有限公司、宁海县市场开发服务有限公司、跃龙综合市场有限公司等18家下属企业，有托管东门市场、前童市场、长街大湖市场3家市场，有宁波宁海西店中银富登村镇银行有限责任公司、宁海县食品有限公司、宁海县浙能油气发展有限公司、宁海县天然气有限公司、宁海县望海茶叶有限公司、中小企业融资担保中心、宁海县国融实业投资发展有限公司7家参股公司。

有正式员工92人，协管员108人，劳务派遣人员126人，宁波市宁海县国际贸易有限公司15人，宁海县维安机动车检测有限公司52人，共393人。共产党员79名，设有6个党支部。

总资产18.79亿元，同比上升9.7%；净资产5.95亿元，国有资产保值增值率为104%；营业总收入15.17亿元（其中与南京东华能源公司新交易额12.7亿元），同比上升72.6%，实现利润3417万元，同比上升46.4%，上缴利税5051万元，上交2018年收益金121.87万元。市场营业收入5965万元，同比上升1.5%。

【市场运营管理】 完成省示范文明县城复评迎检、“省放心市场”验收迎检、禁渔休渔期市场管理等重大任务，并新托管前童市场、长街大湖市场。积极开展放心市场创建工作，梅林农贸市场成功创建三星级市场，兴宁和东门市场成功创建二星级市场以及新托管的前童市场成功创建“省放心市场”。

深入开展调查研究，对全县行政事业单位和国有企业经营性房产进行排摸，分别将已托管和未托管房产进行统计建档，并制订《宁海国有经营性房产统一租赁管理方案》，提请县政府牵头召开部门协调会，筹建宁海县国有房产租赁托管中心，并确定全县国有经营性房产租赁纳入托管中心统一经营、招商、租赁和管理。积极拓展村集体经营性用房、有意向的社会个人和团体经营性房产业务，做强做优做大国有资产。加强公房租赁管理，确保公房租赁高位运营。发布公房招租公告35次，招租标的75个，成交55个，实现成交额670.76万元。自有资产和托管资产的出租率分别为85%和95%，收费率为100%，租金总收入1492万元。

【重点实事项目】 宁海县机动车检测中心项目规划用地面积38673平方米（约58亩），项目总建筑面积22671.42平方米，总投资约1.71亿元，该项目于2017年8月29日开工建设，2019年10月18日通过验收。县中心屠宰场迁建（一期）项目总投资约1.54亿元，该项目位于宁东园区宁东污水处理厂以西地块（宁东16-2地块），总用地面积46644平方米（约70亩），于2017年7月27日正式开工建设，2019年6月28日通过竣工验收。县商贸企业培训中心项目土地已摘牌并顺利推进。

【现代服务产业】 县国贸公司面对中美贸易摩擦等严峻形势，县国贸公司积极调整工作思路，多渠道拓展业务，同时积极落实县政府工作部署，继续深化与南京东华能源公司开展贸易合作，全年完成交易额12.7亿元。县物业公司在面临科技园区业务变化问题时，县物业公司团队积极外拓业务，新承接科技园区、新华书店、县天然气有限公司、交通银行、县综合执法局等多个业务，创利215万元。县产权交易中心签订拍卖委托合同200余份，拍卖、电子竞价、招投标、网络竞价共209场，成交额2.58亿元，交易服务费收入288.39万元。县维安机动车检测有限公司2019年共检测车辆45390辆，营业收入772.7万元，同比增长7.69%。

【安全综治工作】 推进“平安双月”“安全生产月”“食品安全专项整治”等活动，累计投入安全资金24万元。共签订各类安全责任书1578份，培训人员3479人次，排除各类安全隐患106条，实现安全生产零事故，及时掌握社情民意，主动沟通协商，妥善化解矛盾冲突，化解政协主办2件、人大主办1件、浙江省统一政务咨询投诉举报平台16件、“百姓事马上办”3件。

招商引资

【概况】 2019年，招商引资工作稳步开展，进一步建立健全综合招商工作体系，设立13支重点产业小分队，外派4支驻点招商小分队，开展“金秋招商大会战”活动，夺取招商引资更大成果。全年新批外资企业14个，增资项目4个，减资项目2个，实到外资（部口径）1.26亿美元，同比增长69.17%，完成目标任务的114.84%，完成率全市排名第二；引进浙商回归资金65.04亿元，同比增长14.09%，完成目标任务的118.25%，完成率全市排名第五；引进市外内资75.13亿元，同比增长7.18%，完成目标任务的117.39%，完成率全市排名第六。

获2019年度宁波市国内招商引资工作目标责任考核进步奖、宁波市支持浙商创业创新促进宁波发展工作优秀单位第三等次等荣誉。

【健全综合招商工作体系】 出台《关于建立完善市场化专业化招商引才体制的若干意见》，进一步建立健全综合招商工作体系，切实加强招商与引才工作的力量统筹，提升招商引才工作的实效性。印发《关于设立重点区域招商引才小分队的实施方案》，逐步布局、开展重点区域驻点招商引才工作，主动对接宁波、上海、北京等城市的产业转移，获取优质项目资源，引进优秀人才团队，促进招商引才工作提质增效；印发《关于重点产业招商引才小分队开展立功竞赛的实施意见》，成立重点产业招商引才小分队，开展产业精准招商引才，推动产业集群与人才集聚互动发展。为进一步激发争抢比拼意识，县招商引资工作领导小组办公室牵头在小分队之间开展立功竞赛活动，即通过明确工作目标、落实工作要求、固化工作交流、提升项目服务、一季一通报、一年一结算、年底总结表彰等措施，倒逼小分队加大产业精准招商力度，实现“专人专班做专事”。

4月19日，应国邦副县长组织召开全县招商引资工作推进会，进一步强化目标意识、攻坚意识，全面推进宁海招商引资工作。8月26日，再次召开招商引资工作推进会，部署全县招商引资重点工作任务，营造大招商氛围，构建大招商格局，以大招商带动大发展。印发《宁海县“金秋招商大会战”活动实施方案》，深入贯彻落实林坚书记在全县招商引资工作推进会上的讲话精神，在全县范围内开展“金秋招商大会战”活动，抓牢重点项目转化，明确23个重点在谈项目攻坚目标；压实目标任务担子，确保完成内外资金到位；营造比学赶超氛围，构建争先攀高竞赛体系。奋力夺取招商引资更大成果。

2月9日，2019春节在外宁海人招商引智座谈会召开

【队伍建设】 5月29—31日，举办2019年全县招商引才工作培训班，旨在加强招商引才干部队伍建设，提高全县招商引才工作水平，助力全县经济社会高质量发展。5月29日上午，全县招商引才工作培训班在县委党校举行开班仪式，县委书记林坚作开班讲话，县委常委、组织部部长方勤主持。

【招商活动】 召开2019春节在外宁海人招商引智座谈会。来自海内外的近百名在外宁海人聚集一堂，畅叙乡情亲情，共话发展大计。县委书记杨勇致辞，县委副书记、县长林坚主持会议，县领导徐真民、尤玲娟、张伟标、娄黛敏、王辅橡、应国邦参加会议。会上，在外宁海籍人才和创业人员代表也纷纷发言，表示回乡投资、报效桑梓是他们多年来的夙愿。8个项目在会上集中签约，总投资约15亿元。其中，人才项目3个，包括自动驾驶激光雷达项目、工业源燃烧催化剂项目、血液PRP项目；产业项目5个，包括高强度铝合金汽车轮毂项目、智能数控装备项目、物联网安防产品研发项目、紧固件技术应

4月6日下午，以“科创赋能　使命担当”为主题的沪宁甬商青年企业家交流座谈会在宁海举行

用项目、吉晋汽车零部件项目。

召开沪宁甬商青年企业家交流座谈会，娄黛敏部长对参会的上海市宁波商会青年联谊会和宁海县青年企业家俱乐部成员表示欢迎，并向大家介绍宁海近年来经济社会发展情况，展示宁海高质量发展的三张成绩单。座谈交流中，两地企业家畅所欲言，介绍各自企业情况，共同分析市场形势，一起研讨行业发展趋势，并表示对宁海良好的生态和营商环境留下深刻印象。同时，沪宁两地企业家还围绕资本市场重大改革和打造产业互联网平台型总部经济等话题作主题发言。

5 月 15 日，2019 宁海国际投资洽谈会举行

举办 2019 宁海国际投资洽谈会，活动分 1 个主场和 6 个专场，以更专业、更精准的方式强化招商引资、加快项目推进。洽谈会吸引 10 多个国家和地区的 210 多名国内外客商参与，有 34 个项目现场签约，涵盖智能制造、生命健康、数字经济、现代农业等各大领域，其中内资项目 31 个，外资项目 3 个。洽谈会上，县招商中心推介宁海县投资环境和重点招商项目。活动期间，部分与会人员实地考察宁海投资环境。

参加 2019 宁波（上海）招商引资推介会，现场签约宁海县人民政府与中国科学院上海光学精密机械研究所战略合作项目、宁海万洋众创城项目两个大项目，南湾新区作为宁波参与长三角一体化的重大平台之一作隆重推介。

12 月 6 日，与海亮集团举行项目签约仪式

宁波南部滨海新区壹岛核心区开发投资项目在第二届世界“宁波帮·帮宁波”发展大会上签约。该项目总投资约 27 亿元，用地总面积约 351 亩，项目建设内容包括塔式地标商业建筑、五星级酒店、住宅楼及幼儿园等相关配套设施。项目建成后，将加快宁波南部滨海新区城市化发展进程，进一步完善新区住宅及商业功能配套，从而形成产城融合发展的新格局。

与中车交通举行项目签约仪式，双方签订长三角城市运维装备创新基地项目战略合作协议、中车商用车创新工厂与长三角配套产业园项目投资协议。项目主要内容为在宁海县开展城市智能运维装备研发、制造、会展和捷运与旅游观光产业的投资，共同打造长三角城市智能运维装备创新基地、专用车研究所、长三角未来交通研究中心、绿色智能交通示范区和文旅合作平台。其中，中车商用车创新工厂与长三角配套产业园项目规划投资25亿元，将在西店镇打造集专用车研发设计、定制改装、运营与在线运控、售后维保、零部件供应链等为一体的全产业链创新工厂与长三角配套产业园。

宁海县以琳康教展能中心（过渡期）正式开学，首期招收170名自闭症儿童。宁海以琳的设立填补宁海县自闭症儿童康复教育的空白。2018年11月，宁海县与青岛市自闭症研究会、青岛市以琳康教展能中心签订正式投资协议，通过引进由方静女士创办的以琳自闭症康复研究团队，建设打造宁海以琳自闭症康复概念社区。该项目总投资5.4亿元，以自闭症康复为核心功能，兼具科研、教育培训、养护服务等功能，并带动外围产业和外围社区的协同发展，包含康复干预中心、国际研究与交流中心、特教职业学院、家长培训中心、社区支持中心、体育活动中心、融合幼儿园、融合小学、职前培训、就业指导、社区养护中心等。

海亮宁海公学项目正式签约，项目总投资约10亿元，学校规划办学层次为幼儿园、小学、初中、普通高中（含高中国际部、艺术部）；海亮国际康养小镇项目签订合作框架协议，项目总投资约20亿元，将基于原生态的田园和山林风貌，开发建设以健康和教育培训等内容为主的国际康养小镇，布局养生养老、医疗健康、教育培训、休闲度假等业态，建立宜养宜居宜业宜教宜游的高水准国际化综合性的康养基地。

滕安达县长带队赴北京参加宁波与央企名企专题对接会，同时考察荷花书院、艾美集团总部，洽谈宁海桥头胡望山·龙潭石寨项目、新型细菌性疫苗产业化项目。

烟草专卖

【概况】 认真贯彻省市两级工作会议部署，围绕主线重点，打硬仗、破难题，有力推进“互联网+烟草专卖商业”浙江模式在宁海烟草深化落地，取得成效。

【党建工作】 党治党纵深推进。始终将党的政治建设摆在首位，推进学习贯彻习近平新时代中国特色社会主义思想走深走细走实。

主题教育走深走实。聚焦主线主题，统筹推进学习教育、调查研究、检视问题和整改落实，中心组累计开展集中学习3次6天，党支部开展“三会一课”、主题党日活动59次、夜学5次、撰写学习体会56篇。党组成员讲党课2次，红色警示教育3次，深入基层开展调研5次，收集意见建议66条，检视发现问题18个，已整改15个，为群众做好事办实事56次，主题教育取得预期成效。

党建模式落地落细。深化“精实·知行·先锋”党建品牌建设，用活线上线下载体阵地，打造“一墙二厅三园”党建文化园。有效发挥党建引领作用，聚心聚力打赢“三场硬仗”，全面实施党建“五个一”工程，不断推进党建工作与中心工作相融合。

监督执纪从严从紧。从严压实“两个责任”，将全面从严治党向全链条、全领域、全环节推进。持之以恒落实中央八项规定精神，组织开展“正风肃纪”主题教育、专卖队伍“三查三纠”专题教育、“学案例、强纪律”活动，宣贯落实“八条禁令”，教育引导干部员工讲纪律、守规矩。以行业“天价烟”专项检查和省局政治巡察为契机，举一反三，立行立改，严肃问责，解除劳动合同1人，运用“第一种形态”处理17人次，退回违规补贴12.1446万元。

【“互联网+营销”模式深化落地】 以提升数据驱动力、平台运营力、终端掌控力为重点，推动“互联网+营销”落地见效。

经济运行稳中有进。全年累计销售卷烟3.41万箱、同比增长1.16%；实现含税销售额16.13亿元、同比增长1.46%；单箱销售额4.74万元、同比增长0.29%；实现税利4.72亿元，同比增长0.85%。

“一钉四香”深化落地。在全面应用钉钉平台的基础上，全面推进“四香”落地，各项指标进一步提升。“香溢购”覆盖率达90.72%，结算成功率达82.08%，非烟商城订单累计1885笔。“香溢通”已安装994户，覆盖率达20.19%；“香溢坊”已建成自律互助小组264个，激活客户数4244户（覆盖率86.19%），香溢坊平均使用率51.43%；“香溢家”累计采集消费者会员42730个，活跃会员数逐月提升。

品牌布局持续优化。加强品牌培育，逐步优化品牌梯次。重点品牌销售比重89.05%，同比下降0.69个百分点；省内外烟比重为42.41∶57.59（2018年同期为45.47∶54.53），对利群品牌依存度逐年下降。玉溪（创客）销售134.69箱、同比增长79.37%，云烟（小云端）销售16.46箱、同比增长52.52%。

终端升级协调推进。坚持“优中选优、精益求精”原则，通过“三关三审”，建成4条示范街、25家合作店、改造星级现代终端545家，“四类七层”零售终端体系初具规模。

【“互联网+专卖”监管不断优化】 强化大数据监管，加快模式转型，专卖管理质效持续提升。

打假破网更加有力。深化公安部门协作，云上监管向外拓展，再次破获互联网销售加热不燃烧卷烟案件1起，查获烟弹276.4条，涉案金额210余万元，刑事拘留2人、逮捕2人，案件基本成型。

市场监管更加精准。继续坚持“大户、大案、大扫除”的市场监管理念，治大户、查大案，清市场，全年查办案件134起，查获卷烟19467.4条，查获大要案24起，其中50万元和100万元以上大要案各1起。专项打击重点户籍和违法大户，共取缔违法违规大户1户、停业整顿3户、降级降档7户。真烟非流防控有力，外流数量为全市较少单位之一。

行政许可更加高效。以许可证管理为切入点，全面落实便民服务，推行数据共享、移动办证、证照联办，提速提质“最多跑一次”改革，网上申请率从39%上升至80%以上，70%以上零售户能达到“跑零次”。强化许可证后续监管，加快推进学校周边许可证清理，完成目标进度的58%。

【“互联网+”管理水平持续提升】 以管理转型为依托，深化精实管理，持续推进企业高质量发展。一是管理创新持续提升。加强全员学习培训，加快功能应用和习惯养成，全面应用综合管理平台，不断提升管理质量。深化创新管理，1个QC成果获得全市二等奖，1个创新项目完成结题。

物流模式持续优化。推广应用“互联网+物流”系统，发放NFC卡覆盖面达到100%，客户电子签收率达100%。全面提高物流工作效率。加强中转站标准化建设，初步通过省市考核验收。

降本增效持续深化。打好计划、预算、对标管理的组合拳，可控费用降幅达到22.97%；车辆运行费下降12.16%；精简1条送货线路，增加2个委送点，降本增效不断深化。

队伍建设持续强化。加强干部队伍管理，严格执行规章制度。新引入管理类岗位4人、业务类岗位3人，适当缓解岗位短缺问题，并通过以老带新、基层锻炼，加快新进员工适应工作岗位，进一步激发青年员工活力。加强领导班子建设，对主要领导进行调整。开展专卖、营销、配送军事化集训，强化作风纪律建设，进一步提高队伍战斗力。

交通·电信

交通运输

【概况】 宁海交通系统坚持以习近平新时代中国特色社会主义思想为指导，认真贯彻落实县委、县政府的决策部署，深入推进“六争攻坚、三年攀高”行动，抓重点、补短板、强弱项，为全县的经济社会发展提供有力支撑。

【战略先行】 G527岳井洋大桥及接线工程、G527沿海南线创业路路口至下蔡段及越溪二桥等项目完成立项，并通过工可评审，获得规划选址意见。G15沈海高速宁波段拓宽工程、象山港高速二通道、甬金衢高速复线、两高联络线及宁海下陈至深甽连接线列入宁波市高速公路网修编规划。

【项目建设】 2019年完成县级有效投资16.4亿元，市级有效投资21.13亿元，均超额完成全年计划。尤其在“百日攻坚”期间共完成投资7.89亿元，月均投资同比提高89.4%，其中9月投资突破2.5亿元，单月投资体量环比上升71.6%。象西线梅林方前至深甽段和城逐线一期等项目建成通车，内畅外联的交通路网体系进一步完善。

【大交通格局】 “一环八射三纵七连”的交通路网建设已基本完成。机构改革工作进一步理顺交通系统内部的体制机制，提升交通运输发展质量和综合服务水平。

【服务保障】 强化应急管理，完善各类应急预案，加强应急演练，做好队伍和物资准备，交通应急抢险能力得到有效提升。

【产业布局】 县交通集团在交通项目的设计、建设、监理、运营等方面的全产业链结构基本形成。交通国有企业改革稳步推进，市场化程度不断提高。

【重点工程建设】 组织盛宁线改造提升工程的竣工验收，评价等级为优良。

枫槎岭三期及城逐线一期公路工程完成交工验收工作。

枫槎岭三期及城逐线1合同段绿化景观工程完工，总投资2000万元。

沈海高速宁海南出口市政配套及景观绿化改造工程通车。

38省道桥头胡至深甽段改道工程通车。

甬临线杨梅岭至堤树岭改线工程（杨梅岭段）杨梅岭隧道打通。

2019年宁海县交通重点实事工程“百日攻坚”专项行动获得突破性成效。

高速公路指挥部

【概况】 宁海县高速公路建设指挥部年底有干部职工20人，其中在编干部12人，临聘人员8人。内设指挥部办公室、征迁科、工程（安保）科。下设党支部1个，共有党员8人。

【三门湾大桥及接线高速公路】 编号G1523，作为国家高速公路网“7918”中G15沈海高速公路并行线G1523甬莞高速公路重要组成部分，也是浙江省规划公路网主骨架“两纵两横十八连三绕三通道”中的“一连”——浙江省沿海高速公路（甬台温高速公路复线）的重要组成部分。项目于2014年12月开工建设，2018年12月26日，通过交工验收，工期4年。2019年1月16日，正式通车。

三门湾大桥及接线高速公路全长54千米，项目起自象山戴港，接象山港大桥及接线工程，止于三门县六敖，总投资126亿元。其中宁波段约48千米（宁海段约20千米），投资约100亿元，项目采用高速公路标准建设，设计速度100

千米/小时，其中起点至力洋互通立交段采用双向四车道标准，力洋互通立交至终点段采用双向六车道标准。全线从北向南依次是茅洋收费站、新桥收费站、岳井洋灵南收费站、宁海东（长街）收费站、力洋收费站、蛇蟠收费站，沿线设有象山灵南停车区和蛇蟠三门服务区。

三门湾大桥及接线高速公路工程示意图

【重点工作】 完成新增用地征迁政策处理。及时协调落实大、小“三改”以及新增用地项目政策处理11个，迁移坟墓21座、公交候车亭1处，共征地16.528亩。累计完成征地1519.975亩。

全面完成新增管线迁移工程。2019年迁移长街互通综合管线等新增管线6处。累计完成60处。

加强征迁资金使用和管理。及时跟踪审核征迁资金补偿兑现到村到户情况，配合审计单位做好征迁资金延伸审计工作。2019年拨共拨付征迁资金479.8897万元。累计拨付征迁资金22941.5233万元。

有效协调和落实大、小“三改”项目。协助市高指协调和落实长街镇青珠村大“三改”项目5个，完成小“三改”项目7个。累计完成小“三改”项目25个。

及时处置工完场清项目遗留问题。协调并落实长街镇龙山村、对岙洞村的涵洞排水整改，长街镇长街村机耕路的路面修复，长街村屋基园沟渠改造等3个工完场清遗留工作。

积极做好建设项目服务保障工作。一是对已续批未到期但可复耕的临时用地按要求进行复耕，现已复耕12.77亩。二是协助市高指完成TJ7标力洋港大桥非通航孔桥船舶拦截设施工程的生态补偿工作，放流日本对虾628.08万尾，落实生态补偿金3.58万元。三是督促乡镇完成乌龟背山边坡治理遗留混合料的清理工作，及时实施边坡覆绿工程。四是协调对接2个收费站的污水接入污水管网工作。五是协调对接高速公路出口被交路段的安全及监控设施设置工作。六是协助市高指开展大“三改”项目安全检查，督促项目部完成沟渠排水不通、不畅问题整改落实工作。

建成高速公路桥下空间利用项目。完成三门湾大桥及接线工程（宁海段）桥下空间利用（一期）项目报批立项、可研、初步设计、项目施工及监理招投标等工作，按计划有序推进工程进度，于12月底完工。

4月18日，举行桥下空间利用施工图设计会审（一期）

9月10日，召开桥下空间利用工程施工安全总体风险评估报告评审汇报会

9月12日，交通系统主题教育部署动员大会召开

电　信

【概况】 围绕“三大目标、三大任务、三化转型”，深入学习贯彻中共十九大、十九届四中全会精神，以习近平新时代中国特色社会主义思想为指导，以服务改革发展和生产经营为导向，聚焦终端引领、商客倍增、大单攻坚、三大四抓等重点任务，团结一心、攻坚克难，推动各项工作的执行落地。截至年底，宁海电信局移动网上活跃用户15.2万户，其中5G用户0.5户、4G用户10.9万户、宽带10.3万户、固话9.1万户、天翼高清7.3万户。

6月28日，携手宁海县卫生健康局正式签约“5G医疗卫生战略合作协议”

【规范运行】 糅合支局五级触点广、代理商终端操盘强、终端厂家资源丰的优势，通过炒店暖店、主题日活动、开业专场、厂家促销等新模式，以终端运营为切入点，提升融合终端渗透率，促进规模与质态双提升。聚焦渠道建设，优化门店布局。支局五级和社会渠道并抓，推进社区卖场新开、农村卖场改造、核心商圈卖场建设，优化门店布局。撬动终端厂商资源，实现五级卖场化门店基础设施硬达标；组织达标验收，对于达到标准建设要求和运营成效要求的门店进行实地验收授牌，通过激励以点带面加速打造五级卖场2.0。规范运营机制，提升运营效能。班子成员共商对策，明确五级终端销售目标，关联考核，配置激励，强化终端销售意识。推进一周一培、以赛代训、师徒结对，提升一线终端销售能力。执行日周月闭环管控体系，对终端运营进行全局把控。积极落实上级公司门店运营管理“四统一”规范，对实名制规范、业务真实性考核、安全生产、有效人员到位等基础运营要求执行一票否决，规范门店运营管理。强化组织营销，提升终端运营质态。以橙分期为主要突破口，推进月度终端挑战赛；通过周经营工作分析会议制度，实时掌握周专场营销活动进度与成效。五级月度终端销量自4月起通过有效组织强化推进，首次突破1000台，月均终端销售1100台；5月至6月在省公司组织的橙王争霸赛中，宁海连续九期获得小组第一、本地网第一。

【闭环管控】 2019年三季度起，宁海电信局接应上级公司商客倍增专项行动，由上至下统一思想、针对属地情况制定目标、宣贯政策、优化举措，结合中小企业解决方案、号百、物联网、ICT等项目型业务抓收入。商客中心建立专班，明确分工，同步盯紧商客倍增行动进度；与支局保持沟通，通过每周一复盘、每月一通报，闭环支局每条商机的进度和储存周期；对弱势支局点对点沟通不足，明确提升方向。严格的闭环管控下，宁海电信局取得不错的成绩，截至年底，带动收入201.3万元，完成率319.5%，小组排名第一，全市排名第二，其中中小企业解决方案从无到有建立商机78单。

9月20日，在宁海档案馆开展主题教育实践活动

【信息化项目】 ICT项目攻坚团队立足本地市场，坚持信息化引领，积极拓展ICT项目，为社会、政府服务的同时带动进收。新增项目62个，完成收入目标3400多万元。宁海电信局保持与县政府重要项目合作。持续中标政务服务网云桌面、政务网维护、政务数据中心安全等重要项目，12月成功签约的宁海县公共安全智能化项目对电信局而言具有非常重要的战略意义。加强与政府部门信息化建设合作。畜禽养殖污染线上防控平台项目覆盖范围和规模不断扩大，与农业和农村局合作的益农信息社建设项目为电信局后续参与全县农村信息化建设奠定了基础。积极参与乡镇街道信息化智能化建设。2019年成功获取越溪乡雪亮工程、桥头胡街道山塘海塘防汛监控、岔路镇下畈村WiFi覆盖等项目。

【打造精品网络】 管控先行，做优装维服务。严控装维服务全流程端到端服务指标，突出强化二单管控、做好每日通报，负面清单奖惩分明；通过小班化支撑帮扶、点对点沟通、面对面培训新业务的方式，提升社区经理服务能力，截至12月底，装维服务全流程效益评估月均得分列本地网第一。优化服务，提升农村网络质量。宁海电信局成立农村光网络提升专项小组，确定“新装100%达标、存量时序整治”的基本办法。从9月实施以来，按单施工准确率提升至96%，整体农村装维二单安装时长压降到17.1小时，故障修复时长压降到5.7小时，极大提升农村网络稳定性和农村用户感知。夯实基础建设，稳固光网品质优势。通过B改H，沉默用户梳理，低速率非光用户免费提速等措施，新增光网端口2655个，FTTH宽带用户占比100%，存量IPOE用户每月均位于目标值80%以上。4G/5G协同发展，打造精品网络。9月，在宁海区域内率先开通第一个5G基站，实现与卫计局合作的基于5G无线远程查房系统的全市首个5G网络远程查房项目的成功应用。与联通共同建设并开通5G基站100个左右，主要覆盖于跃龙和桃源街道。打造精品4G网络，优化城区网络，增加农村网络覆盖，全县4G网络覆盖率提升6个百分点，达到96.8%。

【精神文明建设】 扎实推进主题教育，夯实思想基础。围绕“守初心、担使命，找差距、抓落实”的总要求，宁海电信局组织党委、党支部深入学习习近平新时代中国特色社会主义思想、中共十九大精神、中共十九届四中全会精神，开展集中学习14次，实景党课学习2次。通过自学与集中学习相结合、内外学习相结合、理论学习与工作实际相结合的方式，达到让党员同志们理论学习有收获、思想政治受洗礼的目的。关心关爱员工，提升企业文化感知。宁海电信局坚持“五必访、五必贺”，将送温暖活动常态化，对39名生活困难员工进行慰问，为478位员工进行健康检查；为基层支局食堂添加设施、提高食堂阿姨工资、改善就餐环境，建设黄坛最美家园、职工之家，将解决实事的信念贯彻始终；开展“三八”妇女节趣味游园、观影《我和我的祖国》庆70周年、“品味书香、经典诵读”读书等活动，丰富员工业余生活。抓培养、重提升，建设高素质职工队伍。领导班子推动工会协同行政、专业线组织开展近20多项次劳动竞赛。俞建平在参加省市公司工会举办各项技能操作比赛中屡获佳绩；冯晓获得宁波市2019年智慧家庭营维技能大赛个人一等奖，获评“宁波市工会首席工人”称号，公司代表队获得团体三等奖；网络部获得市公司云网融合业务支撑技能大赛二等奖。发扬“钉钉子”精神，助力打赢扶贫攻坚战。深入结对扶贫村（胡陈腾达村）开展精准扶贫调研支撑工作共8次，从网络优化、助力村务公开送大屏、公益扶贫购买农产品、鼓励同等条件优先招聘等多方面开展精准扶贫，彰显电信国企担当。

5月，宁海县邮政分公司与邮储银行宁海支行开展党建共建活动，双方组织党员参观宁海县清廉文化教育基地——正德堂和岔路梅花村红色教育基地，接受革命传统教育。

6月，浙江省邮政系统内的第一个“喜马拉雅有声图书馆”落地完工，并在宁海县住建局正式投入使用。据悉，喜马拉雅有声图书馆是由浙江省分公司报刊发行局与上海证大喜马拉雅网络科技有限公司合作，旨在积极响应国家“全民阅读”战略、帮助全社会营造“爱读书、读好书、善读书”的文明风尚，为建设学习型社会打造数字化有声阅读，提供创新的城市政企文化服务。用户只需拿出手机扫描二维码，无须跳转、注册或下载APP，即可在线直接收听，真正做到无门槛“全民阅读”。

7月，宁海邮政分公司积极响应县教育局组织开展的少先队“手拉手，共庆祖国70华诞”温暖献爱心活动，通过各种渠道积极营销，共募集爱心牵手包300个，发往贵州晴隆、浙江景宁地区赠予结对的少先队员们。宁海县分公司通过本次活动，产生标快现费收入近万元。多年来，宁海邮政一直积极参与社会公益事业，不断树立人民邮政为人民的良好形象。

1月11日，腊八节怡惠社区送温暖

7月1日，开展力洋镇留守儿童暑期实践活动

财税·金融

财　政

【概况】 深入开展“不忘初心、牢记使命”主题教育，并与贯彻落实县委县政府中心工作结合起来，坚持稳中求进工作总基调，按照高质量发展要求，深入推进财税改革，实施更加积极的财政政策，调整优化支出结构，全力支持打好三大攻坚战，积极保障“六个稳”工作，为宁海加快跻身更高站位的全国强县第一方阵，加快打造“两高”先行区、“五好”样板区提供有力的财政支撑。

【财政收支】 全县财政总收入104.70亿元，增长4.6%，其中一般公共预算收入66.02亿元，同比增长7.1%。一般公共预算支出90.80亿元，同比增长8.8%，其中，八项支出66.80亿元，同比增长13.0%。

紧盯全年收入预算目标，加强财源建设，强化信息开放共享、财税收入分析、组织收入协调，依法依规组织财政收入，确保全县财政收入总量均衡、增长平稳、质量提升，为完成全年经济社会发展主要目标任务提供有力支持。按照“三保”及县委、县政府确定的重大项目和重点支出顺序，按政策依据标准测算实际支出需求，并根据轻重缓急予以安排。完成民生支出67.30亿元，占一般公共预算支出的74.2%，安排资金1.70亿元用于支持美丽乡村、全域旅游、文化礼堂、垃圾分类等人大票决十大民生实事工程。严格执行过紧日子的要求，大力压减一般性支出与“三公”经费，压减率均为10%。

【服务导向】 坚持把着力点放在实体经济上，发挥财政政策和资金的引导作用。在不折不扣落实减税降费优惠政策的情况下，进一步加大企业扶持资金投入力度，共兑现二、三产业扶持资金5.28亿元，新增“中国制造2025”三等奖市级资金3000万元，成功入选全市首个深化民营和小微企业金融服务综合改革试点区。

做好财政扶持政策和资金管理办法的制定，会同行业主管部门制订和完善制造业领军企业培育、小微企业财产保险、“三凤”金融等专项资金管理办法，确保资金使用安全有效。

做好企业服务工作，通过“五问五帮”“三服务”、外出考察学习等方式，实地调研多家民营企业发展状况和政府支持需求，分析扶持政策中的不足和缺陷，学习先进地区的经验和做法为下步调整和完善产业政策提供决策依据。

【绩效管理】 持续扩大预算绩效评价覆盖面，建立完整的县级项目库，积极推进绩效评价结果与项目库的有机更新相结合，做到有绩效的项目持续跟进，无绩效的项目及时退出，对重点项目开展全面绩效评价。完成2018年度8个重点项目绩效评价工作及2018年度3个自评项目的复评工作，有效开展2019年度9个重点关注项目中期绩效跟踪。完成28个2018年度专项资金绩效自评工作，新增1个2018年度新农村建设类项目中的村级集体经济发展项目绩效评价。

启动部门专项资金整合清理工作，建立项目退出机制，共清理并取消各类政策到期或绩效不高的专项资金31项，合计金额为4326万元，督促修订完善资金管理办法项目13个，合计金额为3229万元。

加大对存量资金的清收与盘活力度，严格实施结转结余资金和存量资金正常回收机制。整合县级财政涉农资金7.80亿元，提升财政支农效益。完成政府投资项目工程结算审核370个，核减金额达29124万元，平均核减率达7.4%。

【改革创新】 试点国库集中支付电子化系统，确保资金安全、高效运行。推进2018年度政府综合财务报告试编工作，首次将18个镇、乡、街道纳入权责发生制综合财务报告试编范围。深化国有资产摸底清查，编制《2018年度宁海县行政事业性国有资产管理情况的专项报告》和《2018年度宁海县国有资产管理情况的综合报告》。全力打造“阳光采购”，成为全市首个政府采购项目电子化交易全流程贯通区域，全年节约采购资金6575万元，节约率为9.4%。

【风险防控】 坚持标本兼治、疏堵结合、循序渐进，积极防范化解地方政府债务风险。坚决遏制隐性债务增量，针对乡镇政府及其融资平台的现有债务情况、借款类型、乡镇政府收支状况进行摸底统计，并在布置单位自查工作的同时，走访各家相关债务单位全面排查新增隐性债务情况、存量隐性债务化解情况。落实五年化债计划，认真督促各单位及时筹措资金按期化债，累计完成全年化债计划的104.0%。

配合做好再融资债券和新增债券发行工作，共发行再融资债券1.88亿元，新增6.00亿元棚户区改造专项债券。全县政府债务合计132.40亿元，债券资金占宁海县政府债务的比重为100%，宁海县政府债务融资成本为3.8%。

做好年度PPP项目财政支出责任统计监测工作，以2018年一般公共预算支出数为基数，调整已入库的PPP项目全生命周期内的财政支出责任，保障已有5个PPP项目运行实施。

【队伍建设】 **强化学习教育，坚定理想信念。**自“不忘初心、牢记使命”主题教育启动以来，以高度的政治责任感，坚持以上率下、全面覆盖、务求实效，有力推动主题教育走深走实，从而实现思想上更加清醒，筑牢践行初心使命的理论根基；政治上更加坚定，把准宁海经济发展的前进方向；干事上更加主动，激发干部担当作为的奋斗热情；服务上更加用心，解决企业群众关注的急难问题；廉政上更加自觉，树起党员清正廉洁的良好形象。

落实立行立改，建立长效机制。以强烈的政治担当，按期完成党员干部“违规领取、侵占村级分红”和“违规占用农村集体土地”等问题专项整治。抓好巡察问题整改，成立巡察整改领导小组，制定整改工作方案，进行责任分解，专人负责，坚决抓好整改落实和对账销号。县委第二巡察组共反馈问题74个，已完成整改74个，收回资金26万元；及时总结整改经验，把整改过程转化为建章立制的过程，建立健全各项规章制度14项。规范内部管理，自觉遵守中央八项规定精神，严格执行《厉行节约反对浪费条例》《公务接待管理规定》等制度，规范会议、培训、工会经费等经费使用，公务接待支出控制在核定范围内，贯彻执行差旅费报销相关规定，严格按规定履行审批手续，严格按照《关于规范公务员津贴补贴问题的通知》规定发放津补贴。开展廉政风险排查，有效防范化解各类腐败风险。

拓宽践行方式，提升干部素养。组织开展消防安全培训及演练，特邀县消防大队消防员进行授课，为全局干部职工讲解火灾自防自救等知识。开展志愿服务，组织“寒窗计划”助学活动，发动全体党员干部为宁海中学5名贫困学子送上8000元助学金。按照“上级要求、晴隆所需、宁海所能”原则，组织开展“情系晴隆、课桌圆梦”结对扶贫行动。结对春景小区开展垃圾分类入户指导，每月开展“有害垃圾回收日”活动。

县2019年“礼赞新中国、奋斗新时代”微型党课授课比赛荣获二等奖，县“我最喜爱的习总书记的一句话”主题宣讲比赛荣获二等奖，市第十一届“深化改革与法治建设”论坛征文活动荣获三等奖，获2019年度全县党委信息工作先进个人等。

税　务

【概况】 国家税务总局宁海县税务局设11个内设机构、7个派出机构、1个事业单位。内设机构和事业单位级别均为正科级。派出机构中，第一税务所级别为正科级，第二税务所级别为正股级，属地税务所中3个级别为正科级，2个级别为正股级。截至年底，共有在编干部294人，其中大专以上学历干部比例达到99.32%，本科以上学历干部比例达到85.37%。

全年组织税费收入129.2亿元，增长6%，其中税收收入88.98亿元，增长3.7%，社保基金和其他非税收入40.22亿元，增长11.4%，完成人大调整后的收入目标，实现收入的增长，为宁海经济社会发展提供坚实财力保障。全年办理出口退税27.04亿元，同比增长33.44%。

2019年是国税地税征管体制改革后，新税务全面运行的第一年。减税降费是这一年税务系统的关键词。

深化增值税改革、个人所得税改革、小微企业普惠性税收减免，在落实一系列减税降费政策中，县税务局结合宁海实际，依托科技创新，给出一套“特色方案”。针对减税降费政策内容多、涉及面广的情况，打出“大水漫灌+精准滴灌”

组合拳，开展全覆盖的政策宣传辅导。推出“减税降费进驻七大平台”行动，借助县“8718”企业服务中心、涉税机构志愿服务点等平台，广泛送推优惠政策，并加快兑现政策为企业送去“真金白银”。2019年，全县累计新增减税降费14.96亿元。此外，聚焦服务不放松，持续开展“便民办税春风行动”，全面落实税收优惠“清单办”、出口退税“无纸办”、资料不齐“容缺办”、涉税事项“网上办”等便民措施，在全县14个乡镇（街道）建起自助办税网点，缩短办税“路径”，切实减轻办税缴费负担。

【政策落实】 扎实稳妥做好深化增值税改革工作，有序推进增值税税率调整、不动产一次扣除、扩大增值税抵扣范围、加计抵减、留抵退税等一系列改革措施落地，减税6.87亿元。积极落实企业所得税优惠政策，小微企业标准放宽，企业所得税优惠力度加大，减免税款1.36亿元。扎实推进个人所得税改革、专项附加扣除政策平稳落地，减免税款2.88亿元。增值税小规模纳税人减按50%征收“六税两费”等其他减免0.9亿元。完成全县近47万城乡两费和灵活就业人员缴费划转，实现乡镇（街道）全覆盖，平稳推开社保降率减费，全年降费2.95亿元。

【征管工作】 深入落实《税收征管操作规范（2.0版）》、纳税服务、出口退税等工作规范，进一步深化“放管服”改革。积极推进增值税专用发票管理系统2.0版、金税三期（并库版）、增值税电子发票公共服务平台、自然人税收管理、自然人社保征缴等信息系统顺利上线。完善“统筹协调、归口管理、统一风险分析、分类分级应对”的风险管理运行机制，积极拓宽风险评估行业，全年开展税收风险分析识别219次，补缴税费3233.2万元。持续推进“三项制度”，全年完成执法全过程记录77条，确保税务执法透明、规范、公正。

【纳税服务】 连续第六年开展“便民办税春风行动”，严格落实办税服务厅“1+8+1”制度，全面落实税收优惠“清单办”、出口退税“无纸办”、资料不齐“容缺办”、涉税事项“网上办”等便民措施。进一步完善自助办税网格，新增自助办税终端32台，覆盖全县14各乡镇（街道）。积极推广电子税务局和宁波税务APP，截至2019年年底，宁海自主版税率超70%，平均分流窗口纳税人数量30%。加强跨部门合作，与8718平台建立涉税诉求双向联动机制，与涉税专业服务机构合作新设12个便民办税志愿点、与宁海县工商业联合会开展纳税人培训，打造多点联合的纳税服务新格局。

金　融

【概况】 紧紧围绕中央、省、市、县决策部署，积极开展“三服务、六争攻坚、五问五帮”等中心工作，积极应对经济金融发展新情况，深化金融供给侧结构性改革，增强金融服务实体经济能力，大力推进“融资畅通工程”，不断优化金融生态环境，全力防范金融风险，有力助推宁海经济走高质量发展之路。

全年金融业税收收入53430万元，同比增长17.12%，其中金融业地方税收收入28235万元，同比增长16.07%。金融业增加值38.10亿元，同比增幅5.83%。截至年底，全县共有银行业金融机构25家、保险机构54家、证券公司6家，另有小额贷款公司3家、担保机构5家、典当机构6家、民间借贷登记中心1家。

年末，全县金融机构本外币各项存款余额806.78亿元，比年初增加73.31亿元，余额同比增长10%，增速较2018年同期上升3.94个百分点，其中人民币存款余额789.93亿元，比年初增加71.35亿元，同比增速9.93%。金融机构本外币各项贷款余额965.42亿元，比年初增加90.76亿元，余额同比增长10.38%，增速较2018年同期下降3.24个百分点，其中人民币贷款余额957.34亿元，比年初增加92.90亿元，同比增速10.75%。银行业金融机构不良贷款余额4.25亿元，比年初下降4.19亿元，不良贷款率0.44%，比年初下降0.53个百分点。

全县25家银行业金融机构中，政策性银行1家、大型国有银行6家、股份制商业银行10家、城市商业银行5家、农商行1家、村镇银行2家，银行机构共有网点148个，银行业从业人员2200人。

2019年全区保险机构实现保费收入15.81亿元，同比增长2.94%。其中，财产险保费收入6.94亿元，同比增长5.82%；人身险保费收入8.87亿元，同比增长0.80%。全县共54家保险机构，其中财险机构34家、寿险机构20家。

全年证券经营机构证券成交总额853.67亿元，比2018年同期增加164.77亿元，同比增长23.92%。12月末证券投资者户数为47741户；月末客户保证金余额2.49亿元。全县共6家证券营业部，证券从业人员74人。

【金融服务】 以服务实体经济为根本，全面加强金融要素保障，全面提高金融服务效率和水平，不断夯实实体经济发展的“资金池”。

强化考核引领，完善金融业考核办法，加大贷款增量和贷款增量结构考评比重，引导金融机构加大对宁海重大项目、特色优势行业、科创型企业的支持力度，优化信贷结构，提高对制造业、支农支小贷款比重，同时建立制造业贷款增长监测机制，联合人民银行建立红黄绿“三色单”亮灯考核通报机制，引导银行机构积极向上争取资源，把更多的资源和政策放到宁海，全年实现银行业机构本外币存贷款余额分别为806.79亿元和965.42亿元，同比增长10%和10.38%。

精准开展金融服务，大力实施“融资畅通工程”，全面提升金融服务民营企业效能，打通民营企业融资的“最后一公里”，帮助企业解决生产发展和转型升级中存在的融资方面的突出困难和问题，主要开展“四个一”，即：金融办牵头，人行、经信局、科技局、金融机构成立一支金融专项服务队；建立一整套包括工作联络、问题排摸、企业服务的工作机制；召开一系列的政银企座谈交流活动；开展“分层次、一对一”的对接服务活动，已经解决超过40家的融资问题，涉及银行增加授信或贷款4.09亿元。

加大降本减负力度，引导金融机构加强产品创新、主动减费让利、缩短审批时限等，进一步提高小微企业贷款发放效率和服务便利度。11月11日专题召开25家银行参与的银行推进降本减负促进实体经济发展的专项工作汇报，同时联合税务局和商务局，将退税盈产品纳入退税补贴名单，通过办理该类产品降低出口企业融资成本。2019年全县普惠小微贷款平均利率6.29%，较2018年降低0.26%，针对民营、小微和制造业企业新增贷款，最高下调120个基点。积极发挥政府应急转贷资金的效用，全年为560家企业办理576笔转贷业务，金额35.1亿元，降低近500万元的企业融资成本。

企业上市步伐显著提速。宁海金融办积极开展“三服务”活动，落实企业“五问五帮”举措，大力实施“凤凰凤雏凤来巢”三凤工程，通过政策扶持、宣传培训、分类培育，积极引导支持企业开展股份制改造，主动对接多层次资本市场，把鼓励上市挂牌作为产业转型升级的重要手段，推动宁海实体经济再上新台阶。宁海有4家境内外上市企业，挂牌新三板企业3家，重点培育拟上市企业6家，其中已报会4家（卡倍亿电气、天普橡胶、震裕科技、方正模具），重点培育企业20家，在宁波股交中心挂牌的企业有108家（2019年新增32家）。

打造“一组两网”工作格局。成立企业上市领导小组，强化对全县资本市场工作的统筹规划和协调指导，第一时间能让拟上市企业在各职能局“挂号登记”。织密拟上市企业县领导联系网，建立一名县领导服务一企业机制，定期梳理分析企业上市推进遇到的困难，强化跟踪督查机制，压实部门工作责任，做到“一企一策”逐项攻破。织实“最多跑一次”工作保障网，创新工作手段，建立部门联络函等机制，实现拟上市企业“一次也不跑”。出台《拟上市企业历史遗留不动产权证补办有关事宜处理流程规则》，经县金融办牵头发送部门联络函，推进卡倍亿电气、天普橡胶科技、方正模具等重点拟上市公司历史遗留相关问题顺利解决，加快企业上市步伐。

实施“四个一”的培育模式。按照“企业为主、政府推动、中介尽责”的原则，结合县内规上企业、高成长型企业、科技型企业名单，以“一位金融办工作人员+一位乡镇联络员+一个券商+一家企业”开展团队服务，上门“一企一问”详细了解企业现状，筛选出一批“既有意愿、又有条件”的企业，建立一个分层次、分类别、分梯队的后备资源库，并开展“量身定做”和“精心培育”。充实完善20家有上市目标的上市企业培育库。

开展“五种模式”立体培训。一开展政策“互动吧”，定期开展相关部门政策互动，如邀请税务部门对税收政策进行专项解读，对拟培育上市企业专题宣讲。二会同香港贸发局共同组织开展宁海企业香港上市交流对接座谈会，为20余家优质企业讲解赴港上市的条件和要求，现场答疑解惑，并承诺为有意向的企业提供初步尽调服务。三组建董秘沙龙，通过搭建政策、信息、资源等共享平台，实现新老上市公司之间、已上市公司与拟上市公司之间的“传、帮、带”效应，已开展2期。四联动宁波股权交易中心为108家挂牌企业讲解我国资本市场专业知识，通过授课促进挂牌企业更规范发展并利用资本市场拓宽多元化融资渠道。五开展“缑城金融大讲堂”，进一步理清和拓宽新形势下宁海金融发展思路，破解企业发展中的融资难、融资贵等问题，助力宁海经济高质量发展。

【金融改革】 以深化改革创新为动力，加大金融改革力度，发挥好金融优化资源配置的作用，以改革创新促进金融提质增效。

改革试点城市工作积极推进。

根据财政部、科技部、工业和信息化部、人民银行、银保监会《关于开展财政支持深化民营和小微企业金融服务综合改革试点城市申报工作的通知》，联动财政、人行、经信、科技、人力社保等部门，围绕推动实现增加民营和小微企业贷款规模、降低实体经济融资成本的目标，健全融资担保体系和风险补偿机制，宁海县成为宁波市唯一获批改革试点城市的区域。截至年底，普惠型小微企业贷款户数20472户，比年初增加3117户，贷款余额130.45亿元，同比增量达22.61亿元，增速达21.01%，当年普惠型小微企业贷款增量占各项贷款增量的比重为24.91%。

国有担保公司改革有力深化。按照回归金融本位、市场本位和绩效本位的原则，2019年元旦开始全面深入推进担保中心改革发展工作，进一步完善公司治理机构、建立运行机制和完善绩效考核。全年共担保6519笔，累计服务企业2275家，金额84.22亿元；在保企业307家，在保金额4.5亿元，同比增长15%；银担业务245家，251笔2.12亿元，同比增长165.04%；政银担188家，194笔1.75亿元，同比增长154.04%，抗风险能力大大增强。

金融产品和服务不断创新。在大力推进科技金融和扶贫贷的基础上，积极深挖“银税互动”合作潜能，联合税务部门和金融机构强化应用纳税信用结果，与6家银行签订协议推出“税务贷”“退税盈”等信用贷款产品，破解轻资产小微企业贷款难题，发放商业贷款超过4亿元，同时积极推动辖内银行开展“数据网贷”等供应链金融业务，成功为东方日升、得力集团开通数据网贷商圈，有效破解民营和小微企业融资难题；按照“最多跑一次”改革的要求，实现小微企业信贷办理时限10个工作日内，申请材料9份以内，信贷办理环节4个以内的目标。

保险工作不断优化发展。积极对接宁波国家保险综合创新试验区建设工作，保险工作不断发展，根据试验区总体要求，出台《宁海保险发展三年工作规划》，创新开展特种设备保险、外墙保险等险种，小额保证保险业务2019年承保金额达到7.1亿元，同比增长37.6%，位列全大市前茅；政策性小微企业财产保险，共投保58家企业，实现保费收入40.6万元；首创特种设备安全责任“保险+服务”，为213台特种设备提供保障及服务，涉及24家企业，实现保费10.2万元，服务达240余次，其中叉车187台、升降机10台、起重机16台。积极推进电梯安全责任保险，采用电梯综合保险+服务模式，为电梯用户提供有效安全保障，电梯承保数量增长22%。

【优化金融生态环境】加强涉险企业帮扶，开展互联网金融风险整治、打击金融逃废债行动等，牢牢把握住不发生区域性、系统性风险这一底线，织密织牢金融风险防护网，金融生态环境持续优化，金融生态持续向好，不良贷款率持续下降，全年企业不良贷款4.2亿元、不良贷款率0.44%，处于全大市最低水平，其中普惠性小微企业不良贷款余额1.55亿元，不良率1.19%，同比下降显著。

加强涉险企业帮扶和处置工作。积极协调一、二、三产企业的“两链”风险处置工作，有效落实府院联动机制，包括：企业风险排摸预警机制、分类名单制、中介专业机构评判机制、合力帮扶机制等，加强与法院的工作对接，着力解决处置过程中的税收、社保等问题，切实做到分类处置、区别对待、精准帮扶。密切关注辖内上市企业的大股东的股权质押情况，宁海4家上市公司总体平稳。此外，全力配合开展打击恶意逃废金融债务行为，按照县里统一部署，强化金融机构协调，开展前期排摸，定期报送相关信息，积极配合相关部门打击恶意逃废债行为，切实维护县域信用环境。

深入开展互联网金融风险专项整治行动。切实发挥领导小组办公室统筹协调作用，联合人行、银监、公安、市场监管及相关行业主管部门，建立健全类金融机构注册会商和广告发布会商机制、网格排查机制、部门协作排查整治机制、案件分析研判机制，依托乡镇街道、网格员力量，开展宣传、排查和处置工作，县域类金融机构总量从2016年年底的534家下降至184家。

加强行业监管工作。切实履行小额贷款公司行业监管和风险防控工作，宁海县3家小额贷款公司运行平稳，总体资产质量在全大市45家机构中最优，历年评审均获A级以上评级，其中西店宁信行小额贷款公司获全国优秀小贷公司荣誉。宁海金融办指定专人参与经信、商务等部门对担保公司、典当行的协同监管工作，确保行业监管职能的有序交接。

【人民银行宁海县支行】7月18日，人民银行宁海县支行与国家外汇管理局宁海县支局联合召开“助力民企融资　宁海在行动”暨“深化外汇普惠金融　支持涉外小微企业发展”金融政策宣讲会。同日，与宁海县工商联签署优化民营企业金融服务长期合作协议。

金融运行情况。宁海县各银行

业金融机构认真贯彻落实稳健货币政策和宏观审慎双支柱调控政策，切实提高金融服务实体经济的能力和水平。宁海县金融保持平稳发展态势，存贷款增长稳中有升，贷款增速位于宁波市前列，不良贷款率创新低。

各项存款保持平稳增长。年末，宁海县银行业金融机构本外币各项存款余额806.78亿元，比年初增加73.31亿元，同比增长10%，增速比2018年提高3.94个百分点。其中大额存单新增42.11亿元，占全部存款增量的57.44%。

各项贷款保持较好增长，但增速有所放缓。年末，宁海县银行业金融机构本外币各项贷款余额965.42亿元，同比增长10.38%，增速比2018年下降3.24个百分点，增速在全市6个县（市、区）中排名第二位。

贷款不良率创新低。年末，宁海县银行业金融机构不良贷款余额4.2亿元，比年初减少4.24亿元，不良贷款率0.44%，不良率居6个县（市、区）最低，比年初下降0.53个百分点，不良率为2015年以来最低水平。

普惠金融工作。支持民营、小微企业和制造业发展。加强窗口指导，认真落实好稳健货币政策和宏观审慎政策双支柱调控各项要求，综合运用定向降准、再贷款等货币政策工具和宏观审慎评估（MPA）逆周期调控功能，加快贷款市场报价利率（LPR）机制改革工作进程，深化宁波市普惠金融信用信息服务平台和应收账款融资服务平台的推广应用，组织开展“助力民企融资　宁海在行动”“三服务”等对接活动，引导银行业金融机构加大对实体经济领域的信贷投入，提高金融服务实体经济的能力和水平。

年末，民营、普惠口径小微企业和制造业贷款余额分别为282.75亿元、132.72亿元、225.37亿元，比年初分别增加23.96亿元、25.8亿元、3.04亿元，同比分别增长9.26%、24.13%、1.67%。

配合地方政府成功申报宁波市第一个财政支持深化民营和小微企业金融服务综合改革试点城市，争取到3000万元中央财政专项资金，为辖内民营、小微企业担保提高增信能力。

践行乡村振兴战略。引导金融机构加强涉农金融产品和服务创新，大力推广农村“多权一房”抵质押贷款业务，积极推进村股份经济合作社股权质押贷款增量扩面，满足新型农业经营主体的发展资金需求。年末，农村“多权一房”抵质押贷款余额0.85亿元，户数281户，其中股权质押贷款余额0.19亿元，户数164户。推动银行机构开展“整村授信”工作，宁海辖内授信农户达3.17万户，授信金额28.5亿元。创新“扶贫贷”等金融产品，对低收入农户和农村经营主体“精准滴灌”，贷款余额0.56亿元，带动1200多户低收入农户增收致富。

优化支付结算环境。拓展“智慧支付+”在县域交通、政务、医疗、旅游等民生领域应用。年末，累计创建移动支付示范村5个、移动支付示范商圈6个、智慧菜场7个、“惠停车”项目6个，270余辆出租车安装“聚合码”，3家国有医院布放银医通自助设备102台，全辖所有公交车实现智慧支付全覆盖，县行政服务中心的收费窗口全部实现智能POS移动支付应用。大力推广村级财务网银，年末，全县363个行政村实现村级财务网银全覆盖，“宁海县全面推广村级财务网银支付”案例入选中国人民银行《农村支付服务环境建设案例汇编》。开展助农金融服务点评级、巡查和通报工作，进一步强化服务点管理。顺利实施取消企业银行账户行政许可改革，助推企业开办“最多跑一次”，创造良好营商环境。

深化金融教育和金融消保工作。联合宁海县教育局举办宁海县“庆中华人民共和国成立70周年”小学生金融知识竞赛，提升“金融普惠　校园启蒙”工程影响力。通过老年人金融知识教育有效性评估，组织金融机构开展“金融宣传迎新春　普惠金融福万家”“普及金融知识，守住‘钱袋子’”等金融知识宣传活动，全面推进金融知识宣传教育“双百双千”工程，拓展金融知识宣传广度和深度。做好金融消费权益保护和投诉处理工作，维护金融消费者合法权益。

加强货币金银、国库工作。扩大全额清分覆盖面，提升流通现金质量。做好2019年版第五套50元及以下面额人民币和建国币的发行工作。开展反假币宣传活动，优化人民币流通环境。加强现金运行规律分析研判，提升现金投放回笼预测精准性。加强国库管理，简化退税流程和退税手续，落实降费减税政策。

金融风险防控。推进央行金融机构评级工作，做好辖区法人银行业金融机构的初始评级和最终等级的结果反馈工作。密切关注地方法人机构信用风险和流动性风险，加强对地方政府债务、房地产等重点领域风险的监测分析。组织开展对商品房预售资金管理、企业逃废债、僵尸企业、破产重整等重点领域的排查工作。督促银行业金融机构严格执行利率政策及管理规定，维护存款市场竞争秩序。开展“客户信息质量深化年”和“可疑交易报告质量提升年”活动，完成对宁海农商行反洗钱现场检查和对宁海农村商业银行、宁海西店中银富登村镇银行、宁海中银富登村镇银行3家法人机构的反洗钱分类评级。开展打击治理网络新型违法犯罪专项行动，加强“平安金融”创建，持续整治金融乱象。

涉外金融管理深化外汇金融普惠。结合“深化外汇普惠金融 支持涉外小微企业发展”金融政策宣讲、宁海县应对中美贸易摩擦专项行动等，对重点涉外企业进行“一对一”和“面对面”的政策上门辅导，进一步提升外汇管理服务水平。引导金融机构在融资利率、结售汇汇率、国际结算费率等方面为企业减负，年末，累计让利490万美元。推动“互联网+政务服务”与“互联网+监管”改革在宁海的落地，进一步提升外汇管理政务服务便民利企水平与行政执法的公开性、合规性。

加强外汇日常监管。认真开展非现场、现场核查，加强对企业、银行的异常指标跟踪、监测和分析，确保辖区跨境资金真实、合规、有序流动，2019年辖内跨境收支顺差33.42亿美元，涉汇主体结售汇顺差28.78亿美元，同比分别增长25.88%、23.93%。严厉打击外汇违法违规行为，立案1起，收缴罚款5.88万元。

【宁海农村商业银行】 宁波宁海农村商业银行股份有限公司是由宁海县农村信用合作联社整体改制组建，成立于2015年11月，是一家服务于宁海“三农”、社区、中小企业和地方经济的股份制银行业金融机构。宁海农村商业银行下辖1家营业部、23家支行、23家分理处，员工541人，是宁海县网点分布最广、存款规模最大、服务人员最多，且唯一一家网点覆盖到全县各个乡镇街道直至偏远山区的金融机构。

宁海农村商业银行始终秉承“宁海人的银行”的发展理念，坚定“深耕农村、拓展城区、城乡联动”的市场定位，全力打造“做业务最实、与民企最亲、离百姓最近”的“三最银行”，为宁海县经济社会发展做出积极贡献。宁海农村商业银行及下辖支行连续获得妇女创业小额贴息贷款全国先进单位、全国改善农村支付环境先进集体、全国级送金融知识下乡服务站、中华诗教先进单位、全国银团合作“优秀派出机构”、中国银行业文明规范化服务千佳单位以及中国银行业文明规范化服务五星级营业网点、浙江省“民企最满意银行”等荣誉称号。宁海农村商业银行各项存款余额169.15亿元，位居宁海县金融机构之首；各项贷款余额123.73亿元，其中涉农贷款余额112.27亿元，占比达90.74%；全年度累计上缴各类税收超1亿元。

经济管理

发展改革

【概况】 宁海县发展和改革局坚持党建引领，以干字当头、实字托底精神，强化担当使命，围绕中心、服务大局，主动作为、奋力拼搏，全面贯彻落实“六争攻坚、三年攀高”行动计划，大力开展“创新破难奋进年”活动，稳妥推进机构改革，全面提升履职能力，为推动全县经济社会高质量发展做出积极贡献。启动“十四五”规划，推动产业布局、项目建设、体制改革、民生保障等重点工作，助推宁海县跻身全国综合实力百强县第48位。全年地区生产总值突破700亿元，按可比价计算，同比增长6.1%。大力开展“有效投资四季大比拼”专项行动，投资结构进一步优化，民间投资（不含房地产）增长36.3%，位列全市第一，民间投资占比达52%，首次突破50%。19个省市重点工程全部开工在建，3个县长工程顺利开工。

【统筹谋划】 经济运行稳中有进。宁海县跻身全国综合实力百强县第48位，保持绿色发展百强县第47位，成功创建全市唯一首批国家全域旅游示范区，获评全市首个国家“两山”实践创新基地。县域经济健康平稳运行，全年地区生产总值突破700亿元，按可比价计算，同比增长6.1%。

立足大局谋划发展。启动“十四五”规划编制，安排28个重大问题及重点领域研究课题。开展省级大花园典型示范创建工作，编制《宁海县大花园建设思路研究》。推进三门湾区域、海洋生物医药区块、康体养生区块等重点区域海洋经济发展建设，制定《宁波海洋经济示范区宁海拓展区建设实施方案》。

3月25日，国家发改委价格认证中心副主任秦成华（左二）一行到宁海县价格认证中心调研

【优化结构】 投资增长趋稳、结构趋优。大力开展“有效投资四季大比拼”专项行动，全力推进“项目争速”，全年举办集中开工仪式4批次、55个重大项目，总投资357.6亿元，为宁海县扩大有效投资提供强劲动力。全年固定资产投资增长6.3%；投资结构不断优化，民间投资增长36.3%，位列全市第一，民间投资占比首次突破50%。

6月18日，省经济信息中心生态处副处长徐健（右三）带领省级大花园典型示范建设调研组一行实地调研强蛟资源循环利用产业发展情况

项目建设争速度、抢进度。积极落实重大项目协调例会制度和重大项目督查专员制度，全力破解阻碍项目推进难题。全年共建成47个、新开工90个重大项目，开工率达80.4%。19个省市重点工程全部开工在建，县长工程超额完成省要求的50%开工率目标。宁海通用机场、清溪水库等重大项目前期工作取得突破，宁海抽水蓄能电站、G228宁海西店至桃源段公路等项目顺利推进。积极对接上级部门，及早谋划储备项目，争取到中央预算内投资7261万元。

项目服务主动靠前、落到实处。加快在线审批监管平台3.0推广应用。企业投资项目前期研判工作机制持续发力，全年累计研判90个项目，100%实现“最多90天”。在规定区域出让“标准地”30宗，总面积964.64亩。创新工程造价监管模式，对全县政府投资项目实施规范化、精细化、动态化管理，完成217个项目概算审核，净核减项目投资2976万元；会审17个工程变更项目。积极对接上级部门，及早谋划储备项目，争取到中央预算内投资7261万元。

6月19日，县发改局组织召开“十四五”规划基本思路调研座谈会

7月25日上午，县委书记林坚（中间）督查民生实事推进工作

【创新引领】 完善政策，培育发展战略性新兴产业。制定《宁海县引进高层次创业人才团队实施细则》，开展高层次人才创业团队评审，17家创业团队通过尽职调查。2019年，宁海县实现战略性新兴产业增加值43.02亿元，同比增长30.6%；实现战略性新兴产业总产值203.13亿元，同比增长26.3%，增速均位列全市第一。全年拨付8批次战略性新兴产业专项补助资金达2257万元，支持24个项目。

多向发力，保持服务业增长势头。狠抓现代服务业培育，加快推进总部经济发展，建新、得力、旗滨总部项目顺利竣工；推进重点项目建设，梁皇山景区综合体开发项目一期实现试营业，新城市中心区商业综合体项目开工建设。实现服务业增加值291.20亿元，增长6.5%，对GDP增长贡献率为43.6%。

节能降耗，推动能源项目建设。开展宁海县普通光伏发电项目竞价国家、省光伏发电补贴的相关工作，8个光伏项目成功竞价到国家或省级补贴，另有3家企业获得家庭屋顶光伏市级补贴46579元。推进光伏发电项目建设，新增分布式光伏发电项目664个，新增装机容量1.59万千瓦。4座综合供能服务站实现开工建设。宁海至象山天然气管道工程宁海段政策处理工作基本完成，具备通气条件。

破难攻坚，推动通航项目建设。宁海通用航空机场工程初步设计获得市发改委批复。编制《围填海项目生态评估报告及生态修复方案》，努力突破因围填海政策影响滨海航空小镇用地的审批工作。招商工作取得成效，与浙江航源飞行器制造有限公司签订项目“标准地”使用（投资建设）协议（试行）；与浙江航源飞行器制造有限公司签订年产100架Topcub（CC18-180）型飞机一期项目投资合作协议。

【改革生效】 有序推进经济体制改革相关工作。牵头相关责任单位推进9项重点改革任务，配合开展营商环境试评价工作。同时，特色小镇、省小城市、中心镇、市卫星城

8月12日，宁波市发改委党组成员程宏友（中）带领委机关相关处室人员，赴宁海中心粮库实地查看台风“利奇马”灾后粮食受损情况

9月24日，省能源局刘勇处长（右二）带队到宁海县查看燃煤锅炉淘汰改造情况

市培育等工作有序开展，宁海葛洪养生小镇入围市第四批特色小镇创建名单。

持续深化新型投融资模式改革。积极做好PPP项目协调监管工作，对纳入PPP综合信息平台管理库的5个项目开展合规性论证，有效避免新增地方政府隐性债务问题。建成桃源中路、人民路东段和桥头胡公交首末站工程，使用世行贷款资金3554.3万元。宁海中心城区防洪排涝工程通过世行评估，建安投资约5.5亿元。

稳步推进社会信用体系建设。制定年度工作要点，印发《宁海县企业欠薪失信行为专项治理实施方案》，完成失信企业信用修复1件，为法人及其他组织、自然人提供信

用报告查询8件。协调完成县公共资源交易平台信用应用改造开发。指导具有行政处罚权的县级部门制定信用修复指南并及时予以公开。

9月11日，市发改委党组成员程宏友（右二）率粮食监管处、国际投资咨询公司负责人，到宁海调研粮食流通基础设施建设情况

【行业管理】 粮食和物资储备安全保障有力。实施粮食安全责任制，严格执行粮食收购政策，全面落实订单计划和轮换计划。筑牢粮食应急保障机制，落实应急成品粮900吨、食用油100吨。推进放心粮油工程建设，2家企业申报市放心粮油企业，5个经营店申报市放心粮油店。推进粮油监管信息化建设，中心粮库安全管理、宁西粮库智慧管理、入统企业（店）市场管理信息化平台全面建成。仓储设施建设有序推进，宁西粮库投入使用，中心粮库外墙改造和二期工程前期以及台风灾后重建有序进行。加强粮食安全监管与执法检查。完成救灾物资储备库改造，提出救灾物资轮换采购方案。

民生价格保持总体稳定水平。认真做好价格监测工作，重点关注市场猪肉零售价格及生猪价格变动。扎实推进价格收费管理，两次降低一般工商业用电价格7.48分，全年为企业减负4100万元。下调非居民用天然气输配价格至0.79元/立方米，全年为企业减负450万元。完善宁海县司法鉴定机构鉴定服务收费、出庭凭证费等部分经营服务性收费实行市场调节价管理。重新核定25家公办幼儿园保教费收费标准。

依法保障民生权益成效显著。办结各类价格认定案件202件，牵涉认定标的548个，认定总金额805.58万元。政策性农村住房保险参保户数达146504户，其中低保户3256户，参保率100%。已决赔案306宗，赔付金额142.4万元。

10月17日，县粮食收储公司邀请中国水稻研究所研究员、博士生导师唐绍清（右三）等专家一行到宁海县就优质稻示范种植及新品种引种试验进行现场检查、指导

12月3日，宁波市发改委组织召开宁海通用航空机场工程初步设计审查会议

市场监督管理

【概况】 紧紧围绕县委“创新破难奋进年”活动要求，深入实施“五大行动”，全力以赴强队伍、抓改革、促发展、保安全、惠民生，各项工作迈上新台阶。

全县累计实有各类市场主体72222户，与2018年同比增长9.64%，市场主体总量突破7万户。内资企业20264户，注册资本（金）10684019万元，同比增长10.85%和8.70%，其中私营企业17133户，注册资本（金）7499050万元，分别比2018年同期增加12.26%和10.83%。外商企业376户，投资总额245175万美元，注册资本150178万美元，其中外方112832万美元；分别比2018年同期减少3.09%、4.84%、1.27%和增加0.42%。个体工商户50166户，资金数额602987万元，分别比2018年同期增加10.13%和17.88%。农民专业合作社1416户，出资总额191087万元，分别比2018年同期减少14.39%和增加14.15%。

全年新设各类市场主体14013户，同比增长4.80%，新增数创历年新高。新设内资企业3491户，注册资本（金）1178073万元，分别同比增加2.62%和减少26.98%。其中新设私营企业3394户，注册资本（金）1012058万元，分别比2018年同期增加6%和减少22.91%。新设外资企业17户，投资总额8755万美元，注册资本7971万美元，其中外方6593万美元；同比减少29.17%、29.45%、19.57%和28.97%。新设个体工商户10459户，资金数额143290万元，分别比2018年同期增加5.67%和减少0.91%。新设农民专业合作社46户，出资总额7298万元，分别比2018年同期减少2.13%和16.77%。

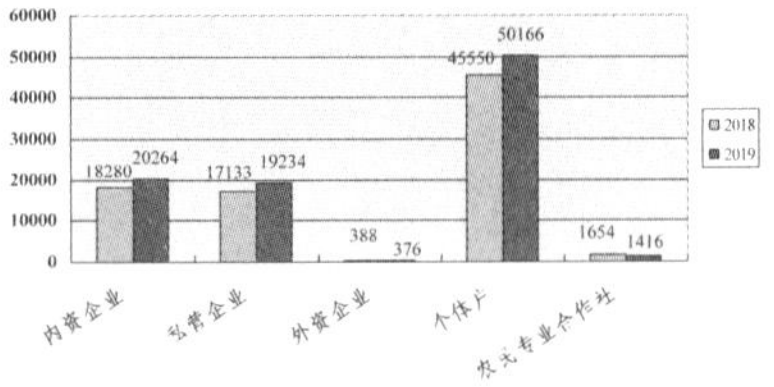

图 1　全县市场主体累计数量情况图（单位：户）

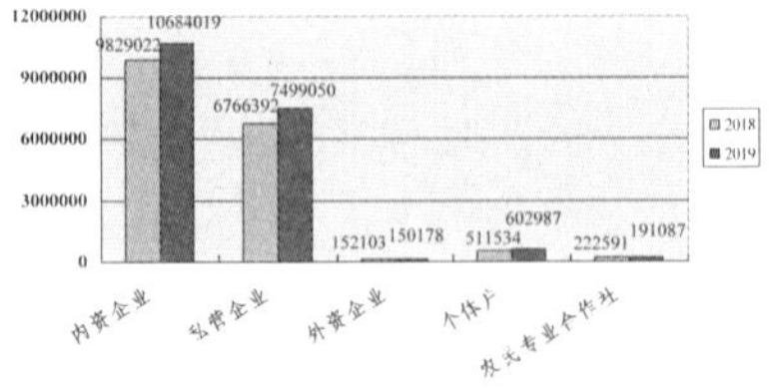

图 2　全县市场主体累计资金情况图（单位：万元）

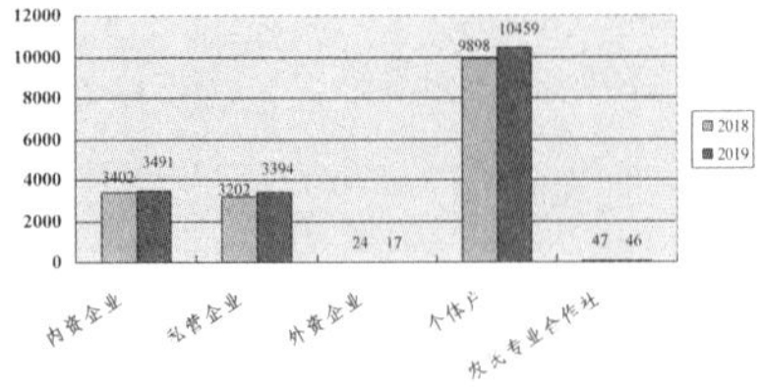

图 3　全县新登记市场主体数量情况图（单位：户）

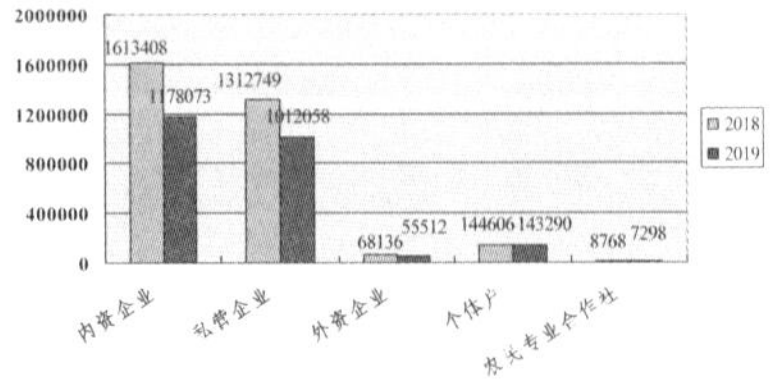

图 4　全县新登记市场主体资金情况图（单位：万元）

【注销登记情况】 2019 年度共注销各类市场主体 8445 户，同比增长 43.38%；注销内资企业 1692 户，同比增长 48.55%，其中私营企业 1472 户，同比增长 37.70%；注销外资企业 12 户，与 2018 年持平；注销个体工商户 6662 户，同比增长 42.66%；注销农民专业合作社 79 户，同比增长 14.49%。2019 年，简易注销进一步简化，公告期缩短至 20 日，企业注销一网服务平台的启动，更加便捷市场主体的退市，加速淘汰不良主体，统计数据更能直观反映全县的经济现状。

【产业分布】 2019 年度全县新设第一产业企业 366 户，第二产业企业 2857 户，第三产业企业 10790 户，分别占新设市场主体总量的 2.61%、20.39%、77%，与 2018 年同期相比，一产下降 0.06 个百分点，二产下降 0.72 个百分点，三产上升 0.68 个百分点。

截至年底，全县实有第一产业 3655 户，第二产业 20271 户，第三产业 48296 户，分别占全县市场主体总数的 5.06%、28.07%、66.87%。与 2018 年同期相比，第一产业下降 0.58 个百分点，第二产业上升 0.16 个百分点，第三产业上升 0.36 个百分点，产业结构优化速度放缓。

【行业分布】 2019 年度，全县新设市场主体户数居前 5 位的行业分别是：批发和零售业 5730 户，占新设企业总量 40.89%；制造业 2488 户，占 17.75%；住宿和餐饮业 1884 户，占 13.44%；居民服务、修理和其他服务业 954 户，占总量的 7.10%；租赁和商务服务业 823 户，占总量的 6.81%。以上 5 个行业合计占新设市场主体总量的 84.77%。

全县新设市场主体增长幅度居前五位的行业分别是：文化、体育和娱乐业 206 户，同比增长 37.86%，教育 108 家，同比增长 34.26%，房地产业 99 家，同比增长 30.30%，水利、环境和公共设施管理业 27 户，同比增长 29.63%，科学研究和技术服务业 335 户，同比增长 27.16%。

【区域分布】 截至年底，实有市场主体总量居前五位的地区分别是：跃龙街道 20743 户、桃源街道 13161 户、西店镇 9246 户、梅林街道 4777 户、长街镇 3824 户，以上地区合计共有市场主体 51751 户，比重占到全县市场主体总数的 71.66%。

2018 年度，新增量前五的乡镇街道分别是：跃龙街道 4435 户，桃源街道 3221 户，西店镇 1979 户，梅林街道 792 户，长街镇 716 户，分别占全县新增市场主体总量的 31.65%、22.99%、14.12%、5.65% 和 5.11%，以上 5 个地区合计占比的 79.52%。

新设市场主体增速较快的地区有：宁波南部滨海新区、西店镇和长街镇，同比增速分别为 43.94%、32.02%、24.74%。

【宁海、奉化、象山三地登记情况对比】 **累积登记情况。**截至年底，宁海各类市场主体累积登记数均列宁海、奉化、象山三地第一。三地累积实有的市场主体数的分别是：宁海 72222 户、奉化 59283 户、象山 55413 户。按市场主体类型分，在内资企业方面：宁海实有 20264 户、奉化 18523 户、象山 16386 户；在个体工商户方面：宁海 50166 户、奉化 39918 户、象山 37854 户；在农民专业合作社方面：宁海 1416 户、奉化 502 户、象山 878 户。

新登记情况。2019 年度，宁海新设各类市场主体 14013 户，同比增速为 8.4%，奉化 11474 户，同比增速为 13.8%，象山 12385 户，同比增速为 18.7%。2019 年是宁海县实行住所申报承诺制的第三年，市场主体近三年来都在高位增长，增速则因2018年基数大，增长率呈现下降趋势。奉化、象山分别于2019年和2018年实行住所申报承诺制，市场主体新增增速上升明显。

按市场主体类型分，在内资企业方面：宁海新设3491户、奉化3433户、象山3187户，同比增速分别为2.62%、15.86%和27.43%；在个体工商户方面：宁海10459户，奉化7987户，象山9125户，同比增速分别为5.67%、13.23%和15.83%；在农民专业合作社方面：宁海46户，奉化37户，象山42万户，同比增速分别为－2.13%、−9.76%和55.56%。

注销登记情况。2019年度，宁海注销各类市场主体8845户，同比增长43.38%，奉化11991户，同比增长19.96%，象山8584户，同比增长32.02%。2019年宁波试点简易注销登记，并开通多部门联办的“一网注销”平台，有效地简化市场主体的退出，三地注销数明显上升。

表6　　宁海县市场主体基本情况统计表

<table>
<tr><th colspan="4" rowspan="2"></th><th rowspan="2">单位</th><th colspan="2">2019年</th><th colspan="2">2018年</th></tr>
<tr><th>累计</th><th>新增</th><th>累计</th><th>新增</th></tr>
<tr><td rowspan="7">企业</td><td colspan="3">企业总数</td><td>户</td><td>20640</td><td>3508</td><td>18668</td><td>3426</td></tr>
<tr><td rowspan="4">内资企业</td><td colspan="2">户数</td><td>户</td><td>20264</td><td>3491</td><td>18280</td><td>3402</td></tr>
<tr><td colspan="2">注册资本（金）</td><td>万元</td><td>10684019.00</td><td>1178073.00</td><td>9829022.00</td><td>1613408.00</td></tr>
<tr><td rowspan="2">其中：私营企业</td><td>户数</td><td>户</td><td>19234</td><td>3394</td><td>17133</td><td>3202</td></tr>
<tr><td>注册资本（金）</td><td>万元</td><td>7499050.00</td><td>1012058.00</td><td>6766392.00</td><td>1312749.00</td></tr>
<tr><td rowspan="2">外商投资企业</td><td colspan="2">户数</td><td>户</td><td>376</td><td>17</td><td>388</td><td>24</td></tr>
<tr><td colspan="2">注册资本</td><td>万美元</td><td>150178.00</td><td>7971.00</td><td>152103.00</td><td>9910.00</td></tr>
<tr><td rowspan="2">个体工商户</td><td colspan="3">户数</td><td>户</td><td>50166</td><td>10459</td><td>45550</td><td>9898</td></tr>
<tr><td colspan="3">资金数额</td><td>万元</td><td>602987.00</td><td>143290.30</td><td>511534.00</td><td>144606.00</td></tr>
<tr><td rowspan="2">农民专业合作社</td><td colspan="3">户数</td><td>户</td><td>1416</td><td>46</td><td>1654</td><td>47</td></tr>
<tr><td colspan="3">出资总额</td><td>万元</td><td>191087.10</td><td>7298.00</td><td>222591.10</td><td>8768.50</td></tr>
</table>

说明：表中统计数据含分支机构

表7　　2019年宁海县新设内资企业行业分布情况表

单位：户、万元

行业门类	企业数		注册资本（金）	
	数量	同比增长（%）	数量	同比增长（%）
农、林、牧、渔业	55	5.77	36593	-4.62
采矿业	0	-100.00	0	-100.00
制造业	889	-11.28	246893	-18.84
电力、热力、燃气及水生产和供应业	15	7.14	4901	-38.58
建筑业	257	29.80	189585	48.05
批发和零售业	950	7.10	227028	-5.85
交通运输、仓储和邮政业	71	20.34	13367	3.20

续表7

行业门类	企业数		注册资本（金）	
	数量	同比增长（%）	数量	同比增长（%）
住宿和餐饮业	40	25.00	8002	114.36
信息传输、软件和信息技术服务业	182	-30.27	62671	-12.75
金融业	4	-20.00	0	-100.00
房地产业	63	31.25	48731	-26.03
租赁和商务服务业	322	-14.59	134096	-66.77
科学研究和技术服务业	286	58.89	118296	36.60
水利、环境和公共设施管理业	26	36.84	38858	-75.77
居民服务、修理和其他服务业	85	-12.37	13887	-60.32
教育	108	52.11	6911	213.28
卫生和社会工作	14	-12.50	1933	-88.27
文化、体育和娱乐业	122	46.99	21221	-24.59
其他	2	—	5100	—
合计	3491	2.62	1178073	-26.98

说明：表中统计数据含分支机构

表8　　2019年宁海县现有内资企业行业分布情况表

单位：户、万元

行业门类	企业数		注册资本（金）	
	数量	同比增长（%）	数量	同比增长（%）
农、林、牧、渔业	471	3.52	438942	3.34
采矿业	9	0.00	3063	34.17
制造业	8500	6.25	2143860	14.79
电力、热力、燃气及水生产和供应业	89	8.54	169180	9.15
建筑业	955	28.02	1632806	17.87
批发和零售业	4732	14.22	1137339	17.19
交通运输、仓储和邮政业	421	12.57	92969	24.87
住宿和餐饮业	231	13.24	50077	14.87
信息传输、软件和信息技术服务业	690	8.66	213703	6.43
金融业	211	1.93	32128	-25.51
房地产业	317	12.81	724414	1.69
租赁和商务服务业	1715	-1.38	2908343	1.75
科学研究和技术服务业	847	38.63	641943	26.43

续表8

行业门类	企业数		注册资本（金）	
	数量	同比增长（%）	数量	同比增长（%）
水利、环境和公共设施管理业	84	35.48	170107	-41.29
居民服务、修理和其他服务业	387	14.16	126172	-0.36
教育	192	120.69	14289	94.51
卫生和社会工作	45	28.57	50034	4.29
文化、体育和娱乐业	364	35.32	129345	16.07
其他	4	100.00	5305	26425.00
合计	20264	10.85	10684019	8.70

说明：表中统计数据含分支机构

表9　　2019年宁海县现有内资企业行业分布情况表

单位：户、万元

行业门类	内资企业		其中：私营企业	
	数量	注册资本（金）	数量	注册资本（金）
农、林、牧、渔业	471	438942	427	327674
采矿业	9	3063	9	3063
制造业	8500	2143860	8369	1947460
电力、热力、燃气及水生产和供应业	89	169180	53	46641
建筑业	955	1632806	911	827051
批发和零售业	4732	1137339	4610	1004197
交通运输、仓储和邮政业	421	92969	372	73228
住宿和餐饮业	231	50077	214	29606
信息传输、软件和信息技术服务业	690	213703	631	193185
金融业	211	32128	20	32028
房地产业	317	724414	265	324971
租赁和商务服务业	1715	2908343	1539	1759942
科学研究和技术服务业	847	641943	793	594539
水利、环境和公共设施管理业	84	170107	71	54336
居民服务、修理和其他服务业	387	126172	366	99146
教育	192	14289	186	14009
卫生和社会工作	45	50034	41	46834

续表9

行业门类	内资企业		其中：私营企业	
	数量	注册资本（金）	数量	注册资本（金）
文化、体育和娱乐业	364	129345	353	115835
其他	4	5305	4	5305
合计	20264	10684019	19234	7499050

说明：表中统计数据含分支机构

表10　　2019年宁海县外商投资企业行业分布情况表

单位：户、万美元

行业门类	现有外商投资企业				新设外商投资企业			
	户数	投资总额	注册资本（金）		户数	投资总额	注册资本（金）	
			小计	其中：外方			小计	其中：外方
农、林、牧、渔业	0	0	0	0	0	0	0	0
采矿业	0	0	0	0	0	0	0	0
制造业	237	113076	75273	66715	7	3219	2619	1354
电力、热力、燃气及水生产和供应业	3	13005	4528	4378	0	0	0	0
建筑业	3	15277	5272	5194	0	0	0	0
批发和零售业	53	6019	4165	3810	1	1	1	1
交通运输、仓储和邮政业	1	206	206	206	0	0	0	0
住宿和餐饮业	15	0	0	0	0	0	0	0
信息传输、软件和信息技术服务业	7	1245	621	525	1	145	101	5
金融业	22	2179	2179	181	0	0	0	0
房地产业	2	5000	3300	2715	0	0	0	0
租赁和商务服务业	15	71578	42857	17821	1	0	0	0
科学研究和技术服务业	16	17386	11573	11087	6	5190	5050	5033
水利、环境和公共设施管理业	1	200	200	200	1	200	200	200
居民服务、修理和其他服务业	0	0	0	0	0	0	0	0
教育	1	4	4	0	0	0	0	0
卫生和社会工作	0	0	0	0	0	0	0	0
文化、体育和娱乐业	0	0	0	0	0	0	0	0
其他	0	0	0	0	0	0	0	0
合计	376	245175	150178	112832	17	8755	7971	6593

说明：表中统计数据含分支机构

表 11　　2019 年宁海县外商投资企业国别（地区）分布情况表

单位：户、万美元

	现有外商投资企业				新设外商投资企业			
	户数	投资总额	注册资本（金）		户数	投资总额	注册资本（金）	
			小计	其中：外方			小计	其中：外方
亚洲	181	185540	109276	77742	12	5915	5531	4160
日本	12	5220	3729	3235	1	43	43	43
韩国	9	1598	977	718	1	1	1	1
亚洲其他国家（地区）	11	2158	1974	905	2	1304	1260	63
非洲	9	4525	3189	3135	0	0	0	0
毛里求斯	1	230	230	230	0	0	0	0
塞舌尔	6	4155	2849	2840	0	0	0	0
非洲其他国家（地区）	2	140	110	65	0	0	0	0
欧洲	27	9237	7083	6397	1	14	14	7
英国	5	4153	4097	3815	0	0	0	0
德国	7	2514	1418	1360	1	14	14	7
法国	4	800	585	488	0	0	0	0
俄罗斯联邦	2	1100	580	520	0	0	0	0
欧洲其他国家（地区）	9	670	403	214	0	0	0	0
拉丁美洲	20	13072	7626	6365	0	0	0	0
开曼群岛	2	300	300	225	0	0	0	0
英属维尔京群岛	17	12736	7298	6130	0	0	0	0
拉丁美洲其他国家（地区）	1	36	28	10	0	0	0	0
北美洲	32	14452	10584	8923	2	826	426	426
加拿大	4	3697	2537	2290	0	0	0	0
美国	28	10755	8047	6633	2	826	426	426
大洋洲	18	15671	9942	9150	1	2000	2000	2000
澳大利亚	6	3681	3491	3329	1	2000	2000	2000
新西兰	3	4146	2110	1606	0	0	0	0
萨摩亚	7	5694	3164	3152	0	0	0	0
大洋洲其他国家（地区）	2	2150	1177	1063	0	0	0	0
其他	4	2670	2470	1120	0	0	0	0
合　计	291	245175	150178	112832	16	8755	7971	6593

说明：表中统计数据含分支机构

表 12　　2019 年宁海县现有个体工商户行业分布情况表

单位：户、万元

行业门类	企业数		注册资本（金）	
	数量	同比增长（%）	数量	同比增长（%）
农、林、牧、渔业	1768	11.13	104478	11.10
采矿业	2	100.00	400	233.33
制造业	10296	11.14	146232	17.06
电力、热力、燃气及水生产和供应业	3	-40.00	120	-9.09
建筑业	180	56.52	3645	37.76
批发和零售业	23951	6.15	198803	20.66
交通运输、仓储和邮政业	1381	10.04	15147	19.52
住宿和餐饮业	6613	17.25	68057	14.16
信息传输、软件和信息技术服务业	79	54.90	731	83.67
金融业	27	12.50	259	21.03
房地产业	133	6.40	924	20.16
租赁和商务服务业	1583	27.35	26858	44.04
科学研究和技术服务业	141	29.36	1324	-26.53
水利、环境和公共设施管理业	2	-33.33	6	-50.00
居民服务、修理和其他服务业	3645	11.43	29865	18.10
教育	7	-30.00	100	-17.36
卫生和社会工作	121	8.04	2953	9.05
文化、体育和娱乐业	229	37.95	3053	14.86
其他	5	400.00	32	540.00
合计	50166	10.13	602987	17.88

表 13　　2019 年宁海县新设个体工商户行业分布情况表

单位：户、万元

行业门类	企业数		注册资本（金）	
	数量	同比增长（%）	数量	同比增长（%）
农、林、牧、渔业	265	9.50	15622	-8.40
采矿业	1	0.00	280	460.00
制造业	1606	5.80	29026	11.62
电力、热力、燃气及水生产和供应业	0	—	0	—
建筑业	82	24.24	1663	-24.89

续表13

行业门类	企业数		注册资本（金）	
	数量	同比增长（%）	数量	同比增长（%）
批发和零售业	4793	19.23	62135	26.59
交通运输、仓储和邮政业	281	-11.08	3713	3.31
住宿和餐饮业	1843	-18.34	18416	-25.74
信息传输、软件和信息技术服务业	35	105.88	395	68.09
金融业	4	—	50	—
房地产业	36	63.64	396	180.50
租赁和商务服务业	502	9.61	977	-90.50
科学研究和技术服务业	43	-32.81	573	9.98
水利、环境和公共设施管理业	0	—	0	—
居民服务、修理和其他服务业	869	2.36	8653	-2.52
教育	0	—	0	—
卫生和社会工作	13	-38.10	466	-35.37
文化、体育和娱乐业	84	78.72	920	-10.18
其他	2	—	6	—
合计	10459	5.67	143290	-0.91

表 14　　2019 年宁海县现有市场主体区域分布情况表

单位：户、万元

地　区	企业数	增长率	注册资本（金）	增长率
跃龙街道	20743	-2.88	2788790	3.69
桃源街道	13161	14.66	2732087	14.15
梅林街道	4777	6.94	1103468	45.66
桥头胡街道	2064	-4.53	307318	4.10
长街镇	3824	5.66	411270	-4.08
力洋镇	1959	-2.10	708098	33.45
一市镇	824	11.65	183622	12.87
前童镇	1376	8.09	203216	17.71
桑洲镇	538	2.09	95648	0.92
黄坛镇	1467	6.38	214285	-67.66
强蛟镇	1286	5.58	424071	21.41
西店镇	9246	17.38	1180846	34.93
深甽镇	1534	-17.13	184403	-3.20

续表14

地　　区	企业数	增长率	注册资本（金）	增长率
岔路镇	1477	5.95	459667	-21.36
大佳何镇	1383	3.91	154763	27.85
胡陈乡	750	-1.83	174741	-4.54
茶院乡	1057	5.59	146330	18.19
越溪乡	749	13.14	132846	21.08
宁波南部滨海新区	360	57.89	957764	-21.12

说明：数据为2020年1月6日实时查询数据

【党的建设】“不忘初心、牢记使命”主题教育扎实开展、成效显著。曾在全县主题教育总结大会上作经验介绍。“向人民报告·请社会监督”特色做法得到原省局局长冯水华批示肯定。由省委组织部、浙江电视台合办的《党建好声音·书记访谈录》节目对此进行专题报道，在省局年度大会上作典型交流。挖掘推出金牌党员潘常跃重大典型，放心消费“红盾驿站”和“潘常跃工作室”正式揭牌运行。借势推进基层党建工作，机关党委、基层党支部换届选举圆满完成，储昌松荣获全市优秀党务工作者，西店分局获全县优秀基层党组织。

全面从严治党不断向纵深推进。“四风”整治更加深入，查摆突出问题22个，处理问责干部7人。日常监督更加严密，内部管理制度修订完成，机关纪委正式成立，警示教育月活动丰富多彩，党风廉政防控体系不断健全。主动接受县委巡察监督，巡察组反馈的四方面27个问题全部整改到位，系统政治生态环境持续向好。

机构改革圆满完成。市场监管综合行政执法大队挂牌成立，“红盾夜学堂”常态开展，“青年沙龙”“红盾合唱团”凝聚青春力量，全县民营企业庆祝新中国成立70周年文艺晚会成功举办，西店分局创成全国青年文明号，民个协会获全国先进表彰，市场监管部门的凝聚力、向心力不断提升。

5月9日，全县放心消费工作现场推进会在深甽镇召开

【优化营商环境】“最多跑一次”改革向纵深推进，企业常态化开办3小时办结，食品经营许可审批“最多核一次”，两项工作均得到省委副书记、宁波市委书记郑栅洁批示肯定；市场主体保持大幅增长态势，新增14013户，总量突破7万大关。

“三服务”活动掀起热潮，发布全市首份涉企轻微违法行为免罚清单为小微企业成长松绑，该项工作也得到郑书记批示肯定；开通“质量淘”公共服务平台，实现产品检测“一次都不跑”；综合运用动产抵押、商标质押等政策工具，新增贷款24.95亿元，动产抵押融资同比猛增350%，商标、发明专利质押融资实现“零的突破”；小微企业成长计划成效显现，宁海小微企业综合贡献力指数全省第3。

放心消费提质拓面，培育放心消费示范单位667家，无理由退货承诺单位279家；受理投诉举报3851件，挽回经济损失170余万元；成立全市首家汽车消费纠纷人民调解委员会，深受消费者好评。

9月30日，发布“质量淘”质量基础公共服务平台

【标准引领和品牌培育】聚焦乡村治理，成立全国首个省级乡村治理标准化技术委员会，一届一次委员会议顺利召开，同期举办乡村治理主题论坛和主流媒体新闻采风活动，村务管理3项国家标准正式立项，全新颁布“36条”县地方标准，宁海乡村治理品牌影响力明显提升。

聚焦产业转型，新认定“奇精”“润禾”2个驰名商标，成功注册宁海白枇杷、双峰香榧、岔路黑猪3件国家地理标志证明商标，总数均实现翻番；推动企业参与制修订国家标准12项，发布“浙江制造”标准8项，新增“浙江制造”企业4家，“品字标”队伍不断壮大；全年新增有效发明专利121件，培育国家知识产权优势企业5家，得力集团获得全国首例商标专用权保险赔偿。

聚焦质量共治，推广卓越绩效管理模式11家，组织开展品质沙龙、班组长质量管理提升班等培训活动，承办全省叉车司机职业技能大赛，质量意识更加深入人心。

9月21日，在宁海县会展中心举行全省“如意西林杯”叉车司机职业技能比赛

【创新管理和稽查执法】 深刻汲取“9·29”重大火灾事故惨痛教训，深入开展市场监管领域风险大排查大整治大提升行动，440家无照经营单位全部清零，食品、药品、特种设备、工业产品四大安全基础更加夯实。

食品安全稳中向好，深入推进“食安蓝剑”、侵害和漠视群众利益专项整治等系列行动，全年查办各类食品违法违规案件252件；新改造提升农村家宴中心厨房50家，总数达121家居全省首位。创成“名特优”食品作坊15家，省放心农贸市场4家、星级规范化市场8家；校园食堂明厨亮灶率达80%，城区经营性校园食堂“5H”规范管理全覆盖，餐饮、流通“红黑榜”引发社会强烈反响。

药械监管打响品牌，监管+服务并重的“四化”药械治理模式在全省推广；基层医疗机构“阳光问诊”行动、“药械管理八箴言”等特色治理手段获媒体点赞；超额完成省政府“送药上山进岛”民生实事工程任务。

特种设备治理有力，停用特种设备专项清理工作扎实，注销设备934台，获市局充分肯定；“保险+服务”综合治理模式持续深化，796台电梯签约第三者责任险，困人解救平均用时缩减至13分钟，市民乘梯安全感倍增。

产品质量有效管控，完成强制检定计量器具39290台（件），生产、流通领域质量监督抽查335批次，抽检合格率达90%，全年未发生区域性重大产品质量安全事故。聚焦校服、文具、玩具等产品推进儿童和学生用品安全守护行动取得良好成效。据统计，全年查办各类违法违规案件716件，大要案366件，移送公安7件，集中销毁罚没物资4000多件，罚没款连续三年逾千万元。

多项工作获得省、市领导和县委县政府主要领导批示肯定，2019年度全市市场监管系统考核勇夺第一，24人次或集体获得先进表彰。

9月25日，“以品质为歌，向祖国献礼”宁海县民营企业庆祝新中国成立70周年文艺会演在得力大剧院举行

【工商行政管理】 “最多跑一次”改革向纵深推进，企业常态化开办3小时办结，食品经营许可审批“最多核一次”，两项工作均得到省委副书记、宁波市委书记郑栅洁批示肯定；市场主体保持大幅增长态势，新增14013户，总量突破7万大关。

“三服务”活动掀起热潮，发布全市首份涉企轻微违法行为免罚清单为小微企业成长松绑，该项工作也得到郑书记批示肯定；开通“质量淘”公共服务平台，实现产品检测“一次都不跑”；综合运用动产抵押、商标质押等政策工具，新增贷款24.95亿元，动产抵押融资同比猛增350%，商标、发明专利质押融资实现“零的突破”；小微企业成长计划成效显现，宁海小微企业综合贡献力指数全省第3。

放心消费提质拓面，培育放心消费示范单位667家，无理由退货承诺单位279家；受理投诉举报3851件，挽回经济损失170余万元；成立全市首家汽车消费纠纷人民调解委员会，深受消费者好评。

【质量技术监督】 聚焦乡村治理，成立全国首个省级乡村治理标准化技术委员会，一届一次委员会议顺利召开，同期举办乡村治理主题论坛和主流媒体新闻采风活动，村务管理3项国家标准正式立项，全新颁布“36条”县地方标准，宁海乡村治理品牌影响力明显提升。

聚焦产业转型，新认定“奇精”“润禾”2个驰名商标，成功注册双峰香榧、岔路黑猪等3件国家地理标志证明商标，总数均实现翻番；推动企业参与制修订国家标准12项，发布“浙江制造”标准8项，新增“浙江制造”企业4家，“品字标”队伍不断壮大；全年新增有效发明专利121件，培育国家知识产权优势企业5家，得力集团获得全国首例商标专用权保险赔偿。

聚焦质量共治，推广卓越绩效

管理模式11家，组织开展品质沙龙、班组长质量管理提升班等培训活动，承办全省叉车司机职业技能大赛，质量意识更加深入人心。

特种设备治理有力，停用特种设备专项清理工作扎实，注销设备934台，获市局充分肯定；“保险+服务”综合治理模式持续深化，796台电梯签约第三者责任险，困人解救平均用时缩减至13分钟，市民乘梯安全感倍增。

产品质量有效管控，完成强制检定计量器具39290台（件），生产、流通领域质量监督抽查335批次，抽检合格率达90%，全年未发生区域性重大产品质量安全事故。聚焦校服、文具、玩具等产品推进儿童和学生用品安全守护行动取得良好成效。据统计，全年查办各类违法违规案件716件，大要案366件，移送公安7件，集中销毁罚没物资4000多件。

9月25日，浙江省乡村治理标准化技术委员会成立大会暨一届一次全会在宁海召开

【食品药品监督管理】 深入开展市场监管领域风险大排查大整治大提升行动，440家无照经营单位全部清零，食品、药品、特种设备、工业产品四大安全基础更加夯实。

食品安全稳中向好，深入推进“食安蓝剑”、侵害和漠视群众利益专项整治等系列行动，全年查办各类食品违法违规案件252件；新改造提升农村家宴中心厨房50家，总数达121家居全省首位。创成“名特优”食品作坊15家，省放心农贸市场4家、星级规范化市场8家；校园食堂明厨亮灶率达80%，城区经营性校园食堂“5H”规范管理全覆盖，餐饮、流通“红黑榜”引发社会强烈反响。

药械监管打响品牌，监管+服务并重的“四化”药械治理模式在全省推广；基层医疗机构“阳光问诊”行动、“药械管理八箴言”等特色治理手段获媒体点赞；超额完成省政府“送药上山进岛”民生实事工程任务。

12月31日，浙江省药品监管局局长徐润龙、宁波市市场监管局书记朱法传调研宁海药械所专业化监管工作

安全生产监督管理

【概况】 全县安全生产总体形势严峻，共发生各类事故18起、死亡28人，同比下降35.7%、上升86.7%，其中工矿商贸企业生产安全事故4起（含1起重大火灾事故），死亡22人。道路运输领域安全生产事故14起，死亡6人。此外，消防领域发生火灾109起，直接财产损失88.2万元，发生一起生产经营性重大火灾事故。

【综合治理】 强化责任体系建设。县委县政府定期分析、研究、部署

6月2日，全县安全生产月启动仪式

安全生产重大问题，听取安全生产情况汇报，春节、“五一”等节假日及森林火灾防治、汛期等重要时段，党政主要负责人带头，各线领导均带队检查安全生产。层层压实责任，按照“党政同责、一岗双责、失职追责”和“三个必须”要求，明确各级党委政府、部门安全生产和消防安全工作职责，对18个镇乡（街道）、开发园区和县级相关部门逐级签署安全生产和消防安全责任书，形成横向到边、纵向到底的“五个全覆盖”责任体系。

推进“双重预防”工作。持续推进安全生产风险管控和隐患治理工作，全县18个乡镇（街道）全面开展区域风险辨识评估工作，对重大风险与隐患进行动态跟踪、管控治理，实行安全隐患闭环治理。2019年度市级挂牌1家，县级挂牌重大事故隐患单位5家，如期完成整治。

开展依法治理。严格执行年度执法计划，坚持“双随机一公开”，加大安全生产事前检查频度、力度，开展“铸安”系列行动及“防风险，保平安，迎大庆”安全生产、消防安全等专项执法行动，严厉打击安全生产违法违规行为，安全生产领域共立案111起（不计“四大会战”），办结行政处罚案件103起，行政处罚数额计223.12万余元。

重点领域专项整治。强化部门联动，集中开展海上安全铁拳整治、建筑施工安全专项整治、涉氨制冷、涉爆粉尘、有限空间作业场所、危险化学品安全攻坚、特种设备安全等专项整治，加大整治力度，有效消除事故隐患，提升安全生产水平。

推进社会共治。深化安全生产社会化服务，以小微企业隐患排查服务为主向多方位安全服务拓展，提升服务内涵，将网络教育培训和安全风险辨识纳入安全生产社会化服务范畴，尝试线上教育及区域性安全风险辨识管控工作。在危险化学品生产企业、烟花爆竹、金属冶炼等高危行业全面推行安全生产责任险，覆盖率达到100%。

提升全社会安全意识。以安全生产月、安康杯竞赛活动、安全生产“七进”、青年示范岗创建等为载体积极弘扬安全文化。安全生产月期间，紧紧围绕“防风险、除隐患、遏事故”主题，组织开展安全月启动仪式暨广场咨询日、应急联动杯足球联赛、文艺演出等多项活动，着力营造人人关注安全生产，参与安全生产的良好氛围。

6月2日，县安委会组织开展安全生产月广场咨询活动

【“四大会战”行动】 深刻吸取“9·29”事故教训，自10月12日起，全力推进安全生产和消防安全“四大会战”百日攻坚行动。

排查事故隐患。重点针对“一危两小”工业企业，以乡镇（街道）为单位，村（社）为单元，逐村逐企进行拉网式排摸，建立“一企一档”和动态排摸机制，开展全领域全方位深入大排查。全县排查生产经营单位65310家，涉及危化品使用单位660家，“两小”企业13812家，“一危两小”企业中累计发现整治安全隐患25912处。

强化教育培训。分片多点布置培训场地，面向所有群众、各行业从业人员，机关、企事业单位干部职工、全体师生等持续开展“消防扫盲”行动，全县累计组织安全生产和消防安全培训2680期，培训39.1万人，其中企业从业人员1293期17.4万人；城乡居民及机关事业单位干部职工1387期21.7万人。

加强执法整治。严格落实“十三个一律”措施，各地各部门累计实施限期整改5657家、停产整顿453家，关闭取缔178家、县乡挂牌督办51家、刑事追责2人；拆除影响消防安全的违章搭建909处37.3万平方米。

长效机制提升。推进基层应急体系建设，加强乡镇（街道）应急管理中心、派出所、专职消防队等力量整合联动，完善基层“统一指挥、权责一致、专常兼备、反应灵敏、上下联动、权威高效”的应急管理体系。探索建立企业安全风险当日报告和主要负责人管控承诺机制，搭建风险管控信息系统，在涉及危险化学品使用企业、“三场所、三企业”和消防重点单位（企业），推行“互联网+安责险+事故预防”模式，通过第三方专业机构，逐一辨识上报风险，制定排查清单，做到隐患问题全程监测、全程预警、全程管控。

7月11日，县防汛防台抗旱指挥部组织防汛实战演练

突发事件应对与消防救援

【概况】 2019年，全县先后经历超强台风灾害、老旧遗留弹药挖掘、重大火灾事故等突发事件，在县委、县政府统一指挥下，各类事件应对处置及时到位，有效避免次生灾害（事故）的发生，社会影响总体平稳。

【应急管理体系建设】 推进应急管理机构改革。构建以防为主、防抗救相结合的应急管理体系，清晰优化安全生产委员会、各专业安委会、防汛防台抗旱指挥部、森林防灭火指挥部、减灾委员会等议事机构功能架构，及时调整各类议事协调机构组成单位和职责清单。

建立应急救援指挥机制。规范事故灾害应急响应处置工作流程，逐步完善多部门协同响应处置和救援联动机制，强化应急管理部门统筹、各行业部门协同、社会力量参与、军地协调联动。7月初，县应急管理局组织应急管理基础能力和资源核查排摸，对全县36家一级应急联动单位和18个二级应急联动单位进行实地核查，全面排摸各地各部门应急装备、应急物资储备以及应急救援力量配置情况，形成书面统计报告，督促各单位加快完善重要应急物资的采购、储备管理、调拨使用和紧急配送等各类制度，规范工作流程，抓紧购置紧缺应急装备、物资，保障应急响应需求，为建立完善快速高效的应急救援体系，打下良好基础。

加强应急预案管理。组织修订突发事件总体应急预案，有序推进雨雪冰冻灾害、森林火灾、生产安全事故、危化品事故、矿山事故、地震、地质灾害、灾民救助、火灾事故等县级专项应急预案修订，同步推进其他各类专项、部门应急预案制订修订。加强各类预案实战化演练，7月11日，县防指牵头举行2019防汛防台实战演练，模拟台风来临场景设置人员撤离、渔船回港避险、地质灾害点人员转移、水库泄洪、水上救援等内容，检验各部门快速反应能力、指挥通信保障能力、协同作战能力、减灾救灾装备及使用等情况。此次演练调动17个部门和单位，13支骨干队伍，有效提升各地各部门抗洪抢险的指挥能力和作战能力，为做好抗洪抢险工作奠定良好基础。

【自然灾害防治】 强化森林防灭火工作。突出清明、秋冬季节等重点时段，建立联动机制，协调森林防火相关事项，采取“四重、四严”措施控火源，即重点对象严管，重点区域严守，重要时期严查，重要地段严巡，防火期间，相关部门立案查处4起违规野外用火行为。

强化安全防汛措施。全面落实防汛责任，明确全县中小型水库、重要屋顶山塘、重要一线海塘、地质灾害点、船只、危房、农家乐和避灾点等重点防汛区域的防汛安全管理责任人、巡查员（监测员）等。深入排查隐患，年初，县防指组织开展防汛防台汛前准备暨安全隐患大排查工作，各单位和乡镇街道组织开展安全度汛隐患拉网式排查，排查整治隐患点192处，建立隐患动态管理清单，逐个落实整改措施，消除安全隐患。抓实基层防汛体系规范化建设，加强应急避灾场所建设与管理，落实专业抢险队伍，备足防汛抢险和抗旱物资，加强日常管护。

加强救灾减灾能力建设。有效推进地质灾害隐患综合治理除险安居行动，完成年度地质灾害综合治理工作任务，推进避灾安置场所规范化建设，建设完成33个规范化避灾安置场所。

【“利奇马”超强台风应急处置】 2019年，宁海县遭受“利奇马”、“米娜”等台风灾害，其中9号超强台风“利奇马”对全县影响巨大，过程雨量（8日8时至11日8时）358毫米，为县域面雨量全省第一，最大点位黄坛镇留五扇村598毫米，突破宁海县台风过程历史极值。

超强台风灾情。全县受灾人口8.01万人，直接经济损失10.08亿元。农渔业方面，累计损失6.57亿元。其中农作物受灾面积8.32万亩、经济损失1.27亿元；种植大棚、畜牧业共计损失1.1亿元；水产养殖受灾9.65万亩、渔业经济损失4.2亿元；121个村庄进水，倒塌居民住房间数214间。基础设施方面，累计损失2.71亿元，共损毁道路桥梁63处、电力设施1868处、水利设施161处。工业企业、公益设施、家庭财产等损失近8000万元。

防台救灾情况。面对罕见的台灾和强降雨，宁海县及时启动防台防汛预案，县委县政府主要领导坐镇县防指直接指挥，其他县级领导全部下沉乡镇一线蹲点防台，各类基层党组织充分发挥战斗堡垒作用，动员组织广大党员干部守在前线、防在一线、干在火线，突出山塘水库、地质灾害点等重点区域落实隐患防范措施，扎实做好人员转移避险、应急救援、灾后恢复等各项工作，实现“不死人、不伤人，少损失”的目标。

防范化解各类潜在隐患。全县309艘渔船、60艘休闲船只、68艘运输船只全部安全落锚，并落实防碰撞措施。全面排查全县35条、68千米二、三类海塘，严防高潮位情况下沉降、变形及渗漏风险，杜绝所有安全隐患。防汛库容预排充分，209座重点山塘水库开展提前预泄预排、累计4000万立方米，并提升白溪水库、西溪水库下泄流量。对潜在地质灾害区域、洪涝灾害区域特别是山区小流域区域人员早转尽转，累计转移29274人、集中安置11027人。在建工程一律停工，高空作业、户外广告、行道树等一律下架或加固，4721名施工人员全体撤离，排除市政风险隐患点82处。

全力抢险救灾。累计组织抢险应急队伍109支、3187人，开展各类应急抢险救援2600余次、救助帮助群众920余人次，调配应急保障物资40吨、冲锋舟（艇）32艘、抢险保障车581辆、特种设备450台，圆满完成白溪水库泄洪带来的下游地区部分堤岸决口等抢险工作。统筹运用保险、金融、信贷工具，全面充实抗台自救资金，率先下拨首批救灾款7850万元（其中县级专项补助3000万元）。统筹调配应急物资，发放各类食品（饮用水）25吨及雨具、手电、应急灯、抢修工具、各类防护服1.6万余件，群众基本需求应保尽保。对受损的水利、电力、桥梁、道路等基础设施做到第一时间处置，全面完成应急抢修，灾后卫生防疫工作迅速开展到位。在做好灾后自救的同时，积极响应省、市增援集结令，组织23人救援队、10艘冲锋舟（艇）、11辆指挥车，增援临海救灾，率先到达指定救灾区域，共转移644人，占总人数的60%；随后又组建12人应急抢险队、出动2辆强排车，通过连续奋战72小时，完成8万余立方米的排水任务，得到当地政府、群众的高度赞誉。

抓好灾后重建。县农业农村等相关部门及时派出技术干部并邀请省、市专家深入田头、海塘，指导农户、水产养殖户做好灾后自救工作，修复受损畜禽棚舍1200平方米，无害化处理畜禽1万余羽（头），灾后病虫害防治3万余亩，补种蔬菜面积500亩，补放鱼种5200亩，修复种植业大棚5000余亩，修复高位池大棚5万余亩。卫生防疫部门做好健康教育、疾病监测和病媒监测工作，对83个重点村庄1500余户受淹居民进行消杀和灾后防病指导，累计消杀面积53235平方米，完成余氯监测48个村，布雷图指数（伊蚊密度指标）监测37个村，确保大灾之后无大疫。

【“9·17”老旧遗留弹药事件应急处置】 2019年9月17日13时许，宁海县中心幼儿园在建工地在挖掘土方施工时，发现多枚疑似爆炸物，经比对鉴定为国民党军队遗留的老旧弹药。在市委市政府主要领导亲自协调和省军区、市军分区有关专业部队有力支援下，县委、县政府迅速安排部署，各相关单位立即行动，组织开展人员疏散、巡防管控、应急监测和清理开挖、安全转移以及后续集中销毁等工作，各项措施有力有序有效，经过军地联合，圆满完成老旧遗留弹药事件应急处置工作，全县社会稳定、舆情稳定。

【“9·29”重大火灾事故应急处置】 2019年9月29日下午，宁波锐奇日用品有限公司因生产过程中操作不当引发重大火灾事故，造成19人死亡、2人重伤、1人轻伤。

企业情况。宁海县宁波锐奇日用品有限公司于2015年3月23日注册成立，主要经营范围为日用品、塑料制品、芳香剂、汽车香水包装加工等。起火建筑系租用宁海县裕亮文具厂厂房，位于宁海县梅林街道梅林南路195号，分东西两幢砖混结构，其中东侧建筑共两层，单层面积160平方米，一层为门卫室、餐厅，二层为办公区；西侧建筑主体三层，单层面积280平方米，一层为香水灌装车间，二、三层为包装车间；两幢建筑之间空地搭有钢棚，内设泡壳（吸塑）车间。

救援情况。事故发生后，国务院、省市领导第一时间作出批示要求，省市相关领导和专家以最快速度到现场开展实地指导。县主要领导、相关分管领导和公安、应急、消防等相关单位第一时间赶到现场处置。经全力扑救，现场有8人获救，其中2人重伤，1人轻伤，立即送医救治。

火灾处置情况。第一时间成立由县委书记任总指挥的处置总指挥部，下设由县领导担任组长的现场处置、人员搜救核查、事故配合调查、医疗救助、事故善后处置、舆情信息、安全生产整顿、行政后勤保障8个工作组，协同做好应急处置工作。在市应急管理局、消防支队和县相关部门共同努力下，9月29日下午14时30分左右扑灭明火，30日傍晚，现场残存的化学品储存罐体全部进行专业处置完毕。10月1日凌晨，过火厂房全部拆除。同时，做好19名遇难者家属的接待、沟通、安抚，妥善落实善后工作。

安全生产整治行动。事故发生后，县委县政府于当日下午第一时间召开全县安全生产紧急会议，部署各地各单位地毯式拉网式开展安全生产大排查。10月3日，组织开展工业企业安全生产（消防安全）大排查大整治专项行动。10月11日再次部署，自10月12日起至春节前开展涵盖全县各行业各领域的拉网式安全生产和消防安全“四大会战”行动，突出“一危两小”工业企业，开展全领域全方位隐患排查整治和教育提升行动，努力扭转安全生产和消防安全不利局面。

国资管理

【概况】 2019年年底，宁海县在经营国企资产总额1480.73亿元，净资产总额444.90亿元，负债总额1035.83亿元，资产负债率69.95%。全年实现营业收入46.26亿元，净利润-10.12亿元。其中，六家县属企业（城投集团、水务集团、商贸集团、交通集团、旅游集团、科创集团）资产总额874.77亿元，净资产总额276.42亿元，负债总额598.35亿元，资产负债率68.40%，全年实现营业收入35.48亿元，净利润为-10.78亿元。

【业务提升】 宁海县文化旅游集团有限公司在宁海县金融中心揭牌成立，这是推进县属国有企业改革，完善国有资本布局的重要举措，也是弥补旅游文化产业发展短板，提升宁海文化软实力，为文旅发展提供“硬支撑”的重要内容，文旅集团以“旅游投资、文化创意”为核心业务，以培育“旅游+”“文化+”等跨界融合商业模式为目标，积极推进全域型文化和旅游融合发展，着力提升文化和旅游产品供给质量。经营范围涵盖文旅项目景区景点投资经营管理、旅游线路策划、旅游电子商务、文化项目创意、文化艺术品展示展销、文旅产品开发运营、文化和旅游基础设施等业务，发展将立足于县域历史文化特色，发挥宁海县自然、人文等资源优势，强化文化旅游产品投资开发和经营运作，盘活存量资产、用好增量资产、整合优良资产、激活无形资产，积极谋划、储备、运作一批重大文化、旅游项目，打造内涵丰富、魅力独特的宁海文化旅游品牌。

召开由宁海县旅游服务中心和宁波旅游上海办事处主办的“宁海静是美 2019 上海—宁海散客直通车开通发班”座谈会。宁海旅游企业以美景、美食、美宿、美道四大主题为推介重点，并介绍“静养温泉、静品古镇、静美乡村、静享滨海”四季产品线路和长街蛏子、一市青蟹、前童三宝、霞客饼等宁海美食以及政策奖励等，并重点推介当下宁海热门的“静养温泉”和“静美乡村”民宿产品。会后双方就开通散客直通车发班的奖励政策、企业优惠幅度等的相关情况，进行相关交流模式，上海旅行商表示，通过本次发班座谈会，对宁海有深层次的认识，并对宁海旅游开通 2019 上海—宁海散客直通车开通发班充满信心，并将着手准备开通宁海二日游、三日游产品及宁波大市范围内与宁海的串线旅游产品，让更多的上海市民能够体验中国十大温泉之一及水温 49.5 摄氏度的宁海森林温泉、八卦水系及儒家文化与一体的前童古镇，体验当代徐霞客在宁海的惬意旅途，寻找心灵深处最美好的宁静。

由县旅游集团负责建造的宁海县桑洲旅游集散中心项目完成主体验收。该项目位于桑洲镇桑洲村，项目总用地面积 2.34 公顷，建设内容包括文史馆、民宿、观景平台、三星级厕所、入口广场、生态停车场及梯田花海等，计划总投资约 1400 万元。文史馆位规划用地面积 2902 平方米（约 4.35 亩），拟建一幢二层建筑，建筑占地面积 1179 平方米，建筑面积 1513 平方米。另拟建一座 360°观景平台。主要功能包括桑洲历史博物馆、桑洲旅游集散中心、桑洲文化体验中心和小型的旅游综合体。其中桑洲历史博物馆主要通过图表、文本、实物、雕塑等以布展形式体现桑洲的优秀人士、风土人情、五匠文化、农耕文化、革命主题。桑洲旅游集散中心则布置有旅游信息咨询区，旅游景区风光展示区，游客休息区及旅游问询处，100 人会议室及小型的咖啡厅和茶吧。桑洲的文化体验中心主要布置有现场沏茶、现场制茶等互动参与项目。

联合承办“爱在钱江，缘来是你”2019 浙江省亲青恋公益集体婚典。此次公益集体婚典以传统汉服婚典的形式，结合传统民族文化元素进行，共吸引 31 对新人参加。婚典现场新人先是相互交换信物，再根据仪制行对席礼、同牢礼、行执手礼，最后由团省委副书记王慧琳上台致证婚辞，并领衔其他领导为每对新人发放婚书。礼成之后，新人们走进十里红妆文化园内，携手去参观十里红妆博物馆，体验更多的传统婚礼习俗。傍晚新人随着迎亲队伍走进前童古镇体验长达二三十米的传统流水席婚宴，接受古镇居民对新人的祝福。

【基层党建】 召开年度县属国企基层党建工作述职评议会，5 家县属集团公司和 1 家国资局直管企业在会上就 2018 年抓基层党建工作和 2019 年工作目标进行述职。城投集团开展“能力提升年”活动，党建各项制度、党内组织生活等基础性工作落实到位，打造标准化党建阵地，党建亮显工程和企业文化走廊建设规范有特色。商贸集团以“党建+”模式引领企业改革发展，“党群同心圆”活动走在前列。水务集团推进党建工作“八个标准化”管理，实施七大举措，争创“三个先锋”，“清水源”党建品牌效应初显。交通集团基层党组织“覆盖提质”行动和标准化建设整体推进，创新固定组织生活日活动，打造交通特色的“党建+信息化”建设项目锋领品牌。旅游集团村企结对扶贫消薄工作扎实开展，项目临时党支部、茶院乡全域旅游党建联盟共建等工作亮点突出。保安公司坚持企业发展与党建同向发力，在健全党支部参与重大事项决策机制、开展“队伍建设年”活动、打造阳光企业、提升企业效益方面成效明显。

召开“不忘初心、牢记使命”主题教育工作会议，对主题教育工作开展作安排部署，要求全局各党支部、全体党员干部要认真学习、深刻领会，结合国资国企实际，严格落实主题教育实施意见，把“学”和“做”结合起来，把“查”和“改”贯通起来，以认真的态度、务实的举措、过硬的作风，推动主题教育取得实效；要以此次主题教育为契机，把主题教育与全面履行国资监管职责使命、推进国企改革发展结合起来，与加强机关、企业自身建设结合起来，切实把主题教育成果转化为推动国资国企事业发展的强大动力。县委主题教育第十五巡回指导组组长陈知统就落实主题教育各项工作提出三点要求：一是要深刻领会开展主题教育的重大意义；二是要牢牢把握开展主题教育的目标任务；三是要坚持以好的作风扎实开展主题教育。陈知统强调，2019年是新中国成立70周年，赋予主题教育更特别的意义，要深刻体会领悟习近平总书记“四个迫切需要”的深远意涵，不折不扣落实中央部署、省委要求，高标准高质量抓好各项措施落实，确保“不忘初心、牢记使命”主题教育取得最好成效。

9月12日，县国资局召开“不忘初心、牢记使命”主题教育工作会议

召开县国企经营管理人员综合素质提升培训班，50余名国企经营管理人员参加培训。培训是在县委组织部的指导下、县委党校的帮助配合下，本着“集中、精简、高效”的原则，将本次培训与“不忘初心、牢记使命”主题教育、企业高质量发展和安全生产相结合，突出培训的综合性、针对性和时代性等特点，旨在不断夯实国有企业党组织基层战斗堡垒，不断提高全县国有企业工作质量，为做强做优做大国有企业提供坚强保证。季胜洪局长强调，国企经营管理人员要通过学习培训强化自身素养提升，要将所学知识灵活运用到实际工作中去，为全县国企改革做出贡献。一是希望全体参训学员在思想上高度重视，珍惜学习机会，静下心来，真正投入到学习培训中去；二是希望通过本次培训做到学以致用、用以促学、学用结合，掌握正确的思路和工作方法，丰富智慧和能力储备，不断提高理论休养水平；三是希望全体参训人员能够加强自我管理，要个要求，争取学有所得、学有所获，充分展示“团结向上、互助友爱、勤奋好学、奋发进取”的良好风貌。

【品牌创优】 2018—2019第五届地产设计大奖·中国于4月27日在上海浦东落下帷幕，由县旅游集团投资建设的九熹·大乐之野胡陈粮仓度假酒店喜获年度文旅项目优秀奖。胡陈粮仓度假酒店位于胡陈乡西张村，总投资1500万元，占地面积4850平方米，建筑面积2477平方米。该项目原址是大麦塘粮站，改造后有21间客房、床位30张，并配有全日制餐厅、游泳池、会议室、茶室等公共设施，是宁海县规模最大的民宿酒店。该项目由景会建筑设计咨询（上海）有限公司设计，在保持原有房屋特色的基础上，以“敬畏生命，尊重自然”为设计理念，整体由白色外墙、原木以及石头构建而成，保留传统建筑又添加简约现代风，设计师通过从场景还原，修旧如旧，让身在其中的住客依然可以感受到“仓有余粮，心里不慌”的情怀。该项目建设后，由上海翠泉酒店管理有限公司运营，自2017年10月营业以来，已接待住客5000多人次，营业收入达240万元，年均入住率达70%。

统　计

【概况】 2007年5月，根据国家统计局、浙江调查总队、浙江省统计局《关于设立国家统计局宁海调查队的通知》，撤销宁海县农村社会经济调查队，设立国家统计局宁海调查队。2014年1月，中共宁海县委建立中共国家统计局宁海调查队党组。宁海调查队既是政府统计调查机构，也是统计执法机构，依法独立向国家统计局和上级调查队上报承担的国家调查数据，并对上报的调查数据质量负责，同时承担党委政府委托的各项统计调查任务。

2019年，宁海调查队认真践行统计调查初心使命，紧紧围绕全县中心工作，贯彻落实全省统计调查工作会议精神，聚焦民生关切重点领域，紧抓统计调查业务，以加强统计调查基层基础工作为重点，增强统计调查保障能力，推进统计调查管理，高质量完成各项统计调查任务。

【常规统计调查任务】 紧盯重点调查业务，高质量、高效率监测主要统计调查数据，包括城乡居民收支、居民消费价格CPI指数调查等涉及民生的重要数据指标，配合做好劳动力调查数据采集，如实反映全县就业和调查失业率等真实情况。城乡居民收支调查在全县30个村抽选300户居民进行记账调查，全年样本稳定，电子记账比例达到50%，调查数据质量和效率显著提升。2019年全县共有居民消费价格调查网点近200个，规格品超过1000种，涵盖居民消费各个领域。

同时，按照要求完成农业、主要畜禽监测、农产品生产价格、采购经理、工业生产者价格、新设小微企业跟踪调查等统计调查任务。

【民情民意调查工作】 组织开展全县营商环境试评价调查、全面从严治党民意调查等10余项专项调查任务，真实评价经济社会改革发展中人民群众的获得感、满意度。营商环境调查共抽取全县40余个部门、65家企业开展调查，调查结果为党委政府提供重要决策依据。全面从严治党民意调查在全县范围内随机抽选10个村100户农户进行入户访问，如实反映全面从严治党群众满意度。

【粮食产量调查监测】 根据《浙江省人民政府办公厅关于做好粮食产量调查监测工作的通知》要求，2019年开始全县粮食产量调查监测工作由宁海调查队组织开展，作为县级统计部门，宁海调查队负责组织实施县域范围该项工作，在全县15个乡镇抽选25个村，共计75个调查网点开展调查监测工作。通过卫星遥感监测农作物种植及主要粮食分布，使用无人机、遥感野外调查移动终端进行精细化监测，推算全县主要粮食作物种植面积；采用实割实测与农户直接填报相结合的方法，反映主要粮食单位产量。

审　计

【概况】 县审计局完成119个审计项目，查出主要问题金额5.61亿元，其中管理不规范金额4.85亿元；审计促进整改落实有关问题金额9406万元；向公安、纪检监察机关移送案件10件；提出审计建议361条，被采纳351条。

【监督提效】 深化政策审计重落实，致力做好政策落实“督查员”。开展民办教育发展情况进行专项审计调查，发现民办教育财务监督缺位、培训经费提取不足、差别化扶持政策体系尚不健全等问题，促进《宁海县进一步扶持社会力量兴办教育促进民办教育高质量发展实施办法》《宁海县支教教师管理暂行办法（修订稿）》出台。全力配合省审计厅做好宁海县主要领导自然资源资产离任（任中）审计、工业固体废物和危险废物处置监管情况专项审计调查项目，建立网格管理体系，构建层级督责机制，在工作上抓协同强配合，与乡镇（街道）、相关部门单位做好互联互通，高质量配合审计工作开展。

深化财政审计重质效，全力做好公共资金的“守护神”。树立“大财政”审计理念，将预算执行审计同经责审计、专项审计等相结合，审计发现非税收入3728.81万元为及时上缴国库、专项经费支出进度慢、财政存量资金327.78万元未盘活等问题，并促进相关问题整改落实，得到县人大的高度肯定。开展2018年度房屋安全管理资金专项审计调查，发现部分被征收房屋人纳入保险，造成资金浪费等问题，并提出合理化建议。

深化经责审计重规范，着力念好权力运行的“紧箍咒”。继续打造“任前告知+任中审计+离任交接”的领导干部经济责任审计模式，做到全程动态监控。已完成12名领导干部经责审计，审计发现主要问题金额2.40亿元，管理不规范金额2.08亿元，增收节支519万元。持续推进“领导干部履行经济责任重点风险防范清单46条”培训教育，做到告知在先，防控前置，促进领导干部依法履行经济责任，不断提高经济管理能力和水平。

深化投资审计重转型，努力做好民生工程的“监督者”。完成竹口三村地块改造居住小区六、七、八、九期工程预算执行情况、宁东区块17地块小区项目竣工决算、兴宁北路（外环路—桃源路）改造提升二期工程和杨溪治理工程跃龙大桥至杨溪出口段防洪堤工程预算执行情况审计审计，推进G228宁海西店至桃源段公路工程PPP项目全过程跟踪审计，变事后监督为全程跟踪与事后监督并进，变重资金绩效为重过程管理、机制完善与资金绩效提升同行。

深化农村审计重特色，奋力做好美丽乡村建设“助推器”。农审工作“一轮抓规范、二轮抓提升、三轮抓整改”，做到年年有重点，轮轮有新意、一轮上一个台阶，审计村级资金40.95亿元，审计资产金额16.06亿元，项目连续6年获得省内审优秀项目荣誉。持续推进审计报告网络公开工作，村民依申请公开件数与2018年同期相比下降70%；持续推进农审年度项目问题通报工作，促进乡镇（街道）、相关部门加强村级财务管理，抓好审计整改落实。同时推进以案说法和教育培训活动，农审中心连续4年被评为县事业单位年度考核优秀单位。

深化内部审计重指导，大力做好源头防控“服务员”。编制计划重统筹推进。年初就制订年度内审计划，统筹谋划全年工作重点，做到点面结合，全面覆盖，并推进内审与国家审计协同推进，通过审计带动内审队伍业务提升。强化督查重考核推进。建立《宁海县内审协作单位联系清单》，明确7名“内部审计指导员”，开展“一对一”服务；将内部审计工作纳入年度目标考核体系，加强日常内审调研督查工作，实现动态管理。丰富活动重内审文化。开展“三个争创”活动，鼓励内审人员立足岗位争创一流佳绩，8篇内审论文、案例在省市内审评比中获奖；借宁波市内审辩论赛的契机，组织参与辩论赛，进一步推进内审文化建设。

【质量提档】 以程序规范为有章之法。重组织引领，提档质量规范。成立局长挂帅的审计工作规范化小组，统筹运作审计规范化工作，各分管局长在齐抓共管的基础上，分线推进，变“单线作战”为“协同作战”；开展季度项目汇报例会和审计项目评审会活动，统筹全局力量，做到问题面对面，对策点对点，变“单兵作战”为“集团作战”，并强化动态监管，提升审计规范工作执行力。定文书模板，提标操作程序。针对程序、文书格式不一致情况，集中全局之力，分科室制订相关审计项目文书模板及操作程序模板，提升项目审计规范性。

以质量检查为有力抓手。没有质量检查之手推进，提升工作质量就是空中楼阁。强化问题导向，以上年度审计执法检查活动发现问题设立清单，一项一项抓落实。以上级审计机关质量检查标准为准绳，开展2018年审计项目质量检查活动，做到学习标准、仔细自查、交叉检查、相互交流，全力抓好问题整改工作。

以整改提升为有效支撑。抓督查督办促整改。县人大常委专题听取县政府关于财政同级审发现问题整改情况汇报，要求县审计局就屡审屡犯问题开展专题研究，将整改落到实处，抓出实效；县政府督查室将审计整改落实督查列为督查重点工作，开展第二次全面督查工作，强化“督查+审计”合力，代县长滕安达高度重视，批示要抓好整改落实；县委组织部部长专题听取经责审计工作报告，并持续推进“组工干部全员落实+审计”工作。抓工作考核促整改。将审计整改纳入年度目标考核体系，以考核指挥棒提升被审计单位提升工作重视程度。抓“五项清单”促整改。建立“问题清单”“整改清单”“责任清单”“成果清单”“公开清单”，压实责任、销号整改，打造透明审计。推进审计结果公开60件，15家被审计单位公开审计整改落实报告，促进被审计单位制定、完善规章制度18条。

【队伍提质】 提升政治定力。坚持把党的政治建设摆在首位，以强烈的使命担当抓好意识形态工作，构建层级督责机制压实全面从严治党主体责任。开展“不忘初心、牢记使命”主题教育活动，开展集中研讨学习活动；领导班子下基层调研超10次，完成调研报告5篇，3篇论文市级获奖；赴山洋革命根据地纪念园、柔石故居开展初心之旅；组织观看《我和我的祖国》《不忘初心学党章》《难忘初心》《学榜样、践初心》等影片和视频；对照党章党规找差距，检视问题88个，并以“钉钉子”精神抓落实，全面完成88个问题整改。开展“牢记初心使命、勇于担当奉献”专题教育实践活动，推进“温故知新，知行合一”学习实践活动，开展“三问三查”大讨论，树牢“四个意识”，增强“四个自信”，坚决做到“两个维护”。深入学习中共十九届四中全会精神，学习贯彻中央、省委、市委审计委员会会议精神，筑牢信念之基、补足精神之钙、把稳思想之舵，深刻把握新时代对审计工作和审计干部赋予的新使命。深入开展“组织力提升”工程，农审中心支部荣膺县先进基层党支部称号。

建设清廉审计。压紧压实党风廉政建设主体责任，驰而不息抓好“四风”整治，持之以恒落实“执行中央八项规定及其实施细则精神”，一以贯之执行“审计‘四严禁’工作要求和审计‘八不准’工作纪律”，深化清廉审计建设。坚决把纪律和规矩挺在前面，以“十个一”活动推进“警示教育月”活动。扎实推进审计集中整训活动，开展“五治理一提升”活动，开展廉政风险岗位防控、专项防控、重点防控工作，排查廉政风险点64个，并以点对点的形式制订防控措施64条，切实将权力关进制度的“笼子”。强化以案说法，深入开展警示教育活动，组织学习省纪委下发忏悔录选编，市纪委下发警示读本以及《宁波市领导干部经济责任审计典型案例》，参观象宁抗暴基地等，筑牢廉政防线。

提升审计形象。注重专业能力和专业精神培养，结合审计大讲堂、正学大讲堂、审计专题培训等载体，以兼收并蓄的胸怀善借他力，一年来参加培训人数超2000人次；开展“审帮扶”活动，参与“百家机关村村帮”“五水工作”“垃圾分类”活动，帮扶结对岔路镇上李坑村，推进下大岙村道路硬化工程和公厕项目、上李坑村村庄道路拓宽修缮项目，涉及资金近140万元，慰问22户困难群众，送上慰问金1.20万元，以实干担当的拼劲激发活力；投身“党群同心圆”活动，参加活动超900次，人均34次，结对2名贫困学子，捐款2700元，参加“情暖晴隆之课桌圆梦”现场志愿活动中，认领微心愿18个，购买爱心物品3000元，积极关注社会扶贫网，助教、助医、助困18件次，以无私奉献的精神喷发热力。

2月27日，审计署党组成员、总审计师陈健一行到宁海县调研审计法治体系建设

5月5日，宁海县自然资源资产审计和工业固废专项审计进点会现场

海　关

【概况】 2019年，出口法检3278批，货值4933.9万美元；进口法检120批，货值2217.0万美元；签发原产地证16595份，同比下降2.6%，货值金额141081.5万美元，同比增长107.7%；审核加工贸易手册167份，核销25份；减免税项目备案2个，投资总额903万元，审批免表9份，减免税款416.9万元；办理企业注册130家，企业注销26家，企业变更1982家。

自5月20日开关运行以来，基本实现“宁海关务，宁海通办”“最多跑一次，不用再出县”。

【业务建设】 **深化“放管服”改革。**简化监管手续，优化业务流程，加强事中事后监管，营造良好营商环境。推动“双随机、一公开”向全执法领域拓展，实现全链条管理“选、查、处”分离。推广“国际贸易单一窗口”、“互联网+海关”应用，及时做好原产地证签证自助打印改革、金关二期加工贸易系统切换上线等工作，推动政务服务事项“一网通办”。推进企业注册登记信息与地方数据共享，协同推进收发货人备案“多证合一”改革、企业注销便利化改革。进出口业务办理无纸化率达100%。

加强法治建设。坚持依法把关，提升依法行政能力，完善业务制度体系。强化领导干部学法用法，组织法治培训、参加知识竞赛，开展“一关一品”法治品牌创建工作，“技贸+法治”品牌通过宁波海关评审认可。加强技术性贸易措施应对。重点加强宁海文具研究评议基地建设，成功承办首个由宁波海关与宁海县政府共同主办的“促进文具跨境贸易便利与安全高端论坛”，文具研究评议基地成为海关总署标法中心第一个授牌的基地，首次发布《进出口文具质量安全指南（2019）》。

严把进出口商品质量关。全年开展进出口质量安全风险监测抽查101批次，检出不合格13批次，不合格产品涉及文具、灯具及光源等。全年共查处不合格进口旧机电2批。全年共开展进出口危险品及其包装监管78批次。完成首次出口多肽片、锂电池包的监管。加强国门生物安全防控。重点监测高风险果蔬园和进境粮食储备库。首次联合地方粮食、农业部门对进境粮食出入库开展后续监督管理。加大宣传力度，深入开展国门生物安全科普活动。严把进出口食品安全关。参与进出口食品安全责任制度体系研究，健全食品安全保障机制。围绕进出口食品“防风险消隐患保食安”专项整治行动。开展食品化妆品残留监控17批。

积极支持区域产业做大做强。发挥海关“统计+研究”作用，服务宏观决策。加强企业信用培育和国际AEO互认宣传，高级认证企业5家，一般认证企业117家，其中高级认证重新认证通过1家、一般认证通过1家、信用降级25家。强化关地合作，先后与宁海县政府签订合作协议，与县商务局、县市场监管局和县农业农村局签订合作备忘录。加大海关政策宣传力度，举办2场专题宣贯会，培训企业累计150余家次。调研企业30余家次，深入开展“三服务”“五问五帮”促民营经济发展活动。加强知识产权保护，遴选得力集团为2019年出口知识产权优势企业。

加强实验室建设。按照“产业化对接、市场化运行、集约化管理、差异化发展”总体思路，深入推进实验室“四具”特色建设，新增木材材种鉴定业务，扩增检测项目197项，累计检测项目达1295项，顺利完成实验室机构改革。

11月15日，“促进文具跨境贸易便利与安全”高端论坛在宁海举办，中国WTO/TBT-SPS国家通报咨询中心向宁海文具研究评议基地授牌

【形象展示】 成立新业务用房建设协调领导小组，配合地方保质按时按工期完成新业务用房建设，积极

5 月 20 日，宁海海关召开开关运行新闻发布会

参与招投标工作，抓好廉政监督，确保工程安全、人员安全，确保甬江杯、力争钱江杯。

加大磋商力度。配合总关做好关地合作框架协议的调整和签署等工作，并于 5 月 31 日由总关和宁海县人民政府顺利签订关地合作协议。

加强监督管理。在工程期内做好工程建设中的调整、丰富、完善和协调等工作，同时确保工程质量。

11 月 28—29 日，宁波海关关长顾勤到宁海调研

3 月 15 日，宁海海关组织参加“3·15”消费者权益保护日活动

【队伍建设】 强化政治建关。建立并严格执行“三重一大”关班子集体议事决策制度，建立健全关班子中心组理论学习制度。成立宁海海关党总支和下属 3 个联合党支部，落实“支部建设强在基层”的要求，3 个支部均获评合格支部。扎实开展“不忘初心、牢记使命”主题教育，积极参与脱贫攻坚战，落实总关组织的“一关一户”结对帮困专项行动，重点参与的宁波海关驻天台县扶贫工作组，荣获 2019 年“感动甬关”年度人物集体特别奖。

坚持全面从严治党。严格党内政治生活，召开 2018 年度班子民主生活会和“不忘初心、牢记使命”主题教育专题民主生活会，认真开展批评和自我批评，制定班子和班子成员整改清单，逐项抓好整改。强化从严治关，加强清廉海关建设，深化“四种形态”运用，充分用好第一种形态，全年开展科级干部任前廉政谈话 2 次。深入开展党风党纪教育和警示教育。深入开展“8+1+4”专项整治及公务用车专项巡查整治。

强化制度、组织和能力建设。加强关工作规则、关班子议事规则、中心组理论学习等行政制度建设，配套制定各业务规范的细化执行措施。组建机关工会、团支部等组织，完善各组织内部架构，明确责任分工。扎实开展“大学习、大调研、大抓落实”活动，组织开展内务规范强化月暨纪律教育月活动，每季度组织开展内务规范检查并通报整改。严格内控管理和内控机制建设，加强执法领域和非执法领域风险管控。

强化文明机关建设。做好省级文明单位转复评工作，强化窗口管理，提升整体服务水平，打造文明窗口，报关大厅文明窗口获参评宁波市级文明窗口。单位荣获“宁海县第七批节水型单位”称号。培育宁海海关“宁静致远、海纳百川、关通天下”的特色文化理念，让“想干事、能干事、干成事”蔚然成风，让“走进宁海、热爱宁海、融入宁海、奉献宁海”日渐成为厚植心底的价值追求，推进人人参与、人人有责、一荣俱荣、一损俱损的新海关家园文化建设。

5 月 30 日，杭甬两关召开执法统一协作工作领导小组第一次联席会议

9 月 20 日，宁波海关党组书记吕小斌（中）调研宁海海关新业务用房建设施工场地

城乡建设和管理

城乡建设

【概况】 宁海县住房和城乡建设局依据年度工作的总体部署和《2019年宁海县重点工程建设计划》《2019年宁海县民生实事项目建设计划》，开展绿道建设、城市交通拥堵治理、道路交通安全综合治理攻坚行动等工作，共负责市政项目66个，其中在建项目28个（重点项目12个，一般项目13个，小额项目3个）、建成项目38个（重点项目1个，一般项目9个，小额项目28个）。年度计划投资13.51亿元，完成投资16.67亿元，投资完成率123.3%。

宁海县被浙江省住房和城乡建设厅表彰为2019年全省农村危房治理改造绩效评价优秀县，宁海县住房和城乡建设局被省委办公厅表彰为全省小城镇环境综合整治行动突出贡献集体。

【项目建设】 重点项目13个，其中新开工项目4个，续建项目9个，年度计划投资6.5亿元。

时代西路（兴宁北路—金檀路）：9月开工建设，完成各类管线下地，正在进行雨污水管施工。新民模具500平方米厂房拆迁未完成。

南门大桥：准备进行爆破施工，桥梁主体完成招标工作。

天明路景观绿化提升工程（西环线—气象北路）：12月开工建设，完成20%工程量。存在问题：两侧人行道土地征收科技园区与村方有争议；胜利村搭建棚屋需拆除；上洋、翻身、胜利三村违法用地需补报农转用手续；道路外需租用6米范围涉及5村村留地，正在协调确认。

杜鹃公园：正在进行政策处理工作。存在问题：坦坑村、岭脚村棚屋需拆除；林地占用需报批。

梅林南路：西侧辅车道开始施工。存在问题：红线内民房的拆迁安置未完成；建新厂房南侧林地未征收；交通局未按协议完成相关管道铺设，正在进行协调处理。

庆安东路延伸段：完成路基平整，停工。存在问题：兴海路东300米为基本农田，不能报农专用；剩余路段为一般农田，已上报审批；西岙村村留地在道路红线内2.2亩，需规划调整该留地，调整方案规划部门与村方有争议。

时代大道提升改造工程一期（金檀路—兴海路）管线下地：正在进行施工前准备工作。存在问题：金檀路—兴宁路段新民模具厂房未拆除。

环南中路：主车道基本建成。

7月，城市建设展示厅内景

建筑渣土消纳场二期工程：正在进行炸药报批前期工作，准备复工建设。存在问题：东镇村签订林地租用协议，但未签订进场道路征地协议，仍存在施工隐患。林地占用已上报自然资源与规划局。

兴宁北路：6月底建成。

城市阳台：地下室桩基施工。

天明公园二期：完成80%工程量，进入绿化施工。

红星路：基本建成，因国土部门土地指标未落实，处于停工阶段。存在问题：提树村有村民竹林未处理完成；道路土地农转用资料已申报，尚未批复。

12月，东畈路

【统筹协调】 绿道建设。正在建设西店镇五市溪治理二期、宁海茶山至温泉慢行系统、天明湖公园环湖绿道、茶院自行车步道提升工程等，总投资约5400万元，总长度约25千米，截至10月底完成年度计划投资约3307万元。截至年底，宁海累计新建县域绿道达110千米，提升改造登山步道超过500千米，建成下洋涂骑行道、洋溪亲水平台、兴宁廊桥等多个节点，其中徐霞客大道当选为“宁波最美绿道”，宁海绿道网已呈雏形。

城市交通拥堵治理工作。计划新建和改建道路32.58千米，其中新建24.16千米（含城市道路、公路），完成新增道路24.2千米。

计划完成配建停车位4600个，完成4600个。

民选民评堵点乱点治理方面，结合组织召开的“大巡访、三服务”活动，邀请部分党代表、人大代表、政协委员以及各相关职能部门对周边医院、学校、菜场、社区等堵点乱点进行选取，选取时代大道桃源中学门口为拥堵片区治理，东门口为拥堵路口治理，于5月底完成拥堵治理。

非量化指标方面，完成宁海智慧交通一期建设，城乡客运一体化水平达到5A级发展水平，建制村通客车率为100%，建成区主干道路口交通信号灯智能控制、电子警察和视频监控覆盖率均达到100%，建成区主干道路口机动车守法率98%以上，非机动车和行人守法率95%以上，建成区主干道交通标志、标线、信号灯、隔离护栏等交通安全设施的设置规范率达到98%以上。

道路交通安全攻坚工作。负责牵头实施“开辟‘校园最后500米’安全步行通道”项目，完成《关于开辟“校园最后500米”安全步行通道工作的细化方案》并明确对县域204所学校实施该项工作。完成相关工作内容的学校149所；校外安全步行通道交通安全设施于年底前完成施工。

“五水共治”工作。协助县五水办做好每月河道巡查工作以及截污纳管、雨污分流等任务协调工作。完成雨水管网建设6千米，提标改造管网建设6千米，雨污分流改造管网6千米。

12月，坦坑山公园

【新城市中心区项目建设】 新城市中心区东至兴海路，南接金水路，西临兴宁北路，北至高速互通，占地面积约6.3平方千米，自2012年开始规划建设宁海新城，围绕天明湖调蓄池为中心共安排实施40个重大项目，完成投资137.99亿元。

根据新城市中心区实际情况，对在建项目、计划新增项目进行进一步整合，制定《宁海县新城市中心区2019年度项目推进计划》，2019年计划完成投资14.17亿元，完成投资20.7亿元，完成年度计划投资的146%。

新城市中心区项目主要分旧村改造、公共服务、现代商务、市政设施等4大类提升工程。

旧村改造项目2个。杨家住宅小区三期基本建成，杨家村拆迁工作完成8户签约。

公共服务项目5个。潘天寿艺术中心主楼桩基与裙房已完成；文化中心桩基完成70%工程量；城市阳台桩基完成50%工程量；天明湖公园二期完成80%工程量；体育中心已完成选址并开展招商工作，方案也正在积极谋划。

现代商务项目8个。大中山商务楼装修完成98%工程量，室外附属工程预算编制正在调整；桃源商务楼二期附属工程完成30%工程量；湖西特色商业街区因方案调整处于停工阶段；喜来登酒店装修工程完成80%工程量；得力总部大厦、旗滨总部大厦、建新研发总部大厦已竣工；奇精机械总部大厦桩基完成70%工程量。

市政设施项目6个。民生中路（气象路—桃源路）、天安路、桃源商务楼周边道路已建成；民生东路（桃源路—兴海路）西段已建成，东段正在进行雨污水管施工；天明中路因下穿城市阳台，待城市阳台完成地下室施工后跟进施工；桃源商务楼周边停车场工程B区顶板钢筋安装已完成90%工程量，C区支撑梁已完成施工。

12月，民生中路

【房地产市场】 累计完成房地产投资82.7亿元，同比增长24%。由于土地款采用一次性分摊，个别月份投资额度差距较大，但总体上仍保持平稳。土地市场比较活跃，商品房开发用地成交15宗92万平方米。

商品房销售面积79.8万平方米，同比下降2.9%，商品房销售面积降幅逐步收窄。由于房地产从业人员和员工报酬两个辅助指标核算比例提高，房地产业增加值同比仍然实现增长。根据相关楼盘销售情况，110平方米以下户型保持较高的去化速度，现有可售商品住房房源基本为110平方米以上套型。新增商品房供应19批次57万平方米，其中商品住房48万平方米，商品住房供应面积比2018年增加15%。年底商品住房库存为36万平方米，消化周期为7.4个月。

二手住房成交面积51万平方米，同比增长8.4%。二手住房保持稳定增长趋势，市场供需基本保持平稳。二手房市场交易活跃，支撑改善性商品住房消费。

商品住房销售均价约12000元/平方米，同比增长10%，二手住房成交均价同比上涨8%。12月，随着“悦隽明湖府”“明璟庭”“海棠府”项目开盘，由于项目土地取得价格较高，价格上涨趋势延续。

【建筑业】 紧紧围绕促进建筑业健康稳定发展总体思路，逐步完善招投标管理机制，全面强化建筑市场管理，重点加强施工现场质量安全监管，继续开展安全生产隐患排查治理工作和安全生产专项整治工作，较好地完成年初制定的各项工作任务。

产值情况。三季度实现建筑业总产值73.72亿元，同比下降45.6%，其中省内产值68.95亿元，同比下降28.8%。到第四季度实现建筑业总产值在100亿元，其中省内产值约90亿元。2019年的考核基数是2018年经济普查数据，即建筑业总产值93.9亿元，省内产值82.79亿元，以此为基数，宁海县建筑业总产值实现6.5%—

11.8%的增长率（2019 年 GDP 核算指标采用的是建筑业总产值，统计局的要求是 10%左右的增长率），省内产值可以实现约 8.7%—12.33%（市住建局对宁海的考核指标是省内产值增长 11%）。

市场管理。废止预选承包商制度，出台《宁海县 3000 万元以下房屋建筑和市政基础设施工程招标评标指导性意见（暂行）》，并根据浙江省工程项目招投标领域营商环境专项整治工作要求做适当调整，提高质量、安全及市场行为管理到位的施工企业的中标率，促进建筑施工企业自觉履行主体责任。

扶持政策。完成 6 家企业的建筑业发展专项资金申请资料初审工作，并会同县财政局下达 50 万元的专项奖励资金。

安全生产管理。落实安全生产责任制，与全县 90 家施工企业签订安全生产责任书；组织开展安全隐患排查治理、春节前后安全生产检查、安全生产大排查大整治专项行动、汛期检查、“安全生产月”活动、住建系统安全生产和消防安全四大会战、安全生产集中整治等一系列专项活动，在县质安站日常检查基础上，由局长、分管副局长带队开展安全生产、工程质量、文明施工、民工工资综合督查，共督查 29 个在建项目，累计建筑面积 111.35 万平方米，下发整改通知单 29 份，其中停工整改通知单 5 份。

新型建筑工业化。组织编制绿色建筑专项规划，初步划分绿色建筑、工业化和住宅全装修区域指标，并获县政府批准。宁海县共完成装配式建筑面积 9.68 万平方米，主要是钢结构厂房工程，距离市住建局 40 万平方米其中住宅公建 25 万平方米的考核目标存在较大的差距；另外，完成农房住宅装配式建筑面积约 1.4 万平方米，完成市住建局对宁海农房住宅装配式建筑面积 1 万平方米的考核目标。

5 月，兴宁北路

【住房保障工作】 有效落实公租房常态化受理和年审机制。全年共受理公共租赁住房申请家庭 1912 户，其中日常申请 691 户，年审申请 1217 户，续租申请 4 户，实物配租收缴租金 651 万元，发放货币补贴 234 万元。

加快推进保障房信息系统管理。根据省厅住房保障大数据要求，进一步完善省系统对接工作。从 2017 年 3 月开始，通过特定端口进行传输的方式，已完成住房保障历史数据的完整、准确录入。对新增保障家庭及保障房源实现新数据的及时更新，并在 6 月底完成住房保障历史数据补录工作。

经济适用住房和限价房上市交易及各类保障房证明有序开展。全年共办理经济适用住房和限价房上市交易书 55 件，未享受证明 9600 多件，其中包括配合房改办、拆迁办等部门查询未享受保障房信息证明。

加大已建保障性住房配租配售力度，多层次多渠道落实解决人才住房问题。745 套桃源佳苑（科技园区 21 号地块）公共租赁住房，全年共配租 407 套，其中低收入家庭有 210 户，整体配租 204 套（包括第一医院 23 户、中医院 46 户、妇保医院 8 户、城关医院 1 户及其他相关企事业单位人才 126 户），剩余 38 套人才公租房；积极配合县人社局、城投公司等部门对 114 套人才公寓的销售工作。

超额完成市里下达的 2019 年住房保障目标任务，净增保障外来务工人员（含环卫、公交等公共服务行业）338 户。

加强保障房后续管理。建立保障性住房物业服务和租赁管理的社会化托管体系，积极督促物业公司对金晖家园门禁系统进行改造升级和 20 多个卫生间出现漏水问题进行维修、对人民大道、阳光车河公寓的监控设施改造升级，让群众住得安心、住得放心；加强保障性住房房源使用管理，开展整治“违规租住”专项工作，组织人员对保障性住房小区的入户调查，对不符合条件的家庭及时进行房屋清退；完成阳光小区11套街面房的拍租工作及人民大道街面房整体装修工作。

【棚户区改造工作】 2019年，整合棚户区改造和城中村改造牵头力量，结合棚户区改造工作，拟定城中村改造时序、改造方式，编制三年改造计划、年度计划，通过持续实施竞争性拆迁，启动新一轮棚改三年攻坚计划，稳步快速推进总投资约280亿元、总面积达235万平方米（含非住宅）的棚户区改造三年行动计划。

全年完成征收改造26.3万平方米，货币化安置及新开工安置房848套（共20个项目，具体为大屋村、桥下潘、红枫市场、城隍庙地块、化肥厂二期、西门区块、水角凌地块、杨家、下洋吴、徐霞客广场北地块、环南中路周边区块、西大街南地块、东大街北地块、竹口三村、梅林核心区块、九顷区块、堤数村、庙前丁村、桥头胡村、陆家村）；组织实施9个城中村改造，完成签约2546户、拆迁2395户。

10月，天明东路

房屋征收

【概况】 全年共推进57项征收、拆迁项目，完成签约1646户，征迁面积56.01万平方米，其中旧城区改建完成签约544户，征迁面积32.11万平方米，城中村改造完成签约1066户，征迁面积19.3万平方米，其他项目完成签约36户，征迁面积4.6万平方米。

【工作主线呈现“三个转变”】 征迁重心由“抓启动”向“拔钉子”转变。先后开展“清零攻坚”及“年中双月冲刺”专项行动，对21个重点清零区块发起总攻，共拔钉91户。环南中路改建工程、宁海华联纺织有限公司地块（工业区）、城隍庙周边地块、杨家村、桥下潘村等12个地块实现全面清零，确保城隍庙周边街区、城市阳台、潘天寿艺术馆、文化中心等一批县重点项目顺利落地。

征迁方式由“一盘棋”向“精细化”转变。“私人定制”攻坚方案，联合公检法等部门党员及县政协党员委员组建党员“征”帮团，通过党员化身征迁“老娘舅”，采取“一对一”跟踪服务模式，开展帮扶促签、以情动迁。深化“动迁+司法”双促动机制，构建“法律智库”，联合法院、法制办等单位，聘请专业律师团队，破解司法程序“耗时长”、征迁对象“情况杂”问题，高效、合理处置征迁过程中涉及的司法查封、买卖诉讼、产权不清等问题50余个，协助县政府作出补偿决定7件、申请强制执行6件，倒逼签约腾空8户，司法清障拔掉滞留户5户，共有7个项目通过司法清障清零。试水房屋征收“残值竞拍”模式实现拆房“反增益”，实现国有资产保值增值。

征迁管理由“练外功”向“修内功”转变。一方面，出台《宁海县执行宁波市国有土地上房屋征收评估技术规程落地住宅房屋评估的补充规定》等13项政策制度，按照科室（部）、岗位职责分工深入挖掘岗位风险点，整理出县房屋征收办廉政风险防控清单239条、城拆公司廉政风险防控清单528条，确保房屋征收更规范、更阳光。另一方面，以“不忘初心、牢记使命”主题教育为契机，搭建周一夜学、“征”声音讲堂等学习平台，通过“请进来”教学、“走出去”取经等形式，为动迁人员补齐思想短板、增强业务能力。2019年，已开展各类学习业务培训41批次，参与市级征迁业务培训5批次，赴温州、杭州、象山、北仑等地考察学习2批次。

【政策制度】 出台《宁海县执行宁波市国有土地上房屋征收评估技术规程落地住宅房屋评估的补充规定》；完善国有土地上房屋征收中

改变用途房屋认定审核程序，将改变用途房屋认定工作分为申请、调查、初审、复核、确定、公示、补偿七个环节。

出台《县房屋征收办“牢记初心使命、勇于奉献担当”专题教育实践活动的实施方案》《2019年度落实全面从严治党主体责任工作计划》《县房屋征收办全面从严治党标准化建设工作要点》《县城拆公司廉政风险防控清单》《2019年度房屋征收业务培训计划》等5项新政策；修订完善《宁海县人民政府房屋征收办公室工程管理办法》《宁海县人民政府房屋征收办公室财务管理制度》《宁海县人民政府房屋征收办公室财务内控制度》《宁海县城市房屋拆迁有限公司财务管理制度》《考勤制度》《县房屋征收办廉政风险防控清单》《权力运行流程指南》等7项制度。

【征收拆迁】 旧城区改建、城中村改造、其他项目征迁蹄疾步稳，全年作出征收决定9个，指导城中村改造实施方案1个，完成未经登记建筑认定18批次计76户138项内容。具体情况如下：

旧城区改建：启动并完成签约项目4个，分别为：人民路改造工程、宁海华联纺织有限公司地块（工业区）、城中小学地块、黄坛17-1地块。西门9号地块、客运中心地块、华兴纺织原料有限公司地块、城隍庙周边地块、水角凌4号、9号地块、环南中路周边2号地块、环南中路改建工程等8个续签遗留项目实现清零，确保城隍庙周边街区等一批县重点项目顺利落地。水角凌地块、西大街南地块等18个项目处于清零拔钉阶段。

城中村改造：杨家、桥下潘旧村改造实现百分百清零，为城市阳台、民生东路、潘天寿艺术馆等县重点项目落地建设扫清障碍。坑龙王村、杨柳峰村、桥头胡村改造一期（集体）等3个项目完成签约。

其他征迁项目：越溪乡小微企业园、大佳何鳗厂、泉水三村道路房屋拆迁、宁海县前童古得模具厂地块、梁皇山庄、前童童衍方艺术馆等6个项目完成签约。梅林南路拓宽改造工程、新城陆域（集体）、甬临线桐洲至麻岙岭改造工程等3个项目正有序开展签约工作。

【拆迁安置】 全年从城投集团拨入套间209套、商铺12间、车位92个。共完成安置套房525套、排屋74间，商铺11间，东大街北地块、大屋村等已签约户选房安置工作已基本完成。

【信访工作】 全年共接收信访件127件，答复率100%，其中百姓事马上办67件、市长电话网上咨询41件、省信访平台来访来信16件、纪检信访3件。

【年度特色工作】 构建“法律智库”为司法清障工作保驾护航。针对部分征迁地块“久拆不动”现象，积极开展司法清障工作。深化与县法院联合创建的“2+X”司法对接机制，开展定期分析交流及不定期的专题研商，在信息共享、合作协商的基础上，妥善处置工作中的突发问题。积极对接法治部门，让其从合法性层面把关启动司法强拆程序的一整套流程。主动聘请专业律师团队，以第三方身份参与清零攻坚的参谋工作。2019年，已高效、合理处置征迁过程中涉及的司法查封、买卖诉讼、产权不清等问题50余个，协助县政府作出补偿决定7件、申请强制执行6件，倒逼签约腾空8户，司法清障拔掉滞留户5户，共有7个项目通过司法清障清零。

公共建设管理

【概况】 宁海县公共建设管理中心为县政府直属正科（局）级事业单位，受县政府委托，承担除城建、交通、水利等项目外的投资规模在500万元以上的非经营性政府投资项目建设管理工作，以及对500万元以下的非经营性政府投资项目进行监督指导工作。中心内设4个职能科室：办公室、投资科、前期科、建设科。

1月4日，宁海县公共建设管理中心办公地点搬至桃源大厦B座17楼。

【项目建设】 抓目标管理，为全面完成建设任务“争时”。全年承建项目19个，其中续建项目12个（宁海县辛岭文化产业区提升工程、宁海县城东小学扩建工程、宁海县城西文化产业区提升工程、高级职业技术学校一期、宁海县金阳幼儿园新建工程、人大活动室装修6个项目已竣工；宁海县妇幼保健院保健大楼工程、老年公寓、跃龙山文化产业区提升一期工程、中心幼儿园、中科院三期、大中山商务楼6个续建项目按计划推进中）、新开工项目5个（海关大楼、城中小学、老干部活动中心、法院诉讼服务中心、人大活动室装修项目）、前期项目2个（商贸企业文化培训中心二期、三期城中小学，已经完成初步设计及论证工作，进入施工图设计阶段，城南消防站工程已经完成项目建议书编制和选址，项目总投资34.24亿元，年度计划投资8亿元，已完成投资8.8亿元，占年度投资的110%）。

始终秉持“安全第一，质量至上”理念，进一步发挥监管主体工作职责，不断探索、创新、完善现场管理工作，形成合力，筑牢质量安全生命线。在推行安全生产第三方社会化服务制度基础上，引进安全公共服务平台APP，使项目的管理者通过微信即能快速了解掌握项目检查后的安全生产总体情况，解决安全生产检查报告延时、整改落实统计烦琐、透明度不高等问题，实现安全生产检查全程信息化。第三方服务机构对2019年在建项目，共进行338次排查，累计排查隐患数1833条，整改1832条。

认真落实监理周例会制度和监理旁站制度，细化监理和项目联系人的工作职责，督促监理人员履职到位。对于隐蔽工程，除监理做到旁站外，还要求中心正、副科长审核，实行双人签字确认，减少廉政风险。工程变更报批进一步规范。

2019年，金阳幼儿园、高级职业技术中心学校、辛岭小学、城东小学、职工之家等5个项目荣获“跃龙杯”。城东小学扩建工程、城西文化产业区提升工程、辛岭文化产业区提升工程、妇幼保健院保健大楼工程、中科院上海药物所宁波临床前研究中心工程、高级职业技术中心学校建设工程、跃龙山文化产业区提升工程一期、金阳幼儿园新建工程8个项目获得2019年度“宁波市建设工程结构优质奖”。高级职业技术中心学校工程获得2019年度宁波市标化工地。十里红妆博物馆和中科院二期两个项目获得“甬江杯”，创造公建项目安全质量新标高。

【前期谋划】 明确每个关键环节推进要求，定节点、定责任人、定时限、定措施，提高服务意识，创新性地开展工作，为前期工作的高效完成奠定基础。中心承接的6个前期项目，总建筑面87883平方米，墙面修缮面积7431平方米，涉及投资金额78080万元。全年完成预算5项，预算金额3785.43万元；完成概算5项，概算合计21155.83万元；项目设计、施工、监理招投标共5次，总费用为2133.03万元；办理各类证件21个，其中已完工项目历史遗留证件3个，新建项目证件18个。

积极探索新项目前期工作管理模式，千方百计提高工作效率。宁波海关宁海办事处检测报关代理服务中心项目，因使用单位海关筹建办成立后人手紧缺，对项目推进影响较大，中心前期科根据项目特性，采用项目全过程代建服务的模式，保证项目的顺利实施。在应对部分项目投资主体发生变化而造成审批难、工作量翻倍等问题的过程中，中心职能科室与出资单位以及审批部门主动沟通，共同谋划，通过对项目报批程序的重新规划，优化报批方案，完成5个项目从立项文件到施工许可证重新报批工作。

【投资管控】 抓投资管控，为服务项目“争效”。投资管控与项目推进紧密结合，紧扣项目关键节点，保障项目推进工作，及时做好项目政府采购、合同签订及工程款资金分析、支付等事项，确保政府投资项目建设资金的高效使用，为整体项目推进服务争效。全年中心共完成政府采购9批次，采购金额2255.7万元。采购内容包括空调、电梯、厨房设备、智能化设备、高楼缓降器等，采购预算为2337.9万元，实际完成采购金额约为2255.7万元，节约资金82.2万元。签订各类合同284个，合同金额15634.7万元，合同签约率为100%，为项目的规范科学管理打下良好基础。

针对项目建设资金到位困难等现实，在经县委、县政府相关领导同意基础上，中心职能科室强化资金情况分析，突出计划统筹，通过不同项目内部资金余量短期调剂等办法，缓解资金难题，尽力抓好资金到账及工程款拨付。全年实际到位资金53028.3万元，累计支付各类工程款56806.6万元，支付额占2019年完成有效投资计划额（8亿元）的71%。

【党建工作】 抓党建争强，着力落实从严治党主体责任。从9月起全面启动“不忘初心、牢记使命”主题教育活动，迅速动员部署，成立领导小组，详细制定实施意见和实施方案，严格按照县委巡回指导组的要求，认真研读原著，深入调查研究，深刻检视问题，扎实整改落实，确保实现理论学习有收获、思想政治受洗礼、干事创业敢担当、为民服务解难题、清正廉洁做表率的目标。同时，还创新形式把主题教育与实践活动相结合，开展“县公建中心乡镇街道服务月”行动，为乡镇公建项目出谋划策，做好服务；利用“党群同心圆”平台做好服务，增强群众的获得感、幸福感，全年17名在职党员共完成服务520人次，人均30.6次，在机关党群同心圆活动中排第5名，县公建中心党组被县委组织部评为2019年度“党群同心圆”志愿服务先进党组织。落实主体责任，按“一岗双责”要求，制定《2019年度党风廉政建设组织领导与责任分工》，明确政治责任和工作职责，推动“三书三查两报告”制度执行。

强化对工作履职的检查督导，要求其定期向中心党组汇报分管领域全面从严治党情况。全年召开廉政建设部署会分析会2次。

扎实开展“以案为鉴，严守底线”等廉政警示教育，牢固树立“党的一切工作到支部”的鲜明导向，定期开展党日活动，严格落实“三会一课”谈心谈话等制度，党员学习教育常抓不懈，形成较好氛围。

认真抓好“一党委一品牌”创建，建立中心党员与项目工地党员结对联系制度。要求中心党员定期下工地开展活动，做好关心关爱工地党员，及时传达上级有关党建工作的要求。强化党建引导，在有条件的工地建立党员突击队，队员由中心和工地党员共同组成，在攻坚克难和急难险重任务中作出表率，发挥党员主力军作用。

城市管理

【概况】 2019年，宁海县综合行政执法局按照习近平总书记“城市管理要像绣花一样精细”指示精神，贯彻落实中央、省市关于城市精细化管理工作部署，坚持以人民为中心，以问题为导向，全面探索城市精细化管理路径，着力打造清爽有序、舒适精致的城市环境。

【重点项目建设】 突出全域创建，强势推进“三改一拆”行动。以“无违建县创建”为目标，累计改造面积124.33万平方米，拆违170.05万平方米，完成率179%，累计拆后利用率86.62%。对县域内10条主要道路实现违建对账销号，拆除可视范围内所有高立柱广告，整治沿线“脏乱差”现象642处。以宁海县安全生产和消防安全大排查大教育大整治大提升百日攻坚大会战为契机，开展大拆违百日攻坚，拆除854家，拆除面积3634万平方米。

突出全民参与，全面落实生活垃圾分类。实现全县生活垃圾分类覆盖面达到80%以上，城镇生活垃圾总量增长控制在1%之内，生活垃圾回收利用率达到40%以上，城镇生活垃圾无害化处理率达到100%。构建联动体系，建立县领导、县级机关联系社区、小区“1对1”联系机制；抓好示范创建，垃圾分类工作推广至全县74个小区，小区覆盖率达93.6%；完成12个小区、1条定时定点收运街、1个省级高标准小区创建。突出舆论宣传，运用传统媒体刊登垃圾分类相关报道170余篇，发挥新兴媒体和典型示范引领作用，通过微信公众号、宁海发布等平台刊登垃圾分类宣传350余条，营造时时处处提醒垃圾分类、引导垃圾分类的浓厚氛围；突出执法力度，开展全过程执法检查，发放整改通知116份，立案3个。

突出长效管理，纵深助推五水共治工作。推进“污水零直排区”创建，全年发放排水许可证248本，对900余户排水户进行批后监管检测，下发排水整改通知书180份，立案处罚6家。保障农污运维管理，移交第三方运维单位运维192个行政村（325个自然村），受益户数8.4万；打造市级及以上标准化运维试点创建22个（其中省级运维点10个），完成率100%；完成68个30吨以上农村污水终端日常进出水水质监督检测。切实加强洗车行业规范管理，对县域四个街道范围内54家洗车店进行污水排放专项整治，将34家洗车店不满足办理排水许可条件，移交相关单位处理，督促20家洗车店完成整改并领取排水许可证。

突出服务效能，创新推动“最多跑一次”改革。开展权力事项颗粒化梳理，细化行政权力事项70个，并做到所有付费事项“扫码支付”，在线审核、办理并在线反馈结果，让“信息跑”代替“群众跑”，最终实现100%“零次跑”。以数字化转型为抓手，以流程再造

9月，县公建中心主题教育暨安全生产和消防知识培训会

为核心，以部门联动为支撑，做到“即时审批、立等可取”，实现承诺压缩比100%，即办比例100%。

【法治建设】 建立执法联勤机制。实行“派驻式”联勤机制，专门指派机关办案骨干到乡镇街道执法中队协助指导办理涉及新下放职能的行政处罚案件，加大噪音、油烟等领域执法监管力度。2019年已办理综合执法类案件202件，罚款约208余万元。

加大行政执法力度。全年办理行政处罚案件1003件，简易程序案件885件，人行道违停抄告9694起，合计行政处罚622万余元。积极推行非现场执法，借助智慧城管三级平台，实现对各类违法行为远程打击，办理非现场执法案件43件，罚款27万余元。全面加强“互联网+监管”，推广浙政钉掌上执法系统，执法人员入库率、账号开通率均100%，运用次1423次。

加强执法能力建设。有效实施行政执法公示制度，对立案处罚案卷认真审核把关，结案后及时在政务网公开处罚结果。全年完成1003件案件行政处罚结果信息公开工作，有效提升执法透明度。落实行政执法全过程记录制度，从硬件建设入手，形成行政执法全过程有设备、会使用、能坚持的良好运行态势。配备执法记录装备201个，制作并存档执法视频1422个，确保每个案件执法过程全记录。严格执行重大决策法定程序，落实案审委员会集体讨论决定情况的记录、归档工作，全年对37件重大行政处罚案件按程序组织集体讨论，提高重大行政决策的质量和效率。

推进规范化中队建设。争取乡镇街道财政支持，把创建工作列入县对乡镇街道年度考核。邀请10个乡镇街道中队属地分管领导，参加规范化中队建设现场会，通过现场汇报规范化创建成果，参观先进中队办公场所、执法装备库、执法车辆等形式，推进执法装备标准化建设。成立局考核组进行县级初评，对2019年拟创建的梅林、桥头胡、长街、岔路、前童等5个中队，组织集中学习培训，根据《浙江省综合行政执法基层中队规范化建设标准（试行）》，开展5轮规范化建设达标预验收。5个拟创建中队已通过市局复核。

【优化城市人居环境】 提升公共秩序环境。以全国文明城市提名城市创建、刀刃向内找短板行动、电视问政整改工作为契机，推进市容环境优化行动。整治各类户外广告2100处，签订门前三包4200份，督促城区23家夜间烧烤摊更换为无烟烧烤炉，处理一般程序案件776件，罚款141万元。示范路创建取得新突破，成功创建气象北路为市级街容卫生示范街、省级街容卫生示范街；在已有的精品示范路中，徐霞客大道、金水路在每个月市级考核中名列全市前茅。加强共享单车管理，在全省率先采用蓝牙道钉技术，破解“找、骑、停”难题，投放1600辆单车，设置272个蓝牙桩点位、2448个蓝牙道钉，运营效果良好。

推进城市精细治理。实施“洁化”工程，道路清爽行动覆盖范围达650万平方米，实现市民满意度达到85%以上；深化环卫保洁市场改革，调整保洁区域和保洁内容，新增桃源街道浦西社区及赵家村等6个村道路保洁，增加面积121.36万平方米，同时将绿化隔离带的保洁一并纳入路面保洁，实现路面保洁和绿化保洁统一；完善硬件设施，完成4个中转站压缩设备改造和4座公厕提升工作。实施“美化”工程，在城区实施34个绿化项目，推进人民路花漾街区建设，城隍庙口袋公园、外环东路小游园口袋公园改造；完成20件养护期满工程移交，新增养护面积约42.3万平方米，落实好绿地精细化养护的责任清单。实施序化工程，完成城区50座桥梁检测，2.7万余平方米路面修复，1000余件零星修复，10个积水点改造，增设城区护栏450米，更换窨井盖500个。实施“亮化”工程，完成飞凤山景观140套洗墙灯和1200米LED软灯带安装，开展城区主要道路路灯编号工作，维修各类路灯故障3200处，更换各类灯具805套，更换电缆6200余米，确保城市亮灯率99%及设施完好率97%以上。

精耕智慧城市管理。完成主建成区智慧城管网格全覆盖，面积扩大至37.6平方千米；完成三级平台建设及试运行，共上报采集案件14959件；完成协同网络单位机构改革调整，协同单位共受理案件250件。以精细化管理为抓手，实现运行管理持续增效，完成城区信息采集案件69431件，受理督察检查案件1079件，截取有效视频报警案件286件。以科技增效为基础，提升平台系统应用支撑，在40辆执法车辆安装北斗定位系统，配备150部城管通执法终端，完成综合执法统一门户应用开发和智慧城管扩容项目招投标工作。强化多元采集，推广“甬城管+”APP安装全覆盖，全年上传“甬城管+”1263件，解决率达100%。

强化建筑渣土管控。对全县257辆渣土运输车实现信息更新，实行身份证式管理，通过完成40个工地108个视频监控设置、16家渣土运输公司367辆渣土运输车卫星定位系统安装、构建融合实时监控与信息查询功能建筑垃圾运输车辆定位平台，成功依法查处渣土类案件95件，处罚金额118余万元，其中成功侦办“4·1”鄞州建筑垃圾运输公司跨区域偏离清运路线乱倾倒案件，查扣违法车辆24辆，立案9起，罚款8万元，起到很好的震慑效果。

绷紧安全生产之弦。深刻吸取“9·29”火灾事故教训，扎实开展隐患大排查大整治。检查城镇燃气使用单位1584家，发现并整改隐患797处；发现并整改城市道路、地下通道、停车场、垃圾中转站、公园广场等安全隐患290处；结合县级安全生产和消防安全“四大会战”、市级危化品使用和消防安全整治百日大会战活动，组织开展安全生产消防培训，累计培训1257人。

【提高内部管理效能】 **组织建设不断加强**。成立机关党委，任命机关党委专职副书记，严把党员发展关，发展入党积极分子9名，按期转正预备党员2名。把好全县农村户籍发展对象政审关，做到发展前必审，有问题必退，审核442余名发展对象，其中16名发展对象被取消资格。进一步推进党支部标准化、规范化建设，对局属10个支部进行星级评定，评出一个4星级支部（市政管理支部）。丰富党员活动，组织开展民主生活会、柘坑戴村植树活动、情暖晴隆扶贫帮扶重走习近平总书记走过的路系列活动、观看《我和我的祖国》等视频。做好“党建+城管义工”文章，累计出动服务800余人次，累计服务时长70余小时。创新管理思路，借助“党群同心圆”平台，发动全县党员加入垃圾分类志愿服务队，对13个小区6100户家庭开展每月4次的入户指导，推动宁海垃圾分类治理。

廉政建设不断完善。推进党风廉政建设责任制，制定《2019年党风廉政建设和反腐败工作组织领导与责任分工》，层层签订《党风廉政建设责任书》。加强廉政教育，组织全局干部集体观看廉政警示教育片《权钱之弈》，到县基层治理中心廉政警示教育基地进行集中教育和现场教学，通过对“宁海36条”等内容的全面学习，不断深化提高干部职工廉洁从政意识，扎实推进“清廉宁海”建设。组织观看电影《春天的马拉松》，开展观后感征文活动、“点赞新中国、昂扬新时代”微型党课比赛等多种形式廉政教育活动，增强党员干部防腐拒变能力。

队伍建设不断强化。优化管理结构，对中层干部重新聘任，平级转任5人、提拔14人、任职试用7人。加大人才储备，深化年轻干部“导师制”，7名兼职导师与47位年轻干部进行“一对多”结对，开展多种形式的传帮带学习，助力年轻干部成长。强化执纪问责，解聘2名事业干部，组织实施督查40余次，刊出《督导通报》14期，通报批评11人，12名执法辅助人员因违规违纪被扣发考核奖，60名执法辅助人员被评为协管之星而受到奖励，有效规范执法辅助人员的管理。

主题教育不断推进。聚焦“学”字抓好理论武装，班子成员发挥理论学习中心组“头雁”作用，自觉带头坚持读原著、悟原理，开展“横向学”；倡导沉浸式学习，全局10个支部利用“碎片时间——午间三十分钟”开展“纵向学”。聚焦“真”字抓好调查研究，以问题为导向，结合马路办公和“三服务”活动，深入调查研究，收集各类问题20余起，已全部完成阶段性整改。聚焦“深”字抓好问题检视，成立“重精细、找短板”行动工作小组，通过现场督查方式，深入查找影响和制约城市管理工作发展的各项短板，建立包含200余项短板在内的问题清单，逐一整改。聚焦“效”字抓好整改落实，以电视问政问题整改为契机，坚持抓重点、破难点、攻堵点，开展“两违”整治、环境整治、马路市场整治等精细化管理6大专项行动，并建立健全问题长效整改机制，进一步巩固深化整治成果。

扫黑除恶不断深化。保持扫黑除恶高压态势，在传统与新兴媒体宣传上持续发力，发布网络类53篇、横幅类141副、《公开信》3148份；在精准摸排及重点打击上持续用力，聚焦综合行政执法和城市管理领域涉黑涉恶问题可能突出的重点行业、地区，排查渣土运输类涉黑涉恶线索6条、暴力抗法类1条，配合查处案子1件；在督导和主动作为上持续发力，压实责任、健全机制，局扫黑办共督导2次，各部门对各行业督导71次，完善各项监管机制。

水务管理

【概况】 宁海县水务集团有限公司组建于2006年4月，是经县政府授权统一经营管理县域范围内的涉水事务，承担全县水务建设、经营的国有控股企业，集制水、供水、污水处理于一身，具有独立法人资格，实行企业化运作。年底，公司注册资本6000万元，城投集团占股83.33%，资产经营公司占股16.67%。各类职工429人，其中正式职工240人、编外189人。供水日设计能力29万吨，实际污水日处理能力12.7万吨。

水务集团内设办公室、人力资源部、计划财务部、项目建设部、监察审计部、科技与信息化等6个职能部门，下辖2家子公司，1家合资企业、2家实际运营管理的国有独资企业，以及污水公司1家合资企业（与排水公司合资）。

其中：2家子公司为宁海县供水有限公司、宁海县兴海水务建设工程有限公司，供水公司内设城南供水营业所、城北供水营业所、制水分公司3个，下设宁东、宁北、长亭、宁西4家分公司。1家合资企业为宁海县环境技术有限公司，水务集团占股55%，浙江海拓环境技术有限公司占股45%，承接全县农村生活污水处理设施运维工作。2家实际运营管理的国有独资企业分别为宁海县净源水处理投资有限公司和宁海县排水有限公司。污水公司1家合资企业为宁海县兴海污水处理有限公司，排水公司占股40%，钱江水利开发股份有限公司占股60%，下设城北污水处理厂和城北污泥处理厂。

【经济指标完成情况】 2019年完成营业总收入2.43亿元，同比增长6.65%。全年供水约6395万吨，自来水销售收入约1.33亿元，同比增长1.34%。各集中式污水处理厂共处理污水约3520万吨，日均约9.64万吨，较上年同期增长3%；COD消减约5826吨，较上年同期增长5%；代收污水处理费5350万元，同比增长1.58%。

【基础设施建设】 2019年投资2.1亿元，全力推进城镇污水处理设施工程、城镇供水设施工程等县重点项目及一批民生工程。

城乡供水一体化管理日趋成熟。以水质安全为中心，加大城镇供水管网在农村的覆盖范围，推进城乡供水管网建设，完成一户一表新建及改造4515户、DN25毫米以上供水管网120.2千米，至年底，供水经营服务范围进一步增面扩量，服务人口超50万，DN75毫米以上供水管线1600千米，在册用水户已达20.6万户。

污水处理设施全面覆盖。对照“污水全收集、管网全覆盖、雨污全分流”目标任务，扎实推进“污水零直排区”建设，经过三年艰辛努力，城区17个区块雨污分流零直排建设全面完成；桃源路（人民大道至外环路）两侧污水主管修复项目共计完成修复污水管网2.2千米、窨井57座；完成临港、城南、宁东污水处理厂尾水排放管建设、前童双桥至妙宏污水主管约5千米、雪坡至茶院污水主管工程建设6.98千米、岔路—前童污水主管管点修复60余处，城乡污水收集率进一步提高。城南污水处理厂提标改造工程已完成主体结构验收，实现污水厂清洁排放。城北污水处理厂提标扩建项目“三通一平”工作已进场施工。

【业务运维工作】 全力保障供水安全。2019年出厂水水质综合合格率始终保持在100%。对城南、城北供水区域的学校医院等重要单位新增80多个检测点，聘请专业查漏团队进行管道漏水点定位、地埋管道漏水查漏，保障供水管网安全、稳定运行。

污水处理提质增效。强抓污水管网及泵站运维，除城北污水处理厂外，6个污水处理厂污水日均处理量达16007.07吨，较上年提高15%。城北污水处理厂脱氮项目试运行，脱氮效率达90%以上，为生物脱氮技术市政运用打下基础。

农村生活污水治理成效日益凸显。完成192个行政村325个自然村生活污水处理终端的接管验收工作，22个村实现标准化运维，新增服务户数约4.15万户，受益农户达8.4万户。在长街镇三岔村试点引入循环生物滤池工艺建设农村污水改造、运行，并取得圆满的试验成果，有效改善农户生活环境。

农村饮用水项目逐步接收。按照农饮水县级统管要求，对34个单村水站和大管网延伸区域现状做充分的调研，更换24个单村水站的消毒设备，并持续跟进水样采集化验工作，为后续农饮水运维工作积累经验。

“河长制”工作稳步推进。水务集团负责联系的白溪流域，全年水质稳定。同时，认真配合做好颜公河、槐路河等其他河道的“河长制”相关工作，以生态补水、截污纳管等形式持续改善河道水质。

环境保护·自然资源和规划

环境保护

【概况】 2019年，贯彻落实各级生态环境保护大会精神，深入践行“绿水青山就是金山银山”发展理念，紧紧围绕年度目标任务，以污染防治为突破口，全面推进生态创建，打好以“蓝天保卫”“护水斩污”“清废净土”为代表的污染防治战，实现全域生态、全程生态、全境生态、全民生态，为县域经济可持续发展保驾护航。宁海空气质量保持稳定，优良率为91.8%；PM2.5浓度均值为27微克/立方米；跨行政区域交接断面水质达标率为100%；饮用水源地水质达标率100%。获2018年度美丽浙江建设工作考核优秀单位，县环境监察大队获美丽浙江建设和“五水共治”工作成绩突出集体荣誉称号；3月入选首批浙江省清新空气示范区；11月成功获第三批全国“两山”实践基地的命名。

【生态示范创建与基础设施建设】 **深化生态文明建设体制改革**。推进“两山”实践创新基地创建，印发《宁海县关于打造“两山”实践创新基地全面推进生态文明示范创建三年行动计划》，量化空气、水、土壤环境质量和固废污染防治、生态保护建设、绿色生产生活等6个方面目标。成功获得第三批“两山”实践基地的命名，县委书记林坚在命名大会作典型发言。全力推进国家生态文明示范县建设，健全完善生态环境评价考核体系，创新乡镇（街道）生态报表考核制度。

全面推进污水零直排区建设工作。大力推进污水零直排区建设。全年铺设污水管网29千米，完成年度任务的85%；日平均污水处理量达到11.3万吨，比2018年增长7%，污水处理负荷率从83%提高到89%。大力推进城区雨污分流改造。完成城区北片14个片区雨污分流改造工程建设；完成5个省级创建小区雨污分流和阳台水改造。大力推进六小行业整治。推进商业集聚区等重点区块的整治，对集聚区250余家“六小”行业开展排水许可宣教，110余家排水户已经完成整改。大力推进颜公河综合整治提升。出台颜公河水环境整治工作方案，重点实施生态活水（南水北调）、管网修复、雨污分流等工程；创新实施乡镇街道污水收集和处理考核机制。为切实加强对污水管网建设质量和污水处理率的考核，在各乡镇街道试点开展安装流量计和COD浓度监测仪等监管手段，实现实时监控污水量和浓度变化，以此作为体现管网建设成效考核的重要内容。

【治污攻坚行动】 **做好大气污染防治工作**。制定并实施《2019年宁海县打赢蓝天保卫战工作计划》，以能源结构调整、工业企业污染整治、机动车污染防治、扬尘治理等为工作重点，加强源头治理，建立健全大气环境监管体系，确保环境质量有效改善。

提前完成150家“散乱污”、15家VOCs、5家无组织排放整治任务。推进燃气锅炉、炉窑和建成区生物质锅炉治理工作。组织召开燃气锅炉低氮改造推进会，编制《燃气锅炉低氮改造方案》。完成4家低氮改造和13家全县炉窑治理项目任务，提前完成全县建成区内2个生物质锅炉超低排放改造任务。积极开展柴油车路检执法，开展柴油车路检执法3次，接触式精确检测36辆，对其中的4辆超标车开具限期整改通知书和处罚通知书。投资200万元在城区主要道路安装遥感监测设施，建设“天地车人”一体化排放监控体系，推进大气监测体系建设工作，编制《宁海县乡镇（街道）环境空气监测点位设计方案》，开展宁海县机动车智能黑烟抓拍系统项目和强蛟镇重点企业废气自动监控系统建设。

打好水质提升战。深入开展电镀、铝氧化、拉丝酸洗、铜酸洗、农副食品加工企业5个涉水行业企业整治。其中23家电镀企业深度治理已完成；铝氧化行业整治已验收3家，完成整治的7家，正在整治14家。完成54家金属表面等涉水行业的整治提升，完成12家电镀、化工等重点行业企业初期雨水治理试点工作。

打赢治土攻坚战。全面做好固体废物专项审计和整改工作、危险废物规范化管理达标工作，累计对57家企业开展危险废物大排查专项行动，组织110余家企业参加危险废物规范化管理专题培训。逐步规范废机油、废乳化液等危废管理工作，建设4家小微企业危险废物统一收集点。完成25个加油站地下油罐防渗改造。加强废水运行企业监管，制定《宁海县污染企业废水转运工作方案》，规范污泥处置，制定《宁海县工业固体废物污染防治规划》。已制定金海雅宝污染地块修复工作施工方案。

【环境监管】 不断加大执法力度，全面推进环境整治。有效开展“双随机”执法检查工作和环境信访处置工作，结合“夜鹰式”零点执法专项行动、危险化学品安全生产大检查、“散乱污”行业整治专项行动、市级专项执法行动等执法专项行动。2019年共处置环境信访1279件，出动执法人员人次4525次，检查企业1872家，作出行政处罚案件155件、罚款1838.3万元；查封7件，停产整治1件，行政拘留移送公安4件，环境污染罪移送公安2件。

全力做好环保督察整改工作和第二轮中央环保督察迎检工作。积极履行中央环保督察宁海县整改协调小组工作职责，中央环保督察反馈整改问题完成5项，剩余6项按序时推进中；省环保督察反馈整改问题完成5项，剩余8项按序时推进中。积极推进第二轮中央环保督察迎检相关准备工作。

拓展在线监控范围。着手对46家铜酸洗、拉丝酸洗等一般污染源安装在线监控系统并实现联网。同时在全县各乡镇街道安装扬尘在线监控系统并建立通报考核制，对部分重点施工场所进行实时监控，完成数据联网。

试点环境监管环保管家模式。为确保三级网格环境监管制度落实到位，在部分工业企业较多、环境监管任务较重的乡镇街道，试点推广网格化环境监管环保管家模式，即委托第三方专业机构协助乡镇街道开展三级网格巡查，有效解决乡镇街道巡查力量不足、专业知识不强等问题。黄坛镇、梅林街道等7个乡镇街道已开展此项工作。

【生态文明体制改革】 提升企业环境管理水平。实施建设项目竣工环境保护验收报告考评制度，按5%—10%比例抽取对2018年度全县“三同时”验收报告进行考评，考评结果在全县环境检测工作会议进行通报。开展行业整治“领跑”和“黄牌”企业评选活动，对上一年完成整治的40余家酸洗磷化行业依据整治情况评选出“领跑”企业4家、“黄牌”企业3家。又对已完成整治的24家电镀行业依据整治情况评选出“领跑”企业5家、“黄牌”企业2家，评选结果在媒体上公示，并实行差异化管控。

试点企业“环保经理”制度。从强化企业环保管理，提高企业规范化管理水平出发，设立专人负责企业环保工作的“环保经理”，负责贯彻落实相关规定、采取有效措施防治污染、规范治污设施管理、落实环境安全责任、配合环保部门执法检查、完善环保资料和动静态档案等。与宁波市环保科技协会联合举办两次“环保经理”培训班，参加人次200余次。

大力提升环境能力建设。在智慧环保建设方面，在现有环境监控中心硬件基础上，围绕“一中心、一平台、一张图、一个导航舱、一个APP”，打造集环境监控预警、污染源监察与应急调控为一体的平台，一期项目已通过验收，其中企

3月13日，举行市生态环境局宁海分局成立揭牌仪式

业地图已纳入二污普 5300 余家企业基本信息，二期正在建设中。在标准化监测站建设方面。新建的 2000 余平方米标准化实验室投入运行，投入 130 余万元新购置气相色谱仪、多参数水质检测仪等一批设备，进一步提升监测能力。同时，开展海水中 pH 值、盐度、化学需氧量（锰法）、无机氮、活性磷酸盐等因子的监测能力建设，大大提升环境监测基本公共服务能力。

加强生态环境主题宣传。结合“五水共治”工作，通过广播、报纸、电视、网络等媒介，借助党群同心圆、电子屏幕、沿街广告等平台，大力开展生态环境保护宣传。不断加强传播生态理念，在世界环境日、浙江生态日等纪念日开展系列活动，如公益徒步走、“十佳绿色小使者”评选、出版宁海生态文集等，引导全社会参与生态环保建设，切实提升公众对生态环境的满意度。

10 月 30 日，举行宁海县生态环境环保综合行政执法队成立揭牌仪式

自然资源和规划

【概况】 1 月 8 日下午，县自然资源和规划局正式挂牌。宁海县自然资源和规划系统在县委、县政府和市局的领导下，紧紧围绕宁海经济社会发展和系统中心工作，高效服务，严格监管，积极应对各种困难和压力，正确处理保护资源与保障发展之间的关系，各项工作均取得新的成效。

【耕地保护】 坚持以耕地保护促进经济发展，以经济发展更好地保护耕地资源，实现耕地资源和基本农田数量有增加、质量有提高。自 2018 年启动实施垦造万亩耕地工程以来，全县共有 78 个垦造耕地项目完成立项并组织实施，开工建设面积 10032.9 亩，其中完工 5638.1 亩。严格按照《宁海县耕地保护补偿政策实施办法（试行）规定》发放耕地保护补偿款，进一步激发村级组织和广大农民群众对耕地特别是永久基本农田保护的内在动力和积极性。

【宏观调控】 坚持高起点定位、高品质规划，构建国土空间规划新体系。根据计划安排，顺利完成工作方案拟定、生态红线评估、数据基数转换等工作，形成一张底图初稿，并完成大纲编制。土地出让市场方面，全年通过“招拍挂”方式

1 月 8 日，县自然资源规划局挂牌仪式

公开出让经营性用地和工业用地48宗，出让金总额57.1亿元，创历史新高。做好用地报批工作，完成15个批次的用地报批工作，总面积3016亩，其中新增建设用地2438亩。

【资源利用】 深入开展“三未土地”清单化处置行动，坚持向“土地”存量要“发展”增量。消化批而未供土地3587亩、供而未用土地1581亩，低效用地再开发1137亩。按照“政府引导、规划先行、公开透明、依法稳妥”的基本原则，优化原有工业企业“退二进三”实施方案。在全面排摸现状的基础上，进一步明确实施范围、具体方式、操作办法，明确发改、住建、环保、综合执法、供电供水供气等部门职责分工，努力实现经济转型升级、县域综合竞争力提升的总体目标。

【执法监管】 在全县范围开展非法采矿专项整治行动，扣押挖机、铲车、运输车整车23辆，拆卸电脑版40余块；依法作出行政处罚23件，罚款60余万元，移交公安机关涉刑案件4件，其中3名当事人已被刑事拘留。非法采矿高发态势得到一定遏制。根据全县统一安排，认真开展安全生产大排查大整治以及扫黑除恶相关工作；“大棚房”经过反复多轮整改，完成整治任务；违建别墅整改工作通过市级核查、省级抽查。

【生态修复】 进一步加强矿产资源开采、加工、运输等环节的环境保护，全县绿色矿山建成率100%，对27个废弃矿山摸底调查，分批启动治理修复工作。积极争创“国家森林城市”，深化林木采伐管理改革，实施高质量森林培育工程，建设健康稳定优质高效的多功能森林生态系统。开展蓝色海湾行动，加快推进海域海岛海岸带整治修复。中央环保督察、省环保督查涉及宁海县问题均已达到时序进度，确保按时完成整改任务。

【维护群众权益】 深化“最多跑一次”改革，不动产登记上线运行“一窗受理”平台，全国率先推行“司法拍卖不动产登记跑零次”，彻底解决“司法拍卖不动产处置难”问题。积极开展地质灾害“除险安居”工程，核销隐患点28处，其余点位布置相应措施，总体可控。紧盯森林防火，在预防上积极主动、宣传上形式多样、管理上责权利结合，取得较好成绩。农房确权登记工作虽然起步晚、时间紧、任务重，但在各方努力下快马加鞭，按时在年底前完成任务目标。

2月1日下午，宁海县自然资源和规划局全体干部职工大会暨党风廉政建设工作会议现场

3月7日，2019年全县高质量土地利用工作会议现场

文化旅游·体育·传媒

综　述

由宁海县文化广电新闻出版局、宁海县旅游委员会、宁海县体育局合并立宁海县文化和广电旅游体育局，于1月8日下午，举行挂牌仪式。

1月8日下午，举行宁海县文化和广电旅游体育局挂牌仪式

2019年，是中华人民共和国成立70周年，是决胜高水平建成小康社会的关键之年，也是开启宁海文化和旅游深度融合发展的元年。宁海县文化和广电旅游体育局以习近平新时代中国特色社会主义思想为指导，以“八八战略再深化、改革开放再出发”为主线，以高质量发展为目标，以融合发展为重点，紧扣文化旅游产品和服务提优提质这个中心环节，推动文化建设和旅游发展各项指标持续健康发展，创成首批国家全域旅游示范区，全省3家，全市唯一。

文化旅游

【概况】 全县文旅重大项目全速推进，实际完成投资33.8亿元，全市第一；大庄温泉乡根小镇等15个项目开工建设，安岚温泉一期等8个项目建成，王干山沧海桑田小镇等10个项目签约落地。乡村旅游不断壮大，创新开展“艺术振兴乡村”行动，打造艺术旅游示范村15个，启动实施“一十百千万”工程，创成AAA级景区城、AAAA级景区镇3个、AAA级景区村9个，建成精品民宿15家，鹿山村获评全国乡村旅游重点村。文艺创作成果丰硕，《箍桶记》获评中国民间文艺最高奖——山花奖，全省唯一；电影《春天的马拉松》等作品获省“五个一工程”奖；平调原创大戏《葛洪》完成创作并在各地公演。文旅品牌持续打响，“静城·宁海”IP形象更加深入人心，庆祝新中国成立70周年系列活动提升全县党员干部的精气神，开游节、十里红妆成为省文旅金名片。文博工作亮点突出，东方艺术博物馆走产业化发展道路，以“非遗+”模式建设“非遗”文化产业园，发展“非遗”旅游经济，成为宁海文化旅游的靓丽名片。

12月31日，宁海县文化旅游集团有限公司挂牌成立。该集团以宁海县旅游集团为基础，整合相关企业经营性资产及经营管理权，形成总资产超过12亿元、净资产6亿的集团公司。通过资产经营运作，增加现金流项目，提高信用评级，管理运作县域文化、旅游等国有资产，培育“旅游+”“文化+”等跨界融合商业模式的重大文化、旅游项目，实现国有资产保值增值。

12月31日，宁海县文化旅游集团有限公司挂牌成立

【党建工作】 理论武装不断加强。坚持思想建党、理论强党，认真落实意识形态责任制，通过中心组学习会、青年干部学习会等方式，学懂弄通习近平新时代中国特色社会主义思想。在推进文旅融合、文艺创作、产品开发等工作中，把弘扬社会主义核心价值观放在首位，在深化党的建设、坚守文化阵地上主动担当作为。高质量开展“不忘初

心、牢记使命”主题教育、“温故知新、知行合一”学习实践活动，策划组织庆祝中国共产党成立98周年、庆祝新中国成立70年系列活动，促使全县文旅系统党员、干部进一步坚定“两个维护”，以高度的思想自觉、政治自觉、行动自觉，承担起“举旗帜、聚民心、兴文化、促旅游、展形象”的使命任务。

机关党建规范开展。切实增强基层党组织和党员干部“守初心、担使命”的思想自觉、行动自觉，加强基层党组织规范化建设，成立机关党委、退休党员支部，严肃党内组织生活，常态化召开“三会一课”，积极做好机关党建文化建设，夯实党建工作基础；突出围绕中心工作抓党建，结合“大学习大调研大抓落实”“调研解难题、深化‘三服务’活动”，在主题教育期间，班子率先开展“五带头”攻坚克难行动，集中赴基层调研100余次，牵头撰写《如何高质量推进宁海文旅融合发展》《关于国家全域旅游示范区巩固提升的调研》《加强民间文化人次建设　推进乡村文化繁荣发展》等10余篇调研文章，多篇专报获市县领导批示肯定，为各级党政领导科学决策做好参谋。

党风廉政建设深入推进。履行全面从严治党主体责任，全面落实县委关于“清廉宁海”建设的决策部署，研究制定《局机关重要制度汇编》，完善党风廉政建设和反腐败工作制度体系，定期召开专题会议研究部署相关工作；加强作风建设，坚决贯彻民主集中制，健全“三重一大”事项决策制度，积极巩固审计、巡察成果，继续保持党风廉政建设和反腐败斗争高压态势，风清气正的政治生态进一步形成。

干部队伍建设有力有效。加强班子建设，充分发扬“抢、拼、争”精神，班子内部“团结、紧张、严肃、活泼”的良好氛围进一步形成；加强中层干部队伍建设，优化年龄结构，促使其在项目一线、招商一线、服务一线摸爬滚打，锤炼党性、提升业务，打造“三勇”铁军；加强一般干部队伍建设，敢于压担、善于用人，充分激发一般干部的潜力，让“讲规矩、守纪律、敢担当、精业务”的年轻干部逐步脱颖而出。

【改革创新】 坚持文化和旅游深度融合发展，扎实推进机构改革，调整完善政策体系，凝聚部门单位合力，文化和旅游发展基础不断夯实。

机构改革顺利完成。根据宁海县委统一部署，从紧从速推进机构改革工作，全力整合优化内设机构，合理配置人员编制，出台“三定”方案，明确班子分工，顺利完成人员定岗工作，并做好机构改革“后半篇”文章，完成文化市场综合行政执法改革工作。同时，坚持改革稳步推进与工作稳定开展相统筹，班子成员同相关科室人员普遍开展谈心谈话，不折不扣推动文化和旅游各项工作任务，干部思想更解放、队伍更担当、工作更发力、干劲更充足，为文旅产业供给侧结构性改革提供有力的组织保障。

部门合力有效激活。领导重视促发展，宁海县四套班子班子经常性开展蹲点调研，研究破解文化和旅游重点难点问题。宁海县文化和广电旅游体育局机关充分发挥在全县文化和旅游工作中的牵头抓总作用，立足“产业兴旺、事业繁荣”，积极落实工作清单制、专班制，全面参与文化和旅游重点工程建设、企业管理和公共服务保障。各级各单位凝聚合力，共推文旅事业发展，尤其是宁海县公安局、宁海县交通局、宁海县综合执法局等部门在全域旅游创建、开游节举办等工作中全力配合，作用明显；各乡镇（街道）发展文化事业和乡村旅游热情高涨。

政策体系不断完善。持续发挥文化和旅游相关扶持政策作用，进一步推动文化和旅游市场繁荣，文化和旅游政策整合工作取得初步成果，政策的导向性不断提升。深化旅游投融资改革，有效整合全县文化和旅游类国有资产，进一步做大做强旅游集团投融资平台，至年底资产已达12亿元，促使更多社会资本参与文化和旅游项目开发；同时，加快县文旅集团组建，至年底已基本完成组建方案。加大考核督查，进一步完善文化和旅游考核指标，重点加强对相关部门全域旅游、产业发展、政策落实、项目推进等方面的考核。

【文旅产品构建新体系】 坚持规划先行作引领、项目建设为抓手、招商引资有成效，坚定不移推动重点项目落地建设，推动文旅产业高质量发展。

规划引领日渐凸显。深入实施《宁海县全域旅游发展总体规划》，加强前期论证和前置审批，项目布局逐步优化；谋划《宁海县文化和旅游发展“十四五”规划》，探索新时期文旅产业融合发展路径。促进多规合一，抓紧重点领域、重点门类、重点区块专项规划编制，落实旅游产业与设施空间要求，优先保障旅游发展用地指标。同时，在巩固旅游资源普查成果的基础上，全面推进全国文旅资源普查试点工作，全省仅两地入选。

文旅项目有序推进。2019年列入县重点工程的文化和旅游项目66个，其中新开工项目17个、续建项目20个、预备类项目9个、重大前期招商项目20个，年度计划完成投资36.74亿元。截至10月底，实际完成投资26.5亿元，景澜·雁苍山舍一期、梁皇山景区提升工程建成，喜来登酒店、县旅游集散中心主体建成，潘天寿艺术中心、燕山温泉度假村、上金国际商业旅游区进展顺利，大庄山谷、文化中心（大剧院）等项目正式开工。

乡村旅游量质提升。推动乡村旅游集聚发展，前童镇鹿山村获评首批全国乡村旅游重点村；创成省级A级景区村庄45个，其中AAA级8个；前童镇入选市级乡村全域旅游示范区培育单位；创新开展“艺术振兴乡村”行动，联手中国人民大学、上海人大科学发展研究院等高校，激发当地村民艺术创作活力，打造大佳何葛家村等15个艺术旅游示范村。做足“旅游+乡村”“旅游+体育”“旅游+文化”等文章，持续培育以精品民宿为支撑，多元业态为补充的乡村旅游产品体系，建成十二忆·前童、岚月山房、花筑·蜃海湾等15家精品民宿；加强宣传营销，策划首届民宿抖音短视频大赛，“宁宿”品牌逐步打响。前三季度，全县民宿营业额2.5亿元，带动农副产品销售6.3亿元。

招商引资成效明显。建立招商项目库，编制2019年度文化和旅游项目招商手册，策划推出龙凤栖谷·十里红妆小镇、天河旅游度假综合体等24个潜力型项目；强化以情招商、以商育商，积极通过商会、同乡会和社会各界人士，建立近200人的投资商名录库；成立县文旅招商小分队，坚持“走出去、请进来”，年度外出招商12次，接待客商72批次，通过举办项目投洽会等方式，引进签约王干山桑田小镇、自在小镇·玲珑湾、宁海强蛟渔人码头等10个重大项目，总投资86.5亿元，文旅产业发展后劲进一步增强。

7月8日，浙江省文化和旅游厅公布新一批“浙江省民间文化艺术之乡”名单，宁海县桃源街道依托“宁海狮舞”特色民间文化资源，被命名为“浙江省民间文化艺术之乡”

7月28日，文化和旅游部公布第一批全国乡村旅游重点村名单，宁海县前童镇鹿山村上榜。鹿山村作为前童镇核心五大村之一，村域内古迹众多，文化底蕴深厚。近年来，鹿山村深入践行“两山理论”，抢抓全域旅游示范区创建契机，深度发掘“五匠”文化，坚持以文化为魂、产业为体、旅游为要，向世人展现独居特色的“匠”文化村落

【公共服务】 坚持把服务为民作为根本使命，统筹推进文化和旅游公共服务，不断满足大众对文化和旅游的需求。

公共文化服务进一步优化。提前一年完成《浙江省公共文化服务标准》认定工作，并在规定场馆建设、乡村文艺团队建设、农村文化礼堂运行等方面达成5个100%；浙江省“十百千”工程重点乡镇重点村公共文化服务提升工作通过考核验收，全县公共文化服务体系日趋完善。推进公共文化服务平台建设，宁海“非遗”文化产业园、温泉文化艺术村创建市级文化创意园工作取得阶段性成果。推进读书文化阵地建设，成立县图书馆阅读联盟，策划举办正学讲堂16场，听众6000余人次。

旅游行业素质进一步提升。品牌创建卓有成效，森林温泉创建国家级旅游度假区工作有序推进，前童古镇创建国家AAAAA级旅游景区工作已申报省级资源评估，胡陈乡入选第四批省级旅游风情小镇创建培育名单，太平洋国际大酒店创成五花级酒店，安岚酒店和金海开元名都大酒店创建浙江省品质饭店取得阶段性成果。行业文明不断提升，常态化开展文明旅游进校园、进社区、进广场活动，共发放文明旅游宣传折页1.5万册，全县A级景区、星花级酒店基本实现垃圾分类，助推全国文明城市创建。旅游基础设施不断健全，全国首条风景道G527建成通车，旅游标识标牌系统实现主要公路、重点节点全覆盖，智慧旅游优化升级，旅游大数据平台实用性与体验性不断提升，智能机器人投入使用；新建旅游厕所30座，其中A级以上20座，3A级5座，实现“厕所即景点、如厕即享受”。

文化活动模式进一步创新。常态开展大型品牌活动，举办庆祝新中国成立70周年系列活动、2019春节联欢晚会、民间人才“千人计划”成果展、群众文化艺术节、乡村振兴“五王”才艺大赛、海峡两岸乡村音乐会等活动，深受群众好评。加大文化惠民力度，宁波市

"天然舞台"、宁海县"戏剧进农村"全年共演出134场，乡村戏剧节共演出8场，受惠群众达1万余人；"百姓大舞台"文化志愿服务平台共配送节目148个，提升辅导共250次7500余人，已演出302场；"宁海之夏"戏曲纳凉晚会共57支团队参加，演出1052场，受惠群众达20余万；开展"一人一艺"全民艺术普及成果展示、"周末剧场"、戏曲进校园进礼堂、文化走亲等各类文化惠民活动，在不断丰富文化活动的同时，切实提升群众的文化幸福感。

文艺创作活力进一步激发。平调原创大戏《葛洪》完成创作排练，在宁波逸夫剧院向新中国成立70周年献礼首次公演，并参加省第十四届戏剧节展演。承办2019"歌颂新时代"浙江省歌词大赛、第十三届浙江省新故事作品征文大赛等两大省级赛事；开展庆祝新中国成立70周年宁海县"百村百歌"村歌创作；歌曲《村里来艺术家》获2019年浙江省音乐新人新作大赛兰花银奖，作品《我的名字叫建国》等参加浙江省"歌颂新时代"歌词大赛获金奖2名，"宁海走书"参加市第六届戏剧小品、小戏、曲艺会演获表演铜奖2名，参加"越美中华"越剧青年演员大会演获"新艺奖"2名；电影《春天的马拉松》被列为改革开放40周年重点推荐影片，顺利入围国家精品电影片单，获评浙江省"五个一工程"奖；胡陈乡鲍明沛的作品紫檀镶嵌《箍桶记（一组10件）》入围第十四届中国民间文艺山花奖，全省唯一，全县获山花奖作品增至3件。

2月12日晚，宁海县图书馆举行首期"文化沙龙"读书分享会

4月18日，宁海县第二家24小时城市书房"我的"城市书房（金桥馆）启用

【文化传承】 坚持保护与开发并举，创新利用与传承载体，切实加强文物保护利用和文化遗产保护传承，进一步彰显宁海独特的文化魅力。

文物保护利用不断加强。完成年度浙江省文物博物馆事业发展水平评估，做好涉农资金县内古建筑维修项目立项工作；推进国家文物专项资金重点补助项目城隍庙、崇兴庙、双枝庙、下浦、岙胡古戏台维修工作；完成3处省级文保单位的"四有"档案建设和33个文保点保护标志碑安装；完成珍贵文物库房搬迁，新增馆藏文物288件；加强革命文物的保护利用，做好柔石故居红色阵地提升工作，举办"红色记忆——宁海革命文物历史图片展"；加大文物的对外宣传展示，举办"春风花鸟香"杨象宪作品展、新中国成立70周年馆藏书画作品展和第一次全国可移动文物普查成果图片展；完成10家博物馆年检工作，深化博物馆免费开放。

"非遗"传承保护扎实推进。做好县域内"非遗"项目田野调查、材料整理，完成年度国遗资金申报；完成年度市"非遗"三位一体（手工技艺类项目）评估考核；组织宁海传统女红参加保加利亚"非遗"展，泥金彩漆等4个项目参加（义乌）文化产品交易会，7件作品分别斩获工艺美术奖1金6银佳绩；组织宁海竹编、木雕龙舟、前童三宝、长街糰等"非遗"项目进景区、进古镇。参与浙江省传统节日的田野调查，撰写调研报告《宁海端午习俗探略》，出版国遗"非遗"丛书《前童元宵行会》。

"非遗"活化利用创新推进。积极探索"非遗"活化利用路径，充分利用十里红妆文化园、东方艺术博物馆、古戏台等展示和体验平台，通过创新运用AR/VR技术、场景再现、文化演艺等方式，推动"非遗"资源产品化、产业化，助力全域旅游。

8月28日晚，在浙江省文化旅游厅主办的"诗画浙江·百县千碗"推进会暨"一家人·一桌菜"主题展示活动现场，宁海汤包入选诗画浙江"百县千碗"菜品名单

5月19日上午，"非遗"风情大巡游从宁海西门城楼广场出发

【品牌塑造】 坚持塑形象拓市场，创新品牌推广载体，注重节庆实效，策划推出精品线路，强化精准营销，不断提升品牌形象知名度，带动客源增长。

品牌推广有实效。加强媒体宣传，深化与中央电视台、中国旅游报、上海旅游时报等传统媒体合作，在县级媒体设立“乐游宁海”旅游专栏；加大新媒体宣传，发挥凤凰网、途牛、腾讯等网媒流量优势，不断提升城市知名度。加大广告投入，在上海社区楼宇、杭州东站、宁波南站和客运中心、宁波公交等客流集聚地集中投放“宁海静是美”口号和IP形象“宁宝”；本地投用10辆观光旅游巴士，旅游宣传实现县域主要交通节点和客流集中地全覆盖。策划品牌营销事件，黄山—宁海“静城宁海号”专列、“蜂首看宁海”、“宁海新视界”等营销事件成效明显，微博、游记攻略等全网总阅读量达8111.8万人次，全面提升宁海知名度。

节庆营销有特色。举办第十七届徐霞客开游节“阿拉非遗汇”、中国旅游达人大会暨游学产业峰会、中国旅游日大讲堂、文旅消费惠民等系列文旅活动。开游节期间，通过推出“非遗”、观影、看戏、阅读、出游等多项文旅惠民消费活动，共计发放文旅惠民消费券1.2万张，极大地调动市民游客文旅消费的积极性，拉动近百万消费。同时，指导各乡镇提升节庆活动品质，把传统节事做成市场产品，吸引客流，拉动消费。如，前童元宵行会、胡陈桃花节、岔路葛洪养生文化节、深甽·十月半等特色节庆都得到广大媒体和游客的热捧，真正做到以节促旅，以节兴旅。

线路开发有创新。全力推出“静城宁海·品质生活”系列精品线路20条，将全域美景美食美宿串珠成链，满足游客的多样化需求。整合县内资源，围绕静养温泉、静品古镇、静美乡村、静享滨海四大板块打造“疗养之旅”；围绕前童古镇、十里红妆文化园、东方艺术博物馆等“非遗”集聚点打造“非遗之旅”；围绕柔石故居、岔路梅花村、长洋革命根据地等红色革命根据地打造“初心（红色）之旅”；围绕霞客古道、国家登山步道、西门城楼、旅游日纪念馆、力洋箐华、胡陈梦鼎等研学基地打造“研学之旅”。强化区域合作，与象山、奉化、三门、天台等周边地区串线，打造海誓山盟、天佑山海、溪涧山海、海誓山盟等线路。

市场开拓有亮点。坚持产品引流，注重市场开拓实效。在上海市场，通过与上海集散中心、一日旅行社合作，开通二日游散客直通车，至年底已发车31班次约3000人。在无锡市场，开通散客直通车，累计发车35班次2500余人。在安徽市场，借助高铁契机，与安徽上铁开通静城宁海号专列（黄山—宁海）高铁三日游专线。在杭州市场，引进28家省直机关工会赴宁海进行疗休养基地考察，全面引爆静城宁海疗养之旅。在甬台温市场，借助甬临复线开通，与三门、象山成立深化甬台旅游合作工作联盟，积极对接温州中山、台州假日国旅、宁波万通等旅行社，不断激发区域合作红利。

5月19日，“如意杯”第八届“中国当代徐霞客”颁奖典礼举行

8月18日晚，宁海县第八届戏剧节在桃源街道下桥村文化礼堂拉开帷幕

10月9日晚，新编平调大戏《葛洪》在宁波逸夫剧院首演

11月18日晚，“梨园秋韵”2019“宁海之夏”戏曲纳凉活动闭幕式专场演出在梅林街道花园文化广场举行

11月26日，宁海县第十六届“宁海之秋群众文化艺术节”开幕

【市场管理】 强化市场管理，着力优化事项审批服务、常态化开展市场整治和综合执法，筑牢安全生产底线，推动全行业健康有序发展。

审批服务全面优化。深入推进“最多跑一次”改革逐步向“最多跑零次”升级，为群众办事方便和快捷提供“简化办、网上办、就近办”优质服务，梳理新增省市划转行政权力事项100项，总量达178项，“互联网+政务服务”主要跑一次、跑零次、承诺件压缩、即办提高、网上办件、材料电子化、网上办、掌上办等8项指标全部实现100%，位列行政服务中心进驻43家单位中指标考核第一位。截至10月底，完成印刷企业年度核验256家，出版物发行单位年度核验99家，审批办理各类事项57件，个人和法人办事满意度进一步提高。

市场执法更加规范。结合专项整治等工作，加强对网吧、娱乐、演出、饭店、景区等各类市场主体的监管，规范市场经营秩序；结合“夜查”规范歌舞娱乐场所经营活动。加强与市场监管、消防、公安等部门联合协作，信息互通，健全市场举报监督制度。充分发挥文化和旅游市场社会监督员作用，在全社会形成齐抓共管的良好局面。截至10月底，共计开展文化和旅游市场检查424次，出动执法人员1143人次，检查各类经营场所2734家次，市场良好率达98.1%。

安全生产抓实抓细。结合“防风险保平安迎大庆”消防安全执法检查专项行动和安全隐患整治“四大会战”等，定期组织开展安全生产专项检查行动。截至11月中旬，开展安全隐患排查86组次，出动排查人员296人次，排查企业812家次，排查隐患1236处，检查现场整治隐患1065处，限期整改隐患171处。组织开展安全生产专项培训3次，开展文旅市场专项应急演练1次，累计参加800多人次；指导文化和旅游领域企业自行组织全员安全培训及消防演练163次，参与人员2800余人次，确保每位员工都能熟练掌握消防器材使用方法和事故隐患处置措施，筑牢文旅行业安全壁垒。

10月24日，宁海县文化市场综合行政执法队正式挂牌。此次整合组建的宁海县文化市场综合行政执法队实行“局队合一”，承担该县文化、文物、出版、广播电视、电影、旅游、体育等领域的执法检查、行政处罚以及与之相关的行政强制工作，并承担“扫黄打非”有关任务

【人才建设】 坚持外引、内育、深挖，着眼高端创新人才，多元搭建人次培养载体，在全系统打造一支“思想坚定、业务精良、作风过硬”的“文旅铁军”。

人才招引成效进一步显著。积极引进文化和旅游领域高层次创新创业型人才，举行宁海县首届文旅人才招聘会，全县文旅企业共计推出400余个岗位，达成意向500余人次。通过名师带头、高校合作，系统梳理国内外文化名家，以项目为纽带实施“聚才工程”，采取项目合作方式实行智力引进，创建“艺术振兴乡村·影视文化创作中心”，国内著名电影导演夏晓昀、著名编剧张忌等影视界高级人才相继进驻宁海。

人才培养方式进一步创新。不断扩大培训覆盖面，将中国旅游日大讲堂列入宁海县委中心组理论学习（扩大）会，将乡村旅游和文化提升专题培训班纳入县委组织部主体班次培训计划，有效提升全县文化和旅游分管领导和基层干部业务水平。不断丰富培训载体和内容，开展“一人一艺”春季公益培训精品课堂共90课时，培训11340人次；举办省“耕山播海”美术培训班、全县新故事写作培训班和歌词创作班、2019南山民宿讲堂、乡村振兴民宿管家素养提升班、海峡两岸民宿论坛等专题培训，组织宁海县导游风采选拔赛，并择优参加宁波市导游风采大赛，荣获“团体优胜奖”“优秀组织奖”，全县文化和旅游从业人员素质进一步提升。

人才成长环境进一步优化。加强与人社、编制部门沟通，做好文化旅游系统人才引进、人才申报和人才就业等方面服务工作，在住房、医疗、职称、子女就学等发面给予倾斜，努力为人才成长提供舞台，确保人才引得进、留得住。

10月28日，宁海影视文化创作中心揭牌成立

体　育

【概况】 以“创新破难奋进年”为准则进行部署，全力促进体育文化建设，大力发展体育经济，积极

推动群众体育、竞技体育、体育产业全面协调发展，紧抓体育设施、体育赛事、体育人才等方面内容，较好地完成年度各项工作任务。

【体育设施建设】 充分利用省市转移支付资金以及三年1500万元县全民健身工程资金投入宁海体育建设，全年新建体育公园9个，全民健身广场2个，更新更换部分健身路径、篮球架等体育设施，并对桃源街道西洋村等19个小康村进行体育设施提升。人均体育面积2.36平方米，超过全省平均1.97平方米的标准。

【全民健身活动】 第二届乡村振兴村民运动会历时4个月，全县18个乡镇（街道）都完成各自的本级比赛，共举办各运动项目20余个，参与人员达6万余人次，参加各级赛事的行政村近300个，行政村参赛率达80%以上。

县第九届机关运动会在以往的基础上扩大参赛面，把乡镇机关纳入参赛人群，增加邀请赛和领导干部组别，深入机关，让更多人参与。

全力助推社会体育发展。协助县钓鱼协会、气排球协会、羽毛球协会、乒乓球协会承办2019年浙江省钓鱼会员联赛“互动宁海”宁波站的比赛、第三届浙江省气排球节、浙江省羽毛球联赛、宁波市“蝴蝶杯”俱乐部联赛等一系列省市级比赛，发挥体育社团的应有作用。

8月29日，新成立宁海县桌壶球协会。

【体育培训】 通过建立运动员资料库和教练员资料库，完善和确定县少体校功能，完善考核和奖励制度，抓好运动员的跟踪培养，不断探索业训点校的科学管理。拥有省、市、县级传统项目学校和业训点37所，其中市级训练点校8所、传统项目学校10所、市队县办1所、浙江省阳光体育后备人才学校2所，开设摔跤、拳击、举重等15个训练项目。2019年年底宁海在训学生1500人，其中在市级以上单位训练的学生有145人，包括国家、省队训练23人。

持续加强竞训队伍。推出第三届宁海县暑期阳光体育夏令营活动，开展16个体育项目培训班，为全面排摸有潜力体育苗子打下扎实基础。

坚持以赛促训，组织开展象棋、围棋、篮球、柔道、射击、拳击、摔跤、足球、跆拳道、举重、射箭、排球、皮划艇等多个项目的比赛，发现一批好苗子。近几年更是培养出来举重世界冠军俞梦倩、射击世界冠军王敏涛、游泳残奥会冠军陈懿、全运会摔跤季军王立力、国青队篮球运动员张王来等。

【体育小镇建设】 胡陈乡野户外运动小镇通过中期评审，针对小镇创建不足，中心领导多次提请县政府召开相关协调会，督促推进小镇核心区、滑翔基地和水上运动基地项目，争取长三角休闲季、宁波体育俱乐部嘉年华、市运会水上项目在胡陈乡举办。

深甽温泉乐动小镇列入第二批省运动休闲小镇培育名单，深甽镇是宁波也是宁海第二家列入省级培育的小镇，2019年通过的温泉度假区规划也把滑雪、游泳、慢行系统作为主要内容进行布局，而且积极向省局争取创建中国体育旅游目的地，南苑温泉山庄房车营地、安岚酒店马术中心申报创建省级运动休闲旅游优秀项目。

启动强蛟镇水上运动小镇基础设施建设，游艇俱乐部通过县旅游集团招商引资引进开发商，盘活闲置资产，协调12个海岛的开发，划定海上运动区块和航线。

【体育公共服务】 开展网上和掌上申报，压缩行政许可项目时间和流程，主动开展上门预审，实现行政审批基本不用跑；主动帮助企业登记注册，上半年新增体育服务企业7家，其中游泳经营企业3家、健身企业2家、体育培训机构2家。

开展招商引资和引才工作。组织旅游集团、体育小镇和企业，参加中国体育产业博览会、企业家宁波行市体博会等活动，其中5家企业参加中国体博会，参展面积200余平方，9家企业参加市体博会，参展面积400余平方米。

【赛事品牌建设】 以“步道经济引领全面发展”为主题举办运动休闲大会，包括2019宁海越野挑战赛、2019环中国自行车业余赛（宁海站）、2019宁海国家步道百企徒步挑战赛、中国体育论坛、长三角运动休闲体验季、宁波市体育社团嘉年华、中国（胡陈）户外运动节等7个子项目。12月，2020宁海越野挑战赛入选2020 UTWT超级越野跑世界巡回赛，成功晋级为超级越野跑运动的全球顶级赛事，成为宁海第一个世界级体育赛事。

11月21日上午，2019中国运动休闲大会宁海首条国家登山建身步道建成10周年启动仪式于宁海县杜鹃山步道广场举行

12月，2020宁海越野挑战赛入选2020 UTWT超级越野跑世界巡回赛，成功晋级为超级越野跑运动的全球顶级赛事

9月6日，2019年浙江省第八届运动休闲体育旅游节开幕式，宁海县领奖代表为前排右数第二个

传　媒

【概况】 宁海传媒集团是2018年12月11日在全市率先挂牌，于2019年2月收到集团班子组建、任命文件，何健军任集团党委书记、总裁；胡国光任集团党委副书记、总编；应满云任集团党委副书记、副总裁；王友棉任集团党委委员、副总裁；侯德勇任集团党委委员、副总编；钱晓茗任集团副总编；马亦伟任集团党委委员、副总编；徐莉青任集团党委委员、副总编。10月9日县委办印发《关于组建宁海传媒集团的实施方案》。

宁海传媒集团属县委下属事业单位（公益二类），加挂“宁海县广播电视台”牌子，集团资产属县政府所有，新闻宣传和文化信息产业发展归口县委宣传部领导，资产监督由县财政局负责，行业管理由县政府相关部门负责。

是一个集媒体宣传、文化产业经营、网络运营和大数据服务为一体的综合性新闻机构，旗下拥有3个电视频道、1个广播频率、1份报纸、2份杂志、2个网站、“两端四微”（两端：“看宁海”“直播宁海”客户端；四微：宁海发布、宁海新闻网和TV宁海新闻、听宁海四个微信公众号），其中“两端四微”拥有用户超62万户，有线电视在册用户23万余户，村级应急广播体系覆盖率100%贯通至全县各自然村，开通数字电视节目149套，广播电视自办频道日播放时长均为18小时，自办节目20余档。集团党委班子8人，干部职工388名，其中事业在编172人，国企编制17人，编外人员78人，劳务派遣121人，县编委初步核定内设科室24个，下辖8个广电中心站、3家公司，主要产业经营范围涉及数字印刷、广告经营、新媒体运营、视频制作、教育培训、会展服务、广电网络应用等板块，集团总资产3.5亿元，2019年产业经营收入9000余万元。

【宁海县广播电视台】 法定代表人为何健军。分两个频道

（频率）频道名称：广播节目。广播频率：FM98.9。开播时间：1995年12月18日。传输方式：有线。广播播出总时间：0.7467万小时，其中自制节目时间：0.6136万小时。

（频率）频道名称：宁海新闻综合频道。开播时间：1998年10月1日。传输方式：有线。电视播出总时间：0.7206万小时，其中自制节目时间：0.2662万小时。广播电视综合人口覆盖率、电视节目综合人口覆盖率均为100%。有线电视入户率：99.37%。

【完成传媒集团的组建】 制定《宁海传媒集团整合实施方案》，整合宁海县新闻中心和宁海县广播电视台，组建宁海传媒集团，实行事业单位管理、企业化运行体制，并重新设置行管会、编委会、经管会三大垂直机构，整合组建宁海县传媒文化有限公司和宁海广电网络有限公司，构建现代传播体系和经营管理体系。同时，投资750万元的融媒体指挥中心经过5个月的建设，已正式投入使用。

【新闻舆论引导】 融合宣传力量，推行大策划机制，围绕县委县政府中心工作联合推出20余个专栏，制作播放各类专题片、微剧、微电影等260多期，制作播出2期《全媒聚焦·全民问政》促进45项问政事项得以全部整改。

上送新闻稿分别在宁波台、浙江卫视、央视播出465余条、61条、37条，居市台用稿量第一。节目创优上，有60多件作品获奖，创历史新高。

【新媒体影响力开拓】 新媒体“看宁海”客户端已注册用户16万余户，日均刊登新闻100篇以上，日均访问数8万多。

在本届“5·19”开游节当日新媒体直播吸引超86万人观看，3天时间视频回放量300多万人次。

新推抖音号“直播宁海”，粉丝量达3万+。

新媒体平台还融合“乡土宁海”“文化宁海”等县内优秀自媒体平台，整合第一批25个民生服务类网站入驻，组建政府机构通讯员队伍和民间网络大咖队伍。

【产业经营展现新亮点】 1—10月，集团经营性收入8704万元。在全面推进活动承办、宣传办承制的基础上，于10月组建宁海县传媒文化公司，对集团内所有广告业务统一经营，10个月文化产业收入达2124万元。同时，进军智慧城市领域参与公安局的治安要素和乡镇的雪亮工程建设、应急广播系统建设、疾控宣教宣教平台等，推出宾馆酒店“高清电视+宽带上网+视频点播+WiFi全覆盖+监控+酒店个性化页面+酒店自办节目+节目排序”等广电全业务，增加年收入在700万元以上。

获评2018年度全省广播电视新闻协作县级三等奖。

旨在全面提升集团青年员工的政治理论素养、专业技能水平和全媒体运营能力，进一步完善青年员工的培养和使用机制，开设集团传媒学堂。6月6日，集团党委书记、总裁何健军授第一堂课。

组建集团下属宁海县传媒文化有限公司，并于9月19日经况聘程序确定公司高级管理人员，整合力量，拓展集团文化产业经营。

11月5日，宁海传媒集团融媒体指挥中心举行启用仪式

科学技术·教育·卫生健康

科学技术

【概况】 按照宁波市委“三年攀高、六争攻坚”决策部署和县委“创新破难奋进年”要求，深入实施创新驱动发展战略，结合“不忘初心、牢记使命”主题教育和“五问五帮”企业服务活动，持续为县域经济高质量发展提供有力的科技支撑。2019年完成高新技术产业投资29.23亿元，同比增长23.2%；高新技术增加值100.14亿元，同比增长9.9%，首次突破百亿大关；新认定高新技术企业45家，有效高新技术企业数达186家；技术交易额实现6.49亿元，同比增长196.7%，完成率129.8%。获评第十三批省科技特派员工作先进单位，2016—2018年度全省科技工作成绩突出集体等多项荣誉称号。宁海县位居2019中国创新百强县第21位。

【营造创新氛围】 充分发挥县科技争投三年攻坚行动协调小组的统筹协调作用，有效整合科技、税务、统计等部门资源，形成“部门联动、上下协同”的工作机制。制定出台《全县推进“科技争投、三年攀高”行动2019年实施方案》，深入开展科技争投攻坚行动，持续实施创新平台提质增效、创新能力提升、科技型企业培育、科技成果转化、创新生态优化等五大工程，明确年度工作重点、工作目标、工作举措。新发布《宁海县引进高层次创新人才团队实施细则》《宁海县高层次人才团队项目评审管理办法（试行）》一系列涉及高新产业发展、高层次人才引进等政策文件，进一步优化创业创新环境。

全面落实研发财税优惠政策，加强科技、财政、税务等部门协调联动，落实好企业研发投入税前加计扣除、高新技术企业优惠等财政税收政策，2019年享受加计扣除企业411家，同比增加107家，享受加计税收总额3亿元，同比增长77%，高新技术企业所得税优惠总额1.82亿元。出台《宁海县企业研发投入后补助管理暂行办法》，对企业在研发创新时，自筹资金中专项用于基础研究、应用研究和试验发展研发经费支出，给予实际支出额的5%的补助，最高可达到200万元；对高新技术苗子企业加大补助力度，在享受以上政策的同时，再给予补助金额50%的奖励补助，全县152家科技型企业获得1480万元补助。

【培育创新主体】 科技型企业队伍不断壮大，逐步形成“创新型初创企业—科技型中小企业—高新技术苗子企业—高新技术企业—创新型领军企业”链式发展的创新型企业梯队。新培育智团创业项目15个、市级创新型初创企业200家、省高成长企业49家，累计拥有市级创新型初创企业1177家，新认定高新技术企业45家，有效高新技术企业达186家。

创新平台能级提升，模具产业创新服务综合体列入省级培育名单，生物产业、文教体育用品综合体分别列入市级创建、培育名单，获得上级补助1600万元，模具博览馆、文体展示馆等一批公共服务平台建设和模具云共享创新设计、生物药开发、省级休闲用品检测中心等一批功能性平台建设进展顺利，取得阶段性成果。

加快引进建设产业技术研究院，累计拥有宁波弗兰采维奇材料研究所、宁海县浙工大科学技术研究院等5家研究院，开展与需求匹配的全方位服务，强化项目研发与成果转化，新引进孵化团队22个，累计62个，新引进高层次人才55项，累计103项，新申请专利19项，获得医疗器械生产许可证6项。

积极推进各级众创空间建设，完善《宁海县众创空间认定和资金管理办法》，搭建创新资源共享平台，拥有软通动力、生物产业园等4家市级众创空间，大学生创业园等3家县级众创空间，科创中心新入驻孵化企业16家，在孵企业30家，累计孵化91家，新增知识产权40件。

【发展高新产业】 组织主导新兴产业关键技术攻关，强化主导立足宁海产业发展需求，瞄准产业发展技术瓶颈，在新能源汽车、生物医药与高端医疗器械、关键基础零部件、现代种业等重点领域组织行业龙头企业申报市科技重大专项，建新公司与中国科学院宁波材料技术与工程研究所等多家省内外科研单位开展乘用车储能控制技术攻关、天皓生物与浙江大学宁波理工联合开展高产藻及其产品开发和产业化应用示范等5个项目获宁波市“科技创新2025重大专项”立项，拟投入研发经费1.5亿元，获得资金支持3300万元。

高新技术产业快速发展，全年宁海高新技术产业增加值首次突破百亿关口，达到100.14亿元，同比增长9.9%，高新技术产业增加值占规上工业增加值比例达46.86%，比2018年提高5.26个百分点，超额完成任务。

省市科技进步奖获奖数量创历史新高，全年获省科技进步奖4项，其中浙能催化剂的申报项目获省级二等奖)，获市科学技术奖9项，其中科技推动奖1项，宁波如意股份有限公司的高效仓储工业车辆关键技术研发及产业化获得二等奖，宁波方正汽车模具股份有限公司的汽车空心滤管一体成型自动注塑模具、宁波万安股份有限公司的高精度智能燃气阀门研制与产业化等7个项目获得三等奖。

【推进科技合作】 校科技合作向纵深发展，本着“优势互补、相互协作、共同开发、共同发展”的原则，引进成立浙江万里学院宁海海洋生物种业研究院，与宁波大学签订战略合作协议书，在知识产权、科技与社会发展、服务平台建设、人才培养与交流等领域开展广泛的合作。

组织企业参加中国创新创业大赛、中国创新挑战赛、市科技大市场等30余次科技合作活动，越凡医疗获第八届中国创新创业大赛中小企业成长组全国总冠军，双林公司获第四届中国创新挑战赛宁波赛区第一名。

举办校企对接会暨百名教授专家企业行活动，邀请华中科技大学近10家高校院所参会，11个项目现场签约、13个项目达成意向合作。促成跃飞模具等24家企业与浙大宁波理工、浙工大、宁大等高等院校签订科技合作协议，列入市县级产学研合作攻关达到24项，获得经费补助250万元。

深入实施宁海县“人才政策28条”，出台《宁海县引进高层次创新人才团队实施细则》《宁海县高层次人才团队项目评审管理办法（试行）》等配套政策，组织申报各级各类人才计划，全年累计获得市级支持资金875万元，5家企业新获市县级“海外工程师”年薪资助350万元，新增国家外专引智项目1个，荣获市“茶花友谊证书”外国专家2人，乌克兰籍莫里亚尔获中国政府友谊奖，实现宁海“中国政府友谊奖”“零的突破”，新引进博士创新、创业团队3个。

【注重科技惠民】 深入实施乡村振兴战略，大力推进科技特派员服务“三农”工作，整合省市县三级科技特派员资源，有效提升科技特派员工作的凝聚力，科技局获评第十三批省科技特派员工作先进单位。美栖生物、展玮果业等5家法人科技特派员及各级特派员根据各地农业产业特色，充分发挥各自优势，创新性地开展各项科技兴农服务，开展技术咨询电话、现场技术培训等各类科技服务工作600多次，发放各类技术资料3000余份，指导培养示范户100余个，帮助解决种植、养殖等方面技术难题120余项，实施县级及县级以上科技项目15项。

大力推进农业科技园区和各级星创天地创建，重点围绕创业孵化平台建设，拓展服务功能、提升服务能力、创新服务模式，新增国家、省市级星创天地5家，蛇蟠涂现代渔业列入国家级星创天地名单。

围绕解决农村产业经济发展中的技术瓶颈，扎实推进农业科技项目实施，有机红茶无酸味半发酵加工技术研究及应用等26个农业类项目列入2019年科技计划，投入科技经费1400余万元。超声引导神经阻滞、神经周围置管术用于术后镇痛等42个卫生类项目列入社发项目计划。县级农业社发项目涉及水产、林特、畜牧、医药等多个领域，进一步激发农业农村创新创业活力，提高农业创新供给质量和产业竞争力。

教　育

【概况】 以习近平新时代中国特色社会主义思想为指导，深入贯彻中共十九大及历次全会精神，全面贯彻落实全国、全省、全市教育大会精神，认真贯彻县委、县政府的决策部署，以优异成绩向新中国成立70周年献礼。成功创建省区域推进语言文字规范化县，县教育局获“宁波市新时代教师队伍建设改革成绩突出集体”“黔西南州脱贫攻坚先进集体”等荣誉，顺利通过学前教育“两个条例”专项督查。

2019年年末，有小学50所、初中18所、普通高中7所、职业高中4所、特殊教育学校1所、教师进修学校和电大各1所、幼儿园97所、乡镇（街道）成人学校18所。共有在校学生109339人，其中小学生47864人、初中生22300人、普高生8922人、职高生7878人、特殊教育学生96人，园幼儿22279人。在校生中外来务工人员子女17837人。全县在编教职工5301人。

【提升教育教学质量】 2019年，宁海出台《县域义务教育优质均衡发展督导评估办法》，抓实学前教育均衡，组建3个幼教集团，将23家“公办园、民办园”统一纳入幼教集团。创新优化办园机制，通过集团化办园，整合优质教育资源，发挥名园带动效应，不断扩大宁海学前优质教育资源覆盖面，顺利通过学前教育“两个条例”专项督查，普惠性幼儿园招生覆盖率达91.5%，等级幼儿园覆盖率达100%，小区配套幼儿园已全部举办成普惠性民办幼儿园或公办园。

县教育局等四部门制订《宁海县小学放学后托管服务工作实施方案》，进一步规范小学放学后校内托管工作，增强教育服务能力，托管服务实现学校全覆盖，学生托管率达77.29%，切实解决小学生“放学早接送难”的问题。

强化特色课程建设，科技嘉年华比赛国家级获奖2人，机器人比赛省级获奖14人，岔路小学和梅林小学被评为省“教育机器人应用试点示范建设学校”；西店小学新创建为国家级校园足球特色学校，实验小学、强蛟小学、城南小学、西店小学、岔路小学、跃龙中学、强蛟中学获市级青少年校园足球联赛一等奖；岔路中学获全国啦啦操联赛一等奖；星海小学“空中在线，中外学子同堂上课”被省教育厅列为省典型案例。

在普高教育阶段，宁海立足高考改革，优化育人模式，各类竞赛拔尖人才培育初显成效，错位发展特色鲜明，高考一段上线人数连续6年破600大关；职业学校毕业生升入高校1317人，就业率达99.1%，联合学院技校分院毕业生高级工比例达90.6%。

强化教师课堂教学能力提升，全县教师获市级以上奖项1062项，其中童海军老师获全国“教学创新课堂奖”，丁锦玲老师获省优质课第一名，6堂优质课获市一等奖，47篇论文获市一等奖；5位职教教师全国获奖，一职高、职教中心3个项目入围“国赛”，1位教师获省技能大赛一等奖。

聚焦高质量，“办好人民满意的教育”目标进一步做实。一是在“立德树人”上出实招，成立德育工作“两中心一基地”“三联共育”德育模式初步建成，加强爱国爱乡教育，《我是宁海人》地方性课程获林坚书记批示点赞。加强法治教育和生命教育，开展“校园环境秩序提升行动”，县级文明校园实现全覆盖，“进校园”活动进一步规范。二是在“教育均衡”上出新招，抓实学前教育均衡，组建3个幼教集团，将23家“公办园、民办园”统一纳入幼教集团，顺利通过学前教育“两个条例”专项督查，普惠性幼儿园招生覆盖率达91.5%，小区配套幼儿园已全部举办成普惠性民办幼儿园或公办园。出台《县域义务教育优质均衡发展督导评估办法》，责任督学实现全覆盖；推进“互联网+义务教育”结对帮扶活动，小规模学校结对帮扶实现全覆盖，星海小学案例被列为省级典型。三是在“教育公平”上出硬招，培智学校通过省第一批特殊教育标准化学校的验收，建设资源教室15个，特殊教育入学率指标位居全大市前列。出台《宁海县流动人口随迁子女积分入学实施办法》，积分入学制度改革深入推进。

【改善教育发展环境】 优先规划教育布局，教育项目有序推进，安排基建项目21个，涵盖幼儿园到高中，不遗余力推动基础教育的发展。

辛岭小学、金阳幼儿园、深甽幼儿园、滨江商住A区配套园、冠

12月24日，“省区域推进语言文字规范化县”成功创建，图为反馈会现场

庄幼儿园已投入使用，紫金幼儿园收归公办管理，湖西幼儿园、城西小学即将投用，职教中心一期主体验收，智慧校园投入运行……全年教育经费总投入21.62亿元，比2018年增长0.2%，出台《关于进一步明确宁海各学校（单位）公用经费定额标准和使用管理的通知》。

大力推进智慧校园建设，打造统一的教育公共管理服务平台体系——“智慧校园平台”，采用“1+N”模式，实现教育主管部门、学校和家庭的移动智能互联，用教育大数据服务于教育管理、老师教学与学生学习、家校互联。至年底，该平台已上线运行。

“从严治党”举措更“严”。积极开展清廉学校建设也是优化教学环境的重要内容，县教育局继续开展教育巡察工作；推进“清廉教育”建设，开展科室廉政风险排摸，查找出廉政风险点112个；推进“清廉学校”创建，重点抓实教师培训机构兼职行为等师德师风管理，出版《爱与责任》师德读本，营造风清气正的廉洁校园。

聚焦大安全，“营造良好教育生态”工作进一步做实，校园安全管理不断升级。开展校园安全隐患排查整改，149所学校完成“校园最后500米”安全步行通道设置，完善学校门前交通警示提示标志和减速设施设置；中小学警务室规范建设基本完成，学校监控基本接入公安系统；排查涉及危化品学校42家，发现并整改问题110条。做好食品安全卫生工作，11家食堂被评为A级；新建阳光厨房34个，占比达81%；其中300人以上学校食堂B级以上建成率及阳光厨房建成率均达到100%。同时，建立校领导陪餐制，开展食堂家长开放日活动，中小学幼儿园校领导陪餐制实现全覆盖。

学生身心安全不断强化，落实儿童青少年近视防控工作，出台《宁海县儿童青少年近视暨脊柱侧弯综合防控工作实施方案》，进一步强化心理健康教育工作，开展心理问题网格化管理，全县心理高危学生排查、市级规范化心辅室实现全覆盖，创建省示范点学校9所、省标准化心辅室59所，教师心理健康教育C证持证率为84.33%。

【推进结对帮扶工作】 全面推进“互联网+义务教育”结对帮扶工作，县内外16所学校开展结对帮扶，实现小规模乡村学校结对帮扶全覆盖。通过结对帮扶，让乡村偏远学校、小规模学校享受到更加优质的教学资源，努力推动城乡义务教育优质均衡发展。

“缑库携手　共传爱心”，县教育局对库车县第八小学、第四幼儿园等四所学校开展帮扶捐赠活动，为库车教育的发展搭建更为多元的援疆新平台，共享两地教育新资源，打造更多援疆教育新亮点，进一步推动中西部教育均衡健康发展。

实施“2+1宁海班”合作办学、安装校园净水机等活动，协助晴隆学生获得黔西南州职业技能大赛冠军，夯实“东西部扶贫协作”“山海协作”内涵，县教育局获得“黔西南州脱贫攻坚先进集体”等荣誉。贵州晴隆民族中学知恩远程互动教室在晴隆民族中学和知恩中学两地同时开通，两校通过远程交互平台开展同步网络视频教研活动，实现东西部地区教育资源共享，均衡发展。

在落实弱势群体教育保障方面，宁海出台《宁海县流动人口随迁子女积分入学实施办法》，抓实义务教育均衡。关心特殊教育健康发展，开通特殊教育指导中心平台，大力推进融合教育，有效提升特殊教育办学水平，卫星班的办学模式规范有效，特殊教育入学率指标位居全大市前列，完成省厅要求的“在2020年前完成特殊教育学校向两头延伸”目标。

【提升教育服务社会】 推进“最多跑一次”改革，实现教育事项100%“网上可办”、80%“掌上可办”、90%“一次不用跑”目标，认领教育政务服务事项42项，完成民办学校审批52件、教师资格认定293件；优化办理流程，推动“最多跑一次”向“最近跑一次”转变，将“义务教育学历证明书办理”和“教师资格证书补发换发”两个公共服务事项纳入乡镇（街道）办理；稳妥有序、分类分步推进民办学校分类登记工作，基本完成全县民办教育培训机构分类登记，完成转登营利性审批13件。

推进“课后托管”工作，托管服务实现学校全覆盖，学生托管率达77.29%；推进校外培训机构专项治理，发布培训机构“白名单”84家；推进公民上学“一件事”改革，完成15件事项；推进两会建议提案办理工作，创新做法获县政府通报表彰，并获得“县政协提案承办先进单位”荣誉。

重视乡村服务，成功创建省区域推进语言文字规范化县，“推进全民学习，服务乡村振兴”宁波市暨宁海县全民终身学习活动周顺利举行，积极推进中小学校垃圾分类管理和污水零直排工作，创成市级示范学校4所。重视企业服务，局机关干部、成校教师积极开展“三服务”活动，为企业培训职工35万人次，并组织学生帮助企业复工复产。

【主题教育】 县教育系统党建工作

以“革新求进提质”为主题，成立县委教育工作领导小组，强化党建品牌效应，推进“书香支部”、党建精品点、党建联盟等品牌建设，着力提升党建服务教育发展的素质和能力，建立党建精品点92家、五星级党组织33家、党建联盟12对，“课桌圆梦”行动得到央视点赞，党建品牌集群效应初步显现。

扎实开展“不忘初心、牢记使命”主题教育，创新“四同工作法”调研。

继续开展教育巡察工作，巡察学校（单位）56家，发现问题17类，推进“清廉教育”“清廉学校”创建，重点抓实教师培训机构兼职行为等师德师风管理。

5月7日，县职教中心入选2019年浙江省中职与应用型本科一体化培养试点

【“教育优先发展”战略】 优先安排教育投入，全年教育经费总投入达21.62亿元，比上年增长0.2%，初中、小学生均公用经费在原基础上提高100元，全面落实义务教育经费保障机制，幼儿园非编教师待遇进一步提高。

优先规划教育布局，教育项目有序推进，安排基建项目21个，辛岭小学、金阳幼儿园、深圳幼儿园、滨江商住A区配套园、冠庄幼儿园已投入使用，紫金幼儿园收归公办管理，湖西幼儿园、城西小学即将投用，职教中心一期主体验收，智慧校园投入运行，“海亮宁海公学”“以琳展能中心”“哲圆教育”等优质民办项目顺利落地。

11月1日，“推进全民学习，服务乡村振兴”2019年宁波市暨宁海县全民终身学习活动周启动仪式在宁海国际会展中心举行

优先关注教师队伍建设，以“实干担当”为导向培育干部，选派42名同志挂职锻炼，培育74名教育后备干部，扎实推进“名师培育工程”，出台《名师工作室管理办法》和《优秀学术著作出版资助办法》，培养骨干教师90名，新评市级名优教师（校长）20人，位居大市前列。大力推进教师“县管校聘”、职称自主评审试点等改革，获“宁波市新时代教师队伍建设改革成绩突出集体”称号。

【改革创新】 深入推进教育评价体系改革，义务教育综合素质评价系统投入使用，全面提高普通高中教育质量，高考一段上线人数连续6年破600人大关。义务教育段学校招生网上报名等改革措施进一步完善，民办学校招生进一步规范，出台《宁海县进一步扶持社会力量兴办教育促进民办教育高质量发展实施办法》，杭师大中职本科一体化项目落地。

加强校企合作，建成县级“创新实验室”9个，前童成校“民宿讲习堂：农民学习致富大舞台”获全国“终身学习品牌项目”荣誉，西店成校、职教中心为省首批现代化试点学校。

强化教师课堂教学能力提升，全县教师获市级以上奖项1062项，强化特色课程建设，科技嘉年华比赛国家级获奖2人，西店小学新创建为国家级校园足球特色学校，实验小学、强蛟小学、城南小学、西店小学、岔路小学、跃龙中学、强蛟中学获市级青少年校园足球联赛一等奖；岔路中学获全国啦啦操联赛一等奖。强化职教学生技能培养，职业学校毕业生就业率达99.1%，联合学院技校分院毕业生高级工比例达90.6%。

4月24日，梅林第二小学“互联网+”教学现场

卫生健康

【概况】 截至年末，全县医疗机构数458家，其中县级公立医院3家，县急救站1家、中心卫生院8家（包括县第二医院、县第三医院），乡镇卫生院8家；社区卫生服务站32家，村卫生室234家；民营医院8家，卫生所20家，门诊部16家，医务室8家，卫生站3家，个人诊所117家。其中，县第一医院为二级甲等综合性医院、县中医医院为二级甲等中医医院，县妇幼保健院为三级乙等妇幼保健院；5家乡镇卫生院为甲等卫生院，11家卫生院是乙等卫生院。81家一体化村卫生室中，10家为甲等卫生室，60家为乙等卫生室。全县卫生健康系统正式在编人员3271人，其中专业技术人员3147人，占96.2%。卫生专业技术人员中具有高级职称的542人，占16.6%；中级职称1155人，占35.3%；全系统编外用工1320人。县域内注册执业医师（包括助理）2143人，注册执业护士2331人，乡村执业医生169人。全县总核定床位2860张，实际开放3094张，其中县第一医院为二级甲等综合性医院，核定床位850张，实际开放950张；县妇幼保健院为三级乙等妇幼保健院，核定床位300张，实际开放288张；县中医医院为二级甲等综合性中医医院，核定床位300张，实际开放396张；城关医院及分院核定床位196

1月8日，宁海县卫生健康局揭牌仪式

张，实际开放 246 张；乡镇卫生院 628 张，民营医院 551 张，其他机构 35 张。

【县域医共体建设】 组建县第一医院、县中医医院、县第二医院等 3 个医疗健康集团，落实党委领导下的院长负责制，设立人力资源、财务管理等资源管理中心，促进医共体内资源资产资金融合、共享、高效。制定出台县医共体管理委员会、县卫健局、县医疗健康集团总院及分院的权责清单，明确不同层级的权责分工和管理权限。强化检验、影像、心电、病理、消毒供应等五大县域共享平台建设，促进城乡检查检验共享互认。600 余人次县级医院专家定期到乡镇卫生院上班，推动公共卫生机构主动融入医共体建设。协同推进人事制度、基层财政补偿机制等配套改革。全年医疗机构门急诊人次同比上升 3.87%，出院人次同比上升 7.37%。

4 月 29 日，省卫健委夏时畅在宁海县第一医院调研

【“最多跑一次”改革】 不断深化看病更便捷等 10 项举措，推行自助挂号、预约挂号、诊间预约等多种挂号方式，县级医院高峰期挂号排队时间减少到 3.2 分钟。推行刷脸就医、医后付等智慧就医方式，县级医院智慧结算率达 52%，实现区域云影像平台全覆盖。推进出生服务一体化，县级医院出入院服务中心提供用血费用“一站式”减免服务，“互联网+护理”服务率先在县第一医院落地。

7 月 22 日，宁海县疼痛康复诊疗中心晴隆协作基地成立仪式

【健康宁海建设】 深入推进卫生城镇创建，力洋、强蛟等 5 个乡镇创成国家卫生乡镇，桑洲镇创成省卫生乡镇。积极开展群众性爱国卫生活动，全面巩固国家卫生县城创建成果，新增省级卫生村 26 个、市级卫生村 29 个，无害化卫生户厕普及率达 99.85%。切实推进病媒生物防控，加强公共场所控烟管理。深入开展“健康促进百千万工程”，组织健康素养进农村文化礼堂活动，加强健康教育，不断提高居民健康素养，全县居民健康素养水平 24.11%，人均期望寿命达 81.21 岁，健康期望寿命达 71.44 岁。

【提升县域医疗服务水平】 深化“双下沉两提升”，加强胸痛、泌尿肾病等 30 个县域疾病诊疗中心建设，县第一医院通过中国基层胸痛中心、中国脑防委卒中中心认证。

推进基层特色专科精准化、差异化发展，培育7个基层特色专科，开展新技术新项目11个，新增1个省基层中医重点学科。推进中心镇卫生院服务能力提升工程，实现星级全科门诊、中医药门诊、健康管理中心全覆盖。出台《名医工程实施意见》，新招录紧缺专业研究生13名，新增3名宁波市领军拔尖人才培养对象。基层就诊率达71.23%，同比上升12.28个百分点。

3月5日，宁海县医共体建工作推进会暨医疗健康集团授牌仪式

【信息化建设】 全省领先的区域卫生健康云平台基本建成，全省首个“医疗云”全面上线，建成县级双向转诊平台，促进县域医疗信息互联互通。通过国家区域卫生信息互联互通标准化成熟度四级乙等测评。

【公共卫生服务】 推进国家慢性病综合防控示范区创建复评，开展医疗乱象专项整治行动不断规范医疗市场秩序，强化严重精神障碍患者服务管理，基本公卫项目综合服务率93%。截至10月底，全县家庭医生重点人群签约率50.92%。

【人口监测与家庭发展】 2019年宁海出生人数趋于平稳，共出生5712人，同比减少366人，降幅为6.02%。其中不符合政策生育255人，计划生育政策符合率为95.54%，同比下降0.86个百分点。其中一孩2568人，占比44.96%，同比增加3.1个百分点；二孩2933人，占比51.35%，同比减少4.06个百分点；多孩211人，占比3.69%，同比增加0.96个百分点，出生人口性别比为108.89，同比下降2.23%。

【妇幼健康服务】 启动全市唯一的全国农村3岁以下儿童早教发展服务试点县建设，超额高质量完成省民生实事项目新生儿先天性心脏病筛查任务，连续10年户籍孕产妇零死亡、连续5年婴儿死亡率3‰以下。开展计生特殊家庭健康关爱服务和困难计生家庭暖心行动，创建市级流动人口计生协示范点3个，创成全国计划生育基层群众自治示范县。

11月13日，宁海县推进“健康浙江行动”启动仪式

【老龄健康】 2019年全县户籍人口633970人，60周岁及以上老人137847人，占比21.43%。根据上级卫生健康部门和县委县政府的目标任务，积极应对人口老龄化，加强调研，促进医养融合发展。大力推进老年康复护理床位建设，通过挖潜改造，老年康复护理床位达到533张，每千名老人拥有床位3.87张。精心组织，认真完成2019年中国城乡老年人生活状况监测调查工作，为制定“十四五”老龄事业发展纲要提供可靠依据。积极开展助老济困送温暖活动，组织开展各类敬老先进评比活动，组织举办大型戏曲晚会，联合社会各界开展丰富多彩的文体活动，组织各医疗卫生机构开展上门送医服务等，通过“情系老人、关爱老人”的尊老、敬老、爱老、助老系列活动，在全县上下形成良好的敬老氛围。

【重点民生实事工作建设】 2019年投用梅桥医院等3个项目，新开工桑洲镇卫生院迁建工程，县妇幼保健院保健楼新建等4个项目如期推进。健康扶贫有效推进，推动晴隆县成为黔西南州首个实现数字化预防接种门诊全覆盖，帮扶建立全县首个疼痛康复诊疗中心、新生儿诊疗中心。

9月26日，宁海县第一医院医疗健康集团北部医院揭牌仪式

【公立医院党建】 高标准要求、高质量推进“不忘初心、牢记使命”主题教育，不折不扣完成学习教育、调查研究、检视问题、整改落实各项动作，推出“医声学堂”“百姓事马上办·为民服务解难题”民生热线等特色项目，取得良好成效。压实局、院两级基层党组织书记责任，加强公立医院党建，划转乡镇卫生院党组织关系，设立4个公立医院党委，全面完成基层党组织换届选举，举办3期基层党务能力培训班。培育打响“健康使者”等3个公益服务卫计品牌。建立政治导师制，发展党员60名。开展警示教育月“七个一”活动，举办第二届中国医师节，11位优秀党员入选县级“初心红榜”，进一步浓厚尊医重卫氛围。注重意识形态建设，一体推进统战工作，切实抓好党管武装工作，支持县红十字会、县计生协会开展工作，加强工会、妇委会、团委等建设。

【红十字会工作】 2019年招募造血干细胞捐献登记志愿者125人，完成市下达指标的2倍；器官捐献登记志愿者358人，是2018年登记人数的5倍以上；角膜捐献登记志愿者42人，遗体捐献登记志愿者5人。2019年实现1例人体器官捐献，1例遗体加角膜双捐献，帮助3位患者重获新生。全年完成红十字公益性应急救护培训25223人，完成年度目标的117.32%。在主要公共场所安装好25台AED，完成年度目标的119%。为红十字飞狼应急救援志愿服务队配置救援装备、救援服装等5万余元。为二支救援队伍争取政府支持和社会爱心企业与爱心人士捐赠款物近50万元。与慈善合作的贫困危重孕产妇救助、罕见病儿童救助、造血干细胞与器官移植3个救助项目，2019年救助16人，救助金额36.8万元。各乡镇（街道）红十字会定期开展“博爱送万家”新春送温暖、儿童节慰问、“夏日送清凉”慰问志愿者与环卫工人、重阳节慰问60周岁以上的两捐登记志愿者等常态化救助活动，累计发放救助款物价值27.77万元，近1.1万人次受益。

9月12日，宁海县卫健系统召开“不忘初心、牢记使命”主题教育会

社会事务

人事与社会保障

【概况】 深入贯彻落实习近平总书记关于应急管理体系和能力建设的重要讲话精神，加强、优化、统筹应急能力建设，构建统一领导、权责一致、权威高效的应急能力体系，推动形成统一指挥、专常兼备、反应灵敏、上下联动、平战结合的中国特色应急管理体制。

坚持以防为主、防抗救结合，坚持常态减灾和非常态救灾相统一，努力实现从注重灾后救助向注重灾前预防转变，从应对单一灾种向综合减灾转变，从减少灾害损失向减轻灾害风险转变，提高全县应急管理水平和防灾减灾救灾能力，防范化解重特大安全风险。

坚持以人为本，把确保人民群众生命安全放在首位，确保受灾群众基本生活，加强应急预案演练，增强全民防灾减灾意识，提升公众知识普及和自救互救技能，切实减少人员伤亡和财产损失。树立安全发展理念，坚持生命至上、安全第一，完善安全生产责任制，坚决遏制重特大安全事故。

紧扣“六争攻坚、三年攀高”和“创新破难奋进年”部署要求，牢固树立“争做服务标兵，勇当攻坚先锋”工作理念，着力实施“七大攻坚行动”，人力社保工作全面发展，获2019年全省人社系统绩效考核优秀单位。

【铁军锻造行动】 着力推进干部干事创业奋斗新征程。以“不忘初心、牢记使命”主题教育和县委巡察整改为契机，建立健全局长碰头会、科长“双述双评”等机制，实行重点工作项目化、清单制，开展“挂图作战”、晾晒比拼，着力打造一支具有过硬“政治力、组织力、执行力、文化力”的人社铁军队伍。

【就业创业促进行动】 着力推动就业创业工作取得新突破。全年城镇新增就业人员2.37万人，接收高校毕业生4228人，城镇登记失业率0.71%；开展职业技能提升行动，培训6647人次、鉴定3250人次；建成省、市高质量就业社区（村）26家。吸纳晴隆籍建档立卡人员稳定就业303人，《打好就业扶贫“组合拳”，助力精准脱贫“攻坚战”》入选全国扶贫办《携手奔小康案例选编》，晴隆驻宁海工作站被贵州省人社厅评为优秀劳务协作站，宁海县应急管理局被黔西南州评为全州脱贫攻坚先进集体。

【社保水平提升行动】 着力推动社会保障工作再上新水平。推进养老扩面，新增3.43万人，参保率97.8%；参加失业保险12.8万人；工伤保险18.5万人。率先开展工伤“政保合作”，有效将“申报后调查”转向“申报前预查”，大幅提高结案率。实施降税减费，减免企业社保费1.67亿元，发放援企稳岗补贴3898万元。

2月12日，第三批晴隆籍建档立卡人员赴宁海就业欢迎仪式暨岗前培训会在雄风山庄举行

4月1日，“晴宁劳务协作就业扶贫工作站”成立暨揭牌仪式在贵州省晴隆县沙子镇举行

9月6日，在宁海县委党校召开2019年度全县户籍养老保险（障）扩面专项工作会议

【人才队伍建设】　着力推动人才队伍建设取得新成效。新增各类人才2.05万人，新增院士5人、（泛）3315团队（个人）10个、市领军和拔尖人才18人，省级博士后工作站2家。制定完善《关于“人才政策28条”相关政策的实施细则（试行）》等文件，相关工作得到郑栅洁书记批示肯定。创新推行“三位一体、四方联动”技能型人才培养“宁海路径”，得到耿文清、余红艺、鲁俊等领导高度肯定。《“企业办职校”的做法、问题及建议——以宁波双林集团为例》获成岳冲副省长批示肯定。打造人才服务升级版，帮助170余位人才解决子女入学等事宜，共发放各类人才补助5500余万元。

11月29日，在县行政服务中心举行“全球引才网络平台”及人才政策宣讲会

【劳动风险防控行动】　着力推动劳动关系工作得到新增强。压实“无欠薪宁海”创建责任，开展根治欠薪夏季、冬季等专项行动，全年受理劳动监察案件387件、结案率100%；受理劳动争议案件540件，结案率96.7%、调解率82.1%，县仲裁院被评为省级优秀“互联网+调解仲裁院”。

12月4日，宁海县根治欠薪冬季攻坚行动暨“宁海无欠薪”创建再推进部署会在县委党校召开

【人事管理】　着力推动人事工资工作迈开新步伐。在做好人事考录、工资调整等工作基础上。率先完成人事系统数据采集，做好机构改革人员转隶和岗位设置，推行公立医院和国企薪酬制度改革。

9月19日，宁海—景宁两地山海协作对接签约仪式现场

【服务品牌创优】　着力推动“最多跑一次”跑出新速度。通过推进“一窗受理集成服务”“基层办”

12月13日，在如意公司举行宁波市如意股份有限公司企业新型学徒制开班仪式

“就近办”、人社一件事、上线“好差评”系统等举措，优化“最多跑一次”服务品牌，群众满意率由一季度的9.09分提高至四季度的9.93分。

医疗保障

【体系建设】　参保率持续稳定。截至年底，全县共有城镇职工医保参保10279家、203570人，比2018年同期净增16357人；城乡居民医保共参保412196人，户籍人口医疗保险参保率99.58%；参加生育保险116026人，享受生育保险待遇5632人次。同时，积极提升工作手段，完善申报办法，拓展网上申报内容和范围，加快参保申报职能向基层机构延伸步伐，充分利用手机APP等非现场缴费方式，引导参保人员自主缴费，做到应保尽保。加强与医疗救助政策衔接，确保困难人员参保缴费。

医保精准扶贫兜底明显。全面实行困难人员参保免缴政策，对农村五保户、城镇“三无”人员、孤儿、低保对象、重点优抚对象及一级、二级残疾人的个人缴费部分实行全额财政补助，惠及全县12415名困难人员，精准扶贫调查核实率100%，免缴人员及低保边缘家庭成员参保率达100%，另外，低保边缘户家庭成员3329名，其个人缴费部分享受费用减半政策。截至年底，减免困难群众个人支出908万元，充分发挥城乡居民医保兜底作用，实现应保尽保。

【基金运行体系科学持续】　基金运行相对平稳。根据浙江省医疗保障基金监管三年行动计划（2019—2021年）、互联网+监管监察、市

1月8日下午，县医保局挂牌成立，左起县医保局副局长谢永富、组织部副部长邬海燕、副县长范建军、医保局党组书记、局长盛高成、医保局副局长王华芬、医保局副局长陈志方

局督院问保等活动，宁海强化监管开展反欺诈专项治理活动，全方位对全县定点零售药店进行地毯式检查。全年线上精细化审核505.26万件，审核金额13.2亿元，扣除违规费用15.71万元。全年共检查定点医药机构155家，其中医疗机构100家（包括村一体化卫生室67家），药店55家，发现存在违规的医药机构13家，处理13家，追回医保基金61.7万元。把医保“反欺诈”形成制度化、常态化的工作机制，确保基金长治久安。

监管创新初显成效。宁海医保严把内外两道关，采用“人防+技防”，打造宁海医保两定机构监管新模式，得到省市上级部门的肯定，在宁波市医保系统基金监管工作宁海现场会上向全市推广经验。

严把医保两定机构“内”部关：推进医保“两定机构”财务管理规范化建设。创新强化基础财务管理在医保监管中的作用。出台《宁海县医保定点基层改制卫生院和药店财务管理规范》，以财务管理工作与药品收发存相结合为切入点，抓住三个关键点，要求医疗机构做到账实五对应，每月定时上报财务报表，同时将财务检查与日常稽查相结合，作为年度考核的一项重要指标。从医药机构审计效果来看，医保财务管理成效显著，近三年的城镇职工医保数据，2017年医保基金支出57169万元，2018年医保基金支出67380万元，2019年医保基金支出76444万元，职工医保基金同比增长率从18.06%下降到13.03%，增速明显放缓，控费成效显著。

严把医保两定机构“外”部关：全面推进人脸识别系统广覆盖。宁海县医疗保障局自2018年7月起全面推广启动全县定点医药机构人脸识别远程智能监控系统。除17家公立医疗机构和三家县级医疗机构外，所有的定点零售药店、定点的民营医疗机构、诊所全面安装并使用人脸识别系统。同时将人脸识别率和费用划拨联系起来，对识别不符产生的医疗费用酌情扣回。2019年，全县定点零售药店对比成功率平均90%，定点医疗机构平均80%，位列全市第一。此举在有效遏制人证不符现象和医保防欺诈方面成效显著。

2019年2月21日，县长林坚到县医保局调研

【群众获得感不断提升】 大病保险更加惠民。参保群众除享受到门诊、普通住院的基本医疗保险待遇外，还可享受报销后大病保险的二次即时补偿。已补偿支出4061万元，其中城乡居民医保补偿支出2086万元，切实让大病、重病患者享受到实惠。另外，昂贵的28种特殊药品、50种重点保障药品政策有效落实，截至年底，受理特药报销216人次，报销金额88万元，其中城乡居民医保报销87人次，报销金额26万元，使大病、重病患者得到进一步保障。城乡居民大病保险起付标准降低，从原来2万元起付标准下调为1.8万元，而且二次补偿的比例也从原来的50%以上调整到60%以上。

4月9日，宁波市医保局领导到宁海调研

外出就医方便快捷。实现全国64883家医疗机构直接结算，全年宁海跨省异地就医2170人次，总费用5429万元，医保基金支出3314万元；省内市外异地就医28640人次，总费用7057万元，医保基金支出4600万元。积极推进跨省异地就医直接结算。宁海已经有4家医院接入全国跨省异地就医平台，并开通长三角地区异地就医门诊费用直接结算。

【基层基础建设】 医保领域“最多跑一次”改革深入推进。为切实提高医保“最多跑一次”群众满意度和获得感，大力推进办事流程简化优化和服务事项联办，深入抓好惠民政策落实。医保大力推进“一件事”多部门联办。共同办好出生、转外就医、社会关系转移接续、退

12月23日，召开城乡居民基本医疗保险工作推进会

休、身后、医疗救助等“一件事”，医疗救助事项实现“一站式”服务。将高血压、糖尿病、肺结核等12种群众常见慢性病纳入城乡居民门诊规定病种范围，1256种慢病治疗用药实现药店直接刷卡结算，推进医保慢性病药品第三方配送服务。推进“社银合作”实现就近办，得到群众认可和点赞。

4月20日，医保局在西子国际南广场举行医保“打击欺诈骗保，维护基金安全”宣传日活动

9月26日，宁波市医疗保障局基金监管工作现场交流会在宁海召开

民　　政

【概况】 民政局机构改革后职能有所调整，原退役军人优抚安置职责划至县退役军人事务局、老龄办职责划至县卫生健康局、救灾减灾职责划至县应急管理局、医疗救助职责划至县医疗保障局，改革后县民政局内设机构包括5个职能科室：办公室（行政审批科）、计划财务科、社会救助和慈善福利科、基层政权和社区建设科、社会事务和养老服务科。行政编制9名。

下属事业单位共有10家，分别为民间组织管理中心、婚姻登记处、区划地名管理指导中心、水库移民管理办公室、救助管理站、居民经济状况核对中心、福利企业管理指导中心、殡葬管理所、殡仪馆、社会综合福利院。原军队离休退休干部休养所（县退役士兵服务中心）成建制划转至县退役军人事务局，撤销县养老服务指导中心和城乡社区服务中心，居民经济状况核对中心由挂牌改为单设，民间组织管理办公室更名为民间组织管理中心，县地名委员会办公室（县勘界办公室）更名为县区划地名管理指导中心，县福利企业管理办公室更名为县福利企业管理指导中心。

2018年12月24日，社会组织综合党委、社会组织服务中心党支部、癌症康复会党支部成立。2019年7月1日，县民政局社会组织协同联合党支部成立；9月25日宁海县女性社会组织联合党支部成立，截至年底，宁海县民政局共有机关委员会1个，党总支1个，社会组织党委1个，党支部16个。县老龄办党总支下设5个党支部：老龄办党支部、工业、二轻、商业、物资退休干部党支部；其他11个党支部分别为：局机关、社会综合福利院、殡管所、殡仪馆、离退休老干部、机关联合党支部、城乡社区服务中心党支部、社会组织协同联合党支部、社会组织服务中心党支部、癌症康复会党支部、女性社会组织联合党支部；共有党员123名，其中女党员39名。党员中，大专以上文化程度81名，中专（高中）文化程度23人，初中以下文化程度19名。2019年度党员转正1人（陈周殿），预备党员1人（王钲凯）

宁海县民政局获2019年宁海县文明机关称号，局机关党支部被评为县先进基层党组织称号，金晖获得“全省民政系统先进工作者”称号。

【农村基层民主建设】 创新村干部村民代表履职管理标准化建设。上半年村干部村民代表履职管理标准化建设项目被列为省民政厅第二批省级社区治理和服务创新试验区18个项目之一，实验区确定为力洋镇，实验时间为期两年，以尝试解决基层治理存在的种种问题，推进治理体系和治理能力现代化，该项目还被列入2019年全县重点改革项目。

推动扫黑除恶专项斗争。配合组织部门做好换届选举“回头看”工作，清理一批涉刑事案件的村“两委”班子成员。通过村民代表负面清单，对村民代表进行定性定量考评。终止违法犯罪的村民代表代表资格，并责令44名不合格村民代表限期整改。

扎实推进为基层减负年工作。调整宁海县“三务公开”督查、检查工作方式和方法，全面检查从一年4次调整为一年2次，切实减轻乡镇（街道）负担。牵头开展全县涉村（社区）机构牌子多、工作台账多等问题专项整治工作。截至2019年月底，全县共摘除对外挂牌268块、室内服务标识牌453块、室内功能指示牌855块，下墙制度牌3000块、工作台账313本，涉村事项230种。

【城乡社区治理】 社会工作专业服务能力不断优化。加强社会工作宣传，利用宣传周活动为主要载体组织跃龙、桃源街道积极开“追梦新征程，社工在行动”“社工包片联户民情大比武”等活动，提升居民对社会工作的知晓和认同；主动开展社区社会工作项目督导，首次评出12个优秀社会工作项目，桃源街道泉水社区被评为市级社会工作示范基地。

社工队伍建设不断加强。建立完善社区专职工作者薪酬待遇制度，2019年开始，县专职社区工作者已建立“三岗十八级”绩效薪酬制度。精心组织社会工作考试。全县考出初级56人、中级25人，共81人，有效提高专职社工的持证率，提升社会工作专业化水平。

【社会救助和慈善福利】 深入开展低保专项治理工作。加大动态管理力度，委托第三方机构按照30%以上的比例抽查，畅通低保工作监督渠道，建立县、乡、村三级监督举报网络，努力打造阳光低保，截至2019年年底，全县低保对象在册户数6893户9501人。2019年低保动态复核率达到200%。

进一步完善救助增长机制。从12月1日起，低保标准与居民人均消费支出挂钩，低保标准由现行的745元调整为799元。特困人员基本生活标准和照料护理标准实行动态调整，分别按不低于上年度当地城镇居民人均生活消费支出的50%和宁海县最低工资标准的35%、17%、10%确定，基本生活标准从1000元提高到1481元；实现照料护理标准的“零的突破”，提高到581元、283元、166元，在供养机构集中供养的，照料护理费在上述标准的基础上提高50%。福利机构养育孤儿基本生活费养育标准从1896元提高到2073元，社会散居孤儿基本生活养育标准从1517元提高到1658元，困境儿童基本生活费发放标准参照社会散居孤儿的养育标准差额发放（事实无人抚养和自身困境儿童的养育标准为1658元，困难家庭儿童的养育标准为913元）。年底社会散居孤儿20人，困境儿童924人。

居民家庭经济状况核对中心服务功能进一步拓展。在做好民政职能范围内救助工作对象的核查外，主动及时为医保支付改革，社保精准扩面，扶贫对象参保率扩面等县政府报告中的重点工作提供精准的核查报告。

全面发展现代慈善事业。贯彻落实《中华人民共和国慈善法》《国务院关于促进慈善事业健康发展的指导意见》和《宁海县关于加快推进慈善事业健康发展的实施意见》，联合县慈善总会多渠道多方式宣传。不断完善“慈善组织孵化基地”建设，慈善组织孵化基地按照基地建设、基地成效、基地评价三方面进行标准化建设提升。

救助管理站服务水平进一步提升。全年接待求助人员1758人次，其中，异地护送37人返乡，医治精神病人30人次，接待到跑站人员426人次，为维护社会稳定，维护社会良好形象切实发挥作用。

【养老服务】 **加大养老机构建设。**投资4.56亿元的宁海县老年公寓主体工程全面结顶。老年公寓将采用公建民营模式运营，已做好第三方运营商的招标准备工作；全县现有养老机构23家，养老床位6891张，每百名老人拥有床位5.2张。

做好示范型居家养老服务中心建设。全年建成5个示范型居家养老服务中心建设。

开展街道（镇乡）“爱心车轮”。在跃龙街道等9个乡镇（街道）实施“爱心车轮”老年助餐服务项目老年助餐服务项目9个。

积极推进养老机构消防设施改造。完成黄坛镇敬老院、闻裕顺福利院双系统改造。

养老服务体系建设进一步完善。养老服务标准化建设逐步推进。评出A级服务站85个、AA级服务站152个、AAA级服务站（中心）4个，获得A级以上居家养老服务站占比为58.9%。

居家养老服务工作向服务质量监管智能化、透明化方向推进。已对符合条件的特殊与困难老年以及全县2万余名的80周岁及以上老人实施居家养老服务补贴。通外公开采购的方式，确定浙江三替家政连锁有限公司、美康惠健康管理（宁海）有限公司等2家专业服务公司为宁海县老年人提供居家养老服务。

强化养老机构安全生产工作。建立养老机构消防安全星级预警机制，筑牢养老机构消防安全“防火墙”。

提升养老机构服务质量。与市监局联合出台《养老服务机构食堂食品安全规范提升三年行动方案》，对全县养老服务机构的食堂进行改造提升，打造阳光厨房。

建立并落实老年意外伤害保险制度，实现全县80周岁以上高龄老年人参保率100%。全年对低保家庭、低边家庭、计划生育特殊家庭、80周岁及以上的符合政府补贴政策的24859人落实意外伤害保险，支出资金101万元。

医养结合全面启动。全县所有居家养老服务站（中心）都与社区卫生服务机构签订服务协议。并与美康惠健康管理集团就宁海县“医养结合”进行合作洽谈，计划在全县养老服务机构中配置远程诊断机器人、体检一体机、医用耗材等设施。

【殡葬管理】 继续深化开展“深化移风易俗整治陈规陋习”专项行动。会同县委宣传部等6部门联合，开展“两整治一建设”，有效破除婚丧陋习，规范烟花爆竹燃放，建设文明治丧样板，有效扭转社会不良风气。

对殡仪和墓葬基本服务项目实施提标扩面。元旦起，殡仪免费项目包括县内遗体接运、告别厅遗体临时停放、遗体火化、骨灰寄存等4项。增加免费提供价格300元左右普通骨灰盒等5个项目。入葬本行政区域生态墓地墓位、骨灰存放处格位免除费用财政核销标准为原来每穴1200元提高到2500元补助。骨灰撒海免除费用由原来3500元提高到5500元补助。全年共投入惠民殡葬资金700万元，其中新建乡村公益性公墓12处，改扩建和升级改造乡村公益性公墓37处。殡仪馆全年火化遗体4300具，减免基本殡仪费用430万元。

公墓管理规范化，实现绿色公墓建设全覆盖。出台《宁海县乡村公益性公墓补助资金管理办法》，对42处公墓进行绿化提升，不断加强墓位日常管护力度，每年专门下拨公墓管护经费100万元用于加强公墓的后期管护工作，推进生态公墓规范化建设。

创新管理模式，殡葬信息进行网格化管理。推出死后事项“一次也不跑”，丧户在死者死亡后12小时内拨打“12345”政务服务热线报告死讯后，由乡镇联络员和防保医生上门开展死亡调查，出具《死亡证明》，同时殡仪馆死亡信息管理平台对接到各乡镇（街道）殡葬管理员，实现全县死亡信息与公墓地数据的实时比对，设置利用手机拍照上传信息管理系统，使殡葬网格化管理更加便捷化。

实施公益性“生态公墓”审批事项改革。9个公益性“生态公墓”审批实现“最多跑一次”。在全省率先推行公益性“生态公墓”审批实现“最多跑一次”打个电话就可办理。

【移民安置】 全县有水库移民10052人，涉及15个乡镇街道124个村，县移民办开展相关的移民核减工作，全年因死亡核减83人，累计核减689人，核减资金249.96万元。全年直补资金发放567.435万元，共安排基础类项目28个，涉及移民补助资金888万元，创业致富类项目1个，涉及移民补助资金24万元。西林水库、清溪水库、抽水蓄能电站3个新建水库安置工作进展顺利。

【社会组织】 社会组织服务基层能力不断完善。县、镇、村社区三级社会组织服务中心网络已初步建成。

社会组织培育引导机制进一步优化，累计利用福利彩票公益金200万元资助社会组织公益服务项目，开展公益项目创投工作。

创新开展“季度公益沙龙”活动，增加社会组织之间的交流与合作。

社会组织党建引领作用不断凸显。5月，完成宁海县社会组织党群服务中心平台建设。9月，县社会组织党群服务中心正式挂牌运行，党组织在社会组织中的覆盖率不断扩大，举行中国共产党成立98周年广场志愿服务活动暨2019年全县“公益集市”活动，加大宁海社会组织的影响力。

积极引导社会组织参与对口扶贫、垃圾分类等重点工作中去。完成2019年度社会组织年检年报及社会组织等级评估工作。

【婚姻、收养登记】 推进婚姻收养登记规范化服务，全年办理各类婚姻证件6920件，其中：结婚登记3791对，补结登记1085对，离婚登记2044对。办理收养登记申请38件，已登记发证27件，解除收养登记3件，接受收养咨询约280人次。做好婚姻档案规范化管理工作，婚姻登记档案电子化完成率100%。

【福利企业】 截至年底，全县26家福利企业在职职工2252人，其中安置残疾职工742人，完成工业产值12.97亿元，实现产品销售收入12.54亿元，实现利润3341万元，其中并计利润的增值税退还收入5361万元，总产值虽较2018年有所提高，但企业亏损额相较2018年有所增加。全年全县福利企业残疾职工月平均工资为3200元，残疾职工月人均投保额1099元，同比2018年均略有增长。加强部门协调，督促优惠政策的全面落实，全县27家福利企业共享受到政策优惠472.3万元；福利企业协会全年开展春节、夏日高温送清凉慰问活动，共发放慰问金、补助金及慰问品等总值达12万元。

【福利彩票销售工作】 全年销售各类福利彩票10978.96万元，完成市福彩中心考核目标7120万元（除中福在线外）的110.94%。

【社会综合福利院】 全年接收入院休养106人、办理出院102人，现居364人；办理送养社会弃婴28件。

【区划地名】 平安边界建设有序开展，界桩联检工作顺利开展；安排资金6万元对“甬绍台”三交点、“甬台线”4号、5号界桩和“象宁线”4号界桩周边地基和上山道路修缮加固。

《宁海地名》（内部刊物）第一期于年初印刷；《宁海县地名志》初稿形成，正在作进一步校对修改；国家地名词典第二至八部分国家地名志有关内容均已形成初稿。

地名工作“最多跑一次”进展顺利。全年编制门牌3010块，地名命名更名汇总如下：一是道路15条，其中跃龙街道9条：缑东路、缑东一路、缑东二路、缑东三路、缑东五路、宁港一路、宁港二路、宁港三路、丽园环路；茶院乡（宁波南部滨海新区）：兴潮路；深甽镇：艺泉路；梅林街道：梅轩路、权宸路（原梅坡路更名）；胡陈乡：梦鼎路；桥头胡街道：东园路；二是小区15个，其中跃龙街道：丰华台小区、金宸台小区、莘雅苑、东方海棠府、金色尚府、明璟庭、竹口东苑（原竹海东苑更名）、竹口中庭（原竹海中庭更名）、竹口西城（原竹海西城更名）；桃源街道：海湖府；力洋镇（宁波南部滨海新区）：宁河湾小区；西店镇：锦海花园；茶院乡（宁波南部滨海新区）：滨海郡庭；桥头胡街道：九菁园；岔路镇：南寅钰府。

3月13日，省民政厅厅长王剑侯到车河社区调研

7月3日，民政部社会事务司副司长范瑜、文化和旅游部资源开发司副处长冯美鑫、民政部社会事务司殡葬处张立友、浙江省民政厅社会事务处处长胡玉民、副处长骆杭军一行调研组对宁海县开展违法违规私建“住宅式”墓地等突出问题专项摸排及殡葬改革相关工作进行调研评估

退役军人事务管理

【概况】 县退役军人事务局成立，并于1月8日正式挂牌。在“三定”机构改革方案中，将原县民政局、县人力资源和社会保障局中退役军人的职能整合，划入县退役军人事务局。县退役军人事务局共设3个职能科室，行政编制7名。下辖两个事业单位：宁海县退役军人服务中心和宁海县军队离退休干部休养所。事业编制7名。

【组建工作】 建立县退役军人服务中心1个，镇乡（街道）退役军人服务站18个，村（社区）退役军人服务站405个，基本建成三级服务保障体系。各服务站配备专职工作人员，退役军人事务工作有了一支专职队伍。全年动态采集并完善退役军人信息，共采集退役军人信息18295条。

【优抚工作】 为退役军人、“三属”共18295户家庭悬挂光荣牌，悬挂工作注重突出仪式感。

选树全县首届最美退役军人，并于“八一”前夕举行隆重发布仪式。储吉旺被评为全国模范退役军人、省最美退役军人。特等功臣应隆滚的先进事迹广为传颂。

助医解困送温暖，救济因贫、因病困难退役军人千余人。举办退役军人欢迎会。退役军人的荣誉感、获得感显著增强，全社会拥军崇军的氛围更加浓厚，参军热情见涨。

开展“你为国尽忠，我助你出彩”系列活动，出台助推退役军人就业创业的优惠措施，举行军人退役适应性培训和职业技能订单式培训，举办两次退役军人专场招聘会。推出面向退役军人的工作岗位3000余个，实现新就业200余人。协作银行新增退役军人创业小额贷款（无担保、低利率）500万元，激发创业激情。安置转业士官11人。推出“军人退役一件事”最多跑一次办事机制。

妥善处理退役军人来信来访问题。共妥善处理各类群体集体来访98人次，个体来访761人次，来信5人次，通过退役军人综合管理平台和浙江省统一政务咨询投诉平台及百姓事马上办平台流转的信访件48件。

及时调整特殊群体就业帮扶待遇。宁海县符合帮扶就业政策的自谋职业转业士官有66人，落实帮扶40人；1996年和1999年进藏兵62人，落实帮扶42人；自谋职业志愿兵和下岗志愿兵近40人，落实帮扶6人。根据浙委办〔2017〕58号文件精神，调整自谋职业转业士官的工资标准，适当调整进藏兵和志愿兵的帮扶待遇。同时，由政法委牵头召开协调会议，明确其他体检、疗休养等福利待遇参照正式在编职工执行；

积极应对疑难复杂历史问题。对个体矛盾或群体性诉求，多管齐下、因人施策，开展针对性化解工作。

住房公积金管理

【概况】 宁波市住房公积金管理中心宁海分中心与宁海县住房委员会办公室一套班子、两块牌子、合署办公，为监管类正科（局）级事业单位。内设机构为综合科、公积金管理科、公积金信贷科，人员编制11人，实有在编职工10人。经费形式为全额拨款事业单位，参照公务员法管理。主要职能是负责全县住房公积金缴存、使用和管理。宁海县住房委员会是宁海县城镇住房制度改革的决策机构，由常务县长担任主任，下设宁海县住房委员会办公室其为日常议事机构，承担房改具体职能，其前身是成立于1988年的县房改领导小组办公室。

2019年，在县委、县政府的领导下，在宁波市房委办、市住房公积金管理中心的精心指导下，县房委办、市住房公积金管理中心宁海分中心全面贯彻落实中共十九大及中共十九届三中、四中全会精神，进一步优化为民服务质量，严控业务管理风险，提高资金使用效益，提升单位文明形象，勇于创新、敢于担当，切实履行职责，各项工作取得新进展。

【住房公积金缴存与提取】 住房公积金业务完成良好，各项指标持续稳步增长。住房公积金缴存单位1192家，年末实缴人数59644人，净增5673人，完成市下达指标的227%；当年归集住房公积金101555万元，完成市下达指标的119%，同比增长12%；提取住房公积金87541万元，完成年度计划的125%，同比增长20%；住房公积金归集余额为194107万元，比上年同期增加14015万元，同比增长7.8%。

【住房公积金贷款发放】 全年发放普通公积金贷款1130户、36461万元，完成年度计划113.94%，贷款余额182156万元，同比增长8%；发放公转商贷款1户、30万元，完成年度计划100%，贷款余额57593万元，同比下降8.71%；普通公积金个贷比率为93.84%，同比下降0.18个百分点，较好控制在合理区间（85%≤个贷率<95%），总存贷比为123.51%，同比下降5.18个点；贷款逾期率连续八年为0。

【住房分配货币化】 全年，完成3230人的住房补贴审核，发放金额8774.52万元。其中，行政新老职工79人，发放补贴212.16万元；教育系统新职工2158人，发放补贴5846.67万元；全县全额事业退休加新老职工808人，发放补贴2186.90万元；全县差额事业新职工94人，发放补贴253.18万元；工办退休加新老职工48人，发放补贴130.41万元；卫生系统退休职工43人，发放补贴145.20万元。

【扫黑除恶专项行动】 认真开展住房公积金领域扫黑除恶工作，制定《关于开展2019年“扫黑除恶攻坚年”专项行动实施方案》，将扫黑除恶专项斗争纳入党组、党支部和单位的重点学习内容，切实提高干部思想认识，引导大家自觉投入到扫黑除恶专项行动中。加强工作部署落实，围绕涉黑涉恶重点，开展全面自查，严格业务审核，加强线索排摸，加大对非法中介的打击力度，积极协助相关部门开展住房公积金骗提案件调查取证，全力追回骗提款项。

【严控贷款逾期】 建立贷款风险防控小组和贷款审查小组，严格房地产企业准入前综合审查，规范准入办理流程，加强准入后跟踪管理，保障资金安全，维护购房人权益。加强与承办银行的信息资源共享，切实完善贷前审查，严格落实三级审批制度，规范贷款发放。建立逾期预警机制，密切跟踪贷后动态，尽早排摸重点对象，强化部门联动，催讨逾期贷款，成功实现连续八年零逾期。

【政策调整】 自2018年省厅实施“八统一”后，宁海分中心政策、业务与宁波市住房公积金管理中心接轨，原执行的《宁海县租房提取住房公积金实施细则》文件于2019年3月20日发文废止。无房职工从市场租赁自住房提取住房公积金限额按宁波市区标准执行，即每人每月700元。

关心下一代工作

【概况】 关心下一代工作在县委、县政府的正确领导和省、市关工委的精心指导下，经过全县各级关工委、协会组织及广大“五老”、社会各界的共同努力取得一定成绩。

县关工委获评《中国火炬》征订全国先进单位、宁波市唯一一家全国关心下一代工作先进县关工委称号，县关工委副主任王元法获宁波市关心下一代工作“最美五老”的荣誉称号。12 月 10 日，浙江省关工委成立 30 周年暨全省关心下一代工作“双先”表彰大会在杭州召开。会上，对全省关心下一代工作先进集体和先进个人进行表彰，宁海县茶院乡关工委荣获先进集体，县人大常委会副主任潘红月、县关工委常务副主任季元法荣获先进个人，县人大常委会原主任娄林忠、宁海县原常委、组织部部长周秉达、县人大常委会原副主任孙愫贞、县人大常委会原副主任陈云高荣获特殊贡献奖。在开展的“十百千万”五老关爱行动中，宁海县茶院乡郑国建被评为“双带”农村致富青年先进个人。

10 月 30 日，在《中国火炬》通联评刊暨通讯员培训班，县关工委常务副主任季元法（前右）受到中国关工委主任顾秀莲（前左）的亲切接见

【基层组织建设】 新建规上民营企业关工委 110 家，占应建数的 27.5%，使四年应建比例达到 72%。调整镇乡（街道）关工委领导班子 13 个，调整和新建县级机关关工委 58 家，调整、充实镇乡（街道）和县级机关关工委领导班子成员 380 多名。强化关工委班子的领导能力，注重关工委与协会组织的协调合作，真正形成“关工委+协会+工作团队”服务组织体系。

2 月 27 日，全县关心下一代工作会议会场

【志愿服务】 对“五老”志愿服务人员进行登记注册，按照“联谊化组合”的模式，对各镇乡（街道）志愿服务的 6 支工作团队进行规整、充实，吸收一批具有政治、经验、能力优势的“五老”，使以“五老”为主体的志愿服务队伍达到 6000 名左右。其中优势“五老”占比达 40%；调整协会内设机构，撤销“爱心服务工作室”，新设“法务少年工作室”，并开通“青少年法律服务热线”和网上法律服务平台；落实“五老”驻会人员以及工作室成员必要的工作保障。

3 月 4 日，宁海志愿服务项目大赛启动仪式暨第七届宁海县志愿服务文化节开幕

5 月 7 日，省关工委主任徐宏俊，专职副主任林斌带领省市关工委一行到宁海调研关心下一代工作和县关工委组织建设情况

【“项目化运作”】 推出“项目寻购”工作模式，将县关工委、协会常态开展的关爱留守儿童、帮扶困境儿童、教育挽救失足青少年以及才艺传承等九大服务项目，通过命名后分别交由 27 个单位、部门和企事业单位进行“认购”，有效地缓解服务经费不足的问题。

5 月 29 日，开展同一片蓝天下“六一”关爱留守儿童活动

8 月 16 日，县关工委在[illegible]楼大厅召开关心下一代公益服务项目认领仪式

【“专业化服务”】 实现量的扩张和质的提升。社会主义核心价值观教育，运用各个重要时间节点、先后组织各种内容的宣讲教育达220场次，受教学生实现全覆盖。“假日学校”开办67所，受益学生2000余人，1036名留守儿童和800多名困境儿童均进行结对与救助。网吧监管、校园安全守望，才艺传承、失足青少年帮教，以青少年心理健康教育等均常态进行。在“服务功能保障”方面，依托农村文化礼堂开展关爱服务工作正在有序推进。

7月5日，县关工委联合县文广旅游局召开全县“五老”文化市场义务监督员培训会

【争先创优】 “五好”基层关工委创建，自觉提高标杆，推出争创一批“以红色为主旨、以文化为主打、以科技为主调、以农耕为主色”和“五好+五有（有办公场所、有活动阵地、有经费保障、有工作实效、有社会影响）”的“五好”示范点工作举措，使“五好”关工委创建实现多元化、特色化态势。

服务品牌创建扎实推进，推出的“向日葵成长计划”受到市关工委认可，各镇乡（街道）“一镇一品”的集群品牌已形成规模效应。其中，茶院乡关工委的“向日葵信箱”及其“向日葵课堂”的做法，被《中国火炬》和《宁波日报》刊发推介，受到省、市关工委领导高度评价，省委副书记、市委书记郑栅洁和市关工委邵孝杰主任专门作出批示。宁海县推进“四化型”工作模式做法，在全省关工委办公室主任会议上作专题介绍。

【宣传交流工作】 《中国火炬》公众号、省关工委新星网站、市关工委工作简报录用宁波动态性和有关经验做法175则（篇），《今日宁海》“宁海客户端”等新闻媒体，大量报道关工委、协会工作信息。

县关工委自我加压，组织撰写《宁海县关心下一代工作志（1990—2020）》，全书达80余万字，计划2020年6月正式出版。

加强与兄弟单位之间的交流互动，内蒙古鄂尔多斯市、山东滨州市和海盐县等多个单位关工委领导到宁海交流工作。

8月29日，县关工委在桃源街道下桥村文化礼堂五楼会议室召开全县“五好”基层关工委示范点创建工作推进会

9月29日，县关工委在一楼大厅举办关工委、关协顾问暨“五老”联谊会

11月13日，县关工委在太平洋国际大酒店召开《宁海县关心下一代工作志（1990—2020）》评审会

12月26日，全县关心下一代工作会议在县委党校召开

残疾人工作

【概况】 县残联内设两个职能科室：办公室和康复科，下属两个事业单位：宁海县残疾人劳动服务所和宁海县残疾人康复中心，共有15名正式干部职工。全县18个乡镇（街道）残联全部配备专职理事长，村（社区）残疾人事务纳入网格管理员职责范围。

共有持证残疾人有16135人，其中视力1456人，占持证总人数9%；听力2691人，占持证总人数16.7%；言语148人，占持证总人数0.9%；肢体残疾人最多7280人，占持证人数的45.1%；智力1605人，占持证总人数10.0%；精神1911人，占持证总人数11.8%；多重1044人，占持证总人数

6.5%。重度残疾人（一、二级）为5638人，占持证人数的34.9%。

【重点工作】 落实省政府十方面民生实事项目。2019年“残疾人之家”建设纳入省政府十方面民生实事项目，县残联积极谋划，加强助残服务能力建设，指导和督促各“残疾人之家”的规划化建设，推动建成15家规范化“残疾人之家”，共为302名精神、智力和其他重度残疾人提供庇护服务，切实完成宁海承担省政府十方面民生实事项目。

落实县重点工程以琳自闭症康复教育项目。2019年以琳自闭症康复教育项目纳入县重点工程，县残联积极配合做好以琳自闭症康复教育项目落地，协助解决宁海以琳康教展能中心建设中存在的问题，该项目一期2000万元投资已完成，内外部装修全部完成，于9月正式开学，共招收自闭症学生170名，开学以来教学工作开展顺利。

落实县民生实事工程残疾人精准康复服务工程。2019年残疾人精准康复被纳入县重点“民生实事工程”，县残联积极落实，开展前期项目落实专项调研，召开动员部署和业务培训会，建立任务分解和挂图作战制度，切实推进各服务项目落实。该项目完成资金投入647万元，为10844名残疾人提供各类基本康复服务，基本康复服务率达98%。其中，为残疾人适配助听器、助视器、假肢等辅具服务806人，适配率达90%以上；为7090名三、四级残疾人参加城乡医保补助个人缴费174万元；开展残疾儿童抢救性康复、盲人定向行走、视功能等康复训练213人；落实髋或膝关节置换手术、人工耳蜗手术等手术补助9人；精神残疾人住院和门诊减免补助1346人，残疾儿童康复服务94名。

3月15日，县残联召开民生实事工程推进会

【特色工作】 “最多跑一次”改革取得新成效。县残联以开展“不忘初心，牢记使命”主题教育活动为契机，深入贯彻落实省市关于“最多跑一次”改革的决策部署，出台“1+X”“最多跑一次”改革方案，深入推动宁海县助残服务“最多跑一次”改革。一是创新助残服务模式。积极探索推行全程“陪办”、上门评定等服务模式，进一步方便残疾人办事，全年为50余名残疾人提供全程“陪办”服务，开展上门评定7次。二是简化办证程序。通过取消公示制度、证件免费邮寄送达等方式，简化办证程序、缩短办证时间，办证时间由半个月缩短至5个工作日。三是联合卫健局深化精神残疾人服药“一站式”改革，打破距离障碍，让精神残疾人在就近卫生院可以直接购药。四是积极落实省残联关于助残事项“网上办”要求，残疾人两项补贴、残疾人证办理等扶残助残事项已经上线浙江省政务服务网。

残疾人体育工作取得新成绩。县残联以残疾人竞技体育出彩，群众体育多彩为目标，通过纳入大局、抢占先机、康复体育、科学育才、互联网+等多种举措，推动残疾人体育快速“启动”、新项“先动”、全员“会动”、人才“全动”、内部“联动”等五“动”齐驱，实现残疾人体育从“一枝独秀”到“百花齐放”的转变。在2019年召开的全国第十届残运会，宁海县陈懿、王心雨等4名运动员取得7金5银12枚奖牌的优异成绩，其中王心雨夺得浙江在全国综合性运动会成年组冰雪运动中第一枚金牌，被记一等功1次，陈懿被计二等功1次。2019年年初成立的宁海旱地冰壶轮椅队连夺2次国家级群众性比赛冠军。全年开展残疾人康复体育进家庭150户。

残疾人文化工作新局面。2019年在充分挖掘残疾人文艺人才的基础上，通过两轮选拔，成立宁海县首支残疾人艺术团，并于助残日期间联合宣传部等多部门在潘天寿广场举办庆祝70周年暨第29次“全国助残日”残疾人文艺会演，残疾人全程参与表演，吸引700多名群众前来观看。同时积极开展文化助残工作，2019年全县共举办特殊艺术“六进”演出19场，其中特殊艺术进农村文化礼堂巡演12场，文化助残“五个一工程”受益550人，残疾人社区文体活动参与率达到82%。

【社会保障】 保障残疾人基本生活。重点推进两项补贴精准施补。一是结合宁波市智慧残联大数据管理平台，通过数据比对，筛选符合条件但未申请两项补贴的残疾人名单，通过各乡镇街道书面告知残疾人，实现应保尽保。二是汇总人社、民政、卫健等部门数据，及时清退低保调整、死亡等两项补贴在享人员，做到应退尽退，共取消困难残疾人生活补贴501人，取消重度残疾人护理补贴357人。三是通过向社会购买服务的方式对全县3660名非低保低边在享困难残疾人生活补贴对象的家庭经济状况进行复核，取消 2230 名不符合条件的享受对象，做到应退尽退。全年有 8301 名贫困残疾人纳入困难残疾人生活补贴，8585 名残疾人享受重度残疾人护理补贴。发放补贴 5140 余万元。同时开展助残日慰问贫困残疾人活动，2019 年助残日期间发放慰问金 48 万元，有效解决残疾人基本生活保障问题。

保障残疾人基本医疗。继续为所有参加城乡居民基本医疗保险的残疾人提供补助。并在做好三类重点人群家庭医生签约服务的基础上，积极推动家庭医生签约服务向全体残疾人普及，全年家庭医生签约 11751 人，签约率 66.5%。同时推进精神残疾人服药住院补助全覆盖，共为 1189 名残疾人提供服药补助 62.6 万元，为 159 名残疾人提供精神住院补助 61.4 万元。继续开展大病救助政策，为 134 名符合条件的残疾人提供救助 49.1 万元。着力做好商业补充保险，为全县近 1.8 万名持证残疾人和 5 家残疾人托养机构购买意外综合保险，共理赔 15 人、3 万余元。

保障残疾人基本住房。将残疾人安居工程纳入到住建局相关政策进行统一实施，为 12 户残疾人提供补助。并对 2018 年施工但未完工的原安居工程政策进行清理，为 15 户残疾人家庭提供补助 11.4 万元，同时开展困难残疾人家庭“净居亮居”改造项目，共改造 10 户，进一步改善残疾人家庭的住房条件。

【公共服务】 提升教育培训服务水平。县残联通过积极开展残疾人教育帮扶和职业培训，使残疾人参与社会的基本素养得到进一步提升。一是着力完善以县支持性教育资源中心为核心、以特殊教育学校为骨干、以随班（园）就读为主体、以

5 月 13 日，第 29 次全国助残日残疾人文艺会演

送教上门等为补充的特殊教育体系，推动残疾儿童少年普遍接受义务教育和特殊教育向“两端延伸”，全县残疾儿童少年学前教育入园率和义务教育入学率达到 100%。二是积极做好覆盖从幼儿园到大学全阶段的助学补助工作，全年为 14 名残疾人大学生减免学费住宿费 16 余万元，为 573 名残疾学生和残疾人家庭子女提供教育补助 107.9 万元。三是高度重视残疾人职业技能培训，开展职业技能培训 2 期 260 人，其中电商培训 150 人，初、中级保健按摩培训各 1 人，开展职业能力测评 16 人，手语培训 26 人，选送参加省、市残疾人工匠大赛 1 人。

增强就业创业服务能力。县残联切实加强就业创业服务能力，使残疾人参与社会的渠道更加通畅。2019 年新增就业 150 人，其中新增按比例就业 50 人，新增电商就业创业 35 人。发挥财政政策奖励作用。切实落实残保金征收退抵、税收减免、社保补助和安置奖励等各项优惠政策，重点推动企业申报残保金即征即退一趟也不跑，圆满完成“宁波市残疾人就业保障金网上抵扣申报系统”试点工作，从而有力推进各机关、企事业单位和社会团体积极安置残疾人就业，实现按比例就业 847 人、集中就业 849 人。积极搭建好就业服务平台。会同人社、民政部门举办残疾人专场招聘会，提供就业岗位 112 个，现场达成就业意向 36 人。进一步规范残疾人种养业扶贫基地发展。经实地调查确认，2019 年取消 3 家扶贫基地，新创建扶贫基地 2 家。至年底，全县共 13 家扶贫基地安置残疾人 65 户，辐射残疾人 129 户。做好残疾人创业扶持。2019 年为 19 名残疾人提供创业补助 6.2 万元，为 29 名残疾人提供社保补贴 3.37 万元，为 2 名残疾人提供贷款贴息 1.74 万元。

优化残疾人参与社会环境。一是全力构建无障碍环境。积极联合相关部门深入推进无障碍环境建设，顺利完成跃龙街道银河社区省无障碍社区创建工作。积极开展无障碍进家庭活动，为 166 户残疾人家庭进行无障碍改造。二是合力营造社会助残氛围。在助残日、爱耳日等节日期间，联合宣传部、卫健局等部门和社会力量，积极组织开展贫困残疾人慰问、助残文艺晚会等活动，并通过残联微信公众号、今日宁海等载体，加大残疾人事业宣传力度，从而打造一个适合残疾人参与社会的大环境。三是做好残疾人数据服务工作，切实完成残疾人动态更新和收入状况监测工作，积极做好第三代智能化残疾人证前期设备采购、数据采集、人员培训等工作，优化残疾人残疾人数据环境。

8 月 16 日，以琳康教展能中心落地宁海

【队伍建设】 开展主题教育活动。

根据党中央和上级党委部署要求，县残联积极谋划部署，成立领导小组，从9月开始开展为期3个月的“不忘初心、牢记使命”主题教育，深入学习贯彻习近平新时代中国特色社会主义思想，全面把握守初心、担使命，找差距、抓落实的总要求，通过开展午学夜学、学习研讨会、民主生活会等方式，坚持抓思想认识到位、抓检视问题到位、抓整改落实到位、抓组织领导到位，以彻底的自我革命精神解决违背初心和使命的各种问题。努力实现理论学习有收获、思想政治受洗礼、干事创业敢担当、为残疾人服务解难题、清正廉洁作表率。

贯彻落实“学听跟”专项活动。县残联积极组织学习研讨上级残联关于开展“学听跟”和“走转改、三服务”专项活动的精神，结合实际工作出台《宁海县残联关于深入开展“学听跟”和“走转改、三服务”活动的通知》，明确主要任务和工作要求，深入推进各项活动有序开展，切实解决“最多跑一次”等残疾人事业中存在的痛点难点，全面提升服务残疾人能力，

推进残联改革工作。根据中央群团改革和上级残联要求，县残联积极谋划部署，借鉴其他地区先进经验，并广泛征求意见，经党组多次讨论修改，出台宁海县残联改革方案征求意见稿，并送相关部门征求意见。

王心雨夺得浙江在全国综合性运动会成年组冰雪运动中第一枚金牌

乡镇街道

跃龙街道

【概况】 宁海县人民政府驻地。地处宁海县中部，东接越溪乡，南连一市镇，西南界前童镇，西靠黄坛镇，北邻梅林街道、桃源街道，东北隅抵茶院乡，因境内跃龙山得名。街道办事处驻人民大道75号，面积105平方千米，辖15个社区、27个行政村、20个经济合作社。

城关镇古属广度里。自唐永昌元年（689），宁海县署设于此，向为宁海县治所在（宁、象两县合并初期，县治曾短暂迁至力洋）。自宋代起至民国分属朱开乡和连理乡。起初，城墙围六百步，筑四门，后废。明嘉靖三十一年（1552）重建，城围一千五百四十一丈，高二丈四尺，厚丈八尺，筑五门：东靖海、南迎熏、西登台、北拱辰、西北称小北门，皆有城楼。后增小南门，称小北门为望阙门，小南门为登赢门。民国24年（1935）置缑城镇。1949年9月成立东城、中城、西城三镇，属城关区及松溪乡、桂峰乡。1950年5月撤销城关区以及东城、中城、西城三镇建制。同年8月，置城关镇。1951年为莘岭、双溪、水车、双港乡。1956年莘岭、双溪乡合并为莘岭乡，水车、双港、桂峰乡合并为水车乡。1958年10月撤城关镇，辖区属五星人民公社、黄坛人民公社。12月辖区改属象山县宁海人民公社。1959年8月重建城关镇，仍属宁海人民公社。1961年分设城郊公社、辛岭公社、水车公社。1962年9月改为县直属镇，1964年裁白峤公社并入城郊公社，1983年改为城郊乡、辛岭乡、水车乡。1989年城郊乡并入城关镇。1992年全市进行撤区扩镇并乡，回浦乡、竹口乡、辛岭乡、水车乡并入城关镇。2001年2月与梅林镇、桥头胡镇三镇合一，称城关镇。2003年10月撤城关镇，建跃龙、桃源、梅林、桥头胡4个街道。

【经济建设】 坚持把发展作为第一要务，面对前所未有的经济下行压力，全力服务辖区内工贸企业做大做强，特别在“核心商圈提升、便民服务业集聚、服务业业态创新”上下功夫，实现工业、商贸一手抓。全年完成规上工业企业总产值59.7亿元，同比增长3.2%；完成限上服务业营业收入50.9亿元，同比增长1.0%；完成限上商品销售额64.5亿元，同比增长5.1%；完成自营进出口额32亿元，同比增长2.67%；完成工业投资3.45亿元，同比增长171.6%；合同利用外资1196.2万美元，实际利用外资1228.2万美元；新增国家级高新技术企业5家；天普公司完成上市前所有手续，排队等挂牌；甬交所挂牌企业4家。同时，加快培育壮大特色农业品牌，百平黄山茶油、望府茶业等农产品龙头企业在森博会、农博会等平台上获得金奖5枚、银奖2枚，新注册商标5家。

【重点工作】 坚持把攻坚重大项目作为支撑街道全局发展的“牛鼻子”，对所有在建项目均实行“一线工作法”，确保政策处理公开透明，不留“后遗症”，36个重点工程进展有序。城逐线项目政策处理工作基本完成，进场施工；海亮宁海公学土地政策处理工作基本完成，已圈建围墙；坑龙王、双水两个棚户区改造项目完成货币化安置525户，拆除建筑面积17.8万平方米；跃龙220千伏变电站改建工程、杜鹃公园建设工程等政策处理工作完成；辛岭片自来水工程基本完成建设。加快打通辖区城乡交通网，全年新增道路5千米，道路提升改善、改建8千米。加快水利项目建设，白溪治理工程（马婆园—水车）标段、山塘水库已全部完工，准备验收；白溪治理工程（石舌章—马婆园）标段完成70%工程量，水车Ⅱ标完成65%工程量，水车小农水项目完成85%工程量，干溪小流域治理完成30%工程量。做好“三改一拆”整治工作，全年累计改造面积4.85万平方米，拆除各类违章建筑17.75万平方米，腾出土地面积14.42万平方米。同时，秉持“新官理旧账、旧官不留账”的目标，全力帮助解决檀树头、东方等村社的历史遗留问题。

7月15日，精彩艺术·多彩社区——浙台邻里节宁海专场暨跃龙街道银河社区第四届书香文化节现场

【社区建设】 投入近800万元用于完善社区功能服务区块，县前、杏树、兴圃、怡惠、车河5个社区服务用房完成改造提升，滨溪、杜鹃、松竹3个社区服务用房正在装修中，塔山社区服务用房完成招投投标工作，准备施工。立足精准服务，提升社区服务质量。开展“包片联户知民情·社区服务大联考”活动，促进包片社工掌握信息一口清，更好地为居民提供需求和帮助。整合社区党建力量，确保“大党委”共建共享工作有序推进。成立12个“银辉”党支部，组织引导离退休干部参加党建和志愿服务活动。深化社区民主协商五步工作法议事制度，依托居民议事厅平台，累计征集各类意见建议405条，协商解决139个问题。实行“周末社工制”，错时上门，实现服务居民零距离。深化“街长制”，实现街区无缝隙管理，精准治理背街小巷环境问题。车河和滨溪2个社区荣获宁波市社会工作示范基地。

7月，宁海县人民调解协会跃龙分会成立仪式

【生态文明】 坚持全面推进人居环境治理，努力打造天蓝、水绿、山青的宜居环境，实现城乡面貌大提升。深化文明城市创建专项行动，开展“创城”七大行动，组织辖区居民代表、志愿者通过上门入户进行宣和整治清理，共清理楼道1000余个，整治卫生死角335处，清除垃圾700余吨。开展农村人居环境整治提升“百日攻坚”行动，对各村房前屋后、路边、河边、田边等区域的简易棚厕进行全面地毯式排查，共排查整治简易棚厕1230座。全面开展垃圾分类宣传、普及工作，在城区，各社区通过组织开展上门宣传、公益巡演等方式，招募垃圾分类宣讲员420人，督导员420人，向居民宣传和指导垃圾分类工作，并开展城区开放式区域52个点位的生活垃圾分类试点工作。在农村，组建18名年轻干部成立跃龙街道垃圾分类宣讲团，进村入户宣传垃圾分类，并对43个村社配备厨余垃圾桶和四色垃圾桶，全面推进垃圾分类工作。同时，深入农村开展文化宣传，积极创建美丽

乡村品牌，白龙潭洋顺利通过省市两级“美丽宜居示范村”验收，檀树头顺利通过市级“三居”示范村验收，新增5座文化礼堂，筹办“百姓大舞台”演出23场，打造“厚德溪南”文明示范线，凌塘村创建全国文明村。

【平安建设】 推进扫黑除恶专项斗争，圆满完成“保平安、迎大庆”等重大安保任务，全市防通信网络诈骗现场会在街道举办，干群合力战胜超强台风利奇马，配合相关部门圆满处置老旧遗留炸弹。全领域拉网式开展安全生产和消防安全“四大会战”，全行业排查企业1.11万家，整改“一危两小”企业隐患1421处，拆除违章84处4.11万平方米；开展培训180场次2.05万人。提升人民调解软硬件配置，配强调解力量，化解民间矛盾纠纷1412起。充分发挥网格力量，累计上报事件2.27万条，巡查35.57万次，走访11.64万户。整合平台资源，结合“百姓事马上办”和“一站通”建设，提高为民办事效率，共处理“百姓事马上办”投诉220件，办结12345热线电话330件。

【自身建设】 严格履行全面从严治党主体责任，以政治建设为统领，全面加强新时代党的建设，增强纪律和规矩意识，确保各项决策部署落地生根。健全完善《党工委议事决策系列制度》《安全生产工作规则》《信访工作联席会议制度》等一系列议事决策制度，确保重大事项议事规范，做到多商量。认真落实意识形态工作责任制，加强宗教场所和民间信仰场所规范化管理，整治不规范宗教活动和私设聚会点行为。严格贯彻落实中央八项规定及实施细则精神，狠抓作风效能建设。圆满完成机构改革和工会、妇联换届，严格按照职数、职级配备中层干部。抓好基层队伍建设，严格执行周二下村联合办公和村级小微权力清单36条，规范各村社干部行为准则，确保村级组织依法依规开展工作。全年立案查处各类违纪案件23件，其中警告3人，撤销党内职务1人，留党察看3人，开除党籍15人。开展作风效能建设督查28次，村（社）专项督查6次，纠正违规村（社）务23起，通报批评10个村（社）的主职干部50人次，严格按照规定进行问责。

2月7日，跃龙街道办事处副主任蒋定陆与香港宝捷有限公司董事长苏永安进行项目签约

桃源街道

【概况】 位于宁海新城区中心，是规划中的市级政治、经济、文化中心。东邻茶院乡，东北与桥头胡街道接壤，北和梅林街道毗连，南通跃龙街道。以桃源路得名，办事处驻竹口路189号，距县政府驻地7千米。面积58平方千米，下辖10个社区、43个经济合作社、15个行政村。

桃源街道旧属回浦、山水、竹口乡范围。自宋代起至民国隶属朱开乡，民国时亦称回浦。1951年为回浦、金桥、竹口、钱岙乡。1956年回浦、金桥乡合并为回浦乡，并划入原竹口乡之后丁、溪旁徐等村，竹口、钱岙乡与花山、泉水合并为竹口乡。1958年均属宁海公社。1961年析置回浦公社、竹口公社。1983年改回浦、竹口乡。1992年全市进行撤区扩镇并乡，回浦乡、竹口乡、辛岭乡、水车乡并入城关镇。2001年2月与梅林镇、桥头胡镇三镇合一，称城关镇。2003年10月撤城关镇，于其中部置桃源街道。

【工业经济】 通过积极推进经济增长方式转变，加速培育发展新动能，经济持续健康发展。全街道公共财政收入实现8.8亿元，同比增长17%，居全县前列。实现工业总产值111.47亿元，同比增长

3.6%。82家规上企业实现总产值64.4亿元，同比增长4.4%；完成固定资产投资10.02亿元，同比增长37.4%；实到浙商回归3.97亿元、市外内资11.08亿元、县外内资12.28亿元，完成全年考核任务的132.48%、221.74%、204.67%。实现进出口实绩24亿元，同比增长5.65%；完成限上第三产业增加值4.25亿元，同比增长12.88%。

产业项目顺利落地，发展后劲持续积累。利用外资5000万美元的华孚数字时尚产业园、投资10亿元的天悦广场、投资4.7亿元的中纺城市奥特莱斯商业综合体、投资3亿元的嘉隆广场商业综合体、投资1.2亿元的蔚特国际幼稚园以及长青藤汽车用品生产线、精超国际模具生产线、如意生产线、方正生产线、德玛吉加工项目、富艺长泓养生养老项目均按年度计划顺利推进，为桃源经济高质量发展注入活力。

7月17日，市委宣传部到下桥调研文化礼堂

【农业经济】 农业供给侧结构性改革有序推进。通过耕地垦造工程，实现新增耕地142亩；创建示范农业合作社、示范家庭农场2家，新增土地流转400亩；深化农业产业链改革，新开发抹茶生产原料基地，发展茶叶出口项目。发展壮大集体经济，全面完成15个行政村和4个省定薄弱农村经济合作社的消薄任务。

【城市建设】 共承接县级重大项目80个，续建项目50个。面对高强度的项目推进压力，思路明确、准备充分、行动有力且富有成效。时代西路工程、盛源激光项目、杭深线宁海站动车存车场、城市阳台、潘天寿艺术中心、文化中心、海关大楼、嘉隆广场南侧道路、天明公园等60余个重大项目顺利完成政策处理。司法强拆工作强势推进，“清零拔钉”取得重大突破。完成竹口三村4批次10户滞留户的司法拆除工作。成功打通天明路、学勉北路、科园北路延伸段。竹口三村改造工程一至六期安置房已全部分配到户，七至九期工程完成建设，长达10余年的竹口三村城中村改造项目接近尾声。民生实事项目优化提质。浦西社区多功能运动场工程、桃源中心幼儿园项目、农村环境整治工程等6个票决制民生实事项目均顺利实施，群众获得感进一步提升。

在一线攻坚中坚持环境优化，新城“魅力指数”持续提升。立足工作基础、群众期盼，以改革精神、抢拼勇气大力开展环境提升工作。美丽桃源彰显特色。创新“竞争性环境治理”模式，配套“史上最严厉”考核办法，以非比寻常的决心干劲，做好环境长效治理工作，工作成果多次得到县级领导表扬肯定。下桥、后徐、桥下潘、石家岙、花山几个村社在街道环境整治考核中连续三个季度成绩优异，予以通报表扬。创新打造“口袋公园”、小微绿地，在后徐、钱岙、下金、溪旁徐、上桥、花山等村社共打造20余亩的花海绿地。品质桃源扎实推进。聘请专业团队完成石家岙整村提升设计，力求以环境提升带动村级集体经济增长；完成堂墙乡愁庭院和下洋葛、下桥、下金、竹口储4个村社的清洁庭院打造，村庄面貌进一步靓化；开展马路市场整治，对冠庄中心街、应家山、科五路、兴工西一路等马路市场、占道经营问题，组织300余人进行集中整治，并建立长效巡逻机制，确保问题不反弹、不回潮，真正实现“还路于民”。乐居桃源显现成效。城中村改造有序开展。杨柳峰拆迁完成签约100%，大屋安置房分配全部完成，雅致岙城中村改造遗留问题逐步得到解决。持续做好“五水共治”，完成河道清淤2000立方米，河道保洁42千米。完成石家岙等14个村社生活污水管网改造提升，启动污水零直排区创建。杏蒋村成功创建2019年度市级美丽乡村示范村。

【社会治安】 沉着应战中强化社会

稳定，干群上下的“平安初心”愈发坚定。紧紧围绕维护社会稳定和长治久安总目标，强化责任、严明纪律，扎实做好各项维稳举措。持续深化“扫黑除恶”专项斗争。制定印发《桃源街道扫黑除恶专项斗争实施方案》《桃源街道线索排摸工作实施方案》等文件，发放各类宣传资料2万余份，从宣传发动、线索排摸、深挖彻查、组织建设等角度全方位推进，社会治安形势切实好转。全面开展安全生产“四大会战”。自10月1日起，组织街道全体工作人员假期无休连续100天集中开展辖区内8631家经营单位的安全生产检查，完成违章搭建、违规储存使用危险化学品、违规住人等突出隐患问题整改30647条。针对村民自建出租房屋安装铁制防盗窗致使火灾隐患攀升的现象，组织村干部连夜对辖区5+8个村社共计7067户出租房进行地毯式排查，累计拆除违规防盗窗3298扇。创新机制高效化解群众矛盾。面对因历史遗留问题触发的基层矛盾激化问题，创新实施“月光夜谈”接访制度，每周一晚由主要领导接访，破解干群“黑白时差”。全年开展40余次“夜接访”，接待群众70余批次300余人次；成功化解（仇某某、胡某某）国家督办信访案件2件，其中涉仇某某一案为持续四年未解决的积案。成功调处笆弄头与同三开发公司、太平洋房地产有限公司持续10余年的经济纠纷，协调疏通望湖府邸污水管网设备；化解隔水洋城中村改造相关纠纷，沿街商铺建设顺利开展；建设股份经济合作社历史遗留问题逐步得到化解。通过百姓事马上办、宁海在线、文峰论坛等平台答复化解舆情200多件。

4月8日，桃源街道“导师制”签约仪式

10月4日，桃源街道安全生产大排查大整顿紧急部署会

【社会事业】 在全面小康中聚焦群众福祉，城市发展的民生温度不断攀升。始终坚持以人为本发展理念，社会事业不断进步。

高效推动慈善工作，新增慈善冠名基金企业7家，冠名资金800万元；完成晴隆社会扶贫190万元，消费扶贫200万元，山海协作景宁县结对扶持10万元；在“慈善一日捐”“百团连百心”晴隆学子结对帮扶、关爱困境儿童志愿服务项目、消费扶贫先锋行等爱心活动中，街道干部均积极献出自己的爱心。

社会工作持续加强。积极推进家庭医生签约服务工作，重点人群续签率达到70%；成功创建下洋顾为省级卫生村，竹东、竹口为市级卫生村，唐安李、竹溪为县级卫生村；泉水社区获得“宁波市社会工作示范基地”称号。顺利指导华庭家园、阳光小区等6个小区完成业主委员会选举。

文化事业蓬勃发展。承办宁海县2019年度“百姓大舞台”建设现场会和观摩晚会，组织街道文联及下属戏曲等6个协会，开展文艺下乡活动20余次；组织桃源街道第二届乡村振兴村民运动会；开展“千里走宁海—桃源街道站”系列活动；开展高级茶艺师、美丽庭院培训班等培训工作，引导妇女创业创新。

12月25日，富艺长泓养老中心开工

【**党建工作**】 在强基固本中保持政治定力，党建引领的“政治生态”更加清朗。全面落实从严治党要求，锤炼过硬作风，引导各级干部出实招创新业。强化思想引领，不断巩固政治理论基础。

扎实开展“不忘初心、牢记使命”主题教育。举办主题教育基层党组织负责人培训班2期，有效提升广大党员干部的理论修养；层层落实“书记上党课”工作，组织街道党员领导干部和各级党组织书记开展“书记讲堂”200余次。

强化组织管理，不断夯实基层党建基础。全年新发展党员31名，组织入党积极分子培训12次，参与人数1248人次；强化党组织功能，认真贯彻落实《中国共产党支部工作条例》《关于新形势下党内政治生活的若干准则》，引导广大党员自觉参加党内政治生活锻炼，严格督促各基层党组织召开民主生活会及党员民主评议。

顺利完成机构改革，机构设置更加科学，工作机制进一步理顺。强化作风改善，持续营造良好政治生态。定期组织开展村监会成员理论培训并召集村监会主任以例会形式共同探讨解决新形势下村务监督的“疑难杂症”。在浦西社区、钱岙股份经济合作社等基层单位开展廉政书画创作活动，营造创廉崇廉的良好氛围。制作印发《桃源街道公共资源交易工作文件汇编》简本，全面推行36条智慧系统。进一步规范村级资金使用，全面完成48个老年协会资金资产的村社的账户移交清理工作。完成26个村社农村巡察工作。

准确运用“四种形态”，全年第一种形态处置38件，违纪党员立案10件，其中7件已办结、3件正在办理。注重机关效能建设，每月至少一次开展定期、不定期效能督查，干部精神面貌得到提振。强化阵地建设，有力落实意识形态工作责任制。全街道已建成文化礼堂12个，做到月月有主题，周周有活动。不断加强基层党校管理，27个基层党校全年共开展党员培训200余次，2000多人次参加。兴海社区

9月30日，桃源街道“庆国庆、迎重阳、敬老兵”活动

党群服务中心创新打造“有声图书墙”，超30处街道文化站、村文化宫、农家书屋、社区阅览室定期向周边群众开放，全年参与群众达2万多人次；依托方正、桃源广场党群服务中心和下桥党建文化综合体，以区域联动党建模式，促进商圈、社区、农村三大领域融合。2019年桃源街道在今日宁海、宁海发布、看宁海、直播宁海等平台发表文章800多篇，在中央电视台、浙江卫视、《浙江日报》等市级以上媒体载体发表40余篇，在中华人民共和国成立70周年之际，全面地向公众展示桃源的发展成果。

1月10日，桃源街道党员代表大会召开

梅林街道

【概况】 位于宁海县北部，东连桥头胡街道，南邻桃源街道，西毗深甽镇，北依西店镇。面积97平方千米，其中耕地面积504公顷。以梅林村得名。街道办事处驻梅深路20号，距县人民政府9千米。下辖23个行政村，2个社区，常住26374人，外来7324人。

自宋代起至民国隶属朱开乡，民国23年（1934）隶属梅林区，民国36年（1947）年底，包括紫文乡、回浦乡。1949年7月，隶属深甽区和桥头胡区。1950年8月，深甽区改称梅林区。（1952年又新建深甽区。）1951年建花山、泉水乡。1956年下河、方前2乡并入更名梅林乡，花山、泉水乡并入竹口乡。1958年属西垫人民公社、宁海人民公社。1960年析置梅林公社，1961年以原下河乡及方前乡区域，建凤潭公社，花山、泉水区域建山水公社。1963年九顷公社并入，1969年12月梅林、凤潭两公社合并称梅林公社。1972年11月梅林公社又分成梅林、凤潭两个公社，同年12月15日起分开办公。1983年9月实行政社分设，梅林凤潭两公社改称梅林乡、凤潭乡。1984年12月28日，梅林乡改为梅林镇，梅林、花园、大陆周、梅林陈四村为建镇区。1992年全市进行撤区扩镇并乡，撤桥头胡区，将凤潭、山水2乡并入梅林镇。2001年2月与城关镇、桥头胡镇三镇合一，称城关镇。2003年10月撤城关镇，于其西北部置梅林街道，原梅林镇山水乡所在区域划出。

梅林街道劳动人事争议调解中心荣获2018年度全省劳动人事争议基层调解优秀单位称号。季雪亮荣获2018年度全省劳动人事争议基层调解优秀个人称号。

【工业经济】 主动应对经济下行压力，积极践行“三服务”活动，常态开展“五问五帮”，累计解决企业用地、环评等各类难题167个，预计完成规上工业总产值192亿元、同比增长22.8%，主营业务收入202亿元、增长27.9%，出口交货值103亿元、增长108.5%，固定资产投资10.7亿元、增长50%，主要经济指标好于预期，高于全县平均水平。

强化科技支撑。以“中国制造2025”“互联网+”为引领，加快企业技术创新，形成“拳头”优势，促进产业由中低端向中高端迈进，全年研发投入占GDP比重提高至8%，高新技术产业占规上产值比重超过85.8%、占全县总量的21.3%，顺利通过中国（梅林）橡塑汽配产业之乡审核复评。特别是建新集团还跃升成为县内首个省级“上云标杆”企业，东方日升成为首批省级数字化车间企业，参与修订国家、行业标准1项。

强化招商支撑。大力实施“以商引商”、全产业链招商，引进10亿元以上项目2个、5亿元以上项目1个，实际利用外资1602万美元，省、市、县外内资分别达到7.1亿元、8.1亿元、8.2亿元。平台建设稳步推进，东方日升年产4GW高效光伏发电组件、建新产业园（一期）等一批“大好高”项目开工建设。

强化资本支撑。支持企业向外

延伸、并购重组，上市挂牌、做大做强，华宝科技、锦泰橡塑等5家企业成为重点培育对象，建新科技、高格卫浴进入上市准备阶段，券商、律所、会计事务所全面进驻。

【重点工程】 梅林依旧延续重大项目数量破百、密集开工、遍地建设的良好势头。

全员比拼抓项目。牢固树立“早行”理念，春节一过，就启动“一线攻坚、比拼奋进”行动，采用结对破难、比拼破难的方式，全员上阵。全年累计清除“障碍”15个，拔除“钉子”8个，完成12个项目、1000亩土地的征用任务。象西线下河段“清零拔钉”在短时间内打通历时5年的最后节点。

全年攻坚抓项目。持续发扬“铁军”精神，贯穿全年开展交通工程、市政工程、棚改项目、农旅项目“大攻坚、大突破、大提速”，抽调精干力量，组建工作专班，夜以继日抢着干，5G通信基站、228国道改建工程加快推进，220千伏新跃龙变顺利进场，仕西工业园区扩容工程开工建设，九顷自然村100%签约腾空、裴家自然村签约率97.2%，全面完成“万亩造田”工程下达任务，重大项目基本无障碍推进。

全时督导抓项目。充分发挥县“两代表一委员”和街道督查专员作用，协调解决权责交叉、进度滞后等问题5个，甬临线北延、G527工程等10个项目明确清障“路径图”、达效“时间表”，提前完成全年目标。

【小城镇建设】 立足“接轨主城区、融入主城区、成为主城区”，加大基础设施建设力度，奋力引补功能短板，梅林邻里中心顺利招商投标，梅林商务中心即将整体投用，上下横街完成立面改造，C1、C2地块部分安置房摇号交付，九顷路绿化提升工程建成投用，新增公园绿地50.6亩、公共停车位167个。加快核心区域整治提升，以整合补贴、补助等涉农资金为突破口，试点启动胜建村品质化改造。

【乡村建设】 立足农业农村优先发展，跨步推进梅温精品线、雁苍山大景区开发，环梅湖自行车绿道开工建设，山下刘大桥改造、凫溪绿化提升工程如期完工，景澜雁苍山舍（一期）、雁山兰园精品民宿上线试营，长寿村福园、国医馆、交通驿站建成投用。

积极开展美丽乡村分类创建，河洪村通过市级美丽乡村示范村验收，新庄村、九都王村创成市级美丽乡村合格村，高效率完成农民饮用水达标提标工程，新增美丽庭院120户。培育壮大村社集体经济，盘活闲置资产，推动村企共建，9个行政村（社区）经营性收入超过20万元。

加快环境提档升级。深入开展城乡精细化管理“十大行动”，强势推进“三改一拆”“五水共治”等专项治理，狠抓集中拆违，强化工业废气、废水等污染源管控，拆除违章建筑15.3万平方米，凫溪创成省级“无违建”美丽河道，新增污水管网10千米，顺利通过污水零直排区建设市县验收。实施“厕所革命”，建成生态公厕15座、旅游公厕3座。

【社会事业】 持续加强公共服务供给。推动优质教育资源均衡化，县高级职业技术中心学校加快推进，梅林第二小学办学规模达19个班级。深化医药卫生体制改革，试行联合办医和分级诊疗制度，县第一医院医疗健康集团北部医院上线运营。文体事业繁荣发展，杨梅岭村文化活动中心、凤潭村多功能运动场建成投用，花园社区、梅林陈村、杨梅岭村通过省级小康体育村提升验收，成功创建省级语言文字规范化街道。

持续深化社会综合治理。加强治安防控体系建设，纵深推进扫黑除恶专项斗争，扎实开展“迎大庆、保平安”百日攻坚，查处治安案件111件，刑拘犯罪嫌疑人71人，切实维护辖区的和谐稳定。强化突发事件应急处置，科学应对“登革热”疫情传播，成功抵御超强台风“利奇马”侵袭，有效保障人民群众的生命和财产安全。深刻吸取“9.29”火灾事故教训，强势推进安全生产和消防安全“四大决战”，组织安全知识技能培训152场次、覆盖3.3万人，实地核查企业、三产经营户、群租房7614家，“零容忍”处置问题2802个。试行安全生产风险当日报告和企业负责人承诺管控制度，全程跟踪、预警、防控风险隐患治理。

【民生保障】 在财政收入增长放缓、收支平衡压力增大的情况下，坚持把财政资金的60%以上用于改善民生，切实增强人民群众的幸福感、安全感和获得感。

持续提升民生保障水平。把就业摆在优先位置，着力解决农村劳动力、困难群体“就业难”问题，组织开展各类技能培训12次、覆盖3000人，新增就业岗位1200个、就业人员2300人。扩面提升社会保险，新增养老保险842人、完成率98.9%；家庭医生签约7902人、重点人群签约率70%，医疗保险参保率99.9%，超额完成目标任务。

【党建工作】 坚决贯彻中央八项规

定，严格落实意识形态“十要十不”工作规范，扎实开展“不忘初心、牢记使命”主题教育，自身建设不断加强。

深化提升夜学品牌。街道机关每周二雷打不动“夜学”，夜学后紧跟“夜商”，不参与“夜商”的干部“夜访夜巡”，现已持续175周，平均参与率超过95%，走访群众近2万户次，解决疑难问题600余个。结合“四大决战”，新增党员干部“夜查”，以“天天检查、周周抽查、月月督查”的方式，动态消除潜在隐患，倒逼业主履行安全生产主体责任。

深化推进基层党建。全面贯彻新时代党的组织路线，按照“党建格局系统化、支部建设规范化、干部队伍专业化、党建引领绩效化”的目标导向，全域启动党建样板街道建设，兰花党支部正式成立，梅林街道党群服务中心、花园社区党建村史馆建成投用。搭建两新党组织交流平台，开设党务红领课堂，着力打造素质更高、能力更强、活力更足的专业化党务工作者队伍。

深化建设“清廉梅林”。落实落细班子主体责任、“第一责任人”责任和“一岗双责”责任三张清单，延伸开展市县村居工作巡查，扎实推进“亲清”服务制度，切实把廉洁廉政要求抓到底、抓到边。加强廉政文化建设，花园社区廉政文化长廊建成投用，河洪村“常清园”廉政公园完成提升改造，刘三村兰园廉政文化宣传阵地投入使用。

表15　　梅林街道2019年基本情况表

项　目	单　位	合　计
总面积	平方千米	97
耕地面积	公顷	504
村民委员会	个	23
社区	个	2
常住人口	人	26374
外来人口	人	7324
第一产业产值	万元	6609
第二产业产值	万元	1896534
第三产业产值	万元	173695.8
工业销售收入	万元	1957739
工业利税	万元	144822
固定资产投资	万元	107409
财政收入	万元	73885

表16　　梅林街道2019年（规上）企业基本情况表

单位：万元

序号	单　位	产　值	主营业务收入
1	东方日升新能源股份有限公司	1064906	1172116
2	建新赵氏科技有限公司	238494	247569
3	浙江双宇电子科技有限公司	102361	100547
4	宁波捷豹振动控制系统有限公司	37439	37364

续表16

序号	单　　位	产　　值	主营业务收入
5	宁波永信钢管有限公司	25030	29674
6	康迪泰克传动系统（宁海）有限公司	22409	29461
7	宁海万兴金属制品有限公司	19289	23967
8	宁波永信汽车部件制造有限公司	24293	23287
9	宁波市高格卫浴产品有限公司	25166	20608
10	宁波翰文电器有限公司	27809	20223
11	宁波光明橡塑有限公司	18204	19138
12	宁波华宝智能科技股份有限公司	17623	19117
13	宁海厚德包装有限公司	15650	16266
14	宁海新电电力开发有限公司	12914	12939
15	宁波浩柏铝钢有限公司	12763	12317
16	宁波建新华谊铝业有限公司	12298	11779
17	宁海县东昊铝业有限公司	11245	9962
18	宁波市锦泰橡塑有限公司	9900	9833
19	宁海县梅乐铝业有限公司	8408	8629
20	宁海县振业汽车部件有限公司	8920	8317
21	宁波储力叉车有限公司	10660	7805
22	宁波华宝海之创机器人科技有限公司	11765	7748
23	宁波华东旭丰纺织品有限公司	7333	7550
24	宁波南星汽车部件有限公司	6739	7149
25	宁波金鸟服饰有限公司	5081	6355
26	宁波美亚达汽车部件制造有限公司	7118	6295
27	宁海建新胶管有限公司	6655	6294
28	宁波世纪东港机械有限公司	5298	5679
29	宁波捷豹传动系统有限公司	6272	5588
30	宁波宏科汽车部件有限公司	5876	5554
31	宁波兴亚橡塑有限公司	5926	5311
32	宁海县久丰纱厂	4895	5210
33	宁波万里春橡塑有限公司	5215	5081

续表16

序号	单　位	产　值	主营业务收入
34	宁波永信精密管业有限公司	4847	4797
35	宁波正霖文具有限公司	4589	4579
36	宁海宏德模塑有限公司	4853	4397
37	宁海永信轴承科技有限公司	425	4258
38	宁海建新白马注塑有限公司	4164	4000
39	浙江优逸科汽车部件有限公司	4454	3897
40	宁海县精欧铝业有限公司	3906	3894
41	宁波市大磐精密机械有限公司	3819	3819
42	宁海永大混凝土有限公司	3763	3763
43	宁波市新一元铝业有限公司	3638	3581
44	宁波世辰汽车部件有限公司	3761	3451
45	宁海光启铝材有限公司	3439	3407
46	宁波兴亚汽车零部件有限公司	4097	3344
47	宁波圣得雅化妆用具有限公司	3275	3272
48	宁海科发铝业有限公司	3370	3270
49	宁波斗士油压有限公司	3264	3255
50	宁海县健牌汽车部件有限公司	3025	2807
51	宁海建新自动化设备有限公司	5185	2703
52	宁海鼎宏沥青搅拌有限公司	2433	2687
53	宁波永泰金属制品有限公司	2581	2559
54	宁波韶华金属制品有限公司	2747	2481
55	宁海县风威工具有限公司	2380	2381
56	宁海县开创机械工具有限公司	2355	2329
57	宁波嘉士博文具有限公司	2308	2310
58	宁波吉海模具有限公司	2483	2199
59	宁波正一模塑有限公司	2520	2035
60	宁波远信拉索有限公司	1917	1860
61	宁波精治汽车检具有限公司	1533	1529
62	宁海县毅峰药业包装有限公司	1243	1243

续表16

序号	单　　位	产　　值	主营业务收入
63	宁海县精一塑料模具厂	209	373
64	建新赵氏集团有限公司	—	—

桥头胡街道

【概况】 位于县城北部，东濒象山港，界南山、浦岭同强蛟镇接壤，南邻桃源街道，西界梅林街道，西北濒铁江与西店镇隔海相望。街道紧临宁海湾，与2个街道、5个乡镇接壤，是“一湾一区一带”的重要板块。曾获有浙江省体育特色乡镇、海水养殖强镇、省级森林城镇和国家级生态城镇等荣誉称号。区域面积59平方千米，办事处驻中新北街16号，距县人民政府东北11.8千米，距沈海高速公路宁海出口3千米。辖1个社区、18个行政村。人口28865人。

自宋代起至民国隶属朱开乡，民国23年（1934）隶属城区，民国36年（1947）年底属久安乡。1949年7月，隶属深甽区。1951年建久安、黄墩、涨家溪、建设、龙潭乡。1956年五乡合并黄墩乡。1958年称黄墩管理区，建设、龙潭乡分出成立建设乡。1961年分别置黄墩公社、建设公社，1983年改黄墩乡、建设乡。1984年黄墩改名桥头胡，置桥头胡镇。1992年全市进行撤区扩镇并乡，建设乡并入桥头胡镇。2001年“三镇合一”并入城关镇。2003年10月撤镇建街道，成立桥头胡街道办事处。

2019年，紧紧围绕打造“醉美汶翠谷、居养桥头胡”的发展战略，众志成城攻克历史遗留难题，凝心聚力谋划发展新篇，锐意进取推动改革创新，取得一定的成绩，较好的完成年度各项目标任务。实现生产总值64.26亿元，同比增长7.1%；公共财政总收入1.29亿元；规模以上工业总产值超25.27亿元，同比增长7.29%。

【工业经济】 完成工业总产值50.22亿元，同比增长8%；其中规上工业增加产值25.27亿元，同比增长7.29%。

固定资产投资10.9亿元，任务完成181.7%。完成外贸进出口总额8.4亿元，增长22.3%。

招商引资扎实开展。大力实施引资引才引企“三引”工程，不断加强外资引进力度，拓展内资引进渠道，成功签约望山·龙潭石寨、汶溪翠谷等项目，街道实到内资1.26亿元，实到外资80万美元。

深入开展“三服务”企业调研，帮扶企业成效明显，制定鼓励上市、高新技术、高成长、节能改造等各项产业扶持政策12项，涉及资金100余万元。

顺利完成全国第四次经济普查工作。全面调查二、三产业的发展规模、布局和效益，了解产业结构，进一步摸清街道经济家底。

【农业经济】 农业生产平稳发展，水利工程全面推进，完成店前王溪改道主体工程，槐路河和梅林溪治理工程完成总工程量30%，汶溪小流域治理工程完成主体工程量70%，汶溪周塘除险加固工程全面启动，创新实行重点水利工程标准化物业化管理，顺利通过省、市级污水零直排区创建复验工作。

大力开展大棚房问题专项治理工作，全面完成21个“大棚房”整治工作，拆除面积10000多平方米。

三防水平进一步提升，完善防台防汛指挥系统，新增河道、海塘、水库等水文监测视频，绘制完成防汛防台形势图，有效防御“利奇马”台风，群众生命财产得到有力保障。

【三产经济】 全年完成三产增加值5148.6万元，同比增长37%。新增限上服务业企业1家，限上单位总量达到6家。房地产业大力发展，陆家B地块项目，被得力房产以1.29亿顺利摘牌。旅游产业蓬勃发展，“汶溪翠谷”AAA级旅游景区完成前期规划设计，汶溪翠谷精品线顺利开线，望山·龙潭石寨项目取得实质性进展。成功举办第二届宁海·桥头胡樱花节和第三届东吕杜鹃花节，全年累计共接待游客30余万人次，实现旅游创收2500万元。

【城乡建设】 城乡改造更趋完善。棚户区改造房屋拆除工作全面铺开。陆家村完成房屋拆除工作，老村部分土地完成挂牌出让。桥头胡村完成房屋腾空验收1580户，房屋腾空率为98.7%，拆除房屋约750间、1034户，占总工程量的64.5%。经过三轮调整，国有拆迁红线面积缩减至29346平方米，建筑面积约27600平方米，总户数45户，最新国拆红线和实施方案完成公示，即将启动评估和签约工作。着力推进龙潭新老两个网红村的联创工作，龙潭老村土地完成挂牌出让，龙潭新村安置小区项目正如火如荼建设中。槐路河、店前王溪城市防涝工程初步建成，发挥作用，梅林溪完成方案规划。

11月14日，西吕村文化中心

城市管理机制和公共服务体系日趋完善，综合指挥室平台高效运转，综合执法中队力量逐步加强。持续深化“三改一拆”，强势推进违法建筑查处和整治力度，拆除违章建筑13.56万平方米，完成年度目标任务150%，拆后土地利用率达81%，居全县前列。交通治堵持续推进，新建停车场4处，新增和规范设置停车位300余个，增设视频监控、自动抓拍摄像头300个。深化智能化城市管理建设，不断推广E宁波、村民E点通等信息化平台，把群众纳入到城市管理的主体中，做到城市管理信息全面化。

乡村振兴更具特色。召开首届乡贤联谊会，海内外50名乡贤齐聚一堂，共商发展大计。做好“乡贤+”文章，大力实施艺术助推乡村振兴战略。积极发挥桥头胡籍的艺术家以及文化型乡贤领导力量，引进项目和人才，成立“黄墩艺社”，举办承办浙江省综合材料绘画展、“归来”美术作品展、“乡村振兴·印象黄墩”美术摄影展等一系列艺术作品展，组织校地协同融合设计行动、邀请大师驻村、建成宁波大学潘天寿建筑与艺术设计学院“名师工作室”、教学基地等。通过艺术乡建，进一步促进乡村旅游、民宿、文创等产业发展，村级集体经济进一步壮大。全街道18个行政村经营性收入全部超过10万，总收入超过30万元，其中7个村经营性超过30万元，占总额的38.8%。

3月13日，浙江省民政厅党组书记、厅长王剑侯（中）到健幸居家养老中心调研

【社会福利】 以“惠民生”为根本倾力办实事，民生福祉持续增进。社会保障日益健全。五大社会保险参保率持续提高，累计办理各类养老保险7680人，城乡居民医疗保险11336人；享受低保户238户共计人数373人，年发放低保金288.7万元；多形式开展慈善救助活动，慈善一日捐达183.2万元，共助医、助困328人次，发放慈善救助款146万元。开展拥军优抚相关工作。完成640名退役军人及现役军人进行信息采集，完成一人一档，建立退伍军人服务站。社会养老服务体系更加健全。健幸居家养老服务中心社会效益良好，受到民

政部、省、市、县各级领导一致好评。

【文卫事业】 群众性文化活动日益繁荣。举办桥头胡街道第二届村民运动会，吸引300余名村民运动员参与比赛。精神文明建设全面提升。丁家创成省级文明村，双林、岙马、陆家成功创建市级文明村，汶溪翠谷文明示范线成功创建市级文明示范线。文化阵地建设不断推进。文化礼堂新建2家，提升2家，新时代文明实践站（所）全部完成挂牌。卫生事业健康发展。宁海县第一医院医疗健康集团北部医院整合组建完成，顺利搬迁并运行，新院占地1.6万平方米，核定床位121张，拥有3间现代化手术室。

【社会治安】 深入推进“平安桥头胡”建设。扎实开展“扫黑除恶”专项斗争，平安指数不断提升。创新“一体两翼”体系，做好基层社会治理维稳工作，系统化整合各类智慧信息平台和各方基层治理力量，99%的涉稳事件在爆发成势前就已成功化解清除。圆满完成全国两会、新中国成立70周年国庆阅兵的安保维稳工作。安全生产持续强化。以“四大会战”专项行动为抓手，实现重点行业领域安全生产全覆盖。共组织排查经营企业、单位（合作社）共636家，其中涉及危化品使用单位20家，危化品经营销售单位6家，存在重大隐患企业（家庭作坊）68家。发现查出安全隐患4685条，其中重大隐患195条，结合排查的隐患数据，共拆除各类影响消防安全的违章搭建27处，拆违面积3.1万平方米；对存在严重消防安全隐患的企业责令停业整顿的35家，对无证无照经营和严重消防安全隐患无法整改的企业进行关停的17家。全年共组织开展安全生产和消防安全培训27期，培训企业负责人、企业职工共5318人，企业员工参训率和“四懂四会”知晓率均达到100%。组织各行政村全民消防安全知识培训23期、1.2万余人。

2月21日，县委书记杨勇（右）调研健幸居家养老服务中心

【党建工作】 主题教育全面深入。高质量开展第二批“不忘初心、牢记使命”主题教育活动。按照“守初心、担使命、找差距、抓落实”总要求，进行学习研讨、一线调研、对照党章党规找差距、开展专题党课、专项整改等系列活动，真正做到高举习近平新时代中国特色社会主义思想伟大旗帜，不断增强“四个意识”、坚定“四个自信”，做到“四个服从”“两个维护”，认真贯彻落实习近平总书记对浙江、宁波重要指示精神，始终以新思想新理念指导实践、推动工作。

组织建设全面夯实。深入推进“锋领桥头胡”建设。全面实施“双整两全”领跑工程，深化基层党组织争先创优。严格“三会一课”制度，扎实推进“主题党日+”活动，持续开展“三色先锋行动”，党员参与率达95%以上。规范锋领指数考评，严格处置不合格党员，2名迁转到整转教育支部，6名农村党员干部被组织处置，其中1名被歇职教育，5名被责令辞职。实施乡村振兴“三书两报告”制度，吹响“书记带着党员冲”集结号，党员形象进一步树立。深入实施后进党组织整顿行动，开展村级班子整固、集体经济“消薄”、活动场所建设“三大攻坚战”，提前完成后进村“摘帽”。强化党管人才工作，实施“金桥工程”，完善“一站式”人才服务平台，与宁波大学开展校地合作，先后引进7名高层次人才和1个创业创新团队。首创“党员安监协理员”制度，充分发挥党员在安全生产四大会战工作中“尖刀”引领作用。

党风廉政全面加强。全面履行从严治党主体责任，深化执纪问责力度，对42名科室主任、村主职干部开展“促责履诺”谈话监督活动，对苗头性问题提前“预警亮灯”，全年共约谈党员干部63人次。深入开展正风肃纪行动，坚持问题导向，开展农村巡察自查工作，把从严治党向基层组织纵深推进。始终保持惩治腐败的高压态势，2019年共办结纪检信访件12件，至年底共立案查处各类违纪案件8件，其中党内警告1人、党内严重警告2人，开除党籍5人。

1月11日，县一体两翼现场会暨“两网”开通会

表17　　桥头胡街道2019年基本情况表

项　目	单　位	合　计
街道总面积	平方千米	59
种植面积	亩	10442
村民委员会	个	18
居民委员会	个	1
户籍人口	个	23400
外来人口	个	5465
地区生产总值	万元	642600
第一产业产值	万元	17640
第二产业产值	万元	502200
第三产业增加值	增速	15%
工业销售收入	万元	457752
工业利税	万元	26667
工业技术改造投入	万元	5144
固定资产投资	万元	109314

续表17

项　　目	单　　位	合　　计
财税收入	万元	12520
农民人均收入	元	16539

表18　　桥头胡街道2019年骨干企业基本情况表

单位：万元

序号	企业名称	产值总额	销售收入	利税总额
1	宁波卡倍亿电气技术股份有限公司	60610	53723	5739
2	宁波卡倍亿铜线有限公司	34304	29041	103
3	宁波永和电子有限公司	26175	22022	4651
4	宁波步来特电器有限公司	18941	16312	3848
5	宁波彬彬文具有限公司	7682	6830	542
6	宁波远通和道汽车部件有限公司	7403	6346	622
7	宁波石上天际能源有限公司	7228	6893	907
8	宁波春叶金属制品有限公司	6998	6470	-17
9	宁海县创建建材有限公司	6798	5376	781
10	宁波金晟模塑有限公司	5839	4721	1093
11	宁海县震洋文教用品有限公司	5646	5333	588
12	宁波卡倍亿新材料科技有限公司	5199	4711	119
13	宁海金川混凝土有限公司	5110	5136	245
14	宁波西尖电子有限公司	5090	4440	-91
15	宁海县奔亿机械有限公司	4810	5019	149
16	宁海县得胜新型材料有限公司	4333	2182	613
17	宁波高品文具有限公司	4208	4004	286
18	宁波西杰纺织有限公司	4061	3681	125
19	宁波天雅美术颜料有限公司	4054	2195	252
20	宁波金凌中德汽车部件有限公司	3347	2521	-7
21	宁海县电镀厂	3293	2952	387
22	宁波凯江汽车部件有限公司	3232	2932	164
23	宁海县金凌模塑有限公司	3124	2617	513
24	宁海天辉机械有限公司	3048	2790	112

续表18

序号	企业名称	产值总额	销售收入	利税总额
25	宁波九峰电子工具有限公司	2909	2524	416
26	宁海力合模塑有限公司	2659	2185	83
27	宁海瑞贝特汽车用品有限公司	2607	2128	139

长街镇

【概况】 长街镇是宁海县的工业强镇、农业大镇、商贸重镇、中心城镇。位于宁海县东部，镇人民政府驻长街，距县人民政府东27千米。东临岳井洋与象山县隔洋相望，南濒三门湾，西界胡陈港、力洋镇，北邻胡陈乡、象山县。辖区总面积272.2平方千米，辖42个行政村和1个居委会，总人口7万余人。全镇河道总长300多千米，占全县总长的1/3；公路总里程230多千米，占全县总里程的1/8。拥有耕地11万余亩，海岸线长28千米。可养殖面积居全省第一位，蛏子、蛤蜊、泥螺等水产品享誉境内外，被誉为“中国蛏子之乡”。

自宋代起至民国初隶属朱开乡。民国23年（1934），隶属长亭区。民国36年（1947）年底，包括长亭镇及湖青乡、水东乡。1949年7月，隶属东区。1951年分设为长亭镇、大湖、城塘、龙浦、新城、岳井、山前、大青、山头、平原、青珠、伍山等乡。1956年长亭镇、大湖、城塘合称长亭乡；龙浦、新城合并龙浦乡；岳井、山前、伍山合并称岳井乡；大青、山头、平原、青珠合并称青珠乡。1958年属长街人民公社。1959年青珠辖区从长街人民公社分出，划归青珠农场。1961年分设长亭、龙浦、岳井、山头、伍山、青珠等公社。1981年因重名，以公社驻地为名改称长街公社。1983年改长街、龙浦、岳井、山头、伍山、青珠等乡。1984年置长街镇，列长街本村及屋基园、石桥头等村为建镇区。1992年全市进行撤区扩镇并乡，前横、青珠、山头乡合并新置明港镇。龙浦、岳井、伍山等乡并入长街镇；2004年8月，将原明港镇的区域以胡陈港中心自然界线划分，分别与原长街镇、力洋镇的区域组建新的长街镇、力洋镇。

2019年，财政总收入1.98亿元，固定资产投资3.01亿元。

【工业经济】 全镇15家规模以上工业企业实现总产值31.7亿元，同比增长11.9%；进出口总额10.1亿元，同比增长3.4%；开工建设17个工业技改项目，完成投资1.7亿元。

大力推进招商引资，完成实际利用外资231万美元，引进浙商回归资金2.36亿元，市外内资2.37亿元，县外内资2.37亿元，发展后劲不断迸发。

持续深化“亩均论英雄”改革，完成“三未”土地整治，处置“低散乱”企业5家。深入实施创新驱动战略，新增高新技术企业2家，创新型初创企业9家；出台人才新政，引入博士1名、硕士1名。

大力开展“三服务”活动，为企业解决各类问题35个。积极推动企业对接资本市场，宁波合达生物科技有限公司、宁波德凯数控机床有限公司成功在宁波股交中心挂牌。扎实推进平台建设，实施数控机械产业园提升改造工程，入驻企业增至42家，产值占全镇工业总产值的82%以上，投资2000万元的园区雨污分流工程运行良好，园区基础设施逐渐完善，促进产业集群集聚发展。稳步推进智慧城市建设，奇精投资7500万元的数字化车间项目被列入市重点专项建设。大力实施企业品牌建设，新增“浙江制造”标准认证1个，“奇精”认定为中国驰名商标。

【农业经济】 全年实现农业总产值9.3亿元，同比增长5.2%。完善农业基础设施，投入4500万元大力实施小型农田水利建设、高标准农田改造等项目，有序开展河道整治、耕地垦造和土地治理等工作。

完善“三防”工作预案，强化地质灾害隐患点治理，不断夯实农业发展基础。加大土地流转和新型农业经营主体培育力度，完成土地流转面积7.9万亩，新增县级示范性农民合作社1家、家庭农场3家。加快科技兴农步伐，创建农业科技试验示范基地3个。

推进海洋经济发展，开展水产养殖大棚农业商业保险试点，新增养殖尾水处理示范点4个，完成水产养殖无公害基地和产品认证申报1家，复查换证3家，4家水产健康养殖示范场顺利通过省级验收。深化与浙江万里学院的校镇合作，“长街味道”品牌进一步打造。

完成农村土地承包经营权确权登记颁证工作，全市助农增收科技下乡活动和全市农机事故应急演练等现场会在长街镇召开。

现代服务业加快发展。全年完成“个转企”10家，新增各类市场主体207家，同比增长40.1%。深入实施农贸市场改造提升三年攻坚行动，新增一星级及以上文明规范农贸市场2家，省放心农贸市场1家。大力推进信息消费和现代物流，全镇累计建设移动基站110个，基本实现移动网络全覆盖，快递业务量同比增长10%。以伍山石窟为代表的特色旅游发展态势良好，全年接待游客约16万人次。长街蛏子节、山头灯人节、西岙抬龙节、对岙涧知青文化节等农事节庆影响力扩大，岳井铭记碑、张仓水屯兵遗址等红色资源众多，港中村蛏子馆建成、青珠文旅综合体项目启动，旅游对外吸引力显著增强。成功举办一湾三县六镇合作发展主题论坛、“大长街·新机遇”乡贤代表座谈会和新乡贤助力长街发展宁波座谈会，赴宁海上海商会年会推介长街镇乡村振兴项目。

【村镇建设】 坚持规划引领，统筹城乡建设，镇村面貌明显改善。统筹推进城乡建设和环境保护，切实提升群众居住环境，全力打造全域生态“大花园”。

基础设施日益完善。扎实推进项目建设，投资2783万元的长街供电保障提升工程完成配网建设，全长8.1千米的西片区供水管网二期投入运行，东部沿海防洪排涝工程3座水闸加快建设，小城镇综合开发二期、人防疏散基地等项目有序推进，卫生院扩建改造、敬老院迁建工程主体完工。加快完善交通路网，建设农村联网公路3.6千米，完成学府路路面改造工程，三门湾大桥及接线工程建成通车，岳井洋大桥及接线工程通过工可评审，2020年海防执勤联网道路工程完成立项。

大力开展美丽乡村建设，加快打造滨海田园精品线，新建美丽宜居示范村1个、美丽乡村特色精品村1个、美丽乡村合格村2个、新时代美丽乡村达标村5个，创成省首批农村引领型社区1个，省“一村万树”示范村5个，建成A级景区村庄4个，入围省首批AAA级景区镇公示名单。

镇村管理有序推进。全力深化“三改一拆”和“大棚房”清理整治，完成“三改”6.75万平方米，完成全年任务的1227.3%，拆除违法建筑10.98万平方米，完成全年任务的274.5%，拆、改完成率均居全县前列。加快推进城乡危旧房整治，开展“两路两侧”“四边三化”专项整治行动，完成问题点位整改45个。切实提高农村个人建房规划审批效率，完成个人用地审批609户，有序推进农村宅基地及房屋确权登记发证工作，完成全年任务的101.2%。

持续深化畜禽养殖污染整治、一打三整治等专项行动，“幼鱼资源保护战”“伏休成果保卫战”和“禁用渔具剿灭战”成效显著。严格落实定人联船和应休渔船监管，完成渔船更新改造11艘。环境治理卓有成效。深入推进“五水共治”，深化入河、入海排污口整治，加快雨污分流和截污纳管改造，全年完成河道清淤20.8万立方米。大力推进农村生活污水治理，34个项目村生活污水处理工程全面竣工，运维移交率居全县第一梯队。

扎实推进农村生活垃圾分类处置，整体工作走在全县前列。深入实施公共厕所增量提质工程，提升改造农村公厕17座。有效巩固小城镇环境综合整治成果，加快美丽庭院创建，集镇面貌焕然一新。

【社会事业】 坚持以人为本，发展社会事业，民生福祉持续增进。从解决群众普遍关心的新老问题入手，切实抓好保障和改善民生工作，不断提高群众的获得感和幸福感。民生保障更加有力。扎实推进就业培训和创业服务，帮助重点人群就业。稳步推进社会保障参保扩面，城乡居民基本养老、基本医疗保险参保率分别达97.6%、99.5%，加快实行城乡居民基本医疗保险费

10月17日，长街镇“不忘初心、牢记使命”主题教育专题党课

用征缴“代扣代缴”试点工作，进一步提高入保效率。持续完善社会救助制度，加大困难群众、残疾人等弱势群体帮扶力度，发放各类保障金1788万元、各项救助金95.95万元，受益群众达3061户。积极推进老年人意外伤害保险参保工作，全镇60周岁以上参保人数达1.38万人次。

深度推进精准扶贫，投入资金250万元，全力做好与贵州晴隆、新疆库车、丽水景宁的乡镇或村结对帮扶工作。有效促进镇内低收入农户增收，加快发展连浦、大祝、新城等村的壮大集体经济项目，积极开展“村企结对”，所有村集体经济收入达30万元以上。大力支持公益和慈善事业发展，加强留守儿童、妇女和老年人关爱服务，积极开展“慈善一日捐”活动，全年募集资金76.5万元。

高度重视优抚安置，强化退役军人帮扶，实现村级退役军人服务站全覆盖，加强国防动员建设，圆满完成征兵任务。

社会事业全面发展。坚持教育优先发展，加大教育投入力度，投资1010万元的中心小学食宿楼和风雨操场工程建成使用，投资460万元的伍山小学教学楼工程全面完工，推进第二幼儿园选址工作，成人学校“南湾农创空间”项目获评全市成人教育服务乡村振兴创新项目。完善医疗卫生服务体系，开展“双下沉两提升”活动，推进爱国卫生运动，新增省级卫生村3个、市级卫生村5个、县级卫生村2个，完成4个县级卫生村复查。加强食品安全监管，深化食品安全网格化管理，提升改造农村家宴中心厨房3家。加大信贷支农力度，全年投放支农贷款9532万元，同比增长59.2%。

推进文体事业发展，新建提升农村文化礼堂16家，举办“百姓大舞台”21场，开展文化送戏下乡9场，创建青珠村乡愁记忆馆，完成西岙村艺术振兴乡村工作，总浦塘村顺利通过县级小康体育提升工程验收，港中村、南塘村建成中心村体育休闲公园，积极参加全县第二届乡村振兴运动会，推进全民健身运动，老体协工作荣获全县考核第一名。

推进文明创建活动，“美丽乡愁”文明示范线开线，圆满完成省级文明县创建迎检任务。深化移风易俗，整治陈规陋习，推动社会风气持续向善向好。社会治理取得成效。持续深化系列平安创建，加大平安宣传和平安三率调查，加强流动人员“三点一证”管理，开展扫黑除恶专项行动，全力消除治安隐患。全面推广“宁海村民e点通”，注册激活量达2.3万户，不断提升基层治理现代化水平。

着力夯实基层法治，干部遵纪守法、行政机关执法、法治建设成效等满意度全县排名前列。深入开展“无欠薪”行动，调解各类欠薪案件115起，涉案金额达260万元。创新建立矛盾纠纷排查化解机制，获评全省劳动纠纷多元化解机制建设成效显著单位和全市成绩突出人民调解委员会。有力推进信访、“三访七责”工作制度实施，重点加强镇级信访接待、初信初访等化解工作，有效化解一批信访积案，群众来访总量较2018年同期下降12.5%，顺利完成全国两会、70周年大庆等重要节点的安保维稳任务。

全面推进宗教和民间信仰事务网格化管理，创新“五人驻管”模式，成功承办全市基层宗教事务管理现场会。严格落实安全生产责任制，全面推进安全生产和消防安全“四大会战”百日攻坚行动，累计排查经营单位3340余家，整改问题1150个，拆除26处违章建筑共计1.46万平方米，开展全员安全教育培训190余场次。健全完善社会治安防控体系，大力推进“雪亮工程”，确保社会和谐稳定。

【一方名人】 汪永琪，长街镇大湖

12月31日，长街镇青珠文旅综合体暨乡贤馆、文昌阁、苏东天艺术馆项目启动

村人，宁波市奇精机械有限公司董事长兼总经理。公司自1998年开始连续被评为县“实力型企业”。2019年，公司职工近2100人，不但解决一大批本地居民的就业问题，同时也吸引众多的外来人才。由于公司规模不断扩大，还同时带动县内长街、梅林、黄坛等地近10家下游配套企业的发展。

冯全宏，长街镇连浦村人，浙江围海控股集团有限公司董事长。曾获得全国优秀施工企业家、全国优秀水利企业家、浙江省劳动模范、浙江省优秀共产党员、中华人民共和国成立60周年60位为宁波建设做出突出贡献的先进模范人物、2010杰出甬商奖等荣誉称号。

力洋镇

【概况】 地处县境中部偏东，以驻地力洋得名，距县人民政府东18.6千米。东与长街镇、胡陈乡毗邻，东南临胡陈港，与长街镇隔港相望，南向三门湾，与象山县交界。西与茶院乡、桥头胡街道相接，北越茶山与大佳何镇临界。地势北高南低。北部有茶山盘亘，山峦起伏叠嶂。山环水绕，独特的地理环境和湿润性季风气候条件孕育力洋丰富的水资源。力洋溪、西仓溪穿镇而过，另有毛屿港、胡陈港两大河港东西依偎，全镇有大小水库69只。辖区东西最大距离7千米，南北最大距离26.69千米，面积160.31平方千米。辖18个行政村53个自然村、1个居委会、1个社区。

自宋代起至民国隶属朱开乡，民国23年（1934）隶属长亭区，民国36年（1947）年底，属儒雅乡。1949年7月，隶属东区。1951年分属沥洋、西仓、古渡、前横乡，1956年，沥洋、西仓合并称沥洋乡；古渡、前横合并称古渡乡。1958年属沥洋人民公社。1961年分立沥洋公社、古渡公社、前横公社。1962年经省人民政府批准，沥洋改作力洋。1983年改力洋乡、古渡乡、前横乡。1984年置力洋镇。1992年全市进行撤区扩镇并乡，古渡乡并入力洋镇。前横乡与青珠乡、山头乡置明港镇，2004年8月，将原明港镇的区域以胡陈港中心自然界线划分，分别与原长街镇、力洋镇的区域组建新的长街镇、力洋镇。

2019年，总体经济平稳增长、城乡环境持续改善、社会民生不断提质的良好局面，全年生产总值15.9亿元；公共财政预算收入11807万元；农村居民人均可支配收入33487元。较好完成镇十七届人大第三次会议确定的目标任务。

【工业经济】 全力开展“五问五帮”、靶向推进“三服务”，工业经济持续高质量发展，全镇工业总产值16亿元，规模以上企业增加1家，规模以上企业工业总产值达11亿元。完成固定资产投资2.5亿元，其中工业投资1亿元。乡亲浓脱水蔬菜、卡依之水果罐头等一批工业投资项目顺利开工，建林模具、宁东商混预制件、海格威液压软管等5个存续项目全面完成，其中迈拓斯五轴龙门铣、昌成双主轴六轴铣钻复合机床入选省装备制造业重点领域首台（套）产品。招商引资稳步推进，完成省外内资1.5亿元，市外内资2亿元，县外内资2.5亿元，实到外资0.6亿元。全年实现进出口总额7.9亿元，同比增长23.7%，其中出口6.7亿元，同比增长21%。

【农业经济】 强化土地供给，落实耕地占补平衡职责，持续推进垦造万亩耕地工程，完成文正、盖仓等村共计319亩造地任务，完成指标的106%

大力开展建设用地复垦，盖仓、古渡等村新增耕地24.46亩。

全面完成省、市两级公益林完善落界工作，重新核定前横、岭峧等村公益林面积48471亩。活化土地资源，新增土地流转520亩，全镇土地流转总面积达9600亩。

推进转型升级，打造设施农业基地4家，农林牧示范基地3家，农业产业化技改项目3个。

持续发挥“沥阳红”品牌效应，继续扩大红美人、由良等优质柑橘品种种植面积，完成投资3000万的柑橘产业转型提升项目立项及设计工作。强化产业发展，牵手南京农业大学成功打造占地百亩全市最大的海头村菊花精品博览园，真正形成“观赏卖门票——现场卖鲜花——加工卖皇菊”的菊花产业链，产生效益可达100万元；

【项目建设】 全力推进双盘三山涂围垦工程政策处理，对已政策处理的海涂区域的违规挖塘等现象进行全面整治，累计清理新增养殖塘200余亩。

顺利完成盛宁线改建工程涉及海屿村10余户的拆迁安置工作。稳妥推进二干渠、百丈塘区块土地征收及后续工作，完成二干渠区块文正、古渡村合计约2050亩土地的地上附着物兑现及清表工作，东园村约750亩土地征收和附着物兑现工作；完成百丈塘区块涉及大塘、海楼渔、力洋等村的土地征收工作总计550亩。

解决民生实事项目历史遗留问题，林屿山公园、力胡线至创业路一期工程完成政策处理并开工建设。

1月29日，县文联送欢乐进乡村

【城乡建设】 基础设施不断完善。创建四好农村公路示范乡镇，完成百丈塘至下跳山农村道路提升改造工程，纵深推进“两横两纵”精品线提升，西仓线环境整治提升工程全面完工，力胡线、沿海南线环境整治提升工程稳步推进。切实保障农村用水，深入推进农民饮用水达标提标工程，对镇岭峧、路下施等村共14个水站进行撤并和标准化改建，至年底完成招投标工作。农田水利设施管理维护持续开展，完成路下施山岗塘水库下游渠道、双源坑山塘上坝道路、前横村淡水闸门以及海头东坑堰坝。污水处理工程持续推进，实现污水处理行政村全覆盖，成功通过“污水零直排区”市级复验。农村体育设施不断提升，成功创建东园、小青、田交朱等村的体育休闲公园项目。

巩固小城镇创建成果，常态化开展镇区道乱占、摊乱摆、车乱停等整治工作，小城镇综合整治回头看督查名列前茅。持续推进国卫创建，网格化开展环境卫生交叉检查，顺利通过浙江省爱卫办暗访。全力配合省文明县创建工作，大力营造文明氛围，全体镇村干部加班加点，持续开展环境整治，完成环境卫生脏乱差整改43处。全面推广垃圾分类，投入200余万元专项资金，在各行政村配齐垃圾分类桶等硬件设施，并持续开展垃圾分类培训进村进户，通过定点投放、上门收集、统一外包等方式，逐步实现垃圾分类全覆盖。大力推进农村宅基地及住房确权登记发证，完成全镇12100余处农房的外业数据采集及年度登簿2000宗的指标任务。

乡村振兴规划先行，完成大塘自然村、海屿村、力洋孔村等村庄规划评审，实现村庄规划全覆盖。扮靓美丽乡村，东园村、小青村、路下施村分别成功创建美丽乡村合格村、示范村、精品村，力洋孔村成功创建市级美丽宜居示范村。拓展全域旅游，小青村、力洋孔村成功创建AA级景区村庄，力洋村、路下施村成功创建A级景区村庄。提升文明创建，新建“非遗”剪纸馆、乡村书吧、荣誉室、雪野及包崇来好人工作室，成功创建“诗风菊韵”文明示范线，线上海头村成功创建市级文明村。

10月10日，力洋镇开展乡村振兴运动会

【社会民生】 有序推进精准扶贫。按照晴隆扶贫结对任务，完成农特产品“五进”消费扶贫160万余元及精准扶贫资金104万元

继续推广力洋“六法”，提前

1个月完成本年度壮大村级集体经济目标任务。

持续开展助残济困，通过“慈善一日捐”收到86万元慈善捐款，全年共发放各类救助资金1100余万元。

社保任务全面完成，全年养老保险扩面2759人，参保率达98.29%，城乡居民医疗保险参保2.2万人，参保率达99.5%。

养老品质精益求精，完成力洋敬老院新宿舍楼建设工程，探索社会化运营模式，通过公开招投标成功引入北京益年科技有限公司，打造区域性居家养老服务中心。

强化双拥共建，发放“光荣之家”1172户，覆盖全镇退伍军人，足额发放退役士兵老年生活补助金、重点优抚对象优待金等共计211万元。

关注就业创业，联合宁波南部滨海新区开展公开招聘，近110余人在现场与企业达成初步意向，通过办理创业贷款扶持劳动者新增创业12户。

【教育事业】 力洋成校老年大学创立书法、剪纸、戏曲等班级，举办活动110余期，“班班有成效，人人有绝活”，不断营造终生学习氛围。节庆活动丰富多彩，成功举办中国（盖苍山）童诗节、菊花文化节、柑橘庆丰节等系列节庆活动，其中中国（盖苍山）童诗节吸引全国各地400余位语文教师前来参加，提升力洋文化影响力。

文化底蕴充分挖掘，示范性开展“艺术家驻村行动”，联合驻村艺术家雪野大力开展“说力洋、读力洋、画力洋、写力洋”系列活动，成立力洋文学工作者协会，编制乡村故事汇《沥水流芳》，组建力洋“小狮子”舞狮队，传承力洋文化内涵。文化礼堂规范化运行，新建盖仓、平岩、文正村3个文化礼堂，提升力洋村文化礼堂，全年举办“百姓大舞台”、送戏下乡等文艺演出28场，宣讲、帮扶、咨询等各类活动200余次。

10月18日，驻村艺术家雪野联合力洋镇召开童诗节

【平安建设】 大力推进“扫黑除恶”专项行动，查处涉黑涉恶案件3起，圆满完成“保平安、迎大庆”等重大安保任务。调处各类矛盾纠纷106起，受理办结各类信访案件162件，积极稳妥处置海静食品、振宁牧业企业破产工作，无因信访问题引发极端恶性事件与舆论负面炒作。深化网格队伍建设，对原网格进行整合重组，精简至35个，进一步提升e宁波平台作用发挥，一年来上报各类事件10430件。全力打好安全生产及消防安全“四大会战”，做到全面排摸、厘清底数，全行业排查累计1839家，安全生产及消防安全培训共63期、4862人次。

【自身建设】 政治建设进一步深化。牢固树立“四个意识”，坚定“四个自信”，坚决做到“两个维护”，深入开展“不忘初心、牢记使命”主题教育，在学习教育的基础上，结合政府工作内容抓好调查研究、检视问题、落实整改，持续推进“六争攻坚”，对标开展“三服务”，有效提升政府工作力度和服务效能。

能力建设进一步强化。在国卫创建、垃圾分类、创城迎检、安全生产等中心工作中通过联片责任制、包干区分工制，协调合作，进一步提升执政效力。敢于任用年轻干部，新提拔3名“90后”中层干部，进一步激发执政活力。落实“基层减负年”要求，精简会议数量，大力整治“形式主义”，进一步释放行政效能。

法治建设进一步细化。强化政务公开透明和规范化运作，依法推行政府信息公开，努力打造阳光型政府。自觉接受人大的工作监督，严格执行镇人大主席团决议，完善政府议事、民主决策等制度，全面落实镇实事工程项目人大代表票决制，认真负责办理人大代表建议13件。

1月4日，力洋镇十四届四次党代会

表19　　力洋镇2019年基本情况表

指标名称	计量单位	数　量
一、基本情况	—	—
行政区域面积	公顷	14740
居民委员会个数	个	2
村民委员会个数	个	18
二、人口与就业	—	—
常住户数	户	14806
常住人口	人	39693
户籍人口	户	14456
其中：农业户籍人口	人	38726
第一产业从业人员	人	8945
第二产业从业人员	人	4900
第三产业从业人员	人	1350
外来从业人员数	人	1200
三、财政收支	—	—
公共财政收入	万元	11807
企业实交税金	万元	11807
公共财政支出	万元	11810
年末债务总额	万元	—

续表19

指标名称	计量单位	数　量
四、农业	—	—
耕地面积	公顷	1877.3
设施农业占地面积	公顷	55
有效灌溉面积	公顷	1183
农作物播种面积	公顷	3459.3
其中：粮食作物播种面积	公顷	2138.3
农业技术服务机构个数	个	1
农业技术服务机构从业人员数	人	6
农民合作社个数	个	126
农民合作社成员数	户	800
耕地流转面积	公顷	890
种植大户数	户	21
畜禽养殖大户数	户	18
五、乡镇机构	—	—
财政供给人数	人	87
1. 公务员	人	40
2. 事业编制	人	33
3. 其他人员	人	14
财政供给人员全年工资总额	万元	1765.59
六、工业及建筑业	—	—
工业企业单位数	个	180
其中：规模以上工业	个	17
工业总产值	万元	154934
其中：规模以上工业	万元	99861
工业企业从业人员数	人	5812
七、贸易及餐饮	—	—
社会消费品零售总额	万元	13560
其中：限额以上社会消费品零售总额	万元	0
市场个数	个	1
50平方米以上的超市个数	个	4

续表19

指标名称	计量单位	数　量
住宿餐饮业企业个数	个	10
八、教育、文化、卫生	—	—
小学数	所	4
小学专任教师数	个	60
幼儿园、托儿所个数	个	4
图书馆、文化站个数	个	1
剧场、影剧院个数	个	0
体育场馆个数	个	0
医疗卫生机构个数	所	19
医疗卫生机构床位数	床	25
执业（助理）医师数	人	46
九、社会保障	—	—
各种社会福利收养性单位数	个	1
各种社会福利收养性单位床位数	床	150
各种社会福利收养性单位收养人数	人	68
新型农村合作医疗参保人数	人	20688
新型农村社会养老保险参保人数	人	17007
农村居民最低生活保障人数	人	677
十、公用事业	—	—
自来水用水户数	户	14102
燃气用气户数	户	0
金融机构网点数	个	4
公园及休闲健身广场个数	个	59
十一、城镇基本情况	—	—
城镇规划区面积	公顷	290
城镇建成区面积	公顷	290
城镇建成区总户数	户	3305
城镇建成区总人口	人	7371
城镇建成区绿化面积	公顷	24

一市镇

【概况】 位于县境南部，镇人民政府驻一市，距县人民政府东南11.1千米。东濒胡陈港，南与旗门港相毗，西连三门县沙柳镇，北邻跃龙街道和越溪乡，西北连前童镇。面积160平方千米。辖1个居委会、21个村委会，有69个自然村。

自宋代起至民国为永康乡，民国23年（1934）隶属海游区，民国36年（1947）年底隶属旗门乡。1949年7月，隶属西南区。1951年隶属一市区，辖区分官岭、前岙、岭头、东岙、武岙、金板乡。1956年官岭、前岙、岭头三乡合并称官岭乡，东岙、武岙、金板乡合并称东岙乡。1958年属一市人民公社、旗门人民公社。1961年分出成立官岭公社、东岙公社。1981年，由于东岙与邻县重名改称旗门公社。1983年改官岭乡、旗门乡。1990年撤官岭乡，置一市镇。1992年全市进行撤区扩镇并乡，旗门乡并入一市镇。

2019年全镇实现地区生产总值21.3亿元，增长7.2%；财政一般公共预算收入5482万元，增长2.89%，较好完成镇第十五届人民代表大会第三次会议确定的目标任务。

【经济建设】 全力以赴调结构。农业经济不断优化升级。“宁海白”枇杷获国家农产品地理标志认证，并列入市地理标志农产品保护工程项目。在天一广场举办第十二届宁海白枇杷节启动仪式，“宁海白”枇杷宣传“乘数效应”不断放大。坚持推进“互联网+”，电商物流叠加效应不断凸显、网销比例不断扩大，销售半径不断延伸。农业产业化进展顺利，华大海昌水产科技公司、海山丰水产专业合作社通过国家级水产健康养殖示范场验收。斌渊水产养殖等3家公司通过农业部健康养殖示范场验收。宏良水产养殖等3家有限公司通过省级水产健康养殖示范场验收。茂林水产科技有限公司、闻涛水产养殖场通过省级高品质绿色科技示范基地验收。累计18家合作社、企业完成无公害农产品认证。集体经济进一步壮大，全面通过县消薄提升工作考核。

经济运行总体平稳。全镇全年实现规上企业工业总产值4.68亿元；完成有效投资1.95亿元，同比增长286.6%；积极开展招商引资，引进内资浙商回归资金1.67亿元，市外资金1.73亿元，县外资金1.73亿元。艾美卫信新型细菌性疫苗产业化项目Ⅰ期、宁海大坪山森林康养度假基地、“日出东海”旅游度假区等三个项目落户一市。

【城乡建设】 坚持生态优先、绿色发展，以更大力度保护和改善生态环境，加快建设生态宜居城镇。

全面推进居民集聚区和镇区内企业的雨污分流改造工程，推进饮用水源隐患以及畜禽和农村生活污水整治工作，全镇21个行政村农村生活污水整治率达81%，“污水零直排区”完成市级复验，镇域内水环境质量不断得到全面提升。

垃圾分类工作实现全链条提升、全方位覆盖、全域全员参与。实施餐饮企业油烟排放过滤，全年空气质量均达良好以上。全面完成中央和省环保督察问题反馈整改落实。

集镇面貌不断焕新。全面实施美化、洁化、亮化、序化工程，狠抓镇区精细化管理。通过镇区保洁外包，路长制、网格化长效管理，镇容环境持续改善。

启动城镇更新设计方案，进一步优化集镇空间布局，为历史遗留问题解决预留空间。进一步深化“无违建”创建行动。“三改一拆”“两路两侧”工作持续发力，拆除各类地块、建筑等约2.6万平方米，整改两路两侧问题点位15处，完成县年度考核任务的130.7%。强力推进“大棚房”专项整治工作，完成4个大棚房整治，复垦面积5.08亩。

基建短板不断补齐。快速推进228国道前岙支线政策处理，投资120万元的削壁岭至露天坪公路改造提升完成。投资711万元的西山王至道岸头农村道路工程完成招标，可进场施工。一市港防汛道路工程完成前期立项。投资100万元实施建设用地复垦，投资600余万元实施4000余亩高标准农田改造，投资3800万元实施2400余亩垦造耕地工程。

全面推进厕所革命，完成3座公厕提升改造，累计改造提升54座。大水管网牛台线Ⅰ期、Ⅱ期工程总体进展顺利，东岙、西刘、孙家等村“一户一表”改造工程有序推进。

大力推进农村饮用水达标提质工程，对全镇各村蓄水池、过滤器进行全方位消毒和处理。委托第三方对全镇低保户、低保边缘户、特困残疾人存量危房进行排查，完成第二轮农村危房拆除36户，其中困难户1户。全面完成土地确权登记工作，完成第一阶段2300户农房确权登记工作年度任务。

大力实施“美丽家园”工程，推进美丽乡村建设。加快镇村规划编制，深入开展农村人居环境整治，加强乡村风貌保护和引导。全力开展保存量建设用地，通过土地“三调”工作，挖掘可调潜力。东岙村省级历史文化名村保护规划完成规划评审，箬岙村市级历史文化名村保护规划完成调整。山下、东岙2个村完成美丽合格村验收，推进东岙、前岙2个村环境整治提升工程。新祥、里岙、岭头3个村分别创建清洁庭院、美丽庭院，全镇清洁庭院及美丽庭院创建率分别达95%、55%以上。白岐片等5个村串联的“海洋风情”文明示范线开线。

【社会事业】 坚持强化保障惠民生，公共服务不断新优化。全镇户籍人员城乡居民医疗保险参保率持续提升，全年参保13015人，参保率99.5%。养老保险扩面参保2253人，参保98%以上（县级核定）。积极开展低保专项整治行动和残疾人两项补贴调查，救助信息平台日趋完善，全年共发放低保金319.1万元、残疾人补助220.5万元、临时救助和大病救助18万元，发放高龄津贴128万元。大力推进慈善一日捐活动，募集善款再创新高。

教育事业提质发展。4名学子被宁海中学录取，被知恩中学录取3人，较高质量完成教学任务。一市成校获得“浙江省优秀品牌项目培训基地”“浙江省标准化成人学校”“宁波市标准化老年大学A档”“宁波市教育教学突出成果一等奖”等荣誉，并获“浙江省现代化成人学校项目”立项。一市中心幼儿园获评“宁波市2017—2018年教育科研先进集体”“宁海县第二批语言文字达纲学校”，课题成果获“宁波市第十一届基础教育教学成果奖三等奖”。

进一步优化健康服务，加强重大疾病防控、重点人群服务和健康教育建设，推进全民健身，完善心理服务，全面提高人民群众健康素养。全年新出生人口173人，计生率96.5%，优生检测率100%，出生人口素质不断提高。家庭医生签约服务全面推广，完成签约人数2764人，签约率达112.7%。完成65岁以上老人健康体检1455人，两癌筛查1184人。一市、外岙2个村成功创建省级卫生村，里岙、山皇岙、武岙3个村成功创建市级卫生村，山上方、白岐、曹家、山下、东岙、前岙、新祥7个村成功创建县级卫生村，缆头村成功创建健康村，全镇卫生村创建完成率达100%。白岐村体育休闲公园建设，缆头、前岙、下洋陈3个村完成农村家宴放心厨房创建。文体事业不断繁荣进步。

进一步完善公共文化服务体系，积极开展文化惠民活动，着力繁荣文化精品创作，文化事业不断取得新发展。成功创建“宁波市语言文字规范化乡镇”。大力推进乡贤文化研讨会，举办首届褚遂良书画院院务会。创建一市镇新时代文明实践工作室和荣誉室，在缆头村举办市级新时代文明实践活动现场会。新建5个村文化礼堂，提升2个村文化礼堂。创建4所家长学校。

群众性文化活动不断丰富，举办首届厨娘厨官争霸赛，全年举办“百姓大舞台”“送戏下乡”等群体文艺活动26场，放映农村公益电影188场；创建县级文明家庭50户，最美家庭1户，赖祥福、童冬芝获评宁波好人荣誉称号。前岙村、山下村获县级姊妹护航优秀团队荣誉称号，陈素玲、叶云翠、孙安珍等人获评姊妹护航优秀个人荣誉称号。创作缆头村歌《筑梦缆头》。“一人一艺”“一村一艺”培训、村歌比赛、文化走亲、送戏下乡等文艺活动获群众好评。

平安建设不断加强。进一步深化“一中心、四个平台”建设，完善综合指挥室工作平台，配备22名全科网格员，全年开展日常走访163428次，上报事件7638件。规范和完善领导信访接待日制度，全年来共安排领导接访224次，受理承办上级转（交）办信访件189件。全力开展扫黑除恶专项斗争工作，共发放各类宣传单3000余份，在主要路口和重点位置悬挂标语60余条。开展平安宣传进村进校园、共发放各类宣传资料1.3万余件、张贴标语270份、组织专题演出17场次。顺利完成全国两会、中华人民共和国成立70周年大庆等重要时期维稳安保任务。坚持突出问题导向、目标导向、效果导向，点准穴位，精准发力，全力找问题、补短板、堵漏洞，最大限度消除事故隐患和问题，有效管控各类安全风险，全面夯实安全生产基础。全面开展安全生产和消防安全大排查大教育大整治大提升百日攻坚大会战行动，共排查生产经营单位329家，累计组织企业培训16场1330人次，实施限期整改企业7家、停产整顿78家。镇专职消防队获2019年度全县专职（义务）消防大比武团体总分第二名。积极开展征兵动员工作，超额完成征兵任务数，大学生征兵比例达100%，获市征兵先进单位荣誉称号。同时加强交通、消防、食品药品、宗教和民间信仰点等领域的安全监管，全年无重特大安全生产事故和重大刑事案件发生。

大力支持武装、工会工作，加强民族宗教、应急管理等工作，共青团、妇联、科协、老干部、关心下一代等各项工作实现新发展。

【自身建设】 坚持加强政府自身改革和建设。坚持以人为本、执政为民，更加注重从严治政、高效施政、依法行政、廉洁从政，全面建设服务政府、责任政府、法治政府、廉洁政府。政治方向进一步坚定。坚持以学懂弄通做实习近平新时代中国特色社会主义思想为第一任务，树牢“四个意识”，坚定“四个自信”，做到“两个维护”，确保政令畅通、令行禁止。进一步强化法治理念，自觉接受人大、政协和社会各界监督，高质量办理人大建议 24 件，全面推进政府信息和政务公开，法治政府建设水平不断推进。服务能力进一步提升。纵深推进“最多跑一次”改革，实现“最多跑一次”事项 50 项，优化办事流程、细化事项清单，全年窗口办件量共 16708 件，全部一次性办结。大力开展“三服务”活动，全面优化营商环境，扎实开展“五问五帮”企业服务活动，全力做好一般企业投资项目开工前审批“最多 37 天”工作。作风建设进一步深化。坚决落实中央八项规定及其实施细则精神、省市县委有关规定，集中整治形式主义、官僚主义等“四风”问题，加强行政监督和审计监督。进一步规范村级权力清单 36 条，坚决查办违法违纪案件，进一步营造风清气正干事创业的良好氛围。

【一方名村】 山上方，山上方村委会驻地，位于一市西北 4 千米望府楼山南侧，北邻水车乡，西接旗门乡，共 137 户 511 人。据该村《方氏宗谱》，明永乐初，因方孝孺罹灭族之祸，其家溪上方（在今大佳何乡）被毁，同族方克浩幸免其难，改姓为郑，匿居于此间山上。附近村民固知有方姓隐藏于此，遂称村为山藏方，后人写作山上方。至清康熙三十年（1691），村民复姓为方。山上有烽火台遗址。

山上方村景

表 20　　一市镇 2019 年基本情况表

项　　目	单　　位	数　　量
全镇区域总面积	平方千米	160
海水养殖面积	平方千米	13.3
耕地种植面积	公顷	866.7
山林面积	公顷	5000
户籍总人口	人	22838
村民委员会	个	21
居民委员会	个	1
村民小组	个	211
地区生产总值	万元	213300
第一产业产值	万元	114000
第二产业产值	万元	45800
镇财政收入	万元	5482
农民人均收入	元	36000
村集体净资产	万元	11462
村集体可用资金	万元	1175

表 21　　一市镇 2019 年规模以上企业基本情况表

单位：万元

企业名称	产　值	营业收入	利　润	税　收
宁海县人和纺织有限公司	4043.1	3802.2	57.5	104
宁海县赛跃金属制品有限公司	3967.8	3849.8	551.9	353.6
浙江雅颜生物科技有限公司	10050.3	10042.7	605.3	182.3
艾美卫信生物药业（浙江）有限公司	8808.24	6386.3	32076.5	-8.4
中广核（浙江宁海）风力发电有限公司	5881	5881	3097.5	441.8
宁波晟昌电器有限公司	1642.5	1623.7	-271.8	112.2
宁波林和电器有限公司	3970.5	3565.6	244.9	174.3
宁波海神救生设备有限公司	3088.4	3069.6	3.5	68.4
宁海强鑫五金制品有限公司	5395.3	5466.9	481	380.7

岔路镇

【概况】 位于县境西南部，镇人民政府驻岔路，以驻地得名。距县人民政府西南15千米。东北与前童镇相接，东南与桑洲镇相连，西南与天台县相邻，北与黄坛镇接壤，面积108.04平方千米，人口2.9万人。辖1个居委会、21个村委会，有109个自然村。

境内地势西北高，东南低。北端之大短柱山，海拔917.9米，为宁海县第四高峰。大红山海拔806米，柴界山海拔665米，大松山海拔655米。西部望海尖海拔868米。源于天台华顶山学堂岗北麓，于庙下坑进入境内的白溪自西北向东横贯全境，溪上建有白溪水库，为宁波市境内最大的水利工程。境内主要支流有混水溪、大松溪、干坑溪。岔路镇为宁波市1小时经济区范围，沈海高速同三线、省道甬临线穿越南北，并在高坦工业园区西侧设有互通立交口。镇道有岔路—白溪—沙田公路，岔路—桑洲岭—王爱—上李坑公路。

自宋代起至民国隶属连理乡、永康乡。民国23年（1934），隶属桑洲区。民国36年（1947）年底，包括拱西乡和登台乡。1949年7月，隶属西南区。1951年包括岔路、拱西、上金、白溪、王爱、冠峰等乡。1956年岔路、拱西、上金三乡合并为岔路乡；白溪、王爱、冠峰三乡合并为白溪乡。1958年除王爱、冠峰属岔路（东风）人民公社。1961年分出建立岔路公社、白溪公社。1983年改岔路乡、白溪乡。1992年全市进行撤区扩镇并乡，置岔路镇，同时白溪乡、王爱乡并入。辖区内有浙东山洋革命根据地纪念园、梅花村会议、上金建党纪念碑等3处市、县级革命传统教育基地。

2019年，规上工业产值、固定资产投资分别同比增长10.2%、21.4%，实到外资和税收再次突破千万美元和亿元大关，达到1172万美元和1.16亿元，均为历史最高，双底线考核绿灯数近三年最多，圆满完成镇十七届三次会议提出的各项目标任务。

【重点工作】 宁波市委办公厅公布第十一批市级爱国主义教育基地，岔路镇梅花村会议纪念馆榜上有名。这也是该纪念馆继获评宁波市党员教育示范基地暨红色基地、宁波市中共党史教育基地之后斩获的又一市级荣誉。梅花村会议遗址位于岔路镇白岭根村葛希曾家。陈列室有副总理、国防部部长张爱萍题的“梅花村会议纪念馆”，还有李泽民、铁瑛、葛洪升、王家扬、袁光华、罗睛涛等的题字。白岭根村地处宁海西南区，距县城20余千米，系丘陵平原，介于前童镇和桑洲镇之间，南接三门县，西临天台，村后依六琴岗，白溪在村前回流，是青梅产地之一。岔路镇正在谋划串联梅花村会议纪念馆、上金县委、县政府诞生地旧址、干坑西南农会旧址与山洋革命根据地等优质红色元素，打造爱国主义教育主题旅游线路。

推动“葛洪养生小镇”提档升级，成功列入市级特色小镇第四批创建名单。

创建省级森林城镇，入围全省百个避暑气候胜地，生态优势进一步彰显。

承办全国法治乡村建设工作会议，村级小微权力36条发源地品牌声名远扬。

创建美丽乡村，下畈村获评全国乡村治理示范村、省生态文化基地，入选全国“千村万寨展新颜”展示活动。天河村获评中国最美村镇——生态宜居成就奖。湖头村荣获省级高标准农村生活垃圾示范村称号。梅花村、山洋村分别荣获宁波市第十一批爱国主义教育基地和市级党员教育示范基地称号。

登革热疫情防疫攻坚战。举一反三、以点带面，打响“打破瓶瓶罐罐、消除‘四害’孳生地”的全民战争，成功创建2个省级卫生村、5个市级卫生村。

保障白溪水库实施高水位、高强度泄洪，战胜50年来致灾强度最大的“利奇马”台风；争取并及时投入水利、道路设施的修复和物资储备等资金超千万元，进一步筑牢应急、抢险、救灾防线。

配合市、县争取水源地保护区范围调整，以白沙线为界的一、二级保护区划分方案已报省政府，在一定程度上保障库区民生发展需求。

【工业经济】 常态化开展“五问五帮”企业服务活动，切实解决企业在指标保障、环评申报、安全生产、招工用工等困难，为企业发展创造良好营商环境。全年完成工业总产值17.2亿元，规上工业产值11.30亿元，高新技术产业产值4.25亿元，同比分别增长6.2%、10.2%、10.4%；入围全县出口百强企业3家，新增规上企业2家。

服务本地企业成效明显，工业投资总量5380万元。前风振业零土地技改项目建成，引进美国百年重工企业安施德工业集团斥资近3000万元对克拉克进行跨境并购，华英伦、康美等一批重点企业土地要素问题正在逐步解决。

【农业经济】 岔路黑猪成功“回家”，省级种质资源基地开工建设，活猪和猪肉双双获得国家地理标志证明商标；赤岩峰黑茶和柯仙牌山茶油走进英联邦国家大使馆，柯仙牌山茶油成为国内唯一“英联邦北京协会”指定餐饮食用油，赤岩峰黑茶成为全市唯一国家定点边销茶；王爱金桃节进军南塘老街，岔路金桃让市区人民大饱口福。新获评示范性家庭农场省级2家、市级1家。

【乡村建设】 实施全域旅游“1515”计划，投入民宿经济补助资金29.8万元，新建A级景区村庄5个、景观小品80余个，霞客古道二期完工，梅花村、枫湖庐分别获评AAA级景区村庄、省级银宿。文化节庆、民宿经济、特色餐饮融合互促，首次试水与央视联合，成功举办第四届葛洪文化节，千人养生宴深受广大市民好评，龙舟赛、米筒节、农耕节呐喊助威，宁波常孝公司与天河民宿促进会共建康养民宿村、开通“避暑直通车”，推动天河民宿经济持续回暖向好，仙溪酒楼、运通饭店、三夸麦饼、忆苦思甜餐厅等特色餐饮经营火爆。

推进一批重大项目，全年固定资产投资3.7亿元。上金国际商业文化旅游区加快推进，累计投资达10亿元，游客服务中心主体完工，中国梦广场建成，灯光水秀完成验收，绿化景观精彩纷呈，一期主景区基本成型。世纪繁荣爱朋思置业养生住宅区项目地下一层开挖过半。宁海南出口和313省道一期基本完工，二期政策处理再次启动，甬临线绿化提升工程完工，甬临线岔路桐洲至桑洲麻岙岭改道工程推进。此外，山塘水库除险加固、高标准农田改造、农田垦造、农村联

10月24日，中国中医科学院专家到岔路考察

网公路建设等项目有序实施。

促成一批发展平台。与科技园区联合成立宁海枫湖小微企业园发展平台，污水管网、规划调整等工作有序开展，停滞多年的宁西园区发展有新进展。小城镇综合整治红利显现，老粮站地块以1320万元、65%的溢价成功出让，迎宾大道北、岔路派出所南、桐洲、上金国际商业街等地块前期不断深化，使得城镇发展有内源性增长动力。

拓展招商平台。江家湾水资源开发公司实现以县旅投控股的股份并购，积极对接省市县自然资源部门，地热资源探矿权出让前期准备工作就绪，浙东大峡谷下游开发迎来新的机遇。

推进壮大村级集体经济试点，争取到11亩预留指标和1040万元市级专项资金，开工建设近1万平方米标准厂房，将有效解决13个薄弱村的持续增收问题。

解决遗留问题。组建工作专班重启停滞5年的大岩下山移民小区分房工作，花费近半年时间进行前期调研酝酿、政策完善，一期移民房款收缴、二期分房工作稳妥推进，及时控制遗留问题长时间不收官所带来的财务成本持续扩大和各类不稳定风险。坚持法律、行政、市场多措并举，理顺镇政府、施工单位、业主单位和老百姓关系，切实拔掉一批阻碍项目建设的“钉子户”，实质性开工建设交工养护站搬迁工程，重启搁置6年的宁西水厂正大门道路建设。

【社会事业】 加大教育扶持力度，全年发放“葛洪奖教奖学金”和助学助教资金近百万元，推动湖头乡贤成立“枫湖教育基金”，岔路中学中考成绩连续七年名列农村初中前列，岔路小学创客教育品牌不断升级，机器人团队获浙江赛区公开赛冠军。

优化提升文体事业，积极开辟“红色初心”文明示范线，完成宣传阵地整合和5个村的“清洁、美丽、乡愁”庭院创建，新建提升文化礼堂6个，圆满完成全省文化礼堂建设现场会。首创实施“新村民”计划，率先开展艺术振兴乡村

12 月 15 日，莲花落重返百姓大舞台

行动，与驻湖头村著名编剧、制片人鲁岐合作推进《神医大道》影视创作，引进《东方时空》原制片主任入驻下畈，常年举办义务书画培训，推动宁波大学潘天寿艺术学院进驻梅花村实施红色景观设计改造。公共卫生考核连续多年名列全县前茅，语言文字规范化乡镇成功创建，乡村振兴运动会、山地越野赛等赛事活动顺利举办，代表全县参加宁波市舞龙、龙舟赛获得多项大奖。

完善社会保障，出台招工奖励办法，举办“新春招聘会”等专场招聘会，推动群众就近就地创业就业，城乡居民医疗保险参保率达 99.51%，社会养老保险扩面参保率达 98.2%，新增失土农民养老保险 93 人，全年发放各类救助资金、低保金、高龄津贴 1700 万元。此外，社会各界密切关注的区域性居家养老服务中心开门营业，泉峰外柴地裂治理工程竣工验收，农房确权权证发放和 ETC 推广安装均超额完成县里任务。几届人大代表关注的王爱片群众吃水问题，得到县委、县政府的高度重视和县人大、政协的高度关注，最终形成“冷饭坑引水+丫杈湾调蓄+片区水站处理+定额免费、超额收费”的组合方案，成为县委书记的“暖心工程”有序推进。

深化环境整治。“蓝天、碧水、净土”保卫战深入开展，垃圾分类全域推进，“两路两侧”“四边三化”行动有力，专项整治乱搭建点位 50 个，“三改一拆”完成年度拆违任务的 198%，拆后利用率达 95.8%。

深化“五水共治”，白坑治理、枫湖整治和后门溪改造工程顺利启动，上畈水环境整治及白溪渠道维修工程完成验收。柴家、祥里等村生活污水已纳入前童污水处理终端，镇区生活污水完成截污纳管准备，7 个污水治理项目通过验收。

推进四大会战。坚决吸取梅林“9·29”火灾事故教训，以铁的手腕、铁的纪律、铁的作风，召开会商会 10 余次、排查产经营单位 1578 家、组织培训 8382 人次、整改隐患点 1336 处，实施停水停电 17 家次，拆出消防通道和逃生通道超万平方米，停产整顿低小散企业 12 家，关闭取缔 3 家。

社会治理成效明显。持续开展信访积案化解百日攻坚，以信访代办制度促进矛盾纠纷就地处置，有效化解历史积案 14 件。依托“一中心四平台”，完善“一体两翼”工作机制，完成“雪亮工程”建设。发动社会力量推进群防群治，阳光公益服务社获评 4A 级公益组织，娄逢理入选浙江省道德模范；岔路派出所以“阳光义警”实现警民共治，持续深化扫黑除恶专项斗争，获评省“枫桥式公安派出所”称号，全镇治安刑事案件发案率明显下降。

【自身建设】 坚持以习近平新时代中国特色社会主义思想武装头脑、统领政府各项工作；以坚定的政治立场落实中央和省、市、县委决策部署，特别是认真落实中央环保督察要求，统筹处置各类风险，坚决推进“大棚房”、违建别墅清查整治。

深化“最多跑一次”改革，完善便民服务中心设置及网上办事大厅功能。不断强化以法治思维、法治方式解决问题、推进工作，特别是体现在合同管理、治危拆违等社会治理中，以及要求政府班子成员习惯在法律框架下开展工作，全年主动公开政府信息 288 件，依申请公开政府信息 3 例，领导班子成员依法行政指数年度公众测评位居 18 个乡镇首位。

完成政府系统机构改革，做好人事编制调整，妥善处置高龄森林防火人员 8 名。创新探索网格员专职化、村级监察联络员等基层队伍建设，理顺基层治理体系，减少财政支出同时提高网格员人均薪酬。

深入推进政府系统党风廉政建

设和反腐败斗争，牢固树立过“紧日子”的思想，“三公”经费较上年减少5.3%。自觉接受镇人大和社会各界监督，支持镇纪委履行监督职能。高效率完成县委巡察各项整改任务，主动配合做好履行自然资源资产管理和生态环境保护责任审计工作，严格践行村级小微权力清单“36条”，严肃查办各类违法违纪案件，加快推进清廉村居、清廉岔路建设。

1月8日，全城共读半小时现场

【一方名村】 岔路镇下畈村，位于宁海西片地区，距离县城约25千米。建村于南宋景定年间，村中居民以周、葛两姓为主。两条清澈的溪水穿村而过，松林笔直矗立，竹海葱茏，小桥石路，是典型的田园村庄。村中有一棵500多年的古樟，枝繁叶茂，生机盎然。该村森林覆盖率82%，自然资源丰富，气候宜人。

2014年，下畈村扎实推进村级小微权力清单试点工作，成为宁海“36条”发源地之一。创新基层治理方式，助推村庄绿色发展，先后实施“三改一拆”、“五水共治”、垃圾分类、环境整治提升村、美丽宜居示范村、精品村建设等工作，其中农村生活垃圾分类工作是全市最早开展的村。村容村貌发生很大改变，取得丰硕成果，成为“宜居、宜业、宜游”的幸福美丽新家园。

下畈村有以葛洪文化、慈孝文化为代表的人文资源。凭借丰富的山水、人文优势，建立生态制度，发展绿色经济，推出养生美食、休闲观光、特色民宿等产业，带动村庄发展。以“乡村记忆、诗画下畈”作为目标，打造“看得见山、望得见水、守得住乡愁”的美好家园，建设嬉水平台、湿地栈道、景观大道、樟树广场等景点，为旅游消费人群提供一个集观光游览、休闲于一体的场所，推出锦鲤养殖、雷竹种植等特色农业，推进新农村建设与保护自然生态、发展农村经济有机结合的实践，真正让“绿水青山”变成“金山银山”。

下畈村先后获第一批国家“绿色村庄”“浙江省文明村”“浙江省卫生村”“浙江省美丽乡村特色精品村”“浙江省民主法治示范村”“宁波市全面小康建设示范村”“宁波市最洁美村庄”等多项荣誉称号。9月入选全国“千村万寨展新颜”展示活动，全方位展示美丽乡村建设的成果。12月，被省生态文化协会和省林业局授予“浙江省生态文化基地”称号。

10月25日，岔路镇“不忘初心、牢记使命”专题教育党课

表 22　　岔路镇 2019 年基本情况表

指标名称	计量单位	数　量
一、基本情况	—	—
行政区域面积	平方千米	108.04
居民委员会个数	个	1
村民委员会个数	个	21
其中：通公共交通的村个数	个	21
通宽带的村个数	个	21
通有线电视的村个数	个	21
通自来水的村个数	个	21
垃圾集中处理的村个数	个	21
污水集中处理的村个数	个	19
二、人口与就业	—	—
常住户数	户	10990
常住人口	人	20522
户籍人口	人	29693
其中：农业户籍人口	人	28265
第一产业从业人员	人	4044
第二产业从业人员	人	5675
第三产业从业人员	人	3640
外来从业人员数	人	1457
三、财政收支	—	—
公共财政收入	万元	8729
企业实交税金	万元	8729
公共财政支出	万元	9032
年末债务总额	万元	3150
四、农业	—	—
耕地面积	公顷	679.3
设施农业占地面积	公顷	4
有效灌溉面积	公顷	392.4

续表22

指标名称	计量单位	数　量
农作物播种面积	公顷	1365.4
其中：粮食作物播种面积	公顷	972.8
农业技术服务机构个数	个	1
农业技术服务机构从业人员数	个	1
农民合作社个数	个	59
农民合作社成员数	户	355
耕地流转面积	公顷	279.93
种植大户数	户	2
畜禽养殖大户数	户	0
五、乡镇机构	—	—
财政供给人数	人	143
1. 公务员	人	38
2. 事业编制	人	28
3. 其他人员	人	77
财政供给人员全年工资总额	万元	1621
六、工业及建筑业	—	—
工业企业单位数	个	186
其中：规模以上工业	个	16
工业总产值	万元	172889
其中：规模以上工业	万元	112983
工业企业从业人员数	人	4124
七、贸易及餐饮	—	—
社会消费品零售总额	万元	23689
其中：限额以上社会消费品零售总额	万元	4096
市场个数	个	1
50平方米以上的超市个数	个	9
住宿餐饮业企业个数	个	1
八、教育、文化、卫生	—	—

续表22

指标名称	计量单位	数　量
小学数	所	1
小学专任教师数	人	64
小学在校学生数	人	1030
幼儿园、托儿所个数	个	1
图书馆、文化站个数	个	1
剧场、影剧院个数	个	—
体育场馆个数	个	—
医疗卫生机构个数	所	1
医疗卫生机构床位数	床	40
执业（助理）医师数	人	31
九、社会保障	—	—
各种社会福利收养性单位数	个	1
各种社会福利收养性单位床位数	床	68
各种社会福利收养性单位收养人数	人	61
新型农村合作医疗参保人数	人	15384
新型农村社会养老保险参保人数	人	9478
农村居民最低生活保障人数	人	592
十、公用事业	—	—
自来水用水户数	户	8201
燃气用气户数	户	8114
金融机构网点数	个	2
公园及休闲健身广场个数	个	21
十一、城镇基本情况	—	—
城镇规划区面积	公顷	500
城镇建成区面积	公顷	300
城镇建成区总户数	户	2482
城镇建成区总人口	人	6853
城镇建成区绿化面积	公顷	13.5

前童镇

【概况】 位于县境西南部，距县人民政府西南向10千米。东北接跃龙街道，东南连一市镇，西北毗连黄坛镇，西南与岔路镇接壤，南界桑洲镇、三门县。镇人民政府驻前童，以驻地得名。面积68.57平方千米，耕地面积1.2万亩，山林面积6.6万亩，水域面积0.35万亩总，人口2.3万人。

自宋代起至民国隶属连理乡，民国23年（1934）隶属桑洲区。1949年7月，隶属西南区，包括塔林、拱西、团结、竹林乡。1950年，拱西乡分为前童、竹林两乡。1951年隶属岔路区。1958年属岔路（东风）人民公社。1961年分出成立前童公社、竹林公社。1983年改前童乡、竹林乡。1987年置前童镇。1992年全市进行撤区扩镇并乡，竹林乡并入。2006年全县行政村合并，辖1个居委会、17个行政村。

6月10日，司法部副部长、全国普法办副主任刘炤（右）一行走访前童镇联合村，前童镇党委书记张畅芳（前左）陪同

前童镇是国家AAAA级旅游景区、中国第三批历史文化名镇、国家级生态镇、省历史文化保护区、省非物质文化遗产保护景区，先后被评为省旅游城镇、省旅游名镇、省旅游强镇、省体育强镇、省文化强镇等、省卫生镇、市“十佳美丽乡镇”等。

1月26日，前童古镇历史文化街区获“2018年度浙江省文化创意街区”奖牌

2019年全镇实现工农业总产值23.24亿元，同比增长4%；财政收入8259万元；全社会固定资产投入4.1亿元，同比增长18%。

【工业经济】 下大力气培育企业梯队，稳定骨干企业生产，促进中小企业“上规升级”，新增规上企业2家，蓝宝石和新成鞋业分别入列县工业综合实力50强和县进出口前100强，蓝宝石成为“浙江制造”认证企业，蓝宝石、杰瑞机械、七彩塑粉等3家企业被评为高新技术企业。坚持以智造为导向，景翔压铸、顺康压铸、百代建材等企业的生产线项目正式投产，蓝宝石、嘉亿文具等企业的技改项目全速推进，完成工业投资8800万元，新产品产值达2.8亿元。牢牢把握招商引资这一“生命线”，引入嬴标文旅、沪马旅游、盈和合金新材料、甘肃宁波商会总部大楼等重大产业项目4个，完成浙商回归、市外、县外内资招商分别达7100万元、8800万元和1亿元。围绕优化提升营商环境，深入开展“五问五帮”活动，37天完成嘉亿文具等7家企业土地摘牌。全年完成工业总产值21.6亿元，同比增长11%，其中规上工业产值16.17亿元，同比增长10%。

表23　　2019年度前童规模企业基本情况表

单位：万元

单　位	工业总产值	销售产值	利税总额
宁波新成鞋业有限公司	6684.7	7796.3	628.1
宁波新成包装有限公司	22940.9	15191.4	-285.9
宁波建影电子科技有限公司	2717.1	2567.5	-55.2
宁海太升电器有限公司	3778.1	4009.8	223.6
宁海绿源液化天然气有限公司	18969.4	36127.8	472.6
宁海县先平文具压铸有限公司	5563.2	3974	489.9
宁波为富工艺品有限公司	2353	2399.2	126.7
宁海县三禾服饰有限公司	3692.8	3947	463.3
宁波蓓蕾文具制造有限公司	3022.2	3162.5	99.9
宁海县远铭文具有限公司	5027.7	4384.9	669
宁波顶和电子有限公司	2625.4	0	0
宁波艾瑞模具制造有限公司	1943.34	1235.7	152.7
宁波双德金属管业有限公司	10375.4	10226.3	231.5
宁海县景翔压铸厂	5103.9	5512	293.8
宁海县顺康压铸有限公司	4498	3223.5	152
浙江蓝宝石仪表科技有限公司	18374.2	17429	2183.1
浙江峰利祥铜业科技有限公司	26455.6	26798.8	299.9

【农业经济】 整合资金全面推进农业基础设施建设，累计投资280万元完成村庄水环境整治、农民饮用水达标提标、水利工程标准化创建等3个水利责任状项目，累计投资2600万元基本完成白溪治理工程第四标段和粮食功能区高标准农田建设，紧跟进度做好水口庵至洞潭小流域治理工程前期工作。巩固乡村振兴成果，深入实施“百千万”富民工程，新增顺利香榧等特色产业基地2个，重点做好栅下、双桥、鹿分等村的集体经济“造血”工程，17个行政村的集体经营性经济收入均达到30万元以上，双桥、鹿分等11个村的集体经济收入超百万元。新型农业经营体系加快构建，组建种粮农合联合社和双桥示范性益农信息社，绿银和桔子姐姐获评市级示范家庭农场，仓满园和凤源获评县级示范专业合作社，新注册商标1个。全年实现农业总产值1.64亿元，农村居民人均收入17919元，同比分别增长7%和13%。

【现代服务业】 商贸业态加快培育，彻底整治街市不分的“马路市场”，投资200万元完成前童菜市场的改造提升，成功创建省级“放心菜场”。积极顺应产业和消费升级大势，认真谋划商业综合体建设。通过规范管理、引导培育，紫竹园、前童农庄、豆腐人家等餐饮服务业提档升级，推出“十味豆腐”“多彩麦饼”“前童三宝”等一批餐桌品牌。全年实现三产增加值2000万元。

【城乡建设】 精致建设，项目推进有新进展。坚持以统筹兼顾、科学发展为原则，镇村规划体系进一步完善，《宁海县前童历史文化名镇保护规划》完成编制并通过省级评审，《前童古镇创国家AAAAA级旅游景区总体规划》着手编制，村庄规划编制实现全覆盖。坚持以“六争攻坚——项目争速”三年攻坚行动为抓手，不遗余力推进34个重点（实事）工程建设。累计投入2500万元完成梁书线至宁西粮库公路和竹林至上滩山公路工程、推进梁书线穿镇段改建工程和镇南路二期工程，累计投资300万元做好农村公路、通景道路等的修复、养护工作，交通路网建设进一步完善。总投资6000万元的双桥农房两改二期基本完工，总投资3000万元的综合供能服务站进场施工，总投资700万元的鹿山安置小区完成基础浇筑并进行搬迁，投资500万元完成古镇电网改造升级，谋划推动前童文化广场建设，城镇功能和品质实现大改善。

防治结合，靓城行动有新成效。坚持以“三改一拆”为突破口，以“两路两侧”为重点整治区域，累计拆除违法建筑3.4万平方米、改造城中村2.2万平方米，拆后土地利用率达95%。持续打好“五水共治”“污水零直排区”建设攻坚战，累计投入2000万元做好镇污水处理站改造、农村生活污水处理工程和污水零直排区建设，下大力气完成城南污水大管网政策处理。开启“掌上巡河”新时代，建立“河长+志愿者+养护管理”治水长效机制，让水源污染无处遁形。深入实施垃圾分类提质行动，推行垃圾分类3.0版新品牌，打造大郑、上溪垃圾智分类示范村，生活垃圾分类实现全覆盖。

塑造品质，乡村颜值有新提升。以农业转型、农旅结合、文化寻根、古村保护为重点，打造一圈多点的美丽乡村格局。累计投资1400万元，完成上溪市级美丽宜居示范村和“一事一议”美丽乡村、板岭陈市级美丽乡村示范村、鹿山市级合格村、桥头杨环境提升村、上溪、双桥和桥头杨省级卫生村、竹林和梁皇市级卫生村等的创建，成功打造塔山和联合AAA级景区村庄、大郑AA级景区村庄和小汀A级景区村庄，培育“清洁庭院”145户、“美丽庭院”35户，被评为浙江省美丽乡镇示范乡镇，鹿山村获评首批全国乡村旅游重点村。

【生态环境整治】 全域治水浇灌生态之花。坚持从治污剿劣向全面推进污水零直排区建设转变，大抓截污纳管工程建设，深入开展源头污染防治，坚持因地制宜、端网同步的原则，累计投资8200万元，实现农村生活污水处理行政村全覆盖，完成镇区污水处理站和镇区污水管网的改造升级等工作，城镇纳污能力不断提升，实现农村生活污水零直排，污水处理从“量小散乱”向“规模统筹”转变。

积极探索大数据智慧化治水思维模式，构建综合治水管理平台，实现信息收集、实时监管、科学治理为一体的治水新模式，累计投入2.4亿元的治水资金，扎实推进小流域治理和水库、防洪设施维修加固工程，完成镇区内环绕水系、梁皇溪和白溪一二三标段的联合整治，打造“一江清水穿城过”的洁净优美的江南水廊。2018年，市控断面水质达到Ⅰ类以上，县级河道3个断面水质保持在Ⅱ类以上。

环境整治擦亮生态名片。大刀阔斧开展小城镇环境综合整治，累计投入资金1.5亿元全面完成“治脏、治乱、治差、治违、治污”等19个项目，整治面积3.56平方千米，被评为“小城镇环境综合整治第一批省级样板”。

全面打响“厕所革命”“垃圾革命”“边角革命”，累计投资400余万元建成一座AAA级旅游厕所、改造提升23座农村公厕；迅速推进“垃圾网”建设，投资120万元建成镇级垃圾中转站，建立“户装袋、存收集、镇转运、县处理”四级联动垃圾处理模式，垃圾集中处理实现全覆盖；通过“生物酵素”变废为宝、“环保集市”强化分类等手段，实现垃圾分类行政村全覆盖，创新推出“有偿分类、扫码记账”垃圾智分类模式，成功创建市级垃圾分类示范乡镇，打造美丽集镇新风光。

提升“气质”秀出生态本色。围绕“两美”要求，以“千村百景万树”创建为契机，不断抹匀美丽乡村底色，累计投资1亿元，高品质创建成环境整治提升村15个、“三美乡村”2个、省级卫生村5个、市级卫生村10个、县级卫生村和生态村实现全覆盖、合格村5个、森林村庄10个等。引导村民开展“乡愁庭院”“美丽庭院”和“清洁庭院”创建，通过庭院环境的“微治理”带动乡村环境的“大整治”。启动“百路千里”造绿添彩工程，投资750万元全面完成白溪前童段第一、二标段河道绿化工程。全面排摸道乱占、车乱开、摊乱摆、交通拥堵、环境污染等集镇病、农村病、城市病，制定问题清单和责任清单，多管齐下，以去“脏”破局、除“乱”深化、补“差”发力等手段，逐步形成宜居宜业宜游美丽乡镇格局。

【全域旅游】 全面启动前童古镇创建国家AAAAA级旅游景区工作，成功列入浙江省首批诗路旅游目的地和宁波市乡村全域旅游示范区双培育名单。

坚持引资引智，旅游要素保障更强。引入县旅游集团对前童古镇旅游公司进行增资扩股，拓宽融资渠道，携手做好景区扩容、基础设施建设和招商引资工作。引入蜗牛（北京）景区管理有限公司对国家AAAAA级旅游景区创建进行专业指导，编制《AAAAA景区创建规划设计》和重要节点改造提升设计，确保国家AAAAA级旅游景区创建的专业化。引入各类社会资本投资旅游产业，与华侨城、中青旅等多家企业洽谈合作意向，加快形成多元化的旅游投资格局。

坚持项目驱动，旅游发展品质更优。以“内提外拓”为开发思路，累计投资7500万元全面完成古镇乡韵精品线艺术提升工程、游客集散中心主入口景观工程、入口步行街一期工程、入口酒店、老宅院修缮、风貌改造等项目，投资6000万元完成梁皇山景区综合体一期工程并于10月重新开业，累计投资2200万元的童衍方艺术馆扩建和开元名庭酒店正在有序推进，古镇东拓宅院收储正式启动。

坚持业态支撑，旅游配套产品更丰。以“宁海民宿看前童”的气魄扩大精品民宿规模，新增乡叙前童、银缘·梧桐里、拾贰亿·前童小馆、玥墅4家民宿，民宿数量达30家，提供床位近400张。精心拓展文化创意等新型业态，加大扶持

4月17日，考察团参观前童文化礼堂

力度，新增泥金彩漆展览馆、银缘·婚庆博物馆、明德书院、前童里·酒吧、香包刺绣、石头画、草木染、竹根雕等多元业态。

坚持文化引领，旅游品牌效应更强。结合前童古镇“非遗”特色，挖掘培育“非遗”表演项目，成立古镇女子舞龙队和少年舞狮队，建成甬台艺术交流基地和元宵行会音乐传承基地。特色节庆精彩纷呈，相继举办元旦嘉年华、元宵行会、豆腐文化节、首届乞巧文化节暨群众文创集市等重大节庆活动，央视新闻联播转播元宵行会和豆腐节盛况，浙江新闻直播长桌宴，浙江日报、宁波日报等多家媒体分别对各类节庆活动进行报道，古镇知名度持续提升，全年共接待游客140万人次，实现旅游综合收入1.9亿元，同比分别增长8%和26.7%。

【社会事业】 始终以改善民生为要务，实现社会事业、社会保障、平安建设齐头并进。

架设一座“惠民桥”。逐步实现教育事业优质均衡，投入80万元改造中小学、幼儿园校舍食堂，改善校园环境；累计投入近50万元用于奖教奖学，教学质量进一步提高，中考成绩在全县农村中学中名列前茅。聚力提高医疗卫生水平，启动前童卫生院迁建工程，完成基础工程量的30%；建成红十字服务站5个，成功创建健康单位2个、健康食堂和健康村各1个，联村责任医生团队实现全覆盖。积极推进全民健身运动，完成大郑村“浙江省小康体育提升工程”，建成镇区多功能运动场和上溪村体育休闲公园，成功举办第二届乡村振兴村民运动会。

构筑一面“护身墙”。社会保障制度不断织密织牢，多层次社保体系加快构建，社会养老参保率达99.27%，医疗保险参保率达99.77%，新增失土养老保险40人。社会救助体系进一步完善，养老、助残、救孤、济困、助学等为重点的社会福利事业得到长足发展，全年累计发放各类救助金783万元，惠及3284人次；全年共募集慈善捐款96万元，救助困难群众134人次。细心做好计生奖扶对象核查工

作，发放奖扶金48.8万元，惠及305人。

编织一张“平安网”。用好“基层治理四平台”和“宁海村民e点通”，打好信访积案化解百日攻坚战，成功化解信访积案1件，进一步完善法律援助、矛盾纠纷调解机制，全年共收到信访件159件、调处各类纠纷102件，同比分别下降25%和16%，圆满完成各项重大活动安保任务，全年未发生去市到省进京上访。平安建设成效明显，办理治安案件61件、刑事案件41件，联合村成功入选全国法治乡村现场会参观点和全国民主法治村培训班现场教学点。联动开展安全生产和消防安全“四大会战”，排查整改安全生产项目4018项，停产停业整顿企业37家，关停12家，立案查处6家，拆除影响消防通道的违章建筑29处10620平方米。

【自身建设】 高质量高标准开展“不忘初心、牢记使命”主题教育，不断适应新时代发展要求的能力和水平。一是秉持公心，严格依法行政。牢固树立法治理念，深化法治政府建设，畅通依法维权和化解纠纷法律渠道。自觉接受人大法律监督、政协民主监督和社会各界舆论监督，认真办理县、镇人大代表建议、意见9件，办复率达100%。二是不忘初心，凝聚实干力量。精准开展“三服务”，深入推进“六争攻坚”，全力以赴办好人大代表票决项目等民生实事，集中精力和时间推项目，创造26天实现浙江省实事工程综合供能服务站进场施工、30天完成城南污水大管网政策处理的“前童速度”。三是保持恒心，加强廉政建设。把落实全面从严治党贯穿到政府工作的全过程、全领域，深化重点工程廉政风险防控机制建设，制定出台《前童镇小型建设工程项目管理实施细则》，强化对村级工程的有效监管。从严从实落实中央八项规定，“四风”顽症得到有效遏制。进一步规范政府采购和工程招标，落实部门廉政建设监管责任，做到风清气正、廉洁高效。

1月11日，县基层社会稳定“一体两翼”工作体系现场会暨“两网”开通仪式

表 24　　前童镇 2019 年基本情况表

项　　目	单　　位	合　　计
总面积	平方千米	68.57
耕地面积	公顷	766.13
村民委员会	个	17
居民委员会	个	1
常住人口	万人	2.14
外来人口	万人	0.20
第一产业产值	亿元	1.56
第二产业产值	亿元	19.59
第三产业产值	万元	4615
工业利润	万元	2493
外贸出口交货值	万元	15900
村级集体净资产	万元	10553.52
村可用资金	万元	1921.76

桑　洲　镇

【概况】　是宁波市的南大门、国家生态镇，位于县境西南部，镇人民政府驻桑洲，以驻地得名。距县人民政府西南 18.2 千米。东南与三门县相临，西南与天台县接壤，北面连接岔路镇、前童镇。面积 58 平方千米，辖 1 个居委会、23 个村委会，有 83 个自然村。

自宋代起至民国隶属永康乡，民国 23 年（1934）隶属桑洲区，民国 36 年（1947）年底包括秀屿乡。1949 年 7 月，隶属西南区。1951 年隶属岔路区，包括桑洲、屿南、屿东、麻岙乡。1956 年桑洲、屿南、屿东三乡合并为桑洲乡，并划入原王爱乡之外岗村。1958 年以 1956 年之桑洲、麻岙二乡及白溪乡之一部分成立桑洲人民公社。1961 年分出仍以 1956 年之桑洲乡区域建桑洲公社、麻岙公社。1981 年麻岙更名为麻山公社。1983 年改桑洲乡、麻山乡。1984 年 12 月置桑洲镇。1992 年全市进行撤区扩镇并乡，原麻山乡并入桑洲镇。

2019 年，坚持稳中求进工作总基调，按照高质量发展要求，紧抓发展机遇，发挥生态优势，围绕“茶香花语、古驿桑洲”总体目标，开创“旅游发展抓全域、美丽城镇抓建设、平安社会抓稳定、民生福祉抓长效”新格局，各项工作全面推进。获评“中国特色康养小镇”，成功创建省级卫生镇，成为全县第二个宁波市全域旅游示范区。全年实现辖区生产总值 5.9 亿元，实现财政一般预算收入 2472 万元，完成固定资产投资 8659 万元，同比增长 6%。

【经济建设】　农业产业优化发展。深化以茶富民战略，培育种植良种茶业 8000 亩，茶叶产值 6000 余万元。积极培育以茶叶、胭脂米为核心的现代农业经营主体，实施连片开发和精深加工，扩大“望海早茶”“平园双尖”“慈云峰”“桑洲六宝”等品牌效应。全面完成农村土地承包经营权确权登记颁证，确权承包户 5020 户，确权承包土地面积 9708 亩。投资 450 万元全力推进垦造耕地和建设用地复垦工作，新增耕地 366 亩、复垦建设用地 41 亩。改造镇区水网，完成水网改造设计立项，田洋卢村、竹山头村以及里山李村通过农民饮用水达标验收。清理整治大棚房面积 5000 平方米，严守耕地红线。完成麻岙溪小流域治理工程扫尾，完成石岭坑山塘全面整治工程。

全域旅游持续推进。建成桑洲旅游集散中心（清溪文史馆）并投入运营，完成官山观景平台和游步道建设，不断优化旅游基础设施。加快省级 AAA 级景区村庄建设，南岭村、团结村创成 AAA 级景区村庄。稳定推进民宿产业发展，深化打造精品民宿2.0版本，花源里获评浙江省“银宿”称号，楠山南争创“金宿”，新增东篱山居和禅茶明心斋2家精品民宿。举办宁波市油菜花节、宁海品茶节以及“觅南山百味、品古驿桑洲”旅游推介活动，吸引游客55万人次，实现经济收益1200万元。

工业产业稳健有序。持续开展招商引资工作，完成浙商回归投资70万元，引进市外内资200万元以及县外内资200万元，引进杭州集世迈集团国医馆项目，合作开展宁海佳瑞基因高层次人才项目。开展安全生产和消防安全“四大会战”，进行专项检查136次，发现整改194条安全隐患。以“五问五帮”和“三服务”为载体，深入企业帮助解决实际困难，成功创建1家标准化企业。积极发挥食品安全监管作用，成功创建2家农村家宴放心厨房，1家“放心消费单位”，保障农村饮食安全。

10月25日，宁波市职工健步走活动在桑洲举办

【新农村建设】 确定镇区规划，城镇建设加快步伐。厘清镇区扩展框架，以“美丽城镇建设”为基础，加快桑洲规划设计，拓展镇区空间，从甬临线的“沿路时代”走向依托清溪发展的“沿溪时代”，重点推进城镇空间西向坑口村、麻岙村，东向田洋卢村、桑梅村以及下洋周村延伸。借力甬临线改道契机，启动甬临线交通节点设计。加快甬临线改道房屋征迁，划好麻岙与桑洲安置地块红线，为安置小区建设打好基础。注重桑洲老街古驿文化元素挖掘，开展桑洲文化街区设计。重修宁海文魁卢原质读书处，打造卢原质纪念馆，以桑洲特色凸显崇学向善气质。

2月27日，部长方勤（中）在桑洲开展新农村建设调研活动

注重环境整治，美丽乡村提升内涵。推进卫生环境整治，坚持全员参与、全域覆盖，先后投资50万元对各村房前屋后、背街小巷进行综合治理，全面改善镇容村貌。完成垃圾中转站选址，新建下洋周村、田洋卢村等厨余垃圾处理站，投资170万元在镇区配备环卫工人16名，垃圾车2辆，无缝对接垃圾清理转运，确保垃圾日产日清，为成功创建省级卫生镇奠定基础。推进桑洲村、坑口村村庄提升工程，不断优化村庄环境。美丽庭院创建广泛开展，坑口村、三星村和田洋卢村聚力打造“一户一景”，营造干净、整洁、有序、优美的人居环境。

强化基础设施，村镇建设有效提速。交通道路全面升级，争取资金3000万元全面提升上龙潭至里岙庄公路、麻岙岭顶至团结公路以及大竹园至白石坑农村道路等8条公路。拆除田洋卢危桥，改建工程完成技术交底，顺利进场施工。乡村公路养护里程达55.6千米，完成全线路肩化学除草，有效提升乡村公路通行能力。镇区生活污水完成“最后一公里”纳管，18个行政村均通过项目验收，建立长效运维监督巡查机制，确保生活污水治理设施正常运营。“三改一拆”强势攻坚，完成“三改”7200平方米、“一拆”2.6万平方米，拆、改完成率居全县前列，一批“老大难”的重点区块拔钉清障得到突破。

10月25日，“觅南山百味，品古驿桑洲”旅游推介活动

【**社会事业**】 公共服务均衡普惠。社会保障与救助各项工作围绕“最多跑一次”改革，生老病死民生关键事项实现“零跑腿”。桑洲卫生院积极推进县域医共体建设，与县中医院深度对接，实行以慢性病人群为重点的健康管理机制，群众就医得到改善，卫生院迁建工程进展顺利，预计2020年年底可投入使用。中小学优质运行，发放各类奖教奖学资金70万元，小学图书馆完成升级改造，新增200平方米阅览室，中考再创佳绩，为宁海中学输送优秀学生7名。强化社会保障，动态管理低保对象，共发放低保金445万元。计生服务实行转型优化，全年完成优生检查160人次。新增各类保险人数250人，基本实现社会保险参保人群全覆盖。

文化事业蓬勃发展。积极培育践行社会主义核心价值观，大力开展文明创建。里山村、田洋卢村、新桥村获评县级文明村。加快实施文化礼堂创建工程，新建桑洲村等5个文化礼堂，全年举办“百姓大舞台”等文艺演出21场，“一人一艺”“一村一艺”培训、群众文化艺术节、村歌比赛、文化走亲、送戏下乡等文艺活动获群众好评，创作完成村歌《烟雨桑洲》。积极参加全县乡村振兴村民运动会，桑洲村荣获团体第七名，建成1个体育休闲公园，2座健康公园和1条健康步道。

7月21日，宁波市委宣传部副部长（中）到桑洲镇南岭村考察

【**“平安桑洲”建设**】 社会治理和谐稳定。深入推进“平安桑洲”建设，着力打造“清溪义警”社会治安巡防队，社会治理基础持续强化。开展扫黑除恶专项行动，进行全景式宣传215次，发放各类资料1.2万份。高效运作“一中心四平台一网格”，全面铺开“村民e点通”应用，将安全生产网格与基层社会治理“一张网”有效衔接，隐患排查实现常态化管理。扎实开展矛盾纠纷大排查，成功调解50件，化解国家信访局交办件1件，全年信访总量下降28%。以清溪为组

带，与永溪、三门创新推出区域联制联席工作机制，建立基层治理、矛盾纠纷化解、应急救援等多领域联治平台。着力夯实基层法治，创建“三治融合”示范村1个、省级民主法治示范村1个、市级民主法治示范村2个，“清溪讲堂”法治宣教阵地1个。

【自身建设】 聚焦服务提效，建设实干型、学习型、廉政型政府。始终坚持党委统一领导，坚持重大事项集体民主决策，坚持政府工作定期向人大主席团报告、向社会通报制度，主动接受人大以及社会监督，办理人大代表建议9件，政协提案2件。增强专业能力，开办“清溪学堂”“领雁培训班”等学习平台，以“联村干部谈感悟”“中层竞聘演讲”“青年干部导师制”“青年干部导游解说比赛”等创新性载体，促进干部成长成才。推行周二下村联合办公制度，主动下沉，积极作为，强化为民服务意识。应用钉钉政务移动办公系统开展工作通知、请销假等事务，推动无纸化办公，提升工作效率。严格落实党风廉政建设责任制，高度重视、认真整改县委巡察与审计过程中发现的问题，切实保证政府工作依法依纪依规开展。深化公务用车制度改革，严控“三公”经费，持续压缩行政成本，将有限的资金用到发展最需要、群众最受益的地方。

【项目建设】 美丽乡村建设项目。为提升村容村貌，加快实施“乡村振兴”，创建1个市级村庄整治提升建设村，1个市级美丽乡村合格村，通过危旧房拆除、道路硬化、村庄及庭院绿化、环境整治等项目，提升宜居环境。项目总投资330万元，实际投入资金1100万元，占年初计划的333%。桑洲村完成市级村庄整治提升工程建设，慕胡山村，坑口村完成县级村庄整治提升工程建设；长田头村、田洋卢村创成美丽乡村合格村；竹山头村完成面上巩固村创建；南岭村完成市级“一事一议”项目，桑梅村、桑洲村和下洋周村完成县级“一事一议”项目。

妇女创业扶持培训宣传项目。依托桑洲镇成人教育学校、清溪旅游公司，积极落实桑洲妇女创业扶持培训宣传项目，包括桑洲妇女创业就业培训基地，培训设备用具购置、培训教材调研编制、培训技师队伍建设等；打造“桑洲月嫂”“桑洲麦饼姐”等妇女创业就业专业品牌队伍，涵盖制作技能培训、职介互动体验、法律维权服务、创业项目模拟实践等立体化素质提升内容；桑洲妇女创业就业服务网点建设，遵循标准化、规范化、品牌化、多元化、产业化的发展目标，设立桑洲妇女创业就业特色门店。项目总投资100万元，开设月嫂培训班44期，培训合格月嫂2172名，300多名月嫂获得国家级育婴师资格证书，以拓展桑洲特色农产品为主，传承研制开发桑洲小吃涵盖五谷、五彩、茶香三大系列40余个品种。成立桑洲月嫂工作室、举办桑洲月嫂交流座谈会，开辟桑洲月嫂培训室，添置月嫂培训专业教学辅具，开发编撰《桑洲月嫂》校本教材与视频软件等，促进月嫂整体素质的提升。通过成立桑洲小吃创业指导实践基地，置齐设备，聘请专家研制小吃等全面打造桑洲特色小吃品牌，并且拍摄小吃制作宣传短片上《味道宁海》平台，成功传播桑洲美食。

农村公厕改造提升工程。2019年计划改造29座公厕。项目总投资144万元。经县住建局核准下达的任务数为13个，项目总投资70万元。于2019年4月底开工，10月底完成。

农村道路改造提升工程。为建设“四好公路”，镇政府决定对部分农村道路进行改造提升，路线全长9.3千米。项目总投资3400万元。因政策变化，需要向自然资源和规划局办理林地征用和工程性采矿申请等手续，工程进度受影响。4个项目已经进场施工，桑洲镇上龙潭至里岙庄公路改造提升工程完成50%，桑洲镇水库至上高坑农村道路改造提升工程完成30%，桑洲镇木加坑农村道路改造提升工程完成30%，桑洲田洋卢危桥改建工程已经进场施工，桑洲镇大竹园至白石坑农村道路改造提升工程因征地政策处理未完成等问题尚未进场施工。完成总工程量的30%，完成投资1000万元。

水利基础设施建设工程。为切实推进“五水共治”工作，实施田洋卢、竹山头、里山季三村村民饮用水达标工程，同时进一步提升防洪排涝能力，对上塘水库、红岩岭、木加坑山塘三处山塘水库落实标准化创建，总投资300万元。实际投入400万元完成田洋卢村、里山季村、竹山头村、长田头村、慕胡山村、方山村等6个村农民饮用水达标提标工程，落实上塘水库、红岩岭水库、木加坑山塘标准化创建，并实行物业化管理。

乡村墓地建设。2019年计划新建3个村级公益性公墓，墓地规模为中型墓地（50—100穴），项目总投资200万元。坑口村生态墓地于9月完工，投资金额163万元，完成计划投资81.5%。根据市县有关文件精神规定，县民政局要求对各乡镇殡葬设施统一布局规划，原定屿东村、南岭村、平园村公益性公墓未实施建设。

表 25　　桑洲镇 2019 年基本情况表

项　　目	单　　位	数　　量
总面积	平方千米	58
村民委员会	个	23
居民委员会	个	1
税收征收数	万元	2472
其中：增值税征收数	万元	2042
企业所得税征收数	万元	135
个人所得税征收数	万元	154
城市维护建设税	万元	92
城镇土地使用税	万元	11
房产税	万元	16
印花税	万元	22
公共财政预算收入可用资金	万元	9941
其中：年初包干基数	万元	2789
困难补助	万元	200
上级补助收入	万元	6932
上年结余	万元	20
公共财政预算支出	万元	9914
其中：一般公共服务支出	万元	916
教育事业支出	万元	2437
水利	万元	190
农村综合改革	万元	459
农村基础设施建设	万元	450
文化体育与传媒支出	万元	297
医疗卫生支出	万元	413
社会保障和就业支出	万元	1720
城乡社区事务支出	万元	424
国防、公共安全支出	万元	25
住房保障支出	万元	203

续表25

项目	单位	数量
交通运输支出	万元	127
自然资源海洋气象支出	万元	86
节能环保支出 2	万元	2
灾害防治及应急管理支出	万元	884
基金预算收入	万元	3041.09
基金预算支出	万元	3041.09

黄坛镇

【概况】 黄坛镇是宁海西部重镇，以所辖自然村黄坛命名。镇人民政府驻松坛村，距县人民政府西 6.2 千米。东连跃龙街道，西与天台、新昌两县交界，南邻岔路、前童两镇，北靠深甽镇、梅林街道，全镇地域面积 188 平方千米。辖 30 个行政村，常住人口近 2.8 万人，外来人口 5600 余人，大多集聚在镇区。

黄坛古称松坛，古代是台甬、台绍故道交会通衢，卵石古道、黄公桥等都是古代交通要道的有力见证。早在唐朝建中年间，黄坛就有村民定居，两宋显贵门闾，明清儒商名流，代有人出。宋绍兴元年（1131）进士杨景思，官至朝仪大夫，封临海开国男。黄坛街是元初义军首领杨镇龙之故里，也是清末指画家严源（远轩）故里。自宋代起至民国隶属连理乡，民国 23 年（1934）隶属城区，民国 36 年（1947）年底，分属松溪乡、双峰乡。1949 年 7 月，隶属城关区。其中逐步、大陈等 21 个自然村原为新昌“飞地”，澄深等 4 个自然村为天台县“飞地”，1949 年 1 月划入双峰乡辖区。1951 年为松溪、峰山、双峰、大岩、逐步、西溪、留横、盈坑乡及三岙、峰溪二乡之一部分。1956 年合并为黄坛、西溪、双峰等乡。1958 年属黄坛、双峰人民公社。1961 年为山岙、黄坛公社地及分出，以今之辖区另建双峰公社、西溪公社。1964 年山岙公社并入黄坛公社。1983 年改黄坛、西溪、双峰等乡。1988 年置黄坛镇。1992 年全市进行撤区扩镇并乡，西溪乡并入黄坛镇、双峰乡。2004 年 8 月 30 日，撤双峰乡，并入黄坛镇，组建新的黄坛镇。

省道甬临线贯穿黄坛镇区，甬台温高速飞越黄坛境内。特别是甬临线拓宽、洋溪综合治理等重点工程的完工，进一步改善区位优势。交通较为便捷，历来为宁波联系台州、温州的交通要塞区域，素有宁海“西大门”之称。境内环境秀美，山水资源丰富，山林面积 21 万亩，占全县山林总面积的八分之一，宁海两大水缸西溪水库和黄坛水库、美丽的野鹤湫风景区和双峰国家森林公园均坐落于境内。

2019 年，黄坛镇保持定力，奋力前行，多项经济指标增速始终保持两位数。实现工农业总产值 203.7 亿元，同比增长 15.8%；完成税收收入 7.8 亿元，同比增长 31.1%；完成固定资产投资 5 亿元；全国千强镇排名第 645 位。

【工业经济】 全年完成工业总产值 202.3 亿元，同比增长 15.8%。“雏鹰行动”“三凤行动”“企业上云”深入实施，培育规上企业 22 家，其中亿元企业 7 家，新增规上企业 2 家。龙头企业不断壮大，得力集团、华成阀门、华平智控跻身县工业企业综合实力 15 强。围绕“科技争投”三年攻坚行动，设立专项技改引导资金，助力企业科技创新，完成技改投资 2.5 亿元。坚持项目带动、以投促产，华成二期项目完成竣工验收，得力数字化项目、得力电商园顺利推进。招商引资渠道不断丰富，多项目标超额完成。实到外资 2300 万美元，完成率全县第二；完成浙商回归和市外县外内资 2.9 亿元。立足得力、旗滨两大总部大楼和县级小微产业园平台招引回一批企业。喜来登酒店项目、得力智慧物流中心项目扎实推进。打造黄坛“智造人才”，引进高学历、高技术人才 60 名，1 人入围“泛 3315 计划”创新人才项目，2 人入选“百千万”高技能领军人才培养工程。

【农业经济】 持续厚植生态资源优势，大力发展以香榧为主导的特色农业。香榧种植面积 1.5 万多亩，获得国家地理标志证明商标，香榧产品进驻宁波特产批发中心，实现年产值约5000万元。“双峰”香榧品牌进一步打响，第八届“香榧文化节”在宁波成功举办。

加快高标准农田建设，新增耕地220亩，复垦耕地125亩。完成中央山和里岙溪清洁型小流域整治，进一步优化双峰片和山岙片环境。黄坛、杨家完成美丽乡村合格村创建，联溪成功申报市级农村综合改革试点项目，形成美丽乡村建设分批队推进格局。

着力乡风文明建设，五兴村王根花获评中国好人，市级文明示范线“峰烟古道”成功开线。完成9个村文化礼堂创建和提升工程，杨家和联溪文化礼堂获评三星级。百姓大舞台活动广泛开展，成功举办第一届“我们的村晚”，丰富文化年味。黄坛书画协会“庆祝新中国成立70周年”巡回展获得群众好评。联溪、峰山引进高校驻村艺术团队，精心打造村庄整体环境，助力提升新农村品位。峰山成功创建国家AA级旅游景区。

注重兜底线保基本，开展低收入农户调查调整工作，深化精准结对帮扶。打好集体经济“消薄”攻坚战，全面巩固提升薄弱村集体经济，30个村全部实现“集体收入达到30万元以上，经营性收入达到10万以上”目标。香榧产业专项人均年收入突破2万元。

【城乡建设】 深入开展“美丽乡村、美好生活”五年计划，成功打造12个清洁庭院村、2个美丽庭院村。通过鼓励自拆、强制拆除等方式拆除违章建筑5.2万平方米。大力度取缔占道经营等现象，对农贸市场进行改造提升，建成临时摊贩集中点1个。治理卫生环境，实现镇区卫生保洁市场化运作。垃圾分类革命扩面提质，全覆盖推进垃圾分类工作，优化垃圾中转站，垃圾分类覆盖率全面提升。

积极回应社会关切，不断提升城乡群众生活品质。全力破解饮水难题，集中攻坚县第三水厂土地征用，保障水厂供水能力提升。开展饮用水达标提标工程建设，建立“供水乡贤基金”，全镇将实现从“有水喝”到“喝好水”转变。推进一户一表改造工程，新华、大洋山、联溪已进场施工，镇区各村相继开展招投标工作。大力推进“五水共治”，清淤5000立方米，打捞垃圾200余吨，洋溪两岸成为全县溪流治理的美丽风景示范线。大力开展镇区污水综合整治工程，9家企业完成雨污分流，镇区47家餐饮商户安装隔油池，成功创建市级污水零直排区。

【社会事业】 全域全面全力推进“四大会战”，走访检查各类经营主体950家，拆除29处10090平方米违章钢棚，完成1.8万人次消防培训，实现安全生产管理制度化。加大联村干部下访力度，完善网格员走访制度，走访巡查23万人次，上报E宁波系统事件8624件。

积极妥善处理各种矛盾纠纷，切实解决群众关心的信访问题，矛盾纠纷调处成功率100%，成功化解2件信访积案，信访办结率100%，满意率97%以上。创新“周三联合执法日”行动，综合执法中队建设不断加强，深入参与重大工程推进、重大活动秩序维护、抢险救灾等工作。森林防火、防台防汛、市场监管等平安工作持续推进，一刻不松构建全方位平安网络。

坚持尽心为民，精准惠民，民生领域建设全面推进，公共服务能力不断提高。社会保障水平稳步提升，社保扩面参保率达99.3%，城乡医保参保率达99.6%。医疗卫生体系日趋完善，卫生院住院楼投入使用，24个村完成红十字会服务站建设，应急救护普及培训超300人次。

教育提质行动成果喜人，中学中考成绩居全县乡镇中学第一；小学毕业考平均分位居西部片第一；中心幼儿园荣获浙江省幼儿体育示范幼儿园称号。圆满举办第二届乡村振兴运动会，成功组织“千里走宁海”活动，助推体育事业繁荣发展。

残疾人工作者队伍不断壮大，镇残联理事长严亚芬获评“最美浙江人·最美残疾人工作者”称号。新建宁宁家庭农场残疾人扶贫基地。慈善事业不断发展，企业慈善基金募捐361.1万元，村工作站募集善款42.1万元，发放慈善救助金33.2万元。发放困难家庭救助金和退伍军人救助保障金774.2万元。

大佳何镇

【概况】 位于县境东北部的象山港畔，距县人民政府东北19.5千米。东邻象山县，南依茶山，西南与桥头胡街道接壤，北与强蛟镇隔港相望，是宁海县东北大门。镇人民政府驻大佳何，以驻地得名。面积75.62平方千米，辖1个居委会、9个行政村。人口19771人。

自宋代起至民国隶属朱开乡。民国36年（1947）年底，属孝孺乡。1949年7月，隶属东区。1951年建民主、和平、石门、柴溪四乡，分属梅林区、桥头胡区。1956年合并四乡称民丰乡。1957年12月析柴溪、蒋家岙、万金山3村归象山县。1958年并入黄墩人民公社，1961年从黄墩公社分出，以原民主、石门、和平三小乡，析置民主公社，1981 年改名大佳何公社，1983 年易大佳何乡。1992 年全市进行撤区扩镇并乡，1996 年 12 月大佳何乡撤乡建镇。

全年实现工农业总产值 26.5 亿元，同比增长 6.8%；财政收入 8397 万元，同比增长 12%；全社会固定资产投资 5.84 亿元；农村居民人均可支配收 2.1 万元，同比增长 10%。

7 月 8 日，艺术振兴乡村论坛

【工业经济】 大力开展“五问五帮”企业服务活动，累计走访企业 80 余人次，及时帮助解决“工业园区横三路路灯及局部污水排放”等问题 20 余个，双底线考核逐季提升。

工业经济转型提振。不断加大中小微企业扶持力度，促进轴承等产业进一步发展壮大，全年实现工业总产值 22.5 亿元，规上工业总产值 4.2 亿元。

进一步强化招商引资，成功引进如意智能科技等项目，全年实到浙商回归资金 3.2 亿元、县外内资 4.5 亿元。大力推进“腾笼换鸟”“四换三名”工程，充分释放企业活力，淘汰“低小散”企业 5 家。

助推企业转型升级，实施工业技改项目 6 个，完成技改投入 5.5 亿元，荣获各类专利 32 项，上报创新型初创企业 3 家，10 家规上企业中有 5 家高新企业、4 家战略性新兴企业，战略性新兴产业产值占规上企业产值 45.6%，高新技术产业产值占比持续增加。

【农业经济】 全年实现农业总产值 2.6 亿元，其中海水养殖产值 2.2 亿元。进一步提升农业基础设施，完成农房确权，启动实施宏大塘、高湖塘除险加固工程，完成耕地垦造 321.4 亩，完工率 100%、任务完成比例 160.7%，居全县首位。进一步加强农业科技运用、产业化经营和品牌化推广，“跑道养鱼”模式经济产量再上新高，该模式多次被中央和省市媒体报道推广。

【项目建设】 全年在建工程 30 个。省级重点工程宁海抽水蓄能电站项目纳入长三角一体化发展规划纲要，主体标顺利进场施工，项目进度和政策处理领跑于全国 11 个同批同类项目；宁海—象山天然气管道工程全县率先破土动工并快速推进，完成主体工程；小微产业园、商贸综合体、金山行、敬老院等攻坚项目均有重大突破。

【城乡建设】 持续抓好环境综合整治。“六位一体”环境卫生保洁体系初显成效，创新网格化监管体系，农村生活垃圾分类准确率、减量率等全县领先。“五水共治”扩面提质，完成六小行业截污纳管等，“污水零直排区”创建代表全县唯一乡镇通过省级验收，石门溪及涨坑支流灌溉取水工程、应家水环境治理工程等工程进展顺利。“四边三化”持续推进，完成工业园区部分道路绿化、象西线大佳何全段亮化等。“三改一拆”向纵深推进，拆违面积 4.626 万平方米，拆后土地利用面积 4.417 万平方米，无违建乡镇创建成果得到进一步巩固。

8 月 22 日，中国人民大学—葛家村融合设计艺术展开幕仪式

创新开展艺术振兴乡村。积极探索新时代新农村发展的新路径，与中国人民大学、浙江万里学院等校地合作创新开展艺术振兴乡村工作，中国人民大学艺术学院暑期实践基地落地葛家村。尤其是首个入驻团队中国人民大学丛志强教授在葛家村通过融合设计激发村民“内生动力”美化家园，帮助培育乡建艺术家百余位，家庭艺术馆长、院长30余名，打造共享空间、业态空间40余处，显著提升“和合之美、美美与共”的乡村新风貌，被《人民日报》、新华社等中央、省、市各大媒体争相报道40余篇次，成为远近闻名的“超级网红村”。

【社会保障】 民生保障更加健全。一批民生实事项目得到落实，5项镇级、31项村级人大票决实事项目基本完成，全年民生类支出占财政总支出的70%。大佳何村、民主村、涨坑村、和平村等4个村被评为AA居家养老服务站，星级居家养老服务站完成全覆盖，五保老人集中供养率实现100%。持续推进医疗、养老等惠民政策，完成社保扩面1401人次，养老、医疗保险参保率分别达97%和99.7%，再创历史新高。全镇239户低保对象享受最低生活保障，全年精准发放各类慈善、临时救助等资金700万元。

社会事业协调发展。初级中学中考、中心小学升学统考分别位列全县农村学校第一、第二，中心幼儿园“冰上飞龙”节目连续八年蝉联省级特色体育节目一等奖。镇卫生院进入内部装修阶段，医共体建设、家庭医生签约服务持续推进。完成1个三星级和1个四星级文化礼堂创建，率先完成文化礼堂行政村全覆盖。成功举办第二届镇乡村振兴运动会，并积极组队参加宁海县第二届乡村振兴运动会，取得较好名次。继续开展百姓大舞台、文艺会演30余场次，举办“道德模范”“最美家庭”等评选活动，进一步丰富群众精神文化生活。深化移风易俗，倡导文明新风，涌现出“老人不办寿宴办门球赛”的好典型。

社会治理不断深化。“一网格一中心四平台”不断完善，“村民e点通”覆盖率达99.6%。“智慧城管”运行逐渐规范，新增电子监控18处。深入推广“村民说事”“老何说和”，推动社会治理重心下移，各类矛盾调解率保持100%，信访件办结率100%，信访回访率100%。

严格落实安全生产责任，扎实开展“四大会战”专项行动，对831家经济活动单位排查出各类隐患3809条，537家企业完成整改，消除隐患1977处，消防培训7959人，持续提升事故防范和应急处置能力，全年重大安全事故零发生。此外，工、青、妇等群团组织的作用得到有效发挥，人民武装、民政、科协、老龄、关工委等各项工作也取得新的进展。

【党建保障】 以更高标准更严要求锲而不舍抓作风强党建，进一步建强组织、打造铁军，巩固发展风清气正的良好政治生态。基层组织建设扎实推进。持续深入推进“两学一做”学习教育常态化制度化，按照“守初心、担使命、找差距、抓落实”总要求，切实开展“不忘初心、牢记使命”主题教育，做到“规定动作”扎实到位，“自选动作”增亮添彩。

积极落实“四个一”，形成专项调研报告11篇，领导干部累计检视问题180条，完成整改122条。党员干部队伍建设不断加强。全面实施“一三五”锋领团队特色化志愿服务，形成16支锋领团队，开展暖心关怀、平安夜巡、文明出行、护航中考等各类志愿服务活动，党群“同心圆”活动次数人均达7.8次。

进一步健全村级后备干部“选、育、用”链式培养体系，培养村级后备干部45名，新发展党员11名。持续深化《大佳何镇不称职村干部三色清单管理暂行办法》和《深入推进“锋领佳何”建设的工作意见（试行）》处置力度，已有1名村干部列入橙色清单管理、6名村干部列入黄色清单管理进行教育，8名不合格党员迁入镇教育整转支部，并开除1名党员党籍。

党风廉政建设持续强化。实施农村巡察制度，实现行政村巡察全覆盖，推动全面从严治党向村级党组织延伸。不断加强监督执纪问责工作，进一步扎紧制度的笼子，深化村级权力清单三十六条运用，加强对人事、资金、资产等重点领域的监管，促责履诺约谈10人次，通报批评15人次，批评教育20人次，全镇形成风清气正、主动作为的良好氛围。

强 蛟 镇

【概况】 位于县境北部，距县人民政府东北27.8千米。地处象山港畔，三面环海，东隔黄墩港，与大佳何镇和象山县相望，南接桥头胡街道，西与铁江和西店镇相邻，北与奉化市海域相连。镇人民政府位驻峡山，以长礁码头谐音取名强蛟。镇域面积58.28平方千米，其中海域面积34.58平方千米，陆域面积23.7平方千米。辖1个社区、

8个村委会，总人口1.7万人。

自宋代起至民国隶属朱开乡，民国32年（1943）属久安乡。1949年7月，隶属桥头胡区。1951年建峡山、薛岙、下浦乡。1956年三乡合并为薛岙乡。1958年属黄墩人民公社。1961年分出建峡山公社、薛岙公社。1983年改峡山乡、薛岙乡。1985年置峡山镇。1992年全市进行撤区扩镇并乡，峡山镇与薛岙乡合并成立强蛟镇。2003年强蛟镇设立临港开发区，薛岙、上蒲、下洋、王石岙、胜龙等村大部分土地被征用，耕地面积从8797亩减少到6682亩，2005年改称为宁海湾循环经济开发区，实行区镇合一管理体制。2015年，县委、县政府作出战略调整部署，明确区镇管理体制分离，原宁海湾循环经济开发区职能划归县科技园区管理。

4月，强蛟镇全景

近年来，强蛟镇以发展循环经济产业为主导，民营企业发展蓬勃，综合经济实力强劲，人均收入及财政收入等各项指标均居宁海前列。先后荣获宁波市生态镇、宁波市循环经济示范区、浙江省生态镇、浙江省循环经济试点区、浙江省十大春意小镇、小城镇环境综合整治省级样板镇等荣誉。

强蛟半岛拥有丰富的海洋渔业资源和海洋文化资源，享有“东方普吉岛”“海上千岛湖”的美誉。作为宁海县首个提出湾区经济发展先行镇概念的乡镇，主攻工业发展，积极争创“自在宁海湾”，将旅游观光作为未来发展的重要产业，立足海岛旅游资源，依托传统渔俗文化优势，结合新时代节庆活动，探索“节庆+文化+旅游”深度融合，不断丰富海洋旅游文化内涵，在“两美浙江”建设道路实践上逐渐凸显本地特色。

2019年全镇实现全镇实现生产总值69.4亿元，同比增长6.8%；完成财政一般预算收入27403万元（含园区19家企业），增长9.06%，为加快建成全省湾区经济发展综合强镇迈出坚实步伐。

3月，海螺水泥厂鸟瞰

【工业经济】 全年实现工业总产值69.4亿元。围绕“246”产业集群建设和“225”外贸双万亿行动，加快推动制造业高质量发展。规上工业总产值突破40亿元，同比增长6.5%；新增10家规上工业企业。狠抓工业和技术改造投资，实现固定资产投资3.5亿元，同比增长48.7%，增速高出全县平均增速30个百分点以上，为镇工业经济发展积蓄后劲。

科创能力进一步增强。围绕产业转型升级，全面落实科技新政46条，新获国家级3项、省级3项、县级7项科技创新荣誉，新增国家高新企业3家，宁波股交中心挂牌企业突破6家。

招商引资进一步提升。招商内容、方式、成果多元化，成效明显。全年实到外资2600万美元，完成率达288.9%，位列全县第一；浙商回归7.44亿元，完成率496%；市外内资4.11亿元，均超额完成年度考核任务。

产业项目进一步充实。6个县重点项目加速推进，产业结构进一步优化。县环保能源发电项目完成投资2亿元，土建工程完成40%。

9月，海水养殖

【农业经济】 农业基础设施不断完善，产业化进程不断加快，2019年实现农业总产值14495万元，现有农民专业合作社23个，家庭农场8个。已建成海上网箱养殖基地7家，大力实施海洋经济升级增效，积极引进新品种新技术，引领种养结构调整优化。

【海岛旅游】 加快建设全域旅游特色镇，横山岛景区获评国家AAA级旅游景区。撬动社会资本助力旅游发展，与静程旅业合作打造宁海湾蓝湾食府团队餐厅和宁海湾特产商品展示中心，提高宁海湾区域农特产品的核心竞争力，得到广大游客的赞誉。滨海旅游环线完成设计，强蛟群岛开发项目顺利推进，码头创意文化街区项目投入建设，宁海湾1号码头项目即将完工。与万里学院建立校地合作机制，万里—强蛟青年艺术文创中心部分门店正式营业。宁海湾景区营业额突破700万元，售票超过15万人次，同比增长20%。全市首家海岛民宿——花筑·蜃海湾自9月初试营业以来，周末及节假日基本满房。新增多家海产品特销店，海苔、风鳗、海水养殖等本地特产盈利实现翻番。

5月，强蛟滨海风情游

【镇村建设】 小城镇环境综合整治成效显著，并获评全省小城镇环境综合整治行动突出贡献集体，是全县唯一获此殊荣的先进集体。峡山国家二级渔港升级改造项目基本完成招标前期相关工作，象山港区域海岸线整治修复项目（薛岙北段）进入招投标阶段。全面完成农村土地确权工作，持续推进农房确权登记工作，27个涉农资金项目有序实施。全镇耕地垦造工作进展顺利，强势清理整治4处“大棚房”。强化“三改一拆”拆改建同步，共拆除各类违法建筑3.66万平方米。完成上蒲、下蒲、加爵科等村4处山塘水库维修工程，完成大栏坝海塘加固工程，门前塘海塘加固工程开工建设。累计铺设污水管网72千米，完成工业聚集区雨污分流、截污纳管、沿街餐饮污水治理，启动菜场周边雨水管网铺设和生活小区雨污分流改造，完成5个V类小微水体销号。

4月，骆家坑村花海

【社会事业】 科技围绕产业转型升级。全面落实科技新政46条，新获国家级3项、省级3项、县级7项科技创新荣誉，新增国家高新企业3家。

基础教育和学生素质得到全面发展，强蛟中学中考成绩超额完成指标，镇成校获评“宁波市新兴成校”。2019年年末，全镇共有中小学3所，其中小学2所、初中1所。在校学生总数856人，小学生621人、初中生235人、外来务工子女426人。幼儿园3所，其中民办2所，在园幼儿372人。学前三年幼儿入园率99%；小学入学率、巩固率和小升初比例达到100%；初升高比例100%；“三残”儿童入学率达60%。在职在编教职工71人，退休教师31人。

中小学均被评为全国校园足球特色学校，中小学女子足球队获得多项省、市、县级荣誉。

举办百姓大舞台等各类群众文化活动18场次，成功承办县导游大赛，收获奖项高居全县榜首，建成首条“自在宁海湾”文明示范线，胜龙村村民潘爱青入选中国好人榜。

顺利推进医疗卫生体制改革，推进实施农村家庭医生签约制，建立健全城乡统筹的医疗网，建成社区卫生“15分钟服务圈”，实现乡村卫生服务一体化。2019年，全镇共有医疗机构11家，每千人执业医师数1.21人，每千人在岗护士数0.58人，每千人床位数0.53张，医疗机构门急诊人次75984人次，婴儿死亡率16.81‰（2/119）。5岁以下儿童死亡率16.81‰（2/119），孕妇住院分娩率100%。

5项人大代表票决实事工程全部完成，全年民生类支出占镇财政总支出的66.7%。养老、医保等新增参保人数大幅增加，全民参保普及率进一步提升，“生、亡、病、困”扶助资金超过590万元，募集慈善资金70余万元，均创历史新高。加快提升医疗服务能力和服务水平，创建省级“三优”服务指导中心，积极配合完成县域医共体建设，完成家庭医生签约率达66.52%。着力满足老年人需求，强蛟敬老院项目进入运营前期准备。

5月，上蒲村排练扇子舞

【一方名村】 12月，省文化和旅游厅公布第五批浙江省非物质文化遗产旅游景区名单，强蛟镇峡山村入选民俗文化村，成为宁海第四个省级“非遗”旅游景区。

峡山，原称峡口，地处宁海北部强蛟半岛东北角、象山港之尾。旧时四面环海，村东西各有一小岛，西面小岛叫西山，东面小岛叫峡山，两岛相连处被称为峡口，因村庄坐落在峡山得名，是比较典型的浙东沿海渔村，最早的村民于明洪武年间迁入，2019年有2000余户5200多人，以尤姓为主。渔业生产是其主要经济来源。

村民延续传统的渔家生活方式和风俗习惯，保存下来的民俗文化和传统手工技艺等“非遗”十分丰富，有生动朴素的海洋生产生活谚语、特色鲜明的峡口庙庙会、仪仗操銮驾巡游、传统船模制作、传统海产品生产加工、舞龙舞狮舞船灯、请船龙做年归戏等。

近年来，峡山村全面投入美丽乡村建设，凭借特有的陆海岛组合和旖旎的滨海风光、富有情趣的海上活动、独特的海洋民俗文化等旅游资源，绘出一幅“秀山碧海美渔村”的唯美画卷。

表26　　强蛟镇2019年基本情况表

指　标　名　称	计量单位	数　量
一、乡镇基本情况	—	—
村民委员会	个	8
社区居委会	个	1
行政区域面积	平方千米	58.28
镇区公共绿化面积	亩	24000
二、人口与就业	—	—
乡镇户籍住户数	户	6800
乡镇户籍人口数	人	17147
三、乡镇经济情况	—	—
农业经济总收入	万元	14495
其中：出售产品收入	万元	—
农民人均所得	元	—
固定资产投资完成额	万元	35265
其中：农业投资	万元	—
四、企业情况	—	—
企业个数	个	400
其中：工业企业	个	330
企业从业人员	人	7891
其中：工业企业	人	7691
企业实交税金总额	万元	—
五、乡镇机构	—	—
财政供给人数	人	62
1. 公务员	人	27
2. 事业编制	人	26

续表26

指 标 名 称	计量单位	数 量
3. 其他人员	人	9
财政供给人员全年工资总额	万元	1104
六、财政与金融	—	—
财政总收入	万元	17822
一般预算内收入	万元	10570
预算外资金收入	万元	—
基金预算收入	万元	—
上级财政补助收入	万元	7252
财政总支出	万元	10249
其中：农 业	万元	4017
科学技术	万元	—
教 育	万元	2033
年末资产总额	万元	7742
年末债务总额	万元	7802
其中：当年负债	万元	1166
年末居民储蓄存款余额	万元	—
七、乡镇社区环境	—	—
储蓄所	个	2
本乡镇公路里程	千米	—
公园个数	个	4
市场个数	个	2
八、科技、文教、卫生	—	—
农技推广服务机构	个	1
农技推广服务从业人员	人	6
农业专业合作经济组织个数	个	24
农业专业合作经济组织成员	户	175
小学学校总数	个	2
小学在校学生总数	人	612
小学教师总数	人	37
中学学校总数	个	1
中学在校学生总数	人	235
中学教师总数	人	21
幼儿园、托儿所	个	4

续表26

指 标 名 称	计量单位	数 量
图书馆、文化站	个	9
影剧院	个	—
体育场馆	个	1
卫生机构数	个	11
其中：医院、卫生院	个	1
卫生技术人员数	人	39
其中：医生数	人	17
病床数	床	10
九、生活、社会福利	—	—
刑事案件立案数	件	—
敬老院、福利院个数	个	—
敬老院、福利院现收养人数	人	—
参加农村新型合作医疗人数	人	9478
参加农村社会养老保险人数	人	13062
享受居民最低生活保障人数	人	351

西 店 镇

【概况】 位于县境北部，镇人民政府驻地西店，以驻地得名，距县人民政府北21.5千米。东濒象山港，西邻深甽镇，西北与奉化交界，南连梅林街道。陆域面积102.3平方千米，海域面积26.64平方千米。34省道、沈海高速（G15）、甬台温铁路贯穿全境，区位优越，交通便捷。

自宋代起至民国隶属新宁乡，民国23年（1934）隶属梅林区，民国36年（1947）年底，隶属义溪乡、紫文乡。1949年7月，隶属深甽区。1950年9月建西垫乡，1951年建团坝、西垫、香山、仁合、紫溪、桥棚、皃溪乡，1955年2月团坝、西垫合并称西垫乡，并划入原桥棚乡之邵家村，香山、仁合合并称香山乡，紫溪、桥棚、皃溪乡并称紫溪乡。1956年西店乡同香山乡合并，1958年均属西垫人民公社，1959年12月划属奉化县。1961年12月复归宁海县。同年以原西垫、团坝二小乡区域划并入原属香山乡之皂坑、张家两个大队，建西垫公社，香山公社、紫溪公

4月，吉德系工贸一体项目投资签约仪式

社。1962年经省人民政府批准，西垫改名西店，称西店人民公社。1983年5月，实行政社分设，称西店乡、香山乡、紫溪乡。1984年10月，经省人民政府批准，西店乡撤乡建镇成立西店镇。1992年全市进行撤区扩镇并乡，把紫溪乡、香山乡、西店镇合并为西店镇。2006年全县开展行政村规模调整。辖1个居委会、22个村委会，有53个自然村。户籍人口4.7万人，常住人口8.5万。

2019年全镇实现地区生产总值75亿元，同比增长7.1%；财政总收入超12亿元，再创新高；规上工业总产值107亿元，"百亿强镇"进一步巩固；固定资产投资19.81亿元，同比增长11.3%；城镇居民可支配收入5.8万元，同比增长10.6%；农民人均纯收入4.3万元，同比增长11%。

11月，中车项目交通签约仪式

【工业经济】 全镇规上工业企业数达122家，完成规上工业总产值107亿元。工业投资不断加大。完成投资6.92亿元，增长25.4%，占总投资的34.9%。外贸进出口总量位居全县前列。完成外贸进出口总额45亿元，同比增长7.8%，其中出口总额44亿元，同比增长6.5%。

深入开展"三服务"企业调研，帮扶企业成效显著。共兑现节能改造、外经贸、高成长、展会等各项产业扶持政策14项，涉及资金1220余万元。九运自动化项目成功入围宁波市3315人才团队项目，被评定为全市C类项目。

招商引资扎实开展。成功签约吉德工贸一体、中车交通商用车创新工厂与长三角配套产业园等8个项目，引进县外内资11亿元。

完成全国第四次经济普查工作。全面调查西店二、三产业的发展规模、布局和效益，进一步摸清全镇经济家底。

8月，防御台风"利奇马"

【农业经济】 农业生产平稳发展，全年实现农业总产值5.9亿元。

水利工程全面推进，五市溪河道治理二期工程、洞口庙水库下游河道治理顺利完工，完成6座山塘水库验收，创新实施重点水利工程标准化物业化管理。通过市级污水零直排区复验工作。

大力开展废弃矿山、"大棚房"问题专项整治工作。完成明恩寺采石场、石家轧石场等生态治理项目的前期工作，全面完成"大棚房"整治，拆除违章面积7200余平方米。

加快土地流转，新增农用耕地260亩，编制完成全域土地综合整治方案。

“三防”水平进一步提升。建设森林防火指挥系统，绘制完成防汛防台形势图，全年辖区内未发生森林火灾，有效防御超强台风“利奇马”，群众生命财产得到有力保障。

8 月，团堧村百人共书千米红色海岸线

【三产经济】 立足区位优势和资源优势，积极培育、发展壮大第三产业，促进旅游、商贸等行业快速平稳发展。全年实现三产增加值 22.9 亿元，经济结构进一步优化，三产占比达 28%，比上年提高 2.3 个百分点。新增限上服务业企业 4 家，限上服务业企业总量达到 26 家，限上商品销售额完成 20.73 亿元，同比增长 83.9%。精品旅游稳步推进。溪头红豆杉庄民宿申评五叶级特色客栈，成功招引轿辰小镇项目。房地产业稳步发展。基本建成锦海花园地产项目，顺利完成滨海邻里中心、炮头山、老吉德新城商业地块等项目土地出让，完成综合市场地块、成人学校地块的方案设计，全年累计投资约 3.4 亿元。

12 月，举办西店镇蛎黄节

【村镇建设】 城市功能更趋完善。新城围填海全面铺开。投资 2.5 亿元，完成公共绿化及市政道路吹填砂工程 200 万立方米，岭口后门山矿地综合利用项目有序推进，料场便道基本建成，新城规划展示馆正式投用，成为西店新地标，年参观人数达千余人次。老城市政配套进一步完善。完成西店南路、建设路污水及市政综合改造，西店南路全段“三线下地”，拔除电杆、通信杆 150 余根。甬临线穿镇段两侧市政设施综合改造通过验收，镇区面貌焕然一新。

城市管理更富成效。城市管理机制和公共服务体系日趋完善，智慧城管平台高效运行。持续深化“三改一拆”，强势推进违法建筑查处和整治力度，拆除违章建筑 23.5 万平方米，超额完成年度目标任务，拆后土地利用率达 93.48%，位居全县前列。交通治堵持续推进，新增机动车泊位 301 个、非机动车泊位 30 个，新建电子交警 20 套。大力推进“从头开始、从心出发”非机动车安全整治，交通事故率明显下降。全面推进垃圾分类处理。建立完善垃圾分类收集、运输、处置体系，海洋村获评省高标准农村生活垃圾分类示范村。深化智安小区建设，全镇 6 家物业小区完成安装智能门禁系统、启动各村群租房安装智能门禁系统，以村社小平安积累社会大平安。

园区建设提质扩容。坚持把园区作为促进镇域经济发展的重要载体来抓，持续推进望海、滨海两大园区建设，实现规上工业总产值 38

亿元，同比增长41%。园区产业效益明显。吉德电器（一期）、兴伟刀具、盛麟电器、黑森林等厂房建成投入使用，效益良好，吉德电器年产值增长100%。入园项目有序开展。伟书文具、一驰新材料、寅通机械等项目主体结构基本建成。园区规模持续扩张。攻克政策处理项目18个，新征用地面积1600亩，累计兑现补偿款7500万元，滨海三期扩容完成香联村1000亩整体征地协议签订。基础设施建设稳步推进。全年完成投资1.2亿元，滨海一期基础设施提升工程通过验收，滨海二期通信管线、电力排管、供水管道等工程基本完成，环境得到明显改善。

乡村振兴更具特色。开展艺术振兴乡村行动。成功举办中国（宁海）西店“艺术振兴乡村”暨“百人共书千米红色海岸线”大型长卷创作活动。中国美院、浙江农林大学、浙江万里学院分别进驻团坝村、铁江村、集义村开展美丽乡村建设。持续推进环境整治、五水共治等专项行动，巩固小城镇环境整治成果，成功创建国家卫生镇。村级集体经济进一步壮大。崔家海鲜美食城投入运营，溪头村小企业安置园区开工建设，樟树金融中心完成项目投标，所有行政村经营性收入全部超过10万元，其中11个行政村超过30万元。不动产权登记有序推进，完成22个行政村全部户数调查和测量工作。

【社会事业】 民生保障切实加强。高度重视教育现代化，建成中心小学综合楼、望海学校初中部和第二小学新教学楼，有序推进民办学校哲圆教育前期工作。不断提升公共卫生水平，县第三医院与宁波市第一医院托管合作成效显著，年营业额增长30%以上，耳鼻喉科成功创建为宁海县基层特色专科。

全面提高居家养老服务水平，创建示范型居家养老服务中心，建立老年人意外伤害保险制度。

“最多跑一次”改革纵深推进。企业项目开工前审批“最多跑一次”持续发力，26个项目实现开工前审批“最多37天”。积极探索“最多跑一次”向村级延伸改革，率先在5个行政村建立“村务厅”，分批分类下延办事事项89项，配备村级“领跑员”，实现网上办、掌上办、线下办、上门办、代跑代办等多种办理模式，有效打通服务群众“最后一公里”。

文体事业蓬勃发展。繁荣发展文化事业，全年开展百姓大舞台25场，成功举办第二届西店蛎黄文化节。4家文化礼堂通过验收，实现所有行政村全覆盖。加快体育事业发展，成功举办第二届乡村振兴村民运动会，极大激发群众健身热情；开展“千里走宁海—西店站”徒步登山活动，吸引户外运动爱好者300余人。社会治理务实创新。深入推进“平安西店”建设，扎实开展“扫黑除恶”专项斗争，平安指数不断提升。创新手段做好信访维稳工作，签订停访息诉8人次。

强化矛盾人民调解工作机制，开展人民调解575次，涉案金额476万元，调解成功率达98%。

圆满完成“保平安、迎大庆”等重大安保工作。安全生产持续强化。以“四大会战”专项行动为抓手，组建94个攻坚组，实现重点行业领域安全生产全覆盖。全年开展安全生产教育培训129场次约3.8万人次，开展各类监督检查6336人次，排查工业企业2584家，停产停业整顿6家，取缔1家，拆除违章建筑200处4.4万平方米。

【一方名企】 宁波双林汽车部件股份有限公司是双林集团控股子公司，系中国A股上市高新技术企业，是一家致力于以自主创新、产品研发、模具开发为基础，实现汽车零部件模块化、平台化供应的国家级高新技术企业。公司拥有国际上最先进的技术与设备，生产最精良、优质的产品。完善的技术创新体制，先进的研发试验设备，拥有120余人组成的专业研发团队，并和国内外多所高校进行合作，成立校企大学，为公司内部培养、输送人才奠定基础。先后被评为：通用五菱优秀供应商；博世全球优选供应商；联合电子优秀供应商；博泽最佳物流供应商；天合十佳供应商；长城汽车内外饰模具优秀供应商等。并建立国家安全标准化二级体系，被评为青年安全生产示范岗企业。先后获得国家火炬计划重点高新技术企业、国家级企业技术中心、院士工作站等多项荣誉。2019年获得博士后工作站、浙江省科技进步奖三等奖、浙江省知名商号、宁海县制造业纳税十强、宁海县民营制造业领军企业、优秀一线班组将等多项荣誉，旗下的分子公司同时获得县长质量奖、高新技术企业等多项荣誉。

宁波吉德电器公司是国内一流的大家电制造商和品牌运营商，总部位于宁海西店滨海工业园区，是中国最具成长力的家电品牌之一。公司创始于1980年，逐步发展成为洗衣机大家电产品研发、制造、销售为一体的现代化企业，得吉德产品涵盖全系列多品类洗衣机和干衣机。公司全球合作战略始于1993年，凭借领先的研发、制造和品控能力，与多家跨国企业建立合作模式，成为世界500强之四大家电集团中国区战略合作伙伴。吉德已在全球建成4大研发中心，2大生产基地，以及2个自主品牌，遍布40

多个国家和地区。2017年，公司斥资在西店建设高端滚筒洗衣机生产基地，形成年产400万台洗衣机的规模。2019年公司实现产值100%增长，实现销售收入161709万元，并获得县级“安康杯”优秀班组奖、安全生产标准化三级企业、省级AAA级“守合同重信用”企业、全国百佳质量诚信标杆示范企业、全国产品和服务质量诚信示范企业等诸多荣誉。公司开发的全变频热泵干衣机，经中国轻工业联合会一致鉴定，该产品技术国内领先，填补国内空白。

宁波震裕科技股份有限公司是专业从事精密级进冲压模具及下游精密结构件的研发、设计、生产和销售的高新技术企业，拥有丰富的精密级进冲压模具开发经验和完整的制造体系，以精密级进冲压模具的设计开发为核心，为全球范围内的家用电器制造商及汽车、工业工控制造商等提供定制化的精密级进冲压模具。同时，公司以自身设计开发的冲压模具为基础，向客户提供精密结构件产品，广泛应用于家电、新能源锂电池、汽车、工业工控等行业领域。近年来公司被评为市“创业、创新工业设计示范企业”“中国模具之都重点培育企业”“县纳税五十强”“最具潜力20佳企业”公司，企业技术中心成为浙江省科学技术厅“省级高新技术企业研究发展中心”的依托单位，是中国模具协会理事，宁波市模具行业副会长事单位，中国电机铁芯模具重点骨干企业，国家高新技术企业，宁波市制造业单项冠军培育企业。2019年公司营业收入达到51325.27万元，净利润为8033.94万元，获得省级企业研究院、2019年度宁海县纳税十强企业、2019年度宁海县民营制造业领军企业、2019年宁海县制造业“亩均效益”领跑者等荣誉。

表27　　西店镇2019年主要经济指标情况表

	单位	本月实绩	本月止累计	上年同期累计	比上年同期累计±%
一、122家规模以上工业总产值	万元	111576	1071678	1019449	5.1
规模以上工业新产品产值	万元	31907	401688	298165	34.7
规模以上工业销售产值	万元	105800	1031536	964525	6.9
规模以上工业出口交货值	万元	38157	386191	394053	-2.0
规模以上工业增加值（生产法）	万元	—	252876	246972	3.3
规模以上工业战新产业增加值	万元	—	75520	—	52.1
规模以上工业高新技术产业增加值	万元	—	164154	—	11.3
规模以上工业增加值（收入法）	万元	—	232732	237980	-2.2
二、属地固定资产投资	万元	22378	198107	177963	11.3
其中：工业投资	万元	9790	69155	55153	25.4
建安投资	万元	—	156943	112685	30.5
三、税收收入（县口径）	万元	—	98343	101304	-2.9
四、一般公共预算收入（县口径）	万元	—	48936	50861	-3.8
五、金融系统人民币存款余额	万元	—	404700	334100	21.1
金融系统人民币贷款余额	万元	—	372560	309100	20.5
六、全社会用电量	万千瓦时	—	48155	46474	3.6
其中：工业用电量	万千瓦时	—	36935	35797	3.2
七、限上商品销售额	万元	21903	207326	112764	83.9
八、限上社会消费品零售额	万元	774	8520	9925	-14.2

续表27

	单位	本月实绩	本月止累计	上年同期累计	比上年同期累计±%
九、利用外资新签项目数（招商项目）	个	—	—	—	—
合同利用外资	万美元	—	711.36	—	完成率 29.6
实际利用外资	万美元	—	1601	—	完成率 100.0
十、浙商回归（省外方投资额）	万元	—	59010	—	完成率 268.2
市外内资（市外方投资额）	万元	—	55070	—	完成率 110.1
县外内资（县外方投资额）	万元	—	110457	—	完成率 184.1
十一、进出口总额	万元	40496	451439	417009	8.3
其中：出口总额	万元	39767	440863	411989	7.0
十二、规模以上工业主营业务收入	万元	—	1024154	940796	8.9
十三、规模以上工业主营业务成本	万元	—	836303	766086	9.2
十四、规模以上工业主营业务税金及附加	万元	—	6653	6135	8.5
十五、规模以上工业利税总额	万元	—	81582	122194	-33.2
其中：利润总额	万元	—	44886	82488	-45.6
十六、规模以上工业资产总计	万元	—	1501360	1507336	-0.4
十七、规模以上工业负债总计	万元	—	881334	819184	7.6
十八、规模以上工业应交增值税	万元	—	30043	33570	-10.5
十九、规模以上工业应付职工薪酬	万元	—	140376	134693	4.2
二十、地区生产总值	万元	—	750242	675634	7.1

深甽镇

【概况】 位于县境西北部，距县人民政府西北16千米。东邻西店镇、梅林镇，南连黄坛镇，北界奉化市，西接奉化市、新昌县。镇人民政府驻深甽，以驻地得名。面积174.6平方千米。辖1个居委会、1个林场、22个行政村，总人口3.5万人。先后获得中国运动杖之乡、国家级生态镇、全国重点镇、省文明镇、省体育强镇、省级卫生镇“治水美镇·浙江样本”50强、2016中国最美村镇生态奖、2017中国最美村镇50强、国家标准示范度假社区等荣誉。

自宋代起至民国隶属新宁乡，民国23年（1934）隶属梅林区，民国36年（1947）年底，隶属三省乡、双峰乡。1950年有长大乡，1951年长大乡分为大蔡、三桥、甽水3个小乡，五美、胜联、柘溪乡、双湖乡、龙宫乡、蒋坑乡、马岙乡。1956年大蔡、三桥、甽水三乡合并称长洋乡，五美、胜联、柘溪乡合并建大里乡，双湖乡、龙宫乡、蒋坑乡一部分建双湖乡，马岙乡、蒋坑乡一部分合并建马岙乡。1958年属深甽人民公社。1959年12月划属奉化县。1961年12月复归宁海县。同年建深甽公社、大蔡公社、大里公社、双湖公社、马岙公社。1983年改深甽乡、大蔡乡、大里乡、双湖乡、马岙乡。1985年置深甽镇。1992年全市进行撤区扩镇并乡，双湖乡、大蔡乡、大里乡、马岙乡并入深甽镇。

北宋史学家胡三省、当代著名学者张明浩和“世知人”张明养故里，拥有1个中国历史文化名村、2个中国传统村落、4处古戏台被列为国家级重点文物保护单位、5个省级卫生村、2个市级历史文化名村、16个市级卫生村、县级卫生村22个，正在创建省级卫生村2个、市级卫生村1个。2018年4月正式递交创国卫申请，创卫总体成效明显。2018年8月，宁海森林温泉小镇入围省级特色小镇第四批创建名单。

2019年，温泉景区被评为浙江省避暑气候胜地。宁海温泉乐动小镇成功列入第二批省级运动休闲小镇培育名单，国家级旅游度假区完成省级专家资源评审工作。

2019年实现工农业总产值34.36亿元，同比增长2.97%，财政总收入1.49亿元。

【产业争优】 2019年实现工业总产值32.85亿元、进出口总额6.93亿元，分别同比增长3%、10.9%，财政总收入1.49亿元。完成浙商回归2.8亿元、市外内资4.1亿元、县外内资4.1亿元，完成固定资产投资7.27亿元。

创新能力明显提升，阿诺丹、永业、东大恒丰和金波金属等4家企业被评为国家高新技术企业，海连汽配、向日葵进出口、嘉裕再生资源等10家企业列入县级创新型初创企业，永业等4家企业被列入县工程技术中心项目，规上工业企业投入8300万元科研经费，完成发明专利授权3件、实用新型发明专利25件、外观设计发明专利37件。

行业整治加快推进，信豪铝业等企业投入600余万元推进行业整治提升。

茶旅融合发展迈出坚实步伐，农产品品牌化建设成效明显，茶叶、竹笋、高山蔬菜和精品水果四大农业主导产业持续引领。“岳峰山”牌黄茶荣获全国“蒙顶山杯”斗茶大赛金奖，“俞峰堂”牌等2种红茶入围“浙茶杯”十大金奖红茶。

【环境争优】 加快推进古村保护开发项目建设，龙宫村、白岩村获评省AAA级景区村庄。因地制宜推进精品示范村庄建设，完成白岩精品村、大洋环境整治提升村、马岙美丽乡村示范村等项目建设，加快推进南溪美丽乡村示范村、大里美丽宜居示范村项目建设。

投入1500万元开展第一期高标准农田项目建设，投入1500万元完成长洋等8个村500余亩耕地垦造项目。按照“把资源变为资产，把资产转为资本”的思路，创新拓展村级集体经济发展壮大的有效途径。

全力开展省级污水零直排区建设，投入5000万元启动建设深甽至三省段生态河道整治工程，投入2500万元开展农民饮用水达标提标工程，完成26个沿河排污口治理、16家工业企业雨污分流工程项目，实现农村生活污水全覆盖。

【城乡建设】 2019年深甽镇重大项目工程共计30项，其中新开工项目9项、谋划类项目7项、持续推进项目14项。项目涵盖旅游、城建、工业投资、教育文化、美丽乡村和水利等六大类，其中旅游类项目13项，与“三镇一区”创建工作深度契合，城建类项目8项，针对解决群众最关心、最直接、最现实的切身问题。总体呈现以旅游为主体，以城建为基础，工农文教各方面共同发展的特点。

美丽集镇建设。计划投入1800万元，完成环城南路“白加黑”、排水系统及人行道等建设项目，东升路改造工程和镇区景观节点提升等。

环城南路提升工程完成排水系统建设，正在进行人行道和柏油路铺设。东升路完成沿线树木迁移和排水系统建设。镇区景观节点提升工程包括温泉小镇入口、岩头山、景区道路沿线等区块，其中岩头山节点改造完成，其他正在进行方案深化。

乡村振兴发展工程。计划投入2000万元，完成1个整治提升村、2个市级美丽乡村示范村、1个“两美”宁海精品村、2个美丽乡村合格村、1个美丽乡村“一事一议”项目和1个优质村级集体经济发展项目。

大洋村环境整治提升村项目投入资金约320万元，拆除危旧房1500平方米，完成村口节点公园、道路硬化等项目。白岩村“两美”宁海精品村项目投入资金约550万元，完成朗山公园、精品公寓、村庄沿路庭院景墙和外立面改造等项目。马岙村市级美丽乡村示范村项目投入资金约850万元，亲水景观工程完成工程量的95%，游客集散中心完成主体建设。南溪村市级美丽乡村建设项目已投入资金约100万元，完成呼水塘桥梁和村内节点建设，温泉体育公园完成规划设计，进入预算招投标阶段。岭下、赤岙村市级美丽乡村合格村项目均完成验收，投入资金约70万元。县级“一事一议”项目柘坑张村居家养老中心投入资金约120万元，完成工程量的90%。村级集体经济发展项目大里村菜市场改造工程总投入约700万元，已进入主体一层施工建设。

农村家宴中心提升工程。年计划投入100万元，对深甽、长洋、柘坑张等3个农村集体聚餐场所改造提升为农村家宴中心。均已经完成基础设施改建、厨房设备升级等工作，并通过上级部门验收。

农田整治改造项目。该项目计划投入3900万元，分两年完成1.6万亩高标准农田建设和马岙、白岩、岭下等8个村约600亩荒山、废弃茶园等垦造复耕。

大里片和大蔡片10个村的高标准农田建设工程于6月21日完成招投标，9月8日开工建设，面积约1万亩，其中柘坑戴、柘坑张、赤岙和溪滨村的建设项目已基本完工，共投入资金1500余万元，完成总进度的50%。马岙片高标准农田建设完成地块测量设计。马岙、白岩、岭下等8个村的600余亩荒山、废弃茶园等垦造复耕项目已全部完成，其中马岙、上湖和长洋等村已通过县市级两级验收，共投入资金1500余万元。

教育提升工程。投入2100万元，完成镇中心幼儿园和马岙小学建设工程。两项工程均已完工并投入使用。

农村公路改造工程。计划投入1000万元，完成象西线至龙宫公路工程、上湖至白岩公路改造提升工程和望海岗通村公路工程。望海岗通村公路工程已基本完工。象西线至龙宫公路工程正在进行桥梁施工。上湖至白岩公路改造提升工程完成施工图编制、立项及沿线三村征地范围红线放样。

燕山君澜温泉度假酒店：投资11.8亿元，完成酒店主体工程验收，一期工程温泉大酒店、VIP养生楼、后勤服务中心、行政楼都已结顶，其中VIP养生楼精装修样板房已对外出售，温泉大酒店和养生楼正在进行内部墙体砌筑。二期工程已全面动工。存在问题是水乐园天梯等20亩配套设施需挂牌出让，水乐园项目存在申请办理提前介入手续问题；因点状供地导致道路停车场等配套建设问题需要解决。

宁海安岚：投资5.5亿元，一期于1月10日试营业，成为长三角网红打卡度假酒店，在2019CHA中国酒店大奖中获多项荣誉。“双十一”期间销售金额1500万元，位列全国第四、全省第一。存在问题是因酒店销售按揭办理银行无法落实，二期开发不明朗，二期土地办理需延期申请，暂不收回，需由县自然资源和规划局协助。

温泉大庄山谷度假中心：投资30亿元，流转征收土地林地2105亩，完成坟墓迁移464穴。11月19日，大庄温泉乡根小镇项目举行开工仪式，完成统计投资入库工作，落实施工承包单位，基本完成场地“三通一平”工作，首开区基础已开挖，正式进场施工。存在问题是因开发商提出新增用地范围，政策处理问题需进一步解决；同时需解决地上及地下停车场、景观广场、水乐园等基础设施约40亩土地指标。

温泉度假区游客集散中心：投资1.5亿元，完成主体结构和地下室结构的验收。存在问题是二期停车场34亩土地指标无法解决，无法达到国家级旅游度假区验收要求。

国家级旅游度假区景区提升工程：完成景区道路提升改造、旅游交通标志牌设计、3个A级景区村庄标识标牌，完善部分基础设施建设等。

温泉小镇综合形象建设：完成温泉度假区重要节点、度假区灯光氛围营造、龙宫村入口节点等方案深化。完成南溪、白岩景区村庄标识牌落地；完成森林温泉景区、龙宫村标识牌方案深化；推进游客集散中心温泉文化体验馆设计；温泉小镇IP形象设计征集方案待落地。

中国（宁海）乡愁文化体验带三期：首家温泉民宿南溪·拾贰忆和首家最忆星空房车营地已营业，广受好评；太阳山·清隐轩精品民宿试营业；白岩村、龙宫村获评3A级景区村庄，正在加快乡愁文化带节点景观建设，拟计划打造沿线各具特色的文化展示馆。

慢行系统工程（深甽段）：完成70%工程量，主要包括花田畈滨溪栈道铺设、燕山一号桥桩基、南溪段道路、东山公园廊桥等工程。

龙宫古村保护和旅游开发工程：投入350万元建设完成游客集散中心项目，于2月启动使用；投入270万元完成育英书院、三之堂修缮工程；投入300万元新建二期环村路，已进场施工；投入100万元开展龙宫至集福寺道路拓宽工程，完成项目设计变更。

其他项目：凤山温泉疗养中心、深甽风情老街、温泉文化艺术村二期、天明山温泉四季滑雪场等4个项目正处于招商洽谈中。1月25日，宁海森林温泉度假区管委会与浙江恒德兴邦文化旅游有限公司就大庄温泉乡根小镇项目进行签约。

【乡贤平台】 构筑好乡贤平台，进一步挖掘弘扬乡贤文化、乡贤精神，与在外乡贤积极联络、主动交流，凝聚乡贤的智慧和力量，在新时代展示深甽乡贤新作为。3月30日，深甽镇乡贤联谊会举办2019乡贤峰会，以“聆听乡音·智谋未来”为主题，组织30余位乡贤共庆该镇乡贤联谊会成立一周年。与会的乡贤们先后参观燕山君澜温泉度假酒店、温泉文化艺术村、宁海安岚等深甽镇重大项目，并观看温泉小镇2019介绍PPT，深入解小镇建设最新进展情况。

9月11日，深甽镇举办第35个教师节暨奖教奖学活动，会上宁海广东商会会长、深甽镇乡贤联谊会副会长、广东省深圳市奥力压铸五金制品有限公司董事长俞照东上台讲述家乡情结，并现场捐资50万元用于支持家乡教育事业。孙启烈捐资100万元、胡金学成立育英奖教金。

【节庆活动】 为庆祝新中国成立70周年，开展系列主题活动，回顾深甽发展历程，全面展示辉煌成就，向奋斗在深甽各行各业的劳动人民致敬，进一步引导广大基层党组织和党员干部群众共同参与到省级森林温泉小镇、国家级旅游度假区、国家 AAAAA 级旅游景区等创建工作中，充分发挥“主人翁”和“螺丝钉”精神，全力开创深甽镇全域旅游新局面。

成功举办第十二届“十月半”民俗文化节，弘扬优秀传统文化为主线，展示深甽民俗风情为依托，加快推进省级特色小镇创建工作，推动全镇旅游经济和文化建设持续健康发展，全力开创深甽镇全域旅游新局面，荣获第四届金汤奖优秀温泉节庆。举办宁海县“温泉风情”文明示范线开线仪式，成功打造一条富有地域特色的市级文明风景长廊。活动包含“寄乡情”——泉心泉意十月半开市仪式、“逛乡市”——四县三地国际市集商品展、“秀乡色”——深甽之夜梦幻水韵光影秀、“颂乡风”——温泉风情文明示范线开线、“拾乡趣”——乡村振兴运动会趣味竞赛、“品乡味”——温泉养生十二道峰味套餐、“忆乡愁”——穿越时空盛世梨园戏曲周、“泡乡泉”——森林温泉汤池惠民活动。

【社会事业】 加大教育资金投入，发放奖教奖学资金 196 万元。马岙小学完成改建并投入使用，深甽镇中心小学完成食堂和阶梯教室改造，深甽中学完成食堂内部改造。深甽镇中心幼儿园已进入扫尾阶段，即将投入使用。深甽镇第二小学改建和深甽中学教学楼增建已列入县教育局规划。

高度重视社会保障工作，发放低保金 543 万元、残疾人补助 292 万元、临时救助和大病救助 30 万元、困境儿童补助 72 万元、特困老人集中供养补助 95 万元，基本实现应保尽保。不断加大综合执法力度，全面推进垃圾分类工作，成功创建国家卫生乡镇和宁波市第三批“无违建乡镇”。

加强和创新社会治理，积极开展“四个平台”建设和“最多跑一次”工作。建立统筹协调、重点信访案件包案、维稳专班等制度，成功化解一批信访积案。

全域全面开展安全生产“四大会战”，排查“两小企业”694 家，立整立改 188 家 1128 处、限期整改 250 家 1254 处，责令停产停业整顿 35 家，拆违 1.1 万平方米，组织培训 8700 人次。配强配足应急管理力量，一刻不松抓好各领域平安工作。

【党建争强】 坚持全面从严治党，扎实开展“不忘初心、牢记使命”主题教育，通过破难攻坚常态化、苦干实干导向化、责任清单制度化、干部关爱全程化等举措，全力打造深甽实干型团队。充分发挥镇党委领导核心作用，支持人大联系和督促重大项目，支持政府放手干事、创新成事。

统筹抓好统一战线、党管武装和群团工作，精心谋划召开 2019“聆听乡音·智谋未来”乡贤峰会，完成深甽镇乡贤馆建设，完成镇侨台联、妇联和工会换届工作。积极搭建干部实干群、实干论坛等四个平台，持续推进“实干之星”评选，建立工作清单 141 项、特色工作清单 12 项、重大项目清单 30 项，让干部急起来、干起来。隆重举办“红心向党——千名党员共庆新中国成立 70 周年”文艺活动，创新推出干部光荣入职、干部荣誉退休仪式，增强干部干事创业的自豪感、荣誉感。

着力构筑森林温泉小镇“1+3+N”党建工作体系，举行宁海森林温泉小镇区域化大党委成立仪式，打造宁海森林温泉小镇党群服务中心，推进南溪等精尖型党建精品村建设，完成美丽乡村示范片和森林温泉特色小镇党建示范片建设。

自觉接受镇人大和社会各界监督，加大人大相关建议意见的办理力度，办理建议意见 20 件，办复率 100%。从严治政全面落实，加强增收节支，促进厉行节约，严格预算执行，强化绩效评估。

严格落实党风廉政建设责任制，全面推进村级小微权力清单三十六条，扎实开展农村巡察工作，进一步完善干部请销假、会议考勤、公务接待及公务用车等有关制度，以“钉钉子”精神破难题、抓协调、促落实，不避难、不推诿、不懈怠，政府形象和工作效能不断提升。

高度重视国防教育，镇、村两级退役军人服务站实现全覆盖，武装民兵预备役事业取得新的成绩。严格落实党风廉政建设责任制，全面推进村级小微权力清单三十六条，扎实开展农村巡察工作，严肃查处各类违法违纪行为，严肃处理党员 10 名，全面营造干净干事、抢抓发展的良好环境。

越溪乡

【概况】 位于县境东南部白峤港畔，乡人民政府驻越溪，以驻地得名，距县人民政府东南 8.9 千米。东临沿海，南连一市镇，西邻跃龙街道，北靠茶院乡。面积 89.98 平方千米，辖 1 个社区、15 村委会，人口约 2 万。

自宋代起至民国初，隶属朱开乡。民国 23 年（1934），分属城区、长亭区。民国 36 年（1947）年底，分属桂峰乡、茂林乡。1949 年 7 月，隶属城关区。1951 年，分属力洋区、一市区，包括越溪、亭头、信千、梅七、大林乡。1956 年，越溪、亭头、信千三乡合并称越溪乡，梅七、大林乡合并称梅七乡。1958 年，属一市人民公社。1961 年，分立越溪公社、梅七公社、大林公社。1969 年梅七、大林公社合并成梅七公社。1981 年改称七市公社。1983 年改越溪乡、七市乡。1992 年全市进行撤区扩镇并乡，七市乡并入越溪乡。

省道盛宁线、县道亭柳线穿境而过，境内拥有 1000 吨的梅岙货运码头，是一个地理位置优越、交通便捷、环境优美的沿海乡。耕地 2.1 万亩，山林 4.4 万亩，村民主要从事养殖业，是名副其实的养殖大乡。

人文底蕴深厚，有巡检司城遗址。全国劳动模范应四官、医学女科学家夏海英博士、国家重点学科带头人杨肖娥教授等都出生在越溪。境内有王干山、油盐寺等风景名胜，自 2008 年起举办宁海（越溪）跳鱼节，2016 年起推出沧海桑田节，越溪乡知名度和美誉度与日俱增。

2019 年紧紧围绕“乐享沧海桑田、筑梦匠心小镇”的建设目标，始终牢记初心使命，一心一意谋发展，聚精会神抓建设，新添国家卫生乡镇、省语言文字规范化乡镇、宁波市农村垃圾分类示范乡镇等荣誉称号。

全年实现地区生产总值 15.03 亿元，同比增长 8%；完成一般公共预算收入 5700 万元，同比增长 2.85%；完成固定资产投资 2.67 亿元，增幅位列全县第三。

【工业经济】 常态化开展“五问五帮”企业服务活动，加强企业精准服务，越溪商会顺利换届。工业经济平稳运行。新增规上工业企业 3 家，实现规上工业总产值 2.55 亿元，同比增长 22%。完成工业投资 2.63 亿元，同比增长 75.5%。招商引资取得实效，完成浙商回归 0.59 亿元，市外内资 3.88 亿元，县外内资 3.88 亿元。外贸形势有所好转，全年进出口总额 1.1 亿元，同比增长 19.2%，限上商品零售额达 1.5 亿元，同比增速 95%。产业平台不断优化，亭港工业小区建设有效推进，二期项目 11 家企业陆续建成投产；置信智造谷开工建设，获评首批省级小微园，乡区工业版图渐显雏形。

【农业经济】 特色农产品、小海鲜品类丰富。现代农业得到大力发展，逐步走出一条以高产水稻生产示范基地、优质蔬果采摘观光基地、特色海产养殖培育基地为核心的精品农业发展之路。

在种植方面，坚持走规模化经营道路，重点推进绿色城堡、展玮果业、锡安山水果、越丰猕猴桃、皇蜜山家庭农场等农业园区的建设，稳定发展白枇杷、猕猴桃、黄金桃、葡萄、红美人、香榧等特色优质农产品。其中可省水稻种植基地产出的大米获评全国金奖、“浙江最好吃大米”称号；锡安山水果专业合作社种植的猕猴桃被认定为“绿色食品 A 级产品”。

在海水养殖方面，全乡共有 4.5 万亩养殖塘可实现产值 3 亿元，占农业总产值 85.7%，其中水产种苗总销售额 3000 万元，逐渐成为全县最大的水产种苗培育基地。

【休闲旅游】 坚持实施以王干山为核心、以“观东方日出，看沧海桑田”为特色的全域旅游开发战略，进一步挖掘整合民宿旅居、农俗体验、体育拓展、高端养老等特色业态资源，不断延伸旅游产业链条。王干山旅游开发取得新突破，计划总投资 10 亿元的沧海桑田旅游小镇项目成功签约落户越溪。以“观东方日出，看沧海桑田”为主题的第四届宁波（越溪）沧海桑田（文化）节成功举办，乡村旅游文化内涵不断提升。

11 月 26 日，第四届沧海桑田文化节开幕式

【城乡建设】 环境整治不断推进，生态环境景色美。完善环境卫生管理考核办法，对乡区“脏乱差”实行常态化整治，全力推进创卫工作各项任务的全面落实并成功创建国家卫生乡镇。以垃圾分类不落地为突破口，掀起一场“垃圾革命”，建立农村环卫管理一体化机制，垃圾分类工作实现行政村全覆盖，成功创建宁波市农村垃圾分类示范乡镇。

扎实推进畜禽整治、河段清淤、山塘水库改造、企业排污纳管、排污口和劣V类小微水体整治、农村生活污水处理全覆盖等工作，辖区水体环境进一步优化。根据县农村环境整治指挥部督查考核结果反馈，2019年农村环境整治名列全县第一梯队乡镇。

美丽乡村加速打造，兴业富民生活美。推动农村多元化、特色化发展，田岙、下田、双盘完成村庄整治提升村创建，新增三美乡村、县级文明村、市级美丽乡村示范村各1个，打造市级美丽宜居示范村1个、县级美丽乡村合格村2个，均已通过县级验收。

深化农村领域改革，全面完成农房确权登记调查5980户，已累计发证1554户。村集体经济进一步壮大，全乡15个行政村集体经济总收入超过30万元，经营性收入均超过10万元。

基础设施更趋完备，品质提升宜居美。交通路网建设全面推进，越溪至山上应道路提升工程、越大线至淡水塘道路提升工程基本完工，西白岌至外塘道路安保工程开工建设，越溪七市至门前岙道路、越溪二桥等加快推进。累计投入水利资金2710万元，宁海县白溪整治工程（蒲岙塘—石马塘）越溪段防洪工程完成40%工程量，新修3座山塘水库、1项水环境整治工程和3项河道清淤工程。大力推进垦造耕地项目，工程总投资1800万元，涉及8个行政村共计开发范围1739.6亩，可新增耕地1636.1亩。

11月，签订王干山旅游开发合作协议

【民生事业】 凝聚各方力量，平安建设承压前行。推进扫黑除恶专项斗争，圆满完成“保平安、迎大庆”等重大安保任务。全领域拉网式开展安全生产和消防安全“四大会战”，排查生产经营单位584家，组织培训5644人次，开展消防安全演练10场，整改隐患点2678处，停产整顿4家企业。建立高规格信访维稳工作网络，创新“人大代表”接访制，信访积案百日攻坚战有力推进。

持续推广“雪亮工程”，新增66个监控点位，基层全科网格作用有效发挥。全县宗教和民间信仰事物网格化管理现场会在越溪乡召开，并作为全市基层宗教管理推进会之一现场参观点，宗教与民间信仰事务网格化管理“12345”工作法获省市县肯定并总结推广。

创新体制机制，社会保障日益完善。进一步健全社会救助对象动态管理体系，确保农村低保对象应保尽保、应退尽退；全面落实助残、助医、助学、助房等各项制度，全年发放各类社会救助和补贴653余万元，筹集善款51万元。持续深化“最多跑一次”改革，梳理整合便民服务事项50余项，改革触角有效向村级便民服务站延伸。养老保障体系逐渐健全，敬老院已于2019年年初投入使用。卫生服务体系逐步完善，总投资1800万元的乡卫生院改造工程竣工，进入内部装修阶段。

推进文明建设，文化事业开创新局。办学条件全面改善，投资1200余万元的新中心幼儿园正式搬迁开学；投资1500余万元的越溪中学教学楼改建工程基本完成。教育资源不断优化，乡政府与宁波民建文教服务委员会达成合作协议，越溪乡5所学校与宁波五所名校开展“一对一”教学结对。加快推进精神文明建设，新建文化礼堂2座、改造1座，以应隆滚老英雄的先进事迹为原型的原创歌曲《老英雄》入选2019年全县百姓大舞台优秀原创节目展演；展现崔浦漂流故事的旅游剧《沧海梦蝶》在第四届沧海桑田文化节首演。暑期，中国美院绘画学院宋欣团队12名师生走进王干山村，用创作的油画作品打造沧海桑田艺术馆，并被评为“艺术振兴乡村校地协同2019暑期融合设计（宁海）行动优秀落地成果”。

完善管理模式，基层治理不断创新。小城镇基层治理社会化日趋完善，“大物业”管理模式获省市县多家媒体宣传报道。同时，针对城乡环境整治的日常管理，持续深化“互联网+智慧管理”模式，村网格员对日常巡查中发现的环境污染、违建、矛盾纠纷等不稳定因素，通过互联网实现GPS定位及时上报，近两年来实现早发现、早制止、早查处，将矛盾化解在萌芽状态。

【党的建设】 深入贯彻落实新时代党的建设总要求和组织路线，引导全乡党员干部出实招创新绩。

政治引领，加强思想作风建设。乡党委紧抓自身建设，坚决做政治坚定的表率，自觉用习近平新时代中国特色社会主义思想武装头脑、推动工作。高标准开展“不忘初心、牢记使命”主题教育，深入开展书记上党课、领导干部集中领学、周二夜学、青年铁军创意论坛等学习交流活动，实现党员干部思想意识不断提升，知识结构逐步优化。创新开展党员联户“一口清”擂台赛，夯实思想基础，以知促行深化党员联户工作，推动农村党员成为带民学、帮民富、传民声、解民忧的核心力量。深入挖掘党员干部先进感人事迹，老英雄应隆滚入选“六争攻坚”先锋榜、“初心榜样”，全市上下形成学习老英雄的火热氛围。

品牌引领，激发基层党建活力。突出以组织力提升战斗力，大力推进“十好”党建品牌创建，梳理书记领办项目15个。突出“精品创建”辐射驱动，建立基层党建“双整两全”工作攻坚作战图及对账单，打造精尖型党建精品村4个和党建精品线1条，完成后进村整转提升2个。充分发挥乡“红色驿站”和王干山“红色联盟”开放式组织生活基地作用，使党建阵地成为展示本乡特色亮点工作和党员开展活动的场地。坚持支部标准化建设，制定下发《关于建立“每月党费交纳日”制度的通知》《越溪乡“8+X”主题党日活动实施方案》《党支部标准化建设规范手册》《党建工作制度汇编》等文件制度，促进“三会一课”、周二联合办公、主题党日活动等规范执行。

纪律引领，强化日常管理督查。全方位建设清廉越溪，切实加强责任分解、责任检查、责任考核和责任追究，推行“三问”执纪问责落，实好两个“主体责任”。持续推进三年巡查工作，坚持标本兼治、重在治本的方针，对7个行政村开展农村巡查，发现并整改基层群众反映强烈的突出问题96个。加大案件审理力度，严惩基层“微腐败”，查处党员干部违法违纪案件6起，开除党籍3人，留党察看1人，党内警告2人。

乡党委坚持总揽全局、协调各方的原则，全力支持人大、政府开展工作，工会、共青团、妇联、科协等群团组织的作用进一步发挥，老干部、关心下一代等工作进一步加强。

茶　院　乡

【概况】 位于县境中部，东临力洋镇，南濒白峤港，西接越溪乡，北靠茶山与桥头胡街道相邻。乡人民政府所在地下王村距县城22千米。面积78.41平方千米，其中陆域面积70.57千米，海岸线长4.5千米，辖茶院、杜岙、毛屿、庙岭4片14个行政村，7794户24125人。

自宋代起至民国初，隶属朱开乡。清雍正六年（1728），在柘浦村设立柘浦乡。清光绪年间曾称茶院镇。民国23年（1934），隶属长亭区柘浦乡。民国36年（1947）年底，隶属柘浦乡。1951年为茶院、杜岙二乡及庙岭乡之一部分。1956年以茶院、庙岭及杜岙乡、毛屿乡之一部分合并称茶院乡。1958年属沥洋人民公社。1961年茶院乡全部、杜岙乡大部及庙岭乡之一部分分立茶院公社；以原毛屿乡及庙岭乡之部分设立毛屿公社。1983年改茶院乡、毛屿乡。1988年乡人民政府驻地迁下王村。1992年全市进行撤区扩镇并乡，毛屿乡并入茶院乡。

西北部为山地，东南部属平原，茶院溪纵贯全乡，清水长年不断。特产丰富，有大梁山啤酒、鹿茸、鹿茸酒、柑橘、杨梅、蜜梨、馨文名茶、宁友牌番薯面及虾、蟹、蛏、蚶、鱼等各类海鲜。1984年被宁波市划为15个贫困乡之一，1996年脱贫，并被评为宁波市脱贫致富先进单位。2018年获省级卫生乡镇、市五好镇乡关工委、市级平安综治先进单位等荣誉。2018年、2019年获省市“美丽乡村示范乡镇”。

坚持以发展为第一要务，把项目建设作为推动经济发展的重要抓手，深入实施“项目争速”行动，保障重大项目顺利落地和推进。投资3.4亿元的西林水库扩容工程于8月正式下闸蓄水；挂牌5年的省督办工程——毛屿港综合治理新闸门段取得突破性进展，内外引河全线贯通；完成毛屿道头区块、18-C地块、G228创富路、荔枝湾隧道等工程的政策处理工作；“宁波霞客—桃源110千伏线路”工程在全县率先实现净地交付。成功引进宁波四象海遥科技有限公司、宁海乡许旅游开发有限公司等5家企业。投资1.75亿元的缑山湖乡村旅游综合体公司正式注册启动，进入一期规划进程。成功打造“石里水乡”文明示范线。全年实现工农业总产值11.62亿元，财政总收入5086万元。

【工业经济】 全乡工业总产值10亿元，其中，规上企业总产值5.45亿元，主营业务收入4.63亿元。积极应对中美贸易战影响，加强“订单+清单”预警预判监测，准确把握外贸出口形势，全年完成出口总额5397万元，同比增长76.92%，增速位列全县第二。引导企业加强自主创新，完成新产品试产6个，申报创新型初创企业3家。

【农业经济】 注重培育发展新型农业经营主体，新增县级示范性农民专业合作社2家，省、市、县级示范性家庭农场各1家。发挥优势农产品产业集聚效应，成立全县首家番薯产业农民合作经济组织联合会。重视金融扶农，为11家农业经营主体争取小额信贷贴息贷款项目，有效解决农业融资难问题。投入4000余万元，持续推进高标准农田、山塘整治等农业基础设施建设。

【新农村建设】 基础设施不断完善。投入1200万元推进“四好农村路”建设，新盛宁线至后坑李公路工程建成通车，庙岭至龙尾巴公路工程全面完工。完成全乡8座水库、5个水站、2个海塘等水利工程标准化创建并通过省级验收。提前完成“厕所革命”三年目标任务，新建及改造66座农村公厕。投资150万元打造茶院乡自行车步道入口节点工程，助推沿海南线创建市级美丽乡村精品线。垃圾分类工作提质增效，乡垃圾中转站正式投用，推进垃圾分类环卫一体化运营模式改革，实现“以桶换桶”分类清运全覆盖。开展第三次土地现状调查，为今后15年茶院国土空间规划打好基础。

美丽乡村内涵不断提升。投入

12月7日，塘厂村文明创城主题百姓大舞台

1.8亿元打造美丽乡村示范乡镇，新增美丽乡村精品村道士桥村、示范村柘浦王村、合格村东南溪村，“三美乡村”精品村毛屿村，建成A级景区村庄2个（庙岭村、东南溪村），许民、道士桥、柘浦王、塘厂、东南溪等5个村荣获“省新时代美丽乡村达标村”称号，茶院乡获评省市“美丽乡村示范乡镇”。打造“石里水乡”文明示范线，着力深化“全景茶院、全域旅游”。深入实施“艺术振兴乡村”工程，对许民村进行再规划、再设计，用艺术创造力提升乡村发展力。

人居环境不断改善。持续推进“消存量、控增量”的“三改一拆”行动，全面完成“大棚房”和“违建别墅”专项整治工作，“一拆”拆违面积超过8万平方米，按完成比例排名全县第一。全面提升乡村绿化水平，下徐村成功创建省“一村万树”示范村。打好污染防治攻坚战，推进治水治气治土清废和污水零直排区建设，整治“散乱污”企业2家，完成第二次全国污染源普查工作。

12月18日，柘浦王村百姓大舞台暨法治建设主题晚会

【旅游经济】 服务经济整体提升。投资1.2亿元的三大精品乡村度假综合体项目相继建成，与上海春秋国旅、携程等知名旅游运营商合作深化推进，度假酒店、高端民宿、房车露营、现代休闲农场等旅游业态蓬勃发展，全年接待游客突破50万人次，实现旅游经济和旅游形象双提升。

【重大项目建设】 投资3.4亿元的西林水库扩容工程于8月正式下闸蓄水。挂牌5年的省督办工程——毛屿港综合治理新闸门段取得突破性进展，内外引河全线贯通。

加强要素资源保障。强化土地供给，推进“三未”土地处置和垦造万亩耕地工程，新增耕地指标537.4亩。完成毛屿道头区块、18-C地块、G228创富路、荔枝湾隧道等工程的政策处理工作。“宁波霞客—桃源110千伏线路”工程在全县率先实现净地交付。

加大招商引资力度。成功引进宁波四象海遥科技有限公司、宁海乡许旅游开发有限公司等5家企业。投资1.75亿元的猴山湖乡村旅游综合体公司已正式注册启动，进入一期规划进程。

垦造耕地项目：总投资约600万元，涉及茶院（下王）、许民两村，其中下王408亩，新增耕地面积395亩，3月10日签发开工令；许民130亩，新增耕地面积127亩，3月25日签发开工令。该项目于年底完工，下王已通过验收，许民等待验收。

全乡高标准农田提升项目：总投资约2000万元，项目预算完成，项目实施面积13500亩，涉及全乡11个行政村，主要建设路、沟、渠等农业生产基础设施，升龙和东南溪标段于2020年1月3日在县招投标平台进行公开招标，其余村标段正在对设计概算进行调整。

前山小流域河道治理工程：该项目总投资约1519.95万元，预计工期两年，治理总长度2266米，河道面宽8米。由于茶院村政策处理工作未完成，该项目还未开工。

敬老院居住环境提升工程：该工程投资约325万元，内容为改善老人生活居住环境，修建原旧宿舍主体工程，包括外立面改造、内部装修等，全面提升茶院乡中心敬老院的整体条件。该项目已竣工等待验收。

茶院乡自行车步道入口节点工程：该项目总投资约150万元，位于宁东渔庄东侧，7月开工，完成厕所建造，木平台结构搭建，完成工程量90%，预计2020年1月底完工。

【社会事业】 持续加强民生保障。精准扶持低收入村集体增收，10万以下集体经济薄弱村全部清零，6

个村经营性收入达30万元。推进社保医保精准扩面工作，户籍居民养老保险参保率达到97.3%，医疗保险参保率达99.5%，基本实现应保尽保。全面实施家庭医生签约服务，全年共新签续签3588人，减轻群众医药负担近40万元。乡关工委荣获全县唯一一个“全省关心下一代工作先进集体”。

持续开展公益服务。募集慈善捐款38余万元，实施“助困、助学、助医、助残、助老”等慈善救助771人次。完成危旧房改造4户，补助金额7.5万元，保障困难群众住房安全。针对留守儿童开展的“向日葵成长计划”，经验做法在市委领导工作专报上刊发并得到省委副书记、市委书记郑栅洁的批示和肯定。

持续发展社会事业。郑国建荣获全国“双带”农村致富青年先进个人。依托“西林奖教助学基金”，每年安排40万元用于奖教助学，营造尊师重教的良好氛围。投资1200万元的南溪小学综合楼项目完成主体工程，计划2020年9月投入使用。成功创建“语言文字规范化乡镇”。建成塘厂村体育休闲公园、东南溪村健身路径，举办乡第二届乡村振兴运动会、“千里走宁海”等活动，积极参加县乡村振兴运动会，东南溪村在拔河比赛中连续两年获得全县冠军。推进卫生村创建工作，新增省级卫生村——许民村，全乡省级卫生村总数达8个，工作成效全县领先。新建下徐、杜岙、道士桥三村文化礼堂，完成庙岭、东腾文化礼堂星级提升。各行政村依托文化礼堂开展文艺表演、宣传教育等活动，群众文化生活日益丰富。

9月5日，茶院司法所开展法治进校园活动

2 月 21 日，竹许公路疏通

表 28　　2019 年茶院乡基本情况表

项　　目	数　　量	比上年同期
全乡总面积	78.41 平方千米	—
种植面积	1450.5 公顷	—
村民委员会	14 个	—
常住人口	18200 人	—
地区生产总值	147200 万元	—
第一产业产值	16200 万元	—
第二产业产值	100000 万元	—
第三产业产值	31000 万元	—
村集体净资产	16963.63 万元	—
完成税收	5086 万元	减少 12%
一般公共预算收入总计	8082 万元	—
一般性转移支付收入	4622 万元	—

续表28

项　　目	数　　量	比上年同期
上年结转	13 万元	—
一般公共预算支出完成	8011 万元	下降 3%
其中：机关工资福利支出	792 万元	—
机关商品和服务支出	566 万元	—
机关资本性支出	743 万元	—
对事业单位经常性补助	2412 万元	—
对事业单位资本性补助	23 万元	—
对企业补助	155 万元	—
对个人和家庭的补助	1974 万元	—
对社会保障基金支出	350 万元	—
其他支出	996 万元	—
结转下年	71 万元	预算收支平衡
一般公共预算安排的“三公”经费支出	17.48 万元	下降 30.08%
其中：因公出国（境）费	1.93 万元	—
公务接待费	11.19 万元	下降 20.6%
公务用车购置及运行维护费	4.36 万元	持平
政府性基金收支执行情况	—	—
政府性基金预算收入	1692 万元	均为上级补助收入
政府性基金预算支出完成	1692 万元	—

胡　陈　乡

【概况】 位于县境东部，以原驻地胡陈得名（1998 年乡政府驻地由胡陈村迁胡东村），距县人民政府东 24 千米。南连长街镇，西与力洋镇接壤，东北与象山毗邻，面积 96 平方千米。辖 1 个社区、18 个行政村，有 73 自然村。总人口 2.2 万。

自宋代起至民国初，隶属朱开乡。民国 23 年（1934），隶属长亭区。民国 36 年（1947）年底，属梦鼎乡。1949 年 7 月，隶属东区。1951 年，建胡陈、梅山、西翁、东仓、岙里乡。1956 年，梅山并入胡陈乡，西翁乡并入东仓乡；之后，三乡合并为胡陈乡。1958 年属胡陈人民公社。1961 年，以原胡陈、梅山二乡及西翁部分地区设立胡陈公社，其余分出另立东仓公社。1983 年改为东仓乡和胡陈乡。1992 年全市进行撤区扩镇并乡，东仓乡并入胡陈乡。境内山水资源丰富，森林覆盖率达 76%，是国家级生态乡、国家卫生乡、省级森林城镇。荣膺中国最美村镇 50 强、中国美丽乡村创建先进镇、浙江省 100 个“最美田园”、省首批运动休闲小镇创建单位、第四批浙江省旅游风情小镇培育单位、省农业特色强镇创建单位、省级“平安农机”示范乡镇、省级“机器换人”示范乡镇、休闲农业和乡村旅游精品线路、省级示范性青创农场（青争果园）、宁波市乡村全域旅游示范区、宁波市多彩农业美丽田园示范基地等荣誉。

2019 全年实现工农业总产值 23.98 亿元，同比增长 14.7%；实现财政一般预算收入 6046 万元，农民人均纯收入 17462 元。

【农业经济】 现代农业稳步发展。持续加大基础设施投入，累计投资2770万元，全速推进高标准农田二期建设、建设用地复垦、高标准农田质量提升等一批工程项目，

农业综合生产能力显著提高。水利建设卓有成效，紧跟进度完成中堡溪永和村上郑坑支流治理、腾达村响岩毛线山塘全面整治、“7·3”暴雨灾害和“利奇马”台风水毁修复等工程，增效抗险能力进一步提升。

扎实推进垦造万亩耕地工程，完成永和村、联胜村、腾达村垦造耕地项目401.58亩，年度任务完成率达133.86%。

着力推进农村饮用水达标提标工程，长山主、岙里王、大赖村级水站完成建设工作并投入使用，进一步保障农村饮用水安全。

国元有机抹茶项目正式投产，实现年产值1000万元，农产品深加工成效初显。

加快推进农产品转型升级，建成胡陈洋芋脱毒种薯繁育基地，完成新品种培育工作。水蜜桃产业组织化发展再上台阶，联合52家水蜜桃生产经营主体，成立全县首个特色产业农合联——宁海县水蜜桃产业农合联，获县主要领导批示肯定。

胡陈村俯视

【工业经济】 工业经济提质增量。协调解决博宇翔鹰厂房扩展问题，积极协助润禾高新材料成功申报国家驰名商标及获得驰名商标扩大保护，指导协力金属制品成功申报“专精特精”企业，以实际行动为企业发展解忧纾困、助推加油。持续深化“职工说事”制度，提升企业民主管理水平，该制度将在宁波全面推广。驰而不息抓好企业安全生产工作，成立13个排查组，对全乡341家生产经营主体开展安全生产与消防安全排查，并组织企业员工参加安全知识培训及应急演练1044人次，发现安全隐患2956处，立整立改66家，限期整改27家，停产整顿4家，全力保障经济社会安全发展。

3月22日，东山桃花节开幕式

【村镇建设】 乡村旅游持续向好。节庆经济蓬勃发展，成功举办第十二届宁海东山桃花节、胡陈水蜜桃节等特色节庆，吸引游客53余万人次，经济效益达7140万元。特色小镇初具雏形，投资50余万元建成水上运动基地，承办2019第六届长三角运动休闲季浙江宁海站暨宁波体育嘉年华、宁波市第十八届运动会皮划艇、赛艇等比赛，推动“体育+旅游”深度融合，胡陈乡野户外小镇知名度和美誉度进一步提升。全域旅游如火如荼，成功入选第四批浙江省旅游风情小镇培育名单，顺利通过宁波市乡村全域

旅游示范区复核，“灵动乡野一日游”入选省休闲农业和乡村旅游精品线路，进一步擦亮打响胡陈旅游亮丽名片。

持续深化“路长制”，发挥联合执法作用，开展环境集中整治24次，强化乡容镇貌管理。投入36万元，完成“7·3”暴雨灾害和利奇马台风交通道路修复工程，共修复安全隐患27处。

完成主要道路亮化工程，在车家桥至胡陈村段、胡陈中学至户外运动基地段、黄公渡至联胜村段、胡陈村至腾达村段、西张至尖岭头公路大赖过村段等5段道路安装路灯34盏，保障群众夜间出行安全。

6月18日，宁海县第一医院医疗健康集团胡陈分院建成揭牌

扎实推进“六小”行业整治，定期排查并督促镇区内餐饮经营户及各单位食堂做好污水处理工作，全乡人居环境得到进一步优化提升。综合治理强势推进。深入推进污水零直排区建设，9个村生活污水处理项目通过验收。狠抓治危拆违工作，结合“两路两侧”“四边三化”等工作，拆除违法存量建筑2.45万平方米，实现“三改”面积1.76万平方米，完成“两路两侧”整治任务121处。

切实关注农民权益，依法审批宅基地31户，完成18个行政村农村宅基地和住房的测量和初步资料核对工作，农房确权登记入库发证2078本，超额完成年度任务。

坚守“农地姓农”底线，扎实推进落实大棚房整治工作，拆除面积200余平方米，补办手续3处。

10月11日，职工说事沙龙现场

完成雪亮提升扩面工程，在乡域关键部位和卡点新增高清监控82个，改造及维护原有监控50个、线路22条，切实提升乡域治理现代化水平。

新农村建设持续深透。建成美丽乡村示范村1个，美丽乡村合格村2个，建成3A级景区村庄1个，3A级旅游厕所1座，新建农村公厕2座并改造提升11座，村容村貌和环境品质进一步提升。东山桃园入选2019年度浙江省“最美田园”，胡东村获评2019年度浙江省美丽乡村特色精品村，梅山村创成省级农村引领型社区。

不断完善城乡交通路网体系，优化群众出行环境，投入400万元完成乡村道路改造提升工程，创成全县首个市级“四好农村路”示范乡镇。

推进艺术振兴乡村，邀请浙江农林大学规划团队进驻梅山村，进一步打造村庄特色。积极开展美丽庭院创建，创成长平长坑自然村美丽庭院44户，联胜山洋自然村、国叶岙坑自然村清洁庭院创建比例达95%。

【社会事业】 民生实事扩面增效。

宁海县第一医院医疗健康集团胡陈分院建成揭牌，成立全县首个乡镇红十字教育基地，家庭医生签约2320人，义诊服务5000余人，全乡医疗服务质量和公共卫生均等化水平进一步提升。城乡居民基本医疗保险参保22306人，参保率达99.66%，养老保险新增参保2039人，参保率达98%。

完善农村社会救助保障体系，全年发放低保金、慰问补助款、残疾人两项补贴等各类款项584.7万元，惠及8556人次。积极拓展养老服务内容，投入250万元建成区域性居家养老服务中心，1月2日已正式投入运营，可同时容纳60余名老人在此就餐、休息。加大扶贫工作力度，验收完成小额信贷贴息贷款项目11个，涉及贷款总金额645万元，解决71名低收入农户就业问题。全面完成东西部扶贫30万元社会帮扶和100万元消费扶贫经济指标。

批准建设发展村级集体经济优质项目2个，推进岙里王村茶园扩建、腾达村标准厂房建设。

教育事业发展成绩斐然，发放奖教金75万元，胡陈成人学校《桃子的栽培与管理技术》获宁波市特色示范成人学校称号，东仓小学《无声胜有声　奏出最强音》获评全市教育关工委“优秀工作案例”。

文体发展遍地开花，“千里走宁海”、村民运动会等活动，进一步激发全民健身热潮，全年举办“百姓大舞台”“送戏下乡”“非遗入村”等群体文艺活动近40场，新建文化礼堂3座，市级“非遗”传承人鲍明沛作品《箍桶记》获中国民间文艺最高奖——山花奖。

大力推动“大众创业、万众创新”，打造青年创业培育孵化基地，青争果园获评全县首家省级示范性青创农场。

10月26日，2019第六届长三角运动休闲季浙江宁海站暨宁波体育嘉年华

社会秩序和谐稳定。持续推进“平安胡陈”建设，全年无矛盾纠纷上交、无重大案件发生、无社区矫正对象脱管。纵深攻坚信访积案化解，进一步落实接访制度，化解市级领导包案积案1件、县级领导包案积案2件。其中市级领导包案积案圆满解决，获市委常委、公安局局长黎伟挺批示肯定。

深化“网格化管理、组团式服务”，健全“一中心四平台一网格”，全乡23个网格出勤率及基础信息更新率达100%。

严守食品药品安全底线，严格落实非洲猪瘟防控措施。狠抓道路交通、地质灾害隐患等综合整治，切实提升群众安全感。严抓安全生产，全面打响安全生产和消防安全大排查大教育大整治大提升百日攻坚大会战，全面压实安全生产责任，全力保障经济社会安全发展。

积极配合人大履行职能，重视统战、民族宗教等工作，不断巩固统一战线阵营。妇联、残疾人、慈善、老龄、关心下一代等工作也取得新的成绩。

【一方名人】　**蒋善斌**　1987年当选为梅山村主任，时年30岁。一届任期后，卸任到胡陈港冷冻厂干起收购工作。不到两年，乡领导找上门鼓励他再次回归村干部队伍。怀揣一份发展梅山的执着，蒋善斌回到梅山。2004年，他向上级详细说明建设规划，争取到村庄整治项目，落实40万元启动资金，对村内散、乱、差的现状进行整改，拉开梅山村发展的新篇章。

接着，蒋善斌发动村民寻找家规祖训，并悬挂在门口，打造一个个乡愁庭院。“和”是出现在梅山最多的字眼。走进村文化礼堂，墙上挂的是梅山村歌，陈列架上摆放的是《村规民约三字经》。

村庄洁美，邻里融洽，还要引进项目，让村庄富起来。梅花山庄传统民宿、国家级垂钓基地……改变了梅山村集体经济一穷二白的状况。

蒋善斌又瞄准精品民宿，一个

由高远文旅投资的“心宿无尘”项目就此落地梅山。废旧的大礼堂改成音乐酒吧和乡村图书馆，一栋栋小木屋依山而建，村集体收入翻了两番。正当大家为此津津乐道时，蒋善斌又将垃圾分类引入村庄，建立村级垃圾分类体验中心；在村里设立政务服务一体机，实现村民办事不出村。

鲍明沛　男，1958年出生，现任宁海县得心坊艺术馆馆长。

1974年拜宁海长街人屈定春为师学习箍桶手艺，凭着出色的手艺，年轻时的鲍明沛挑着近50千克的工具担，足迹遍及宁波、台州等地。随着塑料制品的普及，木桶的市场竞争力直线而下，箍桶匠们纷纷转行。鲍明沛坚持用纯手工为泥金彩漆提供木桶底胚，他的作品受到周边百姓的喜爱，更是漂洋过海，在日本、美国等国家得到青睐。

近年来，鲍明沛被授予宁波市非物质文化遗产代表性传承人、工艺美术大师等荣誉称号，其作品《箍桶记》获中国民间文艺最高奖——山花奖。

【一方名村】　梅山村　胡陈乡梅山村由庙下、塘里饼、梅山3个自然村组成，2019年有村民160户557人，耕地295亩，林地1742亩，环境优美，村民安居乐业，干群关系融洽，被称为“幸福梅山”。

和善家风传千古。自梅山创村

以来，世世代代牢记家规祖训，把思想行动自觉统一到“遵纪守法、发家致富、家庭邻里、生态文明、生活风尚”五大内容。依托“三字经”的内化作用和村级小微权力清单36条的约束作用，梅山探索出一条德治与法治相互融合的基层自治道路，全村上下处处洋溢着讲诚信、讲公平、讲奉献的良好乡风，近3年无群体性上访和重大恶性治安案件发生。

“人心齐，泰山移。”从2003年开始，梅山以“千村示范、万村整治”为契机，深入贯彻“一村一景”“一村一品”发展思路，借助环境整治提升村、精品村、污水治理等专项建设资金，从群众呼声最大、整治意愿最强、实施效果最好的项目入手，主动探索生活垃圾智分类模式，实现垃圾“整村不落地”，垃圾污水处理率均达到90%以上。先后完成危旧房拆除、外立面改造、村内道路等实事工程10余个，村容村貌显著改善，环境质量持续提升，获评宁波市最洁美村庄20强。

好风气带来好环境，好环境带来好项目。该村借势借力，以休闲旅游为突破口，全面树立“村庄经营”理念，统筹布局新农村建设项目，让投入的一砖一瓦、一草一木都成为集体经济新的增长点。通过“租景入股+固定分红”，梅山将梅花山庄、国家级垂钓基地、山顶茶馆、大会堂、10幢小木屋和茶园等周边资源进行有机整合，与宁波高远文旅共同组建“心宿无尘”山水人文度假空间，每年可为村集体实现增收35万元以上，游客满意率达到98%以上。随着精品民宿的进入，旅游人气的旺盛，极大地撬动了民宿和餐饮经济发展，打开农副产品销售局面，适度规模经营比例达70%以上，村集体经济发展好，村民人均收入高于周边农民30%以上。给村民带来实实在在的可观收入。

表 29　　胡陈乡 2019 年基本情况表

指标名称	计量单位	数　量
一、基本情况	—	—
行政区域面积	公顷	9690
居民委员会（社区）	个	1
村民委员会	个	18
其中：通公共交通的村	个	18
通宽带互联网的村	个	18
通有线电视的村	个	18
通自来水的村	个	18
生活垃圾全部集中处理的村	个	18
生活污水全部集中处理的村	个	17
二、人口	—	—
户籍户数	户	8140
户籍人口	人	21935
三、农业	—	—
耕地面积	公顷	1253.8
耕地灌溉面积	公顷	380
农业技术服务机构	个	1
农业技术服务机构从业人员	人	6
农业企业	个	4
家庭农场	个	112
农民合作社	个	86
农民合作社成员	户	439
四、财政、经济、贸易	—	—
一般公共预算收入	万元	10273
一般公共预算支出	万元	10267
资产总额	万元	2845
债务总额	万元	2059
工业企业	个	32
其中：规模以上工业企业	个	4
建筑业企业	个	2

续表29

指标名称	计量单位	数　量
住宿餐饮业企业	个	4
商品交易市场	个	3
营业面积50平方米以上的综合商店或超市	个	23
五、教育、文化、卫生	—	—
幼儿园、托儿所	个	2
小学校	所	2
小学专任教师	人	35
小学在校学生	人	517
图书馆	个	1
剧场、影剧院	个	0
体育场馆	个	0
医疗卫生机构	所	8
医疗卫生机构床位	床	10
执业（助理）医师	人	13
兽医（防疫）技术人员	人	1
六、社会保障	—	—
提供住宿的社会工作机构	个	0
其中：本级政府创办的养老机构	个	0
提供住宿的社会工作机构床位	张	0
城乡居民基本养老保险参保人数	人	2941
城乡居民基本医疗保险参保人数	人	14197
城乡居民最低生活保障人数	人	716
七、公用事业	—	—
自来水用户	户	5460
管道燃气用户	户	0
金融机构网点	个	2
公园及休闲健身广场	个	55

纪念人物

【吴昌卿】（1941—2019）号缑城老民、西湖墨客、愚公，宁海城关人。中国美术家协会会员、全国优秀教师、宁波画院画师、宁波书画院名誉院长。从小爱好书画，擅长写意花鸟，兼工山水人物，有《吴昌卿画集》《吴昌卿中国画展作品集》出版。作品获得全国当代花鸟画艺术大展的铜奖、浙江省第四届花鸟画展银奖。2005年在杭州浙江画院成功举办个人画展。

【潘飞轮】（1935—2019），笔名飞仑，宁海冠庄人，九岁开始学习诗书画印，1963年毕业于浙江美术学院（现中国美术学院）中国画系，为潘天寿入室弟子，擅长中国画山水、书法、篆刻。曾任杭州天工艺苑高级工艺美术师、中国工艺美术家协会高级会员、浙江省第五届人大代表、杭州市第六届人大代表、杭州市五、六届政协委员。1982、1983年应邀出访日本、澳大利亚。1995年、1996年中央电视台国际频道、浙江电视台“名人专访”栏目作专题介绍。著有《一笔堂画语》（画论）、《潘飞轮书画集》等。

【赵增富】（1933—2019）山东莒县人，1951年南下来到宁海。1959年5月6日，新婚后第3天，响应省委支援宁夏的号召，携妻子王东奔赴宁夏中卫县。赵增富历任中卫县劳动工资部文书、财税局长、财政委主任。1973年回宁海，任宁海县财税局副局长，后来主持建行宁海县支行工作达10年。1993年在宁海县建设银行行长岗位上离休。

赵增富和妻子王东热心于慈善事业，16年间向县慈善总会捐款22.6万元。其中逝世前将10万元存款交由慈善总会代管，并设立“脱贫慈善基金”，作为新中国成立70周年的纪念，40年后由慈善总会代将10万元本金上交县委组织部，这期间产生的利息用于救助贫困家庭。2月27日上午，赵增富安然离世，享年87岁。赵增富过世后，建行宁海县支行申请为其遗体覆盖党旗。

赵增富的故事，宁海传媒集团第一时间进行报道，立即引起强烈反响。浙江新闻客户端的记者进行深入采访，发表《捐赠10万元给脱贫慈善基金　一位老党员的最后心愿》的报道。随后，新华社刊发《浙江宁海一老党员捐赠10万元作为脱贫慈善基金和特殊党费》的报道。宁波日报以《捐赠10万元作为脱贫慈善基金和特殊党费　宁海一位老党员完成最后心愿后安然辞世》为题进行报道。今日头条、新浪财经、搜狐网、百家号、杭州网新闻中心、大众网、中国新闻网等众多媒体也纷纷转载、播发，在社会上引起强烈反响。经中央级各大媒体报道后，赵增富老人的名字传遍祖国大江南北，他的善举更是感动无数人，线上线下掀起一股学习赵增富老人奉献精神的热潮。

3月1日，县委书记杨勇号召全县党员干部学习赵增富感人事迹。3月5日上午，全县离退休干部代表，部分乡镇（街道）离退休干部党支部书记代表齐聚县委老干部局，共同学习赵增富先进事迹并作交流发言。

赵增富，跃龙街道塔山社区居民，获2019年“宁波好人”榜（3—4月）诚实守信“宁波好人”称号。

【王寿松】（1995—2019）前童镇竹林村人，生前系县第一注塑模具有限公司职工。7月21日下午，竹林村一对父子回家途中不慎坠河，王寿松、王麒翔、王锋、杜建国等4人闻讯后立即下水救人，王寿松不幸遇难。

7月22日，县相关部门认定王寿松4人舍身救人为“见义勇为”行为。同时，县委书记林坚作出批示，县委副书记李贵军，副县长、公安局局长李铭胜看望见义勇为群体，慰问王寿松家属。

新华社客户端、央广网、《浙江日报》、《宁波日报》、今日宁海等媒体集中报道王寿松等4人先进事迹，其中甬派发布的《痛心！宁海父子落水四人舍命相救，95后青年英雄再也回不来》一文点击量破百万。

7月，共青团宁波市委、宁波市青年联合会联合发文追授王寿松“宁波青年五四奖章”。

【纪念潘天寿122周年诞辰】 4月18日至5月6日，天明艺苑藏品展在宁海温泉文化艺术村进行，以此纪念潘天寿122周年诞辰，弘扬他的艺术精神，传达真善美的正能量。展出26位艺术家的51件作品均为艺术村藏品，且大部分展品的作者为宁波及宁海当地艺术家。

【纪念柴时道100周年诞辰】 12月10日下午，纪念柴时道100周年诞辰座谈会暨《“钵底骊龙”——纪念柴时道100周年诞辰书画作品集》首发式举行。

柴时道（1918—1994）宁海城关人，笔名为谷人、大风、友沫。生肖属马，族内称马叔。现代艺术教育家、画家，开启宁海县现代美术教育先河，在艺术观上主张写实，且身体力行，创作大量的中国画、书法、篆刻、诗词、素描、水彩画、油画、雕塑等艺术作品，为后人留下一笔宝贵的艺术遗产和精神财富。

【纪念范金镳120周年诞辰座谈会】 12月，由县党史办、跃龙街道主办，范家村党支部承办的纪念范金镳120周年诞辰座谈会举行。深情缅怀宁海革命先烈范金镳（1899—1956）在宁海党组织筹建诞生及宁海中学创建中发挥的重要作用。作为革命先驱的家乡党组织——范家村党支部将以此次座谈会为契机，不忘初心、牢记使命，带领村全村凝心聚力，把范家村打造成美丽新农村。

2000年7月1日，在范家村建成范金镳故居陈列室，在村办公室陈列“宁海大革命时期的党史展”，在村文化大礼堂布置“范金镳的事迹展”。

新任县级领导

滕安达，男，1975年7月出生，汉族，浙江宁波人，1997年8月参加工作，2000年3月加入中国共产党，在职研究生学历。曾任宁波市北仑区（开发区）发展和改革局（经济发展局）局长、党委副书记，区发展和改革局（经济和信息化局）局长、党委书记、区重点办主任，副区长、区政府党组成员，区委常委、常务副区长。10月29日，县十八届人大常委会第二十二次会议决定任命滕安达为宁海县人民政府副县长，代理县长职务。

中国好人

潘爱青，2月，获孝老爱亲类中国好人称号。

强蛟镇胜龙村人，12年坚持每天给瘫痪在床的婆婆喂饭擦身，细心而且耐心，从不抱怨。同时，还照顾患有精神疾病、生活不能自理的小叔子达30年。她的事迹先后被《浙江日报》、《现代金报》、人民网、光明网、今日头条等媒体报道转载，在社会上引发广泛的关注和热议。

潘爱青之前曾先后荣获宁海县“孝亲敬老之星”、宁海好人、宁波好人、浙江好人等称号。

王根花 3月，入选浙江好人。4月，入选中国好人。

王根花是黄坛镇出名的热心人，因为身体原因先后接受过16次化疗，但她12年来始终坚持照顾村里没有血缘关系的精神残疾人朱娜，帮她洗澡、喂饭、穿衣，无微不至，不是母亲胜似母亲，让人动容。

省劳动模范

5月，浙江省举行庆祝“五一”国际劳动节暨表彰劳模先进大会，表彰2019年浙江省劳动模范、省模范集体与浙江省2019年全国五一劳动奖状、奖章获得者及2017—2018年建设“两美”浙江立功竞赛浙江省劳动模范。其中储为统、郑莲亚、陈刚满获省劳动模范荣誉称号，宁海县圣猴果蔬专业合作社联合社获省模范集体称号。

储为统 宁波如意股份有限公司叉车车间质检员。2013年，储为统代表宁海县参加宁波市职工技能大比武叉车比赛，获得比赛的总冠军，并获得“宁波市首席工人”荣誉称号。2014年以来，他获得宁波市五一劳动奖章、浙江省五一劳动奖章。

郑莲亚 县政协委员、宁海前童古镇旅游发展有限公司副总经理。提出加快红妆小镇建设、争创国家AAAAA级旅游景区等建议。在服务游客的同时，做好“传、帮、带”，因材施教，带出一批业务技能扎实、作风优良的导游队伍。

陈刚满 宁海县海山丰水产专业合作社理事长。他设计出一款青蟹独立包装的“安居房”，使“一市青蟹”开始在网上热卖。他是浙江省青蟹工厂化养殖领域第一人，也是第一个让一市青蟹通过网络爬向全国、实现365天全年销售的“青蟹大王”。他的事迹相继被央视《致富经》《鲜味的秘密》《每日农经》栏目等各级媒体报道。

省道德模范

娄逢理　6月，《今日宁海》相继推出《凡人娄逢理　温暖一座城》　《一诺十年的“全职义工”——记宁波市诚实守信道德模范娄逢理》《诚实守信，永恒的美德》《“有困难找娄逢理”》等一系列报道，对宁波市诚实守信道德模范、“中国好人”娄逢理的事迹进行宣传，引起极大的社会反响。

6月13日，县委书记林坚专门作出批示，要求全县干部群众深入开展学习宣传活动。林坚在批示中指出，在全国道德模范的感召下，娄逢理坚强地走出困境，为将爱的火种传播，他许下诺言，坚持将志愿之路走一辈子，用余生回报社会，帮助更多需要帮助的人。十年来，尽管自己家中经济困难，他初心不改，坚守诺言，走到哪，就把好事做到哪。其事迹彰显社会公德，弘扬传统美德！全县上下要结合“不忘初心、牢记使命”主题教育，深入开展学习宣传活动，把道德模范的榜样力量转化为万千干部群众的生动实践，在宁海大地形成乐于助人、诚实守信、知行合一的浓厚氛围，让友爱、乐助、诚信之风吹遍缑乡大地。

8月，浙江省委、省政府授予28名同志“浙江省道德模范”称号，并予以通报表彰。其中，宁海县岔路镇高塘村村民娄逢理获评“诚实守信模范”，成为宁海县第一位省道德模范。

2010年，娄逢理患上风湿性心脏病，在全国道德模范孙茂芳的帮助下，病情得到较好的控制。为将爱的火种传播下去，他许下承诺，将用余生回报社会，帮助更多需要帮助的人。此后，尽管娄逢理长期生病，家庭经济困难，却义务照顾300多位重病、独居、流浪老人，周边人都叫他“傻子”，他却毫不在乎，坚持要一辈子守住自己的承诺，将志愿之路走得更远。娄逢理还曾荣获中国好人、浙江好人等荣誉。

浙江好人

徐剑中　12月，获评敬业奉献类浙江好人。

徐剑中，宁海雁苍山电力建设有限公司装配车间主任兼党支部书记从事配电线路工作30余年，面对重大灾情，他多次身先士卒，守在一线指挥电网抢险任务，用自己的行动保障电网安全稳定运行。同时，不断总结经验做法，积极创新，成立徐剑中劳模工作室，带领团队获得各类科技创新奖和科技成果奖11项。2017年，他积极参与支援西藏那曲电网建设，将技术带入雪域高原。2019年，再次入藏，在西藏那曲创建该地区首家电化教室。在生活中，徐剑中积极奉献爱心，连续十年结对丽水龙泉义和小学的2名学生，帮助他们完成从小学到大学的全部学业。

市劳动模范

葛巧霞　知恩中学教师，全国优秀指导教师、省级优秀教师暨省中小学师德楷模、宁波市高中英语学科专业指导小组成员、宁波英语学科高考复习研究团队成员和全县唯一英语学科宁波市名教师，葛巧霞多次到县里、市里介绍高三复习经验，多次参加宁波市高三期末统考或模拟考试卷命题，积极开设县级、市级公开课和县级及以上英语专题讲座，效果良好。积极开展名师带徒工作，成立“中小学英语名师工作室”，在本地区教学团队的成长和发展过程中发挥关键性的示范和引领作用。

方永杰　宁波方正汽车模具有限公司董事长。“全球同步开发高档汽车蝶形吹塑模具”和“汽车内饰低压注塑模具”等曾获得中国模具工业协会“精模奖”一等奖、二等奖、三等奖。公司成为宁波市模具行业龙头企业，位列全国汽车注塑模具行业前三名。

谢青文　宁波日跃模塑有限公司高级技师、“港城工匠”。他创建技能大师工作室，积极开展“名师带徒”活动，传授绝技，多年来培养高级技师和各类高级技工60多人。2015年，被县技工学校聘为“学校现代学徒制（大师带徒）试点工作导师”和机械专业客座教师。2018年，荣获宁波市五一劳动奖章和宁波市“百对好师徒”中的“好师傅”。

徐剑中　高级技师，从事配电线路工作已30余年，先后获市五一劳动奖章、“宁波好人”（爱岗敬业）、省电力公司优秀党员、“抗冰行动”三等功、抗台先进个人、援藏先进个人、十佳岗位职工、县优秀高技能人才奖等荣誉。在他的带领下，班组全员努力提高施工质量和工艺水平，用心打造优质精品工程。其团队负责的工程，连续三年取得国家电网公司、浙江省电力公司优质工程荣誉，创历年来宁海电网建设优质工程创建管理的最好成绩，为宁海县经济社会发展提供坚实的电力保障。

宁波好人

赵增富　跃龙街道塔山社区居民，获2019年“宁波好人”榜（3—4月）诚实守信“宁波好人”称号。

何通飞　桃源街道建设村村民，获2019年“宁波好人”榜（3—4月）孝老爱亲“宁波好人”称号。

芦金娟　长街镇向阳村村民，获2019年“宁波好人”榜（5—6月）孝老爱亲“宁波好人”称号。

陈昌界　茶院乡东南溪村乡村医生，获2019年“宁波好人”榜（5—6月）敬业奉献“宁波好人”称号。

戴东海　跃龙街道范家村社区卫生服务室医生、献血明星，获2019年“宁波好人”榜（7—8月）助人为乐“宁波好人”称号。

童冬芝　一市镇武岙村村民，获2019年“宁波好人”榜（7—8月）孝老爱亲“宁波好人”称号。

周光贵　桥头胡街道汶溪周村村民，获2019年“宁波好人”榜（9—10月）孝老爱亲“宁波好人”称号。

赖祥福　一市镇综合指挥室队员，获2019年“宁波好人”榜（11—12月）见义勇为“宁波好人”称号。

王玉琪　华英伦科技（宁波）有限公司市场总监、党支部书记，获2019年“宁波好人”榜（11—12月）助人为乐“宁波好人”称号。

潘以祖　桃源街道冠庄社区居民，获2019年“宁波好人”榜（11—12月）孝老爱亲“宁波好人”称号。

最美宁波人

竺义貌　1月，由宁波市关工委组织举办的宁波市志愿服务“五个10”先进典型宣传推选活动获奖名单揭晓，跃龙街道心动力爱心演艺队队长竺义貌获市十大“最美志愿者”称号。

竺义貌已67岁，是跃龙街道北星社区的一名退休居民，长期热心公益，2012年，在宁波创建心动力爱心演艺队，2014年在宁海组建跃龙街道心动力爱心演艺队。近年来，“心动力爱心演艺队”被宁波81890志愿服务中心评为市“优秀志愿服务团队”，被县文广新局授予“2014年度宁海县优秀业余文艺团队”等荣誉称号；竺义貌个人也被授予2016年度、2017年度“宁海县群众文化带头人”荣誉称号。

王乘红、高金华、靳国华、应亚维、娄开平　5月，宁海县志愿者五人被评为市红十字会四星级志愿者，成为宁海县首批获得该荣誉的志愿者。

5人均来自岔路阳光公益服务社。其中，阳光公益服务社理事长王乘红，被称为“阳光大叔”，是岔路镇兆岸村人，也是宁海县2013年度“孝老爱亲”道德模范。从1998年开始参加各类义工服务，累计1500多次，超过3000小时，2006年开始参加无偿献血，现累计无偿献血量2.8万多毫升，获得多项国家、省、市、县表彰。2016年，他建立岔路阳光公益服务社暨宁海县红十字阳光爱心志愿服务队，带领团队开展敬老爱幼、社会治理、公共服务等各项志愿服务活动。2018年5月，在他的参与下，阳光公益服务社与县公安局岔路派出所合作组建阳光义警，得到社会各界的认可，为当地公益发展做出贡献。

第三批“缑城工匠”

至此，宁海累计缑城工匠20人。

蔡建祥　浙江省工艺美术行业协会会员、宁波市工艺美术大师、宁波市牛角雕非物质文化传承人，制作的角雕和竹木根雕山水系列作品均有自己独特的风格，为传承、保护和发展我国角雕和竹木根雕事业做出贡献，多次在国内举办作品展览，作品也屡屡获得全国及省级各级奖项，个人曾获技能大师工作室领办人、宁波市优秀技能人才奖等荣誉。

顾来法　宁波双林汽车部件股份有限公司高级工程师。从2004年到2019年，他带领团队取得授权发明专利14个、授权实用新型专利18个，每年推动企业新增产值1000万元以上。他带的徒弟中有4位取得二级技师和中级工程师。

胡建江　宁海县大鹏模具塑料有限公司高级技师、县优秀高技能人才。他的“洗涤脱水桶模具、盛水桶模具、汽车取物箱模具”曾在中国国际模具技术展览会上分获“精模奖”一等、二等奖，组织、指导的“汽车三角板金属嵌件注塑模具”获2016—2018年度“精模奖”二等奖，项目“一种斜向横向联合滑块装置、联动滑块抽芯装置”等获多个发明专利。

宁海县文艺精品创作贡献奖

12月24日，宁海县委宣传部《关于表彰宁海县文艺精品创作贡献奖的通报》，决定对宁海县文学艺术界联合会、宁海县文化发展有限公司、宁海熊小米文化传播有限公司3家单位以及张忌、鲁书潮、夏小昀、简平、刘建宽、袁哲飞、郑培卿、鲍明沛、王锦文、于胜军10人授予宁海县文艺精品创作贡献奖荣誉，予以通报表扬。

首批文化名家名匠

为了强化文化人才队伍建设，加快培育文化领军人才，提升文化人才核心竞争力，出台《宁海县文化名家名匠工程建设的实施意见》，深入实施文化名家名匠工程建设，评选出在文化领域贡献突出、示范明显的首批14名名家名匠：鲍明沛、张忌、黄才良、陈龙、雪野、唐洁妃、何晓道、兰文聪、张常明、王琛、杨小娣、葛安飞、薛巧萍、于胜军。

宁海县2018—2019年度道德模范名单

一、名单：

1.“助人为乐”类道德模范（2个）：

王玉琪、金安明

2.“敬业奉献”类道德模范（3个）：

郑定逸、俞其昌、徐剑中

3.“孝老爱亲”类道德模范（2个）：

芦金娟、潘爱青

4.“见义勇为”类道德模范（1个）：

“勇救落水父子”群体（王寿松、王锋、王麒翔、杜建国）

5.“诚实守信”类道德模范（3个）：

王根花、长街镇岳井小学“摆渡人”团队、娄逢理

先锋榜

“六争攻坚”奏响奋进新时代的最强音！“三服务”发出高质量发展的集结令！全县上下以勇立潮头的斗志、争创一流的精神，谱写一曲曲创新破难、砥砺奋进的激昂赞歌。

2月，由县委组织部牵头，《今日宁海》策划推出以“铁军榜”“领雁榜”“英才榜”为主要内容的先锋榜，集中展示各条战线在“六争攻坚”“三服务”中涌现的先进典型和模范榜样，以激励全县广大党员做标兵、当先锋、攀新高，为推动宁海朝着更高站位的全国强县第一方阵持续迈进凝聚更强合力、做出更大贡献！

第1期

铁军榜

实干标兵　孔亦成　深甽镇人大主席候选人。村干部出身，实干是他的标签，行走在项目工地、奋战在棚改一线，充满干劲、兢兢业业，为主负责梅林和九顷区块旧村改造工作，“5+2”“白+黑”常态化，亲力亲为抓工作，在造就棚改“梅林速度”中贡献重要力量。事无巨细、讲究原则，考虑问题细致周全，多次组织街道和村社班子论证分析拆迁方案，统筹把握项目包装、项目融资、项目建设等问题，确保项目顺利实施，助力梅林从“脏乱差”逐渐向“洁净美”转变。

孔亦成（右）在工作

攻坚标兵　李孝国　力洋镇农办主任。人称“急先锋”，在项目推进缓慢、政策处理陷入僵局的紧要关头，敢于冲在一线、攻坚克难，连续一个多月进驻项目涉及村社，助力百丈塘建新地块、西仓溪治理等省市重点工程落地，推动力洋面貌实现较大改变。他也是出谋划策的“智多星”，与消薄专班一起深入村社把脉问诊、“一村一策”对症下药，助推12个集体经济薄弱村全部“摘帽”，力洋成为全县首批转化达标乡镇，总结提炼精准消薄力洋“六法”，获县委主要领导批示。

李孝国（中）在工作

服务标兵　张吉颂　县“跑改部”前置清理一组负责人。是大家口中的“老黄牛”，默默无闻而又敢于担当，投身“最多跑一次”改革，带领前置清理一组，运用“审批法庭”机制，对49个部门988项行政权力和公共服务事项清理“裁决”，取消前置条件427条、申请材料2100余份。他还是众人眼

中的法律专家，善用法治思维方式，破解“三服务”难点堵点，牵头提出一般企业投资项目审批“最多37天”改革建议方案等，参与的“亲人身后事”“高领津贴发放”等多项改革案例，多次获省市批示肯定、推广评优。

张吉颂（右）在工作

领雁榜

好支部　得力集团党委　这是一家“党建强、发展强”的百亿综合办公文具企业，集团党委率先实施“绩效党建”，走出一条“党建工作与助推生产、凝聚人才、引领文化、共促和谐相融合”的新路子。推进生产绩效，党员带头议事建言助跑、科技创新攻关、挖潜增效服务；推进文化绩效，独创“爱社会、爱企业、爱产品、爱客户、爱同事、爱家人”文化；推进人才绩效，开展“我与企业共成长”“党员人才双向培养”，提高核心竞争力；推进和谐绩效，参与“村企结对、党建消薄”，扶贫帮困助学，构建和谐劳动关系。先后获评省级“双强百佳”企业党组织、“浙江省先进基层党组织”等荣誉称号。

得力集团党委成员合影

好支书　叶全奖　茶院乡许民村支部书记。自担任许民村书记以来，始终将古村旅游开发和强村富民作为奋斗目标。为打破思想顾虑，带头办起农家乐，成功策划“农嫁十二碗”，带领党员干部将偏远的农耕小山村打造成全国AAA级旅游景区。为提升乡村旅游质量，出入县旅委及乡党委推荐的各种推介会，广泛发动人脉资源，助推“九熹帐篷酒店”“开元颐居”、房车露营公园等高端民宿项目带入原古石村，2018年接待各类游客38万人次。许家山村荣获“中国历史文化名村”等多项荣誉，他被评为省级农村社区领军人才、省千名好支书。

叶全奖在工作

好党员　黎辉　宁波吉德电器有限公司总裁、党支部书记。是一名不停奔跑在创新路上的优秀企业家。短短几年，带领吉德跻身国内一流专业大家电制造商和品牌运营商行列，创造出全球首款迷你滚筒洗衣机，成为业内领军人物。在商海浪潮中，始终没有忘记党员身份、书记职责，把一腔为民情怀投

黎辉在工作

注到社会公益事业，成立企业冠名慈善基金，帮助各类群体1万余人；带领企业党员与经济薄弱村结对，落实帮扶项目，助力乡村振兴。他是市党代表，也是“宁波市中国特色社会主义优秀建设者”。

英才榜

创新人才　王建和　宁波中加低碳新技术研究院有限公司董事长。是心系桑梓、回国创业的博士专家。当选宁波创业创新委员会海外副会长、甬商总会副会长、2018年宁波市“杰出甬商”。他带领团队申请20多个核心专利产品和技术，梦想在家乡完美绽放：率先出品风靡全球的正交胶合木板材，成功研发目前环保等级最高的实木复合板材，世界首创户外实木模压铺板“钢化木”等等。产品已在市场广泛应用，荣获2018中国住宅部品新品，连续两年被市经信委列入年度优质新产品推荐目录。

王建和在工作

名家名匠　黄才良　第四批国家级非物质文化遗产项目代表性传承人。把职业和兴趣无缝链接，改革开放40年来，勇当文化产业的“弄潮儿”，成立东方艺术品有限公司，主办浙江“三雕”世纪学术论坛，“泥金彩漆”“清刀木雕”等工艺品远销日本、欧洲等地。把事业和情怀完美融合，只为即将失传的“非遗”项目，扛起保驾护航重任，探索“非遗”活态传承模式，第一职业中学泥金彩漆工作室被授

予市职业教育大师工作室称号，斥资打造“非遗”文化产业园，成为当地文化地标。他的作品荣获中国工艺美术大师精品评比金奖，泥金彩漆十里红妆系列荣膺中国民间文艺最高奖——山花奖，被评为全国“非遗”保护先进个人、浙江工匠。

黄才良在工作

名师名医　陈方梁　宁海中学省特级教师，享受教授级待遇、甬城英才首批十大名师、县突出贡献优秀人才，是宁海教育的坚守者和传承人，在宁海中学工作教书育人，30年如一日无怨无悔；成立“名师工作室”，带徒讲学，笔耕不辍，发表期刊论文20余篇，主持或执笔省市研究课题10余项，其中5项获省市一等奖，多年担任省市职称、名师评审评委，多次应邀为省高考命题点评专家。他是爱校爱乡的引领者和有心人，不忘初心，编写校史教材，主持校史馆布置，努力打造党建“红色领航”品牌；情系家乡，出版乡土散文集，策划《发现东岙》专题片，传承“东岙糅”习俗等。

陈方梁在工作

第2期

铁军榜

实干标兵　冯德满　县退役军人事务局副局长、党组副书记，被誉为宁海维稳工作的“守门员”，自2014年担任县委维稳办副主任以来，本着一股子钻劲、巧劲、拼劲，注重加强与上级部门、相关职能单位、属地乡镇街道的沟通联系，积极牵头协调化解湖西花园房产问题、国大百货经营危机、“利安588”沉船等重点涉访事件引发的风险，做好G20、中共十九大、“一带一路”高峰论坛等重点敏感时期重点人员的动态管控，获评省护航G20先进个人。部队服役15年，2019年1月转任县退役军人事务局副局长、党组副书记，当起退役军人的“娘家人”。

冯德满（右）在工作

攻坚标兵　王广　跃龙街道建设管理科科长。攻坚破难显担当，建功立业促发展。常年冲在建管一线，带领攻坚分队连续攻克县老年公寓、兴海南路道路拓宽工程、坑龙王棚户区改造等一批县重点工程项目政策处理工作。积极协调国土、规划、城管等部门，推进“三改一拆”、完善村庄规划编制等工作，近三年来，带领科室及时制止和处置违法用地、违法建设213起，涉及违法占地2.85万平方米，助推街道年均完成拆违年度任务达160%，拆违总量居全县第一，创成市级基本无违建街道。

王广（左二）在工作

服务标兵　孙洁　宁海经济开发区党工委委员、招商局局长。“只要有项目有任务，随时放下一切奔赴火线”，从事招商工作以来，她主动钻研招商业务，在引进DSI自动变速器、德洋电机、吉利智能LED车灯等一批重大项目落户工作中，积极参与招商项目洽谈，切实做好分析研判，为项目落户提供意见建议。建立“一个项目、一个团队、一名秘书”全程跟踪模式，主动配合做好联络服务工作，持续跟进后续进展，促进项目转化落地见效。

孙洁（中）在工作

领雁榜

好支部　岔路下畈村党支部

“乡村记忆，诗画下畈”。市先进基层党组织下畈村党支部坚持打造宜居宜业宜游的美丽家园，深入推行“绩效党建+”模式，推进美丽精品村和垃圾分类样板村建设，积极打造全县“小微权力清单制度”发源地。组建党员“三色先锋”队，即“绿色先锋”垃圾分类行动队、“橙色先锋”项目攻坚行动队、“红色先锋”群众服务行动队，通过党员亮诺践诺，充分发挥党员在村庄建设中的先锋模范作用。同时引领农业观光、素质拓展、民宿休闲等产业发展，相继建成麦饼馆、党建广场、说事长廊、慈孝公园等项目设施，走出乡村振兴下畈特色路，并登上《人民日报》专版。

下畈村党支部活动留影

好支书　胡方斗　胡方斗骨伤医院党支部书记、院长。医者仁心铸党魂。40余载行医生涯，是奋战在健康战线的白衣天使。2015年建立医院党支部，坚持“党群同心、不忘初心”理念，加快推进基层服务型党组织建设，通过组建“胡方斗党员义诊服务队”、设立“方斗慈善基金”等，以党建引领服务群众“最后一公里”，三年来提供义诊30余次，服务群众近2万人次，“方斗慈善基金”累计捐献1250余万元，无偿帮助和治愈200余位患者。在党支部引领下，他带领医院创成中国医院协会“全国百姓放心示范医院”，荣获“市优秀党务工作者”“全国百姓放心示范医院优秀管理者”等称号。

胡方斗（右）在工作

好党员　葛爱珠　前童镇大郑村党支部副书记。是村民口中的“黑珍珠”，25年前，刚入党的她远赴重庆经商；25年后，她舍小家为大家，放下蒸蒸日上的企业，毅然回乡担任支部副书记，彰显党员担当。团结村两委班子，抓村庄管理、立议事规则，抓垃圾分类、强环境整治，抓文化建设、树乡风文明，困扰村民十几年的吃水难问题得到彻底解决。2018年，该村荣获市级垃圾智分类试点村和全县百村立功竞赛一等奖，“康乐大郑、红色家园”的村庄品牌进一步打响。

葛爱珠（中）在工作

英才榜

创新人才　余学春　浙江多普勒环保科技有限公司总经理。碧水蓝天，不忘初心。作为国内环境监测和分析仪器市场的先入者与领航者，他清华大学博士毕业，是市“3315计划”团队带头人，国内第一批开展大气PM2.5颗粒物源解析的研究人员，创办并带领浙江多普勒环保科技有限公司，在大气环境监测及智能环保信息化领域提供“产品+解决方案+服务”的专业化解决方案，成为中国大气环境监测领域技术水平最高、综合实力最强的团队企业之一。落户当年主导产品即取得国家环境管理体系认证，2018年销售额达到1.5亿元、利税2000余万元。

余学春（中）在工作

名家名匠　储为统　宁波如意股份有限公司质检员。“质检要比绣花更细心”，他常说也在常做。人称人工“检验仪”，勤学苦练强过硬本领，夏日50多度的高温，柴油叉车巨大的噪音，都没有阻碍他室外练车的脚步，任何瑕疵都逃不过他的“火眼金睛”。细致入微显大国匠心，为了确认叉车上每一根油管是否有漏油或渗油现象，不厌其烦用嘴巴吹，直到油管检测结果完全合格。他是省、市五一劳动奖章获得者，也是市港城工匠、首席工人、十大技能标兵。

储为统在工作

名师名医　张建球　宁海县第一医院泌尿外科副主任医师。市优秀青年医师奖、市领军拔尖人才第三层次培养对象、县十大优秀青年医务工作者，他是宁波医疗界一颗闪亮的新星，从医15年来，在泌尿外科工作岗位上兢兢业业，潜心医术，陆续引进开展多项新技术、新项目，2012年引进省级医院都未开展的输尿管软镜技术，2019年该技术年手术量达到150余例，为广大病患带来福音。他带领团队成功申报浙江省县级医学龙头学科，实现宁海县第一医院省级龙头学科零的突破。

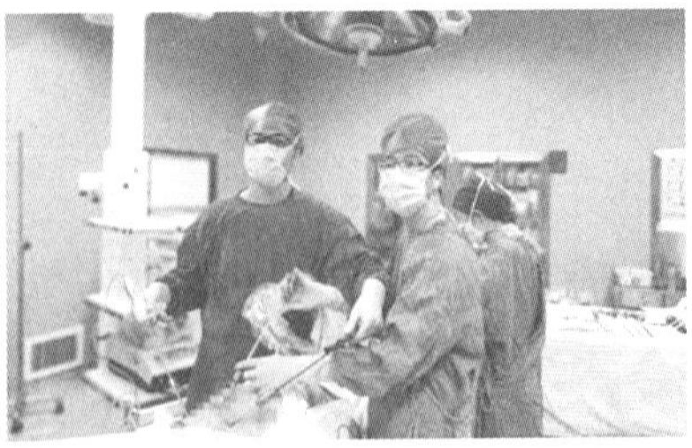

张建球（左）在工作

第 3 期

铁军榜

实干标兵　仇贤林　县农业农村局副局长、党委委员。十年扶贫路，甘当“拓荒牛”，被干部群众称为“把感情留在贫困山区的践行者”。自 2009 年 11 月起长期奋战在扶贫攻坚一线，勤于实践，善于创新，切实帮助扶贫对象脱贫致富。10 年来，牵头起草扶贫政策 20 余项，探索“政银保”合作机制，创新实施“公司+经营主体+农户”“扶贫车间”“扶贫小店”等扶贫模式，出台“十项补助五个一批”助力晴隆县就业扶贫政策，推动宁海扶贫开发和东西部扶贫协作工作走在省市前列，2018 年被浙江省委、省政府评为扶贫工作先进个人。

仇贤林（右二）在工作

攻坚标兵　刘腾　县房屋征收办公室党组成员、征收科科长。怀揣一颗为民心，倾力城市大建设。身为征迁战线主力军，奋力破难显担当，带队攻坚 8 个月完成 99 户“清零攻坚”任务，为机关幼儿园扩建、兴宁路改造、人民路改造等一批重大项目落地打通症结，创造多项清零攻坚速度。心系群众，首创“政银保”快融模式，破解群众签约困境，得到市相关领导肯定。探索板凳工作法、“一对一”亲情攻坚法，搭建与被征收人信任桥梁，并通过敏锐的风险意识化解企业债权纠纷，避免发生社会群体性事件。

刘腾（中）在工作

服务标兵　郑军松　黄坛镇副镇长（工业）。“服务企业就像带孩子，有了好环境，才能更好更快地发展”。自调任黄坛镇副镇长以来，深入企业一线，精准服务、科学管理，坚定不移推进“工业强镇”战略，仅四年多，齐心科技上市新三板，旗滨总部、得力总部等相继成功落户，得力电商、太中电商驱动二三产融合发展，并成功破冰得力辛岭 08 地块、华成二期土地征用工作。2016 年以来，黄坛镇规上工业产值年均增速达 25%，成为全县首个“双百亿”乡镇。

郑军松（左）在工作

领雁榜

好支部　县审管办第四党支部

“高效服务让群众更满意!”县审管办第四党支部的党员们凝心聚力，以“最多跑一次”的改革要求，创新破难，首创推行住所申报承诺制、食品经营审批“最多核一次”，成为全省商事登记改革模板，联通视频工作站实现跨空间远程审批、二维码注册登记服务平台将注册大厅送入千家万户，高效实行“一窗受理、全窗通办”模式、深化政银合作和部门协作，常态化企业开办 5 小时内办结，审批速度走在全省前列。2019 年一季度，宁海县私营企业增长率排名全大市第一，全县市场主体破 7 万大关，市场创业热情有效激发。

县审管办第四党支部合影

好支书　蒋善斌　胡陈乡梅山村党支部书记。一颗富民的“执着”心，一股为民的“执着”情，二十七年来他兢兢业业、任劳任怨，带领村党员干部跑项目、筹资金、创先进，借着“千村示范，万村整治”的东风，从垃圾分类试点到享誉全国的垃圾智能化管理样板村，从铺天盖地的村庄整治到画龙点睛的局部修建，从贫困落后小山村到全省乡村振兴现场会的重要站点，在他和全村党员的共同努力下，梅山村实现从破旧脏乱到人居幸福地的华丽转身，走出一条“党建引领幸福梅山”之路，成为新农村建设的样板村，先后获得省文明村、市“五好”党组织、市最洁美村庄等荣誉称号。

蒋善斌（左二）在工作

好党员　俞其昌　宁波松鹰汽车部件有限公司副总经理、高级技师。“咬定青山不放松，立根原在破岩中。”与汽车部件打了一辈子交道，从一名技术工人成长为省“首席技师”。在技术攻坚中，发挥党员的先锋性、模范性，带头攻克技术难关，研制50多台（套）非标生产、检测设备，带领技术骨干研发300多种新品，获国家发明专利10多项，为企业产值争创近亿元。所创建的省级“技能大师工作室”，培养10多名高级技师、工程师、技师。他是首批“浙江工匠”“港城工匠”，还是省“五一劳动奖章”“市优秀高技能人才”称号获得者，更是“浙江好人”。

俞其昌（中）在工作

英才榜

创新人才　邬玉芬　县农业农村局高级工程师、香榧专家。秉持绿色发展理念，因地制宜推进宁海县山区香榧产业发展，促进生态与经济良性互动，实现林业经济持续增效、林农收入持续增长。创新香榧树丰产管理模式，通过技术培训、科技下乡和现场指导，转变农户种植理念，增强农户种植技术，成效明显，使宁海县香榧栽培面积从10年前的3600亩发展至2万亩。2018年全县香榧投产面积6000余亩，干果产量达58.8吨，促进山区百姓增收致富。

邬玉芬（左）在工作

名家名匠　童献松　宁海县锦祥艺术品有限公司总经理。“巧手成就卓越，匠心创造非凡。十年磨一剑，八方聚一堂”。省工艺美术大师、市首届港城工匠童献松将前童古镇的文化内涵，通过精雕细琢，淋漓尽致地展现于每一件木雕龙船作品中，让宁海雕刻扬名四海，让龙船精神遨游八方。作为市“非遗”文化代表性传承人和木雕龙船文化的守护人，潜心创作，上下求索，一直前行在木雕艺术的道路上。多年来，挖掘收集木雕龙船

童献松（右）在工作

艺术史料，建立一套体系完整的文艺档案，并长期开展木雕体验公益活动，培养新人，传承文化，多次捐献作品用于扶贫事业。

名师名医　王伟　跃龙教育集团星海中学校长。“格物致知，知行合一”。28年如一日坚守在数学教学讲台上，培养出一批又一批优秀学生，获评浙江省特级教师。他身上有一种“数学魔力”，不仅能让枯燥乏味的数学变得简单有趣，更能让对数学望而生畏的学生爱上数学。多年来一直参与《宁波中考考试说明（数学）》的编审工作，多次参与宁波市中考命题及各地重点中学提前招生命题工作，主编、参编10余部著作，在国家核心刊物上发表30余篇论文，多项教科研课题获得省市级奖励。

王伟（中）在工作

第4期

铁军榜

攻坚标兵　葛军伟　县城投集团总经理、党委副书记。挑战不可能，他是城市建设战线上的无畏勇士。从行政管理岗位转至国企任职，抱着迎难而上的胆魄，凝聚人心，创新克难，带领集团一班人，探索拓宽融资渠道，破解一项项融资困局，全力搭建城投集团良好信誉平台，荣获市场信用评级“AA+”，实现宁海县国有企业在国内证券市场融资的历史性突破。保持愈战愈勇的韧劲，为了让房地产市场更具活力，磨嘴头、奔脚头，

引进广东海伦堡等知名房企投资，成功推出多个棚改地块，加快城区更迭步伐。

葛军伟（中）在工作

服务标兵　仇昌兴　县经信局副局长、党委委员。“心中常思企业，脚步丈量服务”是他的人生格言。甘当企业的“店小二”，始终坚持“责任大于一切”理念，以服务企业、优化营商环境为己任，孜孜不倦，一心扑在帮企破难题、为企谋发展的道路上。带领分管科室赴一线、查实情、谋对策，相继编制《宁海县工业集聚区规划》《宁海县推进“中国制造2025”试点示范城市实施方案》《关于促进民营经济高质量发展的若干意见》等一批规划、政策，为全县工业经济高质量发展出谋划策。在梅林街道和县经信局工作的短短几年内，累计走访企业1700余次，化解企业难题500余个。

仇昌兴（右二）在工作

实干标兵　王巍　宁海传媒集团基层管理部主任（胡陈乡岙里王村“第一书记”）。冲在前是他的一贯作风，2018年4月担任岙里王村“第一书记”以来，以“全村的狗见了不叫”为目标，走好户出好策办好事，以苦干实干的精气神带领党员群众前行，一年多来完成后进党组织整转，引进乡贤投资项目近1600万元，实现村级集体经济经营收入翻番，在抗击台风“利奇马”时连续两天两夜连轴转，身背残疾独居老人脱离危难，把为民承诺放在心上、落到实处。立足广播电视本职岗位，兢兢业业、担当作为，荣获“辉煌60年全国广播电视系统百名优秀工作者”“省广电主干维护先进个人”等称号。

王巍（左前）在扶贫中

领雁榜

好支部　力洋镇海头村党支部

红色党建引领绿色发展。海头村党支部在乡村振兴中，创新推行网格化农村环境治理，建立党务村务定期沟通机制，推进民生实事工程，使农村环境面貌焕然一新。通过支部引领、党员带头，探索尝试菊花产业基地建设，与高校签订合作协议，打造5000平方米的菊花精品博览园，形成总面积约120亩的大型菊花基地，带民增收致富。

海头村党支部合影

着力打造农村美、农民富的美丽乡村样板，成为省美丽宜居示范村、省卫生村，也是市最洁美村庄、市美丽乡村会现场考察点。

好支书　罗沛　前童镇民宿产业党建联盟党支部书记。担任古镇旅游发展有限公司总经理十余年来，甘当绿叶，服务为民，面对民宿发展困境，发动民宿党员经营户成立民宿产业党支部，组建民宿产业党建联盟，打造“特色产业+党建联盟”民宿样本，助推前童民宿高质量发展。先行先试，勇于探索，克服政策、资金等瓶颈，成功创办宁海首家民宿——前童驿事客栈，示范带动古镇民宿产业蓬勃发展。2018年，古镇民宿经营性收入突破1500万元，民宿经济已成为古镇的第一支柱产业。

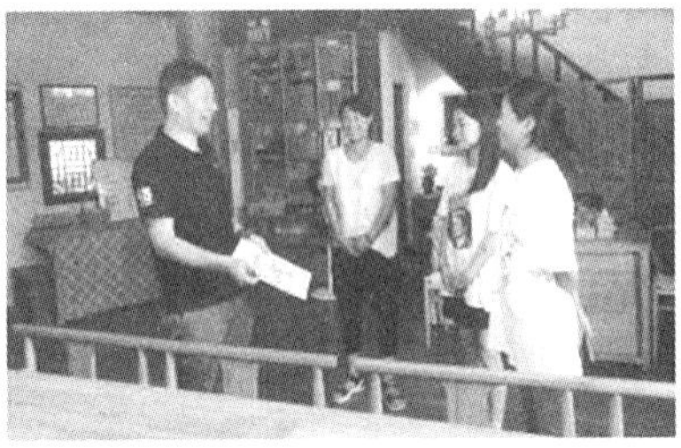

罗沛（左）工作中

好党员　叶嫦娥　县妇幼保健院分娩室助产士。是一名普通的共产党员，也是一名资深的助产士，更是产妇心中坚强温暖的依赖。兢兢业业、不畏辛苦，坚守产房一线35年，见证上万个宝宝的出生，无数次将危重产妇从死亡线上抢救回来。甘为人梯，善植新秀，对每一位“学生”悉心教导，倾囊相授，带出一批又一批优秀的助产士。孜孜求索、开拓创新，多次赴国内知名医院进修，先后参与开展导乐分娩、改良式收板式撤台接生、水中分娩等新技术。2018年4月，被中国妇幼保健协会表彰授予“2017年坚守产房三十年资深助产士”荣誉称号，2019年6月被评选为宁波市优秀共产党员。

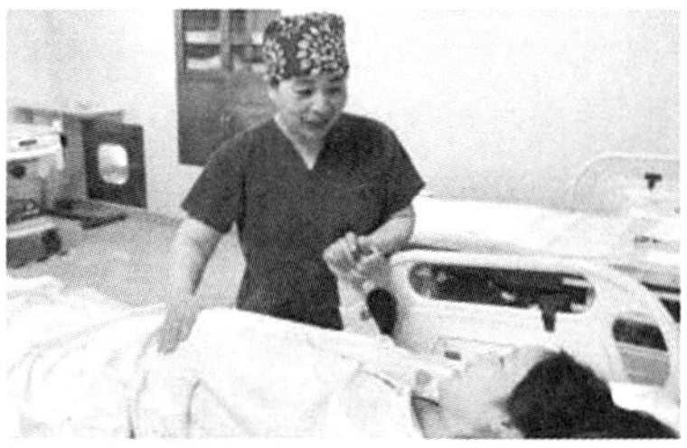

叶嫦娥（中）工作中

英才榜

创新人才　王朝阳　宁波华成阀门有限公司研发中心主任。怀揣工匠之心，逐梦智能制造。长达20余年的专注让他成为业内知名的“发明家”，荣获9项国家发明专利、发表17篇省级以上科技刊物论文、参与编制10项国家行业标准，主持起草1项浙江制造团体标准……从科研项目到成果转化，他精益求精，为企业创造巨大的经济效益。主持国家级火炬计划项目“先导式电磁隔膜阀”获省科技进步三等奖，为企业新增年销售1.5亿元。参与设计并主持科技成果转化的倒流禁止组合阀项目获省科技成果转化二等奖，处于国际领先水平，实现出口额2.2亿元。

王朝阳（左二）工作中

名家名匠　张忌　宁波市作家协会副主席、宁海籍著名作家。“写作是一场让人停不下来的马拉松。”从2003年开始小说创作以来，“接地气打深井”，将事业和职业完美融合，深入生活，潜心创作，让作品富有生命力，多次在《人民文学》《收获》《当代》《十月》等国内顶级文学刊物发表短篇、中篇、长篇小说上百万字，部分作品在境外出版。情系家国心系民，让个人价值和社会价值有效统一，2018年，为家乡电影《春天的马拉松》担任编剧，影片被国家电影局列为献礼改革开放四十周年重点影片之首，并获得省“五个一工程奖”。

张忌工作中

名医名师　刘建金　县第一医院医疗健康集团深甽分院院长、精神科副主任医师。他是点亮混沌心灵的灯塔、一名守护心灵伊甸园的“最美医者”，他是省首届“优秀基层医师”，连续三年被评为市精神卫生工作先进个人。基层从医22年，一直奋斗在精神科领域第一线，门诊查房，进村随访，想病人所想，急病人所急，在他的努力下，2000多名精神残疾病人就近免费获得抗精神病药物，撑起一片爱的晴空。他也是大爱为民的“仁心医者”，主动引进市级医院优质医疗服务，并在千里之外的汶川，在崎岖泥泞的山路上留下他奉献的脚印。

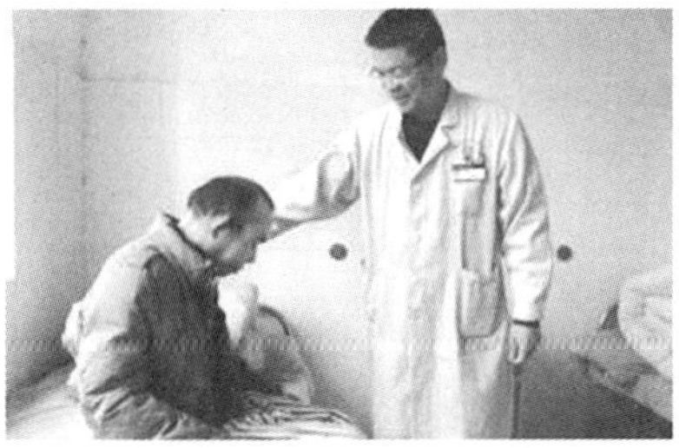

刘建金（右）工作中

第5期

铁军榜

实干标兵　童立安　县交通局副局级、党委委员、人武部部长，县交通重点工程建设指挥部副总指挥（兼）。“不忘初心，一生做党的忠诚战士”，20年军旅生涯赋予他融入骨髓的锐气，也锤炼出坚韧的实干作风。到县交通局工作后，先后分管10余个交通重点工程建设的政策处理工作。勇于担当，面对各类复杂局面毫不畏惧，始终保持“不完成任务决不罢休”的毅力和决心，以敢于亮剑的战斗精神，拔钉子、啃硬骨头，切实把交通重点工程建设项目中存在的困难问题一项一项予以解决，顺利推进象西线改道工程、盛宁线二期等重大项目完工。积极做好交通系统交通战备与武装工作，建立的海上情报分队被省军区推广表彰，县交通局荣获全国交通运输系统交通战备保障先进单位、省军区与省交战办“十三五”期间先进单位等荣誉。

童立安（左）工作中

攻坚标兵　郭东海　县公安局副局级、巡特警大队大队长。奉献书写无华，敬业彰显忠诚。从警二十三载，扎根基层，默默践行“人民公安为人民”的庄严承诺。是人民群众的“守护神”，生死瞬间救回无辜生命；是处置突发事件的“领头羊”，2019年在处置历史遗留弹药事件中，身先士卒，不顾生命危险，时刻做好牺牲准备，连续奋战三天三夜，徒手甄别高危弹药，成功化解黄磷燃烧弹起火、冒烟险情十余次，顺利完成数百枚弹药的挖掘处理工作；他是维稳前线的“排头兵”，援疆维稳、杭州G20峰会、中华人民共和国成立70周年大庆都烙下深深足印。危难时刻，他总能挺身而出，不负重托，打赢一次次硬仗，发挥特警精神，树立公安形象。

郭东海工作中

服务标兵　陈开才　宁海经济开发区管委会副主任（正局级）、党工委委员，宁海三门湾新区前期办副主任。兢兢业业体现担当作为，实干苦干践行初心使命。始终坚持冲锋在前，“两脚沾满泥，浑身淌着汗”，从做好土地征用工作、推进重点产业项目等方面入手，带领团队完成征用土地约8982亩，清表面积约4665亩，农转用报批项目28个，为高端汽车产业园、模具产业园、小微产业园、建新产业园、智能LED车灯产品研发及产业化项目等重点工程的顺利开展提供坚强服务保障。他用心用情服务企业，足迹遍布辖内每个厂区，实打实破解生产经营难题，有力提振了企业发展信心。

陈开才（左二）工作中

领雁榜

好支部　跃龙街道兴圃社区党总支　“欲筑室者，先治其基”，兴圃社区以抓党建强基础，以重服务促发展。社区党总支通过实行党员积分化管理，构建社区“大党委”，探索“社会治理5+2”新模式，满足居民多样化的需求。2019年，已组织18家“大党委”成员单位、216名社区党员、410名在职党员、200余名社区志愿者及45家社团，推出“居务、健康、法律、生活、关爱”等五大类服务，创建“公益夜诊”“夕阳红日巡队”“老何说和”“心圃花开”等一系列服务民生项目，年服务居民5000余人次，打通社区服务“最后一公里”。

兴圃社区党总支学习会场

好支书　奚琼霄　县中医医院医疗健康集团党委书记。“只有牢记使命、不忘初心，才能医路前行”，这是她从医始终的信念。三十余年里，不言苦，不喊累，和全体党员共同努力，探索打造县级中医药龙头医院，实现省级重点学科零突破，让国字号基层名医工作室落户宁海，使群众在家门口享受优质中医药服务。作为医界巾帼，省新时代“千名好支书”、县优秀党务工作者，带领中医医院走出一条“党建引领中医药发展”的特色之路。

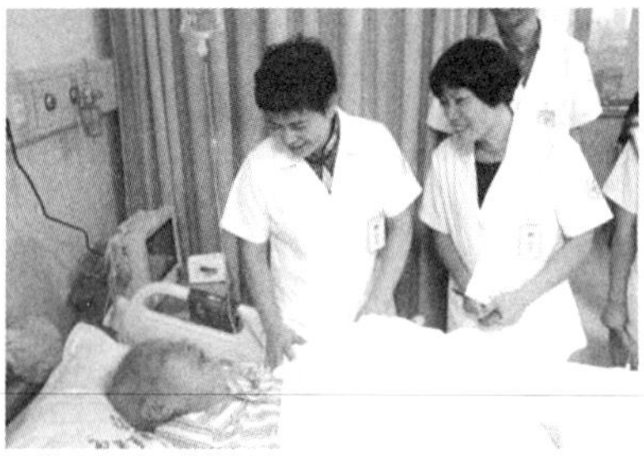
奚琼霄（中）工作中

好党员　潘常跃　县市场监督管理局干部。孜孜不倦，志愿服务的脚步永不止步。一个身穿红马甲的志愿者，从2014年下半年至2019年，穿梭在宁海街头巷尾、驻足在学校医院，累计参加“党群同心圆”志愿服务活动2781次，日均服务至少两次，连续四年位列全县第一。志愿服务已成习惯，爱的坚持融入生命，一路走来，有坚持、有收获、有眼泪、有欢乐，见证无数孩子的成长，点燃患者生命的渴望，让关爱的雨露流入群众心田，让关爱的力量从这里传递！

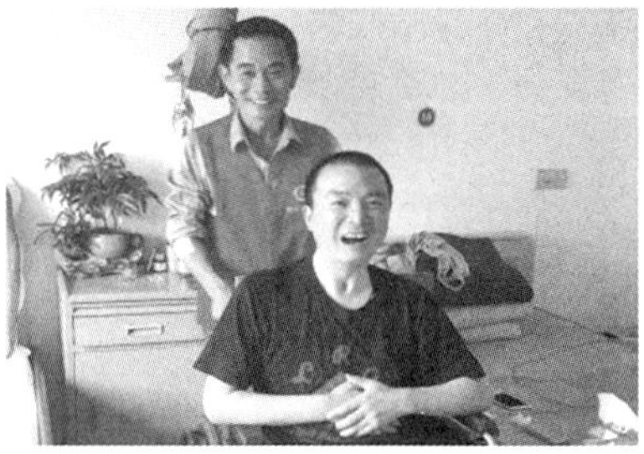
潘常跃（后）工作中

英才榜

创新人才　万义茂　东方日升新能源股份有限公司首席科学家。“聚焦尖端，永不停步”，澳大利亚籍华裔科学家万义茂博士常以此自勉。加入东方日升新能源股份有限公司以来，多次主持国家级产业化重大项目并取得国际领先成果，领衔项目团队2次刷新光伏组件量产效率的世界纪录，并主导制定1项国际标准。与项目团队共同努力，成功申报国家企业技术中心，在攀登科研高峰、攻坚关键技术的路上他永不止步，自主研发超高效电池技术，力求公司光伏电池效率在未来3年内再提高10%，不断刷新世界纪录。

万义茂工作中

名家名匠　谢青文　宁波日跃模塑有限公司制造部部长、高级技师。一丝一毫，追求卓越。30余年来，始终坚守模具生产一线，胸怀匠心勤钻研，争当模具制造先锋工匠，所研项目获得国家实用新型专利4项、发明专利2项，负责或参与制作的模具先后获得国家“精模奖”5个，为企业节省上千万生产成本。树立标杆重传承，依托“技能大师工作室”平台，积极开展“名师带徒”活动，为业界培养大批技能型人才，所在企业成为行业标杆。他是全国首届“卓越模具工匠”“浙江工匠”，也是市五一劳动奖章、“劳动模范”获得者。

谢青文工作中

名师名医　葛巧霞　县知恩中学教科室副主任、省级优秀教师。育人德为先，身教胜言传。从教28年，她对教育事业执着追求、无限热爱，默默无闻坚守教学一线，以平凡履诺践行人生价值，两次前往贵州地区爱心支教，帮扶近30名青年教师成长。担任班主任25年，她对学生无微不至、视如己出，孜孜不倦、用爱书写师德，重教学更重育人，用奉献担当擦亮每双渴望知识的眼睛，关爱学生全面发展，任教学科成绩遥遥领先，班风良好、学风浓厚。她被评为“省级优秀教师暨浙江省中小学师德模范”“中小学名教师”，荣获“市新时代教师队伍建设改革成绩突出个人”“市领军和拔尖人才”“市劳动模范”等称号。

葛巧霞近照

第6期

铁军榜

实干标兵　刘尚才　县文联主席、党组书记。文化振兴显实干，文艺惠民见实效。立足宁海文化特色资源，多次带队赴京对接，积极争取宁海创成中国婚嫁文化之乡，成功承办五届“潘天寿设计艺术奖”“中国制造2025”全国工业产品创意设计大赛，成为全国唯一由县级文联承办的全国性赛事，在他的引领推动下，《一诺千金》歌曲创成并获评省“五个一”工程奖。致力于文化为民，带领文联干部顶烈日、冒酷暑，深入全县30多个村庄，协调30个高校艺术团队入驻，27个村项目落地、10个高校创作基地（艺术团队工作室）建成，推动校地合作助力乡村振兴。

刘尚才（右三）工作中

攻坚标兵　宁海传媒集团“电视问政团队”。　问政动真格，监督见实效。“电视问政团队”由传媒集团党委书记挂帅，挑选采编精英22人，夜以继日、克难攻坚，带着问题走现场，紧盯问题促整改，围绕城市精细化管理、文明城市创建等主题，高质量完成电视问政节目2期，汇聚节目素材2600余分钟，汇集民生问题60余项，问政部门单位20多家，回应率

宁海传媒集团“电视问政团队”生活会

100%，45 项问政事项全部整改，以“初心”换“民心”，用“锐度”换“温度”，群众普遍称好，县委主要领导点赞，有力提升政府执行力和公信力。

服务标兵　王彪平　西店镇党委副书记、镇长。“全员‘孺子牛’，人人‘店小二’”，他带领镇党员干部扑下身子、苦干实干，甘当新城建设服务员。是服务企业的“急先锋”，深入滨海、望海园区项目现场，一线调研、一线破难，创新推行“边建设边分段验收”，助力吉德等企业项目落地投产，实现规上工业总产值超百亿。是服务群众的“贴心人”，全市率先谋划“最多跑一次”向村级延伸改革，建立“村务厅”，打造 10 分钟政务服务圈。是服务基层的“排头兵”，“一村一策”助力壮大集体经济，下定决心推动“厕所革命”，创成国家级卫生镇，小城镇环境综合整治省级验收达标。

王彪平（左二）工作中

领雁榜

好支部　岳井小学党支部　三尺讲台上他们是人民教师，岁月无声中他们是“摆渡人”。岳井小学党支部传承“最美摆渡人”精神，全体党员教师悉心照顾海岛的每一名学生，尤其是 2014 年 9 月起，每个周末义务护送海岛学生渡轮。2017 年起，党支部又发起“结对帮困护苗”行动，全体党员教师与困难学生结对，倾力相助。岳井小学党支部以“爱生如子、以情育人”的理念，深受社会各界和当地群众好评。

岳井小学党员教师在渡口帮助学生

好支书　邬宁崖　跃龙街道党工委委员、兴圃社区党总支书记。情系社区写春秋，甘于奉献不为名。自从事社区工作 20 余年来，抓党建、强服务、积极构建社区“大党委”格局、探索“社区治理 5+2”新模式、完善党员管理积分制等，不断激发社区党建新活力，并牵头创建“周末社工”“公益夜诊”“心圃花开”等系列服务民生项目，每年服务居民 5000 余人次，打通社区服务“最后一公里”，带领社区获评全国商业示范社区、综合减灾示范社区，其本人入选省千名好支书、省三八红旗手、市优秀共产党员、首批市级兴村（治社）名师。

邬宁崖（中）工作中

好党员　方永杰　宁波方正模具有限公司董事长。二十年风雨兼程，一颗红心铸就“钢铁艺术”。坚持党建引领企业发展，依托党员亮绩、文化亮心、育才亮技、感恩亮行，示范带动党建工作融入生产经营，把一个小作坊打造成为走在全国注塑模具行业前列的企业。致力于企业转型升级，以打造行业技术支撑机构为目标，建立省级院士工作站，引进国内外先进模具研发与制造技术，朝着模具制造智能化方向全力挺进，在挑战与机遇并存的市场竞争中，持续引领企业走在行业前端。

方永杰在办公

英才榜

创新人才　纪华雷　宁波越凡医疗科技有限公司董事长。“追求卓越，致力非凡”。越凡医疗科技成立五年来，带领团队，针对缓解呕吐、偏头痛病症难题，创造性研发基于靶向神经调节技术的无药物副作用可穿戴医疗设备，打破国外垄断，填补国内空白，相继获得中国 CFDA、美国 FDA、欧盟 CE 等国内外医疗器械注册证，拥有 61 项核心知识产权。产品在海外顶尖国际展会上屡获金奖，远销 30 余个

纪华雷（右）工作中

国家，占领全球发达国家70%以上的市场份。

名家名匠　王琛　宁波市美术家协会副主席。“人生如画，不辞点滴”。是满怀家乡情愫的美术人，收录潘天寿等大量近现代宁海籍书画家作品，编辑出版《宁海当代书画家作品集》，提升宁海知名度。是具有革新精神的艺术家，在文艺道路上勇于探索、不断突破，独创“金墨画”，多部作品入选综合材料绘画双年展等全国性展览。是践行“艺术振兴乡村”理念的筑梦人，将全新艺术理念植入乡村建设，打造南溪温泉艺术村，入选市级培育文创产业园区，吸引十多位艺术家入驻，推动园区成为文艺聚落和培训基地。

王琛工作中

名师名医　黄敏辉　县妇幼保健院副主任医师、儿童保健科副科长。作为中华医学会儿科分会发育与行为青年学组唯一基层委员，从事儿童保健工作17年，在全市率先开展儿童发育与行为门诊，并成功创建省级儿童早期发展基地。甘当千万孩子的知“心”朋友，近三年来，年均门诊量6000余人次，累计完成儿童言语问题评估和诊治800余例、多动症诊治500余例，他的专业、细致、耐心赢得社会一致好评。作为宁波市健康教育教师团成员，深入社区、学校，面向家长、老师开展儿童行为科普，在网络新媒体上为上万粉丝答疑解惑，助力家庭教育指导服务体系建设，为儿童创造良好成长环境。

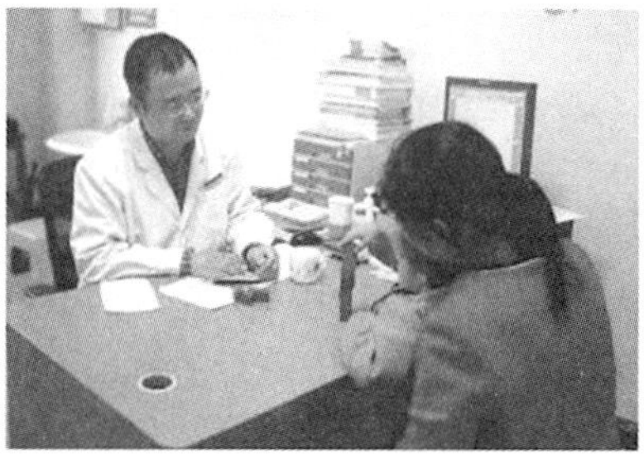

黄敏辉（左）工作中

新闻人物

应隆滚老人佩戴中共中央、国务院、中央军委为革命军人颁发的“庆祝中华人民共和国成立70周年纪念章”

应隆滚　越溪乡七市村人，一名有70年党龄的老党员。

1947年，19岁的应隆滚被抓壮丁，编入国民党部队送到战场。

1948年11月，应隆滚随军在北徐州战斗时起义，成为一名人民解放军战士。

1949年2月，部队在河南漯河被整编为第二野战军第四兵团第14军41师122团。

1949年4月8日，122团攻占浠水县城。4月20日，乘船渡长江，2营控制位于湖口至小孤山间江心小岛的三号洲，山炮连随2营登洲占领发射阵地。次日，多次击退敌舰进攻。

5月19日，解放丰城；7月14日，横江桥战役；7月17日，歼敌176师后卫一部；10月13日，洛光圩地区与敌63军交火；10月21日，攻击敌50军一部；10月22日，解放恩平；12月3日，在张黄圩扫荡敌广东第三挺进纵队残部。

1949年12月16日，在广西武鸣应隆滚加入中国共产党，入党介绍人是指导员高存保、班长杨顺庆。

1950年3月30日，进抵腾冲；1951年1月24日，向梁河罗卜坝的“反共救国军”第二路共90个大队发起攻击，经1天1夜战斗，捣毁该据点。

应隆滚随着122团辗转湖北、江西、广东、广西、云南等地，参加一系列战役。由于几年前出过两次车祸，加上年事已高，他已经无法清晰地回忆起曾具体参与哪几场战役，但那些激烈的战斗片段记忆犹新。

“渡江战役是4月，我们坐船过长江，是在晚上，炮也放在船上，船上有2名船老大，都是老百姓。到了对岸，天还没亮，油布一裹就睡在草堆里……”

“一次战斗中，我们在一条河上来来回回游了7趟，当时是冬天，非常冷……”

“在云南腾冲县剿匪时，敌人一发炮弹打过来，营教导员刚好来我们阵地视察，结果被炮弹炸穿了肚子，当场牺牲，站在旁边的我却毫发无损……”

“那时，我们连里就我和张宗连迫击炮打得最好，瞄准一口井，可以把炮弹打到井圈里去。有一次战斗，我们从山下往山上进攻，土匪很快溃散，一个土匪头子骑马要跑，被我和战友开炮炸死。剿匪胜利后，部队开了表彰大会，我和张宗连都获得特等功臣荣誉。”

1954年，应隆滚转业回到宁海。仅仅在农林科工作3个月后，主动向组织上提出要回到最艰苦的农村去，抓农业生产。应隆滚回到越溪乡七市村。

应隆滚先后做过食堂主任、治保主任和调解委员等工作。

2019年4月，县退役军人事务局开展退役军人信息采集工作，因为要帮老人填报信息，子女们翻找旧物时从箱底翻出一包东西，包中有不少奖状、证书和纪念章，最醒目的是那张“人民功臣奖状”：“应隆滚在1950年建设滇西巩固国防剿匪征粮等工作中，忠心耿耿为民服务，获得光辉成绩，被选为特等功臣。”签发奖状的是十四军军长李成芳和政治主任朱佩瑄；签发时间是1950年12月30日。这是宁海迄今发现的唯一一张特等功臣奖状。包中还有5枚纪念章——淮海战役胜利纪念章、渡江胜利纪念章、解放华中南胜利纪念章、解放西南胜利纪念章。

9月24日上午，县退役军人事务局给他送来中共中央、国务院、中央军委为革命军人颁发的“庆祝中华人民共和国成立70周年纪念章”。

9月27日，省委副书记、市委书记郑栅洁对应隆滚的先进事迹专门作出批示。

9月28日，县委书记林坚批示：老党员应隆滚同志深藏战功70年，一辈子不忘初心、不改本色、事迹感人。要把应隆滚的感人事迹作为“不忘初心、牢记使命”主题教育的生动教材。

9月29日，县委主题教育领导小组办公室发出通知，认真贯彻省委副书记、市委书记郑栅洁重要指示精神，在全县广泛开展向应隆滚学习活动。同日，受省委副书记、市委书记郑栅洁委托，市委常委、组织部部长钟关华专程到越溪乡七市村看望慰问老英雄应隆滚。县委书记林坚，县委常委、组织部部长方勤一同看望。

12月19日，县委常委、组织部部长方勤专程到越溪乡七市村看望应隆滚。

林坚　浙江省第十四届“五个一工程”奖名单公布，宁海县电影《春天的马拉松》《典妻》，报告文学《权力清单：三十六条》，歌曲《一诺千金》4部作品获奖，取得省级“五个一工程”“零的突破”。县委宣传部荣获市级优秀组织工作奖，是全市唯一一个获此殊荣的县级单位。县委书记林坚作为全省唯一县级单位代表，在省第十四届精神文明建设“五个一工程”表彰座谈会上作交流发言。

鲍明沛　洗面桶、老饭桶、洗脚桶、马桶、锅盖、豆腐桶、蒸桶、挑水桶、吊水桶和蜂桶，这组由浙江省优秀民间文艺人才、宁波市工艺美术大师鲍明沛创作的《箍桶记》获评第十四届中国民间文艺山花奖·优秀民间工艺美术作品，为全省唯一一件。至此，宁海有5件作品荣获中国民间文艺山花奖。

邵建达　1月8日，中共中央、国务院在北京隆重举行国家科学技术奖励大会。宁海籍科学家，现任中国科学院上海光学精密机械研究所党委书记邵建达研究员带领团队完成的“大尺寸高性能激光偏振薄膜元件成套制备工艺技术及应用”项目荣获2018年度国家技术发明奖二等奖。

西店镇人，毕业于宁海中学，1982年考入浙江大学无线电与电子工程学系学习，1986年后一直在中国科学院上海光学精密机械研究所工作，主要从事高功率激光光学元器件的研制工作。他领衔的科研团队历经长时间攻关，解决基板加工、镀膜和检测系列关键技术难题，成功研制出大尺寸高性能激光偏振薄膜元件，打破西方的技术封锁和高端产品禁运。该元件已成功应用于我国神光系列激光装置，并出口俄罗斯、以色列等国家，满足我国激光聚变研究的重大战略需求，推动我国激光薄膜和相关行业的技术进步。

身在异乡，情系桑梓。邵建达曾回乡参加世界宁海人发展大会，平时也十分关心家乡发展。他表示，自己从事的工作是为激光系统提供支撑，而激光行业是现代制造业的基础，希望今后有机会为家乡的产业转型与集聚人才做出自己的贡献。

钟福昌　2月，强蛟镇人民调解委员会调解员钟福昌被授予全国坚持发展“枫桥经验”实现矛盾不上交试点工作表现突出个人荣誉称号。

2018年，是毛泽东批示学习推广“枫桥经验”55周年，也是习近平总书记指示坚持发展“枫桥经验”15周年。为贯彻落实习近平总书记重要指示精神，积极打造新时代人民调解工作升级版，2018年，司法部部署在北京、天津、黑龙江、江苏、浙江、安徽、四川、云南、宁夏等9省（区、市）开展坚持发展“枫桥经验”实现矛盾不上交试点工作。

钟福昌2009年开始到强蛟镇从事调解工作，一直身处一线，认真落实矛盾纠纷排摸工作，被当地群众亲切地称为强蛟“老娘舅”。参与矛盾纠纷排查623次，参与调解各类矛盾纠纷481件，提供各类免费咨询500余次，其中重大疑难纠纷27起，特别重大疑难复杂纠纷13起，受理率100%，调解成功率达到99%以上，为维护群众合法权益、促进社会和谐稳定、服务经济社会发展做出应有的贡献。钟福昌还曾荣获“宁波市金牌人民调解员”“宁波市一级人民调解员”等荣誉称号。

黄仁普　3月，中国自然科学博物馆学会第七次全国会员代表大会在中国科技馆召开。宁海县海洋生物博物馆馆长黄仁普荣获中国自然科学博物馆学会科学技术奖（贡献奖），并当选为学会第七届理事会理事。

黄仁普曾在象山石浦中国渔村景区开办海洋科博馆、珊瑚馆，2013年在强蛟镇成立宁海县海洋生物博物馆。该馆收藏着3000余件海洋生物标本，涉及海洋生物化石、珊瑚类、贝壳类、鱼类等主要物种。其中珊瑚类的标本110余种，以品种多、个体大、稀有度高而闻名，其品种和数量均居全国同类博物馆之首。在做好日常展览的同时，与各学校合作开展校外课堂及博物馆的探索实践，推出关于钓鱼岛等海洋领土的爱国主义教育，让更多的人学到海洋知识，还向国家海洋博物馆、浙江自然博物馆等捐赠藏品，为丰富我国海洋生物藏品做出积极贡献。

黄仁普还经常“走出去”做科普，在上海松江科技馆、绍兴科技馆、温州科技馆等省内外科技馆举办科普展十余场，受到一致好评。

黄仁普曾被自然博协评为优秀工作者，荣获县十佳优秀退伍军人。2015年县海洋生物博物馆被评为优秀集体，2016年被中国自然博协湿地专委会评为“十大最美湿地场馆”之一。

潘志光　3月，中国作家协会会员、宁海著名老诗人潘志光的《一只小小甲壳虫也想飞》《藤蔓往上爬》等4首诗入选当代文学研究会诗歌委员会选编的《2018中国年度作品（诗歌）》（现代出版社出版）；《水中的一棵芦苇》入选《诗探索》编辑委员会选编的《2018中国年度诗歌》（漓江出版社出版）。

潘志光坚持诗歌创作，在各级报刊发表大量诗歌。《浙江文坛》《诗歌述评》点赞他是20世纪中后期本省诗歌创作的中坚分子，为浙江的诗歌繁荣和知名度做出自己的贡献。60岁后，潘志光创作突破自己，在《诗刊》发了不少诗，有两组诗受到《诗刊》编者加按语郑重力荐，先后在头条推出。《诗刊》组织的“春天送你一首诗”也常有潘志光的诗，诗作入选多种诗歌年选和其他重要选本，如《外面有人走动》、《诗刊》编的《新世纪5年诗选》。《诗刊》创刊50周年，荣登创作谈；2018年第3辑《诗探索》《诗坛峰会》栏目刊发30首诗和4000多字的创作谈。

胡敏春　3月，2017—2018年度宁波市优秀特色律师事务所名单公布，全市共4家单位获此殊荣，浙江诚航律师事务所名列其中，这是宁海县县域内律所首次获得市级优秀荣誉。同时，该所主任胡敏春律师还获得2017—2018年度“宁波市十佳女律师”称号。

诚航律所创办于2010年，始终坚持向专业化、特色化发展，以金融业务为基础，着力围绕法治政府建设而服务，自设立以来律所人均创收稳居宁海县县域律所第一位。

诚航律所以公益为特色，积极完成各项法律公益活动，如担任一村一顾问、人民调解员，开展民企法治体检、法律援助案件、法律宣讲团等公益服务，投身各项社会公益活动，向困难学生与病患家庭捐款达百余次。

胡敏春律师曾获评市三八红旗手、市优秀律师、市与县级优秀志愿者等多项荣誉称号。

浙江慈善奖　11月19日举行的全省民政会议暨第六届浙江慈善大会上，通报第六届“浙江慈善奖”名单。宁波喜获22个大奖，获奖总数排全省首位。其中宁海的储吉旺和王春文获个人捐赠奖。

浙江“好支书”　1月，浙江省推选出1005名“好支书”人选中，宁海县共有8名基层书记入选，分别是：胡陈乡胡陈村党支部书记鲍瑞根，越溪乡双盘村党支部书记林益满，茶院乡东腾村党支部书记周相辉，强蛟镇上蒲村党支部书记金文杰，桃源街道兴海社区党总支书记、居委会主任王琛，梅林街道河洪村党支部书记俞华国，桥头胡街道桥头胡村党总支书记胡新标和县中医医院党总支书记、院长奚琼霄。

第三届“港城工匠”　3月，宁海县宁波跃飞模具有限公司的周国全、宁波日安阀门有限公司的章仉香、宁海县葛安飞根艺创作有限公司的葛伟峰和宁海县凯翔模具有限公司的葛向荣等4人被评为第三届“港城工匠”。宁波华成阀门有限公司的王朝阳与宁波双林模具有限公司的储吉江入围“港城工匠”提名奖。至此，宁海累计港城工匠11人。

曹善军　4月，由中华慈善总会组织开展的2018年度全国慈善会基层慈善先进工作者、爱心企业家、爱心企业评选活动揭晓，宁海县慈善总会原会长曹善军荣获“全国慈善会基层慈善先进工作者”称号。

曹善军自2008年担任宁海县慈善总会会长起，兢兢业业工作10年，带领县慈善总会工作人员建网络、抓募集、重救助、强宣传，在全县18个乡镇（街道）建立慈善分会，并在全县各村（社区）建立慈善工作站，将触角延伸到宁海的角角落落，为助力精准扶贫、促进社会和谐、“大爱宁海”的传承做出积极贡献。

在曹善军的带领下，县慈善总会秉承“安老扶幼，济危助困”的办会宗旨，做到应救尽救、应助尽助、精准救助，成为社会保障的有力补充。10年前，县慈善总会年筹善款不到1000万元，救助支出在700万元左右；如今，县慈善总会年筹款额达到3500多万元，拨发救助款达2700多万元，成绩显著，先后获评5A级社会组织、宁波市先进社会组织以及省优秀机构奖。

林海峰 4月，2018“我心目中的宁波品牌”和“品牌宁波年度人物”双评选活动颁奖典礼在宁波南苑饭店国际会议中心举行。东方日升获“突出贡献品牌”奖，企业负责人林海峰获“品牌年度功勋人物”称号。

东方日升坚持着“每当东方日升时，我增能量你增值”的品牌主张，从高效率、高可靠与低成本三个主要方向发展，不断提升电池组件效率、优化电池组件结构、加强产品质量管理并淘汰落后产能。东方日升的jaeger HP系列72版型组件光电转换效率打破该系列组件效率世界纪录，并获得第三方独立认证机构TüV的权威认证。东方日升在高效电池和组件产品的持续布局，赢得国家的认可，成功名列第25批新认定国家企业技术中心，这意味着公司的技术水平已经进入国家队，有利于公司进一步加强和海内外顶尖研发机构的交流合作，推动行业健康发展。

秦巧莲 5月，省委宣传部、省文明办、省妇联在“我和我的家风——2018年度‘最美浙江人·最美家庭’”发布会上，联合发布浙江2018年度百户“最美家庭”获评名单，宁海县桃源街道秦巧莲家庭上榜。

朱运权 5月，省卫生健康委公布一批家庭医生优秀代表，宁波入选6名“优秀家庭医生”，来自梅林卫生院的朱运权医生获奖。

浦子 5月，浦子作品《王庄三部曲》参评第十届茅盾文学奖。

卓越模具工匠 6月，由中国模协举办的首届“卓越模具工匠 匠心模具精英”双百评选结果揭晓，宁海县第一注塑鲍薇、方正模具方永杰、震裕模具蒋震林获“匠心模具精英”称号，方正模具叶军、第一注塑金德奎、震裕模具钟丽祝、日跃模塑谢青文4位师傅获“卓越模具工匠”称号。

罗吉松 7月，经浙江省钓鱼协会运动委员技术等级评定委员会审核批准，宁海县罗吉松获得“浙江省海钓一级垂钓大师称号”。这是省内首次开展海钓等级评定，全省仅两人获此称号。

国英杰 8月16日，在第十八届世界警察和消防员运动会的拳击赛场上，来自宁海的特警队员国英杰获75公斤级别的冠军。

陈懿 8月26日，全国第十届残疾人运动会暨第七届特奥会上，宁海游泳小将陈懿以28秒56的50米自由泳成绩为浙江斩获首金。在4×100米混合泳中，陈懿接力又获一金。

乙茜 8月，教育部、关工委全国“新时代好少年”主题教育读书活动“我为祖国点赞”朗诵比赛在延安落下帷幕。宁海县桃源中学初二学生高乙茜获全国初中组一等奖，并取得全国朗诵优秀选手荣誉称号，参加在延安大剧院举行的展示活动。

严亚芬 8月，宁海县黄坛镇残联理事长严亚芬入选浙江省首届“最美浙江人”之“最美残疾人工作者”。9月上旬，省委宣传部、省残联共同举办“最美浙江人”之“最美残疾人工作者”电视发布会。严亚芬前往杭州参加本次发布会。

王苍龙 王式衔 9月2日，由中国书法家协会主办的全国第十二届书法篆刻作品展入展名单公布，宁海书法家王苍龙的楷书作品和王式衔的草书作品成功入选。两名书法家同时入展国家级综合性书法大展尚属首例，展现出宁海文艺骨干的优秀素养和专业水准。

陈仲 10月，2019年“创青春”浙江省青年创新创业大赛总决赛暨颁奖典礼举行。一市镇前岙村青年农创客陈仲和他的参赛项目“蟹大人”获银奖。

11月4日，第六届“创青春”中国青年创新创业大赛暨2019中国青年创新创业交流会在山东青岛完美收官。宁海一市镇前岙村的陈仲以“蟹大人”项目获农业农村组金奖。这也代表浙江省继商工组、互联网组后，拿下创青春全国比赛三组别金奖的大满贯，刷新历史最好成绩。

11月18日，由农业农村部主办，农业农村部乡村产业发展司、农业农村部农村社会事业发展中心承办的“长春国信杯”第三届全国农村创业创新大赛决赛在江苏南京落下帷幕。来自一市镇前岙村的青年陈仲以《蟹大人》项目获该项比赛三等奖。

全国第十届残疾人运动会 在

全国第十届残运会暨第七届特奥会上，宁海运动健儿取得7金5银12枚奖牌的优异成绩。其中，陈懿在女子S10级50米自由泳、女子S10级100米自由泳、女子肢残34分4×100米混合泳接力等项目中夺得5金2银，成为全市获得金牌和奖牌数最多的运动员之一。王心雨在单板滑雪项目中获得1金1银，这是本届残运会首次纳入残疾人冬季体育项目，填补浙江省残疾人冬季项目“空白”，为备战2022年冬残奥会打下基础。宁海运动员俞千缘与队员一起努力拼搏，夺得我省坐式排球男队组队20年来首枚金牌。而年仅10周岁的麻忆天，是本次宁海参赛运动员中年龄最小的运动员，首次参与全国赛事即在跆拳道项目中获得男子KP品势个人、男女KP60混双品势两块银牌。

胡亮亮　12月，宁海泥金彩漆新生代传承人胡亮亮在团市委主办的2019甬城青年工匠评选入选。

方静　12月20日晚8点30分，宁海人方静登上央视《濠江故事》讲述她与澳门《因为爱》的故事，庆祝澳门回归20周年。

附录

企业名录

【2019 年度宁海县工业综合实力 50 强企业名单】

得力集团有限公司

东方日升新能源股份有限公司

建新赵氏科技有限公司

宁海强蛟海螺水泥有限公司

奇精机械股份有限公司

宁波如意股份有限公司

宁波华成阀门有限公司

宁波震裕科技股份有限公司

双林集团股份有限公司

宁波海斯曼科技发展有限公司

宁波吉德电器有限公司

宁波方正汽车模具股份有限公司

宁波润禾高新材料科技股份有限公司

宁波市天普橡胶科技股份有限公司

宁波卡倍亿电气技术股份有限公司

宁波华平智控科技股份有限公司

宁波光明橡塑有限公司

宁波峰亚电器有限公司

宁波天虹文具有限公司

宁波北新建材有限公司

宁波格兰家居用品有限公司

宁波奇亿金属有限公司

宁波永成双海汽车部件股份有限公司

宁波兴伟刀具科技有限公司

宁波永和电子有限公司

宁波沃特汽车部件有限公司

宁海万兴金属制品有限公司

宁波永信汽车部件制造有限公司

宁波九隆五金有限公司

宁波捷豹振动控制系统有限公司

宁波日安阀门有限公司

宁波永信钢管有限公司

宁波步来特电器有限公司

宁波市锦泰橡塑有限公司

爱文易成文具有限公司

宁波好孩子儿童用品有限公司

宁波前风振业照明电器有限公司

宁波无边橡塑有限公司

康迪泰克传动系统（宁海）有限公司

浙江蓝宝石仪表科技有限公司

宁波市凯博数控机械有限公司

宁波嘉瀚环保建材开发有限公司

宁波兴宝华刷业有限公司

宁波翰文电器有限公司

宁海县第一注塑模具有限公司

华英伦科技（宁波）有限公司

宁波新大梁山啤酒有限公司

宁海兴达旅游用品有限公司

宁波伟书文具有限公司

伟成金属制品有限公司

表 30　　2019 年度宁海县进出口前五强企业情况表

序号	企业名称	所属乡镇	2019 年	
			进出口总额（万美元）	同比
1	东方日升新能源股份有限公司	梅林街道	139242	104.5%
2	宁波华成阀门有限公司	黄坛镇	25572	-13.9%
3	宁波得力进出口有限公司	黄坛镇	15502	6.3%
4	宁波峰亚进出口有限公司	西店镇	10019	36.1%

续表30

序号	企业名称	所属乡镇	2019年	
			进出口总额（万美元）	同比
5	宁波如意股份有限公司	桃源街道	9722	1.3%

表31　　2019年度宁海县出口成长型企业建议名单表

单位：万美元

序号	企业名称	所属乡镇	2019年			2018年			2017年		
			累计	2018年同期	同比	累计	2017年同期	同比	累计	2016年同期	同比
1	宁海县集美特电器有限公司	桃源街道	3166	1673	89.2%	1673	628	166.3%	628	0	—
2	奇精机械股份有限公司	长街镇	5265	4044	30.2%	4044	3023	33.8%	3023	1407	114.9%
3	宁波伯利恒电器有限公司	西店镇	1830	1472	24.3%	1472	1164	26.5%	1164	807	44.4%
4	宁海县百特户外用品有限责任公司	西店镇	1054	861	22.4%	861	694	24.1%	694	477	45.5%
5	宁波九隆五金有限公司	强蛟镇	3332	2885	15.5%	2885	2157	33.8%	2157	1889	14.2%

说明：评选标准为企业当年度出口额1000万美元以上，出口增速（以美元计）连续三年达到两位数以上

2019年宁海县“三农”风云榜

2019年度，宁海县被评为国家“绿水青山就是金山银山”实践创新基地、浙江省清新空气示范区、2019年度美丽宁波建设（生态文明示范创建行动计划）考核优秀单位、浙江渔场修复振兴暨“一打三整治”目标责任考核优秀单位、宁波市第七届水利“大禹杯”竞赛金杯奖。

一、国家森林乡村

长街镇山头村　胡陈乡梅山村

岔路镇下畈村　桥头胡街道双林村

越溪乡越溪村　大佳何镇民主村

二、国家地理标志证明商标

双峰香榧　岔路黑猪

三、省市级美丽乡村先进单位

1. 浙江省美丽乡村示范乡镇

前童镇

2. 浙江省美丽乡村特色精品村

长街镇大祝村　胡陈乡胡东村

力洋镇路下施村　大佳何镇滨海村

3. 浙江省高标准农村生活垃圾分类示范村

岔路镇湖头村　前童镇大郑村

西店镇海洋村

4. 宁波市美丽乡村风景线（2018—2019）

桥头胡街道（禅意栖居）

前童镇　岔路镇（古镇乡韵）

5. 宁波市美丽乡村示范乡镇（2018—2019）

茶院乡　前童镇

6. 宁波市美丽乡村示范村（2018—2019）

胡陈乡胡东村　力洋镇小青村

茶院乡柘浦王村　越溪乡信干山村

前童镇板岭陈村　深甽镇马岙村

梅林街道河洪村

7. 宁波市美丽乡村合格村

长街镇大青村、双家村，胡陈乡腾达村、张韩村，力洋镇东园村，茶院乡东南溪村，一市镇东岙村、山下村，越溪乡越溪村、盘屿村，桑洲镇田洋卢村、长田头村，岔路镇天河村、吕家村，前童镇鹿山村，黄坛镇杨家村、黄坛村，大佳何镇石门村，强蛟镇王石岙村，西店镇吴山村、集义村，深甽镇岭卜村、赤岙村，跃龙街道屠岙村、白峤村，桃源街道杏蒋村，梅林街道九都王村、新庄村，桥头胡街道店前王村、潘家岙村

8. 宁波市农村生活垃圾分类处理工作示范乡镇

越溪乡　西店镇

9. 宁波市农村生活垃圾分类处理工作示范村

越溪乡信干山村　越溪乡双盘村　西店镇海洋村

西店镇岭口村　大佳何镇团

联村

四、省市级美丽宜居先进单位和个人

1. 省级美丽宜居示范村督查优秀村庄

跃龙街道白龙潭洋村

2. 省级美丽宜居示范村督查合格村庄

长街镇西岙村

3. 省小城镇环境综合整治行动突出贡献个人

汪俊名

4. 市级美丽宜居示范村督查优秀村庄

强蛟镇临港村

5. 市级美丽宜居示范村督查合格村庄

长街镇对岙洞村　越溪乡双盘村

前童镇上溪村　大佳何镇滨海村

西店镇香石村　跃龙街道白龙潭洋村

梅林街道刘三村

五、浙江省森林城镇

岔路镇

六、美丽浙江建设工作成绩突出集体

县环境监察大队

七、浙江省生态文化基地

岔路镇下畈村

八、气象服务先进集体和个人

1. 全国气象服务贡献奖

顾国兴（跃龙街道办事处党工委书记）

2. 浙江省气象业务服务工作先进集体

县气象局

九、全省公益林建设成绩突出集体

县林业局

十、全省林业技术推广突出贡献集体

黄坛镇林业特产工作站

十一、2019年黔西南州脱贫攻坚先进集体

县人社局

十二、浙江省突出贡献农村工作指导员

陈丰（县农业农村局）

十三、省级“一村万树”示范村

长街镇青珠村　长街镇新五星村

长街镇李家庄村　茶院乡下徐村

大佳何镇和平村

十四、宁波市农业标准化示范区

宁海县圣猴果蔬专业合作社猕猴桃种植标准化示范区

宁海县家理家庭农场覆盆子种植标准化示范区

宁海县桃树湾林业发展有限公司山茶油种植标准化示范区

十五、宁波市“美丽水乡”“水美村庄”

1. 美丽水乡

胡陈乡

2. 水美村庄

长街镇石桥头村　大佳何镇民主村

西店镇岭口村　深甽镇大洋村

十六、文明创建工作先进镇村

1. 宁海县文明镇

一市镇　黄坛镇

2. 宁海县文明村

长街镇下塘村、浦东村、双家村、山前村，胡陈乡永和村、岔路村、大赖村，力洋镇东园村、凤凰山村，茶院乡庙岭村，一市镇山上方村，越溪乡盘屿村，桑洲镇里山村、田洋卢村、新桥村，岔路镇前后娄村、岔路村，前童镇联合村、梁皇村、妙宏村，黄坛镇里岙村、金家岙村、张家山村、大洋山村、班竹园村、大木村，大佳何镇石门村、溪下王村，西店镇吉山村、前金村、西店村、樟树村，深甽镇大蔡村、双坑村，跃龙街道大桥李村、岭头村、汪家村，桃源街道溪旁徐村，梅林街道应家村，桥头胡街道桥头胡村、屠家村。

3. 宁海县“三美乡村”精品村

长街镇总浦塘村　胡陈乡永和村

茶院乡毛屿村　越溪乡大陈村

桑洲镇里山季村　前童镇上溪村

大佳何镇团联村　深甽镇上湖村

跃龙街道白龙潭洋村　梅林街道花园村

十七、2019年度“百村立功竞赛”活动县级优秀竞赛项目

一等奖优秀竞赛项目（5个）

越溪乡下湾村

党员联户“一口清”工作机制

大佳何镇葛家村

艺术振兴乡村

西店镇岭口村

打造“村务厅”—“最多跑一次”村级示范点

深甽镇三省村

大庄乡根小镇政策处理

黄坛镇里天河村

香榧树移植及园路工程项目

二等奖优秀竞赛项目（14个）

梅林街道花园社区

打造“锦绣花园”开放式组织生活基地

黄坛镇黄坛村

后进党组织攻坚整转

前童镇鹿山村、联合村

党建引领古镇5A创建

深甽镇南溪村

市级美丽乡村示范村建设

梅林街道河洪村

市级美丽乡村示范村建设

越溪乡信千山村

市级美丽乡村示范村建设

桑洲镇上叶村、下洋周村、坑

口村

三地协作共治的宁海模式

跃龙街道山河股份经济合作社

建立“以外治外”集体共治机制

桥头胡街道东吕村

探索“一体两翼”基层治理体系

桃源街道堤树股份经济合作社

堤树棚户区改造项目

长街镇龙山村

长街镇敬老院建设项目

黄坛镇黄坛村、兴坛村

黄坛公园建设项目

西店镇樟树村

西店樟树金融中心项目

力洋镇海头村

菊花精品博览园

三等奖优秀竞赛项目（20个）

跃龙街道园丁社区

“三心工程”打造商圈党建联盟

深甽镇柘坑戴村

党建引领“五彩柘坑戴”建设

茶院乡东腾村

打造“红东腾”乡村振兴品牌

强蛟镇上蒲村

打造“金·上蒲”党建精品村

前童镇大郑村

省高标准农村生活垃圾分类示范村建设

一市镇西刘村

“美丽西刘”村庄环境整治提升工程

胡陈乡西翁村

3A级景区村庄建设

桃源街道华庭社区

打造“三小三大”精细治理机制

梅林街道伍富村

网格管理打造平安石埠

强蛟镇王石岙村

“三访七责”群众工作法

西店镇樟树村、望海村、滨海村、前金村、海洋村

新城围填海征地政策处理

前童镇梁皇村

梁皇山旅游综合体建设项目

桑洲镇田洋卢村、桑洲村、麻岙村、坑口村

甬临线宁海岔路桐洲至桑洲麻岙岭段改道工程（一期）政策处理

力洋镇文正村

滨海小微产业园政策处理

大佳何镇大佳何村

智慧众创城项目

长街镇连浦村

标准厂房建设

深甽镇大里村

村综合市场工程

岔路镇前后娄村

高坦园区厂房联建项目

前童镇鹿分村

商业综合体建设

十八、卫生创建先进镇村

1. 国家卫生乡镇

胡陈乡、力洋镇、越溪乡、西店镇、深甽镇

2. 浙江省卫生镇

桑洲镇

3. 浙江省卫生村

长街镇对岙洞村、山头村、洋湖村，力洋镇盖仓村，茶院乡许民村，一市镇外岙村，越溪乡南庄村、下湾村，桑洲镇长田头村、桑梅村、桑洲村，岔路镇泉峰村、梅花村，前童镇双桥村、上溪村、桥头杨村，强蛟镇下渔村，西店镇崔家村、洪家村，跃龙街道溪南刘村、白龙潭洋村，桃源街道下洋顾村，梅林街道凤潭村、梅湖村、兰丁村，桥头胡街道建设村

4. 宁波市卫生村

长街镇隔洋塘村、新五星村、西岙村、青珠村、双家村，胡陈乡胡陈村，力洋镇东园村，茶院乡下徐村，一市镇山皇岙村、里岙村、武岙村，桑洲镇坑口村、三星村、田洋卢村，岔路镇前后娄村、山洋村、岔路村、吕家村、大岩村，前童镇竹林村、梁皇村，强蛟镇下蒲村、王石岙村，西店镇樟树村、吴山村，跃龙街道白峤村，桃源街道竹口村、竹东村，梅林街道五松村，桥头胡街道桥头胡村

十九、示范性农民专业合作社

1. 省级示范性农民专业合作社

宁海富甬哈密瓜专业合作社（长街镇）

宁海县天河香榧专业合作社（黄坛镇）

2. 市级示范性农民专业合作社

宁海县长街月明果蔬专业合作社（长街镇）

宁海县巨丰果蔬专业合作社（胡陈乡）

宁海县金海湾生态果业专业合作社（力洋镇）

3. 县级示范性农民专业合作社

宁海县山里红果蔬专业合作社（长街镇）

宁海县眉浓农机植保服务专业合作社（茶院乡）

宁海县东腾茶叶专业合作社（茶院乡）

宁海县红香园水果专业合作社（一市镇）

宁海利海水产专业合作社（一市镇）

宁海县越丰猕猴桃专业合作社（越溪乡）

浙江省宁海县红阳湾果蔬专业合作社（桑洲镇）

宁海县桑洲镇国建蔬菜种植专业合作社（桑洲镇）

宁海仓满园水果专业合作社（前童镇）

黄坛宇星香榧专业合作社（黄坛镇）

黄坛镇上辽果蔬专业合作社（黄坛镇）

宁海县双盈水果专业合作社

（黄坛镇）

黄坛镇志洪香榧专业合作社（黄坛镇）

宁海腾凯高山蔬菜专业合作社（深甽镇）

宁海县优丰高山蔬菜专业合作社（深甽镇）

宁海县宵峰果蔬专业合作社（跃龙街道）

宁海开存桃源水产合作社（桃源街道）

4. 省级示范性家庭农场

宁海县茶院果多啦家庭农场（茶院乡）

宁海县岔路乾溪家庭农场（岔路镇）

宁海县岔路绿杨春家庭农场（岔路镇）

宁海县桥头胡春之兰家庭农场（桥头胡街道）

5. 市级示范性家庭农场

宁海县茶山黄坭注果木家庭农场（茶院乡）

宁海县德韵家庭农场（岔路镇）

宁海县前童桔子姐姐家庭农场（前童镇）

宁海县深甽镇佳妮家庭农场（深甽镇）

宁海县赤源家庭农场（深甽镇）

6. 县级示范性家庭农场

宁海县长街海渚果蔬家庭农场（长街镇）

宁海县长街国印家庭农场（长街镇）

宁海县长街蔡道飞家庭农场（长街镇）

宁海县胡陈智健家庭农场（胡陈乡）

宁海县胡陈宁博家庭农场（胡陈乡）

宁海县胡陈恒法家庭农场（胡陈乡）

宁海县力洋家娟家庭农场（力洋镇）

宁海县力洋绿优家庭农场（力洋镇）

宁海县力洋海燕家庭农场（力洋镇）

宁海县茶院常绿家庭农场（茶院乡）

宁海益同果木家庭农场（一市镇）

宁海县浩发水果家庭农场（一市镇）

宁海越溪八闲家庭农场（越溪乡）

宁海县越溪兴丰家庭农场（越溪乡）

宁海县桑洲镇夏彪家庭农场（桑洲镇）

宁海县桑洲镇夏小玲家庭农场（桑洲镇）

宁海县桑洲镇前岗片家庭农场（桑洲镇）

宁海县前童镇绿银家庭农场（前童镇）

宁海县摇钱树家庭农场（黄坛镇）

宁海县深甽镇华燕家庭农场（深甽镇）

宁海县俞法彩家庭农场（深甽镇）

宁海县小豆豆家庭农场（跃龙街道）

宁海县徐天伟家庭农场（桃源街道）

宁海县梅林满仙家庭农场（梅林街道）

宁海县梅林街道忠乐家庭农场（梅林街道）

宁海县以琳家庭农场（桥头胡街道）

二十、农村劳动力素质培训和转移就业工作先进单位

1. 浙江省现代化学校

西店镇成人学校　一市镇成人学校

2. 宁波市特色示范成人学校

大佳何镇成人学校

胡陈乡成人学校

3. 宁波市教育助农项目

一市镇成人学校—立足山海服务“三农”打造贴心农校

长街镇成人学校—服务“三农三创”助推乡村振兴

“南湾农创空间”的构建实践与成效

二十一、对农节目所获荣誉

1. 浙江省广播电视对农节目奖电视对农节目一等奖

县广播电视台《艺术“点亮”葛家村》

2. 浙江省农村电视专题片优秀作品

县广播电视台《艺术“点亮”葛家村》

表 32　　2019 年度宁海县拟评农业龙头企业汇总表

序号	企业名称	法人代表	企业所在乡镇街道
1	宁波国盛食品有限公司	陈国盛	力洋镇
2	宁海县圣猴农产品发展有限公司	裘银芳	桃源街道
3	宁波市振宁擒业有限公司	陈律	力洋镇
4	宁海卡依之食品有限公司	陈龙海	力洋镇
5	宁波源彬蜂业发展有限公司	张源彬	跃龙街道
6	宁波乡亲浓食品有限公司	蒋善富	力洋镇
7	宁波草湖食品有限公司	王林章	跃龙街道
8	宁海县望府茶业有限公司	王茂强	跃龙街道
9	宁波望海茶业发展有限公司	潘启真	跃龙街道
10	宁波点对点电子商务有限公司	陈仲	一市镇
11	宁海天河食品有限公司	童湘锋	前童镇
12	宁波赤岩峰茶业有限公司	葛明星	岔路镇
13	宁波建维饲料有限公司	孔建维	力洋镇
14	宁波绿港水产牧业有限公司	李建平	力洋镇
15	宁海县长街兴海水产加工厂	陈再根	长街镇
16	宁波美栖饮品有限公司	陈在西	一市镇
17	宁波山里向农业科技发展有限公司	胡雷杰	黄坛镇
18	宁海县甬联热压木制品厂	王忠杰	黄坛镇
19	宁波海联畜牧有限公司	梁福明	长街镇
20	宁海县力洋粮油食品厂	王肖峰	力洋镇
21	宁海金蔬农产品配售有限公司	李良兵	跃龙街道
22	宁海县绿丰生态有机肥有限公司	王新闻	长街镇
23	宁海县蔬菜果品市场有限公司	孔万平	桃源街道
24	宁海县食品有限公司	王爱芬	跃龙街道
25	浙江跃龙园林建设有限公司	朱永银	跃龙街道
26	宁波永丰园林绿化建设有限公司	张侑何	长街镇
27	宁海县金龙浦农业开发有限公司	尤宏伟	长街镇

续表32

序号	企业名称	法人代表	企业所在乡镇街道
28	宁海县辈辈红食品有限公司	丁志军	桥头胡街道
29	宁海县黄坛野鹤高山蔬菜加工厂	张新土	黄坛镇
30	宁海县农佳汇食品配送有限公司	秦申仙	桃源街道
31	宁海县海业盛茂水产养殖有限公司	林位江	西店镇
32	宁波七超竹业有限公司	戴良华	强蛟镇
33	宁波佳田农业科技有限公司	胡民培	长街镇
34	宁海七彩农业开发有限公司	王行军	胡陈乡
35	宁海县双峰山外山农业发展有限公司	丁红星	黄坛镇
36	宁海盛宁水产有限公司	戴盛培	西店镇
37	宁波百平生物科技有限公司	黄才松	跃龙街道
38	宁波奇天和农业科技有限公司	郑高位	长街镇
39	宁海国元茶叶有限公司	国建伟	胡陈乡
40	宁波泛华海洋生物科技有限公司	林旭峰	西店镇
41	宁波市轩峰农业发展有限公司	王小军	黄坛镇
42	宁波跃龙水产食品有限公司	邬时会	西店镇
43	宁波华大海昌水产科技有限公司	邬时会	西店镇
44	宁海县宁泽茶业有限公司	张伟华	茶院乡
45	宁波东恒市政园林建设有限公司	郑春海	桃源街道
46	宁波科瑞特动物药业有限公司	刘琼鲜	西店镇
47	宁波博丰生物科技有限公司	张建芳	越溪乡
48	宁海县茶院兴发茶厂	张善权	茶院乡
49	宁波丰年生态农业发展有限公司	詹祖相	桑洲镇
50	宁海县桑洲茶场	章展	桑洲镇
51	宁波基宏良水产科技开发有限公司	米青	一市镇
52	宁波林丰种业科技有限公司	王肖雄	长街镇
53	宁波冬益农业科技有限公司	胡宇杰	黄坛镇
54	宁波俞氏五峰农业发展有限公司	俞志秋	深圳镇
55	宁波道合生物科技有限公司	杨贤挺	茶院乡

重要文件目录

表 33　　2019 年中共宁海县委部分文件一览表

序号	文号	文 件 标 题
1	宁党〔2019〕1 号	关于坚持农业农村优先发展　高质量打造乡村振兴宁海样板的若干意见
2	宁党发〔2019〕13 号	关于进一步优化人才　生态加快建设“智汇宁海”的意见
3	宁党发〔2019〕14 号	关于实施“人才政策 28 条”的意见
4	宁党发〔2019〕19 号	印发《关于开展“温故知新、知行合一”学习实践活动的实施方案》的通知
5	宁党发〔2019〕47 号	印发《关于深入实施东西部扶贫和山海协作的若干意见》的通知
6	宁党发〔2019〕48 号	关于开展“不忘初心、牢记使命”主题教育的实施意见
7	宁党发〔2019〕51 号	关于印发《宁海县安全生产和消防安全大排查大教育大整治大提升百日攻坚大会战工作方案》的通知
8	宁党发〔2019〕52 号	关于高水平推进新时代人大工作和建设的意见
9	宁党发〔2019〕54 号	关于印发《新时代宁海产业工人队伍建设改革实施方案》的通知
10	宁党发〔2019〕58 号	印发《关于进一步加强和改进全县干部教育培训工作的实施意见》的通知
11	宁党发〔2019〕59 号	关于新时代加强和改进人民政协工作的实施意见

表 34　　2019 年宁海县政府部分文件一览表

序号	发文日期	文号	文 件 标 题
1	7 月 9 日	宁政发〔2019〕18 号	关于进一步加强行政规范性文件制定和监督管理工作的通知
2	9 月 6 日	宁政发〔2019〕19 号	关于印发宁海县进一步扶持社会力量兴办教育促进民办教育高质量发展实施办法的通知
3	12 月 12 日	宁政发〔2019〕23 号	关于印发宁海县“绿水青山就是金山银山”　实践创新基地建设实施方案的通知
4	12 月 26 日	宁政发〔2019〕24 号	关于废止部分行政规范性文件和政策性文件的决定

表 35　　2019 年中共宁海县委办公室部分文件一览表

序号	文号	文 件 标 题
1	宁党办〔2019〕1 号	印发《关于加强新时代公立医院党的建设工作的实施办法》的通知
2	宁党办〔2019〕12 号	印发《关于加强新时代两新组织党务红领队伍建设的意见》的通知
3	宁党办〔2019〕14 号	印发《关于深化高层次人才团队引进计划的实施意见》的通知
4	宁党办〔2019〕15 号	印发《关于建立完善市场化专业化招商引才体制的若干意见》的通知
5	宁党办〔2019〕16 号	关于印发《宁海县名师工程建设实施意见》的通知
6	宁党办〔2019〕17 号	关于印发《宁海县名医工程建设实施意见》的通知

续表35

序号	文号	文 件 标 题
7	宁党办〔2019〕18 号	关于印发《宁海县文化名家名匠工程建设实施意见》的通知
8	宁党办〔2019〕19 号	关于印发《宁海县人才安居实施办法》的通知
9	宁党办〔2019〕21 号	关于印发《宁海县深化农村集体产权制度改革试点工作实施方案》的通知
10	宁党办〔2019〕23 号	印发《关于建立健全决策咨询成果转化机制的若干意见》的通知
11	宁党办〔2019〕24 号	关于加快小微企业园高质量发展的实施意见
12	宁党办〔2019〕26 号	关于深化宁海县属国有企业负责人薪酬制度改革的实施意见
13	宁党办〔2019〕27 号	关于印发《宁海县农村综合改革标准化试点建设实施方案》的通知
14	宁党办〔2019〕33 号	关于印发《全县推进“六争攻坚三年攀高”行动 2019 实施方案》的通知
15	宁党办〔2019〕35 号	印发《关于加强新时代人民政协党的建设工作的实施意见》的通知
16	宁党办〔2019〕36 号	印发《宁海县关于推进艺术振兴乡村工作的实施意见》的通知
17	宁党办〔2019〕38 号	印发《关于整治形式主义突出问题切实减轻基层负担的实施细则》的通知
18	宁党办〔2019〕40 号	印发《关于进一步加强和改进离退休干部工作的实施意见》的通知
19	宁党办〔2019〕41 号	关于印发《行政村党组织书记县委备案管理实施办法》的通知
20	宁党办〔2019〕42 号	印发《关于开展“请你来协商”平台建设工作的实施方案》的通知
21	宁党办〔2019〕47 号	关于高质量推进新时代党建带群建工作的实施意见
22	宁党办〔2019〕51 号	印发《深化全国文明城市提名城市创建活动实施方案》的通知
23	宁党办〔2019〕56 号	印发《关于加快宁海县律师行业健康发展的实施意见》的通知
24	宁党办〔2019〕57 号	关于印发《宁海县公务员职务与职级并行制度实施方案》的通知
25	宁党办〔2019〕58 号	转发县委组织部《关于构建干部大监督工作机制的实施方案》的通知
26	宁党办〔2019〕59 号	关于印发《宁海县深入推进城市安全发展的实施方案》的通知
27	宁党办〔2019〕61 号	关于印发《宁海县全面推进“四好农村路”路长制实施方案》的通知
28	宁党办〔2019〕62 号	关于印发《宁海县生态环境保护工作责任规定》的通知

表 36　　2019 年宁海县政府办公室部分文件一览表

序号	发文日期	文号	文 件 标 题
1	1 月 8 日	宁政办发〔2018〕75 号	关于印发宁海县水土保持目标责任制考核办法的通知
2	1 月 11 日	宁政办发〔2018〕76 号	关于印发宁海县雨雪冰冻灾害应急预案的通知
3	1 月 28 日	宁政办明电〔2019〕2 号	关于印发宁海县“有效投资四季大比拼”活动实施方案的通知
4	3 月 11 日	宁政办发〔2019〕3 号	关于印发 2019 年政府工作报告重点工作责任分解的通知
5	3 月 28 日	宁政办明电〔2019〕8 号	关于建立宁海县城市公共交通管理联席会议制度的通知
6	4 月 19 日	宁政办发〔2019〕7 号	关于加快推进宁海县地方志事业发展的若干意见
7	4 月 23 日	宁政办发〔2019〕9 号	关于印发宁海县打赢蓝天保卫战三年行动方案的通知
8	4 月 28 日	宁政办发〔2019〕10 号	关于印发 2019 年宁海县流动人口服务管理工作要点的通知

续表36

序号	发文日期	文号	文 件 标 题
9	4月29日	宁政办发〔2019〕8号	关于印发宁海县农民饮用水达标提标行动实施方案的通知
10	5月9日	宁政办发〔2019〕12号	关于印发宁海县工业集聚区规划的通知
11	7月9日	宁政办明电〔2019〕15号	关于印发宁海县道路交通安全综合治理攻坚行动方案的通知
12	7月11日	宁政办发〔2019〕14号	关于印发宁海县国有企业产业基金直接投资管理暂行办法的通知
13	7月18日	宁政办明电〔2019〕16号	关于贯彻落实《宁波市打赢治土攻坚战三年行动方案》的通知
14	7月22日	宁政办发〔2019〕15号	关于印发宁海县数字经济发展三年行动计划（2019—2021年）的通知
15	7月31日	宁政办明电〔2019〕19号	关于印发宁海县创建国家级消费品（文教用品）标准化示范区实施方案的通知
16	8月21日	宁政办发〔2019〕16号	关于公布2019年度县政府重大行政决策事项目录的通知
17	9月3日	宁政办发〔2019〕17号	关于印发宁海县工业固体废物和危险废物处置监管情况专项审计调查反馈问题整改工作方案的通知
18	9月5日	宁政办发〔2019〕18号	关于进一步加强政府投资项目管理的通知
19	9月23日	宁政办发〔2019〕19号	关于实行县政府（县政府办公室）办事事项网上办理的通知
20	9月3日	宁政办发〔2019〕21号	关于印发宁海县农贸市场改造提升三年攻坚行动实施方案（2019—2021年）的通知
21	10月1日	宁政办发〔2019〕9号	关于印发2019中国（宁海）国际文具产业博览会暨户外用品展活动方案的通知
22	10月14日	宁政办发〔2019〕23号	关于印发宁海县国家级农村儿童早期发展服务试点工作方案的通知
23	10月21日	宁政办党组〔2019〕10号	关于印发县政府办公室创建“政治引领型”清廉机关实施方案的通知
24	10月22日	宁政办发〔2019〕11号	关于印发宁海县建设国家慢性非传染性疾病综合防控示范区实施方案的通知
25	10月24日	宁政办发〔2019〕22号	关于印发宁波海洋经济发展示范区宁海县拓展区建设实施方案的通知
26	11月7日	宁政办发〔2019〕25号	关于印发宁海县深化收费公路制度改革取消高速公路省界收费站实施方案的通知
27	11月21日	宁政办发〔2019〕24号	关于印发宁海县深入开展消费扶贫助力对口地区脱贫攻坚加快区域协调发展实施方案的通知
28	11月23日	宁政办明电〔2019〕22号	关于印发2019年度政务信息等工作目标管理考核办法的通知
29	11月27日	宁政办发〔2019〕27号	宁海县人民政府办公室关于印发宁海县露天矿山综合整治实施方案的通知
31	12月20日	宁政办发〔2019〕31号	关于下达2019年度安排工作退役士兵安置计划的通知
32	12月9日	宁政发〔2019〕28号	关于印发宁海县固体废物污染防治规划的通知

索　引

说明：

1. 本索引主要采用自然语言的关键词索引法，按关键词第一字的数字顺序、字母顺序或音序排列。

2. 本索引关键词取自类目、分目和条目。

3. 对比较复杂的标目，进行多次截取，获得多个关键词，以适应不同读者的取词习惯，提高查询速度与成功率。

4. “（）”内的数字为页码。